La proximité

et la question de la souffrance humaine

Du même auteur

— *La Physique d'Aristote*, Ousia, 1997^2 (1980).

— *Mythe et philosophie chez Parménide*. Avec traduction du Poème, Ousia, 1990^2 (1986).

— *Aux origines de la philosophie européenne. De la pensée archaïque au néoplatonisme*, De Boeck, 2003^4 (1992).
Prix Gegner de l'Académie française et prix Duculot de l'Académie royale de Belgique.

— *Histoire de la philosophie ancienne et médiévale*, Grasset, 1998.
Prix Montyon de littérature et de philosophie de l'Académie française.

Traduction :
— Aristote, *Physique II* (Sur la nature), Vrin, 1991.

En collaboration :
— Avec M. De Leeuw, É. Noël et Cl. Sterckx, *Aux sources de l'identité européenne*, Presses Universitaire européennes, Buxelles, 1993.

— Avec G. Lissa, H. Lefebvre et J. Lauxerois, *Pour Kostas Axelos*, Ousia, 2004.

Lambros Couloubaritsis

La Proximité

et la question de la souffrance humaine

En quête de nouveaux rapports de l'homme avec soi-même, les autres, les choses et le monde

ΟΥΣΙΑ
OUSIA

EURORGAN sprl
Éditions OUSIA
Rue Bosquet 37 — Bte 3
B – 1060 Bruxelles
Tél. (322) 647 11 95
Fax (322) 647 34 89
e-mail : ousia@swing.be
http : www.eurorgan.be

DISTRIBUTION

Librairie Philosophique J. Vrin
6, Place de la Sorbonne
F – 75005 Paris (France)
Tél. (331) 43 54 03 47
Fax (331) 43 54 48 18
e-mail : contact@vrin.fr
http : www.vrin.fr

Dépôt légal 2954/05/2
ISBN 2-87060-116-6

Composition par P. Kontominas
Imprimé en Grèce par Zacharopoulos - Sitaras

À mes étudiants,
qui m'ont appris l'importance de la proximité

Avertissement

Certaines références étant incorporées dans le texte par des abréviations, les sigles apparaissent à la première citation de l'ouvrage dans les notes. Le lecteur en trouvera un tableau récapitulatif à la fin de l'ouvrage, juste avant la table des matières.Y sont repris uniquement les ouvrages les plus cités.

LIMINAIRES

Je tiens à dédicacer ce livre à mes étudiants, dont le nombre, depuis mes premiers enseignements, il y a vingt-cinq ans, a dépassé les vingt-cinq mille. Je me suis senti toujours un privilégié, non seulement parce que la chance m'a aidé à intégrer les universités et à visiter plusieurs universités européennes, mais surtout parce que j'ai pu enseigner devant de grands auditoires de presque mille étudiants, des auditoires moyens et de petits séminaires d'une dizaine d'étudiants. Chacune de ces expériences met en jeu une autre forme de proximité qui allie, selon différents degrés, la proximité spatio-temporelle et la proximité relationnelle. Par la force des choses, ces enseignements ont abouti à des examens écrits, qui médiatisent le rapport avec l'étudiant, en dehors de toute perception d'un visage, et à des examens oraux où la proximité impose ses ambiguïtés, à cause de la hiérarchisation des rapports et des souffrances éprouvées par les étudiants, mais aussi des satisfactions ou des déceptions ressenties par l'enseignant. Bien plus, les années de recherche dans le cadre universitaire apportent d'autres satisfactions : la direction des mémoires et des thèses où les contacts plus fréquents, plus intimes, plus personnels accentuent le côté affectif de la proximité et augmentent les responsabilités face aux souffrances et à l'avenir des personnes. Les postes étant rares, la souffrance des chercheurs ne peut laisser insensibles leurs promoteurs. La concurrence entre chercheurs pour des postes universitaires et de recherche produit fatalement des fissures, ce qui subvertit profondément les proximités relationnelles, que dans d'autres circonstances, où l'abondance assurerait à chacun sa place, elles seraient favorisées.

Chacune de ces configurations manifeste autrement les rapports avec les autres et avec soi-même, et, ensemble, elles révèlent la complexité du phénomène de la proximité, et notamment la difficulté de réaliser une proximité relationnelle durable. J'ai toujours été intrigué par le fait qu'un étudiant anonyme dans un grand auditoire demeure presque toujours anonyme pour l'enseignant. Son nom est connu par un écrit, à travers lequel il sera jugé indépendamment de son vécu, de ses problèmes propres (sociaux, économiques, médicaux...), des joies et des souffrances, avec comme seul critère le savoir, de telle sorte que l'enseignant ou le correcteur qui le supplée est incapable d'en faire le lien. Que je puisse juger un être humain sur la seule base d'une configuration partielle de son savoir, m'a toujours troublé. Cela me trouble autant que l'usage que je fais ou la connaissance que j'acquiers de milliers de sigles dans ma vie quotidienne (volts, ampères, diesel, Avogadro, Hubble, etc.), sans ressentir le besoin d'en savoir un peu plus, sur leur provenance et sur les souffrances que leurs auteurs ont éprouvé pour réaliser la réalité qu'ils recouvrent. Cette distance qui perturbe la proximité que nous réalisons avec les autres, lesquels pourtant nous sont proches, et avec les choses que nous utilisons ou dont nous connaissons l'existence, suscite des interrogations qui ne devraient pas nous laisser indifférent. Après tant d'années d'enseignement, il m'arrive souvent de rencontrer des anciens étudiants dans la rue ou dans un autre lieu, qui me rappellent, avec gentillesse et bienveillance, qu'ils m'ont eu comme professeur. Je dois avouer qu'à côté du plaisir diffus qu'une telle rencontre produit en moi, une certaine gêne s'inscrit aussi souvent en moi, parce que j'ignore le nom de la personne et, le plus souvent, la reconnais à peine. Ces expériences, comme d'ailleurs beaucoup d'autres, dans la vie des universités, mais aussi dans la vie quotidienne, où les rapports parentaux et amicaux, professionnels et administratifs remplissent l'espace et le temps, m'ont fait comprendre la difficulté de réaliser une proximité. Elles m'ont appris que même la fréquentation régulière de certaines personnes, avec lesquelles nous entretenons une grande proximité spatio-temporelle, n'implique pas nécessairement une authentique proximité relationnelle.

À quelques années de ma retraite, je souhaite témoigner ma dette à l'égard de mes étudiants, parce qu'ils m'ont été, d'une façon ou d'une autre, des proches, aussi bien dans l'espace restreint de ma quotidienneté que dans l'itinéraire de ma vie. S'il est vrai que les enfants sont les meilleurs éducateurs des parents, il n'est pas moins vrai que les étudiants sont les meilleurs éducateurs de leurs professeurs. Je ne sais pas si j'ai bien et suffisamment formé les milliers d'étudiants que j'ai eu la chance de fréquenter à proximité ou à distance pendant les années de mon enseignement. En revanche, je suis sûr que chacun d'entre eux m'a apporté, à sa façon, quelque chose dans mes réflexions, et m'a permis de mieux comprendre ce qu'est la proximité. En leur dédicaçant ce livre, je souhaite qu'ils se souviennent que les enseignants ne sont pas toujours indifférents à leurs problèmes, ni à leurs souffrances, mais que le phénomène même de la proximité est complexe, et qu'il constitue, par sa complexité, l'obstacle majeur dans l'édification de meilleurs rapports entre les êtres humains, donc aussi entre l'enseignant et l'enseigné. Mais je souhaite aussi qu'ils se rendent compte que les obstacles ne sont pas pour autant insurmontables, et que chacun peut contribuer, à sa façon, à réaliser dans la vie des proximités fécondes, afin d'amenuiser les souffrances des autres.

Quatre événements importants, qui ne sont pas étrangers à la proximité et à la souffrance humaine, se sont produits successivement ces derniers mois, juste avant la parution de cet ouvrage. Le premier concerne l'organisation des jeux olympiques en Grèce, où ils ont vu jadis le jour et où ils ont été ressuscités à l'époque moderne. Le deuxième est la catastrophe naturelle par des raz-de-marée qui ont dévasté l'Asie, en tuant des milliers de personnes et en provoquant de nombreuses souffrances. Le troisième consiste en la commémoration du soixantième anniversaire de la libération du camp d'Auschwitz, symbole de tous les génocides, des camps d'extermination et de concentration de l'histoire récente de l'humanité. Et le quatrième se rapporte à la réunion du Forum économique mondial de Davos, formé par le groupe des huit pays les plus industrialisés (G8), à laquelle a répondu celle du cinquième Forum social mondial (FSM) des altermondialistes, à Porto Alegre, — deux réunions qui reflètent deux options du cours historique de la mondialisation.

La répétition tous les quatre ans des jeux olympiques modernes constitue, non seulement le symbole d'une émulation pacifique entre des athlètes et des sportifs, mais aussi l'occasion d'une mondovision spectaculaire qui rapproche les peuples de la planète. Les moyens technologiques modernes rendent à chacun la possibilité de suivre les jeux sans se déplacer, devant son petit écran, se rapprochant du lieu où les compétitions se passent, ayant le sentiment d'être présent à proximité de l'événement. Cette proximité est fatalement plus étroite pour ceux, beaucoup moins nombreux, qui se déplacent dans l'enceinte des stades pour vivre un moment exceptionnel. Mais derrière ce spectacle où la proximité se mondialise, il y a, tout d'abord, les souffrances des athlètes qui s'engagent dans les épreuves, celles de leur longue préparation. Leurs victoires ou leurs échecs soit allègent ces souffrances soit, au contraire, les amplifient. Mais plus on se rapproche de ce monde des athlètes, d'autres souffrances font irruption, liées aux antagonismes, à l'usage de produits dopants, licites ou illicites, aux performances inaccessibles, etc. Il y a aussi les souffrances de tous ceux qui, en tant que salariés ou bénévoles, contribuent à la réussite des jeux, à la sécurité, mais aussi à leur exploitation. Enfin, il y a les souffrances de milliers de personnes, cadres et ouvriers, qui ne ménagent pas leur peine et leur temps pour réaliser des infrastructures, dont le coût financier entraîne inéluctablement des dépenses énormes, qui auraient, peut-être, allégé d'autres souffrances si la nation organisatrice avait affecté l'argent à d'autres projets.

Certes, ce rassemblement mondial qui fait vibrer de millions de cœurs au rythme des hymnes nationaux et des liesses qui animent des proximités identitaires, constitue, au point de vue symbolique, une configuration qui motive l'intérêt des spectateurs. Mais il cache aussi une perpétuation d'attitudes inquiétantes de glorification, de promotion financière, de nationalisme, voire de racisme. Il n'empêche qu'il est sûrement préférable que l'humanité organise des émulations pacifiques qui rapprochent les gens par des jeux que des antagonismes qui les opposent par la violence (guerres) ou par la concurrence (économique) sans pitié. Les Anciens, qui avaient découvert les jeux olympiques, les avaient conçus sur le mode d'une trêve, à laquelle les guerres entre les cités devaient se conformer. L'idée devrait faire réfléchir les dirigeants de ce monde, qui pourraient décréter le principe d'une trêve pendant les jeux, non seulement les jeux olympiques, mais aussi les coupes du monde de football, la coupe Davis au tennis, etc. Ces compétitions, qui sont devenues, en même temps, des enjeux économiques majeurs (avec tous les risques que cela comporte), pourraient devenir un véhicule d'un autre type d'oppositions, plus pertinentes, susceptibles de faire voir qu'on peut vivre *autrement* que par des antagonismes violents, créateurs de souffrances irréductibles. Les souffrances dans des épreuves ludiques, qui révèlent que rien dans la vie ne s'accomplit sans une forme de souffrance, ont le mérite d'alléger les souffrances par une forme de plaisir, celui de l'effort pour quelque chose de noble. Nous verrons que ce type de plaisir de souffrir n'a pas grand-chose à voir avec d'autres associations entre souffrance et plaisir, comme celle, par exemple, du plaisir de faire souffrir l'autre (cas des tortures ou du harcèlement). En revanche, l'organisation des jeux olympiques pour les handicapés, c'est-à-dire des êtres humains qui souffrent par leur différence, constitue une initiative louable et noble, qui illustre parfaitement que l'humanité peut vivre plus humainement et autrement ses rapports de proximité.

La répétition des catastrophes naturelles sur notre planète (tremblements de terre, éruptions de volcans, typhon, déstabilisations climatiques, etc.) révèle qu'en dépit de progrès technologiques sans précédent, l'humanité est à la merci d'événements qui peuvent, à chaque instant, provoquer des souffrances profondes et durables. Mais ce qui est nouveau, c'est la mondialisation de l'information qui permet, à l'instant même, de diffuser la nouvelle, transformant ce qui n'était dans le passé qu'un fait divers en un événement planétaire, sollicitant aussitôt une mobilisation des forces vives de la planète pour venir en aide aux victimes. Aussitôt, non seulement les distances s'estompent, mais des proximités relationnelles font irruption, comme si ces masses de personnes inconnues devenaient plus proches, comme si chacun prenait visage et corps, et que ses souffrances arrivaient jusqu'à nous. L'élan de solidarité qui a suivi dans le monde le "tsunami", même si les promesses n'aboutiront jamais et la coordination des ressources risque de produire des gaspillages et des détournements de fonds, est un signe encourageant qui fait voir la possibilité d'une plus grande proximité entre les êtres humains, dès lors que la souffrance devient la mesure de nos actions. C'est aux différentes nations qui composent l'ONU que reviendront le devoir et la tâche de profiter de cet événement douloureux pour envisager des stratégies d'aide, non seulement pour toutes les catastrophes naturelles, écologiques et technologiques, mais également pour d'autres phénomènes qui provoquent les souffrances, comme les guerres, les famines, les maladies, etc. Pour que les efforts de promouvoir des proximités soient réévaluées, il faut, en plus des ressources, une prise en charge *politique* qui puisse transcender aussi bien la désorganisation mondiale que les intérêts particuliers de divers groupe de puissance internationaux et nationaux.

La répétition des génocides et de l'édification de camps, sinon d'extermination (comme ce fut le cas au cours de la seconde guerre mondiale pour exterminer le peuple juif), du moins de concentration, révèle suffisamment que la mémoire des êtres humains est défaillante et préfère même, pour ne pas éprouver des souffrances, même à distance, occulter ce qui dérange. Le risque : la banalisation du mal dont le plus grand ennemi est l'indifférence ou, comme dit Christophe Dejours, le "rétrécissement de la conscience intersubjective"[1]. Le danger, selon cet auteur, c'est d'établir une frontière entre deux mondes, comme le font tous les bourreaux, et plus spécialement Eichmann, l'exterminateur de millions de juifs, lequel (comme l'avait déjà observé Hannah Arend qui, cependant, réduit l'attitude d'Eichmann à l'absence de pensée[2]) donnait l'image, lors de son procès, d'un homme normal. Or, il y aurait, d'une part, le *monde proximal*, "monde intersubjectif, immédiatement adjacent, proche et concentrique", où l'on peut être attentif à autrui, montrer de l'attachement et de la confiance ; et d'autre part, le *monde distal*, monde des autres humains se tenant au-delà d'une façon indifférenciée, et auquel on n'est lié "par aucun rapport concret re-

[1] Ch. Dejours, *Souffrance en France. La banalisation de l'injustice sociale*, Édition du Seuil, 1998, p. 162 ss.

[2] H. Arendt, *Eichmann à Jérusalem. Rapport sur la banalité du mal*, Gallimard, Paris, 1966 (orig. 1963).

pérable ou identifiable". Dans ce monde distal où les hommes et les choses prennent à peu près le même statut, règnerait "la rationalité instrumentale, sans compassion, ni sensibilité, ni empathie, ni capacité d'identification à autrui"[3]. Eichmann posséderait un monde moral réduit, limité au monde psychique et relationnel égocentrique, soumis à une excessive normalité, celle d'un conformisme aux normes professionnelles. Représentant d'un état "normopathique"[4], il serait indifférent à la souffrance des autres, en tout cas de ceux qui n'appartiennent pas à la sphère de son monde proximal. Même si je pense que ni l'absence de pensée (H. Arendt) ni le rétrécissement de la conscience intersubjective (Ch. Dejours) suffisent à expliquer la complexité d'une action aussi radicale et excessive, monstrueuse, ces idées sont fécondes, car elles permettent de voir que nous vivons d'après des *configurations* limitées (pour les raisons que nous verrons), qui rendent opaques de nombreuses choses et des événements qui se passent autour de nous, et plus spécialement les souffrances des autres. Par suite, réinvestir sans cesse notre monde proximal des dangers qui nous guettent, en se souvenant, à travers les commémorations symboliques, les atrocités du passé, n'est ni une offense à l'égard des héritiers d'un passé dont ils ne sont pas responsables, ni l'expression de ressentiment dont il s'agit de perpétuer la flamme. Il s'agit surtout d'une nécessité d'éveiller l'attention sur ce qui risque, en se dérobant dans le monde distal de l'indifférence ou de l'inconnu, de resurgir autrement sur notre chemin, en réitérant des souffrances inutiles. Aussi s'agit-il, plus profondément, de prendre les souffrances humaines comme mesures de nos actions, afin

[3] La distinction proposée par Christophe Dejours entre "monde proximal" et "monde distal" me paraît féconde, et je me permettrai, dans la suite, de l'exploiter, en élargissant son sens et en l'étendant au-delà des rapports intersubjectifs de la proximité avec l'autre, pour mettre également en valeur un monde distal en nous et relativement aux choses, approfondissant ainsi davantage, par contraste, les proximités avec nous-mêmes et avec les choses, constitutives de notre monde proximal.

[4] Le terme "normopathie" qui exprime ce lien à la norme a été élaboré par les psychopathologistes J. Schotte et J. Mac Dougall.

que ceux qui ont souffert n'ait pas souffert en vain, et que leurs souffrances nous rappellent, quand il le faut, qu'il incombe à chacun de nous de faire en sorte que plus jamais quelque chose de pareil ne puisse arriver, ne redevienne proche de chacun de nous.

Même si le camp d'Auschwitz ne rassemble pas toutes les souffrances des victimes des camps, dont le nombre est supérieur[5], et de tous les autres sacrifiés (de la résistance, des représailles, etc.), il en symbolise une nécessaire configuration de l'Holocauste, pour ne jamais oublier. Mais, plus profondément, en tant que configuration promue au détriment d'autres configurations pouvant invoquer les souffrances humaines, comme celles qui sont produites par les guerres (bombes atomiques, bombardements de villes et de populations civiles, massacres de populations ou de soldats, etc.), l'histoire d'Auschwitz doit être associée à toutes les guerres actuelles et futures. Les justifications qu'on avance pour ces guerres ne sont jamais assez puissantes pour provoquer autant de souffrances, surtout lorsqu'on analyse les conditions temporelles et contextuelles de leur provenance, souvent motivées par des passions inavouées et soumises à des intérêts variables d'ordre économiques[6]. Quand on sait que nous dépensons aujour-

[5] Le camp de Auschwitz-Birgenau aurait abrité un peu plus d'un million de personnes, parmi lesquelles figuraient 90% de Juifs. C'est dire qu'il comprend moins de 20% des six millions de Juifs exterminés lors de le Shoah. Mais si Dachau, Treblinka, Majdanek, etc. constituent d'autres sinistres lieux, il semble, selon mon collègue de l'Institut d'Étude du judaïsme de l'ULB, Maxime Steinberg, qu'il soit "le seul complexe à abriter à la fois des camps de concentration, de travail et des centres de mise à mort à grande échelle", choisi après la décision de la solution finale à la conférence de Wannsee, en janvier 1942, "à cause de sa situation favorable du point de vue des communications et ensuite parce que l'emplacement destiné à une action semblable peut facilement être isolé et camouflé dans cette région" (entretien dans un supplément du journal *Le soir* du 22 au 28 janvier 2005).

[6] À ce propos, je me permets de renvoyer le lecteur à mon étude "Proximité et antagonisme", dans *L'art de la Paix. Approche transdisciplinaire*, dir. P. Calame, B. Denis et É. Remacle, P.I.E. - Peter Lang, Bruxelles, Bern, Berlin, etc. 2004, pp. 203-233.

d'hui plus de mille milliard de dollars par ans pour les armements, qui constituent des instruments de mort et de souffrance, de haine et d'éloignement entre les êtres humains au nom de proximités identitaires qui ne rassemblent que ceux qui pensent de la même façon et qui partagent uniquement les mêmes intérêts, nous devons ressentir un malaise. Surtout si l'on compare ce chiffre avec les soixante milliard de dollars dépensés pour l'aide au tiers-monde où, pourtant, plus de trois milliard de personnes vivent avec moins de deux dollars par jour. Il est utile d'ajouter qu'on dépense également dans le monde une somme comparable à celle des armements pour le blanchiment d'argent illicite (drogue, proxénétisme, détournements, etc.), ce qui montre suffisamment que les moyens mis en œuvre, sur la planète, pour des opérations qui causent la souffrance sont disproportionnés par rapport à ce qu'on dépense pour l'aide aux souffrants. La production des armements, qui absorbe des sommes faramineuses pour alimenter les souffrances, ne pourrait devenir un objet de débat que le jour où la souffrance sera envisagée comme mesure, obligeant nos dirigeants de réfléchir avant de décider leur utilisation, les poussant à appliquer des politiques de prévention plutôt que de répression. Une fois encore il s'agit d'un problème politique qui doit étudier, en plus de la réalisation de proximités entre les peuples, des politiques de conversion des entreprises pour des réalisations moins maléfiques.

Enfin, la répétition, comme un rituel bien réfléchi, de réunions du groupe des pays les plus industrialisés fait voir que la globalisation économique sur la planète se répartit uniquement à partir de grands centres, lesquels créent entre eux une proximité en fonction d'intérêts communs qui ignorent tous les autres, à moins que leurs intérêts soient menacés, tant dans le domaine de la consommation que dans celui des dettes. Or, dans l'Antiquité, la première démocratie de l'histoire, celle d'Athènes, a fait ses premiers pas le jour où Solon a libéré ses citoyens des hypothèques (y compris celle de leur corps, qui en faisait des esclaves)[7]. On

[7] Cf. mon étude "L'émergence de la cité solonienne ou la maîtrise de la violence", dans *La philosophie dans la cité* (Hommage à Helène Ackermans), éd. A.-M. Dillens, Facultés universitaires Saint-Louis, Bruxelles, 1997, pp. 189-215.

peut imaginer qu'aujourd'hui, aussi, une démocratisation des pays soumis au joug économique de banques internationales n'est possible que si on allégeait les souffrances économiques de ces peuples. Ici, encore, le problème est politique. Il en va de même, dans nos pays, où une partie de la population est soumise à des dettes contractées sous la pression d'une consommation et de prêts attribués sans un contrôle plus strict. Mais contrairement aux catastrophes naturelles ou technologiques, ainsi qu'au problème des guerres, la question de la globalisation économique n'est plus ponctuelle. Elle concerne le statut de la mondialisation sociale, culturelle et écologique que la globalisation économique tend à dominer, à soumettre à ses propres lois. C'est sur ce plan que l'option altermondialiste devient pertinente. Or, face à ces deux structures, celle de la globalisation économique et celle de la mondialisation sociale, culturelle et écologique, — qui rappellent l'opposition marxiste entre infrastructure et superstructure — que pouvons-nous faire aujourd'hui ? Peut-on ici aussi envisager les souffrances humains comme mesure des actions ? Une fois encore j'aurai tendance à répondre affirmativement, en situant à nouveau le problème sur le plan *politique*. Dans le passé, on pouvait encore penser que la lutte des classes pouvait ébranler le système capitaliste pour conférer le pouvoir au prolétariat. Mais les choses ont beaucoup changé. Non pas tellement parce que le monde ouvrier a été récupéré par le système néo-libéral (que toutes les tendances politiques assument en fait, même quand elle s'en défendent) ou encore parce que le socialisme radical s'est écroulé, mais parce que la constitution de la puissance *technico-économique* comme fondement de notre époque a amplifié la *complexité* du réel. Et cette complexification rend beaucoup plus difficile aujourd'hui une certaine autonomie du politique, et ceci, paradoxalement, en dépit d'une victoire parallèle de la mentalité démocratique dans le monde occidental. L'option altermondialiste, encore ancrée dans la nostalgie du passé, clame, non sans raison, qu'il est temps d'édifier un autre monde que celui que les stratégies économiques souhaitent, en accumulant les bénéfices en dehors d'une répartition équitable des biens planétaires. Au pouvoir triomphant de puissances économiques, elle oppose la nostalgie idéologique, l'utopie, la résistance, voire la rébellion. Mais cette générosité, à l'égard de laquelle on ne peut qu'éprouver de la sympathie, est-elle en mesure d'affronter la puissance technico-économique qui devient le fondement de notre époque, comme autrefois, le faisait le Divin, au Moyen Âge ? La question reste ouverte. Mais on peut se demander si, face aux nouvelles conditions dans lesquelles l'humanité se trouve, il ne faudrait pas que cette fois-ci les acteurs mêmes de la globalisation prennent conscience des enjeux pour l'humanité, et non plus seulement pour eux-mêmes. Il faudrait pour cela qu'ils soient sensibilisés à la souffrance, et qu'ils arrivent à prendre également cette souffrance comme mesure de leurs décisions et de leurs actions, afin que la globalisation économique se convertisse en mondialisation des aspirations humaines.

Ces quatre événements que j'ai choisis pour amorcer mon propos mettent en jeu quatre positions différentes à l'égard de la proximité et de la question de la souffrance humaine. Les jeux comme symbole de paix ouvrent à une réévaluation de rapports humains planétaires, en fonction de projets plus actifs en faveur d'une paix réelle. La solidarité mondiale comme réponse aux raz-de-marée révèle l'irruption d'une proximité comme réponse à la souffrance des victimes. L'évocation des exterminations nazis comme remède à l'oubli témoigne d'une menace permanente que les souffrances soient rejetées dans le monde distal de l'indifférence, occultant le danger des proximités identitaires et l'importance d'authentiques proximités multiculturelles susceptibles de prendre en charge les souffrances des autres. Enfin, la globalisation économique qui s'impose sur la mondialisation sociale, écologique et culturelle exige une refonte des stratégies, afin que les antagonismes multiples et violents ne soient plus producteurs de souffrance, mais contribuent à de nouvelles formes de proximité.

Je tiens ici à remercier mes deux filles Irène et Nicole pour l'aide qu'elles m'ont fournie pour la relecture de plusieurs parties de mon texte. Il est certain que, tout comme mes étudiants, mais d'une autre façon, elles ont aussi contribué à me faire réfléchir sur la proximité, sur ses valeurs et ses difficultés. Qu'il me soit également permis de remercier vivement quatre de mes amis, Guy François, Bernard Lobet, Antonin Mazzù et Jean-Noël Missa, qui n'ont pas ménagé leur temps pour relire aussi des parties de mon texte, en m'épargnant de nombreuses erreurs matérielles et imperfections de style. Si avec Bernard, Antonin et Jean-Noël l'amicale proximité s'est traduite par une attention et des encouragements qui ont allégé les souffrances du travail, je dois néanmoins quelque chose de plus à Guy : une infatigable attention lors de la composition de ce livre, en suscitant des discussions plus qu'occasionnelles, et surtout une propension à me fournir des livres qui m'ont contraint à multiplier les pages.

PROLOGUE

DU RÉVEIL À L'ÉVEIL

Chacun aborde chaque jour, au réveil, la complexité de la réalité qui le constitue et l'entoure d'une façon personnelle mais qui, une fois envisagée en elle-même, s'avère étrange. Pour ma part, je commence ma journée à travers une "chose" qui se tient à ma proximité, à la portée de mon ouïe et de mes mains, c'est-à-dire un réveil musical qui me branche sur les nouvelles du matin d'une chaîne publique de diffusion. Les informations que je reçois, dans cet état de somnolence qui se tient entre le rêve et l'éveil, sont quelques messages bien choisis par les responsables du journal parler matinal, selon des critères que la plupart d'entre nous ignorent.

Je suppose que parmi les centaines de messages qui arrivent à leur proximité, dans la salle de rédaction, par l'intermédiaire des quelques (en nombre d'ailleurs très limité) agences de presse qui gèrent, — pour ne pas dire — qui contrôlent l'information sur une grande partie de notre planète[1], les agents de l'audiovisuel sélectionnent ceux qui leur semble le plus pertinents. Ils portent sans doute, sauf dans des circonstances exceptionnelles (guerre médiatisées, génocides, catastrophes naturelles exceptionnelles...), une attention spéciale aux nouvelles qui proviennent d'un milieu spatio-temporel proche, accessible aux auditeurs qu'ils sont supposés informer, habitant dans des lieux prédéfinis. Par suite, plus nous réfléchissons sur ce qui échappe à la façon dont

[1] Pour me limiter à un seul cas, l'Agence britannique Reuters a réussi, en une trentaine d'années, à devenir l'un des groupes dominants dans le secteur multimédia, avec de centaines de milliers de terminaux d'ordinateurs dans presque tous les pays de la planète.

nous sommes informés sur les événements planétaires, plus nous constatons la précarité de ce que nous recevons comme messages. Nous nous fions à la parole de quelques journalistes, sans même nous poser la question de savoir jusqu'à quel point cette information est vraiment objective et utilise les mêmes valeurs, ou si, d'une façon ou d'une autre, elle n'est pas manipulée par ceux qui l'imposent ou la présentent. Ce qui surgit dans nos oreilles, tous les matins, pour nous informer de ce qui se passe sur notre planète, n'est en fin de compte qu'une frange infime des informations qui devraient nous concerner, et dont le sens et la crédibilité demeurent problématiques. C'est pourquoi les nouvelles locales équilibrent les annonces ponctuelles des "grandes" nouvelles du monde, qui nous viennent parfois de régions éloignées, le plus souvent situées dans un contexte géopolitique qui intéresse plus spécialement le monde occidental.

À ce titre, on écarte ou ignore un nombre considérable d'événements qui se produisent à chaque instant sur notre planète, biaisant pour ainsi dire nos rapports à la réalité humaine dans son ensemble, comme si du théâtre du monde où est joué un nombre illimité de pièces, nous n'avons la capacité d'en voir que quelques-unes qui nous sont, de surcroît, imposées d'avance. La surdétermination des nouvelles locales par rapport à celles de la planète sous-déterminées à la fois par une information insuffisante, par manque de place et en raison d'intérêts particuliers, forge notre appréhension des événements qui remplissent quotidiennement un espace-temps à notre portée. Nous ne saisissons ainsi des événements quotidiens dans le monde que quelques configurations formées par la rencontre entre nos sources d'information et nos capacités spécifiques déterminées par notre position topologique et socioculturelle. Pourtant, ces nouvelles forment nos opinions pour tout ce qui se passe dans le monde et déterminent nos positions dans nos conversations et décisions quotidiennes ; parfois, elles orientent notre propre destin, en configurant notre monde proximal et l'ensemble des configurations que nous assumons dans notre vie.

Ce que je vis chaque matin, de millions d'autres personnes le vivent d'une façon semblable ou à peine différente. Cette situation, aussi banale qu'elle soit aujourd'hui, ne représente pas moins un phénomène insolite et relativement récent. Une petite enquête journalistique[2] nous apprend qu'elle a commencé à prendre forme depuis la réussite de Guglielmo Marconi à transmettre, en 1897, le premier message hertzien à distance. Cette découverte ne doit pas oblitérer le travail accompli par un ensemble de chercheurs, parmi lesquels figurent Graham Bell et Elisha Gray, pour réaliser le téléphone, dont la diffusion est amorcée surtout à l'Exposition universelle de Paris, une vingtaine d'années plus tôt (1878). Alors que la technique radio a peu évolué depuis la commercialisation des transistors, la découverte des téléphones portables, devenus depuis peu des véritables ordinateurs portatifs qui, avec de nouvelles découvertes à moyen terme, pourraient intégrer tous les systèmes de communication, révolutionne irréversiblement nos comportements, modifiant définitivement nos rapports au monde. Pourtant lequel d'entre nous, quand il écoute les nouvelles, pense à tous ceux qui ont rendu possible notre écoute ? La provenance n'est pas à l'ordre du jour et notre dette à l'égard de tous ces pionniers du progrès humain est le moindre de nos soucis. Or, chacun d'entre eux a vécu avec ses souffrances, et souvent chacune de leurs découvertes a été le fruit d'un travail long et pénible. Une pensée pour eux, au moment où nous écoutons les nouvelles, nous porterait à proximité d'eux, à qui nous devons nos façons de nous informer. Cette proximité énigmatique avec des absents peut nous rappeler que les progrès de l'humanité sont le résultat d'une complexité inouïe, où la dimension existentielle d'une provenance et l'ouverture au monde collaborent pour nous aider à mieux vivre. Par cette remarque, nous découvrons que la question de la proximité nous conduit au seuil de l'abîme, là où la profusion et la complexité rendent notre tâche quasi impossible.

Or, ce tournant décisif dans l'histoire de la technologie contemporaine, dont la portée est imprévisible et sublime, donne néanmoins l'impression que, désormais, chaque individu humain aura le loisir de

[2] Que je me suis permis de puiser de plusieurs sources différentes au cours de ma vie, mais en appréciant plus particulièrement le travail de mise en scène, par configurations, du *Grand quid illustré*, en 18 volumes, des Éditions Robert Laffont (1982).

porter jusqu'à lui, à la portée de ses mains, grâce à un appareil minuscule, un nombre quasi infini d'informations audiovisuelles. D'autant plus que les progrès se sont rapidement précipités et continuent à nous submerger. Songeons seulement à la distance qui nous sépare de l'usage de la télégraphie sans fil par Marconi, quatre ans après la transmission de son premier message par ondes hertziennes, lorsqu'il utilisa l'alphabet Morse pour communiquer entre les îles Cornouailles et la Terre-Neuve, anéantissant pour la première fois les distances. La proximité relationnelle à distance devenait enfin une possibilité physique, bouleversant les rapports entre les êtres humains de la façon la plus spectaculaire de leur histoire. La conjonction des travaux de plusieurs savants qui, en plus de l'analyse des ondes électromagnétiques par Heinrich Hertz, ont multiplié les possibilités techniques, comme l'ont fait l'antenne de Alexandre Popov ou le tube en limaille d'Édouard Branly, remplacé bientôt par la lampe à vide, ont contribué à la réalisation de la radio. En 1910, la radio diffuse un programme du Metropolitan Opera de New York sur une distance de quelques kilomètres. En quelques années, les émissions de messages ou de programmes deviennent une réalité quotidienne, de sorte que la diffusion de l'information sur le plan planétaire ne trouve plus de véritable obstacle technique. Une quinzaine d'années plus tard, on peut déjà énumérer un demi millier de stations émettrices aux États Unis d'Amérique, et pendant la seconde guerre mondiale, le rôle de la radio a été primordiale pour l'information, mais aussi pour la propagande. Mais entre-temps, dès 1923, John Bord, inventeur probable du terme "televisor", s'imagine la première télévision mécanique. Cependant, ce sont René Barthélemy et d'Henri de France qui réussissent, en 1932, à transmettre une image à distance grâce au tube cathodique, ce qui met en œuvre la présence, non plus d'une onde sonore matérielle, mais d'un processus plus complexe basé sur le décodage de l'image originelle pour être transmise sur le mode de sa refiguration.

La visualisation des choses et des êtres se trouvant à distance modifie, plus radicalement que l'onde sonore, les relations humaines et les rapports des êtres humains avec les événements et les choses. Cette nouvelle forme de communication est d'autant plus efficace qu'elle a réussi à intégrer dans son mode de communication les films de cinéma, annulant les déplacements dans des salles extérieures au foyer, et les reportages vivants ou rétrospectifs, multipliant à l'infini la possibilité de connaître les autres et le monde. Aujourd'hui, les télévisions dans l'ensemble des pays du monde proposent des programmes tellement diversifiés et variés que l'information se multiplie presque à l'infini, édifiant, chaque jour, un monde de sons et d'images qui se manifeste comme un monde en quelque sorte parallèle, qui mêle réalité et fiction. Avec la révolution informatique, la multiplication des logiciels et le réseau Internet, l'humanité pénètre désormais dans une ère nouvelle où, à travers un simple appareil sophistiqué et un écran, chacun de nous, dès son enfance, peut apporter un nombre considérable d'informations audiovisuelles jusqu'à lui. Il forme un mode immatériel quasi infini selon ses besoins et sa curiosité. Nous sommes loin de l'époque où Aristote soutenait qu'il faut que les cités soient petites, pour éviter qu'elles ne vivent des situations comme celles des Babyloniens qui ignoraient que la moitié de leur ville était conquise, parce qu'elle était trop grande pour qu'ils en soient informés. La remarque peut nous paraître pittoresque aujourd'hui, mais n'oublions pas que les systèmes des postes et des communications à distance constituent l'une des plus grandes révolutions technologiques de tout temps. Pourtant, nous commémorons encore, dans les activités sportives, grâce au marathon, ce messager qui a couru de Marathon à Athènes pour annoncer la victoire des Grecs sur les Perses, ce qui serait aujourd'hui immédiatement connu grâce aux téléphones portables.

Ces révolutions technologiques successives illustrent à la fois les innombrables possibilités qui nous sont offertes et en même temps les limites stupéfiantes de nos possibilités d'avoir quelque prise sur le monde qui nous englobe et nous cerne de toute part. Je veux dire par là que, pour la première fois, l'être humain a à sa portée des informations illimitées, mais en même temps il est le plus souvent dans l'impossibilité d'en estimer la véracité et la pertinence. Plus, il n'est même pas capable de repérer quels sont les acteurs qui possèdent le pouvoir économique de tous ces instruments et toutes ces opérations, liés inextricablement à la finance. Déjà en 1997, *Le nouvel Observateur* dévoilait ce qu'il appelait, un peu péremptoirement, "Les 50 maîtres du monde", 27 américains, 17 européen et 6 asiatiques qui "décident pour nous"[3].

Pour amorcer dès lors le débat, je peux dire que dans le temps infime des informations matinales, en quinze ou vingt minutes qui s'écoulent au réveil, entre le rêve et l'éveil, nous avons l'impression d'appréhender l'essentiel des nouvelles du pays où nous habitons et en même temps de celles du monde. Cette situation, sûrement absurde, nous suffit néanmoins à nous intégrer, sans trop nous perturber, dans le train de vie qui consolide notre existence. Dans le déroulement de notre vie quotidienne, nous avons ainsi le sentiment de bien maîtriser un certain nombre de choses : dès que nous nous levons, nous amorçons un rituel quotidien dans la salle de bain, la cuisine, la salle à manger, sur le chemin de notre travail, seul ou avec les membres de notre famille, etc. Nous pensons et agissons selon un rythme et une régularité dont rien ne trahit la précarité et l'impuissance ; au contraire, nous vivons comme si nous maîtrisions notre destin quotidien. Au fil de nos actions, le plus souvent ritualisées selon un ordre que nous avons établi au cours du temps, nous évitons de penser que le temps est limité et qu'il faudrait, pour être mieux informé, multiplier les moyens d'information. Nous évitons de passer en revue d'autres postes de radio européens ou extra-européens, ou de nous précipiter sur les journaux d'autres pays qui pourraient nous révéler, au-delà des mêmes nouvelles planétaires issues des mêmes agences de presse, beaucoup de nouvelles inédites et intéressantes sur les événements locaux ou mondiaux, la littérature et l'art, l'histoire et la science, etc. Il est étrange que la faible maîtrise que nous avons des choses et des événements donne néanmoins l'impression de nous suffire aussi facilement, au point de la considérer comme étant apte à pouvoir juger de tout et à former une opinion sur tout, alors qu'en réalité nous ignorons presque tout.

Or, à supposer que nous trouvions parfois le temps de nous ouvrir à une information plus étendue, en élargissant les limites de nos intérêts directs, est-on sûr que cela suffirait à améliorer sensiblement notre si-

[3] *Le nouvel Observateur*, 1682, 30 janvier- 5 février 1997, pp. 8-18.

tuation face à la complexité incommensurable de la réalité qui nous entoure ? Devant un monde profusionnel, en quelque sorte à l'infini, nous avons nécessairement le sentiment que les nouvelles aussi nombreuses soient-elles n'en demeurent pas moins négligeables, et que leur caractère délocalisé par rapport à l'espace de proximité dans lequel nous vivons, les rend peu intéressantes ou peu claires pour nous. Il nous paraît même évident que, face aux limites du temps dont nous disposons quotidiennement, nous ne pouvons que découvrir qu'une telle enquête absorbe beaucoup trop de notre temps. Nos limites temporelles confèrent au temps une valeur, tout comme la rareté accroît le prix des choses. C'est pourquoi, pour les hommes d'aujourd'hui, le temps, dit-on, "coûte cher". C'est là une lecture du temps que nous accordons bien à la structure du monde technico-économique dominant à notre époque, mais qui ne doit pas pour autant être comprise littéralement. Certes, la limitation du temps est un fait objectif qu'aucune métaphore ne saurait dénaturer, tout comme rien ne saurait changer le fait que l'espace qui nous concerne quotidiennement est très restreint, quel que soit le nombre de déplacements que nous serions capables d'accomplir en une seule journée, et aussi loin que nous serions capables d'aller. Ménager le temps et l'espace de la vie quotidienne n'est pas une mince affaire, ni sans conséquences pour évaluer l'horizon que nous pouvons esquisser et la configuration du monde qui est à notre portée. Le fait de qualifier ou non le temps sous le mode d'une valeur ("il coûte cher", "il est précieux", etc.) en fait, dans l'espace vital dans lequel nous nous insérons chaque jour, un des facteurs qui nous *presse*, qui agit sur nous avec un poids à peine supportable, provoquant souvent une forme de souffrance.

Qu'on le veuille donc ou non, nous souffrons souvent à cause de la limitation du temps, de l'absence de temps, face à ce que nous devons faire, à cause de l'urgence de ce qui doit être fait et à cause d'une multiplicité de tâches qui nous sont assignées ou que nous nous imposons. Nous en souffrons même plus qu'en raison de notre incapacité à avoir quelque prise sur l'espace qui s'étend hors de notre portée. Débordés par le temps, les êtres humains affrontent sans cesse une pression qui les fait souffrir, conscients que le temps limité ne les autorise à accomplir que quelques tâches à leur portée, écartant aussitôt les multiples possibles qu'ils souhaiteraient réaliser. Cette antinomie temporelle de la proximité fait voir que l'information que nous espérons acquérir ne parviendra jamais à justifier le temps que nous sommes disposés à consentir. Elle risque de déstabiliser nos préoccupations immédiates, l'urgence des décisions et des actions, perturbant notre équilibre vital dans notre vie quotidienne. C'est pourquoi, même lorsque nous consultons un quotidien, une hebdomadaire ou un périodique, la plupart d'entre nous sacrifie le plus grand nombre des informations qu'ils contiennent, non pas tellement par manque d'intérêt, mais le plus souvent par manque de temps. J'avoue que je n'ai jamais lu un journal entièrement, et que, dans la profusion des informations qu'il offre, j'ai toujours pratiqué la politique de l'incision et des découpages, n'abordant, du corps du texte, que quelques aspects bien choisis, comme le font les chirurgiens lorsqu'ils opèrent un corps. Face à la pression de l'information que nous recevons, inversement proportionnelle à nos possibilités de lecture, nous ne pouvons, par la force des choses, que sélectionner une partie infime de ce que nous devons ou souhaitons savoir. Qu'on le veuille ou non, aussi attentifs que nous soyons pour préserver notre autonomie grâce à une bonne information, nous sommes toujours mal et partiellement informés, alors que sur base de cette information nous forgeons nos opinions, prenons nos décisions et déterminons souvent notre destin et celui des autres.

De ce qui précède, il apparaît que, face à l'abondance des événements qui adviennent et qui arrivent chaque jour sur notre planète, et face aussi aux informations qui jaillissent à profusion mais ne relatent qu'une partie infime de ce qui advient, aucun d'entre nous n'est capable de faire davantage que relever et découper dans ce tout que des parties fragmentaires, des éléments singuliers et disséminés, des traces à peine consistantes. Les choses se passent comme dans le cas où nous recueillons quelques gouttes d'eau dans un vaste océan, quelques grains de sable dans une montagne ou quelques morceaux de bois dans une forêt. Il est vrai que les exemples de l'océan, de la montagne ou de la forêt ne sont peut-être pas ceux qui conviennent le mieux pour illustrer les rapports au monde qui sépare l'expérience que nous avons des choses de la réalité profusionnelle. Tandis que nous percevons sans peine que les quelques gouttes d'eau, les grains de sable ou les morceaux de bois ne nous autorisent pas à appréhender le tout de l'océan, de la montagne ou de la forêt avec tout ce qu'ils contiennent, nous vivons en revanche souvent dans l'illusion de pouvoir maîtriser à partir de quelques nouvelles, l'ensemble des événements de la planète, comme si nous souhaitions nous laisser aveugler par une vision partielle des choses, pour ne pas se laisser entraîner dans un flux chaotique, oppressant et irrécupérable. Tout se passe comme si dans notre rapport au monde une forme d'illusion sauvegardait la stabilité des multiples rapports foisonnants, pour préserver notre équilibre vital.

Bref, dans le cadre très limité des événements du monde transmis par la radio et la télévision, nous n'avons qu'une prise extrêmement partielle et partiale, comme si nous accomplissions des incisions et des découpages, formant les configurations constitutives de nos rapports au monde. Sans même nous interroger sur tout ce qui se passe dans toutes les activités humaines, dans les foyers, les institutions de toutes sortes, les entreprises de quelque dimension qu'elles soient, les centres d'enseignement et de recherche, les situations conflictuelles dans différentes régions de la planète, etc., le fait de consentir à nous limiter au contenu des nouvelles habituelles et accessibles, nous réconforte et nous sécurise, sans quoi nous serions pris dans une fuite en avant. Mais ces limitations, circonscrites par des configurations fécondes pour vivre et nous ajuster sur les événements avec le moins de violence, et même avec le minimum de souffrance répandent un voile d'opacité et d'ignorance sur tout ce qui demeure inaccessible, inconnu.

Ce qui nous est accessible par des configurations, je l'inclurai dans le concept de "monde proximal", et ce qui concerne l'inconnu qui nous échappe, je le désignerai par le concept de "monde distal" — que j'ai emprunté à Christophe Dejours. Tout en restreignant sérieusement notre maîtrise sur le réel, laissant le monde distal dominer le monde proximal, la pratique des configurations forme le mode par excellence des rapports de l'homme au monde. Cette proximité qui se donne comme naturelle, alors qu'elle est configurée artificiellement et d'une façon limitée, manque fatalement la profondeur et la complexité de ce dont il est question, manquant sa dimension existentielle, où dominent les souffrances et les joies qui touchent les êtres humains.

Ainsi, l'illusion devient pour ainsi dire nécessaire pour nous sécuriser. Elle nous apprend que nous contribuons, à notre insu, à la *promotion* de ce que nous pouvons ou voulons savoir, en tirant en même temps l'*impression* d'avoir une grande maîtrise sur le tout. Cette impression, soumise à une promotion problématique de ce qui est à connaître, suscite un véritable embarras, une aporie profonde (comme on dit en langage philosophique), qu'on ne saurait dissimuler sans passer à côté de ce qui constitue l'essentiel de la question de la proximité. Cette *impression* illusoire, et pourtant nécessaire, se donne comme une bonne réplique à la *pression* que nous subissons le plus souvent par la souffrance qui nous *opprime* et touche celui qui a le sentiment de ne rien maîtriser, le poussant, dans des circonstances extrêmes, dans une sorte de *dépression*. Entre la pression et l'oppression de la souffrance, la dépression que nous risquons de subir et l'impression salutaire de ménager les rapports de l'homme au monde se noue une curieuse connivence secrète, qui se dissimule dans nos rapports de proximité au monde, qu'il faudra donc scruter de plus près et en élucider le sens et la portée. Aussi importe-t-il de circonscrire le sens de cette promotion qui découpe dans le réel quelque chose qui se donne comme pertinent, comme si nous devions y accomplir des incisions pour mieux discerner les contrastes et les lignes directrices qui sortent de ce que nous qualifions le “réel”.

Face à un réel qui nous échappe, qui se dérobe sans cesse, et qu'il convient pourtant d'approcher par tous les moyens possibles pour se ménager une place dans ce monde, il faut prendre position et fixer des voies d'entrée, afin de vivre efficacement aussi bien avec les choses qu'avec les autres et avec nous-mêmes, avec les décisions qui s'imposent selon un degré d'accord avec le monde. C'est pourquoi, comme dans le cas du théâtre ou de la production d'un film cinématographique, il est impératif de commencer à clarifier ce qu'il convient de réaliser, à mettre en scène les données qui guideront nos chemins.

Première Section

Mises en scène

1. La présence profuse d'un impensé

1. *Proximité spatio-temporelle et proximité relationnelle*

Jamais auparavant, dans l'histoire humaine, les hommes n'ont parlé autant qu'aujourd'hui de proximité. Déjà, par elle-même, cette propension à utiliser abondamment le vocabulaire du rapprochement constitue un indice significatif de son importance, qui s'amplifie chaque jour davantage par le truchement des technologies contemporaines et par la volonté de créer des rapports plus humains dans nos démocraties et dans le monde, devenu planétaire.

Les moyens de locomotion et de communication développés surtout à partir du 19e siècle, avaient déjà progressivement diminué les distances sur notre planète. Aujourd'hui, ces moyens se sont amplifiés d'une façon spectaculaire et les technologies de l'information, les techniques numériques et de réseau, ainsi que beaucoup d'autres procédés en cours d'évaluation parviennent — et parviendront sans doute davantage encore à l'avenir — à anéantir en quelque sorte les distances. De même l'immédiateté et l'urgence s'imposent inéluctablement, de sorte que la diffusion de l'information selon le principe de sa divulgation “en temps réel” et l'organisation temporelle des activités ébranlent les notions d'attente et de patience, *configurant* de nouvelles structures planétaires où les êtres humains se ménagent des modes de vie inédits jusqu'ici.

Désormais, nous avons le loisir d'apporter dans nos foyers et nos bureaux des informations instantanées et difficiles à acquérir autrement ou de réaliser immédiatement ce qui demandait jadis de longs déplacements et du temps, parfois des mois et des années d'effort et de persévérance.

Nous pouvons atteindre des lieux qui seraient restés inaccessibles à la plupart d'entre nous, et nous nous sentons de plus en plus projetés vers un monde imaginaire, virtuel, qui produit, dans l'instant, une proximité avec un réel qui ne nous est pas immédiatement visible ou donné, voire avec de l'irréel qui devient visible alors qu'il ne se réalisera sans doute jamais. Des voyages sidéraux sont programmés ou imaginés, et il est possible qu'un jour proche ou lointain nos rapports avec l'univers et, grâce à ou à cause d'eux, les relations sur notre planète soient modifiés par leurs retombées techniques et leur influence sur les comportements humains. Enfin, les structures financières qui s'installent actuellement dans le monde technico-économique permettent des transactions financières instantanées et contribuent à l'acquisition, du moins pour une partie d'entre nous, de biens à crédit, alors qu'autrefois, les générations qui ont précédé devaient travailler toute leur vie pour obtenir un résultat comparable. Bref, le monde de la proximité spatio-temporelle se répand partout et nous interpelle inexorablement, car son émergence, en tant que phénomène généralisé de notre époque, pénètre tous les rouages de la société et touche au plus profond notre vie quotidienne.

Toutes ces données, — on pourrait en ajouter beaucoup d'autres —, bouleversent profondément notre perception de l'espace et du temps, au point de réaliser un monde pour ainsi dire sans distance[1] et de promouvoir un mode de vie qui impose l'immédiateté et l'urgence[2], au point qu'on ait pu dire que notre "monde" vit dans l'obsession du mouvement et de l'action[3]. Elles sont si nombreuses et si complexes qu'elles font voir que la question que j'esquisse ici ne constitue qu'un aspect d'un édifice immense, qui demeure encore insuffisamment construit et peu habi-

[1] Pour reprendre une expression de Heidegger. Voir mon étude "Métaphysique et mythe. Introduction à la question de la proximité", dans *Spiritualité laïque*, Éditions de l'Université de Bruxelles, 1999, pp. 109-130.

[2] Voir à ce propos N. Aubert, *Le culte de l'urgence. La société malade du temps*, Paris, Flammarion, 2003.

[3] Cf. P. Sloterdijk, *La mobilisation infinie. Vers une critique de la cinétique politique*, Éd. Christian Bourgeois, repris dans la Coll. Point du Seuil, Paris, 2002 (orig. all. 1989).

té, abordé de façon partielle et fragmentaire. Pourtant, les données à notre disposition, aussi complexes soient-elles, me paraissent suffisantes pour amorcer une réflexion sur une question qui touche si profondément chacun de nous qu'elle ne peut être sans cesse différée. Elles mettent en relief un ensemble de proximités qui nous concernent directement : celles que nous entretenons avec nous-mêmes, celles que nous établissons avec tous ceux que nous côtoyons fréquemment ou sporadiquement et celles que nous réalisons avec les choses qui nous entourent.

Ces diverses formes de proximité attestent que les efforts que les êtres humains produisent depuis fort longtemps pour diminuer les distances et la longueur du temps commencent à porter leurs fruits. Ce qui apparaissait jadis, dans un passé encore récent, comme un rêve impossible, souvent compensé par l'imaginaire mythique ou la fiction, devient aujourd'hui une réalité effective, même si cela demeure encore, pour beaucoup d'êtres humains, à peine tangible. C'est pourquoi, bien que ces efforts puissent être mis en valeur également pour d'autres époques, ils expriment surtout un trait essentiel de notre contemporanéité, ne serait-ce que parce que les progrès technologiques les plus spectaculaires et la concentration des populations dans un espace restreint appartiennent surtout à notre époque. Cette situation modifie profondément la vie de chacun d'entre nous et dessine l'horizon d'une nouvelle ère qui rompt radicalement avec le passé et qui porte la question de la proximité spatio-temporelle au premier plan.

Du reste, il est à peine exagéré de dire que même si la rapidité des transformations anéantit notre conscience du passé et nous contraint à nous adapter rapidement au monde qui surgit sous nos pas, les nouvelles méthodes de connaissance et les nouveaux moyens d'investigation et de communication contribuent également à la compréhension du passé lui-même. Sans eux, beaucoup de choses du passé et du présent nous demeureraient mal comprises ou mal acquises, inaccessibles ou inconnues. Si les mythes, les fictions et les utopies ont toujours été le lot, certes étrange et fécond, de l'imaginaire culturel, jamais cependant les êtres humains n'ont eu à leur portée autant de moyens techniques et de méthodes à leur disposition, susceptibles de les approcher du passé et de rendre plus accessibles les mythes. Jamais non plus les êtres humains n'ont eu tant de chance d'espérer que l'on pourrait réaliser certains contenus de l'imaginaire et créer des mondes imaginaires. Grâce aux techniques et aux objets qui les fabriquent, parmi lesquels figurent les procédés numériques et les techniques audiovisuelles qui envahissent notre vie quotidienne, les fictions elles-mêmes franchissent les frontières de l'impossible pour se convertir, à travers une nouvelle forme de proximité, en mondes possibles. Mais s'il en est ainsi, si l'espace et le temps sont eux-mêmes soumis à une forme de relation irréelle au monde, ces deux variables ne peuvent constituer les seuls critères de la proximité, car elles se laissent manifestement déborder par un autre type de proximité, qui est d'ordre *relationnel*.

Heidegger, le premier, a insisté sur le fait que la diminution des distances ne signifie pas nécessairement que nous réalisions une proximité, car quelque chose de proche dans l'ordre de l'espace peut nous demeurer étranger, alors que quelque chose d'éloigné peut nous être très proche d'une autre façon. Certes, Heidegger, comme d'ailleurs d'autres penseurs contemporains, n'a pas abordé la question de la proximité à partir de la fiction, comme je viens de l'esquisser ; il opte pour une approche plus "métaphysique" où, nous le verrons, interviennent la mort, l'Être, la totalité, l'entièreté, etc. En quoi ces notions nous sont plus proches, voire le plus proche, constitue une question qui demeure, à mes yeux, sans réponse claire et indubitable. Cela ne m'empêche pas de souligner que Heidegger a au moins le mérite de discerner l'*ambivalence* de la question de la proximité, qui met en jeu la proximité spatio-temporelle et la proximité relationnelle. Par là, il a ouvert la voie à la possibilité d'une proximité relationnelle, indépendante de la proximité spatio-temporelle. Cette perspective échappe souvent aux chercheurs, ce qui empêche une véritable analyse de la proximité.

En revanche, parmi ceux qui ont abordé la question de la proximité, certains en ont discerné d'autres dimensions ignorées par Heidegger, par exemple, le lien entre proximité et souffrance humaine, la différence entre "monde proximal" (proche du sujet) et "monde distal" (distant du sujet) qui suppose de l'indifférence ou de l'inconnu[4]. Cette

[4] Je pense au travail remarquable de Christophe Dejours sur la *Souffrance*

perspective me paraît féconde, non seulement pour l'élucidation du concept de proximité, du fait que l'épreuve de la souffrance est une épreuve dont la proximité forme les cadres, mais aussi parce que la souffrance est au cœur de notre vie et constitue un problème majeur de la vie humaine et de l'humanité dans son ensemble.

Toutefois, suite à mes réflexions depuis plus d'un quart de siècle sur l'opposition aristotélicienne entre, d'une part, ce qui est plus proche, plus familier, plus clair et plus connu *pour nous* et, d'autre part, ce qui est plus proche, plus clair et plus connu *en soi*[5], je suis arrivé au-

---

en France. La banalisation de l'injustice sociale, auquel j'ai déjà fait allusion dans la note liminaire, même si son point de vue me paraît limité, car il confond souvent les différentes formes de proximité et comprend généralement la proximité selon une perspective spatio-temporelle.

[5] J'écrivais déjà en 1980 (dans la première édition de mon livre *La* Physique *d'Aristote*, Ousia, Bruxelles, 1997[2], parue à l'époque sous le titre *L'avènement de la science physique*) que "cette opposition qui exprime en quelque sorte la façon humaine de connaître le réel — et qui se substitue au mythe platonicien, ou annonce la démarche néoplatonicienne et la philosophie transcendantale kantienne — constitue peut-être le *leitmotiv* de toute la philosophie des principes aristotéliciens (...)". J'ajoutais que cette opposition désigne une loi formelle, très générale, qui prescrit les cadres dans lesquels se déploient tous les procédés utilisables pour l'établissement des principes : l'induction, la division, l'aporétique, la méthode de classification, voire l'usage méthodologique de la *technè*, etc. Je parlais même de la règle de la "double connaissance" (pp. 81-91). En réalité, cette formulation thématise une approche qui est assumée d'une façon plus empirique et plus étendue par toutes les cultures humaines. La plupart d'entre elles utilisent, pour expliquer les choses, des "schèmes" de proximité, qui reprennent les expériences les plus concrètes et les plus familières de l'homme, comme la parenté, la violence, l'amour, etc. Ces expériences concrètes ont permis la formation de généalogies (anthropogonies, cosmogonies, théogonies). Mais d'autres schèmes ont été aussi utilisés comme le chemin, notamment dans les épopées, les mythes de voyage et les quêtes, qui donnera, après Parménide, la méthode. D'autres schèmes encore, nous le verrons, dominent dans l'Antiquité, comme l'artisanat, le tissage, le miroir, le théâtre, etc. L'époque contemporaine y ajoute de nouveaux schèmes, comme le jeu, et moi-même dans ce travail, je prolonge ce schème en y reprenant les éléments du théâtre, mais selon la version contemporaine, plus élargie, qui tient compte également du septième art.

jourd'hui à la conclusion que même cette perspective qui distingue proximité spatio-temporelle et proximité relationnelle, et qui peut associer la proximité et la souffrance humaine, ne couvre pas l'ensemble du problème de la proximité, et risque, de ce fait, de négliger la question de la souffrance elle-même. Déjà la question de savoir si une connaissance en soi est possible soulève des difficultés depuis l'Antiquité, et nous conduit au domaine de ce qui est *inconnu* ou même *complexe* mais peu connaissable. Le concept de “monde distal” permet d'intégrer cette perspective dans l'opposition entre ce qui est plus connu pour nous et ce qui est plus connu en soi, mais en reconnaissant la possibilité que cette seconde option soit problématique et qu'elle mette en jeu également ce qui demeure (définitivement ou provisoirement) *inconnu*.

Nous devons donc aller plus loin et nous interroger sur l'extension possible de la proximité et de ses limites, ce qui touche à tout ce qui demeure inconnu pour nous ou complexe. Cette perspective dérange le plus souvent, et c'est pourquoi nous avons tendance à la négliger au profit d'une volonté (ou nécessité) de simplification et de réduction. Ce qui me paraît remarquable, c'est que cette extension ne se limite pas à une situation, mais concerne plusieurs perspectives du réel, qui vont de la fiction jusqu'à la complexité toujours plus éloignée des choses, en passant par plusieurs niveaux et domaines du réel, que nous pouvons penser, nous le verrons, sur le mode de *configurations* multiples et variées.

Mais commençons par les choses les plus simples, les plus concrètes, les plus immédiates et les plus habituelles.

2. *L'expérience de la proximité*

Une chaise placée à côté de moi est proche au point de vue spatial mais aussi longtemps que je n'en fais pas l'objet d'un regard, d'une pensée, d'une parole ou d'un usage, je n'en ressens aucune proximité. En revanche, un objet convoité, aussi loin qu'il soit situé, mais qui mobilise mon attention et mes projets fait partie de mes préoccupations et devient quelque chose de très proche. De même, un parent ou un ami installés au fond d'un continent peu accessible, où je n'irai sans doute jamais, peuvent être plus proches, parce que je pense à eux et je ressens de la souffrance quand je ne parviens pas à rentrer en contact avec eux ou de la joie chaque fois que je communique avec eux. Il en va de même pour une œuvre d'art dans un musée que je ne pourrais pourtant pas acquérir sinon par des simulacres, car lorsque j'en parle ou je l'étudie, elle appartient aussitôt à la sphère de ma proximité. Je pourrais en dire autant pour un auteur disparu, comme Aristote par exemple, sur lequel j'ai passé une grande partie de ma vie, car il m'est plus proche que beaucoup d'autres choses et d'autres vivants et habitants de notre planète dont rien ne me rapproche parce que j'ignore leur présence ou leur existence. Même absent, Aristote peut susciter en moi des souffrances par le travail que son œuvre m'impose pour l'élucider et des joies pour tout ce qu'elle m'offre comme nourriture spirituelle.

D'ailleurs, restant fidèle à l'esprit de mon étude qui cherche à intégrer une approche selon les règles de la proximité, je ne manquerai pas de me référer à la pensée d'Aristote, en la comparant avec des pensées contemporaines. Certes, cela pourrait, à juste titre, agacer certains de mes lecteurs ; mais cet agacement pourrait les aider à prendre mieux conscience qu'eux-mêmes surdéterminent, dans leur vie, des figures et des configurations de ce type en fonction de leur formation, de leurs habitudes, de leurs goûts, qui sont révélateurs d'une attitude qui cherche à s'appuyer sur ce qui est le plus familier pour trouver rapidement et par des raccourcis leurs références et leurs marques dans leur cheminement à travers la complexité du réel, que le plus souvent nous ignorons tous dans nos démarches. Pour ma part, cette réminiscence d'Aristote n'implique nullement que je suis un adepte de l'aristotélisme — qui me semble une pensée du passé, le plus souvent dépassée —, mais une illustration efficace d'une démarche normale : prendre appui sur ce qui est familier (même s'il est absent) et comparer le passé et le présent pour mieux marquer les distances. Cette démarche fait aussi voir pourquoi tous les peuples de notre planète perpétuent le culte des ancêtres et multiplient les récits à leur sujet, et, en plus, s'appliquent par des rites à garder le contact avec eux pour conserver plus active leur présence supposée dans l'invisible actuel.

Je pourrais multiplier ces exemples, pour illustrer l'ambivalence profonde de la proximité qui assigne à la proximité relationnelle un rôle éminent dans notre vie et nos cultures. Mais je pourrais aussi m'attarder sur d'autres exemples qui, d'une façon plus générale, précisent davantage la proximité spatio-temporelle aujourd'hui, dans la mesure où il nous est désormais possible de rapprocher, par les moyens technologiques à notre disposition (dont le téléphone mobile et le réseau Internet sont les derniers joyaux incontournables), des "choses" et des "êtres" qui nous sont très éloignés, en créant des relations qui abolissent les distances spatio-temporelles, et dont les degrés de proximité varient selon les cas, effaçant toute mesure et toute limite prescriptible d'avance. Dans cet ordre d'idées, plus une chose devient *familière*, par son usage (par exemple une chaise ou un outil) ou par la fréquentation (par exemple un animal apprivoisé et vivant dans notre foyer, et plus particulièrement un être humain proche), plus la proximité *relationnelle* s'affine et affirme ses prérogatives, comme si les relations constitutives de l'homme (aux choses, aux autres êtres humains et à lui-même) métamorphosaient sans cesse ses rapports spatio-temporels. Les relations de familiarité et de quotidienneté constituent manifestement deux modes privilégiés de la proximité relationnelle, liés, l'un à l'espace et l'autre au temps, en les soumettant à une forme d'existentialité qui *transfigure* l'espace-temps de la physique.

À première vue, la proximité relationnelle s'impose davantage du côté de la spatialité, car le rapport que nous entretenons avec la distance et l'absence de distance nous paraît très familier. Chacun de nous marque ses relations avec son environnement comme des rapports de *position*. Relativement aux autres et aux choses, nous envisageons ce qui nous est le plus familier comme s'il était une sorte de point d'appui à partir duquel on peut se situer dans le monde. Nous aurons l'occasion de voir de plus près l'importance de la mémoire des lieux de notre vie quotidienne, en y intégrant des changements variables de positions et de relations qui guident tous nos pas et toutes nos actions. Mais de tels rapports apparaissent plus féconds encore lorsque la proximité relationnelle s'y associe et se réalise selon le minimum de distance, c'est-à-dire quand du moins notre monde proximal se réalise à proximité de notre domicile, et dans ce que l'on peut appeler les "territoires de l'intime"[6]. Cela arrive dans la vie familiale, dans l'amour et les amitiés, dans le cadre aussi des lieux de travail, d'échange et de services — lorsqu'on fréquente des magasins, des hôpitaux, des maisons de retraite, des salles de spectacle ou de conférence, des galeries d'art, des bureaux administratifs, des postes, des postes de police, des bibliothèques, etc. Tous ces lieux forment notre monde proximal le plus immédiat et tissent nos innombrables actes et relations de proximité.

Toutefois ces relations ne sont pas nécessairement et à priori positives et fécondes, configurant une vie paisible et idéale ; elles peuvent devenir négatives, néfastes et dangereuses dans le cas où l'insécurité et la méfiance envahissent l'espace vital dans lequel nous vivons. Qu'il s'agisse de la délinquance incontrôlée, de conflits personnels, de troubles politiques, de guerres, de calamités de la nature, etc., dans toutes ces circonstances, s'entremêlent l'absence de proximité ou/et la recherche d'une proximité de réconfort et d'entraide, d'indifférence ou de solidarité. De tels événements tantôt éloignent les personnes et tantôt les rapprochent, comme si la méfiance et la confiance régissaient les rapports humains. Mais dans tous les cas, il y a souffrance. Ce qui fait déjà voir que la question de la proximité n'est pas indépendante des sentiments et des émotions, et surtout des souffrances.

Il apparaît ainsi que cette surdétermination de la spatialité n'exprime pas entièrement le concept de proximité ; elle risque même de tronquer la réalité quotidienne qui inclut dans le vécu de chacun d'entre nous et dans nos rapports au monde une temporalité permanente où se manifeste abondamment une proximité relationnelle dans l'ordre du temps. Celle-ci s'accomplit tantôt sous la pression de l'immédiateté et de l'urgence, et tantôt sous le signe de l'attente et de la patience. Nous constatons en effet que s'il arrive aujourd'hui que l'urgence déshumanise l'être humain en le contraignant à précipiter ses décisions et à remplir sans cesse et par tous les moyens son temps sous prétexte que

[6] Pour reprendre ici l'expression utilisée par Robert Neuburger : *Les territoires de l'intime. L'individu, le couple, la famille*, Éditions Odile Jacobs, Paris, 2000. Je citerai par l'abréviation TI.

"le temps coûte cher", ou que l'information diffusée en direct serait plus crédible, elle constitue néanmoins aussi, à l'occasion des dangers, un facteur de salut. Les services d'urgence, qu'il s'agisse des pompiers, des ambulanciers, des médecins, des polices, des patrouilles côtières, etc., forment autant d'exemples qui révèlent le caractère fécond de l'immédiateté elle-même. Mais ce qui révèle la valeur incontournable de l'urgence, ce sont les catastrophes techniques ou naturelles, dont l'ampleur est telle parfois que seuls les secours rapides et les aides efficaces, qui limitent les delais, sont susceptibles de sauver des vies humaines et d'empêcher que les souffrances de milliers d'êtres humains deviennent insupportables. Cela signifie aussi, sur le plan de ce qui demeure en dehors de ces états limites, dans la proximité de chacun de nous, au cœur de la vie quotidienne, que les problèmes multiples qui touchent les êtres humains, soumis à des souffrances visibles et invisibles, requièrent également des solutions urgentes, et non (plus) seulement des promesses qui diffèrent sans cesse les réponses et perpétuent ou accroissent les souffrances.

C'est pourquoi il convient de modérer les critiques, fréquentes aujourd'hui, contre le monde actuel, pris d'une frénésie qui ressemblerait à une fuite en avant et à une perte de sens, car de telle critiques risquent de limiter les solutions à des structures opposées, requérant un autre type d'"urgence", fondé sur la quête d'une forme d'immobilité active[7].

[7] Je songe ici à l'une des thèse à la mode de Peter Sloterdijk qui, à travers un post-heideggerianisme de la *praxis*, critique la modernité et la postmodernité en vue de promouvoir un modèle inspiré de l'immobilité taoïste plutôt que de la sérénité heideggerienne, — modèle "urgent" de rechange, fondé sur l'auto-expérience et l'automédiation salvatrice du monde. Refigurant les vers de Hölderlin dans *Patmos* ("Mais où il y a danger, croît aussi / Ce qui sauve") popularisés par Heidegger, ce penseur comprend la salut "qui croît", non plus comme chez Heidegger, par la réalisation d'un *autre* rapport aux choses (inspiré de l'approche poétique), mais par opposition, selon une connotation politique, à la frénésie de mobilité, selon "un affaiblissement de la résistance qu'opposent des subjectivités rigides aux urgences du processus du monde". Il convient de promouvoir "la souplesse des sujets pour la perception de leurs qualités extatiques et médiales". Pour atteindre un tel objectif, il conviendrait

L'opposition pertinente qui, nous le verrons, semble ressortir de notre contemporanéité n'est pas de choisir entre le mobilisme et l'immobilisme (aussi raffiné soit-il, c'est-à-dire axé sur une nouvelle forme de "mystique"), mais entre tout mobilisme et immobilisme qui suscite des souffrances et la lutte perpétuelle contre les souffrances au moyen de la proximité.

---

de réaliser, à la suite d'une critique radicale du politique fondé sur le "vide de crédibilité", l'incarnation des principes venus d'en haut et l'éthique des principes, "une éthique des urgences" qui désensibilise "cyniquement" contre les impératifs anciens et nouveaux de la conscience morale, en vue de promouvoir des rapports de vie "pleins d'esprit avec soi-même" selon leur dynamique propre, où des "perspectives infinies sur l'auto-éclaircissement de la vie s'ouvrent dans les processus d'apprentissage postmétaphysiques". Il ne s'agit pas, selon l'auteur, d'insérer entre un monde déplorable et des cœurs sans scrupules un immoralisme, mais, au contraire, de sensibiliser des consciences morales mouvementées dans les autorégulations du monde. Cela suppose que l'on conçoive "le monde comme un processus intelligent et généreux qui, on ne sait comment, garde la possibilité de vouloir du bien à soi-même", et que l'homme politique, pour reconquérir sa crédibilité, devienne "le médium des urgences avec lesquelles le processus du monde travaille les consciences morales et les surmenant, en les provoquant et en les démolissant". Les consciences morales individuelles deviendraient ainsi "des capteurs intelligents d'un monde qui, précisément, grâce à l'apparition de ces capteurs, peut entrer dans un rapport d'autoguérison avec lui-même". (*op. cit.*, pp. 199-238). En fait, la notion de "monde" ainsi comprise, qui associe d'une façon indissociable une totalité objective à la subjectivité, est davantage inspirée de la conception hegelienne du *devenir* de l'Esprit et, de ce fait, se rapproche de celle d'E. Fink et de K. Axelos, plutôt que de celle de Heidegger qui est comprise, d'abord (dans *Être et Temps*), comme condition transcendantale de toute expérience du Dasein (comme être-au-monde), et, ensuite, comme le Quadriparti du Ciel, de la terre, des divins et des mortels. C'est cette différence qui fait qu'alors que pour Heidegger, nous le verrons, l'homme est "configurateur" de monde, pour Sloterdijk, il doit devenir un "capteur" intelligent du monde, capteur qui se convertit par la fonction politique en "médium des urgences". Au-delà des ambiguïtés du propos, cette dernière thèse me semble intéressante, à condition qu'elle tienne compte surtout de la question des souffrances humaine et de l'urgence de les affronter au moyen de politiques de proximité.

En somme, les rapports que les êtres humains entretiennent avec les choses, avec les autres et avec eux-mêmes, qu'ils soient considérés du point de vue de l'espace ou du temps ou du point de vue relationnel, *configurent* diverses formes de proximité. Tout être humain, quel qu'il soit, vit au jour le jour et configure à chaque instant un espace temporel, une durée d'une densité inouïe. Ce qui est quotidien configure l'espace temporel qui s'étend dans le laps de temps qui unit le jour et la nuit, l'espace de l'éveil et du sommeil. La quotidienneté concerne des situations qui forcent toute tentative de différer ce qui ne devrait pas l'être. Le plus souvent elle cherche à allier l'immédiateté temporelle avec la diminution des distances en favorisant les services de proximité, elle rythme notre vie d'une façon immédiate et permanente, à travers une variété d'attitudes possibles, mais qui limitent leurs possibilités sous la pression de lois inextricables et inexorables. Cette *pression* pousse les êtres humains à ne se fier qu'à l'immédiateté, à tout ce qui s'oppose à la volonté de différer les informations, mêmes si celles-ci paraissent nécessaires pour vérifier et éprouver les événements, ou de postposer des décisions quand bien même elles seraient indispensables pour édifier des projets d'avenir. Le monde politique s'aperçoit de plus en plus de l'importance, voire de la légitimité, de la vie quotidienne des citoyens, des exigences immédiates pour une vie meilleure, sans différer le bien-être indéfiniment. À la précarité multiple qui touche la vie de beaucoup d'entre nous, s'oppose et s'applique (ou devrait s'appliquer) le développement durable.

Or, de plus en plus, dans nos démocraties, toute attitude qui ajourne des décisions concernant le bien-être économique ou la qualité de vie ébranle *la confiance* des citoyens envers ses dirigeants. Mais paradoxalement cette exigence, d'après laquelle les citoyens ont leur mot à dire sur le statut et la qualité de leur vie quotidienne, s'accomplit au détriment d'informations plus circonstanciées sur ce qui est recherché, et à l'encontre de visions plus ambitieuses à moyen ou long terme, empêchant de véritables projets de société, susceptibles de profiter à l'ensemble des citoyens. À telle enseigne que l'exigence légitime de l'immédiateté risque souvent de mettre entre parenthèses une information plus correcte sur le présent et une vision plus claire de l'avenir.

Elle transfigure la politique démocratique en de multiples procédures de gestion qui subvertissent des proximités relationnelles plus fécondes au profit des intérêts immédiats des citoyens. Il apparaît ainsi que la proximité temporelle recèle une profonde ambiguïté et s'allie sans cesse avec la proximité spatiale, montrant ainsi que la question de la proximité concerne l'homme dans sa totalité, et donc aussi l'ensemble de ses rapports au monde.

Lorsqu'on se rend compte de la fécondité de la proximité relationnelle et de l'ambiguïté qui accompagne la quotidienneté, on est aussitôt confronté à un autre mode habituel de la proximité, résumé par la notion de *familiarité*. Celle-ci est souvent comprise comme le mode de vie qui représente le plus authentiquement la proximité. Il est vrai que la famille apparaît comme un foyer où règne une proximité à la fois spatio-temporelle et relationnelle, fondée sur la *parenté*. Être membre d'une famille, aussi étendue que soit la structure généalogique qui la définit (par exemple en Afrique), suppose un ensemble de rapports de proximité. Aussi parle-t-on parfois de quelque chose de "familier" pour faire état de quelque chose ou de quelqu'un qui manifeste une plus grande proximité. Le même langage est utilisé pour relater une expérience familière, résultat le plus souvent de nos habitudes. L'habitat et les habitudes constituent, depuis l'Antiquité, deux notions qui expriment ce type de familiarité, développé par Aristote à travers des notions devenues célèbres, telles que l'*ethos* (mœurs) et l'*èthos* (qualité de caractère), à partir desquelles a été formé le terme "éthique". Elles ont été reprises à l'époque contemporaine par Pierre Bourdieu lorsqu'il remit au premier plan la notion d'"habitus"[8], et par certains moralistes

[8] P. Bourdieu, *Le sens pratique*, Éditions de Minuit, Paris, 1980. Selon Pierre Bourdieu, l'*habitus* est le produit de l'apprentissage qui crée des dispositions durables et transposables dans l'ordre de l'inconscient, mais qui autorise des adaptations, c'est-à-dire une certaine aptitude à évoluer librement dans un milieu déterminé. Il est proche, du moins structurellement, de l'*hexis* aristotélicienne, avec cette différence que Bourdieu accentue sa dimension sociale et son aptitude d'évoluer, alors que chez Aristote il s'agit d'une sorte de "possession" individuelle qui ne peut être ébranlée qu'avec beaucoup d'effort.

qui distinguent la morale et l'éthique. Cette complexification ne doit pas dissimuler l'origine de la problématique de la “familiarité”.

Rendre plus familier l'environnement, grâce à des stratégies de proximité, est sans doute l'un des modes les plus efficaces pour rapprocher les êtres humains. Ce n'est dès lors pas une coïncidence si, pour neutraliser les antagonismes et les confontations, nos sociétés favorisent la vie quotidienne des citoyens et diverses formes de familiarité, en mettant en œuvre des politiques, des administrations, des polices, des médecines, etc. (dites) de proximité. Cette stratégie n'est-elle pas le témoignage d'une prise de conscience que dans nos démocraties, après l'échec de nombreux systèmes de répression et des régimes totalitaires, les citoyens ne peuvent plus se contenter d'affirmations de principe ? Ne cherchent-ils pas des réponses à un ensemble de questions ? Par exemple, les distances entre les gouvernants et les gouvernés ne sont-elles pas devenues infranchissables ? Les rapports entre les services publics et les citoyens ne sont-ils pas dominés encore par les structures instaurées à l'époque où les administrations étaient hiérarchisées ou remplacées par une bureaucratie qui diffère les décisions ou les documents demandés ? Les relations entre les forces de l'ordre et les habitants d'une commune, d'une région ou d'un pays ne sont-ils pas perturbés par le fossé d'une violence difficilement maîtrisable, d'une intégration mal engagée, d'une répression mal contrôlée et mal équilibrée ? L'accueil défaillant dans les milieux hospitaliers n'est-il pas soumis au régime d'une déshumanisation forcée par la complexité des technologies et des exigences médicales ? Dans les écoles, les éducateurs qui prennent en charge la formation des enfants et, par conséquent, le destin des futurs citoyens, ne se rendent-ils pas compte chaque jour que d'une génération à l'autre de nouvelles barrières les séparent de leurs élèves ? Dans les couples et les familles les rapports ne sont-ils pas subvertis par des pressions extérieures et par leurs recompositions à la suite des séparations et les divorces ? Face à de telles questions, il apparaît de plus en plus que les solutions doivent mettre en œuvre des proximités susceptibles d'améliorer la vie de chaque être humain dans un espace déterminé.

Bien que nos États ou les diverses institutions concernées proposent sans cesse des stratégies de proximité pour faire face aux difficultés et aux conflits, les citoyens ont néanmoins l'impression que partout règne une certaine impuissance à gérer, au quotidien et dans ce qui est familier, des situations qui nous débordent de toutes parts. La promotion de la familiarité et de la quotidienneté ne semble pas un remède pour toutes les situations et pour toujours. Le réel est trop complexe pour être réduit uniquement à de tels rapports. De plus, les situations précaires sont trop nombreuses et variables pour espérer les maîtriser sans difficulté et leur opposer des situations durables qui puissent diminuer les souffrances[9]. On peut même supposer que l'impuissance à gérer une réalité qui se dérobe et qui nous déborde de toutes parts n'est cependant pas étrangère à une confusion permanente entre proximité spatio-temporelle et proximité relationnelle. Une analyse de ce qui est quotidien et de ce qui est familier pourrait certes contribuer à mieux éclairer la proximité relationnelle, mais elle ne pourra combler une lacune inscrite dans la question de la proximité même, et qui concerne la *confiance* qui doit s'installer dans toutes les sphères de la société, aussi bien dans la sphère privée que dans la sphère publique, afin que la vie en commun soit possible.

Nous aurons l'occasion de voir de plus près que cette notion de "confiance" est essentielle dans la problématique de la proximité. Face aux pressions d'une vie difficile par elle-même, face aussi aux exigences d'une société complexe et diversifiée, face encore aux études inférieures, secondaires et supérieures dominées par l'accumulation croissante d'un savoir dispensé par des institutions inaptes à assumer l'égalité des chances, — égalité subvertie sans cesse par la pauvreté, les maladies, les handicaps sociaux, les conditions peu enviables de beaucoup d'immigrés dont l'intégration achoppe sur des attitudes identitaires (réciproques), etc.—, il résulte fatalement un sentiment diffus d'impuissance. Ce sentiment ne peut que subvertir la confiance nécessaire pour réaliser la vie commune et ne peut qu'alimenter une

[9] La question de la précarité est un thème important, peu analysé jusqu'ici. Je tiens à signaler que cette notion est actuellement l'objet des recherches d'un collègue de l'Université de Cluj en Roumanie, Cyprian Mihali.

défiance variable, voire généralisée. Cette défiance qui favorise les conditions d'une fermeture sur soi, d'un repli sur son propre groupe, configure des proximités identitaires qui multiplient les souffrances aussi bien de ceux qui ressentent des frustrations que de ceux qui subissent les haines et les hostilités.

Ce sont là quelques exemples qui révèlent que les enjeux de la proximité sont immenses, ne serait-ce que parce qu'elle peut contribuer à promouvoir des rapports plus fructueux entre citoyens, élus politiques et fonctionnaires de l'État, entre les divers entrepreneurs et ceux qui contribuent par leur travail et leurs créations au développement des entreprises, les citoyens de race et de religion différentes, les malades et les médecins, les élèves ou étudiants et les acteurs scolaires ou universitaires, les parents et les enfants, les camarades ou amis entre eux, etc. Ces exemples reflètent les faces visibles des icebergs qui dissimulent sous l'océan du monde contemporain des problèmes plus profonds et qui sont de nature à refroidir les rapports humains. Dans ces profondeurs invisibles, se nouent de nombreuses relations, en particulier les relations sinueuses et complexes entre familiarité et antagonisme, qui suscitent de profondes souffrances. De ce point de vue, le rapport de la proximité et de la souffrance humaine devient inéluctable.

En effet, aussi importante qu'elle soit, la familiarité n'implique pas nécessairement des rapports positifs et harmonieux, fondés uniquement sur la confiance. Une trop grande familiarité aves les choses peut les banaliser et peut produire des comportements mécaniques, sans réflexion ; de même une familiarité avec des êtres qui nous sont proches peut rendre insensible et entraîner des attitudes néfastes, car, au lieu de les apprécier selon ce qu'ils méritent, on ne retient parfois que les habitudes qui anéantissent l'affectivité ou l'amour et affaiblissent le sentiment de souffrance pour l'autre. C'est ainsi que des amours s'effacent, des amitiés se détruisent, des alliances se dénouent, des principes d'hospitalité s'amenuisent et des relations s'oublient ou ne deviennent plus que des fonctions ordinaires pour la réalisation d'une tâche ou d'une mission. Mais la situation peut devenir plus dramatique encore, lorsque les relations de familiarité se transforment en rapports d'antagonisme. Il peut arriver qu'à l'indifférence se substituent la méfiance, la haine, la volonté de vengeance et de destruction de l'autre. L'expérience humaine montre en effet souvent qu'une grande proximité peut générer des comportements de défiance, voire de haine.

Combien de conflits ne surgissent-ils pas à cause d'une forme de proximité spatio-temporelle qui provoque des antagonismes ? Qui n'a pas, dans l'esprit, les disputes de famille, les différends dans le milieu du travail ou de voisinage ? Quel pays n'a pas retenu dans les manuels de son histoire les litiges avec les pays voisins pour des intérêts qualifiés de vitaux? Comment qualifier les proximités identitaires lorsqu'elles légitiment un imaginaire d'exclusion de l'autre, adversaire ou non, pour constituer des corporatismes, des nationalismes, des sectarismes et des dogmes religieux, idéologiques et politiques se donnant le monopole de la vérité? Tous ces phénomènes sont liés inexorablement à la souffrance.

En dépit d'un langage encourageant en faveur de la familiarité qui s'instaure un peu partout à travers l'usage des produits de la technologie contemporaine, on ne peut pas dire que la proximité s'installe dans notre vie, ni qu'on puisse espérer un rapprochement irrésistible entre les êtres humains. Les antagonismes et les confontations dans le monde sont si nombreux aujourd'hui que, dans la situation actuelle de notre histoire, l'avenir demeure obscur. C'est une raison suffisante pour qu'on s'intéresse à la notion de proximité. D'autant plus qu'elle entraîne dans son sillage celle de la souffrance. Or, la souffrance des autres, même lorsqu'on ne s'y intéresse pas, nous rattrape, de toute façon, un jour en chemin, car elle touchera, tôt ou tard, un proche ou nous touchera au plus profond de nous-mêmes.

L'intérêt qu'on porte de plus en plus, dans nos sociétés, à la question de la souffrance révèle qu'on découvre enfin son importance. Depuis que nous constatons sa présence intense et massive, sans en rapporter systématiquement les causes à des situations extérieures, comme par exemple le mal originaire, nous admettons plus facilement le caractère inadmissible de la déchéance à laquelle elle conduit et la précarité qu'elle suscite. Nous agissons ainsi de plus en plus comme si nous espérions que la société et la politique qui l'animent contribueront à harmoniser les comportements humains, dans le présent et dans l'avenir. Mais la difficulté à laquelle nous nous heurtons, réside principalement dans le fait que, s'il est vrai que nous devinons que la proximité pourrait contribuer à affronter les multiples souffrances, nous n'avons pas encore vraiment analysé la proximité *en tant que* proximité pour évaluer son statut véritable, notamment ses ambiguïtés internes et ses possibilités de réaliser un ajustement circonstancié entre la proximité spatio-temporelle et la proximité relationnelle. Abordée par ce biais, la notion de proximité révèle bien des ambiguïtés profondes, qui peuvent s'allier à de multiples antagonismes[10].

Cette constatation suffit à faire voir pourquoi la question de la proximité devient primordiale aujourd'hui, dans nos familles, dans nos lieux de travail et dans nos régimes démocratiques. La vocation de celle-ci doit être, en plus d'une quête de la justice en fonction d'une visée ultime d'égalité, le rapprochement entre les citoyens, la concorde sociale et politique, voire l'amitié politique et le dialogue permanent pour réaliser des projets en faveur d'un monde commun, pour ne pas dire d'un bien commun. Mais entre le rêve et la réalité se dresse toujours un écart qui subvertit aussi bien l'espoir que la volonté d'agir. Un proverbe chinois dit qu'entre le possible et l'impossible il y a la volonté humaine. L'idée est remarquable. Il reste à voir néanmoins jusqu'à quel point cette volonté peut jouer, surtout dans un monde où la techno-économie est devenue une puissance *quasi* immaîtrisable. De toute façon même si nous espérons éliminer ou affaiblir les antagonismes, il restera toujours une frange irréductible, ne serait-ce que parce qu'émulation demeure à l'horizon de l'action comme un facteur souvent fécond pour progresser et réaliser des projets, mais en alimentant le risque, voire la menace pour que surgissent aussitôt des antagonismes et des confrontations.

[10] Pour une première esquisse dans ce sens, voir mon étude "Proximité et antagonisme", *op. cit.*

3. *Technico-économie et proximité*

Dans un monde contemporain où domine la technique, le lien entre la technique et l'économie — qui est difficilement concevable aujourd'hui en dehors de rapports de concurrence et d'antagonisme — est devenu tellement étroit, voire indissociable et inextricable, qu'il convient désormais de parler, non plus de technique mais bien de *technico-économie*. On ne peut plus, dans le contexte actuel de notre civilisation, concevoir la technique et ses progrès, y compris la science qui la fonde, en dehors des projets et des intérêts économiques qui l'animent, — tout comme il était impossible d'envisager, au Moyen Âge, le monde en dehors du Divin qui le régissait et qui en constituait à la fois le fonds et le fondement[11]. S'il est vrai qu'au Moyen Âge la proximité à l'égard d'un Dieu invisible et d'une hiérarchie d'êtres également invisibles, tels les anges ou les saints, faisait de la proximité relationnelle le mode par excellence de la proximité, toutefois, jamais les ambiguïtés de celle-ci n'ont pu être éliminées ou du moins surmontées. Non seulement parce que la croyance à des puissances maléfiques (tel le diable par exemple) favorisait la réalisation d'une grande proximité avec les institutions ecclésiastiques et ses doctrines qui tentaient de les écarter, mais aussi parce que celles-ci légitimaient la nécessité de la souffrance pour réaliser le salut.

L'avènement de la modernité, avec la consolidation de la science et la promotion de la technique et de l'économie, n'a pas radicalement mis un frein, comme on aurait pu l'espérer, à la précarité humaine. En dépit des progrès fantastiques de la technique, la souffrance n'a pu être écartée, même s'il est vrai qu'ils ont modifié les conditions de vie d'une partie de la population de la planète. La souffrance est toujours

[11] Voir à ce propos mes études "L'enjeu de la démocratie", *Mélanges offerts à Constantin Despotopoulos*, Éditions Papazisi, Athènes, 1991, pp. 83-95 ; "De l'iségorie à l'isopraxie", *Variations sur l'éthique. Hommage à Jacques Dabin*, Publications des F.U.S.L., Bruxelles, 1994, pp. 125-146; "La dé-théologisation de la métaphysique ou le retrait de Dieu", *Où va Dieu?*, *Revue de l'Université de Bruxelles*, 1999 (1), pp. 317-330 ; "Métaphysique et mythe. Introduction à la question de la proximité", *op. cit.*

présente, elle demeure permanente et se répand abondamment, mais d'une autre façon qu'autrefois, parfois d'une façon plus sournoise, soumise aux rouages de la technico-économie qui devient le fonds et le fondement de notre contemporanéité, et qui est à la fois proche et lointaine, bénéfique et maléfique, échappant de plus en plus à toute maîtrise de la part de l'être humain. Tel un dieu qui, de sa retraite, se dérobe à l'emprise de l'humanité, elle agit néanmoins depuis l'invisible sur l'humanité.

C'est pourquoi, dans le monde des affaires où dominent l'action d'entreprendre et l'esprit d'entreprise, la proximité ne se limite pas au type de rapprochement que l'on trouve dans toutes les organisations où se côtoient des êtres humains ; elle se donne un tout autre visage que celui que j'ai esquissé ci-dessus pour le monde politique, social et éducatif. Elle est mise d'ores et déjà au service d'une extension des liens entre les instances technico-économiques selon une topologie planétaire, mais dont les pouvoirs ne couvrent pas pour autant l'ensemble de la planète, puisqu'ils sont concentrés dans quelques centres seulement (New York, Londres, Paris, Francfort, Tokyo, etc.). En revanche, le travail organisé selon différentes formes est le plus souvent dispersé par des délocalisations, en dehors de ces lieux privilégiés[12], sans qu'il atteigne les régions les plus défavorisées de la planète, souvent laissées à leur précarité, le plus souvent soumises à la pauvreté, aux maladies, aux pillages, aux brigandages, aux guerres, etc., sources permanentes de souffrances. Le monde des entreprises qui domine l'économie mondiale allie ainsi d'une façon paradoxale des relations positives d'intérêt, alimentées par des négociations permanentes au profit de rentabilités divergentes, et des rapports d'antagonisme sans merci, qui défient sans cesse la confiance façonnée par les négociations, provoquant souvent des souffrances que personne ne souhaite rendre visibles.

D'autre part, en se rapprochant délibérément des consommateurs par un travail programmé de proximité permanente qui utilise, selon les cas, des rapports directs ou des procédés de la technologie des

[12] Cf. P. Veltz, *Mondialisation, villes et territoires. L'économie d'archipel*, PUF, Paris, 1996.

communications, les entreprises se mettent, mieux que toute autre structure de l'activité humaine, à l'unisson de leur époque, en s'appropriant à leur avantage la proximité, au risque de pervertir ses valeurs intrinsèques. Dans ce champ d'activités, les médias eux-mêmes se servent de l'information et des émissions de divertissement et de culture comme de marchandises appropriées aux différentes couches de consommateurs, le plus souvent au nom d'une rentabilité indispensable pour survivre et s'épanouir. Or, la réussite et les performances dans le monde de la technico-économie, qu'il s'agisse du monde de la production et des finances, ou de celui des services et de la télécommunication, passe nécessairement par une politique de proximité. Ceci parce que, non seulement la proximité concerne tous les rapports de l'homme au monde qui l'entoure et le cerne de toutes parts, mais sert à diminuer les risques que l'activité d'entreprendre suppose par sa structure même. Elle est d'autant plus évidente qu'une entreprise doit s'approcher à la fois des acteurs potentiels du marché, des investisseurs et des banquiers qui contribueront à sa viabilité. Mais plus fondamentalement encore, elle touche les services qu'elle fournit et les produits mêmes de la technologie dont l'usage est, par principe, le mode le plus concret de la proximité.

Or, ici, l'ambiguïté de la proximité relationnelle se manifeste dans toute son acuité. En effet, dans le cadre de la technico-économie, on peut, d'une part, dispenser des services ou utiliser les produits qui servent la vie quotidienne de chacun de nous et réalisent, aujourd'hui, la proximité comme jamais auparavant (notamment grâce à la technologie des téléphones mobiles), et, d'autre part, fournir des armes et des armements qui détruisent la vie et multiplient les souffrances humaines. Dans le cas des armements, qui à leur tour mettent en œuvre des proximités spatio-temporelles, on arrive à pousser l'ambiguïté jusqu'au paradoxe. On peut atteindre l'ennemi avec efficacité dans un laps de temps infiniment petit, tout en se préservant soi-même grâce à une distance qu'il n'a pas le moyen d'atteindre, comme dans le cas des bombardements par des avions volant à très haute altitude ou par l'envoi de missiles à partir de lieux éloignés et sécurisés. Ce paradoxe, qui rend dissymétrique la souffrance humaine, déborde le cadre de la technico-économie et des intérêts qu'elle couvre, et nous renvoie au "coût" politique d'une telle situation. Il est certain que la politique des grandes puissances aujourd'hui n'aurait aucune chance de se réaliser si elle supposait à priori des pertes humaines considérables. Les sondages qui anticipent des interventions militaires, comme celles que nous avons vécues ces dernières années, sont le plus souvent le résultat d'informations erronées et de manipulations de l'opinion publique par les pouvoirs politiques. À telle enseigne qu'aussi longtemps que la sécurité et les pertes humaines sont situées sous le seuil de ce que l'opinion publique accepterait, la souffrance des autres (y compris les femmes et les enfants) compte très peu, et elle est jugée par l'idée qu'on se fait de la situation plus que de la réalité barbare et épouvantable de la guerre. En revanche, les sondages postérieurs aux interventions militaires deviennent plus critiques, parce que la constatation des dégâts et des souffrances remet en partie les pendules à l'heure des responsabilités. Ainsi, il apparaît que, dans le premier cas, on peut assister au rapprochement entre les citoyens et les pouvoirs politiques, tandis que se produit dans le second cas un éloignement des élus de leurs dirigeants, avec comme résultat une perte de confiance en la crédibilité de leur politique. Mais il faut aller encore plus loin.

Les progrès vertigineux de la technique n'ont pas réussi jusqu'ici à prévoir les catastrophes d'ordre technique (comme, par exemple, de la centrale nucléaire de Tchernobyl...) et d'ordre naturel (comme les tremblements de terre, les typhons, les raz-de-marée...). Cette impuissance se manifeste avec d'autant plus d'effet qu'elle est de plus en plus relevée par nos moyens d'information et surtout par la diffusion d'images qui rendent ces catastrophes plus proches de nous, nous rendant plus sensibles encore à ce sentiment d'impuissance face aux souffrances des victimes. Cette proximisation de la souffrance requiert des réponses qui soient de l'ordre de proximités à la fois temporelle (la rapidité des secours et mobilisation de l'aide...), spatiale (usage de moyens techniques qui défient les distances...) et relationnelle (sensibilisation et prise en charge des aides par la communauté nationale et internationale...). À l'heure de la mondialisation, tout se passe aujourd'hui comme si la proximité, sous toutes ces formes, était en progrès permanent. Et bien que les conséquences de ces catastrophes ne soient pas toujours étrangères à des défaillances techniques, parfois liées à des intérêts économiques (comme l'imprévoyance et la mauvaise information, des mauvaises constructions, des entretiens techniques insuffisants...), désormais, ce ne sont plus tellement les distances, ni le temps qui sont des obstacles pour atteindre les populations sinistrées et pour mobiliser les structures de solidarité et de générosité à travers le monde, mais les possibilités financières et la volonté politique de la communauté internationale. Relativement à ce qui est dépensé pour les armements et pour la mobilisation des potentiels humains et techniques en vue de la provocation de la mort, ce qui est dépensé pour sauver des êtres humains lors de ces catastrophes est dérisoire. Cette disproportion suscite en même temps un paradoxe qui apparaît avec plus d'acuité lorsqu'on compare les victimes innocentes des guerres qui souffrent, le plus souvent à l'indifférence générale, à cause des erreurs de leurs gouvernants et des intérêts géopolitiques des agresseurs, avec les victimes des catastrophes qui bénéficient d'un élan de solidarité et de compréhension (qui aboutit rarement, à défaut de moyens), comme s'il y avait deux types de proximité et de souffrances[13]. Ce paradoxe reflète une réalité qui sous-détermine encore la souffrance humaine, comme si elle n'était pas encore une préoccupation majeure dans le monde actuel.

Il résulte de ce qui précède que la rencontre entre révolution technico-économique et considérations politiques qui nouent entre eux les différents types de proximités n'entraîne pas nécessairement des ajustements réciproques harmonieux qui règleraient par une sorte de coup de baguette magique les problèmes de l'humanité. Beaucoup d'autres

[13] Même si l'on souhaitait éviter une comparaison entre un état de guerre et une catastrophe naturelle, cette inégalité est flagrante également pour un même type de catastrophe, comme dans le cas des raz-de-marées qui viennent de détruire plusieurs pays d'Asie, où l'aide occidentale à la Thaïlande a été massive, surtout sur le plan des équipes qualifiées, du seul fait qu'il y a eu de nombreuses victimes européennes, alors que dans de nombreuses autres régions, en l'absence d'aides urgentes, les populations ont dû se débrouiller par leurs propres moyens, grâce à des solidarités improvisées.

facteurs interfèrent dans ce double jeu de la proximité, qui alimentent les antagonismes et multiplient les obstacles. Dans les conditions actuelles de la vie sur notre planète, nous sommes tentés d'expliquer de telles situations par la *mondialisation* qui s'impose inexorablement, précisément parce que la diminution des distances contribue à une meilleure expansion des structures technico-économiques, sans que cette expansion soit encore soumise à des règles et des lois, des politiques de solidarité et de générosité qui transcendent les intérêts particuliers et les stratégies géopolitiques.

Face à cette mondialisation, les institutions démocratiques des États contemporains semblent donc encore impuissantes à gérer et à réguler des intérêts et des passions qui les dépassent, et dont elles sont souvent elles-mêmes à la fois juges et parties. Nos États démocratiques ne parviennent pas encore à mener de véritables politiques de proximité, préférant favoriser des intérêts particuliers, laissant ainsi se creuser les distances entre les puissants et les faibles, les riches et les pauvres, les exigences internationales et les intérêts nationaux, les solutions fondées sur la raison et les actions animées par les passions, etc. Ils agissent souvent comme s'ils étaient soumis à une “servitude volontaire”, — pour reprendre ici l'expression heureuse d'Étienne de La Boétie. C'est pourquoi ce que nous rapportons au concept vague de “mondialisation” concerne davantage, nous le verrons, la “globalisation”.

La globalisation se réfère principalement aux structures technico-économiques du monde[14], de sorte qu'elle ne saurait couvrir tous les comportements des habitants de notre planète, ni toutes les dimensions de ce qui constitue l'homme dans sa totalité. La réalité humaine est plus complexe que ne l'attestent les simplifications habituelles ; elle met en œuvre de multiples aspirations, mais aussi et surtout une dimension existentielle dominée par des souffrances et des joies. Celles-ci excèdent la réduction à des schèmes simplistes, dominés par des rapports d'échange et de communication. C'est pourquoi nous devons re-

[14] Je reviens plus loin, dans la neuvième Section, sur la différence entre mondialisation et globalisation.

courir à des analyses plus affinées où la proximité rencontre et en même temps se heurte à une multiplicité de facteurs. Son ambiguïté qui révèle qu'en tant que valeur elle n'est pas exempte d'une fragilité, la rend à la fois indispensable et précaire. D'où aussi l'intérêt de mieux circonscrire son sens, son rôle et sa portée.

En d'autres termes, au moment où la question de la proximité devient visible grâce à la diminution des distances et à la formulation de principes démocratiques plus adaptés à la sensibilité humaine, de nombreux obstacles se dressent et séparent les hommes entre eux. Ces obstacles perturbent les rapports des hommes aux choses et plus généralement au monde. Cette situation rend une étude sur la proximité beaucoup plus complexe qu'elle n'apparaît de prime abord, lorsqu'on se limite à la proximité spatio-temporelle ou lorsqu'on réduit la proximité relationnelle à son univocité. À travers cette complexité, où les structures technico-économiques dominent depuis l'invisible qu'elles constituent, un fonds primordial qui nous est le plus proche jaillit : il s'agit bien de la *souffrance humaine,* sans cesse occultée par nos approches intellectualisées de l'homme.

Cette nouvelle perspective nous obligera, dans la suite, à bien discerner les modes, par lesquels se manifestent les souffrances, et à repérer les moyens qui pourraient aider à les adoucir ou à les supprimer, en vue de promouvoir tout ce qui s'y oppose : la joie, l'enchantement, la jubilation, la liesse..., mais aussi un ensemble d'autres modes d'expression que l'homme découvre pour les oublier, les neutraliser ou les écarter. À travers la quête de la proximité, l'expérience de la souffrance humaine peut trouver un statut suffisamment clair, pour être analysée. Je veux dire par là que face aux multiples *pressions* qui s'exercent sur l'homme, et qui sont des sources de multiples souffrances, nous nous sentons obligés de scruter le sens de nos expériences de proximité, leurs modes de manifestation, leurs potentialités et leurs limites, en espérant y trouver également une ouverture pour maîtriser les souffrances. Cela explique pourquoi le terme "proximité" circule aujourd'hui un peu partout et traverse notre planète en tous sens. Cela explique aussi pourquoi il pénètre imperceptiblement notre langage, s'incruste dans nos images et trouble nos pensées, pourquoi il est utilisé dans notre vie quotidienne, nos familles, nos voisinages, nos lieux de travail et pourquoi il est pris en charge par les médias, les milieux politiques, les structures scolaires et hospitalières, le monde des affaires, etc.

L'ampleur de la question explique pourquoi je me permets de limiter ma recherche aux rapports entre proximité et souffrance, en écartant les opposés, comme le plaisir et le joie, sous toutes leurs formes, qui requièrent une étude par elles-mêmes. La tâche que je me suis attelée, à savoir celle de dégager les chemins de la souffrance, est préalable à celle qui concerne des réponses positives à la souffrance au moyen de la proximité, et qui consistent à autant de modes d'expression favorables, fort différentes et opposées à d'autres, comme celles qui favorisent la violence. C'est dire que s'il m'arrive d'aborder, dans ce travail, cette perspective positive et indispensable à la vie qui consiste à répondre à la souffrance par la joie, la jubilation ou la liesse, ce n'est pas en tant que telle, mais comme appartenant inéluctablement au cadre de la thématique de la proximité et de la souffrance.

Il n'empêche que le caractère inédit et insolite du monde contemporain pousse la question de la proximité au-delà de ce que jamais jusqu'ici l'être humain n'avait pu imaginer. Comme je l'ai rappelé, les choses ont beaucoup changé aujourd'hui, grâce au progrès fabuleux de la technique contemporaine. Qui d'entre nous n'est pas émerveillé, fasciné et influencé par l'inventivité actuelle des techniques qui abolissent l'espace et le temps et associent l'irréel au réel, même si nous ignorons le plus souvent, à la fois les techniques qui les produisent et méconnaissons les savants, les inventeurs et les créateurs qui en sont les moteurs ? À chaque époque, cet émerveillement a touché des hommes imaginatifs, avec un point culminant, Jules Verne, qui a laissé des romans incomparables. Aujourd'hui, l'émerveillement et l'étonnement ne deviennent-ils pas si puissants que même les plus prudents d'entre nous osent imaginer que non seulement, à moyen ou à long terme, l'homme sera capable de réduire davantage encore les distances, de réaliser l'immédiateté, voire — qui sait ? — de remonter le temps ou de se projeter dans le futur ? En prolongeant les limites vers un au-delà, qui auparavant paraissait inaccessible, l'être humain ne produit-il pas sans cesse de nouveaux *rapports* avec lui-même, avec les autres et avec les choses ?

Il est certain qu'une grande partie du réel nous échappe et, plus nous poussons les frontières du réel au-delà de ce que nous connaissons, plus l'inconnu s'impose à nous, nous obligeant à réaménager la proximité relationnelle elle-même. Nous verrons, au fil de notre travail, que ce domaine est beaucoup plus important que nous ne pouvons nous l'imaginer, car il conduit au problème de l'inconnu et à celui de la complexité, de la présence permanente d'un monde distal (c'est-à-dire qui se tient à distance, non pas nécessairement dans l'ordre spatio-temporel, mais surtout relationnel, y compris en nous-mêmes, comme par exemple notre "inconscient") qui déborde sans cesse le monde proximal que nous configurons. Tandis que nous assumons sans cesse une proximité avec les choses, les autres et nous-mêmes, une fois que nous essayons de les approcher de plus près, en abordant leur structure plus profonde ou leur provenance, nous découvrons que ce qui nous était proche s'éloigne aussitôt, complexifiant nos rapports à eux. Nous découvrons ainsi une véritable *antinomie* dans la question de la proximité, qui a été jusqu'ici occultée. Et cette antinomie côtoie sans cesse, dans tout ce qui est proche et habituel, la réalité de ce qui nous est inconnu ou complexe en soi, ou encore de l'ordre de la fiction qui a souvent la capacité de produire des proximités illusoires ou imaginaires, lesquelles pourtant jouent un rôle important dans notre vie.

Comme la question de la fiction appartient à la thématique plus vaste et plus originaire du mythe, commençons par elle, laissant pour la suite la question de la complexité qui n'a été posée comme telle que récemment, inaugurant un nouvel itinéraire dans l'histoire de la pensée.

2. Fiction et complexité

1. *De la fiction à la souffrance*

Grâce aux ouvertures que je viens d'esquisser à propos de la technique contemporaine, nous découvrons que la fiction n'est plus l'apanage seulement de la créativité mythique et littéraire, c'est-à-dire de la *mytho-poétique*. De plus en plus, elle devient également le produit de ce que l'on peut appeler la *mytho-technique*, c'est-à-dire cette pratique de la technique qui sécrète et produit elle-même du mythe et de la fiction, multipliant les proximités où se mêlent de l'espace-temps et de multiples relations entre l'homme et le monde.

Cette nouvelle donne montre que l'imaginaire consolide plus que jamais l'autonomie que lui refusa longtemps la connivence secrète entre la sensibilité, l'entendement et la raison (et même l'intelligence), en la considérant comme un mode de transition sans valeur en soi[15]. Dans le contexte des possibilités créatrices de l'inventivité technique, qui devient désormais une dimension essentielle de notre culture et de notre vie quotidienne, les réseaux Internets, la cybertechnologie, les technologies de l'imagerie, les techniques de fabrication d'espaces virtuels et d'autres techniques en cours d'évaluation jouent un rôle décisif dans la configuration du monde qui se dessine à l'horizon de notre siècle. Si le témoignage le plus efficace de ce monde nouveau est exprimé par l'extension permanente de la connaissance de la matière, des corps organisés, de l'appareil psychique et de l'univers, en revanche, le témoignage le plus percutant concerne la partie la plus spectaculaire du monde de la communication et du septième art, qui envahit nos salles de spectacle et les écrans de télévision dans nos foyers. Car, en façonnant un monde où tantôt dominent les fictions et les effets spéciaux, et tantôt apparaissent des personnes actuellement présentes et des événements couverts en temps réel, les techniques de la communication et de la création modèlent l'être humain selon de nouveaux critères qui ne sont pas encore suffisamment évalués de nos jours. Par toutes les innovations, l'humanité transforme paradoxalement la proximité elle-même en illusion. Ce qui est sans cesse subverti, c'est la proximité spatio-temporelle qui se laisse excéder par la proximité relationnelle, laquelle s'amplifie en possibilités et multiplie ses dimensions. Par là, la proximité spatio-temporelle et la proximité relationnelle se découvrent une nouvelle connivence secrète qui intègre nos relations au monde. Cette

[15] Sur cette promotion de l'imagination et de l'imaginaire, voir les travaux de J.-J. Wunenburger, et plus particulièrement son livre *Philosophie des images*, Paris, PUF, 1997.

situation n'est pas sans effets et conséquences sur la question de la proximité, car il peut arriver que naissent des confusions dans notre vie quotidienne qui jettent une brume épaisse sur notre vision de l'avenir, en supposant naïvement que tout est possible.

Dès lors, s'il est vrai que l'ingéniosité humaine ne peut que nous fasciner et nous intriguer parce qu'elle donne l'impression de s'étendre à l'infini, il n'est pas moins vrai qu'elle peut aussi nous pousser à mêler, plus radicalement et autrement que dans le passé, fiction et réalité. Dans ce contexte, la proximité, comprise à la fois comme proximité à l'égard d'un réel concret et comme proximité à l'égard d'un (ir)réel imaginaire, se constitue en un mode pour ainsi dire indéfectible de l'existence humaine. À telle enseigne que la question se pose de savoir si l'homme de cette humanité nouvelle qui se configure aujourd'hui et configure inexorablement l'horizon de son action ne risque pas de transfigurer la proximité qui le concerne en une forme d'identification, dominée par une illusion, celle qui fait croire que cette double "réalité" est constitutive d'un *autre* en lui-même. Lorsqu'on constate que les mythes ont été assumés dans le passé comme des réalités et que l'on découvre aujourd'hui, au cours de conversations, que beaucoup de nos concitoyens parlent des écrits littéraires ou de feuilletons télévisés comme si les personnes et les intrigues qu'ils mettent en scène étaient réels, et qu'ils vivent ces situations comme si les événements qui y sont relatés faisaient partie de leur propre vie, on est contraint à reconnaître la force de la mytho-technique dans la production de (con)fusions entre réel et irréel, qui commence à supplanter la mythopoétique traditionnelle. Cette pratique de la quotidienneté paraît d'autant plus étrange qu'à l'inverse, face à des événements réels et dramatiques relatés par les médias, souvent les mêmes personnes paraissent insensibles et indifférentes, alors que le plus souvent la souffrance humaine se tient au centre de ces événements. Cela suffit à faire voir la puissance de la proximité relationnelle, qui est capable de soumettre à ses propres lois la proximité spatio-temporelle.

Ce phénomène, qui révèle une proximité relationnelle avec le fictif et une distance avec le réel, ne peut plus être occulté. Son occultation risque de nous faire perdre de vue une dimension essentielle de notre contemporanéité, qui fait surgir le spectre d'un retour imprévu à ce que la pensée critique antique et celle des Lumières avaient réussi à ébranler à grand-peine : la soumission à de fausses certitudes et l'adhésion à des irréalités conçues comme des réalités naturelles ou surnaturelles. La question de la fiction révèle donc des excès importants de la proximité relationnelle ; elle fait se dresser, face à nous, aussi bien le problème du statut des mythes du passé que celui des mythes de l'avenir.

Ces excès, qui révèlent des traits perceptibles de notre contemporanéité, rendent possible, sans doute pour la première fois, une réflexion plus appropriée sur la proximité. Il nous révèlent, en tout cas, qu'il convient non seulement de distinguer proximité spatio-temporelle et proximité relationnelle, mais qu'il faut inclure dans le champ immense de cette dernière l'ordre de l'irréel et de l'imaginaire, y compris la fiction. Qui plus est, on peut déjà entrevoir, en filigrane et comme en entrelacs et dans les interstices, qu'il se passe quelque chose d'important dans l'intersection où se rencontrent proximité spatio-temporelle et proximité relationnelle et qui n'est autre que l'espace en profondeur de la souffrance humaine. Non seulement parce que l'irréalité de la fiction qui intègre les profondeurs de l'être humain pourrait produire de nouvelles formes de souffrance, mais parce qu'elle manifeste, paradoxalement, que la souffrance est une épreuve qui se tient dans la proximité intime de l'être humain, comme la réalité la *plus* lourde en lui et la *moins* fictionnelle. Dans sa singularité, la souffrance touche l'être humain de telle façon qu'il le coupe du reste du monde, mais en même temps elle suscite en lui le besoin d'un autre, plus exactement des autres auxquels il s'adresse par un appel, un cri qui attend une réponse, une réponse qui ouvre, à travers la confiance, à une authentique proximité. Opposée à la fiction, la souffrance marque l'existence dans sa consistance la plus compacte.

Face à cette expérience de l'humain en tant qu'humain, il m'a semblé utile, afin d'éviter le risque d'imprécisions, et pour mener d'une façon plus efficace l'enquête, de limiter le champ de mon investigation et de l'orienter exclusivement vers l'homme. Par là j'accomplis un sacrifice énorme, car la souffrance des vivants, quels qu'ils soient, n'est pas une question négligeable comme si seul l'homme pouvait souffrir ou, du moins, était digne d'une attention du fait qu'il souffre. La souffrance d'autres êtres vivants n'est pas une fiction non plus. La violence dans la nature, mais aussi la violence de l'homme à l'égard des êtres vivants éprouvant quelque douleur qui tourne en souffrance sont à la fois massives et sans pitié. Une fois encore la souffrance se place aux antipodes de la fiction. Elle ouvre néanmoins à des modes d'expression qui la portent, nous le verrons, au discours par sa transfiguration. La présence de la souffrance dans les mythes et la littérature s'explique par cette démarche transfigurative sur laquelle j'aurai l'occasion de m'étendre longuement, car elle leur assure une mission, ainsi qu'au discours politique. C'est dire que l'absence de la question de la souffrance en dehors de l'être humain, dans ce travail, n'est pas le signe d'une indifférence ou d'une sous-estimation. Il s'agit d'un choix : celui de porter l'attention sur une seule configuration, celle de l'homme, pour mieux la circonscrire — en espérant qu'un autre que moi prendra le relais pour prolonger les résultats de ce travail à d'autres domaines de la nature. Je souhaite analyser, à travers la proximité, les différents niveaux de la souffrance : sa *singularité* en tant qu'elle n'est assumée que par celui qui souffre, sa *diffusion* en tant qu'elle se diffuse jusqu'à l'autre (proches, entourage, milieux hospitaliers, etc.), et sa *transfiguration*, en tant qu'elle est portée au discours, à l'écrit et aux technologies nouvelles (mythologie, littérature, septième art, discours médical et politique, etc.). Déjà à lui seul ce champ de recherche est immense et rend impossible tout débordement en dehors de l'homme, vers d'autres domaines où la proximité est impliquée.

Pour faire voir plus clairement mon choix, je me permets de rappeler ici en quoi la question de la proximité déborde largement le domaine de l'humain. Dès lors en effet qu'il y a des lieux et des espaces, il y a d'entrée de jeu diverses formes et divers degrés de proximité entre les choses et les êtres. Or, précisément, du fait que cette ouverture est en quelque sorte illimitée, voire infinie, et du fait qu'elle englobe pour ainsi dire toutes les choses, elle risque de nous conduire très loin, au-delà de mes possibilités matérielles et intellectuelles. Je veux dire par là qu'il serait présomptueux de ma part de prétendre proposer en cet endroit un essai sur la proximité dans son ensemble, — tâche à la fois immense et sans contours précis. Même en me limitant à un type de proximité qui concerne les êtres humains, la tâche n'en demeure pas moins énorme et impossible. Le terrain de ce qui se dessine comme échappant à notre portée pour circonscrire notre monde proximal, ouvre à l'immensité de l'*inconnu* relativement à nous, c'est-à-dire au monde distal. Celui-ci surgit comme un obstacle à priori à l'étude de la proximité quelle que soit sa dimension. Cela apparaîtra d'ailleurs plus clairement encore lorsque j'aborderai d'autres problèmes liés à la proximité qui ont été peu exploités jusqu'ici : celui qui concerne le statut de l'*inconnu*, dans la mesure où il est susceptible ou non d'être connu[16] et surtout la *complexité* du réel[17]. Ces deux perspectives multiplient, non seulement des interrogations concernant la proximité spatio-temporelle qui, dans l'ordre de la complexité, se dérobe sans cesse, comme si l'immédiateté et l'urgence devenaient intempestives, mais aussi les ambiguïtés de la proximité relationnelle elle-même, nous obligeant à chercher des points de référence et des ancrages moins circonscrits qu'on ne le souhaiterait pour ce type d'enquête.

Cette nouvelle approche me donnera l'occasion d'établir des concepts plus précis et plus apte à traiter des représentations que nous nous faisons de la réalité (physique, technique, anthropologique, psychique...), ainsi que de la mytho-poétique et de la mytho-technique. J'emprunterai à la pratique actuelle mais encore insuffisamment exploitée, de le "configuration", mes références épistémologiques, que j'utilise prudemment depuis le début de mon exposé, sans en avoir précisé jusqu'ici le sens. Je mettrai plus directement en scène ce concept dans la suite de cette Section, encore que sa portée pratique émergera surtout, dans la suite, au fil de l'exposé, à travers l'intégration d'autres

[16] Nous verrons à ce propos l'intérêt des analyses que l'on trouve dans l'ouvrage collectif, dirigé par Michel Cazenave, *Dictionnaire de l'ignorance. Aux frontières de la science*, Albin Michel, Paris, 1998.

[17] Sur cette question, nous découvrirons, dans la suite, l'apport considérable d'Edgar Morin. Cf. E. Morin et J.-L. Le Moine, *L'intelligence de la complexité*, L'Harmattan, Paris, 1999, que je citerai par l'abréviation IC.

notions, issues de la même sémantique, qui révèlent un champ de réflexion à la fois flexible et fécond : “figure”, “figuration”, “préfiguration”, “refiguration”, “transfiguration”, “défiguration”.

Face à cette dynamique où la proximité se met à l'unisson de nos rapports au monde, l'épreuve de la souffrance humaine apparaît comme un arrière-fond à la fois pressant et sournois. Elle manifeste quelque chose qui se donne comme *le plus proche* dans la vie humaine, du fait qu'il s'agit d'une expérience qui fait interférer ou réunir le plus profondément la proximité spatio-temporelle et la proximité relationnelle, et en même temps qui atteste une réponse urgente, c'est-à-dire une proximité temporelle immédiate. Par cet enracinement, sinon originel, du moins primordial, nous pouvons assurer à l'ambivalence de la proximité entre proximité spatio-temporelle et proximité relationnelle des assises suffisantes et claires pour engager une étude crédible, abordable par chacun d'entre nous, sans se laisser déborder par les spéculations métaphysiques que suppose ou recèle forcément la notion de proximité. À la place d'une métaphysique *spéculative*, trop éloignée de l'entendement commun, je propose ici une métaphysique *concrète*, plus proche de l'homme. Cette forme de métaphysique peut s'appuyer sur la souffrance en tant qu'expérience par contact et immédiate, en tant qu'épreuve concrète et intime que chacun d'entre nous vit intensément. La souffrance est en effet une épreuve qui, se tenant à l'opposé de toute fiction, impose sa consistance par elle-même. À la fois familière et quotidienne, elle est comprise par chaque être humain comme souffrance proche, même si chacun l'éprouve d'une façon singulière en fonction du type de pression qui s'impose à lui et selon son histoire singulière depuis sa naissance.

Pour être un peu plus complet dans cette énumération des données qui tissent la proximité et la question de la souffrance humaine, on peut noter que la problématique de la proximité relationnelle conduit, en fin de compte, à l'idée que les choses et les êtres vivants ou morts avec lesquels nous entretenons une forme de proximité ne sont pas neutres, comme s'ils étaient régis par des lois mécaniques et par quelque nécessité. Ils peuvent produire des souffrances et/ou des joies indicibles, susciter l'attention, provoquer des surcharges affectives ou favoriser l'indifférence. Les proximités qui lient et relient les hommes et le(s) dieu(x) (ou autres puissances invisibles), les hommes eux-mêmes (y compris les vivants et les morts) et les hommes et les choses (y compris les choses qui ne sont pas à leur portée) ont toujours régi l'historicité de l'humanité selon des pressions et des possibilités variables et illimitées. Elles ont multiplié les relations possibles des hommes avec le monde et marqué l'existence de tous ceux qui y ont pris part. Très tôt, dès la naissance des mythes archaïques, cette quête d'une proximité qui ne se limite pas à sa dimension spatio-temporelle mais met en jeu et multiplie les proximités relationnelles, se tient au centre des récits et préconise sans cesse des rapprochements ou des éloignements relationnels où la question de la souffrance tient une place centrale, comme si cette question perturbait l'homme depuis qu'il existe.

2. *L'antinomie essentielle de la proximité*

De ce qui précède il ressort donc que pour avancer dans l'étude de la proximité et de ses rapports avec la souffrance humaine, il faut garder sans cesse à l'esprit qu'une fois qu'elle est envisagée à partir de la double perspective de la proximité spatio-temporelle et de la proximité relationnelle, la proximité atteste son *ambivalence*. Il faut aussi discerner que, dans cette ambivalence, la proximité relationnelle est elle-même soumise à des multiples *ambiguïtés* qui sont, par surcroît, variables selon les contextes et les circonstances. Toutefois, comme je l'ai observé, cette perspective, thématisée pour la première fois par Heidegger, ne saurait couvrir à elle seule toute la problématique de la proximité, et ceci à cause de l'*inconnu* qui touche nos rapports au monde et de la *complexité* inaccessible et irréductible des choses et des êtres vivants. Cette dernière donnée, le plus souvent occultée dans nos études, mais de plus en plus relevée par les sciences naturelles et humaines, suscite une véritable *antinomie* de la proximité, qui révèle que la notion de proximité demeure encore dans nos recherches comme une sorte d'impensé. Cette antinomie est due au fait que ce qui nous apparaît comme proche et clair recèle en lui de l'inconnu et de la complexité qui aussitôt l'éloigne de nous.

Certes, nos sensations, nos pensées, nos paroles, nos actions et nos productions ont toujours suffi à produire par elles-mêmes de la proximité avec le monde, les choses, les autres et nous-mêmes. De plus, la pratique des multiples proximités n'est pas nouvelle, même si la technologie moderne nous a permis de mieux la percevoir ; elle remonte à l'origine de l'humanité, depuis qu'il y eut un être dans la nature qui s'est nommé "humain". Il peut dès lors paraître étrange qu'après tant de millénaires et surtout depuis que l'homme réfléchit sur lui-même, il n'a pas été directement question de la proximité dans les travaux philosophiques. Il peut aussi sembler surprenant qu'en dehors des philosophes grecs qui avaient analysé la question de la familiarité (*oikeiotès*), il ait fallu attendre un philosophe contemporain, Heidegger, pour l'affronter plus directement, alors que déjà le *cogito* cartésien, qui révèle l'existence à partir de l'activité de penser, ou encore auparavant les différentes pratiques mystiques qui cherchaient à s'approcher de Dieu, réalisaient des grandes expériences de la proximité. Il y a bien sûr des raisons de cette dissimulation qui font de la question de la proximité un impensé de notre pensée. Au risque de dévier de mon but, en m'engageant dans l'histoire sinueuse de l'occultation de la question de la proximité en tant que question philosophique majeure, je préfère écarter ces raisons de cette étude, pour porter davantage mon attention sur les dimensions concrètes du phénomène de la proximité et sur les cadres qui permettent de mieux le cerner. Ce sur quoi je souhaite porter une attention dans ce travail, c'est sur le rapport étroit et complémentaire entre monde proximal et monde distal qui touchent toutes nos expériences, et qui se dévoilent surtout à travers les concepts d'*inconnu* (avec ses variantes, comme l'indifférence, l'oubli, l'occultation...) et de *complexité*. Si ce dernier concept est demeuré en retrait dans nos études, c'est parce que, nous le verrons, la tradition philosophique et scientifique n'a cessé de valoriser la recherche de la *simplicité*. En revanche, la question de la complexité, envisagée en elle-même et non comme l'opposé du simple, compris le plus souvent comme un multiple ou un composé, est très récente. À mes yeux, le mérite revient à Edgar Morin d'avoir introduit avec force et clarté la problématique de la complexité par opposition à celle de la simplicité.

D'après E. Morin[18], les quatre piliers de la certitude qui auraient eu pour rôle de dissoudre la complexité au moyen de la simplicité sont : le principe d'ordre, le principe de séparation, le principe de réduction et le caractère absolu de la logique déductive-identitaire. Or, le défi majeur que lancerait la pensée contemporaine issue des progrès du savoir, et qui nécessiterait une véritable réforme de notre mode de pensée, est l'urgence de repenser la complexité. Ces progrès peuvent être rapportés aux découvertes successives qui permettent d'envisager la pensée de la complexité comme un édifice à plusieurs étages.

La base serait formée de trois théories que sont l'information, la cybernétique et les systèmes, qui fournissent également les outils pour une théorie de l'organisation. Ensuite, vient un étage avec les apports sur l'auto-organisation de von Neuman (qui concerne la différence entre machines artificielles et organisation vivante), de von Foster (ordre par le bruit), d'Atlan (hasard organisateur) et de Prigogine (structures dissipatives). Edgar Morin complète cet édifice par un nouvel étage formé du principe dialogique (intégration de l'antagonisme pour analyser les processus organisateurs, productifs et créatifs), le principe de récursion organisationnelle (qui dépasse le principe de régulation par celui d'auto-production à partir de ce qui est déjà produit) et le principe "hologrammatique" (où non seulement les parties sont dans le tout mais le tout est dans les parties, comme dans le cas de la totalité du patrimoine génétique dans chaque cellule individuelle).

Selon Morin, ces sept principes de la complexité sont complémentaires et interdépendants. Aussi tente-t-il de pousser aussi loin que possible l'idée d'une pensée complexe, et la considère comme pouvant même traiter les incertitudes en éclairant les stratégies dans le monde contemporain, pris comme exemple pour faire prévaloir d'idée d'incertitude. À ses yeux, la pensée de la complexité serait même apte "à relier, contextualiser, globaliser, mais en même temps à reconnaître le singulier, l'individuel, le concept". Mieux, elle serait capable d'éclairer une éthique de la reliance ou de la solidarité, et aurait également

[18] E. Morin et J.-L. Le Moigne, *op. cit.*, pp. 112-169 et pp. 247-267.

"ses prolongements existentiels en postulant la compréhension entre humains" (IC, 261-267). Bref, la pensée de la complexité serait susceptible de traiter de presque tous les problèmes de l'univers, y compris ceux des êtres humains, jusque dans leur singularité.

Cette tentative pour ainsi dire totalitaire ne doit pas occulter l'essentiel : la nécessité d'envisager les choses dans ce qui nous est le moins proche, parce que ce lieu défie la proximité pour nous, sans pouvoir être réduit à une proximité en soi soumise au traitement de la simplicité. Cette ouverture qui nous oriente vers des domaines inconnus ou connus mais difficilement accessibles du fait de leur complexité, met en valeur un monde distal d'une ampleur encore peu étudiée face au monde proximal que nous édifions sans cesse dans nos rapports au monde, grâce à l'ambivalence de la proximité entre proximité spatio-temporelle et proximité relationnelle. Mais pour bien comprendre l'ampleur de cette nouvelle perspective, il convient de commencer à scruter de plus près les tentatives de promouvoir le simple et la simplicité, en contournant ou en s'appropriant de la complexité. Il s'agit dans mon esprit, sans en diminuer la valeur, de nuancer la radicalité de la position d'Edgard Morin qui risque de faire oublier l'apport extraordinaire la quête du simple à la constitution de la science et à l'intelligibilité des choses, en contribuant à la formation de notre civilisation technico-économique.

La recherche du plus *simple* se tient en effet au cœur de la recherche cognitive de l'intelligibilité des choses, que la pensée grecque inaugura dans l'Antiquité en ouvrant à la pensée de multiples possibilités. Le point culminant de cette démarche se trouve sans doute dans l'idée qu'on pourrait expliquer les lois de l'univers à partir d'une seule formule, caractérisée par sa simplicité. Pierre Simon de Laplace l'a cru et Albert Einstein encore s'en souvient, certes avec plus de nuances, en soutenant néanmoins que la science doit chercher les lois les plus simples qui puissent aider à sa constitution et son intelligibilité[19]. Il est

[19] Comme le note Dominique Lecourt, dans l'*Introduction* du livre de G. Cohen-Tannoudji, *Les constantes universelles* (Hachette, Paris, 1995), Einstein retenait de l'œuvre de Newton, "l'idée que la vocation de la physique

vrai que sous l'influence d'Ernst Mach, qui avait critiqué le caractère simpliste du modèle mécanique se référant aux notions newtoniennes d'espace et de temps absolus, Einstein entrevoyait, grâce à la relativité, une complexification du modèle qui aboutit à la formulation géométrique de la gravitation, qu'il assimile à la courbure de l'espace-temps (CU, 44-45).

Mais, quelle que soient les complexifications que la physique contemporaine a réussi, et dont les plus spectaculaires, nous le verrons, appartiennent à la microphysique, l'aspiration à l'unification de la physique semble se fixer sur un lieu de simplicité autour des quatre constantes universelles (constante de la gravitation *G*, vitesse de la lumière *c*, constante de Planck *h*, constante de Boltzmann k) qui traduiraient "des limitations de principe s'imposant à l'homme dans son rapport cognitif avec la nature". Ces limitations, qui ne sont pas strictement objectives, s'imposeraient au sujet humain dans son rapport cognitif à la nature, formant une sorte d'"horizon" — notion utilisée pour exprimer ici le lien indissociable entre subjectif et objectif (CU, 123-124 et 133). Du reste, la question de savoir si les constances traduisent des propriétés naturelles de l'Univers ou si elles sont des simples artifices théoriques est actuellement fort débattue[20]. Comme le précise D. Lecourt, si "les constantes physique marquent, avec une prodigieuse précision, les limites de notre effort dans la direction de l'infiniment petit comme de l'infiniment grand", elle contribuent à l'unification de la physique, mais en tant que celle-ci présenterait une somme de "point de vue" sur le monde, "tributaires des découpes que nous devons pratiquer sur le réel pour le connaître" (CU, 21-22). C'est pourquoi, nous le verrons, on pourra parler à ce sujet, comme pour beaucoup d'autres sujets encore, de différentes "configurations" qui permettent de former un monde proximal dans le monde distal complexe, constitué de l'infiniment petit et de l'infiniment grand.

---

consiste à bâtir 'une conception unifiée de l'univers' autour du plus petit nombre possible de formules mathématiques" (p. 20). Je citerai par CU.

[20] Voir à ce sujet, *Sciences et Avenir*, 141, déc. 2004 – Janv. 2005.

Dans un autre domaine, celui de la théologie, nous constatons également, dans la passé, bien avant la science moderne, des tentatives analogues, lorsqu'elle soutenait la simplicité de Dieu, en dépit de sa suressentialité inaccessible et son étendue infinie. Souvent Dieu a été considéré selon l'image que l'homme configure de Lui à partir du processus de la création et des lois propres aux créatures, qui délimitent la connaissance humaine face à sa transcendance. Mais, à l'opposé de cette approche théologique, l'étape la plus spectaculaire, sinon la plus efficace, de cet effort se rencontre aujourd'hui dans l'usage de la logique binaire comme fondement de nos systèmes informatiques, qui lui assure une fécondité et un dynamisme fabuleux.

Ces différentes procédures qui tendent sans cesse à simplifier les choses sont toutes régies par la promotion d'un type de proximité, sans lequel la profusion des phénomènes et des événements seraient inabordables, voire inefficaces. Autrement dit, c'est parce qu'on cherche à se rapprocher des fondements et des lois régissant les choses que la simplicité devient le critère le plus pertinent et le mode le plus propre pour l'exprimer, formant la configuration la plus crédible pour justifier toute tentative de réaliser une proximité.

La pratique de la *simplicité* est l'une des grandes conquêtes de la philosophie grecque dans sa quête de l'intelligibilité ; elle lui permit d'établir diverses formes de scientificité, avec la fondation des sciences mathématiques (par les pythagoriciens et les platoniciens), de la physique (par Aristote et ses continuateurs) et de la métaphysique (depuis Aristote). Cette conquête, la pensée occidentale l'a adoptée avec un sens aigu de ses responsabilités, créant la culture la plus étonnante que l'humanité ait pu s'imaginer, avec une efficacité qui ne saurait ne pas susciter l'admiration de toute être de bon sens. Il faut aussi se rappeler que cette conquête s'est accomplie non seulement au nom d'une connaissance qui soit le plus intelligible possible, mais également au nom de la connaissance *en soi*, dont l'étape ultime ne se trouve pas dans la pensée de Hegel, comme on le soutient souvent, mais dans la méthode analytique anglo-saxonne qui vise à identifier la philosophie à une science fondée sur une intelligibilité sans faille. Depuis l'atomisme logique de l'École de Vienne, la quête de la simplicité domine dans ce courant de la philosophie, à l'exception de la pensée du second Wittgenstein, qui opte au contraire, grâce à sa théorie des jeux du langage, pour une multiplicité qui lui permet d'effleurer, jusqu'à un certain point, la question de la complexité. En tout état de cause il n'y a pas un seul chemin dans la quête de la simplicité mais une multiplicité de pratiques qui vise cependant à une même destination.

Mais, quel que soit le mode sous lequel cette pensée de la simplicité s'impose, celle-ci vise le plus souvent à dépasser la connaissance la plus familière, la plus claire *pour nous*, du fait qu'elle serait insuffisante à fonder l'intelligibilité et la scientificité. Cette recherche de l'*en soi*, qui a été sans cesse écartée par les sophistes, les sceptiques et les empiristes de tous les temps, mais aussi, jusqu'à un certain point, par le criticisme kantien, fit le plus souvent irruption comme une réponse à tous ces mouvements qui laissent une bonne partie du réel à l'écart, esquissant l'idée qu'il existe un *monde distal* inaccessible ou inexplorable. Face à de telles attitudes de prudence, la curiosité humaine, le désir et la soif de savoir ont toujours alimenté l'imagination de penseurs audacieux, animé par une témérité sans faille ou même, comme dirait Hume, par la vanité. C'est pourquoi tout se passe comme si l'audace avait supplanté la prudence et comme si les grandes métaphysiques avaient succédé aux diverses réactions sceptiques. C'est dans ce sens qu'on peut interpréter une série de combats philosophiques. Citons les attaques de Platon contre les sophistes ; d'Antiochus d'Ascalon et des adeptes du moyen platonisme contre les sceptiques ; de Plotin et de saint Augustin contre les scepticismes de la nouvelle Académie et contre Sextus Empiricus ; des philosophes qui fondent la métaphysique de la substance à la Renaissance et à l'époque moderne contre les empiristes, comme Nizolio qui s'oppose à la dialectique scolastique, ou comme les empiristes anglo-saxons. On peut ajouter l'opposition de Kant à Hume, de la phénoménologie à l'empirisme logique qui avait considéré que toute proposition métaphysique est dénuée de sens, etc. Or, pour résorber un monde distal problématique et sans contours précis, toutes ces métaphysiques se sont édifiées autour des multiples quêtes de la *simplicité*. Elles ont toutes accompli la promotion d'un monde proximal qui vise à écarter la complexité, comme si la simplicité était le seul critère fiable pour fonder l'intelligibilité. Mais, heureusement, dans l'histoire humaine, les choses sont toujours plus complexes qu'elles n'apparaissent à première vue, du fait de notre tendance à configurer les choses en les simplifiant.

C'est pourquoi, en profitant de cet élan initial, il me semble utile d'accomplir une sorte de virage, pour porter un regard sur la pensée archaïque grecque où firent irruption les premières tentatives de simplification de la connaissance des choses. Car, malgré ses structures à première vue dogmatiques, la pensée archaïque avait réussi à mettre en relief une proximité empirique qui lui permit d'aborder le réel en valorisant la *façon* de s'y rapporter la plus familière par l'utilisation de *schèmes* proches de l'être humain, comme le sont la parenté, la violence, l'amour, le chemin, l'artisan, etc. Le terme "schème", je l'emprunte à Kant qui l'utilise dans sa problématique du schématisme. Il s'agit d'une configuration intermédiaire entre les concepts et l'intuition sensible, qui autorisent le passage de l'un vers l'autre. En dépit de leur simplicité toute empirique (et donc opposée à la simplicité métaphysique que la philosophie apporte au cours de son développement au nom d'une intelligibilité toujours plus poussée et plus subtile), le schème ouvre à une forme de complexité par ses articulations réciproques et surtout parce qu'il concerne à la fois le visible (l'audible, le touchable...) et l'invisible (l'inaudible, l'intouchable...). C'est pourquoi, en prolongeant l'analyse kantienne, je considère que le "schème" joue le rôle d'une condition de possibilité (transcendantale) de connaissance mais fondamentalement empirique — ce qui, du point de vue kantien, n'est pas admissible. Cet usage est très différent de celui qu'on trouve aujourd'hui lorsqu'on parle de "schèmes", par exemple chez les psychologues ; il ne saurait être réduit à un forme d'empirisme naïf, ne serait-ce que parce qu'un schème comme la "parenté" suppose diverses relations et en même temps divers types de parentés, et de même la "violence" met en jeu des formes multiples de violence qui vont de l'action la plus brutale, à la ruse et à l'ironie. L'empirisme, dont il y est question est celui de la familiarité et de la proximité de ces expériences concrètes qui peuvent servir, par un glissement et un transfert en tout sens (une métaphorisation diraient certains, qui préfèrent insister sur un sens *originaire* ou *principal* d'un terme plutôt que sur sa *polysémie* originaire), à éclairer le champ le plus vaste du réel. Cette pratique empirique, que j'ose qualifier d'"empirisme transcendantal de la proximité" — du fait que le schème est à la fois le résultat de l'expérience concrète et la condition de toute expérience —, est sans doute la pratique la plus commune de l'humanité, comme le témoigne l'usage des schèmes dans toutes les cultures humaines avant leur contamination par la pensée philosophique d'origine hellénique. Comme je l'ai déjà signalé dans une note ci-dessus (n. 5), la connaissance la plus familière sert de point de départ de toute connaissance, et est assumée par toutes les cultures humaines. Pour expliquer les choses, la plupart d'entre elles utilise précisément des "schèmes" de proximité qui reprennent les expériences les plus concrètes et les plus familières de l'homme, mais *en vue d'*expliquer la réalité dans sa globalité, y compris donc les situations existentielles qui touchent les êtres humains dans leur vie quotidienne. La parenté, la violence ou l'amour, que nous rencontrons dans les généalogies (anthropogonies, cosmogonies, théogonies), ou encore le chemin, qui régissent les épopées, les mythes de voyage et les quêtes, mettent en jeu des discours en forme de *catalogues* (que j'appelle "discours catalogiques"), lesquels doivent être *décodés* et *redressés* pour manifester le réel dans sa structure globale[21].

J'ai montré, dans plusieurs de mes études[22], que l'usage de ces schèmes, chez Hésiode notamment, appartient à une position épistémologique majeure qui révèle que le mythe ment, c'est-à-dire qu'il distord ce dont il est question. Les Muses hésiodiques annoncent qu'elles savent dire des mensonges (*pseudea*) conformes aux choses concrètes, expérimentées, et savent aussi dire, quand elles veulent, le vrai. Ces "choses" ou expériences concrètes (*etètyma*) ne sont rien d'autre que celles qui forment les schèmes dont je viens de relever. Les

[21] Cf. mes livres *Aux origines de la philosophie européenne*, De Boeck, Bruxelles, 2003[4], chap. 1 et *Histoire de la philosophie ancienne et médiévale*, *op. cit.*, Première Partie.

[22] Les plus accessibles sont mes deux histoires de la philosophie, déjà citées.

plus importants, pour Hésiode, sont : la parenté, la violence et l'amour. Cela veut dire que la narration utilisée (et que nous appelons "mythe") se déploie d'une façon mensongère, en distordant le réel et en utilisant des expériences familières (schèmes) pour faire voir quelque chose du réel. Le fait que ce type de discours familier (qui se déploie par la narration) requiert un *redressement*, montre qu'en plus de l'expérience empirique qui est ici au centre de l'usage des schèmes, s'impose d'entrée de jeu une activité de réflexion, de pensée. Cette dualité, qui met en jeu à la fois l'empirique et l'intellectuel, peut être interprétée selon une double connaissance : la plus familière (et jusqu'à un certain point mensongère) et celle qui est en soi (et qui exprime la réalité dans sa complexité).

Si je n'ose pas franchir le pas dans la direction de l'anachronisme qui convertirait l'activité de redresser en une recherche d'intelligibilité, c'est que ce processus est plutôt de l'ordre d'une *réflexion* qui cherche à se dégager d'une expérience empirique distordant la réalité, mentant (par l'usage des schèmes) sur la nature véritable des choses. Si comme je l'ai rappelé, Hésiode nous apprend que les mythes distordent le réel et disent des mensonges conformes aux choses concrètes et expérimentées, c'est-à-dire aux schèmes, et, quand seulement les Muses veulent le vrai, c'est qu'il envisage le réel selon une proximité ambivalente qui associe encore empirisme et idéalisme. Parler ainsi d'une expérience empirique fondée sur le mensonge et d'un redressement de ce mensonge pour établir la réalité par un acte de réflexion, qui n'est pas encore de l'ordre de l'intelligibilité, s'oppose à toute dissociation entre le domaine de l'empirisme et celui de l'idéalisme. Il s'agit d'une démarche qui associe profondément, et dans un seul mouvement, une double proximité : celle qui envisage les choses comme plus connues pour nous (par l'usage des schèmes), et celle qui doit être aussitôt dépassée par la *façon* dont les choses sont organisées en réalité — sans que cette organisation soit cependant déjà une approche vers ce qu'elles seraient *en soi*. Autrement dit, cette structure archaïque annonce les grands thèmes d'origine aristotélicienne de la double connaissance d'après l'opposition entre ce qui est clair et connu *pour nous* et ce qui est clair et connu *en soi*. Tout se passe comme si nous avions une proximité familière avec les choses et les êtres vivants à notre portée, qui doit être dépassée au profit d'une proximité moins familière mais qui se présente comme plus authentique parce qu'elle atteindrait tantôt une réalité redressée par la raison (point de vue archaïque) et tantôt des choses an soi (point de vue platonico-aristotélicien).

Dans cette double démarche se déploie la plus grande partie de la philosophie occidentale. Elle est déjà inscrite au cœur de la pensée archaïque, même s'il est vrai que dans le monde archaïque, le redressement du mythe n'était sans doute pas courant — sauf, sans doute, pour les doctes qui produisaient le mythe. C'est là, du reste, une question qui, jusqu'ici, demeure énigmatique. Elle soulève le problème de savoir jusqu'à quel point les peuples archaïques (ou certaines instances qui ont en main les fils de la culture) croyaient à leurs mythes. Ce problème, qui peut paraître inactuel, est pourtant au centre de nos propres cultures au moment où l'information se mondialise, non seulement dans le domaine de la publicité et de la fiction, mises en scène par le septième art, mais également dans l'usage du discours politique, — ne serait-ce que parce qu'il s'avère aujourd'hui que des responsables politiques (aussi bien des tyrans que des démocrates) ont suscité, encore récemment, des souffrances à des populations innocentes en provoquant des guerres fondées sur des mensonges. Par ce biais, la question de savoir quelle proximité nous réalisons avec ce type de discours, et plus spécialement avec les souffrances humaines, devient primordiale et urgente. Elle ouvre à une problématique plus profonde, celle de la *provenance* des discours et des actions qui régissent notre quotidienneté, et qui nous conduit au seuil de la complexité. Par là, l'antinomie de la proximité apparaît comme une dimension majeure et incontournable de la question de la proximité.

Mais il y a plus. Car, même si on voulait nous éloigner de la pratique archaïque des schèmes, le fonctionnement de la pensée contemporaine, en dépit des explicitations successives et des subtilités qu'elle apporte, nous en empêche. Comme je l'ai montré ailleurs, la philosophie contemporaine pratique, elle-même, une démarche proche de celle des Anciens, en utilisant le schème du "jeu" à côté d'autres schèmes, comme celui par exemple du "chemin", qui traduit les multiples méthodes que nous employons[23]. L'usage philosophique du schème du jeu depuis Schiller et Nietzsche notamment, amplifié par Heidegger, Axelos, Derrida, Deleuze, Wittgenstein et d'autres encore, constitue une tentative délibérée de s'écarter de la finalité impliquée par les schèmes de l'artisan, concrétisés et réalisés à travers la technique moderne. Le statut particulier du schème du jeu, qui associe la liberté à des règles, a l'avantage de s'appuyer sur des expériences concrètes et variables, parmi lesquelles les jeux et les sports produisent les images les plus courantes et les plus spectaculaires. Mais, en réalité, non seulement l'activité de jouer présente une ampleur sans précédent aujourd'hui, mais également le système technico-économique lui-même qui domine le monde contemporain, dans la mesure où il y associe la spéculation et le risque. Il s'agit là d'un thème étonnant qui peut rapprocher la mytho-poétique du passé avec la mytho-technique actuelle. Ce thème déborde la perspective que je me suis imposée dans ce travail. Il fera l'objet d'un livre qui devra suivre celui-ci[24]. Mais je tiens à souligner dès à présent, pour la clarté de mon exposé, que si les schèmes archaïques précèdent la naissance de la philosophie et tout ce qu'elle a entraîné dans son sillage, plus spécialement la science, le schème du jeu fait surtout irruption et s'impose au moment où de nombreux philosophes tentent de *dépasser* la philosophie au sens de métaphysique, en contournant en même temps la science triomphante.

Ces diverses tentatives de dépassement de la métaphysique en s'appropriant du schème du jeu n'hésitent pas à s'allier tantôt à la mytho-technique et tantôt à une nouvelle pratique mytho-poétique, comme le fait Heidegger en indiquant que l'homme habite le monde comme un poète. Dans ce travail, je me suis appliqué à prolonger moi-même ce

[23] Cf. mes études "Le jeu dans la philosophie ancienne et contemporaine", dans *Homo Ludens*, éd. G. Viré, ULB, Bruxelles, 1988, "La notion d'Aiôn chez Héraclite", dans *Ionian Philosophy*, Athènes, 1989, pp. 104-113 et surtout "La question du jeu du monde", dans *Rue Descartes*, 18, 1997 (en l'honneur de Kostas Axelos), pp. 51-85.

[24] Sous le titre, *Mythe et rite. De la mythopoétique à la mytho-technique et du symbolisme religieux au symbolisme maçonnique.*

schème du jeu en l'orientant vers une nouvelle destination, en y insérant notamment les éléments du théâtre, mais selon la version contemporaine, plus élargie, qui tient compte également du septième art et en même temps des techniques de production et de leur provenance. Cela explique pourquoi j'ai organisé mon exposé sur la base de sections qui articulent le théâtre, non pas, comme on le fait souvent, à travers des Actes, mais en tenant compte des éléments qui le constituent et rendent possible la réalisation de l'intrigue, qui seule se déploie en des Actes successifs.

En complexifiant ainsi la pratique des schèmes de proximité par un schème plus élaboré, je souhaite intégrer, dans la question de la proximité ce qui a été jusqu'ici occulté : la complexité en tant que telle. Par ce biais, de nouveaux concepts deviennent nécessaires, comme ceux de "monde proximal", de "monde distal" et de "configuration". C'est à partir de ces concepts que l'antinomie de la proximité peut être abordée et approfondie.

3. *Modélisation et simulacres de la complexité*

En vertu de ce nouveau contexte et de la démarche que je me suis permis d'entreprendre, il me semble important d'insister sur le fait que le tournant de la philosophie contemporaine — qui s'explique à partir de la problématique du dépassement de la métaphysique — contraste avec les origines de la pensée grecque, et plus spécialement avec la pensée des sages ioniens qui s'est réalisée par un éloignement systématique de cette pratique empirique des schèmes, en les écartant autant que possible, — ce qui n'a pas toujours réussi, ne serait-ce que parce que le schème de la parenté a été encore utilisé par les penseurs de la tradition platonicienne et surtout par le christianisme qui l'a hérité du judaïsme. Il survit d'ailleurs encore aujourd'hui par le biais de la psychanalyse freudienne (le complexe d'Œdipe) et dans tous les groupes humains qui font la promotion de la "fraternité" humaine. Par ses nouvelles références et les nouveaux schèmes qu'elle pratique, une grande partie de la pensée contemporaine s'est appropriée, dans sa démarche, toute l'histoire de la pensée qui la précède et qui a succédé à la pensée archaïque selon un élan et des cheminements qui ont tenté de s'émanciper de toutes les formes d'archaïsme. Si cette recherche d'une émancipation amorcée par les sages ioniens a été subtilement transfigurée par les premiers philosophes (pythagoriciens et plus tard certains platoniciens), ceux-ci n'ont pas moins réalisé une mutation dans la pratique des schèmes en les modifiant et en les prolongeant en *modèles*. En fait, cette pratique des modèles, notamment depuis Platon, constitue une étape majeure vers une refiguration de la notion de simplicité au moyen de dispositifs plus complexes qui parviennent paradoxalement à écarter, à occulter ou à simuler la complexité.

Comme je l'ai montré dans mes travaux, la proximité fondée sur des schèmes empiriques anticipe la réflexion sur les modèles, inaugurée surtout par Platon avec sa doctrine des Idées et des paradigmes. Les modèles peuvent être des dispositifs (cognitifs) construits, alors que les schèmes sont purement empiriques, mais jouent un rôle analogue aux modèles. Chez Platon, on découvre déjà des modèles associés aux mathématiques, comme cela se passe aujourd'hui d'une façon plus systématique dans la plupart des formes du savoir. L'intérêt de cette pratique tient dans le fait que les modèles n'autorisent pas un rapport direct avec le réel, même si chez Platon les Idées semblent constituer la réalité *en soi* des choses. Leur caractère transcendant ne les empêche pas d'être ce qui est le plus proche des choses, selon une proximité que j'ose qualifier déjà de relationnelle. Mieux, comme Platon considère que l'âme humaine est par sa structure en homologie avec les intelligibles, l'homme arrive par son âme supérieure à réaliser une proximité avec les Idées. Platon a hésité à franchir le pas et à accepter un rapport d'identité entre l'âme et les Idées-intelligibles, comme le fera Aristote qui affirme que ce qui pense et ce qui est pensé sont identiques. En interprétant ce rapport sur le mode de l'homologie et de la ressemblance, Platon conserve toujours une différence (spatio-temporelle) qui permet de parler de proximité (relationnelle). Mais il va encore plus loin, car il multiplie les structures de modélisation en faisant varier les approches. Il permet ainsi de voir que c'est la distanciation à l'égard des choses en soi qui confère à la connaissance pour nous une prééminence. D'autant plus qu'il ne renonce pas à l'usage des schèmes, puisqu'il reprend les schèmes anciens (parenté, violence, amour, chemin) et les complète par de nouveaux schèmes, comme ceux de l'artisan (démiurge), du phyturge, du nomothète et du tisserand.

Ce dernier schème qu'il utilise dans le *Politique*, où il thématise précisément la question des paradigmes, peut être considéré comme un intermédiaire entre les schèmes et les modèles. Alors que chacun des schèmes traditionnels exprime une expérience familière relativement simple, le schème du tisserand suppose, d'abord, l'artisan qui fabrique la navette pour tisser, ensuite, la réalisation de la matière première pour tisser et enfin l'activité de tisser[25]. Si la matière est du coton, alors la production est agricole, tandis que si elle est de la laine, on doit s'appliquer à l'élevage. Toutefois, cette production ne suffit pas, et avant que le produit serve au tissage, il doit être traité pour réaliser le fil. Enfin, l'art de filer est l'aboutissement de tout un processus qui amorce une analyse circonstanciée de la *provenance* sur laquelle je reviendrai dans la dernière Section. Cette structure complexe montre que les schèmes, même s'ils manifestent des expériences familières, peuvent se complexifier. Ils deviennent d'autant plus complexes que la réalité qu'ils doivent expliquer est elle-même complexe. Aussi, de tels schèmes peuvent devenir de véritables *dispositifs* qui se rapprochent des modèles. Cette observation n'est pas sans conséquences, car elle permet d'édifier des systèmes opératoires pour se rapprocher de ou approcher le plus possible de nous une réalité qui se dérobe sans cesse, soit parce qu'elle est inconnue, soit parce qu'elle est complexe.

Dès cette première Section, j'ai adopté une structure de ce type. Il s'agit de la *mise en scène*, qui fait partie intégrante du schème du théâtre, que j'ai pris comme configuration centrale pour organiser ce livre, en me souvenant d'une démarche de Plotin qui l'utilise, dans la IIIe *Ennéade* (2, 15), pour interpréter à la fois la naissance des êtres vivants et la complexité de l'action[26].

[25] Cf. mon étude "Le paradigme platonicien du tissage comme modèle politique d'une société complexe", *Revue de philosophie ancienne*, 13 (2), 1995, pp. 108-162.

[26] Cf. mon étude "Le jeu dans la philosophie ancienne et contemporaine", *op. cit.*, pp. 101-103.

“Il existe dans le Tout, dit-il, une vie abondante qui produit toutes les choses et fait varier leur forme de vie ; elle ne se lasse pas de toujours produire des jouets vivants, beaux et gracieux” (31-33). Dans le cas particulier des êtres humains, ceux-ci possèdent une âme qui survit et préexiste aux corps, tantôt en s’y réincarnant et tantôt en les quittant définitivement, ressemblant aux acteurs qui, tués sur scène, tantôt changent de costumes pour reparaître dans un autre rôle et tantôt quittent définitivement le théâtre, sans jamais réapparaître sur scène (21-27). De plus, quand ils s’arment les uns contre les autres et mènent des combats en bon ordre, ils agissent comme s’ils jouaient à des danses pyrrhiques et nous montrent que toutes les entreprises humaines sont des jeux. Si bien qu’on peut considérer les meurtres, les morts, les prises des cités et les pillages “comme les mises en scène dans les théâtres” : il s’agit de changements de scènes et de transfigurations, ainsi que des jeux de lamentations et de gémissements, car, dans chaque circonstance de la vie, “ce n’est pas l’âme qui nous est intrinsèque, mais l’ombre extérieure de l’homme qui gémit, se plaint et réalise, en beaucoup d’endroit, des mises en scène sur le théâtre de la terre” (33-50). Et en tirant la leçon éthique qu’il souhaite, Plotin conclut que ce sont là les actes de l’homme qui ne sait vivre qu’une vie inférieure et extérieure, qui ignore en quoi la vie est un jeu, car seul celui qui excelle dans ses actions vit une vie fondée sur l’excellence, tout autre homme se contentant d’être un jouet (du destin). Certes, il peut arriver que celui qui s’applique à la vertu, soit en contact avec ceux qui ignorent qu’ils sont de tels jouets. Socrate aussi jouait avec ce qui est extérieur. Mais il ne faut pas considérer les larmes et les gémissements comme les preuves de maux véritables, “car il arrive que des enfants versent des larmes et se plaignent pour des maux sans réalité” (51-62). En revanche, il faut savoir que chacun a sa place dans le Tout, selon qu’il est bon ou méchant. Les choses se passent comme au théâtre, où l’auteur d’une pièce assigne à chaque acteur le rôle qui convient (17, 8 ss.).

Ce texte, qu’on peut approfondir davantage, met en scène le schème du théâtre, que Plotin utilise dans un esprit proche de celui que je viens de rappeler concernant le schème du tisserand fondé sur l’idée de provenance. Cette démarche allie une expérience de proximité empirique à un dispositif de modélisation selon un concept de plus en plus utilisé aujourd'hui : celui de *configuration*. En l'occurrence, nous découvrons la mise en forme de plusieurs configurations, comme celles de la réalité extérieure (corps) et de l'âme intérieure, de la vie de celui qui agit selon la vertu et de celui qui est le jouet du destin, la place du bon et celle du méchant, etc. Même si le terme n'est pas utilisé par Plotin, l'idée est bien présente. Du reste, il parle de "transfiguration" (*metaschèmatisis*) pour les changements de vêtement au théâtre. Mais plus loin, il utilise aussi le terme de "former" ou "donner une forme" (*morphoun*) pour les choses et les êtres vivants, en précisant que c'est l'acte de la raison qui a le pouvoir d'informer, et que cet acte est un acte artiste, comparable au mouvement du danseur (16, 17-27).

En somme, la progression, depuis l'usage de l'expérience la plus familière de la proximité jusqu'à la modélisation et jusqu'à l'association de celle-ci à des schèmes plus élaborés comme le théâtre, sert à expliquer le réel dans la profusion des choses et des êtres qui le composent. J'ai choisi le théâtre comme schème-modèle pour illustrer ce livre, surtout parce qu'on peut élargir ses potentialités grâce au septième art, qui nous aidera à mieux configurer la complexité du réel. Bien sûr, il ne s'agit là qu'un des schèmes parmi d'autres. Si Plotin voyait la vie comme un théâtre, quelqu'un aujourd'hui pourrait parler de film ou de cirque. Liza Minelli, avec un brin d'ironie, a dit que la vie était "un cabaret"[27]. L'important est d'éviter d'objectiver les schèmes tout en y décelant un mode pertinent d'accès au réel complexe. Tout en préservant un côté empirique, cette démarche déborde la perspective empirique au bénéfice d'une intelligibilité plus poussée, plus décisive, éclairée tantôt par l'usage des mathématiques et tantôt par la recherche des choses en soi, mais toujours soumis à la puissance de l'imaginaire.

Je l'ai dit, la façon dont ce type de discours est utilisé dans le monde archaïque, est un mode de penser conforme aux catalogues, qui peuvent, par un effort de la pensée, c'est-à-dire par un *redressement*, reconstituer le réel en question. Le moment me semble propice pour in-

[27] Cité par P. Sloterdijk, *op. cit.*, p. 202.

troduire cette question complexe qui subvertit la proximité, puisqu'il s'agit bien de mettre en question cet accord naïf avec l'ordre diachronique de la narration, pour aller au-delà des expériences familières qui servent à déployer le discours mythique, en vue de reconstituer l'ordre synchronique du réel, dont la complexité nous échappe encore aujourd'hui. Des situations familières, habituelles de notre vie quotidienne, peuvent contribuer à éclairer cette démarche.

Prenons le cas d'un annuaire de téléphone. Nous en faisons usage sans trop y réfléchir chaque fois que nous cherchons le numéro d'un abonné. Sa proximité à la fois spatio-temporelle et relationnelle est évidente. Pourtant les choses sont plus complexes, et l'on peut bien se poser la question suivante : que représente un annuaire téléphonique en dehors de sa contribution à trouver un téléphone ponctuel d'une personne ? En fait, il reprend les *noms* de tous les habitants d'une cité qui *possèdent* des téléphones et, de ce fait, permet, par les informations données (adresses, sexes, professions...), de reconstituer un aspect de la cité (topologie, métiers...). Une enquête supplémentaire, à partir de chaque numéro de téléphone, pourrait compléter les informations et établir le nombre de personnes appartenant à la même famille ou sous la même adresse, et beaucoup d'autres informations analogues.

Dans le monde archaïque nous possédons un cas analogue qui est célèbre : le catalogue des bateaux des Achéens que relate l'*Iliade* d'Homère, qui concerne tous les bateaux des cités qui *ont pris part* à l'expédition de Troie. Ce catalogue peut être aussi redressé, et l'on peut ainsi découvrir la géographie d'un grand nombre de cités de l'époque, les rois et les tribus qui y habitent, etc. Or, précisément, les discours mythiques (ou catalogiques) mis en forme par les civilisations archaïques forment divers types de catalogues, qu'on qualifie de généalogie (anthropogonie, théogonies, cosmogonies...) en prenant la "parenté" comme schème transcendantal régulant les expériences humaines, et en y associant d'autres schèmes, comme la violence, le sexe, etc. La narration généalogique constitue de la sorte un *logos* qui dit les choses successivement en fonction d'un schème transcendantal et régulateur du discours, et requiert un redressement pour restituer l'ordre (hiérarchique) du réel qu'il relate, afin d'établir les topologies, les pouvoirs et les fonctions de figures qui y sont impliqués. C'est pourquoi je me suis permis jadis de définir le mythe comme "un discours complexe à propos d'une réalité complexe où s'enchevêtrent le visible et l'invisible, et qui se déploie selon une logique qui lui est propre et en fonction d'un schème transcendantal qui unifie et régularise l'expérience"[28].

Par cette définition, j'avais déjà anticipé sur la problématique de la complexité que j'affronte plus directement ici. J'avais perçu que, dans la pensée archaïque, l'intelligibilité n'est pas immédiate, qu'elle est détournée et qu'elle subit une sorte de torsion, de distorsion, ce qui montre à la fois la complexité du réel rapporté par la narration et la complexité du discours catalogique lui-même, qu'il convient de bien analyser et de décoder pour pouvoir le redresser. L'usage ici d'un schème de proximité, à première vue simple comme la parenté, associé obligatoirement à d'autres schèmes, comme la violence et le sexe, complexifie l'analyse, laissant toujours en dehors de notre portée (monde distal) une maîtrise (monde proximal) des situations relatées. C'est cet écart en dehors d'une proximité réalisable pleinement et en toute transparence, que la pensée occidentale tente de réduire, depuis son avènement. Et cet effort de réduction a amorcé une véritable quête de l'intelligibilité directe des choses, par une *simplification*.

En modifiant le discours catalogique en un discours qui *ne requiert* aucun redressement parce qu'il se déploie selon des liaisons intrinsèques, comme par exemple les syllogismes aristotéliciens, la pensée philosophique a réussi, par une simplification inouïe, à établir divers discours *dressés* (*orthoi logoi*), qualifiés également de discours corrects, voire exacts et vrais. Ces discours se déploient en manifestant directement une forme d'intelligibilité, de sorte qu'on peut dire qu'ils sont plus simples que les discours archaïques. Un discours argumentatif donne aussi l'impression d'être une sorte de catalogue d'arguments successifs, mais il s'agit d'argument lies entre eux selon une logique

[28] J'ai utilisé cette définition, pour la première fois, dans la première édition de mon livre *Mythe et philosophie chez Parménide* (1986), mais, depuis, je ne cesse de m'y référer.

qui ne requiert *aucun* redressement[29]. C'est aussi dire que la pensée classique, en visant l'intelligibilité, a simplifié le discours et rendu immédiate l'intelligibilité des choses. S'il est vrai que l'instauration des principes d'identité et de non-contradiction, depuis Parménide, constitue le lieu même de cette révolution intellectuelle en faveur de la simplicité, c'est néanmoins la thèse d'Aristote, selon laquelle il y a identité entre ce qui pense (l'intellect) et ce qui est pensé (l'intelligible en tant que mode de manifestation de l'*eidos*, de la spécificité des choses dans son rapport à l'intellect) qui marque un tournant dans la question de la proximité. Cette démarche qui nous met immédiatement en rapport (sur le mode de l'identité) avec quelque chose de la chose (sa spécificité) marque le point culminant de la simplification. Elle se traduira par l'identification néoplatonicienne entre intellect et être. C'est Plotin qui, en prolongeant et thématisant Platon, a identifié, dans sa seconde hypostase, Intelligence et Être. Cette prise de position depuis l'instauration du "monde" intelligible par Platon et depuis l'identité aristotélicienne entre ce qui pense et ce qui est pensé, surdétermine en réalité le cadre d'analyse dans lequel Aristote situe cette question. On peut la résumer autour de deux propositions, dont la première nous est déjà familière, à savoir qu'il faut aller des choses qui sont plus connues pour nous vers celles qui sont plus connues en soi, tandis que la seconde fait état de l'âme comme étant d'une certaine façon tous les étants, aussi bien les étants sensibles que les étants intelligibles.

Ces deux thèses complémentaires, celle du *passage* d'une proximité pour nous à une proximité en soi, et celle d'une *distinction* entre étants sensibles et étants intelligibles, marque un écart dans la question de l'exclusivité de l'identité entre l'être et l'intelligence qui le pense, qui empêche à la quête de l'intelligibilité et de la simplicité d'aboutir sans encombre. C'est dans cette *quête* de l'intelligibilité sous le mode de la simplicité que réside la révolution intellectuelle réalisée par les Grecs, et nullement dans une soi-disant suppression du mythe pour

[29] J'ai traité ce sujet dans une conférence à l'Académie d'Athènes (le 24 avril 2001), parue dans le *Bulletin de l'Académie d'Athènes*, 76 (2), 2001, pp. 322-340.

promouvoir la raison. Car le discours mythique n'a jamais été écarté entièrement de la tradition philosophique grecque, et moins encore de la tradition chrétienne qui s'appuie sur la mythologie biblique. En revanche, le lien entre intelligibilité et être, inauguré par Diogène d'Apollonie et thématisé par Platon et Aristote constitue un tournant important de l'itinéraire philosophique et scientifique des Anciens.

Il faudrait ici reprendre pratiquement toute l'histoire de la philosophie pour mettre en valeur cette quête de la simplicité, jusqu'au cœur de la théologie, où Dieu sera qualifié d'être le plus simple, alors même qu'on le considère, en même temps, comme un océan infini et suressentiel. Ce paradoxe suscite une aporie fondamentale qui révèle en même temps l'insuffisance d'une approche qui se limite à la question de l'ambivalence de la proximité. Car, Ce qui est *le plus simple*, voire la *simplicité* absolue et, en même temps, Ce qui est *le plus proche* de l'homme, créé selon l'*image* et la *ressemblance* divine. Par l'image et la ressemblance une proximité relationnelle est d'emblée imposée. Mais le fait de considérer également Dieu comme suressentiel et comme un océan infini subvertit aussitôt la question même de la proximité, en suscitant une interrogation *nécessaire* sur l'opposition entre simple et com-plexe, simplicité et com-plexité, écartée traditionnellement de la philosophie — qui a préféré opposer au simple le com-posé. On devrait ici aussi multiplier les approches pour circonscrire d'autres quêtes de la simplicité, plus proches de notre époque, en approfondissant le problème du côté de la subjectivité. Car, depuis Descartes et l'instauration du *cogito*, *ergo sum*, la quête d'une simplicité en l'homme même est constante. On la cherche tantôt du côté d'une logique transcendantale qui écarte toute forme d'empirisme ou d'approche naturelle, et tantôt du côté d'un Ego transcendantal, noyau ultime dans le sujet. Derrière la problématique d'une légitimité de nos moyens de connaître et d'une critique de la connaissance (kantisme et néokantisme) ou de la recherche d'une idéalité transcendantale au moyen d'une succession de réductions (phénoménologiques) pour écarter le psychologisme, l'historicisme et le naturalisme, se tient cet *a priori* de la simplicité. Ce qui peut expliquer pourquoi tous les retours à la métaphysique pour écarter l'idéalisme ou même les tentatives d'un dépassement de la métaphysique se sont accomplis au nom d'une quête d'un fondement absolu et simple. Et cela se produit encore jusqu'au cœur de l'Être deleuzien ou de la différance derridéenne, qui pourtant font partie de l'arsenal philosophique contemporain pour réhabiliter le multiple. Mais j'insiste, multiplicité et multiple ne veut pas dire nécessairement complexité et complexe, du moins telles que je comprends ces notions dans le sillage du travail d'Edgar Morin.

Le caractère novateur de l'approche d'Edgar Morin ne fait aucun doute, même si la volonté en quelque sorte "impérialiste" du propos oblitère la véritable nature d'une *pensée* capable d'*approcher* les multiples modes selon lesquels se manifeste le complexe. De ce qui précède il apparaît déjà que les méthodes conformes à la simplicité sont peu utiles dans ce domaine et que les systèmes de modélisation sont à leur tour trop univoques pour nous aider à accéder à tous les domaines. Du reste, soumis le plus souvent à un traitement d'ordre mathématique, les modèles se sont développés surtout dans les sciences, alors qu'une bonne partie de la philosophie depuis Platon n'a jamais renoncé à la pratique d'une modélisation à géométrie variable.

En somme, ce qui paraissait à l'époque comme un pas considérable vers la conquête du savoir et ce qui a contribué à l'avènement de la science et de la métaphysique, nous paraît aujourd'hui comme une insuffisance profonde, parce que cette démarche s'est accomplie au détriment de la complexité à la fois du réel et du discours qui doit le manifester. Dans l'Antiquité, il y a certes eu des dissidences face à la simplification réalisée surtout par Aristote qui refuse toute matière corpusculaire et invisible[30]. En revenant partiellement à la perspective d'une discontinuité radicale et objective dans le réel, mise en scène par Anaxagore, Leucippe et Démocrite, Épicure et Lucrèce abordent, à l'époque hellénistique, la question de la complexité, même si leur conception de la complexité ressemble davantage à une promotion du multiple qu'à une véritable prise en charge du complexe en tant que complexe. Il est vrai

[30] Voir mon étude "Naissance de la notion de vide dans la pensée grecque", dans *Le vide. Univers du tout ou du rien*, dir. E. Gunzig et S. Diner, *Revue de l'Université de Bruxelles*, 1-2, 1997, pp. 64-74.

que déjà Platon, dans le *Timée*, avait réduit les structures du réel sensible à des figures géométriques rapportées à des triangles ultimes et élémentaires, proposant une solution différente de celle des matérialistes, et qui est respectueuse d'une forme de complexité — du fait que Platon met en jeu successivement la géométrie des figures et celle des solides pour le corps du monde, et l'harmonique pour l'Âme.

Dans le sillage de tous ces novateurs, d'autres auteurs ont également envisagé le multiple, comme les atomistes arabes ou même Leibniz, mais de nouveau, c'est dans la perspective du multiple plutôt que dans celle de la complexité, qu'ils l'ont étudié. La problématique de la complexité, telle que l'a relevée Edgar Morin, est plutôt le résultat de certaines tentatives scientifiques, sur lesquelles j'aurai l'occasion de revenir au fil de mon étude. Or, la science moderne est fondée essentiellement sur la modélisation, qui constitue, comme je l'ai dit, une transmutation de la pratique des schèmes, au profit de dispositif plus élaborés, où les mathématiques jouent un rôle primordial. Or, le concept qui exprime le mieux cette connivence entre schématisme, modélisation et recherche de ce qui est le plus propre aux choses grâce auxquelles s'édifie le monde proximal est celui de “configuration”. La configuration s'accorde admirablement avec les données propres à la proximité et elle peut parvenir à associer, en tant que processus médiateur, le monde proximal et le monde distal.

Or, paradoxalement, c'est pour contourner les modélisations de plus en plus complexes, qui multiplient les intermédiaires entre nous et les choses, que certains penseurs reviennent aujourd'hui à des expériences plus familières, comme le schème du jeu, mais aussi à un retour aux choses mêmes, et plus spécialement à celles qui sont à la portée de notre conscience ou même à la portée de nos mains. Le but : approcher les choses, sans intermédiaires, dans ce qui leur est propre, donc en dehors aussi bien des modèles que de toute intervention (technique) sur elles. Ce *retour* aux choses mêmes, amorcé par la phénoménologie husserlienne et consolidée par Heidegger, retiendra notre attention. Il nous permettra de mieux évaluer l'occultation de la question de la complexité au nom d'une simplicité dominée par la recherche d'une intelligibilité pure et fondatrice. Il apparaîtra, en fin de compte, que l'usage du schème du jeu cherche à suppléer cette complexité au nom d'une simplicité plus élaborée qui associe, d'une façon inhabituelle, notamment chez Heidegger, le ciel et la terre, les divins et les mortels — dont l'unité forme le Quadriparti (*Geviert*), analysé comme unifié sur le mode du jeu (du Monde). Nous verrons que cette mise en scène, à première vue étrange, qui est dominée par le *jeu* de l'espace-temps du Monde s'accomplit néanmoins au nom de la revalorisation de la proximité à l'égard des choses. C'est dire aussi que cette nouvelle pratique des schèmes, grâce au schème du jeu, fait appel, au moment où la mytho-technique se répand partout sur la planète, à une nouvelle pratique du mythe que l'on peut qualifier de "postmétaphysique", qui demande une autre étude pour être approfondie. Ici, je constate seulement que cette nouvelle démarche, qui cherche à écarter la modélisation (scientifique), tout en revenant à une pratique des schèmes (en l'occurrence du jeu), confère à la notion de "configuration" un rôle particulier, dans la mesure où elle est la seule à pouvoir surmonter ce paradoxe, grâce à son rôle dans la constitution du monde proximal de chacun d'entre nous, au détriment du monde distal qui nous concerne.

Cette pratique originale, qui ouvre à une nouvelle forme de proximité concernant la proximité *avec le monde* moyennant les configurations, met en jeu une nouvelle conception du "monde", voire un monde nouveau qui n'a plus rien à voir avec le monde archaïque, dont nous sommes séparés par toute l'histoire de la pensée occidentale, constituée par ses innombrables quêtes et conquêtes. Elle a plutôt affaire avec l'époque de la technique moderne, qu'elle cherche à réévaluer. C'est pourquoi, je la situerai dans le sillage de la problématique actuelle de la mondialisation.

3. L'ère de la configuration

1. *Préhistoire de la pratique des configurations*

Pour bien comprendre le statut du concept de "configuration", il me semble utile d'indiquer que lorsque Platon, le premier, a dû approfondir la question de l'intelligibilité du *devenir*, il est arrivé à la conclusion que celui-ci n'était pas objet de science, dans la mesure où celle-ci ne concernait que l'étant éternel et toujours identique à lui-même, à savoir les essences. Or, j'ai eu l'occasion de le rappeler, cela n'a pas empêché Platon, en quête d'une certaine maîtrise du multiple en devenir, de façonner des paradigmes, y compris les Idées et les procédures mathématiques, pour approcher les choses en devenir. Cependant, jamais le maître de l'Académie n'a affirmé que le devenir est réductible à une intelligibilité véritable. Il considère que l'écart entre les choses et les intelligibles, quelle que soit la méthode qu'on puisse utiliser, demeure irréductible, de sorte que la réalité sensible est l'objet de considérations (*doxai*) mais jamais de science (*epistèmè*). C'est, on le sait, cette position qu'Aristote a tenté de dépasser en distinguant ce qui est plus connu pour nous et ce qui est plus connu en soi[31].

Contre Platon, il a considéré qu'on peut établir, moyennant une bonne méthode, la connaissance approfondie des choses en elles-mêmes. Il s'agit de les approcher dans ce qui leur est propre, en les expliquant à travers trois principes (matière, spécificité et privation), prolongés en quatre causes (matérielle, formelle[32], finale et efficiente). C'est pourquoi Aristote écarte les mathématiques, qui seraient inaptes à circonscrire la chose telle qu'elle est, ne l'approchant que par le biais de ses accidents (quantité). Par là il anticipe l'idée de certains philosophes actuels, d'après laquelle la science moderne, physico-mathématique, forme des *représentations* du réel en devenir. Pour sa part, Aristote prétend que les quatre causes suffisent à expliquer la *provenance* des choses et, de ce fait, seraient également susceptibles de circonscrire *au plus près* les étants, ce qui complexifie certes l'approche, mais en même temps, réussit à limiter les références, c'est-à-dire évite d'envisager des intermédiaires, tels les modèles. Le seul élément mé-

[31] Sur cette question, voir mon livre *La* Physique *d'Aristote*, Ousia, Bruxelles, 1997[2] (1980).

[32] Selon la terminologie traditionnelle, qui ne rend pas le sens exact de "spécificité" (*eidos*), donc aussi la cause selon la spécificité, et la confond avec la forme (*morphè*), laquelle concerne la chose achevée, ce qui met en jeu la cause finale, c'est-à-dire l'usage ou la fonctionnalité.

diateur qu'Aristote admet pour éclairer les processus, c'est la *technè*, en tant qu'elle réalise des produits maîtrisés par le producteur, mais en l'utilisant seulement par *analogie*. D'où l'importance de l'analogie dans la science et la métaphysique traditionnelles, surtout d'ascendance aristotélicienne et scolastique.

Ces deux démarches, sur lesquelles je reviendrai, et plus spécialement quand je traiterai la proximité avec les choses, opposent bien deux conceptions majeures de la proximité. La première, parce qu'elle refuse qu'on puisse atteindre les choses en devenir dans ce qui leur est propre, ouvre la recherche à une approche sans fin, qui ne progresse dans le monde distal que par une amélioration et une reconstruction permanente des modèles, tandis que la seconde, parce qu'elle affirme un optimisme sans faille dans l'édification d'un monde proximal, cherche des voies d'accès au réel en devenir, qui contournent tout ce qui peut éveiller le soupçon d'une médiation. Or, dans la mesure où l'on peut établir à la fois de l'inconnu et du complexe dans le réel, en reconnaissant le caractère irréductible du monde distal, on doit admettre que la première option, d'origine platonicienne, semble actuellement plus pertinente, car elle s'accorderait davantage aux données de la science contemporaine, et plus spécialement de la microphysique.

Pourtant, le rêve façonné par Aristote en cherchant à appréhender ce qui est le plus propre de quelque chose ne saurait être refusé sans autre forme de procès. Il s'agit d'un idéal qu'on ne pourrait écarter sans rendre caduque la quête scientifique. Ce dont il s'agit de se méfier, c'est de l'idée que l'on pourrait atteindre le propre des choses immédiatement ou au moyen de l'instauration d'une légitimité purement logique ou même transcendantale, comme si cette légitimité suffisait à rendre compte du réel, occultant du même coup sa complexité. Dès lors que l'on admet la complexité, les choses se modifient profondément, car la découverte de ce qu'on croit être le propre d'une chose, peut s'avérer ensuite comme appartenant au monde distal. D'où la question : comment peut-on conserver ce rêve (d'origine aristotélicienne) tout en reconnaissant l'importance de la complexité et des systèmes médiateurs, et plus spécialement les systèmes de schèmes et de modèles, des schématisations et des modélisations pour produire un monde proximal ? C'est pour répondre à cette question que j'ai opté pour l'application de la notion de "configuration".

Le caractère flexible de cette notion permet d'opérer dans le domaine intermédiaire entre un réel complexe et inaccessible et la proximité la plus immédiate pour nous. Cette notion permet de laisser entre parenthèses la quête des fondements ou celle d'une idéalité ultime, aussi légitimes soient-elles. J'aurai d'ailleurs l'occasion d'illustrer cette possibilité en prenant comme référence Husserl, car elle ouvre à une problématique de prédilection de la philosophie contemporaine pour se défendre d'une éventuelle servitude suscitée par la tournure actuelle de la science. Cette ouverture qui cherche à préserver à la philosophie sa prééminence et son rôle de pensée fondatrice, concerne principalement le domaine de la légitimité de la connaissance et, plus généralement, de toute activité de l'homme dans son rapport au monde. En revanche, la notion de *configuration* peut nous aider à mieux comprendre en quoi la quête permanente de la connaissance de la complexité (dont l'origine est démocritéenne et platonicienne à la fois) favorise, paradoxalement, l'*efficacité* sous toutes ses formes, ne serait-ce que parce qu'elle prend comme horizon de ses quêtes un lieu ultime inaccessible, ce qui fait appel sans cesse à de nouvelles configurations formées selon de nouveaux instruments et à de nouvelles procédures d'approche.

Pour comprendre ce choix, je commencerai par une digression antique, en portant un regard sur Parménide, Platon et Épicure. Il seraient les premiers à avoir formulé les conditions que devrait remplir une notion comme la configuration, même s'ils n'utilisent pas le terme. Il est cependant probable, comme nous le verrons, que la position d'Épicure anticipe l'usage latin du verbe *configuro* qui signifie : donner une figure ou une forme, façonner le caractère, ce qui donne comme application, par exemple, "imprimer sa forme au cep de vigne"[33]. Cette précision révèle la dimension active et la recherche d'une *concision* à l'intérieur d'une profusion. En revanche, Parménide et Platon amorcent cette perspective par un autre biais qui insiste davantage sur

[33] Cf. Felix Gaffiot, *Dictionnaire illustré Latin-Français*, Librairie Hachette, Paris, 1934, p. 386.

la nécessité d'assurer une *présence* relativement à ce qui risque de demeurer occulté. La conjonction entre concision et présence amorce une première approche du concept de configuration, que je tenterai de préciser davantage au moyen de tentatives plus modernes.

Parménide, tel du moins que je l'ai interprété[34], fonde la faculté de penser sur l'Eon inviolable (l'Être ou, plus exactement : "Ce qui est continu dans le présent") et, par l'action de la pensée, rend présent et dans la présence les choses (*par-eonta*) qui sont, du fait de leur variablité selon le devenir, de l'ordre de choses qui ne sont pas (*mè eonta*), de choses qui sont absentes (*ap-eonta*). C'est dire que sans la faculté de penser (*noô*) et sans le penser (*noeîn*) l'homme serait incapable de comprendre les choses, de s'approcher d'elles ou de les approcher de lui. Rendre les choses pré-sentes (*par-eonta*) et sous une forme de présence consiste ici à les rendre *proches*, sans les ontologiser (sans les investir avec de l'être[35]) et sans les soumettre non plus à la pensée. Il s'agit de les rapprocher de nous en cherchant des lignes directrices capables de traverser le tout du réel. Et ces lignes directrices sont pour Parménide deux *formes* (*morphai*) généralisables de notre expérience : le *feu* (y compris la lumière et le chaud) et la *terre* (y compris l'obscurité et le froid). Par là, Parménide réussit à imposer une configuration à la profusion des choses en devenir, qu'il considère comme étant tellement éphémères qu'elles ne parviennent pas à se stabiliser dans le présent (se donnant comme si elles demeuraient dans un monde distal). Et cette configuration unifie le feu et la terre, la lumière et l'obscurité, le chaud et le froid en accordant un sens à ce qui se dérobe, rendant les choses présentes (ce qui assure la possibilité d'un monde proximal). Cela lui permet d'édifier une physique du mélange et de la séparation à partir de deux "éléments" qui fondent tous les processus.

Ce choix, qui permet d'édifier un monde proximal à partir d'un

[34] Cf. mon livre *Mythe et philosophie chez Parménide*, Ousia, Bruxelles, 1990[2] (1986), chap. III, ainsi que mon *Histoire de la philosophie ancienne et médiévale*, Grasset, Paris, 1998, pp. 185-196.

[35] Démarche qui n'a pas été réalisée, pour les choses en devenir, avant Aristote. Cf. mon livre *La* Physique *d'Aristote*, *op. cit.*

monde distal, comprend cette édification à partir des choses circonscrites selon des opposés qui sont unifiables sur le mode d'une unité des contraires. Parménide s'exprime avec force dans le fr. 9 : "comme toutes choses sont nommées lumière et nuit, par des noms conformes à leurs puissances, appliqués sur ces choses-ci et sur celles-là, tout est plein à la fois de lumière et de nuit invisible, à égalité l'une et l'autre, puisque aucune des deux ne s'accorde avec le néant". Donc, non seulement Parménide repère par l'expérience deux formes (*morphai*), deux *figures* (à la suite des Pythagoriciens, dont il critique cependant l'insuffisance de penser l'unité des opposés), mais les insère dans un processus du langage (le nommer) qui permet un double accès dans le devenir pour le stabiliser et le rendre présent. Cet état intermédiaire, qui est de l'ordre d'une *doxa* qui convient (*dokimôs*) pour avoir une prise sur le multiple en devenir, atteste une première pratique *délibérée* de la notion de "configuration". La configuration ici est celle de l'unité de deux contraires accessibles par les sens, unifiés par la pensée et manifestée par le langage. Je dis bien "délibérée", parce qu'auparavant, la pratique du mythe dans la pensée archaïque ne fait rien d'autre que configurer à sa façon le devenir et les expériences des hommes. Ce qui est nouveau dans la démarche parménidienne, inspirée des sages ioniens et des philosophes pythagoriciens, c'est l'adoption d'une nécessaire *simplification* pour rendre compréhensible le réel. C'est dire que tout en instaurant une démarche consciente de l'activité de configurer, Parménide consolide la voie de recherche en faveur du simple, qui va dominer la pensée occidentale en faveur de la promotion de l'intelligibilité et de la constitution des sciences, mais au détriment de la voie qui aurait pu mener à la complexité.

Une deuxième expérience historique décisive en faveur d'un choix délibéré concernant la pratique de la configuration est celle de Platon, grâce à la constitution des Idées et, plus généralement, des paradigmes comme des modèles, des *para-deigmata*. Ici, aussi, la particule *para* fait voir qu'il s'agit d'une quête de proximité, de ce qui permet de mieux se rapprocher des choses et de les approcher de nous. Dans le *Politique*, Platon a même affirmé que si nous n'avions pas ce type de modèles, on vivrait comme dans un rêve (277d et 278e). Par là, il veut dire, non seulement que sans les modèles on serait incapable de connaître les choses, d'avoir une certitude, même erronée, ou un savoir fondé, mais que nous ne pourrions sortir de la torpeur dans laquelle on passe la plus grande partie de notre vie, incapable d'évaluer le type et les degrés de proximité que nous entretenons avec les choses, les êtres et le monde. Bref, les paradigmes, quels qu'ils soient, de l'exemple jusqu'aux Idées, en passant par tous les intermédiaires possibles, configurent notre monde proximal, ils constituent autant de configurations qu'il y a de voies d'accès à une réalité en devenir qui ne cesse de se dérober à nous, parce qu'elle associe l'être et le non-être. Cet être et ce non-être que Parménide excluait du devenir, en situant le premier comme une entité inviolable au fond de la pensée, et en refusant au second toute existence, Platon les assume sans détours mais en les configurant sur le mode de genres, de spécificités, de tout, de parties, d'images, de simulacres, etc. C'est pour organiser cette multiplicité qu'il introduisit la méthode *dialectique*, qui est susceptible de suivre les articulations du réel et de mettre en relief l'intelligibilité qu'il offre à la connaissance humaine. Dans le *Phèdre*, il illustre cette méthode en se référant à la démarche du boucher qui coupe la viande en suivant ses articulations naturelles. Cette idée, d'une pratique possible d'une "incision" capable de relever les articulations principales de quelque chose est définitivement thématisée par Épicure.

Celui-ci propose une autre expression, non moins importante, qui manifeste, en plus, ce caractère actif, tout en révélant la *concision* qu'on attend du terme de configuration. Ils'agit du terme *epitomè*, qui signifie "incision", "coupure à la surface", "découpe"[36] qu'on utilise aussi pour faire état d'un "abrégé", comme par exemple d'un ouvrage, en reprenant l'essentiel de son contenu. Le verbe *epitemnô* signifie d'ailleurs "faire une incision", "couper en pénétrant dans...", mais aussi "abréger", "résumer", "raccourcir, "condenser", autant de sens qui peuvent être repris dans ce que recouvre l'activité de configurer. L'adjectif *epitomos* reprend le sens d'"écourté" ou de "raccourci", tandis que l'adverbe *epito-*

[36] Il est intéressant de rapprocher cette expression avec celle utilisée par D. Lecourt pour la physique contemporaine (voir ci-dessus p. 66).

môs met en évidence le sens d'"avec concision"[37], qui est souvent le sens de la configuration. Bref, par une in-cision circonstanciée selon les cas concernés, on peut réaliser, avec con-cision et pré-cision, une prise pertinente sur le réel, constitutif d'un monde proximal que nous élaborons et développons dans nos rapports au monde. Par là Épicure ouvre un nouvel itinéraire dans l'effort pour ainsi dire épistémologique pour pénétrer sans dommage dans le monde distal (inconnu ou complexe), et qui diffère fort des itinéraires tracés par deux de ses prédécesseurs célèbres (Parménide et Platon), qui reconnaissent aussi à leur façon l'importance de la différence entre le monde proximal et le monde distal.

C'est dans la *Lettre à Hérodote*, conservée grâce aux bons soins de Diogène Laërce[38], qu'Épicure révèle que ce texte est un *abrégé* (*epitomè*) destiné aussi bien aux apprentis dans l'étude de la nature qu'à ceux qui sont déjà des savants mais qui n'ont pas le temps de tout mémoriser. Pour les premiers, c'est-à-dire ceux qui ne peuvent pas encore étudier avec précision chacune des choses qu'il a écrites sur la nature, ni traverser toutes les articulations des livres les plus importants qu'il a composés, cette *incision* (*epitomè*) dans son ouvrage leur permettra de garder *en mémoire* une construction totale des opinions qu'il formula, afin qu'ils puissent trouver de l'aide à chaque occasion propice dans les questions principales qu'il a traitées, à condition, précise-t-il, qu'ils *touchent* de près, qu'ils demeurent à *proximité* (*ephaptontai*) des observations de la nature. Pour les seconds qui possèdent déjà une idée sur des ensembles de données de son travail, cet abrégé leur permettra de mémoriser la structure formée sur le mode de l'impression (*tupon*) de tout l'ouvrage, mais déployée conformément à ses éléments les plus essentiels (*katastoicheômenon*).

Cette dernière expression révèle une étape nouvelle dans la procé-

[37] A. Bailly, *Dictionnaire Grec-français*, Librairie Hachette, Paris, 1950, pp. 780 et 782.

[38] Je suis ici le texte grec établi par G. Arrighetti, Epicuro, *Opere*, avec trad. italienne, Giulio Einaudi editore, Turin, 1973^2 (1960). On trouvera également le texte, avec traduction et commentaire, dans J. Salem, *Commentaire à la Lettre d'Épicure à Hérodote*, Ousia, Bruxelles, 1993.

dure de l'énumération, à laquelle j'ai déjà fait allusion, lorsque j'ai parlé du discours catalogique archaïque (qui met en succession certaines figures qu'il convient de redresser pour établir l'ordre du monde) et du discours argumentatif (qui fait état d'une succession d'éléments déjà dressés, ce qui permet de rendre raison de quelque chose). Avec Épicure, il ne s'agit même plus de chercher une structure déjà dressée (correcte) de ce qui est dit — et qui concerne, en l'occurrence, son œuvre propre —, mais d'énumérer les éléments les plus essentiels (*katastoicheiôsis*) de sa propre physique, et qui sont aptes à circonscrire son système, selon un procédé de globalisation. Autrement dit, il ne souhaite pas réaliser le redressement de l'exposé d'une œuvre qui est, à ses yeux, déjà dressée et dont il s'agit d'évaluer le cohérence et la raison d'être, mais d'accomplir une *incision précise* en elle, dans ce tout complexe, en y extrayant la structure la plus pertinente, mieux en la configurant. C'est ce qui ressort clairement de la suite de son texte, où il souligne qu'on a besoin de quelque chose de consistant, de dense (*puknon*), qui *impose* une appréhension massive (*athroa epibolè*) qui ne se réduise pas aux appréhensions habituelles, partielles, sans continuité. Épicure ne songe pas ici à quelque intuition immédiate et globale, mais bien à une activité progressive de configurer, de globaliser par in-cisions, d'une façon con-cise et pré-cise. Il faut, dit-il, marcher d'une façon continue (*sunechôs*) dans cette direction, en produisant dans la mémoire autant d'informations qu'il faut pour que s'accomplisse l'appréhension qui *s'impose* des choses (*epibolèn epi ta pragmata*), de telle façon qu'on puisse découvrir les précisions particulières. Cela n'est possible que si l'on circonscrit et mémorise sur le mode d'une impression les structures qu'on parcourt de tout l'ouvrage.

Toutes les données retenues par Épicure pour l'*epitomè* (incision dans un tout, précision et concision, consistance et densité, appréhension massive et continue qui s'impose selon une structuration sur le mode de l'impression, du *tupos*, etc.) sont des caractéristiques qu'on peut attribuer à la notion de *configuration*. Le champ d'application de cette dernière est néanmoins plus varié, illimité et flexible du fait qu'elle concerne, non seulement des textes mais également une réalité complexe sans prétention de rendre compte de ses articulations principales, selon les possibilités d'un monde proximal réalisable, tout en laissant de côté et dans son fond un monde distal toujours problématique et toujours susceptible de devenir, par la recherche de sa maîtrise, plus étendu encore. À ce titre, bien qu'il ressemble à première vue à un processus de "réduction" du type phénoménologique, le processus de "configuration" est fort différent, car il met en œuvre la formation d'un monde proximal relativement à un monde distal qui est représenté ici par un texte dont la complexité le dissimule, l'occulte. Ce que nous apprend Épicure, c'est que face à la complexité irréductible et en quelque sorte infinie du réel, l'être humain est contraint à (dé)limiter ses exigences et à se contenter d'incisions et de découpes dans le réel qu'il aborde, quel qu'il soit. Cela signifie qu'il doit utiliser inéluctablement des configurations. Bref, face au monde distal de la complexité et de l'inconnu, l'homme ne peut que recourir à des configurations successives et variées pour accéder au monde.

Le monde proximal est dès lors tel qu'il peut faire coexister deux configurations profondément différentes, comme par exemple l'idéalité et la naturalité, sans devoir choisir le premier au détriment de l'autre (mis entre parenthèses) comme le fait Husserl, par exemple ; et le monde distal, quant à lui, n'est pas seulement de l'ordre d'une mise entre parenthèses, mais ce qui, paradoxalement, par l'inconnu qui le concerne ou la complexité qui le constitue, peut s'avérer lors de la formation d'une configuration quelconque, toujours plus étendu, comme si une transformation du monde proximal par un enrichissement configuré pouvait entraîner un surplus d'inconnu ou de complexité.

Après cette entrée en matière, grâce à Épicure, qui constitue déjà un saut décisif dans la problématique de la configuration, avant de nous approcher de notre époque, je crois utile de m'arrêter rapidement sur un penseur de transition qui associe la pratique des schèmes de celle de la configuration, même si ces terminologies sont étrangères à la sienne. Il s'agit de Montaigne qui, au début de son étude sur l'amitié, dans le chapitre 28 du premier de ses *Essais*[39], se réfère à la démarche

[39] Montaigne, *Essais*, édition présentée, établie et annotée par P. Michel,

d'un peintre qui choisit le plus bel endroit et le milieu de chaque paroi pour y loger le plus beau de ses tableaux, alors qu'il remplit le vide tout autour de "grotesques", qui sont des peintures fantasques "n'ayant grâce qu'en la variété et l'étrangeté".

Cette image n'est pas fortuite, car Montaigne cherche, à travers une besogne analogue à celle du peintre, à illustrer, non pas une œuvre qui lui est propre et qu'il devrait placer au centre d'une paroi pour la mettre en scène et en valeur, mais *La Servitude Volontaire* de son ami Étienne de La Boétie, dont il relève la grande valeur, pour mieux illustrer leur amitié incomparable. Cette œuvre exceptionnelle met en évidence l'idée que ce ne sont pas toujours les tyrans qui imposent leur violence, mais ce sont les peuples qui, par leur servitude, renforcent leur pouvoir[40]. Aux yeux de Montaigne, cette œuvre contraste avec toutes les autres de son époque qui sont grostesques, sorte de "corps monstrueux, rapiécés de divers membres, sans certaine figure, n'ayant ordre, suite ni proportion que fortuits". Par rapport à ces œuvres banales dépourvues d'une certaine *figure*, et dont la place se situe dans le vide, dans un monde distal qui lui est indifférent, il oppose l'œuvre de son ami qui *configure* un monde (proximal), celui de la liberté contre les tyrans. Par cette mise en valeur, qui met en scène le travail d'un ami, Montaigne établit une configuration qui à la fois met à notre portée une œuvre philosophique et révèle un type de proximité exceptionnel sur le mode de l'amitié. Le schème du "tableau" qu'il utilise en rapport avec un contexte élargi où le tableau atteste une plus grande proximité relationnelle face à un ensemble de tableaux indifférents qui forment la même proximité spatio-temporelle que celle du tableau choisi délibérément, fait voir que ce schème atteste une configuration sous le mode d'une proximité relationnelle.

C'est en fait cet aspect relationnel de la proximité qui domine dans l'usage de la notion de configuration dont le rôle est, en l'occurrence,

---

Firmin-Didot, Paris, 1957, chap. XXVIII, pp. 220-221 (qui correspondent aux pp. 183-184 de l'édition de P. Villey, PUF, coll. Quadrige, Paris, 1988).

[40] E. de La Boétie, *Discours de la servitude volontaire*, texte établi et annoté par André et Luc Tournon, Vrin, Paris, 2002.

de configurer un monde proximal qui se distingue d'un monde distal qui ne lui est pas séparé, mais qui est distinct par ce qu'il implique : indifférence, inconnu ou complexe. L'exemple des tableaux dominés par la variété, l'étrangeté, la monstruosité, etc. montre que le monde distal peut être tout à la fois inconnu, complexe et indifférent. Cette entrée en matière nous permet de faire un pas décisif vers la question de la configuration relative à l'antinomie de la proximité. Mais avant d'insister sur cette perspective, il convient d'approcher davantage de notre époque, en commençant par Heidegger qui, le premier, a parlé de l'homme comme "configurateur" de monde, alors qu'il défend, on l'a vu, une conception de la proximité limitée à son ambivalence, ignorant l'antinomie qu'elle implique.

2. *L'homme comme configurateur de monde*

Heidegger oppose l'homme à tous les autres étants de la nature, à commencer par les étants inanimés, comme par exemple une pierre qui ne forme ni un environnement, ni un monde, ou, ensuite, un animal qui, certes, est en rapport avec son environnement mais sans beaucoup plus, c'est-à-dire sans qu'il soit susceptible de configurer un monde, parce qu'il est "pauvre en monde". Seul l'homme configure vraiment un monde[41]. D'autre part, Heidegger peut aussi être considéré comme le premier penseur contemporain à revenir à l'idée d'Aristote d'après laquelle il faut chercher le *propre* de chaque chose, y compris bien sûr l'homme. Le propre de l'homme est le Dasein : il ouvre l'homme à la fois au plus profond en lui-même à travers une analyse de l'existentialité et de la temporalité, et au monde. Le terme "Dasein" est intraduisible, même si on s'est habitué à garder la forme littérale d'"être-là". La conjonction entre la recherche de ce qui est propre et la configuration (qui inclut également d'autres formes de l'activité humaine, y compris

[41] M. Heidegger, *Les concepts fondamentaux de la métaphysique. Monde-finitude-solitude*, trad. D. Panis, Gallimard, Paris, 1992, pp. 265 ss., 389 ss. et 405 ss. Je citerai par l'abréviation CFM.

la représentation) confère à l'approche de Heidegger une dimension étrange, qu'il convient de scruter dès à présent

Comme on le sait, Heidegger cherche à dépasser la tradition platonicienne à laquelle se rattache la science, qui multiplie les intermédiaires (mathématiques, modèles, action de la technique...). Il résume cette attitude par l'idée que la science n'atteint pas la chose dans ce qui lui est propre, mais l'approche sur le mode de la *représentation*. Cela explique pourquoi il situe Aristote en dehors de son effort d'instituer une *science* physique, préférant l'interpréter dans le contexte d'une phénoménologie de l'entrée dans la présence et de la quête de ce qui est le plus propre aux choses. L'absence dans la physique d'Aristote de tout usage des mathématiques conforte ce point de vue. Aussi le sens qu'il confère à la notion de *physis*, c'est cette entrée dans la présence, en écartant également toute référence physico-cosmique. Depuis Heidegger, qui soumet la science (surtout moderne) à une théorie de la *représentation*, de nombreux philosophes contemporains de la tradition continentale assument cette interprétation également pour la métaphysique[42]. Cela ne signifie donc pas, comme on le croit souvent, que Heidegger refuse la pertinence de la science, mais seulement que, selon lui, la science approche la chose d'une façon telle qu'elle refuse, par principe, sa saisie dans ce qui lui est propre. On comprend dès lors que le terme de "configuration" est compris par Heidegger au sens large, qui inclut les deux perspectives précédentes, mais d'autres encore qui reflètent toute forme d'expérience humaine. Ainsi se justifierait le choix du terme "configuration" pour mettre en évidence la spécificité de l'homme dans son rapport au monde, terme qui fait voir, en même temps, les données qui appartiennent à la théorie de la représentation et ce qui la fonde, y compris le langage et la parole.

Or, ce qui est étrange, c'est qu'à travers cette variété, dont l'unité est assignée à la configuration, Heidegger vise à atteindre, par ce qui est le plus proche de l'homme en l'homme même, à savoir la parole en laquelle il séjourne, la proximité la plus avancée que l'homme soit capable de

[42] Cest le cas notamment de M. Foucault, de G. Deleuze et de J. Derrida.

réaliser. Il présente cette proximité à travers le Dasein (essence de l'homme dans ce qui lui est propre) en tant qu'elle est l'"entièreté" de l'étant. C'est ce glissement brutal vers une forme de "totalité" qui met en jeu une étrangeté, car nous retrouvons, d'une autre façon, un saut analogue à celui de la métaphysique traditionnelle lorsqu'elle liait l'intellect et l'être en sa totalité, même si le langage se veut ici post-métaphysique.

Cet "en entier" est saisissable par le concept, "non pas parce qu'il serait situé *loin* dans les sphères inaccessibles, là où seule la spéculation la plus élevée serait capable de pénétrer, mais au contraire parce qu'il est si *proche* que nous n'avons aucun recul pour l'apercevoir" (CFM, 411). Par cette assertion Heidegger rejoint bien, d'une façon il est vrai beaucoup plus nuancée, les positions traditionnelles de cette tendance de la métaphysique qui identifie intellection et Être. Ici, il s'agit cependant à la fois de l'être de l'homme en tant qu'être-au-monde et comme ce qui seul existe (Dasein) et de l'Être au sens d'étant dans son ensemble, mais selon la perspective de "ce qui est chaque fois *manifesté* de l'étant". C'est par cet infléchissement de la rigidité de la position traditionnelle, que Heidegger peut introduire la thèse de la "configuration de monde" (*Weltbildung*) et, plus exactement, de la configuration de monde par l'homme.

Pour situer cette perspective, il part du concept naïf de monde, compris comme l'*étant* au sens général (ce qui inclut la vie et l'existence, alors que, de l'avis de Heidegger, seul l'homme existe). Partant de là, il établit une gradation dans son analyse, en avançant au-delà de l'animal qui vit et se limite à un environnement, et qui a même accès à "quelque chose", sans avoir pour autant d'*accessibilité à l'étant* (*Zugänglichkeit von Seinenden*) (CFM, 405). L'animal est pauvre de monde (*das Tier ist waltarm*). Par contraste, on peut dire que l'homme est riche de monde. C'est dans ce *plus* qu'émerge le mode du *configurer* (*bilden*), car, dans un premier sens, configurer un monde signifie avoir accès à l'étant, plus exactement avoir accès à l'étant *en tant que* tel. Seul l'homme a une proximité avec l'étant. Cette perspective excéderait l'approche métaphysique, qui, selon Heidegger, se contente, au-delà de la question de la représentation, de parler de l'étant dans son ensemble comme objet des sens ou de l'intellect. Dans le domaine prescrit par le *plus*, l'accessibilité est quelque chose de plus qui se fonde sur "une *manifesteté* de l'étant en tant que tel".

Or, face à cette ouverture où la proximité à l'égard de l'étant s'accomplit grâce à la "manifesteté" (*Offenbarkeit*)), Heidegger sent le danger d'une possible multiplication de modes de manifestation. C'est pourquoi il précise aussitôt l'"en tant que tel", en ajoutant : "et en entier". Précision décisive, car l'unification qui évite, si j'ose dire, la dissémination, définit cela même qui constitue le "monde". Comme telle, l'entièreté (*Gesamtheit*) ne constitue pas pour autant une somme, ni même une totalité proprement dite, mais "la forme de l'étant comme tel qui est manifeste *pour nous*". Par là l'étant se donne sous la forme de l'entier, et selon un rapport qui pourrait être interprété, à tort, comme ce qui est "subjectivement saisi par nous". Si Heidegger admettait pareille perspective, il *réduirait* son analyse de la configuration à une théorie de la représentation, en admettant, en plus, que le monde n'est rien en soi mais forme une *construction* de l'homme, subjective. Il refuse cette perspective, tout en reconnaissant, nous le verrons, que cette possibilité n'est pas à écarter dans la pratique humaine, et même qu'elle a sa pertinence, comme dans la science, mais qui perd la *proximité* de l'homme avec ce qui est *le propre* des choses. Cette dernière approche fait voir l'autre côté de la médaille, où l'homme est l'acteur principal, où l'homme en tant qu'homme est configurateur de monde (*der Mensch qua Mensch ist Weltbildend*) (CFM, 413 ss.).

Or, qu'est ce qui se configure ? La réponse est claire : "La manifesteté de l'étant en tant que tel et en son entier, le monde, *cela se configure*". D'où aussi cette thèse : "la configuration de monde a lieu, et c'est seulement sur sa base qu'un homme peut exister". C'est le *monde* qui excède sans cesse l'enfermement dans la subjectivité, exprimé par la représentation, y compris la subjectivité active et élargie que la science rend possible moyennant la modélisation et les autres procédés techniques qu'elle utilise. Bref, c'est le Dasein en l'homme qui est configurateur de monde parce que le monde est configurable *pour l'homme*. Cela signifie que le Dasein en l'homme *configure* le monde, car il le fait *être* en le produisant et en se produisant, il en donne une *figure*, un aspect, il l'*expose* et le *constitue* ; en tant qu'il est un-être-au-monde, de sorte qu'il est ce qui *encadre*, qui *enveloppe*, encadré et enveloppé par le monde dont il est la condition transcendantale.

En somme, Heidegger, pour sortir de l'opposition entre sujet et objet, développée surtout par le néokantisme au moyen d'un approfondissement de la notion de "représentation", parle de monde et d'entièreté en globalisant le problème de la configuration. Dans cette démarche d'unification et de mise en question des oppositions qui font du "monde" quelque chose d'extérieur à l'homme ou d'intermédiaire entre l'homme et les choses, il n'y aurait aucune véritable rupture. Sauf, peut-être, celle qui est incluse dans le rapport même de l'homme-au-monde, de la *différence* entre l'être (tributaire de l'être de l'homme) à l'étant (tributaire de l'être-en-son-entièreté). Cependant, cette différence (dite ontologique), en laquelle l'activité de configurer se déploie en toute expérience, — y compris celle qui domine chez le second Heidegger entre les choses et le monde —, occulte, par cette domination d'une unité selon l'entièreté, la possibilité qu'il y ait de multiples configurations selon ce dont il est à chaque fois question, voire même la possibilité de produire, comme le fit Épicure, des incisions actives dans le réel, capables de sauvegarder la *mémoire* de ce qui est configuré. Tout se passe comme si la pensée de Heidegger se déployait en dehors d'une faculté de mémoriser les expériences singulières et quotidiennes de l'être humain. Cela est dû au fait que, dans les structures du Dasein, c'est celle du *souci* qui s'impose selon une triple tension temporelle constitutive des existentiaux, davantage marquée par une détermination du passé et une anticipation, voire projection (vers la mort) de l'avenir que par la singularité d'une vie dont la mémoire (à la fois cognitive et affective) constitue les soubassements irréductibles. Or, nous le verrons, sans l'histoire singulière, l'analyse de la proximité prend une allure métaphysique qui oublie l'essentiel de ce qui est le plus proche en l'homme : l'épreuve de la souffrance.

En fait, Heidegger oblitère l'autre dimension de la proximité que celle de l'ambivalence entre proximité spatio-temporelle et proximité relationnelle, fondées sur la simplicité, que je tente d'introduire par différents biais, qui se tiennent au seuil de la complexité. La pratique du mythe et de l'Un et le Multiple que je défends, à côté de celle de l'Être comme l'assume Heidegger à travers l'histoire de l'être, sont déjà un pas décisif en faveur de la complexité. S'il est vrai, comme l'a discerné avec perspicacité Gertrude Van de Vijver, que la question de la proximité a été une des dimensions les plus constantes de mes recherches en histoire de la philosophie et en philosophie[43], cette démarche n'a pris sa véritable portée dans mon travail que lorsque j'ai distingué, dans mon *Histoire de la philosophie ancienne et médiévale*[44], la profusion illimitée des expériences philosophiques et la promotion de certaines seulement d'entre elles. Car dans cette distinction se tient la différence entre la complexité immaîtrisable des expériences humaines (que je qualifie désormais de monde distal) et la maîtrise illusoire de certaines seulement d'entre elles, c'est-à-dire celles que l'histoire rendit plus proches de nous (que je qualifie maintenant de monde proximal), et que j'analyse à travers l'idée des multiples configurations. Mais jamais, jusqu'ici, je n'ai tenté de circonscrire d'une façon systématique les différentes dimensions de la proximité, me contentant le plus souvent de ce que la démarche de Heidegger m'avait appris avec bonheur. Cependant, confronté aux diverses pratiques que j'ai croisées dans mes lectures, j'ai toujours eu le sentiment qu'au moment où je me rapprochais le plus des multiples dimensions de la proximité, que je les touchais ou les fixais de mon attention, elles se dérobaient sous mes doigts et sous mon regard. J'ai l'impression que la multiple proximité, dont j'ai découvert l'importance, s'est toujours manifestée à la façon d'un éclair qui illumine momentanément le contexte dans lequel elle surgit, ouvrant un lieu pour la réflexion, mais aussitôt disparaît en laissant à sa place autre chose, sans doute quelque chose de ce qu'elle rend possible, et qu'il est temps de repérer. Si les choses sont telles que je viens de les décrire, c'est-à-dire plus complexes que Heidegger nous les présente, le terme de "configuration" doit manifester d'innombrables types de configurations.

Toutefois, cette observation, qui infléchit le caractère univoque de l'approche heideggerienne, ne doit pas dissimuler sa position ici à

[43] Voir Gertrude Van de Vijver, dans la présentation de mes travaux pour la Chaire Sarton de l'Université de Gand : *Sartoniana*, 11, 1998, pp. 9-12.

[44] *Histoire de la philosophie ancienne et médiévale*, *op. cit.*, Introduction.

l'égard de la subjectivité. Heidegger voit qu'on ne peut avoir une saisie subjective de l'étant (représentation) si l'étant ne lui est pas préalablement manifesté. Or, justement, c'est parce que cette manifestation est *pour nous*, que nous occultons aussitôt la complexité, et que l'antinomie de la proximité s'impose comme une loi inexorable de nos rapports au monde. En jouant sur l'idée d'une interpénétration du monde proximal et du monde distal, on découvre que la configuration n'est ni subjective ni objective, mais articule des rapports qui rapprochent des choses et des situations, mais surtout qui nous rapprochent de ce à quoi on l'applique. Aussi, l'introduction de la pratique des configurations se manifeste-t-elle par des figures, des préfigurations, des refigurations, des transfigurations, des défigurations... des choses quelles qu'elles soient. C'est pourquoi, tant dans la pratique des schèmes que dans celle des modèles, tant dans la question de ce qui est propre à la chose et de ce qui est inaccessible, c'est la quête de ce qui est le propre de la chose *relativement à l'homme* qui domine. C'est elle aussi qui engage le *passage* de ce qui est plus connu pour nous à ce qui est plus connu en soi, et qui rencontre différents modes de configurations.

3. *Vers les multiples pratiques de la configuration*

Une exploitation plus précise et plus riche du concept de configuration a été proposée par Paul Ricœur. Toutefois, il le limite à une approche herméneutique de la narration, même si son projet général concerne la prééminence de l'herméneutique dans tous les domaines, présentée ici autour d'une triple relation "mimétique" entre l'ordre du récit, l'ordre de l'action dans laquelle il s'enracine et l'ordre de la réception qui s'ensuit. L'usage que fait Paul Ricœur de la "configuration" concerne principalement l'enchevêtrement mais aussi la distinction entre récit historique et fiction, en vue d'établir une nouvelle forme de temporalité entre le temps cosmologique (Aristote) et le temps subjectif (saint Augustin). Ce temps intermédiaire, qui serait oblitéré par la poétique d'Aristote[45] et insuffisamment fondé par la philosophie dans son histoi-

[45] Je tiens à souligner ici que l'analyse du temps chez Aristote proposée par

re, devrait éclairer le *temps humain* et aboutir à l'articulation de l'identité narrative[46]. Selon Ricœur, le temps devient temps humain dans la mesure où il est articulé de manière narrative et, en retour, le récit est significatif et atteint sa signification plénière lorsqu'il dessine les traits de l'expérience temporelle et devient une condition de l'existence temporelle[47]. Cette intrication entre temps et récit s'accomplit à travers la triple relation mimétique, qui se déploie en fonction d'une variante différente de l'acte de figurer : Le premier acte (*mimésis* I) et le troisième (*mimésis* III) sont exprimés respectivement sur le mode de la *préfiguration* et de la *refiguration*, alors que le deuxième (*mimésis* II), qui joue le rôle pivot et forme la médiation, est dominé par la *configuration*.

Ce deuxième acte (*mimésis* II) est emprunté à Aristote qui introduit, dans sa *Poétique*, l'"imitation" ou "représentation" (μίμησις) à travers le *mythos* sous la forme de l'agencement des faits de l'action, une "mise en intrigue", comme dit Ricœur. Sa fonction est, non seulement d'ouvrir au *monde* de la composition poétique et d'instituer la littéralité de l'œuvre littéraire qui est l'objet de la sémiotique et d'une science du texte, mais de réaliser le passage figuratif d'un champ pratique qui est *préfiguré* par la *mimésis* I vers le champ de la réception du texte *refiguré* par la *mimésis* III, qui conduit au domaine auquel seule l'herméneutique semble avoir accès. Par là, Paul Ricœur s'efforce de montrer que :

Paul Ricœur me semble insuffisante, car elle se limite au *chronos* physique, ignorant toute la pratique du temps de l'action, fondée sur le temps propice (*kairos*). Sur cette question voir mes études "Le temps hénologique", dans *Figures du temps*, éd. L. Couloubaritsis et J.-J. Wunenburger, Presses Universitaires de Strasbourg, Strasbourg, 1997, pp. 89-107; "Temps et action dans l'*Éthique à Nicomaque*", dans *Ontologie et dialogue*, éd. L.-N. Cordero, Vrin, Paris, 2000 pp. 131-148 ; "Can Aristotle contribute to the contemporary debate on the question of time?", *Aristotle and Contemporary science*, éd. D. Mentzou-Sfendoni, Peter Lang, New York, Bern, Berlin, etc., 2000, pp. 39-51; "Paul Ricœur et la question aristotélicienne du temps" (à paraître).

[46] Ce que P. Ricœur tente de fonder dans *Soi-même comme un autre*, Seuil, Paris, 1990.

[47] P. Ricœur, *Temps et récit I. L'intrigue et le récit historique*, Seuil, Paris, pp. 17 et 105. Je citerai par le sigle : TR-I.

1 — L'acte intermédiaire de la mise en intrigue dans l'ordre narratif "tire son intelligibilité par sa faculté de médiation, qui est de conduire de l'amont à l'aval du texte, de transfigurer l'amont en aval par son pouvoir de configuration".
2 — La tâche de l'herméneutique est de reconstruire "l'ensemble des opérations par lesquelles une œuvre s'enlève sur le fond opaque du vivre, de l'agir et du souffrir, pour être donnée par un auteur qui la reçoit et ainsi change son agir". De ce fait, elle consiste à reconstruire l'arc entier des opérations selon lesquelles "la configuration textuelle fait médiation entre la préfiguration du champ pratique et sa refiguration par la réception de l'œuvre, de sorte que "le lecteur est l'opérateur par excellence qui assume par son faire — l'action de lire — l'unité du parcours de *mimésis* I à *mimésis* III à travers *mimésis* II" (TR-I, 106-7).
3 — Le rôle médiateur du temps de la mise en intrigue met en œuvre un temps configuré qui s'appuie sur des aspects temporels préfigurés dans le champ pratique pour conduire à un temps de l'expérience refiguré qui fait entrer l'œuvre dans le champ de la communication et de la référence (107-8).
4 — Ce qui, en fin de compte, est communiqué par-delà le sens de l'œuvre, c'est "le monde qu'elle projette et qui constitue l'horizon". De sorte que, par la refiguration, l'auditeur ou le lecteur qui la reçoivent, le font "selon leur propre capacité d'accueil qui, elle aussi, se définit par une situation à la fois limitée et ouverte sur un horizon de monde". Par "monde", il faut entendre ici le monde du texte et le monde du récepteur, que la *mimésis* III rassemble sous l'action médiatrice de la configuration instaurée par la mise en intrigue.

L'analyse de la configuration proposée par Ricœur a le mérite de mettre en évidence, à travers la sémantique féconde de la "figuration", le caractère malléable du concept, en le portant jusqu'au seuil du monde qui le préfigure et du monde qui le refigure. Toutefois, ce qui l'intéresse vraiment, ce n'est ni le monde de la *provenance* de la configuration, qu'il appelle "le fond opaque du vivre, de l'agir et du souffrir", ni le monde auquel *ouvre* la réception d'un texte, d'un récit, d'un discours ou d'une parole et qui va *au-delà* de l'accueil du récepteur. Autrement dit, l'amont et l'aval du texte, auxquels il fait allusion sont certes relevés, mais ils ne sont ni exploités, ni développés à leur juste mesure (TR-I, 107-8).

Pour être plus juste, il faut plutôt dire que Ricœur discerne, en amont, la structure *précompréhensive* de l'action que représente la mise en intrigue, comme les buts, les motifs, les agents, les interactions, les issues, les formes symboliques et caractères temporels, mais oblitère la complexité du monde distal qu'il abandonne dans son "opacité", sans tenter d'en scruter le sens et dégager la provenance des actions et des choses (TR-I, 108-125). Dans ce cadre, la "configuration" apparaît comme une *figuration* d'un donné hétérogène sous forme d'une *préfiguration* du champ pratique sans plus, c'est-à-dire en dehors d'une analyse véritable de la souffrance humaine à laquelle il fait parfois allusion. Or, nous le verrons, ce domaine de la vie, du monde préalable à la mise en intrigue, où règne la souffrance dans sa singularité et dans sa capacité de se diffuser au-delà de l'être souffrant, met en jeu des configurations multiples et variées. Ce champ traduit le stade d'une expérience pratique, mais formée à partir d'une (pré-)compréhension du monde de l'action (et manifestement pas celui de la production ou du savoir), sans laquelle cette expérience serait impossible. Paul Ricœur interprète cette pré-compréhension du monde de l'action comme étant celle "de ses structures intelligibles, de ses ressources symboliques et de son caractère temporel" (TR-I, 108), mais ne se préoccupe pas vraiment de son statut pour ainsi dire vital et mondain, qui suppose tout un arsenal de configurations. Or, c'est précisément dans ce domaine que font irruption les questions de la proximité et de la souffrance humaine.

Pourtant, l'analyse de Paul Ricœur aurait pu avancer dans cette direction, s'il n'avait pas porté toute son attention sur la question de la *mise en* intrigue et sur la temporalité qui s'y rapportent. Il fait ainsi état, en aval, de la référence et de l'horizon en fonction d'un monde total, "lequel ne figure jamais comme objet de discours", en dépit du fait que nous sommes dans le monde et affectés par des situations. Nous tentons, ajoute-t-il, "de nous y orienter sur le mode de la compréhension et nous avons quelque chose à dire, une expérience à porter au langage et à partager". Par suite, bien que le langage en lui-même ne soit pas un monde, la présupposition ontologique de la référence apparaît comme l'Autre du langage, envisagé "comme postulat dénué de justification immanente", que le langage, qui est pour lui-même de l'ordre du Même, réfléchit néanmoins. Si bien que "l'attestation de cette altérité relève de la réflexivité du langage sur lui-même, qui, ainsi, se sait dans l'être afin de porter sur l'être" (TR-I, 147-8).

Toutefois, de cet "être" et de son rapport véritable avec le "monde", il est peu question chez lui, qui s'intéresse davantage, dans le sillage de l'herméneutique de Gadamer, à l'intersection du monde du texte avec le monde du lecteur, au point que le "monde" devient une dimension de ce que j'appelle le "monde proximal", en l'occurrence, selon Ricœur, "l'ensemble des références ouvertes par toutes les sortes de textes descriptifs ou poétiques que j'ai lus, interprétés et aimés". À quoi il faut ajouter : "comprendre un texte, c'est interpoler parmi les prédicats de notre situation toutes les significations qui, d'un simple environnement (*Umwelt*), font un monde (*Welt*)" (TR-I, 150). C'est ici qu'on découvre en quoi la configuration qui se limite à l'articulation élargie des systèmes narratifs avec comme horizon le temps, vise néanmoins, au-delà de la triple relation mimétique entre l'ordre du récit et l'ordre de l'action et de la vie, au monde proprement dit — même si celui-ci demeure chez Ricœur un impensé (TR-I, 85 ss.). En refusant une prise directe sur "le *fond opaque* du vivre, de l'agir et du souffrir", son analyse herméneutique globalisante apparaît suspendue, sans véritable ancrage dans le réel où se jouent vraiment les modes de proximité avec leurs *propres* intrigues — même si, nous le verrons, la *mise en* intrigue fait voir plus clairement, mais d'une façon refigurée ou transfigurée les enjeux de la proximité, voire même de la souffrance humaine.

C'est donc bien, quoi qu'en pense Paul Ricœur, le fond opaque du monde distal qui donne un sens à la plupart des narrations. Et c'est bien, comme je l'ai déjà souligné, ce qui explique que la souffrance réelle est complexe et suppose deux niveaux préalables à celui qui est supposé être mis en intrigue : le premier se rapporte à la souffrance comme expérience *singulière* et inaccessible à un autre, car seul celui qui souffre vraiment ; la seconde concerne surtout la *diffusion* de la souffrance et la façon dont elle est perçue et reçue, et jusqu'à quel point elle produit chez le récepteur une autre forme de souffrance. Quant au troisième niveau de la souffrance, qui correspond à sa mise en intrigue, il relate ses *refiguration* et ses *transfigurations* par ce qui est dit ou raconté à son sujet. Or, c'est uniquement sur ce plan que Paul Ricœur situe son analyse de la configuration. Il établit une temporalité narrative, écartant toute réflexion sur les configurations constitutives de nos rapports, d'une part, au vivre, à l'agir, au produire et au souffrir en tant que tels, et, d'autre part, à la réception refigurée que chacun de nous subi de la force intrinsèque à l'organisation narrative. Nous verrons que, — comme Aristote l'avait déjà observé —, celle-ci peut produire, selon le type d'ordonnance qu'elle met en jeu, des effets sélectifs, comme par exemple la crainte et la pitié pour ce qui est de la tragédie, et le rire pour la comédie, formant ainsi des configurations différentes dans l'ordre même de la réception, ouvrant par là même à un monde qui excède le texte[48].

Bref, si l'approche de Paul Ricœur permet aux œuvres de fiction d'être intégrées dans notre monde narratif, en élargissant notre horizon d'existence, — ce qui, nous le verrons, constitue une véritable conquête philosophique que je ne manquerai pas d'exploiter en utilisant dans mon exposé la pratique littéraire —, elle oblitère néanmoins l'ampleur de la question du monde, que d'autres penseurs ont abordé au nom de la question du "jeu du monde", et qu'on devrait désormais prolonger par la question de la "complexité du monde" en tenant compte des choses, des vivants et des humains. Mieux, en concentrant l'attention sur la question du langage, la perspective défendue par Paul Ricœur sous-détermine l'action proprement dite et surtout la production, c'est-à-dire le monde auquel l'homme ouvre et s'ouvre par l'ensemble de ses activités, ce qui nous reconduit à la question de la souffrance. Dans le langage que j'utiliserai dans la suite, je dirai que Ricœur met l'accent surtout sur le monde proximal en occultant le monde distal. C'est l'absence d'approches qui approfondissent, en amont, la question de la *provenance* et du monde qui lui appartient, et, en aval, celle de l'*ouverture* au

[48] Sur cette question, voir S. Klimis, *Le statut du mythe dans la poétique d'Aristote. Les fondements philosophiques de la tragédie*, Ousia, Bruxelles, 1997, ainsi que mon étude L'institution du langage selon Aristote", *Études Phénoménologiques*, 17, 1993, pp. 51-69.

monde — au sens à la fois de monde transcendantal et de monde complexe — qui me semble orienter son herméneutique vers le domaine d'une “fusion d'horizons” à la façon de H.-G. Gadamer, lequel met en situation l'ordre successif du genre et ses spécifications qui vont du discours en général aux œuvres narratives, en passant par les œuvres littéraires, mais sans se préoccuper outre mesure du monde technico-économique qui constitue pourtant le fond de notre comtemporanéité.

De ce point de vue, nous le verrons, l'approche heideggerienne est, paradoxalement plus ouverte, parce qu'elle tient compte, dans la configuration du monde, de la jonction entre le jeu du monde (situé selon une dimension du jeu de l'espace-temps selon le Quadriparti du ciel, de la terre, des divins et des mortels) et les choses dans ce qu'elles rassemblent et non plus comme des étants. Heidegger ajoute, en plus, une position anté-prédicative, qu'il situe, on le sait, à partir d'une ouverture originelle au monde, sur le mode du non-retrait, du dévoilement, de l'illatence (*alètheia*), sans pour autant se préoccuper de l'analyse du monde *proxémique* pré-langagier, comme celui-ci se dégage de la psychologie du développement de l'enfant et des neurosciences. La démarche de Paul Ricœur ignore ces deux positions qui enrichissent le monde propre à la provenance de l'intrigue et de la mise en intrigue. On l'a vu, elle se limite à l'action de *configurer* constitutive de la mise en intrigue au détriment des multiples configurations qui règlent les rapports de l'homme au monde selon une complexité inépuisable. Cela signifie qu'on peut concevoir d'autres formes de configuration susceptibles de réaliser la médiation entre la transfiguration par la parole des épreuves et des vécus des êtres humains et ces épreuves et vécus mêmes, dont la complexité les rend irréductibles et, jusqu'à un certain point, inaccessibles. Ce sont ces multiples configurations que mon travail tentera de mettre en relief, prolongeant la thèse de Heidegger d'après laquelle l'homme est configurateur de monde et celle de Ricœur qui fait de l'homme un configurateur d'un monde narratif, s'étendant de la fiction à l'histoire. Mais il y a plus.

Si on veut approfondir davantage la question de la provenance, qui manifestement constitue le maillon faible dans la chaîne herméneutique chez Ricœur, on devrait, en se limitant à l'ordre de *mimèsis* II, s'interroger sur l'*auteur* même de la narration. Si cette thématique s'avère centrale dans l'écriture autobiographique, qui révèle les limites de la démarche de Ricœur concernant la *mimèsis* I et la préfiguration qu'elle impliquerait[49], elle n'en demeure pas moins au cœur de la production littéraire, où le créateur est un être humain en chair et en os, avec ses souffrances et ses joies. Or, on le sait, avec un discernement aigu, Michel Foucault a montré l'ambiguïté qui caractérise l'auteur, et s'est appliqué à substituer à la thématique de l'auteur vivant et singulier, avec sa propre biographie et son histoire complexe, celle de la "fonction-auteur", qui en fait une construction mettant en jeu des genres discursifs à l'intérieur d'une société[50]. Cette perspective situe l'auteur relativement à l'œuvre, telle qu'elle s'inscrit dans un contexte socio-historique, conférant une identité en vertu d'une fonctionnalité. Par cette fonctionnalité, il s'avère, selon l'expression de A. Kiloto, qu'un auteur "ne peut pas migrer hors du genre où la croyance commune l'a emprisonné et où il a définitivement jeté l'ancre"[51].

Nous verrons au moment opportun l'importance de cette observation qui permet de situer un auteur dans notre monde proximal, alors même que nous ignorons presque tout de sa singularité, de sa vie et de son histoire personnelles, lesquelles demeurent dans un monde distal difficilement accessible, sans un travail minutieux de biographie. Du reste, quand bien même celle-ci approche aussi près que possible l'auteur historique, en le situant dans le monde proximal, elle n'en reste pas moins toujours de l'ordre d'une configuration, sans possibilité de tout maîtriser de sa vie. Il n'empêche que ce *plus* qu'apporte le travail

[49] Sur ce sujet J.-P. Carron, *Écriture et identité. Pour une poétique de l'autobiographie*, Ousia, Bruxelles, 2002, pp. 131-168.

[50] Cf. M. Foucault, "Qu'est-ce qu'un auteur ?", *Dits et écrits, 1954-1988,* I, Gallimard, Paris, 1994, pp. 789-821 (reprend la conférence reproduite dans le *Bulletin de la Société française de philosophie* 63, 1969, pp. 73-104).

[51] Cité par Claude Calame, "Identités d'auteur à l'exemple de la Grèce classique : signatures, énonciations, citations", *Identités d'auteur sans l'Antiquité et la tradition européenne"*, dir. Cl. Calame et R. Chartier, Gérome Millon, Grenoble, 2004, p. 11 (à propos de *L'auteur et ses doubles. Essai sur la poésie arabe classique*, Seuil, Paris, 1985, pp. 68-69).

biographique montre qu'il est possible d'excéder l'idée de l'auteur-fonction, sans revenir à la pratique traditionnelle de l'illusion d'une identification précise d'un auteur (qui appartient au monde distal). Il convient ainsi de distinguer, relativement au monde proximal que nous formons, la fonction-auteur de la vie-de-l'auteur, à la façon dont on distingue le "coulomb" comme unité de charge électrique en physique de son auteur, Charles-Augustin de Coulomb (1736-1806). Celui-ci est un brillant ingénieur militaire qui a participé la construction, en Martinique, du fort Bourbon, avant de rédiger ses *Recherches sur la torsion*, où il étudie la balance et le pendule, avant aussi de présenter à l'Institut des mémoires scientifiques, un travail sur l'électricité et le magnétisme, et avant enfin de devenir inspecteur général de l'instruction publique, en 1802. En d'autres termes, par son nom, l'auteur se définit selon une fonction qui l'inscrit dans l'organisation sociale, et qui ouvre chacun de nous au monde de l'électricité. Cette fonction intègre ainsi le monde proximal de nombreux d'entre nous par ce type de configuration, tandis que, par la vie, ignorée par la plupart d'entre nous, le personnage appartient au monde distal, aussi longtemps que la provenance de l'unité de charge qualifiée "coulomb" ne pénètre pas notre monde proximal selon une série d'autres configurations. Par cette distinction, nous atteindrons le seuil d'un espace abyssal qui nous obligera à relever la complexité de la question de la provenance et de celle de l'ouverture au monde.

En parallèle avec ces démarches, de nouveaux types de configuration sont utilisés aujourd'hui. C'est ainsi qu'on parle en informatique de "configuration" pour signifier la *corrélation* entre les logiciels des PC et les imprimantes. D'autre part, nous verrons que des savants, tel Gerald Edelman, font état de "configurations" des systèmes neuroanatomiques du cerveau, représentés par une topologie schématique. Edelman esquisse trois diagrammes qui expriment respectivement le système thalamocortical, formé de mailles denses de "connexions réentrantes entre le cortex et les différentes aires corticales", "les longues boucles polysynaptiques qui relient le cortex aux structures sous-corticales comme les ganglions de la base", et "l'un des systèmes de valeur se projetant un peu partout, dans lequel le locus ceruleux distribue une 'chevelure' de fibres dans tout le cerveau"[52]. Ces trois configurations, dont chacune fait voir un autre type de complexité, jouent chacune un rôle différent dans l'organisation et le fonctionnement du cerveau dans son rapport au monde.

Ces deux pratiques de la configuration qui sont des modalités particulières, l'une dans le monde de la technique, l'autre dans celui du vivant, différentes, l'une et l'autre, de la thématique générale de Heidegger et de la thématique spécifique de Ricœur, montrent que le concept de "configuration" est fécond et peut être appliqué à tous les domaines du réel. D'autant plus que ce concept réussit parfaitement à exprimer la modélisation et toutes les approches connexes. Dans mes recherches, j'ai repéré une mise en perspective plus philosophique de la notion de "configuration" dans une courte étude de Silvana Borutti[53]. Comme cette perspective nous rapproche davantage de ma démarche, je l'aborderai d'une façon plus critique.

L'analyse de l'homme et de l'humanité n'est pas simple et souvent on oppose le point de vue ontologique au point de vue épistémologique. Or, dès lors qu'on admet un système de modélisation, la question se pose de savoir si la logique qui régit cette modélisation est de l'ordre fictionnel ou non. C'est cette position extrême que soutient Silvana Borutti, en utilisant la notion de configuration comme le moteur de la fiction, pour l'opposer à d'autres approches épistémologiques, telles l'induction et la déduction. L'interprétation qu'elle donne de cet usage est que la fiction est "configuration de l'*informe* du monde dans des objets possibles". Et elle précise que "la perspective épistémologique de la fiction met en évidence les modèles comme suppléance formelle de la *distance* irrémédiable de l'objet, comme capacité de voir quelque chose de plus".

Pointons ici deux éléments qui nous rapprochent des procédés que

[52] G.M. Edelman, *Plus vaste que le ciel. Une nouvelle théorie générale du cerveau*, Odile Jacob, Paris, 2004. Je citerai par PVC.

[53] S. Borutti, "Construire l'humain ?", *La fabrication de l'humain dans les cultures et en anthropologie, Études et* Lettres, dir. Claude Calame et Monder Kilani, *Revue de la Faculté des Lettres de l'Université de Lausanne*, 3-4, 1998. Je citerai par l'abréviation CH.

je mets en place pour analyser la proximité. Car, parler de distance irrémédiable de l'objet, nous situe d'emblée dans le monde distal ; et parler du passage de l'informe du monde en vue d'établir une forme, qui est manifestement ici la configuration, nous place dans le monde proximal. Ce cadre d'analyse, aussi intéressant soit-il, est cependant trop réducteur pour être accepté sans autre forme de procès.

En effet, cette approche traite de trois problèmes différents, qu'il convient de distinguer. Le premier se fixe sur la notion de "fiction" et sur une "logique fictionnelle", comme si on pouvait inclure dans la "fiction" les modèles et les démarches faisant usage du "comme si" et de jugements réfléchissants du type kantien. L'usage du "comme si" depuis l'Antiquité (notamment depuis Plotin) cherche précisément à éviter la fiction, et c'est pourquoi il est utilisé dans l'*epinoia*, lorsqu'on parle, par exemple, de Dieu. Il s'agit d'un procédé qui s'appuie sur l'expérience la plus familière, souvent selon des données sensibles ; il conduit ensuite, par un processus de réflexion, à des réalités transcendantes et invisibles, en agissant "comme si" (*to hoion*) cela nous donnait un certain accès cognitif à ce dont il est question. Dès lors, si le "comme si" appartenait à l'ordre de la fiction, toutes les voies discursives pratiquées pour s'approcher de Dieu ou des réalités invisibles (y compris le monde des particules en physique) seraient de la fiction. Cette thèse est difficilement défendable. Dans le cas de la science, on peut rapprocher le "comme si" des modèles, mais alors nous ne sommes plus dans la fiction. Par conséquent, s'il est vrai que la problématique de la fiction peut être analysée à partir de la configuration, il n'est pas moins vrai que la thématique de la configuration ne se réduit pas à celle de la fiction, mais l'excède d'une façon massive et c'est pourquoi, nous le verrons, sa fécondité est inépuisable.

Le deuxième problème nous renvoie à une opération de la configuration sur l'"informe du monde dans des objets possibles". Cette optique, qui a le mérite de faire état d'objets possibles, est cependant en retrait par rapport à ce qui est recherché ici : non pas seulement l'informe possible mais la *complexité* illimitée qui, en tant que complexité, déborde largement l'idée traditionnelle et simpliste de l'informe. Certes, l'auteur montre que dès lors qu'il est question de "fiction", on ne peut faire appel ni à une inférence inductive, ni à une inférence déductive, mais il faut recourir à une inférence *configurante*. Mais, c'est pour aussitôt affirmer que la fiction est "configuration de l'informe du monde dans les objets possibles en ce qu'elle est pensée métaphorique et contrastante, capacité de voir les connexions et les différences" (CH, 159). En réalité, il ne s'agit pas d'assurer une forme à de l'informe (ce qui peut arriver dans des cas rares et particuliers), mais de configurer des choses qui peuvent être déjà constitutives de formes, mais qui sont inaccessibles — tantôt parce qu'elles sont inconnues et tantôt parce qu'elles sont complexes. Il s'agit donc ici d'un monde distal et non d'un monde informe, comme une sorte de chaos, lequel peut être un autre type d'ordre. Et, dans ce cas, les procédés utilisés doivent inclure également tous les modes de rassemblement et de division, d'unification et de distinction — comme le révèlent la pratique d'institution des principes depuis Platon et Aristote, jusqu'au moins au néoplatonisme.

Quant au troisième problème, il est essentiel, puisqu'il rejoint ce que j'ai signalé concernant la tradition platonicienne des modèles, à savoir la *distance* irréductible entre nous et l'objet. Il s'agit là d'une perspective qui appartient bien au monde distal. L'auteur parle, avec beaucoup de perspicacité, de "suppléance", et plus loin d'une restitution d'objet "à travers des processus discursifs et figuratifs d'identification, à l'intérieur de 'comme si', qui imaginent la possibilité et le comment des faits" (CH, 155 et 158). En réalité, cette perspective, qui trouve son origine dans la pratique des *schèmes*, a été thématisée, comme je viens de le rappeler, par Plotin (qui utilise expressément l'expression "comme si" en grec : *to hoion*) et portée à son achèvement par Kant dans sa théorisation des jugements réfléchissants. Mais ce qui doit nous interpeller ici, ce n'est pas seulement la complexité historique à laquelle je viens de faire allusion, mais plutôt les multiples *approches* qui cherchent à contourner la distance à l'objet et même au monde. L'éventail est énorme, car ce phénomène inclut, en plus de la fiction, les métaphores, les simulations, les schématisations, les modélisations, etc. Mieux, chacun de ces processus appartient à un contexte dans lequel se tisse son action. De sorte que dans le processus de (con)figuration, il faut tenir compte, en plus, des préfigurations, des défigurations, des transfigurations, des refigurations, etc. Il s'agit d'évaluer la *dynamique* des distances et des rapprochements selon une infinité de possibilités.

Dès lors qu'on aborde le problème de configuration à partir de la question de la proximité, la situation devient vaste et complexe. Et si l'on y ajoute la perspective de la souffrance humaine qui, elle, n'est sûrement pas une fiction, le problème se transfigure complètement, et nous oblige à reconsidérer les concepts opératoires que nous utilisons pour analyser nos rapports à nous-mêmes, aux autres et aux choses. Au point de vue métaphysique, ce domaine de recherche n'appartient ni à l'ontologie, ni à une épistémologie axée sur quelque logique fictionnelle. Elle appartient à l'*hénologie*, en tant que celle-ci étudie les multiples pratiques de l'Un et du Multiple. Ce néologisme (parallèle à celui d'"ontologie", introduit seulement en 1613) constitue en réalité un domaine déjà fort ancien de la métaphysique, occulté dans la philosophie contemporaine depuis que celle-ci a été dominée par la tradition scolastique sous le couvert du néothomisme[54]. La perspective que je mets en relief dans ce travail appartient au cadre de cette réhabilitation de l'hénologie mais selon de nouveaux instruments d'analyse, plus adaptés au monde complexe contemporain. Mais cette perspective ne constitue qu'un aspect partiel d'une approche plus fondamentale qui devrait analyser tous les modes possibles d'unification et de différenciation qui sont en jeu dans le monde proximal et qui contribuent à le réaliser. Or, comme le monde distal est inépuisable et les instruments pour pénétrer dans sa complexité nous manquent encore, la théorisation des pratiques de l'Un et du Multiple reste en retrait dans nos études de philosophie[55]. Il en va de même d'ailleurs des pratiques de la configuration et de ses variations.

[54] Voir mes études "La métaphysique s'identifie-t-elle à l'ontologie ?", dans *Herméneutique et ontologie* (Mélanges P. Aubenque), éd. R. Brague et J.-F. Courtine, PUF, Paris, 1991, pp. 295-322 et "Sources et enjeux philosophiques de la pratique de la différence", dans *Philosopher en français* (Coll. de Nice, 25-28 mai 1999), éd. J.-F. Mattéi, PUF, Paris, 2001, pp. 261-279.

[55] Il s'agit d'une entreprise de longue haleine, à laquelle j'ai déjà consacré de nombreuses études, que je ne vais pas énumérer ici, mais qui constituent des prolégomènes d'un travail plus étendu que je prépare sur "l'hénologie".

C'est dire que la configuration représente, selon moi, un terme commun qui s'applique à tous ces phénomènes et variations, lesquels manifestent, chacun à sa façon et selon divers degrés de distanciations, l'impossibilité de faire correspondre nos modes de proximité et la réalité. C'est cette impossibilité que tout être humain cherche à surmonter en édifiant son propre monde proximal, en configurant un réel qui lui échappe. Le monde distal est si étendu et inépuisable que les différents modes de configurations réalisent chaque fois un monde proximal qui permet à chaque être humain de vivre face à l'inconnu et à la complexité du réel. Or, comme ce monde proximal est (très) restreint et nous oblige à faire des choix, à sélectionner sans cesse ce que nous souhaitons ou pouvons promouvoir, les différentes configurations qui le constituent et le réalisent agissent *comme* des *mises en scène*. Silvana Borutti observe, non sans raison, que la mise en forme produite par la configuration de l'objet en sciences humaines s'avère "une mise en scène analogique et différentielle, qui fait apparaître un réseau de rapports, et donc une physionomie, une "*Gestalt*". Ce qu'elle précise, dans une note, en disant qu'elle envisage la "forme" d'une façon non formaliste, "comme organisation et configuration dans un contexte" (CH, 159).

Bien que l'accumulation des concepts, que l'auteur utilise comme s'ils étaient synonymes, perturbe le rapport qu'on peut établir entre "forme", "organisation" et "mise en scène", l'effort d'assurer à l'opération de configuration un rôle actif et spécifique est digne d'attention. Mais pour que cette opération puisse jouer son rôle pluriel et sa capacité de réguler la profusion des choses, des phénomènes, des événements et même, on l'a vu, des textes, il faut s'appliquer à faire la part des choses et à distinguer les différentes applications de la configuration. En ce sens, on ne saurait confondre la "forme" et la "mise en scène", sans quoi on devrait être capable de parler, par exemple, d'une mise en scène d'un film en parlant de "forme", ce qui altèrerait aussitôt ce qu'il s'agit de mettre en relief. Une "mise en scène" appartient au cadre de tout ce qui exprime quelque chose du spectacle (théâtre, cinéma, danse, cérémonie,...).

En fait, toutes les éléments familiers qui traduisent le spectacle, doivent être compris comme des *schèmes* utilisés pour expliquer les choses et le devenir du monde. Le schème du théâtre, par exemple, qu'avait déjà utilisé abondamment Plotin, tout comme Thérèse d'Avila le fera plus tard avec le schème de l'architecture (château)[56], et comme le font d'autres en se servant d'autres schèmes, ressemble davantage au schème du tisserand, dont j'ai parlé ci-dessus. L'avantage de l'ensemble de ces schèmes relativement aux schèmes simples et plus empiriques (parenté, chemin, amour, artisan...) utilisés par la pensée archaïque, mais aussi relativement aux modèles employés depuis Platon, consiste en ce qu'ils se rapprochent des modèles, sans être aussi *abstraits* qu'eux — les modèles étant effectivement des dispositifs cognitifs et abstraits, souvent renforcés par des instruments mathématiques variables et élaborés. Plus concrets, ces schèmes complexes ont le mérite de sauvegarder une dimension *empirique* qui nous *rapproche* davantage des choses et des êtres vivants. Leur rôle, en tant que procédés de proximités, configurant l'espace intermédiaire entre l'abstrait et l'empirique, leur assure une pertinence sur laquelle nous n'avons pas suffisamment réfléchi jusqu'ici. Ils peuvent, comme dans le cas du schème du tisserand[57], *rassembler* un ensemble d'activités différentes, tout en s'accordant avec le schème qui domine aujourd'hui dans la pensée contemporaine : celui du jeu. Fort utilisés aujourd'hui, les schèmes de la "scène" et de la "mise en scène", s'accordent mieux à notre époque que tout autres schèmes simples ou complexes — tout comme le schème de la parenté s'est adapté à l'époque archaïque et a pu même se maintenir à travers le christianisme et atteindre notre époque jusque dans la psychanalyse.

Après cette mise en scène, fastidieuse mais indispensable, des éléments essentiels de l'approche que je souhaite entreprendre dans ce travail, le spectacle peut enfin commencer, en situant, tout d'abord, la figure du "spectateur".

[56] Thérèse d'Avila, *Le château intérieur*, Payot et Rivage, Paris, 1998.

[57] Que j'ai déjà abordé ci-dessus à partir de mon étude "Le paradigme platonicien du tissage comme modèle politique d'une société complexe", *op. cit.*

Deuxième Section

Spectateurs

1. La stature limitée de l'homme

1. *Monde proximal et monde distal*

Affronter la question de la proximité avec soi-même n'est pas une mince affaire, et ce d'autant moins qu'une tradition de la philosophie occidentale, enracinée chez Aristote et saint Augustin, et portée à son point culminant par Descartes, considère, selon la formulation de Bergson, que "l'existence dont nous sommes le plus assurés et que nous connaissons le mieux est incontestablement la nôtre, car de tous les autres objets nous avons des notions qu'on pourra juger extérieures et superficielles, tandis que nous nous percevons nous-mêmes intérieurement, profondément"[1]. La connaissance de soi serait ainsi la chose la plus sûre et, par suite, nous aurions une proximité avec nous-mêmes fort poussée, incomparable relativement à la proximité que nous avons avec le reste des choses de ce monde.

Cette position péremptoire, habituelle dans nos manuels de philosophie n'est pertinente que si l'on accepte, même avec des nuances et des réaménagements, l'idée aristotélo-augustino-cartésienne d'une fondation de notre exister à partir de la pensée, voire du sentir[2], ou, plus exactement, de la pensée au sens large, qu'on a même identifiée avec l'"es-

[1] H. Bergson, *L'évolution créatrice*, dans *Œuvres*, PUF, Paris, 1963[2], p. 494.

[2] Contrairement à la thèse habituelle selon laquelle le précurseur de Descartes (du *Discours de la méthode* et des *Méditations Métaphysiques*) serait saint Augustin (dans ses *Confessions*), c'est en fait Aristote qui, le premier, a affirmé que le fait de vivre se définit par la capacité d'avoir une sensation ou une pen-

prit"[3]. Elle est moins justifiée dès lors qu'on aborde la question à partir de la proximité avec soi-même, selon la double problématique de l'ambivalence de la proximité (qui met en jeu la différence entre proximité spatio-temporelle et proximité relationnelle) et l'antinomie de la proximité (entre ce qui est à notre portée relativement à sa complexité et à l'inconnu qu'elle recèle).

Cette réserve, que je vais thématiser dans la suite, a déjà été pointée du doigt par certains penseurs. Je songe bien sûr, tout d'abord, à David Hume, qui critiquait ces philosophes qui s'imaginent que "nous avons à tout moment la conscience intime de ce que nous appelons notre *moi*", alors que nous ne ressentons que des choses particulières (chaud, froid, lumière, ombre, douleur, plaisir, amour, haine...), sans jamais parvenir à nous saisir, à aucun moment, comme "moi". Il arrive même que dans certaines circonstances (par exemple dans le sommeil), nous n'ayons plus conscience du "moi"[4]. Selon Hume, c'est par une forme d'*habitude* que nous interprétons des rapports, en nous, entre des choses qui n'en ont aucun. Du point de vue de la proximité, cela signifie que nous assumons une proximité partielle avec nous-mêmes, que l'on doit comprendre sur le mode des habitudes qui forment des choses familières en nous, mais qui peuvent parfois s'éclipser, créant *en nous* les conditions d'un monde à distance. Le monde qui est à *notre* portée et que nous considérons comme *nôtre*, quel que soit son véritable statut, est donc bien un "monde proximal", en opposition avec le "monde

---

sée, voire une conscience de soi (*Éth. Nic.* IX, 9, 1170a15 ss.). Cf. mon livre *Aux origines de la philosophie européenne*, *op. cit.*, 4e édition 2004, pp. 496 ss.

[3] Comme c'est la cas manifestement chez Descartes qui considère qu'il n'a pas dit qu'il était une "âme" mais une "chose qui pense" et que cela c'est l'"esprit" ou "l'entendement et la raison". Mais Descartes précise aussi qu'une chose qui pense est "une chose qui doute, qui conçoit, qui affirme, qui nie, qui veut, qui ne veut pas, qui imagine aussi, et qui sent" (*Seconde Méditation*, dans *Œuvres et Lettres*, Bibiothèque de la Pléiade, Gallimard, Paris, 1953, p. 278, ainsi que la *Lettre à Reneri* — pour Pollot — d'avril-mai 1638).

[4] D. Hume, *Traité de la nature humaine*, trad. A. Leroy, T. 1, Aubier-Montaigne, Paris, 1969, pp. 342 ss.

distal" qui marque la distance par rapport à nous, quel que soit le type de distance qui est en jeu, que l'on peut résumer, on l'a vu, par les concepts de *ce qui est inconnu* et de *ce qui est complexe*.

Il faudra tout l'effort de Kant, en se souvenant sans doute de Descartes dans la seconde édition de la *Critique de la raison pure*, pour que le statut du *moi* soit réhabilité, à travers le "je" et l'activité de "penser", c'est-à-dire grâce à la continuité et à l'unité de la conscience comme références déterminantes pour penser ce qui est représenté. Cela signifie que les diverses représentations qui me sont données dans l'intuition sensible, "ne constitueraient pas toutes ensemble *mes* représentations, si elles n'appartenaient pas *toutes* à une conscience de soi, ce qui veut dire qu'en tant qu'elles sont *mes* représentations (bien que je n'en aie pas conscience sous cette forme), elles doivent en tout cas, *avec nécessité*, se conformer à la conscience générale de soi, étant donné que, sinon, elles ne m'appartiendraient pas complètement. De cette *liaison originaire* s'ensuivent bien des conséquences"[5].

Ces conséquences sont, bien entendu, d'abord celles que Kant dégage pour fonder la possibilité d'une connaissance nécessaire, condition d'une science (mathématique et physique), à l'exception d'une science métaphysique, qui demeure incapable de transformer les choses en soi, y compris le moi profond (l'âme), en objet d'un savoir absolu et indubitable, c'est-à-dire pleinement intelligible. Ce qui appartient à la proximité, ce sont principalement les phénomènes en tant qu'objets accessibles aux conditions de notre connaissance selon les formes à priori de la sensibilité (espace et temps) et de l'entendement (les catégories), le reste étant soit abordable indirectement par la raison avec ses limites, soit inabordable, gardant des distances, si j'ose dire, infranchissables. C'est dire qu'en dépit de la promotion de la conscience à travers l'unité de soi fondée par le "je pense", le monde proximal que reconnaît Kant trace des limites, même si celles-ci sont extensibles du côté de l'action ou de la production (l'esthétique). Sans même aborder la question de la complexité qui concerne chaque chose, mais se li-

[5] E. Kant, *Critique de la raison pure* (1781, 1787^2), trad. A. Renaut, Aubier, Paris, 1997, § 16, pp. 198-199 (je souligne).

mitant à ce qui est connu et inconnu, Kant admet l'existence d'un monde distal en nous, qui demeure inaccessible. La philosophie moderne ne cessera de réfléchir sur cette question, mais en trouvant le plus souvent un consensus autour de l'idée que la connaissance commence par la connaissance de soi, dont l'immédiateté et la familiarité donne le sentiment de se livrer à nous de la façon la plus claire, incomparable avec le reste de nos expériences. Pourtant ce qui semble aller de soi, et qui fait de la proximité avec nous-mêmes une origine indubitable et suffisante, s'appuie sur un nombre considérable d'illusions.

La contestation qui me semble la plus intéressante vient de Friedrich Nietzsche. Dans le *Gai Savoir*[6], il clame qu'une telle position est l'"erreur des erreurs !". Cette erreur commencerait dès l'instant que le philosophe considère le monde comme "connu" en le ramenant à l'"idée" : "Hélas ! n'était-ce pas simplement parce que l'idée lui était chose si familière, si habituelle, parce que l'idée lui faisait tellement moins peur ? Ah ces pauvres satisfactions de ceux qui cherchent la connaissance !... Qu'ils sont contents à bon marché !". Mais plus grave encore : lorsqu'on examine de ce point de vue leurs principes et leurs réponses aux énigmes que suscite le monde, on les voit pris d'un bonheur excessif, d'une pure ivresse, du fait qu'"ils retrouvent dans les choses, sous les choses ou derrière les choses ce qui, hélas, leur est bien connu, comme par exemple notre logique, notre table de multiplication, notre volonté ou notre désir (...). Car 'ce qui est connu, c'est du connu[7]' : là-dessus ils sont unanimes. Il n'est jusqu'aux plus circonspects qui ne pensent que les choses familières soient plus faciles à connaître que les autres, et que la bonne méthode recommande par exemple de partir du 'monde intérieur', de s'appuyer sur 'les faits de la conscience' parce que c'est le monde qui nous est le plus connu!". Or, s'il y a ici, selon Nietzsche, une grave erreur, c'est que l'on comprend

[6] F. Nietzsche, *Le Gai Savoir*, livre V, § 355, trad. A. Vialatte, Idées, Gallimard, Paris, 1950, pp. 309-311 (je souligne). Je citerai par GS.

[7] On pourrait traduire ici également par "reconnu", en adaptant dans la suite "connaître" à "reconnaître", comme le fait P. Klossowski, dans sa traduction, Collection 10/18, Union Générale d'Éditions, Paris, 1981, pp. 359-360.

comme connu "l'habituel", alors que l'habituel est ce qui est le plus difficile à connaître, c'est-à-dire "à considérer en tant que problème, comme *une chose inconnue, lointaine, extérieure à nous-mêmes*".

Dans ce texte, non seulement la tradition cartésienne est ébranlée, mais, par ces dernières lignes, Hume lui-même trouve sa part d'illusion. Mais ce qui me semble remarquable, c'est cette reconnaissance, par Nietzsche, d'un monde distal en nous, où la proximité avec soi-même devient problématique. Par cette voie, il inaugure une approche, qui trouvera son point culminant, nous le verrons, chez Freud à travers la question d'un inconscient *constitutif* du sujet même. L'analyse que donne Nietzsche de la "conscience" est moins révolutionnaire, même si elle fait déjà un pas décisif vers les limites d'une conscience en nous (GS, § 354)[8]. Il considère que la conscience est un produit tardif de notre vie, car on peut passer une vie entière "sans se regarder dans ce miroir de la conscience". C'est d'ailleurs ce qu'elle semble encore faire, pour nous, dans la plus grande partie de son activité, même la plus haute, c'est-à-dire dans la pensée, le sentiment, la volonté, lesquelles "si vexante que la chose puisse paraître à un philosophe d'avant-hier, se déroule sans reflet, sans réflexion". Aussi peut-il s'exclamer : "à quoi bon la conscience si elle est superflue pour l'essentiel de l'existence ?" Nietzsche indique ici, non sans quelque pertinence, que c'est sous la *pression* du besoin de communiquer, source de la capacité de l'homme à s'exprimer (à dire ce besoin, à le rendre intelligible, à exprimer ce qui lui manquait, etc.), que la conscience se serait développée en l'homme. D'après lui, la langue n'est d'ailleurs pas seule à servir de pont entre les hommes, mais il y a aussi "le regard, la pression, le geste". Comme toute créature vivante, ajoute-t-il, l'homme "pense constamment, mais il *l'ignore*". En fait, "la pensée qui devient consciente ne représente que la partie la plus infime, disons la plus superficielle, la plus mauvaise, de tout ce qu'il pense : car il n'y a que cette pensée qui s'exprime en paroles, c'est-à-dire en signes d'échanges, ce qui révèle l'origine même de

[8] Cf. *La Volonté de puissance*, trad. G. Bianquis, T. I, livre 2, Gallimard, Paris, 1947. Je citerai par VP.

la conscience". Cela signifie aussi que "le développement du langage et le développement de la conscience (*non* de la raison, mais seulement de la raison qui devient consciente d'elle-même), ces deux développements vont de pair" (GS, § 354). À telle enseigne qu'il disqualifie le *cogito* cartésien en le rapportant à la structure grammaticale mise en œuvre par sa formulation, qui considère que l'activité de penser n'est qu'un attribut d'un sujet. Cette structure serait tributaire de la croyance à quelque chose qui pense ; mieux, à la croyance que c'est moi qui est cette chose qui pense, — ce qui nous ramène, en fin de compte, à la croyance à la grammaire, c'est-à-dire à la structure médiatrice d'un sujet et de son prédicat. Bref, "on suppose des 'choses' et leurs 'activités', et nous voilà bien loin de la certitude immédiate"[9].

En somme, ce que nous supposons constituer une proximité avec nous-mêmes n'est en fait qu'une proximité avec la grammaire que nous utilisons. Or, on vient de le voir, la parole appartient à une proximité relative à nous sur le mode de la conscience, éloignée d'une proximité en soi, qui se tient à distance, bien qu'elle constitue notre propre réalité. Cette façon de situer la conscience en opposition avec la pensée trouble nos habitudes.

En interprétant Nietzsche, on peut dire que nous n'avons aucune proximité avec notre pensée, ni même avec notre singularité (notre existence individuelle), alors que "nous pensons sans cesse" et que "tous nos actes sont, au fond, suprêmement personnels, uniques, individuels, incomparables certainement". Nous ignorons donc à la fois le fond qui nous constitue et notre irréductible singularité, alors que nous avons une proximité immédiate avec la partie la plus superficielle de nous-mêmes, que nous utilisons sans cesse sur le mode de la conscience, c'est-à-dire de cette faculté qui nous est commune avec les autres membres du "troupeau", avec qui nous formons "un monde de surfaces

[9] F. Nietzsche, *La volonté de puissance*, *op. cit.*, § 98 : "Nous considérons que c'est par une conclusion prématurée que la conscience humaine a été si longtemps tenue pour le degré supérieur de l'évolution organique et la plus surprenante des choses terrestres, voire comme leur efflorescence suprême et leur terme. Ce qui est plus surprenant, c'est bien plutôt le *corps*."

et de signes, un monde généralisé, vulgarisé", falsifiant la réalité des choses, en occultant notre propre réalité.

Par sa façon d'aborder la proximité avec soi-même, Nietzsche trouble effectivement nos habitudes, et distingue, par le biais de la "conscience", le monde proximal qu'il dévalue et le monde distal qu'il valorise. Bien qu'il discerne quelque chose d'important quant à l'ambivalence et l'antinomie de la proximité, sa position me paraît exagérée et même inquiétante, du fait qu'elle écarte la prééminence de la parole au profit de forces vitales, plus profondes. La parole et la communication qu'elles impliquent (donc aussi tous les comportements démocratiques) paraissent secondaires, et dérivés par rapport au *corps*, forme commune des vivants (VP, § 98).

Face à cette position radicale, on peut poser deux questions :

1° Si la conscience est liée au corps, comme manifestation du corps lui-même, la "conscience" ou quelque autre instance qui prend en charge "le penser" ne pourrait-elle pas constituer l'*humanité* de l'homme ?

2° Et si le fond qui nous échappe faisait partie d'une réalité *complexe*, mais constitutive de chaque chose, y compris de nous-mêmes, soit en tant qu'elle serait une structure cérébrale complexe (telle que la révèlent aujourd'hui les neurosciences), soit (aussi) qu'elle serait un inconscient actif (comme l'a circonscrit Freud), la proximité avec nous-mêmes n'exigerait-elle pas une meilleure emprise sur ce domaine *inconnu* en nous-mêmes ?

Ces questions restent ouvertes et guideront en partie notre itinéraire dans la suite. Elles font déjà voir que le monde proximal en nous-mêmes peut comporter des instances qui lient la pensée et le corps, sans que la parole qui y est impliquée soit extérieure à l'humanité de l'homme en tant qu'être vivant au monde, et de même que le monde distal en nous peut à son tour comporter de l'inconnu et de la complexité, mais qui sont susceptibles d'être explorés.

Cette perspective a été effleurée par Gaston Bachelard, qui a entrepris, après Nietzsche, une autre critique à l'égard du "je pense" cartésien, du fait que la conscience de l'identité de l'esprit dans ses diverses connaissances apporterait, à elle seule, "la garantie d'une méthode permanente, fondamentale, définitive", alors qu'en pratique, la connaissance manifeste une évolution de l'esprit, "qui accepte des variations touchant l'unité et la pérennité du *je pense*"[10]. Qu'on le veuille ou non, l'histoire de la pensée humaine révèle que le monde distal, formé par de l'inconnu et de la complexité, ne cesse d'être entamé par l'expansion de notre civilisation et les progrès vertigineux des connaissances, des techniques et des systèmes politiques. Même si ce monde distal est immense et illimité (ce qui ne veut pas dire nécessairement infini), le monde proximal qui se forme, y compris à propos de nous-mêmes, marque des points. Cela ne veut pas dire que, dans cette quête et enquête, l'histoire de la pensée humaine n'est pas sans cesse confrontée au monde distal dont elle cherche à grignoter les espaces en découvrant, lors de chaque avancée, que celui-ci, au lieu de se réduire, s'élargit davantage par la complexité et l'inconnu qu'on découvre et que nous devons ajouter au programme de nos explorations.

2. *Finitude et limitation*

Ces quelques remarques compliquent déjà lourdement notre tâche. C'est pourquoi revenons sur la proximité avec nous-mêmes en tentant quelques instants de nous transfigurer en spectateur de nous-mêmes. Nous avons vu que Nietzsche, pour disqualifier la conscience, avait osé écrire que nous pourrions passer toute une vie "sans se regarder dans ce miroir de la conscience", et c'est même cela que la vie fait pour nous dans la plus grande partie de ses activités, même les plus hautes. La question ainsi posée nous interroge sur ce qu'est vraiment "être le spectateur de soi-même". Cela suppose que je trouve en moi quelque chose qui joue le rôle d'un *miroir* qui me permette de me voir, sans égard pour toute autre sensation ou sentiment, et même tout autre regard sur des parties de nous-mêmes que le *miroir* ne saurait couvrir.

Il est vrai que nous avons l'impression que tout ce qui touche à notre personne, en chair et en os, en âme et en esprit, se rapporte à notre propre singularité, à une univocité qui dépasse, pour ainsi dire, toute

[10] G. Bachelard, *La philosophie du non*, PUF, Paris, 1975, pp. 7 ss.

proximité spatio-temporelle relative aux multiples parties qui nous constituent. En convertissant toutes ces parties en une unité stricte et immédiate mais toujours fuyante, nous formons une configuration de nous-mêmes que nous interprétons, sans autre forme de procès, comme exprimant le mode par excellence de notre propre *identité*. Dans l'ordre de l'immédiateté et de l'espace compact de notre singularité (de notre "être", comme on dit habituellement), où se joue une proximité temporelle et spatiale absolue, cette unité s'impose comme une unité massive et opaque de nous-mêmes, constitutive de notre *réalité*. Pourtant, dans le même temps que nous assumons une durée qui se prolonge sans cesse, nous constatons que nous sommes formés de nombreuses parties différentes, variées et hétérogènes, dont nous ne parvenons pas à nous approcher, même après des années d'exploration de nous-mêmes. Nous découvrons que nous sommes plus complexes que nous le supposons lorsque nous nous appréhendons par le biais de l'unité de soi.

Une double temporalité tisse ainsi notre rapport avec nous-mêmes : une durée vitale continue et une multiple temporalité liée à l'exploration de nous-mêmes. C'est pourquoi, en dépit d'un temps continu qui garantit notre unité, et qui réduit la proximité avec nous-mêmes à une possible identité, la recherche sur nous-mêmes excède sans cesse cette identité par une intrusion en nous d'un autre que nous-mêmes, inconnu. Nous découvrons toujours quelque chose en nous, qui nous est inconnu, sans même parler de notre constitution interne cachée par notre peau, qui forme une "terre inconnue" et une "structure complexe". Même les nouvelles technologies de l'imagerie ne parviennent pas à nous dévoiler, sinon sous la forme de configurations qui ont d'ailleurs pour fonction principale d'indiquer des pathologies. Celles-ci font certes partie de notre constitution, mais ne sont pas pour autant co-extensives à notre singularité. Qu'on le veuille ou non, la connaissance de soi est une affaire complexe et conduit, dès le départ, la question de la proximité avec soi-même dans des chemins labyrinthiques.

En somme, en tant que spectateurs de nous-mêmes, nous sommes bien confrontés à une antinomie radicale. D'une part, nous ressentons une proximité irréductible avec l'unité constitutive de notre personne, que nous vivons presque inconsciemment et sans une attention spéciale tout au long de notre vie. D'autre part, nous découvrons, par un autre regard sur nous-mêmes et avec l'aide du temps, que nous n'entretenons qu'une difficile proximité avec chaque partie de nous-mêmes, comme si nous n'accédions à nous-mêmes que d'une façon fragmentée, partielle et lacunaire, et comme si l'unité de la personne que nous sommes, était un leurre. Déjà cette opposition entre, d'un côté, le sentiment d'une vie sans distance, vécue dans l'immédiateté avec nous-mêmes, selon une unité compacte comprise comme identité et, d'un autre côté, la découverte que nous faisons progressivement d'une temporalité et d'une multiplicité en nous-mêmes, assigne un clivage à l'intérieur de la proximité spatio-temporelle, et ceci sans même nous référer à sa conversion en une proximité relationnelle. La durée que nous assumons, qu'elle soit attribuée à l'expérience de l'immédiateté qui exprime l'unité de soi, ou qu'elle soit accordée à l'expérience de la temporalité qui révèle une multiplicité irréductible de nous-mêmes, souligne notre *finitude* constitutive. Et la complexité qui nous est propre en tant que vivants privilégiés parmi toutes les choses de l'univers physique (et peut-être de "réalités" d'un monde spirituel), atteste la *limitation* constitutive de l'être humain que nous sommes.

Finitude et limitation désignent deux modes de connaissance que j'attribuerais, ici, principalement à la naturalité de l'être humain. Elles restreignent les capacités spatio-temporelles de l'homme, la sphère de ses connaissances et de ses compétences. Toutefois, même si le rapport avec le monde qu'elles lui autorisent à instaurer avec lui-même et avec tout le reste est fini et limité, il n'en demeure pas moins impressionnant, comme le démontrent les progrès de nos civilisations et de nos cultures. Ces rapports dessinent un monde limité et délimité en fonction de *possibilités* et des *potentialités* intrinsèques à la limitation de l'être humain, mais qui sont néanmoins, en fin de compte, incommensurables pour lui-même du fait de leur multiplication. Cela veut dire que même si ces possibilités et potentialités sont limitées, aucun être humain ne saura jamais les épuiser, non seulement parce que, comme dirait Protagoras, nous n'avons ni les moyens ni le temps, mais parce que le réel dans son ensemble est tellement complexe qu'il demeurera toujours plus riche que les connaissances que nous en avons. Cette constatation s'impose avec d'autant plus de force que, on le verrra, même la réalité constitutive de notre propre personne demeure à priori inépuisable. Toutefois, qu'il s'agisse de la réalité dans son ensemble ou de notre propre réalité en tant qu'individus, les possibilités immenses qui nous sont propres permettent de *circonscrire* d'une façon toujours extensible ce qui est à notre portée. Bref, nous découvrons une fois encore la pertinence des rapports opposés et complémentaires des deux concepts que sont le "monde proximal" et le "monde distal".

La philosophie d'aujourd'hui, surtout depuis la mise en question de la philosophie du sujet, issue de la pratique cartésienne du *cogito, ergo sum* ("je pense, donc je suis"), a écarté ou a sous-déterminé la limitation au profit de la *finitude*. Celle-ci est le plus souvent envisagée à travers une limitation des prérogatives du "sujet" humain, tantôt face à Dieu, tantôt à cause de la mort, tantôt encore relativement à la connaissance des choses ou aux possibilités de l'action, etc. En réponse à ces diverses questions, le "sujet" a été tantôt limité dans ses prérogatives cognitives (scepticisme et empirismes de toutes sortes, philosophie critique d'origine kantienne), tantôt dilué dans la question du Monde (Heidegger, Fink, Axelos) et tantôt encore résorbé dans l'historicité (Heidegger, Ricœur). Des tentatives plus nuancées ont soumis ces prestations (perception, connaissance, action) à des sollicitations provenant d'un Autre qui nous transcende (Levinas) ou à un certain "champ", comportant des niveaux, des dimensions et des ouvertures sur des horizons (Merleau-Ponty), ou à une ré-élaboration de l'ordre de l'intelligibilité (diverses formes de structuralisme et une partie de la philosophie analytique d'origine anglo-saxonne).

Or, malgré les multiples tentatives modernes pour étendre l'activité du "sujet" au-delà d'une clôture "égoïque" et pour l'ouvrir à ce qui lui est autre (y compris les choses), que celui-ci lui soit immanent, le transcende ou l'enveloppe, c'est généralement en fonction de la *finitude* du "sujet", de sa condition *mortelle*, que l'altérité est analysée. La mort devient ainsi une référence essentielle d'analyse de la proximité, comme si la proximité la plus absolue de l'homme dans sa finitude était la mort inévitable. La philosophie contemporaine réussit par là à réaménager une référence ancienne (encore assumée par les adeptes de certaines religions), qui renvoie à la possibilité ou non d'un salut après la mort, en considérant que ce sont les conséquences de la mort dans l'exercice de la vie actuelle qui doivent être évaluées. La mise entre parenthèses de la question du salut (immortalité de l'âme, jugement après la mort et béatitude possible), donc aussi de la possibilité que la durée de vie soit prolongée à l'infini *après* la mort, est compensée par une surdétermination de la temporalité comme fond indissociable de l'être de l'homme (et de l'existence). C'est pourquoi la question de la finitude est principalement traitée dans l'éclairage de la question du temps.

Bref, la question de la finitude humaine fondée sur la temporalité et la mort entraîne des conséquences importantes pour le destin de l'homme, selon qu'on y associe une doctrine du salut ou qu'on défende l'absence de survie, ou encore qu'on envisage la mort comme un horizon ultime de l'existence et comme condition du rapport de l'homme au monde. De ce point de vue, l'être humain est approché par le biais d'une *simplicité* déconcertante, même si le discours qui accompagne ce type d'approche est parfois hermétique et déroutant pour le commun des mortels. Ce qui est sans cesse occulté, dans cette approche, c'est sa *complexité* intrinsèque.

Or, les multiples ouvertures contemporaines vers un “autre” que le “sujet” humain ne coïncident pas toujours avec certaines tentatives anciennes, qui ne se réfèrent, ni à une temporalité essentielle, ni à la primauté de la question de la mort. La plupart des philosophes anciens appliquent cette démarche à la connaissance, en disséminant le réel en particules, comme le font, par exemple, Anaxagore, Leucippe, Démocrite, Épicure ou Lucrèce, et donc en la confrontant d'emblée à la complexité des choses. À cette première rupture avec la simplicité qui élargit le monde proximal vers une terre inconnue et une structure complexe du réel, il faut en ajouter une seconde, que l'on trouve chez Aristote. Celui-ci a montré que dans le domaine de l'action, il est absurde de parler de bonheur individuel si nos proches, nos amis et même nos concitoyens souffrent et vivent dans l'infortune et le malheur.

Cette double altérité qui élargit le monde proximal, l'une jusqu'à l'espace physique de l'inaccessible, l'autre jusqu'à l'espace de la cité, suppose que la connaissance de soi, l'affection de soi, le sentiment de soi, le souci de soi et l'estime de soi ne soient pas des structures d'un "sujet" fermé sur lui-même, ni coupé des autres, quels qu'ils soient, ni séparé du monde. Ce qui est remarquable dans ces démarches, qu'elles viennent de la plupart des défenseurs des particules ou qu'elles soient soutenues par Aristote, c'est qu'elles ne limitent pas cette extension au monde invisible accessible par la raison ou au monde de la cité où règne la sagesse pratique, mais elles attribuent cette extension à l'activité d'un intellect.

Chez les penseurs de la multiplicité, comme Anaxagore ou Démocrite, l'homme marque sa différence par rapport aux autres êtres, du fait qu'il possède davantage de particules d'intellect (*chrèmata* homogènes chez Anaxagore et atomes sphériques chez Démocrite) qui limitent ses capacités, tout en excédant toute forme de connaissance et d'action ordinaire dans la nature. Chez Aristote, l'extension intellective va plus loin et atteint un point culminant, du fait qu'il considère que l'intellect constitue la partie *divine* de l'homme, grâce à laquelle celui-ci peut pratiquer la science et la sagesse théorique, ce qui lui assure un statut proche du divin. De cette façon, le monde proximal que l'être humain forme par l'action dans la cité peut être prolongé jusqu'à la pratique scientifique et la sagesse qui *excèdent* la cité, en intégrant dans le monde proximal des éléments (en l'occurrence "divins") appartenant au monde distal. De ce contexte élargi, ce qui prime tant chez les défenseurs des particules élémentaires que chez Aristote, ce n'est pas (seulement) une finitude conforme au temps et soumis à la mort mais ce sont les *limites* de la *stature* humaine.

D'une façon plus concrète, l'homme peut être un pur intellect limité mais mortel, là où Dieu est un pur intellect limité mais éternel. La conception antique classique de Dieu ne reconnaît pas un dieu infini, parfait et éternel. Il apparaît par là que la question de la finitude se soumet à la question de la stature de ce qui est ou non limité. C'est pourquoi les diverses problématisations contemporaines de la finitude dans la perspective du temps et de la mort, aussi pertinentes qu'elles soient philosophiquement — et elles le sont —, oblitèrent néanmoins ce point métaphysique important. Même si en effet nous étions immortels ou éternels, la finitude humaine serait tributaire d'une condition plus essentielle : notre *limitation* spatiale (ou spatio-temporelle), voire essentielle, constitutive de notre *stature*, qui est infime relativement à l'immensité, à la complexité et à la durée de l'univers physique et du Tout (si on admet un monde d'êtres au-delà de l'univers matériel).

Au Moyen Âge, la finitude était attribuée à des êtres limités dans leur stature, mais immortels quant à leur durée, tels les anges, considérés comme des auxiliaires de Dieu. Thomas d'Aquin, qui a récupéré la pensée d'Aristote, explique cette limitation par la différence en eux de l'essence et de l'existence, alors que l'identité de celles-ci en Dieu lui confère le caractère d'un être infini. Cette approche suppose que la mort n'est ni le seul critère de la finitude, ni nécessairement le critère le plus déterminant. Il apparaît que la stature constitutive d'un être, limitée et délimitée essentiellement ou organiquement ou spatio-temporellement, circonscrit un critère de la finitude plus fondamental que la mort, qui peut être, au demeurant, incluse en elle. De ce point de vue, la finitude est fondée sur la limitation, ou du moins lui co-appartient. C'est dire que la stature constitutive de l'homme peut définir le cadre de ses rapports à soi-même, aux autres, aux choses et, plus généralement, au monde, sans que la question de la mort ne soit prise en considération. Il s'ensuit aussi que la mort ne saurait être envisagée comme le critère par excellence de la proximité de l'homme avec soi-même. Celle-ci requiert d'autres références, et principalement la limitation de sa constitution, de sa stature propre, — interprétés en fonction d'un monde proximal extensible d'une façon indéfinie selon des configurations et un monde distal constitué de ce qui est inconnu et complexe, réductibles par la connaissance, l'action et la compétence.

Précisons. Dès lors qu'on envisage le problème de l'homme du point de vue de sa stature limitée, la référence à la mort (et donc aussi aux conséquences qu'on lui associe) ne semble pas former le critère le plus pertinent pour analyser la question de la proximité. D'autant plus que la référence à la mort suscite un certain nombre de questions : quelle proximité avons-nous vraiment avec la mort ? Cette proximité ne varie-t-elle pas selon les personnes et avec les âges, les situations, les cultures et le mode de vie de chacun ? Sommes-nous tous égaux devant la mort, qui serait l'horizon commun de l'humanité de l'homme ?

L'idée d'après laquelle nous sommes tous égaux devant la mort est une figure de l'esprit qu'il convient de déconstruire dès à présent. La mort d'un enfant à la suite d'une maladie fulgurante ou incurable, d'un accident inattendu ou d'un bombardement militaire ; la mort d'un adolescent à cause de la drogue, de la violence urbaine, de politique, des jeux d'ordalie ou de l'explosion d'une mine oubliée ; la mort d'un adulte à la suite d'un accident d'automobile, d'un cancer imprévu, d'une crise cardiaque ou d'un travail surhumain ; et la mort d'un vieillard comme clochard, ou négligé dans une maison de repos ou à la suite d'une disparition naturelle, voilà autant de morts différentes qui ne peuvent être mises sur le même plan. Ce n'est pas parce qu'un jour, tout être humain doit mourir que la mort constitue une référence suffisante pour fonder le concept de finitude et une forme d'égalité originelle, fondée sur la vie ou sur un péché originel.

En revanche, notre *limitation* constitutive, spatiale et temporelle à la fois, dans l'économie globale de l'univers, parce qu'elle est commune à tous les vivants, et donc aussi à tous les êtres humains, semble un critère plus pertinent. C'est même à partir de cette limitation que la question de la mort prend un sens comme l'une de ses manifestations possibles, formant une référence suffisante pour engager une réflexion sur la proximité. Alors que la proximité spatio-temporelle est évidente, ne serait-ce que parce qu'elle suppose une différence entre ce qui est proche et ce qui ne l'est pas, la proximité fondée sur la mort comme fond ou horizon de la vie humaine configure une idée métaphysique vague, davantage d'ordre temporel et relationnel. Si bien qu'une fois qu'on banalise la mort en recourant à l'idée d'une proximité à la mort de quelqu'un (par une maladie incurable ou à cause de son âge), cette proximité n'est pas seulement soumise à la durée, mais aussi et surtout à une relation. La proximité à l'égard de la mort ne se mesure pas par la distance temporelle avec la mort mais par la façon dont la mort est perçue compte tenu de cette mesure. Et, comme je l'ai déjà indiqué, même si cette durée persévère éternellement, rien n'empêche que ce qui dure puisse être limité d'une façon essentielle ou spatiale. On peut dès lors supposer que si la proximité ne se réduit pas à la seule proximité spatio-temporelle, c'est parce que la stature limitée de l'homme peut excéder le temps au bénéfice de la relation. La proximité relationnelle, parce qu'elle est, nous le verrons, une conséquence de la limitation, apparaît ainsi comme un mode primordial pour penser la finitude, conférant à l'ambivalence de la proximité un rôle incontournable dans l'analyse des rapports humains et de la souffrance.

Les Anciens avaient inventé l'expression "mortel" (*brotos*) par opposition à "immortel" (*ambrotos*) attribué aux dieux, et le terme *ephèmeros*, qui signifie une vie humaine d'"un seul jour" pour rendre la finitude humaine. Ces concepts sont envisagés à partir de ce qui dure, de sorte qu'on peut dire que cette perspective s'oppose bien à la tendance philosophique actuelle qui prend la mort comme référence et comme critère d'analyse. La différence entre les deux points de vue peut éclairer davantage les explications précédentes.

En effet, lorsqu'on fait de la mort la référence principale de l'étude de l'homme, on tend à envisager l'homme à partir d'une angoisse existentielle inaliénable (liée ou non à la temporalité). Cette angoisse requiert une clarification pour assumer le destin de l'homme, sa déchéance ou sa déréliction, ou, à l'inverse, la nécessité d'un salut, voire la résignation et le fatalisme. En revanche, la perspective de la durée comme durée possible qui dure indépendamment de la stature limitée de ce qui dure permet de situer l'homme en fonction de ses possibilités créatrices et fécondes, des stratégies susceptibles d'affronter la mort par tous les moyens possibles (la vie saine, la médecine, la technique, la politique de la paix...). Car, dans cette perspective, le temps est évalué en fonction de la limitation de la stature, qui seule peut délimiter les potentialités de celle-ci. En tenant compte des limitations constitutives de l'homme, on peut certes se tourner vers la finitude et la mort en leur accordant la prééminence à propos de l'homme. C'est ce qu'une partie de la philosophie contemporaine a tenté, en modifiant la philosophie traditionnelle du salut en une approche anthropologique. Mais on peut aussi, en renversant cette option, chercher, en tenant compte des immenses possibilités intrinsèques à la stature humaine, à promouvoir la durée, en vue de progresser ou de faire durer l'existence ou le développement[11], ou, à

[11] C'est dans ce cadre que prend tout son sens le concept de "développement durable" à la mode aujourd'hui, introduit par les écologistes.

l'inverse, quand la vie devient insupportable, agir sur la durée par des actions ponctuelles, en rompant son cours[12].

La première de ces perspectives, surdétermine le monde de l'intériorité au détriment de l'extériorité. Relativement à la mort qu'elle situe comme horizon de l'action, celle-ci est souvent rapportée à des références mythiques (mal originaire, salut après la mort...), voire à une extension du moi, dans le cadre d'une conscience projective ou d'un monde toujours soumis aux expériences humaines. Par contre, dans la seconde perspective, c'est le monde extérieur qui impose sa présence, en suscitant des interactions permanentes entre l'homme et son environnement, son entourage et plus généralement le monde qui l'entoure et le cerne de toutes parts. Par ces interactions, l'homme découvre la possibilité de se connaître, de se développer et de s'épanouir pour transcender sans cesse ses limites propres, afin d'investir son monde proximal d'une durée *historique* pertinente.

Bref, face à la limitation de l'homme et ses conséquences, les réponses ne sont pas univoques, et les questions qu'on peut se poser concernant la proximité avec nous-mêmes ne sont pas simples. À partir et au moyen de quelles instances sensitives, cognitives, volitives, affectives ou existentielles nous appartenant en propre, pouvons-nous assumer une proximité par rapport à nous-mêmes, alors que les sens de notre corps nous mettent d'emblée en contact avec l'extériorité ? Cette proximité avec soi-même se réalise-t-elle séparément ou simultanément avec nos sens, notre corps, notre pensée, notre âme, notre esprit, le désir ou la volonté ? Quelle est la relation de proximité que nous entretenons avec tout ce à quoi nos facultés donnent accès, ou encore avec tout ce qui leur échappe ? Alors que nous ignorons beaucoup de choses concernant nos activités propres, comment peut-on prétendre nous connaître nous-mêmes et figurer notre propre personne, notre singularité ?

La tâche est immense. Elle semble même dresser sur notre chemin de recherche des obstacles quasi insurmontables, qui pourraient nous conduire au seuil d'une impasse (a-porie). Mais toute aporie peut aussi

[12] C'est dans ce cadre aussi, que prend tout son sens le concept d'"euthanasie" tant controversé aujourd'hui.

éveiller la réflexion, susciter une enquête (dia-porie) avec l'espoir de trouver des réponses et des solutions pertinentes (eu-porie). Aristote qui a inventé la méthode aporétique l'a comparée au nœud qu'on cherche à délier. Avant de le délier, il faut l'étudier, le parcourir dans ses détails. Toute quête met en jeu une enquête. Poser le problème de cette façon nous pousse aussitôt vers une question essentielle : de quelle quête est-il ici question pour circonscrire la proximité, et plus spécialement la proximité avec soi-même ?

3. *Inconnu et complexe*

Dès lors qu'on considère l'homme par le biais de sa stature limitée, la quête accorde une priorité à la recherche de l'*inconnu* et du *complexe*. Or, on l'a vu, l'inconnu et le complexe qui appartiennent aux objectifs de la quête déploient un domaine du monde qui se tient pour ainsi dire *à distance* de chacun de nous. Ils forment les cadres du "monde distal", et sollicitent sans cesse des enquêtes.

L'enquête qui anime la quête comporte de nombreux chemins possibles, des chemins courts et rapides, et des chemins longs et fastidieux. Tout dépend du temps et de l'espace dont nous disposons. Nous sommes à priori limités par notre stature humaine. L'enquête est fatalement limitée. De l'inconnu qu'elle doit explorer et de la complexité qu'elle doit affronter à chaque pas, elle ne pourra édifier que quelques *configurations* pour avancer. L'idée de "configuration", on l'a vu, ménage une forme de proximité intermédiaire entre, d'une part, une proximité immédiate et transparente pour nous et, d'autre part, l'inconnu qu'on explore et la complexité inaccessible du réel.

L'inconnu et le complexe forment donc les cadres du monde distal. Cette dualité peut être attribuée à beaucoup de domaines du réel, auquel nous appartenons forcément nous-mêmes. Cette dualité peut paraître étrange, car elle subvertit la proximité que nous entretenons avec nous-mêmes, ne serait-ce parce qu'elle nous met paradoxalement à distance par rapport à notre constitution propre, notre stature limitée. Elle nous révèle qu'il y a effectivement en nous aussi bien une "terre inconnue" qu'une "structure complexe" irréductibles. Cela ne nous empêche pas pour autant d'assumer pleinement nos rapports avec l'"autre", quel qu'il soit, qu'il s'agisse des choses ou des êtres vivants, de notre entourage, de notre environnement et du monde. Cependant, dans les nombreux rapports que nous entretenons avec cet "autre", multiple et varié, ce n'est pas le clivage interne entre ce qui est connu et ce qui est inconnu, ce qui est simple et ce qui est complexe que nous considérons comme prééminent, mais le fait que nous envisageons le monde qui nous entoure à partir de nous-mêmes. Nous considérons notre personne comme ce qui nous est le plus familier, la "chose" la plus connue et la plus accessible. Souvent, nous agissons même comme si toutes les choses tournaient ou devaient tourner autour d'elle, dans l'espace limité qui est à notre portée, pas trop loin, si j'ose dire, de notre corps ou, en tout cas, en rapport avec notre vécu le plus immédiat et le plus proche. Par là, la proximité avec nous-mêmes semble devenir un critère majeur de nos rapports à l'"autre", quel qu'il soit. Il reste cependant à voir comment cette proximité est également assumée pour nous-mêmes, à établir le mode sous lequel elle fait de nous un spectateur de nous-mêmes.

En tout état de cause, cette situation prescrit ce qu'on peut appeler, avec R. Neuburger, le "territoire de l'intime individuel", qui configure le "monde proximal" le plus immédiat. Elle révèle que même si la sphère de notre proximité spatio-temporelle n'est pas étanche, qu'elle est extensive et qu'elle est assumée selon des multiples proximités spatio-temporelles et relationnelles, elle n'en demeure pas moins délimitée par notre Moi, notre constitution et le milieu le plus immédiat qui nous entoure. Rapporté cependant au Moi lui-même, le territoire de l'intime se voit comme intériorisé, tourné sur soi, comme une face intérieure d'une extériorité en extension. Le spectacle devrait être sûrement grandiose, mais le spectateur que nous sommes est assez démuni pour envahir tout ce domaine qui pourtant lui appartient en propre. À ce titre, la connaissance de soi ne fait que grignoter des parcelles à peine habitables sur le terrain de l'inconnu et du complexe qui nous concerne. Par suite, l'espace qui se donne sur le mode de l'inconnu ou du complexe à propos du Moi ou relativement à lui, et qui forme le monde qui se tient pour ainsi dire à distance en nous, c'est-à-dire le “monde distal” qui nous concerne en propre, n’est pas clairement déterminable. Tout au plus constate-t-on qu’il concerne à la fois un au-delà qui lui est extérieur et un en-deçà qui lui est intérieur. Le monde distal ne se dévoile vraiment que lorsque nous trouvons les moyens d’y pénétrer grâce à la connaissance de ce qui nous est inconnu, ou de ce qui est connu jusqu’à un certain point mais qui nous paraît difficilement abordable du fait de sa complexité.

Dans le cadre délimité par le monde proximal, la métaphore spatiale du “territoire de l’intime” offre une approche d’ordre topologique pertinente. Je l’utiliserai, dans la suite, pour circonscrire le monde proximal, car le territoire de l’intime le plus restreint concerne trois types de rapports humains : l’individu, le couple et famille. Mais cette métaphore pourrait être appliquée à d’autres formes de proximité, où sont impliquées des personnes parentes ou étrangères à l’entourage immédiat, comme l’ont montré les psychologues du développement de l’enfant et les anthropologues s’occupant des cultures non-occidentales. Avec un effort supplémentaire, cette métaphore pourra atteindre un espace plus étendu, délimité par un contexte technologique ou/et socio-culturel qui multiplie(nt) les rapports de proximité, moyennant le jeu, l’amitié, les tâches communes, les rapports de voisinage et l’hospitalité, les conquêtes de la planète ou du cosmos, etc.

Mais il y a plus. Car l’extension au-delà du territoire restreint de l’intime (individu, couple, famille), en multipliant les incursions dans des terres inconnues et les champs de la complexité, multiplie les difficultés. Elle allie notamment une profonde ambiguïté qui met aux prises une proximité de protection et de sauvegarde (à l’égard d’un autre, quel qu’il soit) et une proximité identitaire de fermeture et de limitation — à laquelle appartiennent toutes formes d’égoïté, d’égoïsme, d’amour propre, d’identité culturelle, etc. Derrière cette ambiguïté se profilent les problématiques de l’autisme, du narcissisme, du racisme, du nationalisme et d’autres modes d’être qui délimitent un monde proximal en quelque sorte identitaire au détriment du monde distal, qui est de ce fait occulté ou oblitéré. Tout se passe comme si une *pression* extérieure ou intérieure s’exerçait sur l’individu, qui réagit par différentes stratégies de résistance ou de défense. Sous la pression, le repli protecteur sur soi abandonne une immense étendue extérieure du territoire de l'intime, laissant inexploré, sinon inexplorable, le monde distal, en écartant la complexité qu'il recouvre en dehors des prétentions du monde proximal. Le concept de "pression" qui fait ici irruption n'est pas fortuit. Nous l'avons déjà rencontré chez Nietzsche, qui considérait que la "conscience" s'est développée sous la *pression* du besoin de communiquer, et qu'en plus de la langue, "le regard, la pression et le geste" servent également à réaliser des ponts entre les êtres humains. Qu'il associe la "pression" à deux instances de l'homme (le regard et la main) sur lesquelles je reviendrai à plusieurs reprises, doit nous interpeller. Nous verrons son importance dans la suite, dans le cadre de la problématique de la souffrance.

D'autre part, faire état des attitudes identitaires, que certains savants osent placer dans le contexte d'une pathologie, nous conduit à l'éventualité d'une *souffrance* aussi bien de ceux qui vivent dans le repli que de ceux qui le subissent, en ressentant l'absence de toute interaction pertinente. Cela révèle que la question de la souffrance présente une connivence énigmatique avec la question de la proximité. D'autant plus que la souffrance vécue par celui qui souffre est singulière et immédiate, manifestant la forme la plus redoutable de la proximité avec soi-même. Et cette singularité est si personnelle, si exclusive pour celui qui souffre, qu'elle appartient pour lui autant que pour ceux qui lui sont proches à un rapport de proximité relationnelle qui appartient, par l'inconnu qui l'entoure et la complexité qui l'implique, à un monde distal. Nous atteignons par là un paradoxe qui ne cessera de nous interpeller : alors que la souffrance est ce qui est le plus proche pour celui qui souffre, son sens met en jeu de l'inconnu et du complexe, se tenant en quelque sorte à distance de celui qui la subit. Pour mieux comprendre cette antinomie de la proximité avec soi-même, il faut commencer par réfléchir à la "peau", qui circonscrit la limite protectrice des vivants et qui, dans le cas de l'homme, appartient à sa stature limitée.

Dans le cadre limité de l'individu, la peau se présente avec une ambiguïté ou une ambivalence entre protection et ouverture. Comme l'écorce végétale, la peau comporte deux couches, l'une interne, l'autre externe. Elle protège et en même temps offre un lieu d'ouverture vers un extérieur. Et sa structure, une fois rapportée à l'être humain, seul être vivant à assumer clairement la pensée, l'imagination et des fantasmes dans son rapport avec soi-même et les autres, ne se limite pas à l'organisme biologique, mais, comme l'a montré Didier Anzieu, concerne l'appareil psychique[13]. Qu'elle soit située dans cette sphère restreinte, limitée à la peau organique du corps ou au Moi-peau[14] qui entoure une partie de l'appareil psychique par sa double face, externe et interne, la peau porte le *contact* au premier plan de la délimitation du monde proximal le plus proche de l'individu. De ce fait, elle annule en quelque sorte les distances, conférant à la proximité la possibilité de l'absence de distance et de l'immédiateté. Cette propriété entraîne des conséquences majeures quant à la sauvegarde des êtres vivants. Déjà les Anciens, et notamment Aristote et les Stoïciens, définissaient la vie par le sens du toucher dont la structure organique est dominée par la peau. Il est évident que sans ce sens qui protège moyennant la douleur, aucun être vivant ne saurait vivre. Il suffit de songer au cas où notre corps serait atteint par une flamme : sans la sensation de la douleur de la peau, on se consumerait sans même s'en apercevoir. Par cet exemple, nous découvrons, une fois encore, la connivence énigmatique entre proximité et souffrance.

En fait, cette prééminence de la peau et du toucher pour la préservation de la vie met en jeu d'autres types d'ambivalence de la peau que celle qui allie la protection et l'ouverture vers l'extériorité, tels la douleur et la souffrance, le plaisir et la présence des zones érogènes, les modes de l'attachement et celles de la compétition et de l'antagonisme. Cette multiplication de facteurs qui, autour de la peau, édifient un monde proximal ambivalent, montre que la proximité spatio-temporelle ne pourrait, à elle seule, couvrir le champ d'action de la proximité. Nous avons vu que la proximité elle-même est ambivalente : elle associe la proximité spatio-temporelle (qui assume plus clairement l'opposition entre monde proximal et monde distal) et la proximité relationnelle (qui

[13] Cf. D. Anzieu, *Le Moi-peau*, Dunod, Paris, 1985.

[14] Mis en évidence par Didier Anzieu, d'abord, dans son article "Le moi-peau", *Nouvelle revue de psychanalyse*, 9, 1974, pp. 195-208 et, ensuite, dans son livre *Le Moi-peau*, *op. cit.*

transcende l'espace et le temps). Par ces multiples ambivalences, c'est l'étanchéité entre l'homme et son entourage, entre l'homme et son environnement, entre l'homme et le monde, qui est ébranlée, empêchant une fermeture de l'individu sur lui-même. Au point que, lorsqu'une fermeture devient active, elle peut prendre l'allure d'une pathologie, source de souffrances. De ce point de vue, la proximité de l'homme avec lui-même peut s'inscrire comme souffrance intérieure et singulière.

Or, lorsqu'on reconnaît le rôle ambivalent de la peau, on comprend que celle-ci ait pu jouer un rôle important dans les mythes et les systèmes symboliques. Le mythe grec de Marsyas qui oppose Marsyas et Apollon, les instruments à vent (la flûte à un ou deux tuyaux) et les instruments à cordes (la lyre à sept cordes), l'écorchage cruel du roi ou du prêtre et le pouvoir démocratique de la cité, etc., pourraient également expliquer l'opposition entre l'enveloppe sonore et l'enveloppe tactile ou encore le passage de la première à la seconde[15]. Cette opposition me semble déterminante, car elle met en scène deux limites qui associent protection et projection, l'une sur le mode du contact (la peau), l'autre sur le mode de la distance (l'audition). L'ambivalence de la peau, qui associe protection et projection, rencontre, selon une inversion, celle de l'oreille qui associe protection et réception des multiples sons provenant de l'univers physique et humain. Sensation tactile et ouïe s'accordent pour départager une bonne partie du monde proximal, en jouant sur le contact et la distance. La topologie de ce monde se précise dès lors qu'on ajoute l'activité des autres sens, parmi lesquels la vision et l'odorat renforcent l'action à la distance, tandis que la communication gustative enrichit le pouvoir de la proximité immédiate, en la situant dans un espace quasi interne du corps. L'intérêt de la promotion des communications tactilo-kinesthésique et auditive, soutenues par le mythe de Marsyas, tient dans l'occultation de la vision, habituellement surdéterminée dans notre culture occidentale.

La première partie du mythe met en scène un concours musical

[15] Sur cette question, voir l'exposé de D. Anzieu sur "le mythe grec de Marsyas" (*Le Moi-peau*, *op. cit.*, pp. 45 ss.), dont l'interprétation personnelle est davantage orientée vers la psychanalyse.

entre Marsyas et Apollon dont le vainqueur doit infliger au vaincu le châtiment de son choix. Les Muses accordent leur préférence au jeu d'Apollon qui a réussi à la fois à se servir de la lyre et à chanter, ce qui est impossible pour le jeu de flûte. Dans la seconde partie du mythe, Apollon pend Marsyas à un pin et l'écorche vivant, suspendant sa peau vide sur le pin, qui fournit le matériau pour la fabrication des flûtes. La légende raconte que la peau intacte de Marsyas, a été suspendue dans la grotte de Céléné, d'où jaillissait le fleuve Marsyas, un affluent du Méandre. La peau symbolisait la résurrection du dieu pendu et écorché. C'est pourquoi on l'a associée à d'autres mythes qui racontent des supplices, en entaillant ou en perçant la peau, pour vider le corps de son sang. Cette légende substituerait, dès lors, à la vie mortelle des vivants, la vie immortelle du dieu que la peau symbolique enveloppe sous le mode de contact. Celui-ci est reproduit par l'eau du fleuve, qui assure l'épanouissement des plantes, la reproduction des animaux, l'enfantement des femmes et la volupté des corps. Et, en même temps, par le grondement répercuté par les parois de la grotte, surgit une sonorité continue, reproduisant des mélodies qui ont été fatales au dieu. Il s'ensuit que la peau suspendue dans la grotte intègre la vie immortelle, tout en extériorisant la vie par la fertilité que dispensent les eaux abondantes du fleuve ; elle reçoit aussi les mélodies immortelles de la nature, tout en protégeant des séductions sonores, reproduisant l'attitude d'Ulysse qui se boucha les oreilles pour se protéger des chants des Sirènes.

Bref, par son ambivalence, la peau protège des *pressions* qui produisent des souffrances. Elle colle tellement au corps que la douleur et la souffrance les plus atroces qu'on puisse s'imaginer sont celles que provoque l'écorchement d'un être vivant. Si la proximité étroite de la peau au corps qu'elle enveloppe requiert une pression forte pour la tirer, découplant la douleur et la souffrance en dissimulant l'abîme qu'elles couvent, en revanche, c'est par une pression extérieure, à distance, d'une sonorité aiguë sur les organes de l'ouïe que la douleur et la souffrance s'accroissent. L'irruption de la douleur et de la souffrance par l'action d'une pression est un thème qui nous poursuivra sans cesse dans la suite. La stature limitée de l'homme n'est pas étrangère à cette conjonction entre les souffrances et les multiples pressions sur l'homme, — pressions physiques, cosmiques, psychiques, familiales, sociales, politiques, culturelles, personnelles, etc. La peau apparaît ainsi à la fois comme une réalité et un symbole qui, par son ambivalence, trace la frontière entre pression et souffrance.

En conséquence, le monde proximal que la peau délimite en respectant ou en imposant les limites de la stature de l'être humain est constitué d'un double pouvoir : protéger par contact ou à distance le corps des pressions du monde et, en même temps, aménager des espaces intérieurs autant qu'extérieurs qui puissent réduire le monde distal. Mais qu'il s'agisse de pression ou d'action, la finitude, fondée sur la stature limitée de l'homme, révèle, aussi extensible que soit le monde proximal, qu'elle est profondément marquée par la souffrance, — ne serait-ce que parce que celle-ci est liée au temps.

2. L'homme morcelé mis sous pression

1. *La souffrance humaine*

Jusqu'ici, j'ai évité de distinguer la douleur et la souffrance. Or, le plus souvent, les deux concepts sont confondus à tort. En réalité, ils sont bien différents, la douleur étant plus ponctuelle et temporellement limitée, la souffrance plus diffuse et durable. À la limite, si la douleur peut parfois être identifiée à la souffrance, la souffrance ne se réduit pas à la douleur, mais l'excède. Du reste, depuis un certain nombre d'années, le problème de la douleur, en étant considéré comme relevant de la physiologie, est pris en charge par des disciplines spécialisées, qui ont fait des progrès impressionnants. Nous possédons actuellement des moyens pharmacologiques et technologiques adéquats permettant de maîtriser les douleurs du corps et en partie les effets de douleurs psychiques. Tout hôpital qui se respecte devra dans un avenir proche s'organiser autour d'un service qui s'occupe directement des douleurs des patients[16]. De plus, les études sur le fonctionnement

[16] Voir à ce propos les remarques succinctes mais appropriées de David Khayat et Antoine Spire, dans l'Avant-propos de l'ouvrage collectif sur

homéostatique des organismes vivants ont circonscrit un domaine précis de la douleur et du plaisir, supérieur et plus complexe que les processus du métabolisme, les réflexes de base et le système immunitaire, mais moins complexe que celui des motivations, qui concerne l'émergence des sentiments[17]. Cette limitation pour ainsi dire topologique de la douleur laisse l'aire cérébrale libre pour le déploiement d'autres comportements. Ainsi, l'étude des sentiments — qui serait, nous le verrons, une expression mentale d'autres niveaux de régulation homéostatique, qui présuppose les émotions (peur, tristesse, joie, honte, sympathie, etc.) (SAR, 38-39) —, fait voir que la douleur, comme le plaisir, se laissent excéder par quelque chose d'autre. Cela n'est pas le cas des émotions et des sentiments, et encore moins de la souffrance, qui excèdent généralement la douleur, que celle-ci soit ponctuelle et localisée ou qu'elle se répande dans le corps en atteignant les organes.

Bref, la souffrance est profonde et sa durée n'est pas mesurable quantitativement ; elle pénètre l'homme dans sa totalité, comme si elle englobait le corps et l'âme, l'âme et l'esprit. Même si ces derniers concepts et ces différences sont vagues, ils nous aident à mettre en évidence que la souffrance se diffuse en l'homme et excède sans cesse les territoires de la douleur. Et même si une douleur est maîtrisée et contrôlée médicalement, le sujet peut encore souffrir, parfois même souf-

---

L'éthique de la souffrance, coordonné par S. Abtroun, Éditions Le bord de l'eau, Latresne, 2002, pp. 7-11. Ils y indiquent qu'il faut accroître les recherches contre la douleur et la souffrance, établir des réseaux douleur dans les établissements hospitaliers, remettre au malade un carnet douleur, faciliter la délivrance des antalgiques par les infirmiers. Il s'agit là d'une première réflexion méritoire, mais qui doit être complétée, nous le verrons, par d'autres mesures, car la douleur et la souffrance débordent le cadre, certes vaste et important, de la médecine et des milieux hospitaliers, et touche la société dans son entièreté.

[17] Voir notamment les ouvrages sur lesquels je reviendrai, de Olivier Luminet, *Psychologie des émotions. Confrontation et évitement*, De Boeck Université, Bruxelles, 2002 (que je citerai par l'abréviation PE) et Antonio R. Damasio, *Spinoza avait raison. Joie et tristesse, le cerveau des émotions*, Odile Jacob, Paris, 2003 (original anglais, la même année), pp. 33-43 (que je citerai par SAR).

frir atrocement, comme s'il était touché au fond de son âme. Cela explique pourquoi une parole peut blesser quelqu'un plus qu'un coup physique qui atteint l'intégrité de son corps. Tandis qu'une blessure corporelle se maintient un laps de temps, et l'application d'un médicament ou d'une technique physiothérapeutique contrôle la durée de la douleur, en revanche, la blessure due à une parole fait parfois souffrir une personne pendant des années, en laissant en elle des traces indélébiles qui alimentent des haines et des ressentiments. La souffrance soumet l'être humain à des lois qu'il n'est pas toujours en mesure de comprendre. Touchant chaque être humain en des lieux invisibles, elle se diffuse dans la totalité de son corps et de son appareil psychique, où elle est éprouvée et vécue intérieurement.

Par conséquent, la souffrance est bien une expérience singulière qui touche d'abord et avant tout celui qui souffre[18]. Elle appartient à son monde proximal le plus immédiat, dans le territoire de son intimité intérieure ; elle le constitue comme l'une de ses manifestations les plus essentielles, même si le souffrant est le plus souvent incapable d'expliquer le sens, le statut et la portée de sa souffrance. Cette incapacité montre que dans l'ordre de la souffrance, la connaissance de soi n'est pas toujours possible, alors que l'épreuve de la souffrance est bien vécue selon une proximité avec soi-même irréductible. Tout se passe comme si le monde proximal que la souffrance instaure ouvrait à une proximité avec soi-même qui se heurte à une inconnaissance, comme si le monde distal qui s'étend au fond de nous-mêmes, était difficilement explorable par la personne qui souffre, mais souvent aussi par ceux qui ont la charge professionnelle de la contrôler et de la guérir, comme les médecins généralistes, les psychiatres, les psychanalystes, etc. Autrement dit, comme telle et en elle-même, la souffrance ne se communique pas ; sa *singularité* ne peut être vue, ni transmise à un autre. Lorsqu'on voit un être qui souffre, ce n'est pas sa souffrance qu'on

[18] Pour une première esquisse de cette problématique, sur laquelle je me penche actuellement par le biais de la question de la proximité — et à laquelle j'ai consacré quelques conférences —, voir mon étude : "Présence de la Grèce antique", *La Revue Générale*, 136e année, 6, nov.-déc., 2001, pp. 13-23.

voit mais les effets de celle-ci sur lui. Personne ne pourra jamais ressentir ce dont l'être qui souffre, souffre vraiment. Cette impossible identification avec la souffrance de soi-même et de l'autre montre combien il est difficile de réaliser des rapports de proximité avec soi-même et avec d'autres êtres humains. Cette situation est d'autant plus paradoxale que la souffrance constitue l'expérience qui fait le plus appel à l'autre, à l'aide de l'autre, même s'il existe d'autres rapports privilégiés, tels l'amour, l'amitié, la convivialité, l'hospitalité, etc.

Face à ce paradoxe sur lequel je me pencherai plus longuement dans la suite, surgissent des questions essentielles : comment l'autre peut-il expérimenter la souffrance de celui qui souffre, alors qu'elle ne se donne pas ou se donne très difficilement en spectacle au regard de l'autre ? Si un spectateur ne peut voir de la souffrance de l'autre que des signes qui peuvent en témoigner, comment peut-il évaluer cette souffrance ? Jusqu'à quel point peut-on comprendre la souffrance de l'autre, sa singularité ? La question de la proximité permet d'apporter une première réponse à de telles questions, car lorsqu'on affronte une personne souffrante, on peut tenter de s'approcher de sa souffrance en nous approchant d'elle, non seulement dans l'ordre spatio-temporel, mais surtout sous le mode d'une proximité relationnelle. En renforçant les rapports d'interaction entre le souffrant et un proche, quel qu'il soit, le monde proximal de l'un et de l'autre s'enrichit et peut conduire, selon les circonstances, aussi bien à des relations d'attachement qu'à des rapports de détachement, voire d'antagonisme.

Par ce biais, il apparaît que la personne qui se rapproche du souffrant peut souffrir elle-même de la souffrance de l'autre, sans pourtant être à la place de l'autre. Sa propre souffrance appartient, mais d'une autre façon, à la sphère de sa propre singularité. Mais cette souffrance n'est pas comparable à la souffrance du souffrant ; elle est suscitée seulement par cette souffrance, et elle est d'un tout autre type, car elle forme un deuxième niveau de la souffrance, fondé sur sa *diffusion*. Plus la proximité est grande entre le souffrant et celui qui ressent sa souffrance, qui souffre *autrement* de sa souffrance, plus ce type de souffrance est intense. Cette souffrance exige de la personne ou de l'entourage qui vit la souffrance de l'autre, une certaine présence, un certain rôle dans l'événement qu'elle suscite. Or, dans le contexte de nos sociétés occidentales, la façon dont est perçue et reçue la souffrance des autres n'est pas clairement définie, de sorte qu'il revient à chacun de l'assumer à travers une proximité qui met en valeur le respect de l'humanité de l'homme et de sa dignité.

Il suffit de faire un peu attention pour constater que la maladie d'un proche à celle d'un ami, jusqu'à la souffrance des autres dans les hôpitaux, les maisons de repos, etc. s'étend un champ d'action immense, dont les rapports positifs et négatifs s'entremêlent. Il en va de même des souffrances subies à cause de la misère, de la pauvreté, du proxénétisme, du travail des enfants, de l'exploitation, du déracinement des réfugiés, des guerres, etc. L'humanité souffrante éprouve sans cesse chacun de nous dans son effort de se rapprocher des autres, pour réagir et agir face à leurs souffrances. Autour de la nécessaire proximité se joue aujourd'hui le problème de la difficile organisation des soins dans le monde, des médicaments inaccessibles, des difficiles solutions aux innombrables conflits, aux difficultés sociales et économiques, des personnes sans abris et sans domiciles fixes, des enfants abandonnés, des orphelins, des isolés, etc. Le défi que lancent à chacun de nous les innombrables souffrances répandues sur la planète est immense. Aussi retiendra-t-il notre attention tout au long de cet ouvrage.

Les deux premiers niveaux de la souffrance, celui qui touche la singularité de la souffrance du souffrant et celui qui concerne la diffusion de la souffrance du souffrant autour de lui, à proximité spatio-temporelle ou à distance, tracent la sphère d'un monde proximal d'échange et d'interaction, que nous verrons lorsque nous parlerons de la proximité avec les autres. Mais pour interpréter, dès à présent, cette double situation, je rappelle qu'envisagé séparément, le monde proximal du souffrant met en jeu une proximité avec lui-même qui, par l'impossibilité d'atteindre la singularité de sa propre souffrance, rencontre en lui un monde distal, qui demeure inaccessible. Jusqu'à un certain point, on peut en dire autant pour celui qui acquiesce à la souffrance diffusée par le souffrant. La souffrance qui est provoquée en lui est également singulière et concerne un monde distal en lui, même si cette souffrance est *soumise* à la nécessaire proximité à l'égard du souffrant pour l'aider.

Elle appartient à un monde distal intime qui cherche à se convertir à un monde proximal dominé par la présence de l'autre ; et cette conversion s'accomplit à travers son effort de comprendre le souffrant pour soulager de ce qu'il ressent parfois comme une déchéance. Ce double mouvement qui réalise une proximité avec soi-même (par la conversion de parcelles du monde distal en monde proximal) grâce à la médiation de la souffrance de l'autre, fait émerger l'importance de l'autre dans la connaissance, l'affection, le souci et l'estime de soi. Mais nous pouvons aller plus loin, et tenir compte d'un troisième niveau de la souffrance, qui concerne ce *qu'on dit* d'elle, et ce que souffre celui qui *raconte* la souffrance des autres.

Il est possible qu'en rendant compte de la souffrance, on ressente une forme de souffrance, car on peut être réellement touché par cet événement. Mais, dans ce cas, on se place sur le plan d'une mythification de la souffrance, de sa *refiguration*, voire de sa *transfiguration*, qui peut aller jusqu'à sa *banalisation*, mais aussi jusqu" sa *défiguration*. Ce type de souffrance est celui que met en scène la littérature, ou celui que relatent les médias ou encore celui qui est utilisé par les discours politiques. C'est par ce type d'appropriation de la souffrance que la plupart des gens dans la société vivent la souffrance humaine. Le plus souvent, ils l'assument comme un fait divers prégnant ou spectaculaire, mais sans être au fond d'eux-mêmes réellement concernés par ce que les êtres humains qui souffrent ressentent et éprouvent. Situés loin de la singularité éprouvée de la souffrance, les discours et les images la dissimulent ce que la souffrance recèle en elle, sa puissance dévastatrice. La banalisation de la souffrance n'est pas étrangère à de telles attitudes, car aussi bien certains discours politiques que la façon dont les médias rendent compte de la souffrance, ne parviennent pas toujours à la situer comme il convient, mais la transfigurent. Cette situation, aussi troublante qu'elle soit, est la conséquence de la triple structure de la souffrance. Dans la mesure en effet où la souffrance ne peut être ressentie ni dans la singularité propre au souffrant, ni à partir d'un autre type de souffrance qui est celui que ressentent tous ceux qui vivent à proximité de ceux qui souffrent, celui qui cherche à en rendre compte à distance agit fatalement d'après une forme d'opacité. La distance, qu'elle soit médiatisée par la littérature, la mythologie, les médias, etc. s'éloigne inéluctablement de ces deux premières formes de souffrance, aussi longtemps du moins, nous le verrons, que d'autres formes de proximité ne sont pas employées pour sensibiliser les gens, sans que cette sensibilisation devienne elle même une forme nouvelle de souffrance. C'est là une des difficultés majeures de la question de la proximité que nous aurons l'occasion de rencontrer de plus près sur le chemin de ce travail.

Plus concrètement, bien que cette démarche ne soit pas toujours de l'ordre de l'escamotage, elle marque la souffrance vécue et éprouvée par les autres du signe d'une hiérarchie de priorités. Le plus souvent les priorités sont d'ordre géopolitique, parfois elle concernent aussi des stratégies de glorification de certaines figures médiatiques ou de certaines idées, comme les droits de l'homme ou les droits internationaux, promus souvent, non pas en fonction de leur valeur propre, mais selon les intérêts des puissants de ce monde. J'aurai l'occasion d'illustrer ce troisième niveau de la souffrance dans divers domaines, par des exemples issus tantôt de la vie quotidienne, tantôt de la vie politique, tantôt encore de la littérature et de la mythologie. Ces approches peuvent aider à évaluer l'ambiguïté des instruments médiatiques, qui oscillent entre la pure manipulation et l'émotion régulée en touchant l'âme du plus grand nombre d'êtres humains, appartenant aussi bien à ce qu'on qualifie d'honnêtes gens qu'aux puissants de ce monde. Car, pour sortir de l'aire et de l'ère de la souffrance, il faudrait qu'on prenne (enfin) conscience de la nécessité de réagir et d'agir sur elle pour soulager les souffrants.

Du côté de la manipulation, on constate, aujourd'hui, que certains gouvernements manipulent la souffrance humaine pour convaincre l'opinion publique du bien-fondé de leur politique, comme les états d'exception limitant les libertés, les interventions militaires préventives ou rétrospectives, etc. Ces politiques créent une accumulation de souffrances successives chez des populations innocentes, au nom de souffrances provoquées par les responsables des pouvoirs visés ; elles ébranlent aussi la confiance dans tous les sens, subvertissant toute forme de proximité féconde. En de telles circonstances, la seule forme de proximité qui devient efficace est la proximité identitaire de ceux qui agissent ou de ceux qui résistent, provoquant aussitôt des stratégies d'antagonisme.

D'autre part, du côté des tentatives pour soulager les souffrants, dans certaines circonstances, la souffrance qui fait irruption peut produire de la solidarité en faveur des souffrants, qui renforce les relations positives dans le monde proximal des personnes souffrantes et de ceux qui les côtoient. Cette positivité peut contribuer à la reconstruction de la proximité et à la réduction de la souffrance partout où elle se trouve. Dans cette pratique de la transfiguration de la souffrance par l'action de la parole, il existe une façon d'utiliser la parole. D'après Aristote, les tragédiens grecs avaient réussi, grâce à la façon de composer le discours tragique, à sélectionner des affections, telle la crainte et la pitié, pour les faire prévaloir dans la composition, tout comme les auteurs comiques devaient organiser la parole de façon à produire le rire. Cette observation révèle que tout langage, qu'il soit littéraire ou quotidien, tout art aussi, tout aussi bien le cinéma que la peinture et la photographie[19], peuvent réussir, s'ils sont produits et utilisés comme il convient, à sensibiliser les lecteurs et les spectateurs à la souffrance humaine. Cette perspective me paraît féconde pour imaginer des moyens discursifs qui soient susceptibles de sensibiliser les gens et de les mobiliser pour lutter contre ce fléau qu'est la souffrance humaine.

La complexité incommensurable de ce troisième niveau de la souffrance, qui la refigure et la transfigure en la portant, par la parole et le discours, à la portée de tout être humain, pose la question du sens d'une proximité avec soi-même dès lors qu'on raconte sa propre souf-

[19] Je pense ici à la force de l'art que Goya a consacré à la guerre, un art qui met en évidence la cruauté et la souffrance, mais je pense, aussi, à la collection des photographies de Salgado, qui fait voir, avec force, les souffrances du monde, et notamment celles qui découlent des déplacements des populations (migrants, réfugiés, exilés). On peut consulter sur ces deux sujets les catalogues suivants : J. Blas et J M Matilla, *Francisco Goya. El libro de los Desastros de la Guerra*, Museo Nacional del Prado, Madrid, 2000 et Sebastiao Dalgado *Exodes*, Éd. de la Martinière, Paris, 2000.

france ou la souffrance des autres. Il s'agit là de deux problématiques parentes mais fort différentes.

Tout d'abord, il est évident que le souffrant qui raconte sa propre souffrance est susceptible de la refigurer et de la transfigurer, tout comme le fait, toutes proportions gardées, celui qui raconte la souffrance des autres. Si cette refiguration ou transfiguration est susceptible de conduire à du soupçon, à la défiance et à l'émergence de certaines formes d'antagonisme, comme je l'ai indiqué ci-dessus, elle peut être aussi, plus profondément, l'expression de la permanence des fantasmes conscients, préconscients et inconscients, comme la psychanalyse n'a pas manqué de le clamer. Le rôle du fantasme comme pont et en même temps écran entre l'âme et le corps a permis d'imaginer le libre jeu du discours et du récit dans la cure psychanalytique. La psychanalyse cherche, à travers le récit raconté, à pénétrer les territoires inconnus de l'inconscient et la complexité de la vie singulière de l'individu et des souffrances qu'elle recèle. Cette refiguration et transfiguration de la souffrance à travers le langage, constitue une conquête majeure de la tradition freudienne ; au point de subvertir, nous le verrons, la difficile connaissance de soi au profit de la proximité avec soi-même par la médiation d'une parole qui révèle l'inconscient. Mais la psychanalyse est parvenue aussi, grâce à la problématique du transfert, à circonscrire un mode de la diffusion particulier de la souffrance, qui crée une forme de proximité ambiguë entre le psychanalyste et l'analysé, mais qui peut se rencontrer également, mais autrement, dans la vie courante.

Or si, d'autre part, raconter sa propre souffrance conduit à des transfigurations qu'il convient de décrypter, raconter la souffrance des autres est un exercice qui n'est pas moins périlleux. On peut se poser la question de savoir si, à travers ce récit, ce n'est pas de notre propre souffrance dont nous parlons, ou du moins de la difficile proximité que nous avons avec nous-mêmes et que nous cherchons à justifier à travers ce que nous racontons. Cette option, parmi d'autres possibles, conduit à une constatation décisive : si la connaissance de soi est effectivement quelque chose de difficile à réaliser, la proximité avec soi-même, parce qu'elle englobe la connaissance de soi, l'affection de soi, le souci de soi et l'estime de soi soulève fatalement autant de problèmes, sinon plus encore. Elle oblige de constater que le monde proximal le plus intime, celui qui nous semble mettre en œuvre les proximités les plus proches, n'est pas préservé de la présence du monde distal qui surgit sans cesse, comme si les distances en nous, dans l'unité pourtant compacte de nous-mêmes, se multipliaient. Or, on s'en doute, ces distances concernent, plus profondément, des proximités relationnelles.

Platon, qui a sans doute été le philosophe le plus attentif à la question de la connaissance de soi, n'a pas manqué d'observer que celle-ci est la chose la plus difficile à réaliser. Au début du *Phèdre*, lorsqu'il explique le sens du mythe de Borée, il révèle, par la bouche de Socrate, qu'il préfère laisser cette affaire aux spécialistes du mythe, car il n'est pas disposé à passer son temps à des choses qu'il maîtrise si peu, alors qu'il n'est même pas capable de se connaître lui-même (229 c ss.). Platon avait raison : nous passons trop de temps à nous préoccuper de mille choses qui ne concernent pas immédiatement notre vie quotidienne, ni notre vécu immédiat et proche, alors que nous consacrons très peu de temps aux investigations qui nous concernent en propre, dans notre extériorité immédiate et dans notre intériorité profonde. En lisant son œuvre, j'ai de plus en plus le sentiment qu'elle constitue une enquête sans relâche sur cette question quasi impossible de la connaissance de soi, qu'elle assume en traversant toutes les questions et tous les rapports possibles au monde, y compris l'étude de l'univers et des choses, des cités et des hommes. Tout se passe comme si Platon souhaitait nous apprendre que pour devenir un véritable spectateur de soi-même, il fallait d'abord devenir spectateur de mille autres choses. D'après sa démarche, il apparaît que l'introspection et le voyage mental en nous-mêmes ne suffisent pas à nous conduire à la connaissance de soi. La tâche dès lors à laquelle il nous convie est immense, car il s'agit de convertir l'a-porie de la connaissance de soi, c'est-à-dire l'im-passe, en une dia-porie, en une enquête quasi infinie, à travers d'innombrables chemins de recherche.

Or, paradoxalement, par cette quête de la connaissance de soi, Platon en vient à privilégier, non pas les détails et la complexité des choses, mais les principes et les essences qui s'y rapportent, alors même que la pratique de sa pensée multiplie les itinéraires et les configurations pour circonscrire le réel. Par là, il a inauguré un itinéraire pour la pensée occidentale que nous adoptons encore aujourd'hui, et qui privilégie tantôt le réductionnisme au détriment du respect du multiple et de sa profusion, du complexe et de ses profondeurs variées, et tantôt des chemins intermédiaires qui mettent en jeu divers modes de schématisation et de modélisation. Pourtant, ce n'est pas cette ambivalence féconde et énigmatique qui a séduit la plupart de ses commentateurs, mais celle qui est fondée sur les Idées-principes et les principes ultimes, et qui a contribué à la formation de la science en conduisant, en plus, à l'étude de Dieu ou des dieux, de l'âme et de sa survie après la mort... Par cette démarche orientée et réductrice, Platon nous a appris la valeur incontournable de la quête de l'intelligibilité, qui ne peut être atteinte que moyennant la recherche de ce qui est le plus simple, au détriment du complexe, dont la proximité se dérobe.

Par expérience, les philosophes savent que la problématique de l'intelligible et de l'intelligibilité est le plus souvent assumée selon ce qui présente la plus grande proximité, une proximité fondée sur la connaissance *en soi*, opposée à la connaissance des choses familières à nos sens ou à l'expérience quotidienne, c'est-à-dire la connaissance *pour nous*. Ce n'est pas cet apport indéniable de Platon à la pensée qui m'intéresse ici, mais celui qui nous apprend que la connaissance de soi est la chose la plus difficile que l'homme peut assumer dans sa vie éphémère, et qu'on ne peut l'aborder uniquement à partir de nous-mêmes. Son œuvre fait voir qu'il faut multiplier ces chemins de recherche, et qu'ils sont inépuisables, même s'ils peuvent être rapportés à quelques configurations répétées : dialogue et mythe, argumentation et dialectique, science et pensée... Cette ambiguïté doit nous interpeller. Il faut la garder présente à l'esprit tout au long de cette étude, car elle peut éclairer la question classique de la connaissance de soi et son rapport à la question, plus originaire, de la proximité avec soi-même.

Mais cette ambiguïté nous permettra, dans la suite, de départager les domaines de la souffrance, en nous conduisant à une difficulté majeure : la souffrance que l'homme éprouve au cours de son éducation pour acquérir le savoir et accéder à la connaissance de soi est-elle de l'ordre d'un mal, ou concerne-t-elle un bien, en mettant en œuvre un mode positif de la souffrance ? La souffrance de l'étudiant ou du chercheur qui est récompensée par le savoir, la souffrance des sportifs qui assure le plaisir de l'émulation ou la joie de la victoire, sont-elles légitimes ? D'autre part, ne doit-on pas reconnaître qu'il existe, dans certains cas, un *plaisir de souffrir* ? Le désir de la souffrance que l'on rencontre dans des œuvres comme celles du marquis de Sade ou de von Sacher-Masoch appartient-il à la normalité ou au pathologique ? Tous ces problèmes entraînent une question fondamentale : sur quelle connaissance de soi doit-on s'appuyer lorsqu'on aborde la proximité avec nous-mêmes par le biais de la connaissance et de l'affection ?

"Se connaître soi-même", voilà le mot magique que les Anciens ont inventé pour circonscrire la proximité relative à nous-mêmes, et qui n'a cessé de les séduire. La formule nous poursuit encore aujourd'hui comme une ombre. Plus les réflexions philosophiques se multiplient et plus les sciences humaines accumulent les connaissances, plus on se rend compte que la connaissance de soi est la chose la moins facile à circonscrire et la plus difficile à réaliser. Par cette quête, les Anciens ont engagé la réflexion sur nous-mêmes dans une voie labyrinthique, nous obligeant à jouer un jeu qu'on aurait peut-être pu ou préféré éviter. Car cette voie promeut la notion d'"identité", envisagée longtemps selon des perspectives simplificatrices, puis, notamment grâce à la philosophie de l'existence, selon une profondeur abyssale, et désormais, après des réaménagements qui croisent l'identité sociale, l'identité culturelle, l'identité narrative, etc., selon une multi-référentialité qui vise à une connaissance précise, sinon à la transparence. Pourtant, cette complexification du concept d'"identité", c'est-à-dire de ce qui devrait être considéré comme nous étant le plus proche, perturbe la question de la proximité avec nous-mêmes, et l'investit d'une opacité déroutante, qui nous apparaîtra clairement dans la suite.

C'est habituellement Socrate que l'on glorifie pour cette découverte (alors que d'autres, comme Diogène Laërce, parlent de Thalès, etc.) Il aurait marqué la connaissance de soi du signe de l'ignorance. Cette démarche se tient aux antipodes des tendances actuelles qui visent à circonscrire l'identité à partir d'une connaissance poussée, la plus poussée possible. Affirmer que la seule chose que je sais est que je ne sais rien ou pas grand-chose est sans aucun doute une idée à la fois profonde et grandiose, puisqu'elle nous permet de porter un regard lucide et lumineux sur nous-mêmes. Elle fait de nous un *spectateur* attentif et sans illusions sur nous-mêmes. Mais, en même temps, cette idée nous laisse sur notre faim, à moins qu'une analyse plus profonde, plus, subtile nous révèle des stratégies qui concernent les rapports complexes de l'homme au monde. Aussi cette idée guidera nos pas, même si elle ne sera pas traitée à la manière socratique. Elle apparaîtra, non plus comme une question originaire, mais comme une manifestation possible de la proximité avec soi-même, qui met en jeu également l'affection de soi, le souci de soi et l'estime de soi.

Pour éviter la contamination socratique, qui a été abordée depuis l'Antiquité de différentes façons, j'amorcerai mon analyse par une expérience originaire, plus immédiate et plus directe concernant notre rapport avec notre *visage*, qui est le symbole le plus répandu de notre identité. Cela permet de différer un point de départ plus habituel et plus "académique", comme celui du *cogito* cartésien, que j'ai déjà mis entre parenthèses au début de cette Section. Je préfère écarter provisoirement cette démarche de la proximité au profit d'une proximité plus naturelle (moins métaphysique) de la connaissance de soi. Par ce choix, je souhaite évaluer le rapport (donc aussi la différence) existant entre la connaissance de soi et la proximité avec soi-même, que la philosophie du "sujet" tend à effacer. Ce choix nous aidera à montrer que la connaissance de soi est soumise à la proximité avec soi-même, et que celle-ci met en jeu d'autres expériences essentielles, comme celles de la nécessaire médiation d'un Autre — au sens non pas d'un autre univoque, et uniquement humain, mais d'une variété d'autres choses ou êtres, à commencer par le miroir qui reflète notre image. L'*autre* donc n'est pas seulement cet autre humain qui demeure indissociable de l'affection de soi, mais forme une multiplicité d'autres choses dont nous devenons les spectateurs privilégiés, et sans lesquelles nous ne pouvons réaliser une connaissance de soi, voire une proximité avec nous-mêmes.

Or, en tant que *spectateur*, l'être humain ne se limite pas à voir le monde dans une sorte de miroir ; il met en œuvre de multiples rapports au monde, ce monde qui circonscrit en fait un monde proximal se constituant selon une multiplicité de configurations variées et variables, en fonction des expériences. C'est dire que la question de la connaissance de soi-même est indissociable, non seulement de celle de la proximité avec soi-même, mais également de celle du monde proximal.

2. *En quête d'expériences originaires*

Personne ne peut douter que ce qui nous identifie et singularise le plus, c'est notre visage[20]. Les autres nous reconnaissent et nous distinguent de tous les autres êtres humains grâce à l'image de notre visage, en se donnant une représentation de nous, et nous-mêmes nous y trouvons les références de notre identité. En pensant à l'autre à partir de son image, nous accordons une prééminence à notre rôle de spectateur. Du latin *vis*, *visus*, le terme "visage" recèle un connivence expresse avec la vision. Le terme grec *prosôpon*, qui signifie "devant les yeux d'autrui", atteste aussi la vision, mais avec davantage de significations (que nous retrouvons en partie dans notre terme "personne" : visage, masque, personnage, rôle et même la personne grammaticale[21]. C'est dire que parmi les proximités que l'homme peut assumer par rapport à lui-même, celle qui le touche le plus, qui l'impressionne et même parfois l'émerveille, même s'il n'y songe que très rarement, c'est bien cette étrange proximité qu'il entretient avec son "visage". Par la média-

[20] Voir sur cette question le livre, qui vient de paraître, de Sylvie Courtine-Denamy, *Le visage en question. De l'image à l'éthique*, Éditions de la Différence, Paris, 2004. Bien que la dimension esthétique et le statut du visage dans l'art soient privilégiés, l'ouvrage ouvre à plusieurs questions concernant le visage, en partant de la philologie et en arrivant, à travers l'éthique, au théologique. Mon travail étant déjà achevé au moment de la parution de ce livre, je n'ai pu en tenir compte comme il le mérite.

[21] Cf. S. Courtine-Denamy, *op. cit.*, pp. 21 ss. Mais on trouvera une analyse plus poussée, qui tient compte également des mythes concernant le visage, que je ne traiterai pas ici (dans la mesure où j'y reviendrai dans mon livre sur le mythe et le rite), chez F. Frontisi-Ducroux, *Du masque au visage, aspects de l'identité en Grèce ancienne*, Flammarion, Paris, 1995 et dans son livre commun avec J.-P. Vernant, *Dans l'œil du miroir*, Odile Jacob, Paris, 1997.

tion du visage d'un autre et à travers son propre visage, chaque être humain découvre une forme en quelque sorte originaire de proximité. À telle enseigne qu'Emmanuel Lévinas, qui nous a laissé des pages remarquables sur la question du visage, ait pu parler de "l'expressif en autrui", en ajoutant aussitôt entre parenthèses : "et tout le corps humain est, en ce sens, plus ou moins, visage"[22].

Spectateur d'un autre et de lui-même, l'homme ne verrait ainsi l'autre que dans et par un visage, aussi bien en tant qu'il est visage d'autrui qu'en tant qu'il résorbe l'entièreté du corps, le corps manifestant l'identité comme un visage. À supposer que cette observation de Lévinas soit pertinente, elle pourrait être également rapportée à nous-mêmes pour considérer que l'image de notre corps serait elle-même comme un visage. Une telle extrapolation est-elle justifiée ? N'atteste-t-elle pas une simplification, qui se heurte aussitôt à la complexité du corps et à la vision que nous en avons, irréductible à la métaphore du visage ? Bien plus, le rôle de spectateur que nous nous donnons n'est-il pas tributaire d'éléments médiateurs, à commencer par la lumière qui éclaire le visage, qui le rend visible à la vue ?

Certes, comme toutes les parties du corps, le visage nous est donné, nous ne le choisissons pas. Les circonstances de la vie font en sorte que la plupart d'entre nous s'y adaptent le mieux possible. Mais la prégnance du visage est si forte, si exclusive, qu'il ne peut être situé sur le même plan que les autres parties de notre corps, ni être comparé à cette autre partie visible de nous-mêmes, qui est constituée de nos "mains". Plus visible donc que tout le reste, le visage offre l'aspect (*idea*) sous lequel l'humanité de chacun surgit, condensant, à travers les parties qu'il compose, l'ensemble de la personnalité de chacun, alors même qu'il ne constitue qu'une partie seulement du corps. C'est pourquoi nous déduisons aussitôt que le visage nous spécifie et doit être envisagé comme manifestation de notre spécificité (*eidos*).

Pourtant, à la différence des mains que nous voyons directement et dont nous pouvons nous servir pour une multiplicité de tâches, y com-

[22] E. Lévinas, *Éthique et infini*, Fayard, Paris, 1982, p. 102-106. Je reviendrai plus longuement sur l'analyse de Levinas dans la septième Section.

pris celle de scruter, de palper notre visage, ce dernier se dérobe sans cesse à notre regard, ne serait-ce que parce que les yeux par lesquels nous voyons, en sont une partie intégrée. Cette situation insolite nous conduit à un paradoxe déroutant, généralement occulté, y compris par Lévinas lui-même : tandis que nous pouvons voir les visages des autres et tant d'autres choses encore, et même de nombreuses parties de notre propre corps, jamais notre visage n'est visible directement par nos yeux. Littéralement collé à notre corps selon un angle invisible, il ne peut être vu que d'une façon détournée, par l'intermédiaire de surfaces susceptibles de refléter une image, comme un miroir, un liquide, une surface lisse, une reproduction photographique ou cinématographique, etc. Si ces médiations n'existaient pas, aucun être humain n'aurait une vision de son visage, alors qu'il verrait les visages des autres. En somme, spectateur d'un monde qui l'entoure et le cerne de toutes parts, l'homme est paradoxalement incapable d'être le spectateur de lui-même. Limité par sa stature, il est coupé de lui-même autant que du monde. Pour surmonter cette défection, il forme un monde proximal qui lui est propre, mais qui s'enrichit, non pas par un approfondissement du Sujet, mais à travers les rapports qu'il entretient avec les "autres" quel qu'ils soient.

Partant de cette constatation, je me suis permis, depuis plus d'un quart de siècle, de façonner un mythe, à l'occasion de mes cours ou de mes conférences, afin de faire voir aux étudiants et au public la difficulté qu'il y a à se connaître soi-même[23]. Ce mythe comporte plusieurs étapes, que j'introduirai, au fur et à mesure, lorsque je placerai les pièces d'une mise en scène de nous-mêmes dans notre rapport à nous-mêmes.

Imaginons un monde où il n'existerait aucun miroir, ni de liquides et de surfaces lisses reflétant les choses. Il nous serait alors impossible de voir et de connaître notre visage, alors même que nous verrions celui des autres. Nous connaîtrions ainsi le visage des autres, grâce auquel nous les identifions, tandis que nous ignorerions le nôtre qui nous

[23] On trouvera les premiers éléments de cette transcription dans mon étude "Le schème du miroir chez les philosophes grecs", dans *Figures* (*Miroirs et reflets*, dir. par J.-J. Wunenburger), Université de Bourgogne, Dijon, 1989, pp. 21-45.

singularise. Nous découvrons par là, d'un seul coup, la difficulté qu'il y a à se connaître soi-même, d'avoir une forme de proximité avec ce qui nous semble pourtant le plus proche.

Cette première partie du mythe montre que nous avons paradoxalement une plus grande proximité avec le visage des autres qu'avec le nôtre. La connaissance de ce qui nous semble le plus proche requiert manifestement des conditions qui attestent la complexité de notre rapport au monde. Par là, nous comprenons mieux l'allusion de Platon à la difficulté de se connaître soi-même. Mais ce mythe nous permet d'apprendre beaucoup d'autres choses encore.

Imaginons qu'un jour quelqu'un parmi nous, connu par sa capacité de dessiner et de peindre, décidait de nous représenter par un dessin. Aussitôt nous découvrirons, pour la première fois, l'image de notre visage. Plus cet artiste occasionnel sera habile et capable de représenter fidèlement une chose (ce que nous pouvons vérifier par tout ce qu'il dessine ou peint), plus nous aurons la conviction que cette image nous est ressemblante, et mieux nous nous découvrirons proche, semblable à ce que nous sommes. C'est à travers cette *ressemblance* que la proximité avec nous-mêmes commence vraiment à s'esquisser. Confirmée par les autres, qui nous voient et peuvent comparer notre visage à l'image, cette expérience révèle que la connaissance de soi passe nécessairement par des procédés médiateurs et par les autres, ensemble de conditions nécessaires et susceptibles de réaliser, grâce à la ressemblance, une forme de proximité entre l'image et nous. Substitut des miroirs, des liquides et des surfaces lisses, le dessin (ou la peinture), réalisé par une main et une succession de mouvements, c'est-à-dire par un ensemble de procédés qui conviennent, nous ouvre à une pratique qui révèle que la proximité avec nous-mêmes n'est pas toujours immédiate et simple, mais est le résultat d'une activité multiple et d'une temporalité variable. C'est là une constatation sur laquelle je reviendrai souvent dans la suite, car elle peut éclairer la complexité de nos rapports au monde, et notamment le type de moyens et de configurations que l'homme met en œuvre pour l'assumer.

Cette construction mythique qui doit nous interpeller, risque aussi de nous troubler, du fait que nous vivons avec la (fausse) certitude d'une maîtrise de nous-mêmes ; elle nous oblige en tout cas à admettre une forme d'ignorance de nous-mêmes relativement à une forme de connaissance qu'un autre possède de nous. Tout en nous apprenant l'humilité et la modestie, elle nous éveille de notre torpeur et nous ouvre, si j'ose dire, les yeux sur nous-mêmes.

En partant d'une idée analogue, Jacques Lacan a façonné le célèbre "stade du miroir" qui relate le processus d'identification de l'enfant[24]. Lacan illustre ce processus en se référant à un enfant de six mois placé face à un miroir, qui découvre son corps. L'expérience, qu'on peut prolonger jusqu'à dix-huit mois, met en œuvre un ensemble de gestes de l'enfant vers son image. L'analyse de Lacan se tient à l'opposé de celle de Lévinas, car elle ne parle pas du visage mais du corps, en mettant l'accent sur l'opposition entre le corps comme totalité et le corps morcelé. Bien plus, observant une petite fille nue et ses gestes, Lacan remarque qu'elle signale par un geste qu'elle est dépourvue de phallus. Par cette observation, nous nous situons à mille lieues de l'approche de Lévinas, et nous touchons déjà à une autre problématique qui est celle de l'imagination et des fantasmes, en laquelle l'émergence d'une sexualité infantile et des multiples formes de plaisir en dehors de considérations morales, prend une place centrale dans la vie humaine. De cette analyse, il ressort qu'avant même l'apparition de la sexualité de l'adolescent et de l'adulte, avant même le stade du complexe d'Œdipe, le corps se manifeste par ses zones érogènes pouvant devenir des sources de désirs ou, selon la terminologie freudienne, de pulsions partielles. De ce point de vue, le visage ne joue plus un rôle central, puisque d'autres parties du corps, et plus particulièrement, les parties sexuelles (au sens large du terme) surplombent le visage, prennent également du poids dans l'analyse de soi et de la proximité avec nous-mêmes. Cela ne doit pas pour autant nous pousser aveuglément à la sous-

[24] C'est en 1936 que J. Lacan avance cette idée au XIVe Congrès international de psychanalyse tenu à Marienbad, qu'il compléta au XVIe Congrès qui eut lieu à Zurich, le 17 juillet 1949. Le texte a été publié dans la *Revue française de psychanalyse*, 4, oct.-déc., 1949, pp. 449-455, et repris dans *Écrits I*, Seuil, Paris, 1966, pp. 89-97. Je citerai par Ecr.

détermination du visage ; il nous contraint néanmoins à relativiser son importance. Je rappellerai, à plusieurs reprises dans la suite, qu'Aristote avait discerné avec perspicacité que ce qui semble distinguer l'amitié et l'amour, c'est le fait que l'origine de l'amitié est la bienveillance, tandis que celle de l'amour est le visage. Il n'existe pas, disait-il, d'amour acéphale. Les choses sont donc fort complexes, et ne peuvent se réduire à un choix rigide entre visage et corps. Mais, pour le moment, contentons-nous de cette opposition entre deux points de vue extrêmes, défendus par Lévinas et par Lacan.

Tandis que l'analyse de Lévinas résorbe le corps dans le visage, celle de Lacan absorbe le visage dans le corps, mais reconnaît que le corps a des parties, et qu'il se présente à l'enfant comme morcelé et selon une organisation prégénitale où apparaît une topologie corporelle, y compris la différenciation des sexes. Lacan voit bien que l'enfant n'a pas immédiatement l'expérience de son corps comme d'une totalité unifiée, et que cette unité suppose une temporalité qui exprime l'aboutissement d'une longue conquête. Dans le sillage de Freud, il observe que toute défaillance de parcours crée des troubles (névroses, psychoses…). Cette complexification révèle que dans l'espace qui se donne à la temporalité, se joue l'histoire du plaisir et de la douleur, de la joie et de la souffrance. Il s'ensuit qu'à l'analyse métaphysique du visage, on peut opposer son envers à travers l'analyse du corps propre, avec tout ce que celui-ci emporte avec lui, perturbant la notion même d'identité et d'altérité.

Le mythe que je viens de façonner, avec les prolongements que je donnerai dans la suite, s'accorde à l'idée d'un morcellement originaire du corps en dehors même de la vie infantile, puisque tout être humain ne voit que des parties de son corps, en commençant par les mains. Cela ne nous empêche pas de supposer l'unité, non seulement grâce à l'introspection à laquelle chacun de nous ne cesse de se livrer dans sa vie (qui ne révèle, après tout, qu'un aspect seulement de nous-mêmes sous un fond d'unité), mais à travers la vision que nous avons des autres. Cette unité d'un corps morcelé, rencontrée surtout en l'autre et grâce à l'autre, se construit progressivement en nous, nous permettant de passer d'une proximité qui s'appuie sur des parties de nous-mêmes à la proximité de notre unité, qui s'exprime, jusqu'à un certain point, dans notre identité[25]. Cette nuance est importante dès lors qu'on considère que la perception que nous avons de nous-mêmes, en l'occurrence de notre visage, est tributaire d'un autre (un miroir). Pour bien voir la portée de cette observation, revenons à l'analyse de Lacan.

Selon lui, l'enfant commence par percevoir le reflet du miroir comme s'il était un être réel dont il s'efforce d'approcher en tentant de le saisir. Face à cette image envisagée selon une fusion avec la réalité, il réagit par une mimique jubilatoire. Dans un deuxième moment, l'enfant cesse de traiter l'image comme un être réel qui se cacherait derrière elle, et la comprend en tant qu'image, mais sans encore savoir qu'il s'agit de sa propre image. C'est au troisième moment qu'il reconnaît en cette image sa propre image. Mais peu d'éléments, dans le texte lacanien, expliquent ce qui se passe vraiment dans ce processus de la connaissance de soi-même.

Ce qui intéresse principalement Lacan, c'est de montrer que contrairement au *cogito* ("je pense") cartésien qui déduit immédiatement l'existence (*ergo sum*) du sujet, donc aussi la conscience de soi, l'identité du sujet se réalise à travers ces trois étapes par une formation progressive. Le glissement relativement à Descartes est important. Si, comme je l'ai montré plus haut, la connaissance de soi passe par l'autre (objet ou être humain), la constitution du sujet, telle qu'elle est conçue par Lacan, n'a pas besoin d'une référence à un absolu (Dieu), comme chez Descartes, qui garantirait le passage à la connaissance du corps et du monde. C'est là un point important, car derrière cette nécessité d'une garantie divine nous découvrons paradoxalement la nécessité d'un *autre* (comme une sorte de miroir) pour se connaître soi-même. Il faut se souvenir ici que la référence à Dieu présente, dans la théologie traditionnelle, pré-cartesienne, un élément qui nous rapproche davantage de la structure non-théologique de Lacan : le fait que Dieu a créé l'homme selon son image et sa ressemblance. L'homme apparaît ainsi, au moins par l'un de ses aspects (son essence, son intel-

[25] Comme je l'ai déjà montré dans mes travaux sur la philosophie antique, l'identité n'est pas un concept autonome, mais suppose l'Un (l'unité) dont elle est un attribut essentiel, analogue au pair et à l'impair relativement au nombre.

lect, sa volonté, son amour, voire sa liberté...) comme une sorte de double de Dieu. Or, dans le cas du stade du miroir lacanien, l'enfant s'identifie à un double de lui-même, à une image qui ne le constitue pas en lui-même, mais devient la condition de sa (re)connaissance. Entre théologie traditionnelle et anti-théologie lacanienne se joue un renversement impressionnant quant à la connaissance de soi.

Ce renversement peut être situé sur plusieurs plans. Par exemple, à la surdétermination de l'Autre (Dieu dans sa plénitude dont l'homme n'est que l'image) répond la sous-détermination d'un autre (l'image dans un miroir) ; à l'immatérialité en nous d'un aspect éminent de Dieu (intelligence, volonté, amour, etc.) répond l'image unitaire du corps ; au Logos (Verbe et Raison divine) répond le langage humain. À quoi on peut ajouter des sous-déterminations encore plus radicales, comme celle du simulacre, sur lequel Platon insiste, au livre X de la *République*, pour signifier la création sophistique, c'est-à-dire cette prétention de créer toute chose à l'instar des reflets dans un miroir[26]. Platon insiste sur le fait que cette démarche ne présente aucune proximité avec la vérité des Idées, des modèles ultimes, et nous plonge de plain-pied dans la distorsion. Par là, il inaugure un processus qui ne cessera de préoccuper les penseurs antiques, qui insistent souvent sur l'idée que l'image reflétée trompe les sens. À telle enseigne qu'elle a pu tromper Narcisse, qui en a été la victime expiatoire, comme Ovide le rappelle[27], ou encore qu'elle ne cesse de tromper l'homme par les vaines imitations des corps réels, des ressemblances sans réalité et des mensonges, comme Sénèque l'affirme encore[28].

Les *Questions naturelles* de Sénèque peuvent éclairer cette thématique antique, qui est une des sources du symbolisme médiéval (notamment au 12 e et 13e siècles). Einar Mar Jonsson s'y appuie pour montrer que le miroir peut être analysé selon différentes configurations. D'abord, le miroir est considéré comme instrument de vision indirecte pour observer le soleil (point de vue astronomique). Ensuite, il est

[26] Cf. mon étude "Le schème du miroir chez les philosophes grecs", *op. cit.*

[27] Ovide, *Métamorphoses*, III, 415-441.

[28] Sénèque, *Questions naturelles*, I, 15, 7-8.

transposé sur le plan de la connaissance de soi, en permettant à l'homme de voir qui il est et, partant, ce qu'il doit faire (point de vue anthropologique). Enfin, il est compris comme instrument de luxure et de perversion érotique (signe d'un caractère efféminé, objet utilisé par les travestis, symbole de vanité...)[29]. S'il est vrai que cette dernière perspective ait pu créer un climat d'hostilité dans certaines cultures méditerranéennes, et plus spécialement à Rome, elle n'en révèle pas moins le rapport indissociable entre le miroir et une dimension affective et érotique, que Lacan a eu raison de rappeler. Bien que cette observation qui touche à la dimension érotique du corps, soit encore prématurée dans mon analyse, elle fait penser que la connaissance de soi ne peut être distinguée *a priori* de l'affection de soi, ce qui nous contraint de rapporter l'une et l'autre à une relation plus fondamentale qui est celle de la proximité avec soi-même. Par là notre référence à la tradition freudienne devrait moins choquer. Mais je tiens immédiatement à nuancer ce recours, en indiquant qu'à mes yeux, cette référence ne fait apparaître qu'un aspect du problème de la proximité avec soi-même. Dès lors en effet qu'on réfléchit sur ce qui rend possible le stade du miroir, c'est-à-dire le miroir même et sa provenance (production), le miroir ouvre en tant que miroir à un monde que dissimule la proximité instaurée par son usage, et qui peut refléter mille autres choses et les situer dans un autre contexte, en faisant appel, par exemple, au langage, dont les potentialités sont autrement plus puissantes. Amorçons ces points que nous ne cesserons de rencontrer sur notre parcours, en revenant à Lacan.

Chez Lacan, l'enfant saisit, dans un état primaire, la figure globale (*Gestalt*) de son corps propre. Cela signifie que, quelle que soit l'expérience vécue que l'enfant a de lui-même, l'unité ne se constitue que par l'autre, limitée par ce qu'il éprouve. Sans même se référer à quelque vécu inaccessible pour un spectateur de l'enfant, l'identification est duelle : elle met en scène le corps de l'enfant et son image. Cette identification primaire qui exprime le sujet, se manifesterait comme la souche des autres identifications, notamment l'identification à autrui par

[29] Einar Mar Jonsson, *Le miroir. Naissance d'un genre littéraire*, Les Belles Lettres, Paris, 1995, pp. 21 ss. Je citerai par l'abréviation M.

la médiation du langage. Faire état de l'homme conduit, à un moment donné, au langage. Or, s'avancer déjà du côté du langage, c'est, on s'en doute, sauter des étapes, en occultant d'autres, comme celle, plus originaire, de la *provenance* du miroir, sa production préalable à son usage par l'enfant et sa capacité de configurer un monde sur le mode de la réflexion. Ces éléments perturbent la proximité que nous avons avec nous-mêmes, car nous y découvrons des médiations nécessaires et des ouvertures possibles, mais souvent oblitérées, dont nous sommes pourtant sans cesse à la fois tributaires et créateurs dans la quête de nous-mêmes, et sans lesquelles l'unité de nous-mêmes risque à la fois d'être écartelée et de demeurer problématique.

Que la vision de notre visage suppose des médiations qui subvertissent les rapports de proximité que nous entretenons avec nous-mêmes et que l'appréhension par l'homme de lui-même passe par la médiation d'un autre (miroir ou portrait...), permet de découvrir, en même temps, que le processus de vision agit d'une façon partielle et fragmentaire, sans une forme d'unité à priori et immédiate. Cela signifie qu'à la première approche qui marque l'opacité de soi-même et son morcellement, il faut en ajouter une seconde concernant l'impuissance que nous ressentons face à la recherche de notre unité par nous mêmes. Même en dehors de la question de la fabrication du miroir par une main (un artisan), notre unité se voit ébranlée par la différence irréductible entre la vision et l'action, la vision à distance et le contact de la main, du moins aussi longtemps qu'un autre (miroir ou figure humaine) n'intervient pas pour nous rassurer. Par ce biais, où se présentent conjointement, selon deux approches différentes, contact et distance, immédiateté et médiation, illusion et réalité, nous sommes confrontés à la complexité de la proximité, à la formation d'un monde proximal qui n'est pas lisse et uniforme, mais qui se manifeste par des reliefs et des multiples densités.

Par conséquent, la proximité spatio-temporelle qui se manifeste à travers notre expérience sensorielle, ne se réduit pas à une sorte de cercle autour de nous qui reflèterait, comme un miroir, les données nous aidant à nous connaître nous-mêmes. Il serait certes tentant de niveler notre rapport de proximité avec nous-mêmes, en espérant nous découvrir sans autre artifice que le spectacle de nous-mêmes. Être spectateur de soi-même fut l'illusion de certains penseurs du passé, grâce à une surdétermination de la vision[30], au point d'envisager le toucher lui-même sur le mode de la vision ou la vision sous le mode du toucher[31]. Nous verrons que les recherches des psychologues concernant l'interaction du petit enfant avec l'adulte ont montré que d'autres formes de communication, comme les communications olfactive, auditive et gustative jouent également un rôle important dans la proximité avec soi-même. Mais cela n'empêchera jamais une forme de prééminence des mains qui agissent par contact immédiat et en vertu d'une capacité de manipulation favorisée par le pouce, alors que les yeux opèrent à distance.

Cette double prééminence suscite des réflexions qui vont jusqu'au statut des prohibitions culturelles entourant la vision et le toucher. Les miroirs n'ont pas toujours eu le succès qu'on s'imagine, non seulement dans l'ancienne Rome, où leur caractère érotique pouvait perturber les tenants d'une vie active, mais encore récemment dans nos campagnes, où les paysans les craignaient. Les contes d'enfants, *Blanche Neige* en tête, ont conservé les traces de cette puissance bénéfique ou maléfique du miroir. On y trouve encore la présence dans les derniers succès en date, comme dans l'épopée de *Harry Potter*. Quant au toucher, sa connotation sexuelle, toujours vive dans nos cultures, avait déjà été soulignée par Freud dans *Totem et tabou*. Le tabou du toucher oblige la mise à distance de la main pour éviter une jouissance perverse, ce qui correspond, pour les yeux, au voyeurisme. Dans ces cas, la proximité avec soi-même pousse au repli sur soi, non pas pour devenir le spectateur de soi-même au point d'être absorbé par sa propre image, comme dans le narcissisme habituel, mais pour se préserver de la puissance de l'autre produisant, dans son propre moi, des fantasmes à profusion. Aussi la prohibition du contact peut-elle créer un état obsessionnel où le repli sur soi s'exprime par une répétition défigurée d'actions qui dissimulent leur provenance.

[30] C'est le cas notamment de Plotin qui envisage les Idées ou archétypes selon l'image d'une statue qui se voit pleinement elle-même, c'est-à-dire absolument transparente.

[31] Cf. J. Derrida, *Le toucher*, Galilée, Paris, 2000.

Il suffit d'ailleurs de constater que le fait que nous soyons intégrés dans un monde où existent des miroirs, des reflets dans l'eau ou des surfaces lisses banalise fortement le phénomène, au point d'empêcher la réflexion sur l'étrangeté de cette expérience et de minimiser l'importance de nos mains, dont la prééminence disparaît face à la clarté de la vision et du reflet. Cela est surtout vrai pour nous, habitants du monde actuel. Notre monde proximal inclut les miroirs et tous les éléments de cet ordre qui favorisent une vision de soi-même. Mais les miroirs n'ont pas toujours existé. Qui d'entre nous se soucie de cette question ? Presque personne. Nous les utilisons et cela nous suffit.

Or, "l'histoire de la fabrication, du commerce et de la diffusion des miroirs dans le monde antique n'a guère été étudiée, car en général les savants s'intéressent aux objets qu'ils considèrent comme de véritables œuvres d'art. Même si les grandes lignes de cette évolution sont connues" (M, 38), personne ne sait dans les détails comment les miroirs les plus communs se sont constitués. On se contente de certaines esquisses générales ou, pour nous habituer à un autre langage, de certaines configurations. Dans cette histoire simplifiée de réduction figurative, il est question d'une origine égyptienne de ce qu'on appelle le type "méditerranéen" des miroirs, qui était réservé aux classes supérieures et constituait un symbole religieux. Lié à la déesse Hathor (déesse de l'amour et de la beauté) et signifiant aussi bien "vision du visage" que "vie" et "vivant", le miroir servait à apaiser la déesse cosmique, en manifestant ses fonctions d'amour (M, 36-37). Or, si le miroir n'était l'apanage que d'une classe et s'il s'est ensuite répandu dans les autres pays méditerranéens, où l'on a créé de mots pour le désigner selon une perspective sécularisée, on comprend que les êtres humains aient pu vivre sans une véritable vision d'eux-mêmes. Et cela même si l'on peut toujours spéculer sur l'existence des surfaces naturelles (y compris l'œil) pour faire état des reflets possibles, comme le mythe de Narcisse et d'autres l'indiquent. Quelle que soit la vérité de l'origine de la vision de soi par le biais de son propre visage, voire de son propre corps, depuis que les miroirs font partie de notre vie quotidienne, il est clair aujourd'hui que plus personne ne trouve le besoin de se préoccuper de leur origine historique et de leur origine productive. La seule proximité que nous avons désormais avec nos miroirs, c'est bien la proximité à la fois spatio-temporelle et relationnelle issue de l'usage que nous en faisons.

Or, que l'on ait vécu dans un monde proximal sans miroirs n'est pas sans importance. Cela montre que l'on peut former un monde proximal tout autre que le nôtre, avec une ouverture symbolique différente, qui situe à distance, dans un monde distal, ce qui nous semble décisif (le reflet du miroir). Appartenant à de l'inconnu ou du partiellement connu, des éléments d'un monde distal peuvent, à un moment donné, intégrer un monde proximal et le modifier, l'élargir. Dans ce cas précis, la découverte et l'usage généralisé des miroirs a créé non seulement une proximité spatio-temporelle avec nous-mêmes à travers la découverte de notre image, mais a rendu possible une proximité relationnelle, grâce à laquelle d'autres structures mythiques ont pu être élaborées. Depuis que les miroirs ont intégré le monde proximal de chacun de nous et sont banalisés, leur présence est en quelque sorte oubliée.

Aveuglés pour ainsi dire par l'image, dont des éléments médiateurs (eau, surfaces, miroirs, dessins…) manifestent une ressemblance proche d'une identité, nous avons eu tendance à oublier la *provenance* qui forme les conditions qui la rendent possible (comme la nature, la technique ou l'art, et des événements historiques et culturels). Bien plus, nous dissimulons sans cesse le caractère symbolique du miroir, caractère qui est certes de moins en moins présent dans nos sociétés technico-économiques, mais qui a traversé toute l'histoire de l'Occident, à travers des textes littéraires et théologiques, mais aussi à travers l'art[32]. Nous verrons de près lorsque nous parlerons des choses, dans la dernière Section, que cette *ouverture* symbolique complète le champ de la provenance par celui d'une ouverture au monde. Ainsi, un objet fabriqué, comme le miroir, à première vue banal, marque la vie humaine d'une trace indélébile qui génère en cascade une profusion de facettes qui à la fois nous rapprochent au plus près de nous-mêmes et nous

[32] En plus du livre remarquable de Einar Mar Jonsson que je viens d'utiliser, voir l'ensemble de la livraison offerte par le fascicule de *Figures*, dirigé par J.-J. Wunenburger, sur "Miroirs et reflets", que j'ai déjà cité, ainsi que le travail de S. Courtine-Denamy, *op. cit.*

éjectent au plus loin, dans le simulacre le plus déroutant et le plus redoutable, pris toujours dans le jeu entre des provenances immaîtrisables et des ouvertures irréductibles au monde.

En somme, grâce au miroir qui nous révèle à nous-mêmes, nous accordons une légitimité, certes méritée, à l'image, mais en même temps nous faisons cette démarche en écartant la complexité du réel et les processus sans lesquels la découverte de soi serait impossible. Paradoxalement donc, ce dont la proximité va de soi et nous semble indubitable n'a plus besoin d'être pensé ; il nous pousse en quelque sorte à l'aveuglement, au point d'occulter ce à propos de quoi la proximité demeure problématique et qui excède en tout sens (aussi bien dans l'ordre de la *provenance* que dans l'ordre de l'*ouverture* au monde) la proximité avec nous-mêmes. À ces premières constatations, il faudra bientôt en ajouter une autre, moins claire, mais qui n'est pas moins fondamentale : la souffrance qui nous guette dans cette quête de soi-même, et qui apparaîtra plus clairement à travers quelques références littéraires.

3. *Être spectateur de soi-même*

La difficulté soulevée par l'opposition entre le contact au moyen des mains et la distance de la vision n'a pas échappé à Paul Eluard qui l'énonce dans son poème : "Le miroir d'un moment"[33], où il tente de surmonter la distance suscitée entre l'image dans le miroir et les choses. Il y envisage l'action du miroir selon un temps de vie limité, qui *rassemble* pour ainsi dire toute la consistance de ce qu'il reflète, en dissipant le jour, en déliant les images de l'apparence, en enlevant aux hommes la possibilité même de se distraire. En même temps, le miroir se constitue, dur comme de la pierre, et informe par sa forme même. Contrairement à ce que la main prend grâce à la mollesse de la chair, qui dédaigne de prendre la forme de la main, le miroir informe. Il est :

[33] Paul Eluard, *Capitale de la douleur*, Gallimard, Paris, 1966 (1926), p. 133.

> "La pierre du mouvement et de la vue,
> Et son éclat est tel que toutes les armures, tous les
> masques en sont faussés".

En créant des distorsions que Platon, à l'inverse d'Eluard, avait dénoncées avec un art incomparable, comme reflétant une situation (imitation) éloignée de la *réalité* (essence) des choses et de leur *vérité*, mieux, comme produisant le monde qu'il reflète en simulacre (Rép. X), le miroir, dur comme de la pierre, abolit les distances, il donne, par l'illusion, le sens d'une vérité. Par lui :

> "Ce qui a été compris n'existe plus,
> L'oiseau s'est confondu avec le vent,
> Le ciel avec sa vérité,
> L'homme avec sa réalité."

Cette abolition produit en nous l'impression que nous nous connaissons nous-mêmes, en oblitérant la médiation nécessaire de l'autre, et en suscitant le sentiment d'une totalité que nous n'atteignons que par fragments successifs. Par suite, dans l'acte même par lequel il révèle quelque chose, le miroir peut créer l'illusion, et son absence nous oblige aussitôt à nous replier sur nous-mêmes, à chercher un autre type de miroir pour nous découvrir. C'est que le miroir ne fait qu'informer la vue comme, dans le mythe, le portrait que la main produit nous révèle à nous-mêmes, alors qu'il n'est presque rien, n'a aucune vie, aucune réalité. Au contraire, la main qui pourtant ne reflète rien de ce qu'elle touche, produit, domine et transmet une forme. Elle a même la capacité de produire un miroir.

Ces deux situations, en quelque sorte inverses, conduisent à deux modes de vie opposés : celui du spectateur, lequel, en son état extrême, assume le narcissisme, et celui de l'acteur qui, dans le faire, s'objective entièrement dans un autre en tant que façonné. Dans cette Section, c'est surtout à la première attitude qui j'arrêterai mon attention. Il convient néanmoins d'indiquer que même l'image de Narcisse qui se noie en cherchant à saisir son image dans l'eau suppose qu'en fin de compte, la main (qui cherche à saisir l'image) excède la vision, comme si fatalement la figure du spectateur est excédée par celle de l'acteur-producteur. Cela montre une fois encore la difficulté de s'arrêter sur une structure univoque de la proximité avec soi-même. Cette difficulté devient plus claire, lorsqu'on aborde le littérature "égotiste" qui, dans son évolution, ne s'est pas limitée à décrire le moi sous le mode d'une connaissance de soi ou à le conquérir par l'affectivité ou la jouissance (affection de soi). Elle a retenu une autre figure du moi sur le mode narcissique du paraître, d'un paraître cependant qui doit recourir à la métaphore du faire et du produire.

Dans une étude consacrée à la littérature de la fin du 19e siècle, Georges Peylet a montré qu'en se coupant de l'être, le narcissisme devient "l'art de se fabriquer autre que soi". À telle enseigne qu'en substituant l'artifice à la nature et à l'être, la littérature de cette époque a conféré au culte du moi une image fallacieuse, truquée à l'infini. Cette nouvelle culture du moi a créé des subterfuges, des adjuvants et des artifices qui "vont jouer dans cette religion du moi le rôle d'un miroir dispensateur d'illusions savamment entretenues"[34]. Comme pour Narcisse, dont l'image se confond avec la réalité qu'on souhaite y trouver, la fonction du miroir qui façonne en surface le moi solipsiste qu'on désire posséder, est reproduite, dans les textes, à travers les décors où vivent les personnages, la femme ou les compagnons dont ils s'entourent, à travers aussi la culture, l'art qu'ils aiment. Toutes ces choses produisent, face au moi, des reflets truqués sans cesse créés ou recréés, à l'écart et à l'abri de la nature et de la société. Mais cette fuite en dehors de la nature dont la précarité ne peut que susciter l'angoisse, ne consiste pas en une fuite dans l'irréel, elle constitue un refuge dans l'artificiel, dans la vie en tant que fabriquée à l'intérieur du cercle du moi, seul monde proximal admissible. Pour interpréter l'analyse de G. Peylet en termes de proximité, je dirai que le recours aux émotions qui suscitent cette approche esthétique supplantent la proximité vitale mais opaque avec soi-même, pour façonner un autre type de proximité vécue.

[34] G. Peylet, "Le moi spéculaire dans la littérature 'fin de siècle' ", dans *Figures* (*Miroirs et reflets*, dir. par J.-J. Wunenburger), Université de Bourgogne, Dijon, 1989, pp. 127-161. Je citerai par l'abréviation MS.

Celle-ci peut se manifester, tout d'abord, sur le mode des *décors*. L'importance des décors, comme réalité extérieure, comme configuration concernant les choses à la portée de la main, apparaîtra dans toute sa force dans les dernières Sections. Mais ici il est question, non pas des choses comme telles, mais d'une configuration fabriquée pour jouer le rôle d'un miroir de soi, source d'une vision narcissique du soi, sorte de clôture qui replie le moi, et l'enferme en lui-même. Cette perspective est illustrée dans la littérature par l'image du "refuge" (boudoir, chambre, château ou des objets variés). C'est le cas dans *À rebours* de J.K. Huysmans, *La Faustin* de E. Goncourt, *Le Vice Suprême* de J. Peladan ou *Le voyage d'Urien* d'André Gide (MS, 129-137). Un second miroir qui favorise ce narcissisme concerne le recours aux *autres* (serviteur, maîtresse, ami...). Les autres subissent un traitement analogue à celui des choses et du milieu. Ils ne sont pas, ici, comme ils le seront dans les Sections suivantes, une personne autonome, mais un miroir complaisant pour le culte du moi. Comme tels, il ne sont jamais appréciés pour eux-mêmes, mais sont envisagés par la fonction qu'ils occupent à l'intérieur d'un univers clos, comme le révèlent *Le culte du moi* de M. Barrès, *Les Hors-Nature* de Rachilde, *La Vénus à la fourrure* de Sacher Masoch ou *Le portrait de Dorian Gray* de O. Wilde (MS, 138-153). Cette fonction peut prendre diverses formes : par exemple Rachilde met en scène une étoffe destinée à la robe d'une maîtresse qui assiste épouvantée à l'usage voluptueux qu'en faisait son amant, en portant la soie à ses lèvres ; chez Oscar Wilde, le héros aime moins l'actrice S. Vane que les rôles qu'elle incarne, parce qu'il est incapable d'aimer un autre moi que le sien (MS, 139-141).

Plus tard, J. de Tinan écrira, dans *Penses-tu réussir ?*, que la solution qu'on peut trouver à l'exaltation de soi-même, c'est de "réfugier son âme en soi-même ! adorer les images puisqu'elles semblent plus belles que la vie"[35]. O. Wilde avait déjà souligné que l'art est "singulièrement plus réel que la vie" et affirmé que la vie est l'art du sujet (MS, 146-147)[36]. Construire sa propre vie comme une œuvre d'art et

[35] J. de Tinan, *Penses-tu réussir ?*, Mercure de France, Paris, 1922, p. 88.
[36] O. Wilde, *Le portrait de Dorian Gray*, Livre de poche, Paris, 1974, p. 271.

se faire spectateur de cette œuvre a manifestement, ici, une fonction précise : “c’est échapper à toutes les souffrances de la vie”[37].

Cette précision concernant la souffrance, généralement sous-déterminée dans l’analyse du narcissisme littéraire, me paraît centrale, car c’est elle qui justifie la radicalité de cette position. Le moment me semble dès lors propice pour remettre en scène cette expérience singulière. D’autant plus que M. Barrès l’exprime dans *Le culte du moi*, en des termes aigus : “Celui, dit-il, qui se laisse empoisonner par ses instincts naturels est perdu. Il redevient inconscient, il perd sa clairvoyance, tout au moins la libre direction de son mécanisme (...). J’ai trempé dans l’humanité vulgaire, j’ai souffert. Fuyons, rentrons dans l’artificiel” (MS, 130)[38]. Autrement dit, édifier un monde narcissique, c’est construire un monde proximal formé d’un analogue de la production d’œuvres d’art pour évacuer la souffrance de la vie. Le schème de la *construction*, en tant que schème de proximité, aide à esquisser une configuration qui cherche à écarter la souffrance, non par le vide, mais par le trop plein d’objets et d’êtres artificiels.

Fuir les souffrances qui nous accablent sous la pression de l’autre — au sens de nature ou de société—, échapper aux souffrances de la vie, voilà un ensemble de raisons suffisantes qui justifierait un repli sur soi. Il ne s’agit pas, par ce repli, de se fourvoyer dans le solipsisme labyrinthique de l’introspection, mais de construire en soi-même un édifice en quelque sorte idéal à partir de choses familières semblables à celles de la vie, libérées des effets précaires, afin qu’elles deviennent, comme des images en excès du miroir, le lieu même du spectacle de soi-même. Bref, le narcissisme ainsi compris se manifeste par une *déformation* de l’activité du moi par lui-même. Tout se passe comme s’il fallait, pour extirper la souffrance qui se tient au fond de chaque être, et dont l’origine est comprise ici comme un artifice de la nature, créer un monde artificiel en nous-mêmes, voire un monde idéal.

S’il est vrai que cette attitude radicale est intenable, — c’est pourquoi elle apparut rapidement comme une “duperie”, comme l’aperçu-

[37] *Id. ibid.*, p. 141.

[38] M. Barrès, *Le culte du moi*, Livre de poche, 1966, p. 31, 34.

rent certains tenants de cette pratique, tel M. Barrès —, elle avait au moins ouvert la voie à une reconsidération, grâce à l'action de la dérision, de la proximité avec soi-même. La pratique littéraire s'est effectivement transformée, dès le début du 20e siècle, en un processus de dérision, porté en son point culminant par P. Adam, dans *Soi*, J. de Tinan dans *Penses-tu réussir ?* et J. Laforgue dans ses *Poésies* (MS, 153-160). J. de Tinan écrit, par exemple, qu'il n'a pas eu confiance en l'instinct de la vie, mais en cherchant un mieux, il a bâti sur du sable. De sorte que les choses se sont écroulées naturellement "parce que la Réalité n'était pas la sœur du Rêve : "j'ai pris des airs de génie méconnu… devant les glaces. Il m'a fallu quatre mois de tortures pour découvrir (…) que je m'étais fichu de moi" (MS, 157)[39].

La rétractation est remarquable. Non seulement elle révèle que le processus d'autodérision *redresse* une proximité artificielle avec soi-même, mais que l'édification d'un monde artificiel sur le mode du narcissisme ou du solipsisme en vue d'écarter la souffrance crée paradoxalement, à travers son caractère obsessionnel, d'autres souffrances, plus profondes encore, qui torturent à répétition et sans relâche celui qui vit dans l'illusion d'une maîtrise de soi. Intérioriser le miroir, en devenant spectateur de ses propres artifices, pour se libérer de l'aliénation, pourtant nécessaire, du miroir extérieur, n'aboutit qu'à promouvoir un faire sans corps, sans mains, à travers l'émergence d'un faire virtuel de l'imaginaire. C'est pourquoi l'auto-dérision est un bon remède qui sert à nous éveiller de la torpeur dans laquelle nous vivons sous le poids des multiples fermetures sur soi, dans un monde artificiel, qu'il soit celui du narcissisme, ou celui des simulacres et des hallucinations produites par les drogues ou les paroles séductrices d'innombrables apprentis sorciers qui façonnent des paradis artificiels.

Cette dernière remarque nous conduit aussi à ce monde artificiel proche d'un lieu plus profond que Nietzsche avait déjà discerné dans sa critique de l'idéalisme. Car nous sommes souvent tentés de construire en nous un monde de mots ou d'idées que nous qualifions de "morales",

[39] J. de Tinan, *op. cit.*, pp. 93, 81.

mais qui sont sans correspondance dans la vie réelle que nous menons. Georges Peylet montre, avec perspicacité, qu'André Gide a bien discerné dans *Les Cahiers d'A. Walter*, le détournement des valeurs morales lorsqu'elles sont complaisamment développées, formant "une illusion, un beau mensonge, un motif esthétique qui doit parer le moi". Ainsi, le héros, André Walter, qui cultive la belle âme ne fait que s'entourer de miroirs. L'un de ceux-là surgit lorsqu'il s'écrie : "O Seigneur ! je suis pur ! je suis pur ! je suis pur !". Il en va de même quand il s'exclame que "l'estime de soi-même ; le contentement dans l'âme ! la splendeur et la vertu, que d'abord je cherchais pour toi, m'éblouit peu à peu et m'attire elle-même" (MS, 148)[40]. L'esthétisation peut tenir lieu de morale en façonnant un miroir clos dont le spectateur se plaît, au nom de l'extirpation de la souffrance, à jouir du spectacle que lui-même fabrique en s'y fondant, devenant lui-même son propre bourreau. Par une tout autre voie que celle d'Eluard, la littérature narcissique parvient donc à confondre le voir et le faire, mais en soumettant le voir à un faire virtuel. Bien qu'évacuée des textes, la main, comme celle de Narcisse (qui est ce par quoi la mort advient) garde son rôle de condition, de provenance des multiples miroirs qui font du narcissique le spectateur d'un monde proximal souffrant sans extériorité.

Une fois encore une différence essentielle s'impose entre la vision et la main, qui subvertit toute unité possible. La multiplicité des images et des possibilités utilisées pour fabriquer sa propre existence ne fait que confirmer cette subversion de l'unité. Mais ces différences se dissimulent, car le narcissique s'évertue à fabriquer une unité artificielle qu'il envisage comme une unité objective de soi-même, alors qu'elle ne parvient jamais à se constituer pleinement, laissant la souffrance jouer un rôle de torture sans cesse alimentée par les images fallacieuses, truquées à l'infini. Il assume certes l'impossible vision du visage et la possible vision des mains, c'est-à-dire l'unité réalisée par l'autre comme image dans le miroir ou en un autre qui se donne en spectacle selon son unité brute (homme) ou constituée (dessin, image).

[40] A. Gide, *Les Cahiers d'A. Walter*, pp. 138 et 78 respectivement.

Mais cet acte, il le comprend par l'identification de l'autre et de soi-même, en faisant de soi-même un autre. Dès lors, le monde proximal qu'il conçoit est un monde rétréci, sans aucune possibilité d'ouvrir à un monde distal qui exprimerait tantôt l'immensité inconnue qui nous transcende et tantôt la complexité qui touche chaque chose, y compris l'organisme du narcissique lui-même, qu'il refuse d'objectiver au nom d'une artificialité érigée en proximité absolue. Corps sans extériorité et sans organisme, le corps du narcissique se réduit à une peau de chagrin vulnérable, lieu de profondes souffrances.

Si l'on souhaitait porter un regard rétrospectif sur le chemin parcouru jusqu'ici, on pourrait ajouter à l'unité artificielle du narcissique, deux autres façons d'assumer l'unité, que nous avons déjà effleurées, et qui sont opposées entre elles : une unité que nous façonnons par la médiation d'un type d'unité que chacun de nous reconnaît grâce à la vision que nous avons des autres dans l'immédiateté, mais aussi une unité que nous façonnons au fil du temps, en parcourant des étapes qui l'édifient ou nous la révèlent. L'approche de Lévinas se rapproche de la première démarche, celle de Lacan de la seconde. Mais aucune des trois propositions n'est entièrement satisfaisante, car aucune ne tient compte de la *complexité* du réel qui nous constitue.

Traditionnellement, cette complexité a été occultée au profit du seul organisme humain envisagé comme un tout dont les parties le constitueraient essentiellement. Nous verrons que cette version de la complexité est insuffisante. De ce point de vue, l'unité recherchée, quand bien même on la supposerait ou on la construirait sous le vocable "organisme", est, en ce qui nous concerne, une unité extrapolée ou imaginée, une configuration qui n'épuisera jamais notre unité réelle. L'absence d'unité du corps est du reste déjà compromise par la multiplicité irréductible de nos sens, des membres du corps et de ses tissus et organes. Pour résoudre cette difficulté, les Anciens ont porté le principe d'unité du côté de l'âme ou de l'intellect, inaugurant des chemins de penser que la philosophie ne cessera d'emprunter. C'est sur ce plan que l'identité à l'égard de soi-même trouve un champ de prédilection, sous l'étiquette péremptoire de la "connaissance de soi". Les modernes (avec Kant en tête) préfèrent se tourner du côté de formes à priori de la sensibilité et de l'entendement qui accentuent l'importance du sujet et de ses structures propres. La psychanalyse freudienne, par sa topologie de l'âme (ou, si l'on préfère, du corps propre) qui relève l'importance de l'inconscient, de la multiplicité de pulsions et de l'appareil psychique, ébranle cette unité à priori en laissant un espace béant en l'homme. Aujourd'hui, grâce aux progrès des neurosciences, on attribue l'unité au cerveau, mais en oblitérant souvent l'apport de la psychanalyse et de la philosophie. Sans anticiper sur la suite de mon exposé, qui concerne le concept du monde distal appliqué à nous-mêmes, constatons, dès à présent, qu'une authentique proximité avec soi-même s'avère de toute façon problématique. Dans la quête de soi-même, nous ne pouvons former que des configurations, et ces configurations explicitent sans cesse le monde proximal que nous constituons concernant notre propre personne, sans se soucier du monde distal en nous. L'intérêt des observations que nous venons de tirer du narcissisme, c'est que celui-ci évacue la complexité de soi-même, et oriente les configurations vers la figuration de la pure l'artificialité.

Toutefois, ces éléments ne relèvent qu'un aspect du problème. Dès lors qu'on situe l'homme, non plus seulement en relation avec lui-même, mais en rapport avec un autre, tel un miroir externe ou interne, ou, par extension, avec les choses ou les vivants en général, voire avec l'environnement et le monde, on s'engage dans la voie d'une profusion du soi. Dans cette extension, le multiple ébranle toute unité réductrice, sans pour autant écarter toute forme d'unité possible, moyennant les configurations. C'est bien la possibilité de ce type d'unité que je qualifie de “configuration”. Les unités par configuration sauvegardent quelque forme d'unité face au corps morcelé, à l'âme disloquée, à la société fragmentée, à l'environnement prolifique et au monde disséminé. Bref, pour éviter l'éclatement sans possibilité d'une quelconque proximité, le monde proximal s'édifie en formant des unités par configuration. Il s'ensuit que le monde proximal n'est ni univoque, ni simple. Non seulement parce que les sens de notre corps subvertissent, par leur multiplicité, toute unité, et fondent un monde proximal qui associe le contact (par le toucher, l'ouïe et le goût) et la distance (par la vue et l'ouïe), mais parce que, dans la quête d'une unité pour l'homme, de multiples stratégies sont mises en place, que j'ai résumées à travers la thématique des configurations. Toutefois, un monde distal nous constitue par l'inconnu et la complexité, sans quoi le monde proximal serait définitivement achevé, sans aucune historicité. La présence du monde distal consacre l'impossibilité d'une connaissance de soi et d'une proximité avec soi-même qui soit achevée. Il convient dès lors de chercher des voies qui étendent notre monde proximal relatif à nous-mêmes, en amorçant des configurations susceptibles de nous éclairer et de renforcer la proximité avec nous-mêmes. J'en ai choisi quelques-unes, parmi d'autres possibles, qui vont faire voir la complexité de la stature humaine, et la façon dont cette complexité est contournée par des configurations appropriées.

Je présenterai ces configurations sous le mode de multiples *topologies* ou *cartographies*. Par cette médiation visuelle, nous pénétrerons dans le monde distal qui se trouve en nous-mêmes, afin de déployer la proximité avec nous-mêmes selon des multiples voies et approches. Ces diverses approches de *la stature limitée* de l'être humain circonscrivent des configurations axées sur une sorte de somatotopologie qui inclut également l'appareil pychique dans sa complexité. Mais cette dernière perspective fait obstacle à nos capacités spectatrices que le corps visible permet à notre regard parce qu'il est à la portée de nos yeux et de nos mains. Ce processus a des limites, car les frontières accessibles à nos sens ne peuvent être déplacées à l'infini. C'est pourquoi, au moment où j'atteindrai ces limites, je changerai de registre, ne serait-ce que parce que le rôle du *spectateur* se réduira dans le chemin de la découverte de soi-même, sous la pression des processus de provenance de plus en plus intenses, qui requièrent une autre figure : celle du *régisseur*. Je veux dire par là que plus nous créons un monde proximal à l'égard de nous-mêmes, plus nous découvrons que les structures qui nous sont invisibles sont dominées par les processus de *provenance* de nos comportements, de nos activités et de nos sentiments... Tributaires du *cerveau*, ces structures nous révèlent que ce (le cerveau) qui devient objet grâce à une projection topographique configurée est en même temps ce qui *régit* l'ensemble de nos activités et de nos comportements, y compris l'acte de le configurer. Cette situation qui associe au spectateur une nouvelle figure, ressemble bien à ce qui se passe dans le théâtre ou dans une production cinématographique où le *régisseur* “fait exécuter les ordres du metteur en scène (recrutement de figurants, fourniture des accessoires, organisation du plateau) et qui porte la responsabilité du déroulement du spectacle devant la direction”[41].

3. Configurations topologiques du corps

1. *Topographie sensori-motrice et dissolution de l’âme*

Il est difficile de parler de l’homme dans sa constitution et son activité, sans se référer à son système nerveux. Celui-ci présente une topologie complexe qui associe la vie végétative et un système de relations de l’organisme avec le monde extérieur. L’ensemble forme la partie centrale, plus massive, centrée dans la cavité crâno-rachidienne (système nerveux central ou axe cérébro-spinal ou névraxe), et la partie périphérique, constituée de nerfs. Cette division n’empêche pas d’autres répartitions topologiques, comme celles du cerveau et de la moelle épinière, qui se différencient davantage encore sur le plan des cellules nerveuses (neurones). L’étude anatomique du corps à partir du système nerveux et de la topologie sensori-motrice peut conduire à la promotion des liens entre le corps et le psychisme (liens psychosomatiques) chez l’homme, qui aboutit aux thématiques de la conscience et de répartition des fonctions dans le cerveau. Le rapport entre âme et corps, esprit et corps, n’a cessé d’interpeller les savants. Le problème est ancien, mais demeure encore vivace. Souvent le dualisme, défendu selon différentes versions par des grands philosophes (Platon, les penseurs chrétiens, Descartes…), a été combattu par les empiristes et les matérialistes. Le débat est pris de plus en plus en charge par la philosophie dite de l’esprit et les neurosciences[42]. Mais cette orientation nouvelle de la culture n’épuise pas la complexité de l’être humain.

[41] *Pluridictionnaire Larousse*, Librairie Larousse, Paris, 1977, p. 1171.

[42] Voir à ce sujet J.- N. Missa, *L’esprit-cerveau. La philosophie de l’esprit à la lumière des neurosciences*, Vrin, Paris, 1993.

J'éviterai autant que possible de m'engager ici dans ce débat, même si cette situation pose des difficultés à mon exposé. D'abord, je n'ai pas les compétences requises pour évaluer les thèses en présence ; ensuite, mes références dans ce domaine ne visent pas à éclairer les différentes configurations que la science actuelle a réussi à former, mais à relever, dans la pluridisciplinarité, la complexité du corps humain et la difficulté d'une proximité avec nous-mêmes. Dans cette perspective, même si la position dualiste paraît curieuse, elle se justifie sur le plan épistémologique pour éclairer les opérations psychiques. Elle peut donc servir comme un concept opératoire sur le plan méthodologique, sans que cet usage doive être compris comme reflétant un dualisme objectif, dans le réel. En revanche, même si la thèse qui défend l'unité entre âme et corps (me) paraît plus pertinente, la question de savoir de quel type d'unité il est question, soulève des difficultés considérables. Le problème demeure donc ouvert, et il continuera à nous préoccuper longtemps.

Il devient d'autant plus difficile à régler que certains savants (notamment quelques psychanalystes) contestent aujourd'hui la pertinence d'une approche psychosomatique[43]. L'étonnement atteint toute son acuité, lorsqu'on découvre que l'usage médical du corps aboutit à son morcellement en parties, en dehors même de toute considération de l'âme. Ce phénomène configure une nouvelle conception du corps : le corps en tant qu'organisme qui ressemble à une machine dont on peut remplacer les pièces. Chaque pièce possède son autonomie, elle est un corps en elle-même. On traque les "pièces de rechange" autonomes au bénéfice de ceux qui en ont besoin pour leur survie ou leur bien-être. Une pratique de classification des organes devient dorénavant indispensable, non seulement selon le principe de faisabilité médicale, mais aussi selon la demande. Celle-ci suppose soit une politique de don, soit la commercialisation du corps. Dans ce contexte, l'organe est surchargé d'un caractère symbolique, envisagé tantôt comme une offrande et tantôt comme une marchandise. La perspective du corps morcelé atteint ainsi un point culminant. Chaque partie perd son âme pour en retrouver

[43] K. Nassikas, *Traces du corps et mémoire du rêve. Au-delà du psychosomatique*, L'Harmattan, Paris, 1996.

une dans un autre corps. Nous sommes aux antipodes de la thèse inaugurée par saint Augustin, d'après laquelle l'âme est un tout substantiellement autonome, les parties du corps ne présentant aucune valeur sans l'action de l'âme. Le morcellement du corps selon le principe des pièces de rechange confère à chaque partie une valeur en soi, indépendamment de la présence en elle ou non d'une âme.

Cette première série de remarques suffit à nous plonger dans le labyrinthe que constitue notre stature humaine. La complexité de l'organisation de cette stature conduit à des terres inconnues, et cela sans même y intégrer la biologie moléculaire et la génétique. Le déchiffrement du code génétique de l'homme a franchi une étape inestimable, figurant de nouvelles configurations de notre stature, avec des potentialités cognitives et thérapeutiques imprévisibles. Or, face à cette complexification de l'étude de l'être humain que deviennent le visage et les mains ?

L'importance du visage et des mains, et plus spécialement de la vision et de l'action du toucher a été illustrée par le modèle de l'*homonculus* (petit homme déformé) de Penfield, qui représente la projection des localisations sensitives cutanées et motrices des diverses régions du corps relativement à une coupe verticale de l'hémisphère cérébral au niveau de ce qu'on appelle la scissure de Rolando. Cette représentation forme un bonhomme couché, difforme et désarticulé, dans la mesure où les régions de grande sensibilité cutanée et de motricité occupent une place plus grande dans le cerveau. Elle révèle une valorisation impressionnante du visage et de la main (surtout du pouce), qui s'accorde assez bien avec l'analyse que j'ai amorcée ci-dessus. Cette disproportion donne l'impression que les autres parties du corps sont atrophiées.

Que la répartition des activités cutanées et motrices ne soit pas équitable, s'explique par de nombreux facteurs, et notamment par leur rôle prépondérant dans l'évolution, où l'usage a récompensé, si j'ose dire, leurs efforts. Cette situation ne semble pas avoir changé considérablement aujourd'hui. Mais peu importent les raisons de cette situation. L'important est de constater que la répartition topologique du corps dans le cerveau, où les localisations des fonctions jouent sans doute un rôle important dans notre vie, n'est pas uniforme. Cela contraste avec l'idée que l'on se fait généralement d'une harmonie dans la répartition des parties du corps, en supposant que l'unité est constituée par un tout bien ordonné. Il faut savoir qu'Aristote (et à sa suite Théophraste) avait constaté que la multiplicité des sens multiplie nos capacités d'accéder aux différences dans la nature et nous aide à nous rapprocher davantage de la complexité qui s'y enracine et de la variété qui s'y déploie. Mais, pour lui, les fonctions du corps sont également liées à ses parties, dont la multiplicité hétérogène perturbe nécessairement les équilibres entre elles. Aussi a-t-il pensé que dans la mesure où la nature ne fait rien en vain, il faudrait s'imaginer un équilibre qui ne se dégage pas directement de la forme verticale du corps, mais qui serait représenté, à la suite d'une projection géométrique, par une sphère, figure de la perfection. C'est sur cette base que, dans le passé, la plupart des analyses anciennes du corps avaient été guidées par des mesures subtiles, comme le nombre parfait ou d'autres structures géométriques que l'art de la Renaissance a su exploiter avec finesse. Il s'agissait de montrer l'harmonie du corps, le plus souvent conçue par le Créateur. Face à tous ces efforts pré-modernes concordants, au moins une exception de taille : Anaxagore avait considéré que la main n'avait pas été créée en vue de manipuler les choses, mais qu'elle a formé cette finalité par adaptation du fait qu'elle a été utilisée d'une façon répétée, jusqu'à ce qu'elle forme cette fonctionnalité. Par là il montrait que l'usage de choses extérieures peut suffire à former les fonctions du corps.

Rien n'autorise aujourd'hui à déduire de différentes hypothèses anciennes la répartition des fonctions du corps, même si Anaxagore pourrait trouver plus facilement des sympathisants parmi nous. Sans nous arrêter à des détails historiques, disons que la connaissance de soi selon la perspective sensori-motrice marque un tournant dans la promotion de la vision et de l'action des mains. Au point de vue de la proximité, le modèle de l'homoncule révèle que c'est la proximité répétée qui aurait consolidé et surdéterminé ces facultés de l'homme, sans doute parce que l'évolution biologique des vivants a imposé ses lois. Mais plus fondamentalement, même en dehors d'une approche problématique de l'évolution, il est certain que l'homme a dû s'adapter à son environnement, à la *pression* de son environnement, comme il s'est adapté à la pression atmosphérique.

Qu'il me suffise en effet de rappeler que, lors de la naissance de la Terre, la formation de l'eau à sa surface aurait joué un rôle déterminant pour l'apparition de la vie. Cette eau n'a pu se produire que parce qu'il y a eu une grande quantité d'atomes d'oxygène et d'hydrogène au sein de la planète, telle qu'elle a été formée, probablement à partir du gaz et des poussières entourant le Soleil, selon un processus de désintégration d'éléments radio-actifs. Or, la température d'ébullition de l'eau dépend de la pression à laquelle elle est soumise. Il semble qu'à l'origine, la pression était plusieurs fois supérieure à la pression actuelle, ce qui permit, avec une température d'ébullition plus élevée que l'actuelle (qui est de 100° C), de liquéfier les molécules d'eau. Cela expliquerait la masse énorme d'eau qui a formé les océans. Cet exemple montre qu'à l'instar de la liquéfaction de l'eau, la vie elle-même a été soumise à la pression atmosphérique associée à la photosynthèse, qui a fourni l'oxygène nécessaire à la préservation de la vie. Et c'est toujours grâce à une pression atmosphérique déterminée que l'oxygène a contribué à produire l'ozone, qui a formé un écran protecteur pour la vie.

La variable "pression" que j'ai déjà utilisée ici à plusieurs reprises, est souvent occultée dans les analyses, parce qu'elle va sans doute de soi. Elle est d'une importance capitale pour l'équilibre biologique des vivants, et donc de l'homme, qui s'est adapté, et excède le domaine biologique pour intégrer les multiples formes de pressions, issues de leur environnement et du monde social dans lequel ils vivent. Son rapport avec la souffrance n'est pas fortuit, et le glissement métaphorique de la pression atmosphérique vers les autres formes de pression ne doit pas être compris comme un rapport entre un sens sémantique principal et un transfert de sens, car le sens principal du terme est antérieur au sens lié à l'atmosphère. Le terme "pression" concerne en fait toute forme d'action de pousser avec effort. Son caractère polysémique domine, mais selon l'action de pousser sur quelque chose ou sur quelqu'un. La portée pratique et métaphysique de cette observation apparaîtra au fur et à mesure du déroulement de mon exposé.

En somme, le modèle de l'*homonculus* moteur-sensitif met en jeu les conséquences de cette pression sur une partie du corps qui trouve dans le cerveau sa localisation. Il s'agit certes d'un modèle très réduit de la complexité que l'anatomie humaine révèle. Mais ce modèle a le mérite de morceler le corps humain selon un type de topologie parmi d'autres possibles, et de ne pas soumettre l'analyse à l'à priori des symétries ou d'une harmonie préétablie. Aussi pourrait-on, par exemple, reproduire un modèle plus élaboré où les différents sens soient représentés par le corps humain, ce qui donnerait sûrement d'autres *déformations*, créant un autre petit monstre. Les processus d'adaptation attestent ainsi l'incontournable rapport de l'homme au monde selon des proximités variables, sans que les organismes vivants, quels qu'ils soient, dérogent aux régulations homéostatiques. Celles-ci sont des procédures primaires dont sont munis les organismes pour résoudre automatiquement les problèmes de base que pose la vie : trouver les sources d'énergie, incorporer et transformer l'énergie, préserver un équilibre chimique intérieur qui soit compatible avec le processus de vie, se défendre contre les agents extérieurs que sont la maladie et les blessures physiques (SAR, 34). La multiplicité de ces procédés de régulation et leur variété révèle l'importance du processus de *provenance*, ce qui peut expliquer pourquoi sous les *pressions* que subit l'organisme des parties sont surdéterminées au détriment d'autres. Il s'ensuit que le modèle de l'homoncule, comme d'autres modèles simplifiés, dessinent une configuration, certes pertinente pour décrire de l'absence d'uniformité topologique du corps humain, mais insuffisante pour faire voir la complexité. Même si l'âme semble avoir disparu, ou plutôt avoir pris provisoirement sa retraite, elle garde encore de son retrait un regard sur l'activité du corps. Il faut donc aller plus loin, pour faire voir que le corps est plus présent en l'homme qu'on ne se l'imagine parfois, comme le révèle la cartographie réalisée par l'anatomie.

2. *Cartographie de l'organe oculaire*

Il est à peine utile de rappeler ici que la nomenclature qui défile dans un traité actuel d'anatomie est impressionnante, et contraste, d'une façon radicale, avec celle des traités des siècles précédents. Le corps a été visité dans tous ses détails, au point que sa topographie dessine un monde inconnu, marqué de l'anonymat, pour la plupart d'entre nous et pour l'ensemble des habitants de la planète. Des millions de personnes passent leur vie sans découvrir la richesse de leur propre corps. Nous ignorons presque tout de notre corps, les membres, les organes, les tissus, les cellules, etc. Seuls des spécialistes, des médecins bien formés et des gens bien informés peuvent se flatter de connaître ses articulations détaillées, de citer par cœur tout ce qui fait partie du *corpus* reconnu d'un traité d'anatomie.

Le corps comme organisme constitué de bio-organes divisés jusqu'aux structures les plus élémentaires, jusqu'au seuil de notre code génétique, multiplie les parties hétérogènes. Morcelé en ses parties, dont chacune manifeste une forme d'autonomie structurelle, sans que l'unité soit clairement définie, sinon à travers un réseau complexe de fonctionnalités, le corps est projeté sur une carte qui configure une première forme de proximité avec nous-mêmes. Nous créons de cette façon une configuration de nous-mêmes qui auparavant nous échappait, comme si elle se tenait à distance, dans un monde distal auquel nous n'avions aucun accès.

La présentation topologique du corps aide donc à former un monde proximal de nous-mêmes à travers des configurations cartographiques dessinées par l'anatomiste, mais qui peuvent se modifier et s'améliorer grâce à d'autres moyens, comme les logiciels. Indépendamment des configurations réalisées, par des moyens techniques, ces cartes sont le résultat d'un travail sur le corps humain qui a abouti, par divers chemins, à la formation d'un ensemble d'unités plurielles avec une nomenclature très riche mais étrange, qui devient un point de repère pour tous ceux qui veulent connaître le corps, leur propre corps, réalisant ainsi une proximité avec eux-mêmes selon telle ou telle configuration. Ces différentes configurations unitaires découpent le corps, font des incisions qui détachent des parties entières comme si elles étaient autonomes : squelette, système musculaire, cerveau et système nerveux, cœur et système sanguin, poumons et système respiratoire, etc. Chacun de ces ensembles peut être découpé en des parties qui désarticulent progressivement le corps en des unités spécifiques qui enrichissent la nomenclature. Plus nous maîtrisons les diverses configurations et la terminologie qui les constitue, plus nous élargissons notre monde proximal relativement à notre propre stature. Cela nous aide à mieux nous connaître, pour réaliser une plus grande proximité avec nous-mêmes en ce qui nous constitue, et qui ne saurait se réduire au corps vécu, au corps propre que la philosophie assume comme ce qui nous est le plus proche. Cette dernière option, défendue largement par la philosophie contemporaine relève certes pertinemment l'ambivalence de la proximité, mais oblitère complètement l'antinomie de la proximité, ignorant l'ampleur du monde distal qui nous constitue relativement à nous-mêmes.

L'esquisse que j'ai tracée ci-dessus du système nerveux est un exemple, parmi beaucoup d'autres, qui illustre cette démarche. Les spécialistes en médecine (ophtalmologues, ORL, dermatologues, cardiologues, etc.), qui se contentent de la guérison de parties de notre corps les connaissent dans leurs détails les plus infimes. Même un kinésothérapeute, qui s'occupe des muscles, des tendons et des articulations des os d'un corps, doit connaître le catalogue de tous les muscles qui concernent sa discipline, et devrait savoir replacer la nomenclature sur un plan selon une vue frontale et dorsale[44]. Ce qui étonne le plus dans ces catalogues, dressés sur une carte dessinée selon des muscles du corps, c'est la technicité du langage. Ce langage n'est pas à la portée de tout le monde, de sorte que cette carte, bien qu'elle soit connue de certaines personnes, fait partie du monde distal de chacun d'entre nous, aussi longtemps que nous n'avons pas accès à ce savoir, pour intégrer ces concepts à notre monde proximal. En fait, ces cartes forment des configurations relatives, du moins ici, aux muscles soignés par un kinésithérapeute.

On peut multiplier les exemples de ce type, pour arriver à la conclusion que nous ne pouvons découvrir notre corps que sur le mode d'une cartographie d'un corps morcelé, qui multiplie les cartes en fonction des configurations circonstanciées. La multiplication de ces cartes illustre bien la complexité du corps et la difficulté de le connaître. Combien d'entre nous sont capables de décrire la répartition détaillée du corps,

[44] La carte de la vue dorsale décrit de l'aponévrose épicranienne, en haut, jusqu'au tendon d'Achille, en bas, une série de muscles situés en des lieux précis : muscle sterno-cléïdomastoïdien, muscles petit et grand rhomboïde, muscles sus-épineux et sous-épineux, muscle trapèze, muscle deltoïde, etc.

de projeter sur une carte la topographie de chaque organe, dans ses détails, et d'expliquer son fonctionnement ? Or, cette méconnaissance concerne, en fin de compte, l'ignorance d'une *provenance*, c'est-à-dire de ce à partir de quoi proviennent nos multiples activités. Pour éclairer cette difficulté, sans être très précis, abordons l'une des parties de notre corps qui a jusqu'ici guidé nos pas : l'œil en tant qu'organe de la vision. Celle-ci nous conduira à la fois à une localisation du cerveau et à une différenciation précise avec d'autres parties du corps, dont chacun agit comme si elle était autonome. Or, une fois qu'on pénètre dans l'espace du cerveau les choses deviennent impressionnantes, car, comme l'indique Gerald Edelmen, “le cerveau humain est l'objet matériel le plus compliqué qu'on connaisse dans l'univers”, (PVC, 29). Commençons par l'œil dont provient notre vision.

Si la vision constitue (en dehors de la population des aveugles) l'une de nos activités les plus importantes, quelle utilité y a-t-il à faire état de connaissance de soi sans avoir vu comment est constitué et opère l'organe même de la vision vu à travers une autre (un miroir) ? Jusqu'ici j'ai fait allusion à la vision et au miroir comme médiateur de la connaissance de soi ; j'ai même abordé la question de la provenance du miroir. Mais, paradoxalement, jamais je n'ai parlé de l'organe de la vision, de l'œil d'où provient cette vision, ni des conditions organiques de son fonctionnement. Certes, pour beaucoup, l'ignorance de la provenance d'une activité ne semble pas changer grand-chose dans le déroulement de leur vie quotidienne, et l'on peut bien passer sa vie entière en utilisant la vision sans jamais connaître quoi que ce soi de l'œil qui voit. De milliards d'êtres humains ont vécu et vivent ainsi, sans que leur destin doive, du moins à première vue, en souffrir. Ils se contentent de leur rôle de spectateurs. Mais, en réalité, les choses ne sont pas si simples, car on peut objecter que des milliards d'êtres humains auraient pu mieux voir les choses, les vivants et les autres êtres humains si leur vue avait été plus performante et si l'ouverture fabuleuse au monde que la vision rend possible était mieux utilisée.

Sans mes lunettes, je n'aurais sûrement pas le plaisir de voir tant de choses avec la même précision et le même bonheur. Et sans le discernement des multiples différences que la nature et le monde des objets permettent de voir grâce à la vision le monde serait peut-être peu intéressant et sans doute stérile. Il me semble ainsi indubitable que l'ignorance de la provenance de l'activité de voir (l'œil) et ses capacités propres par son activité (la vision) peut avoir des effets sur le destin de chacun de nous. En revanche, le savoir peut modifier le rapport que nous entretenons avec les choses, les autres et le monde, donc aussi avec nous-mêmes. Mais cette connaissance n'est pas simple ; elle peut même s'avérer déroutante. Un petit exercice, sans prétention, suffira à nous placer devant l'évidence. Partons des choses les plus banales, celles qui sont claires et connues de nous, pour avancer vers celles qui nous sont moins claires et moins connues. Je limiterai mon approche, en cet endroit, à la seule provenance de la vision, laissant entre parenthèses sa capacité d'ouvrir à un monde, que je réserve pour plus tard.

Pour beaucoup d'entre nous l'œil est avant tout l'organe de la vision. Mais certains le considèrent aussi comme le reflet de tout l'organisme de l'homme, y compris comme un miroir de notre santé et de nos souffrances. Il est vrai que la vision fait partie de notre vie quotidienne, et nous ne commençons vraiment à nous poser des questions sur les yeux que lorsqu'ils présentent quelque défaillance (myopie, hypermétropie, etc.), que nous corrigeons au moyen d'objets techniques ou encore par des opérations chirurgicales. C'est à cette occasion que la provenance apparaît comme un élément central de son activité, puisqu'on cherche à découvrir la cause de la défaillance, ce qui suppose la connaissance à la fois de la structure et du fonctionnement de l'œil. Mais à considérer l'œil comme le miroir de notre corps entier constitue une question dont je n'ai pas trouvé jusqu'ici, dans ce que j'ai lu, de réponse claire et satisfaisante. Par prudence donc, comme beaucoup, je préfère une solution minimaliste, offerte par les ophtamologues. Cela ne m'empêche pas de m'interroger sur la pertinence ou non de cette solution de repli, qui oblitère, sans autre forme de procès, une dimension peut-être abyssale de notre corps, à savoir que l'œil en serait la porte d'entrée. À lui seul cet exemple soulève le problème d'un monde distal en nous-mêmes dont la complexité se situe en dehors de notre portée. Mais laissons cette approche qui se tient à la frontière de la fiction, et avançons sur un terrain plus solide. Car, après tout, la vision révèle un spectacle extraordinaire à chacun d'entre nous, alors que l'organe qui la réalise ressemble à une fenêtre sur le monde. Cela nous rapproche de mon point de départ, dans le Prologue, où la radio, la télévision et l'Internet faisaient entrer en nous une masse illimitée d'informations. Mais il est aussi vrai que la fenêtre fait partie d'un édifice avec toute sa complexité, et ne se limite pas à sa configuration de surface.

Or, que connaissons-nous de cette fenêtre grâce à laquelle nous découvrons un monde profusionnel ? Pas grand-chose, sauf si nous avons eu la chance de nous informer. Nous informer sur le fait qu'il a fallu des siècles pour qu'on apprenne que l'œil a cette propriété remarquable de réunir, dans un espace, en somme très restreint, un ensemble de données qui contribuent avec une étonnante précision à la vision de distances (proches ou lointaines), de diverses couleurs, de mouvements, etc. Ces données élémentaires en notre possession aujourd'hui nous apprennent que cet organe est un récepteur de lumière, qu'il convertit en énergie électrique, que le cerveau reçoit à partir du nerf optique sous forme d'impulsions nerveuses. Tout cela semble connu. En faisant quelques pas de plus, nous découvrons un organe complexe et parfaitement articulé[45]. La struc-

[45] Comme on le sait, le nerf optique se situe dans la partie postérieure du globe oculaire, à l'opposé de la cornée, qui laisse pénétrer la lumière. Le globe oculaire est constitué de deux compartiments différents remplis de liquide, l'humeur vitrée et l'humeur aqueuse, séparées par le cristallin, sorte de lentille biconvexe fixée et commandée par le ligament suspenseur et les muscles ciliaires. Il est enveloppé, sauf dans sa partie antérieure où se situe la cornée, par la sclérotique (tissu blanc et fibreux), irriguée par des vaisseaux sanguins qui convergent vers un point (dit "aveugle"). Dans la partie intérieure de la sclérotique se situe la rétine, séparée par une membrane (choroïde). Cette partie est irriguée à son tour de vaisseaux, les vaisseaux choroïdiens qui alimentent la rétine en oxygène et en autres substances. Les récepteurs de la rétine, qui reçoivent l'image inversée offerte par le cristallin et les informations qu'ils convertissent en impulsions électriques, sont les bâtonnets (qui agissent en lumière faible) et les cônes (qui agissent dans la lumière vive et concernent les couleurs). Ces derniers, de trois sortes, et dont chacune concerne l'une des trois couleurs fondamentales (jaune, rouge, bleu), sont en plus concentrés au centre de la rétine dans une zone qualifiée de macula.

ture de base permet d'analyser la capacité de l'œil à distinguer de nombreuses couleurs du spectre visible et d'évaluer le mécanisme de la vision des couleurs et la vision stéréoscopique provenant des deux yeux mais décodée et interprétée par le cerveau ou, pour le dire autrement, "encartée" par le cerveau. Nous verrons que ce dernier processus révèle que le cerveau produit par lui-même des configurations. Pour résumer, on peut dire que la vision provient à la fois de structures anatomiques et de mécanismes physiologiques et d'encartage.

Si je me suis permis cet exercice, c'est pour faire aussi voir que la science opère par des *catalogues* dont la mise en forme ou, comme je le dis plus techniquement, le *redressement*, reconstitue la topographie de ce dont il est question, comme ici la structure topographique de l'œil et son fonctionnement. Il s'agit d'une méthode que l'humanité a pratiquée depuis le monde archaïque, en formant un discours catalogique, où le genre le plus célèbre est constitué par les divers discours génalogiques (anthropogonies, théogonies, cosmogonies)[46]. Mais nous découvrons aussi dans cette analyse de l'œil, à travers une double topographie qui permet d'établir la provenance de la vision, l'idée que cette provenance requiert en plus l'étude des zones cervicales qui sont le siège de la vision et des mécanismes qui y sont associés.

Or, dans la seconde partie du siècle précédent, les neurosciences ont mis en évidence comment le cerveau traite les divers états de la vision (couleur, forme, mouvement...) et comment il met en cartes, c'est-à-dire configure lui-même l'information recueillie. Comme l'écrit A. Damasio, "lorsque David Hubel et Torsten Wiesel ont commencé à travailler sur les bases neurales de la vision, dans les années 1950, on n'avait aucune idée du type d'organisation qu'ils découvriraient dans le cortex visuel primaire, à savoir une organisation submodulaire qui nous permet des cartes visuelles liées à un objet visuel, si ce n'est l'existence de l'aire générale où chercher ces secrets, à savoir la chaîne

[46] Je ferai allusion à plusieurs reprises, dans la suite, à ce type de rapprochement, bien qu'il fasse partie d'un travail différent concernant le mythe et le rite. On trouvera une première approche de cette perspective, dans *mon Histoire de la philosophie ancienne et médiévale*, *op. cit.*, Première Partie.

des voies et des postes de traitement commençant dans la rétine et se terminant dans les cortex visuels". Au point que "les moyens mobilisés par ces encartages visuels constituaient un mystère" (SAR, 109)[47].

Depuis, les progrès ont été considérables, et nous verrons qu'ils ont atteint un point décisif avec l'étude des émotions et des sentiments. Cette situation peut être traduite dans le langage qui nous est maintenant familier : vers les années 50 le monde distal concernant la vision était immense, et était encore envisagé comme étant de l'ordre du mystère et du secret. Le monde proximal qui avait été accompli par les savants était limité. Mais depuis ce monde a été élargi au détriment du monde distal, en ouvrant d'autres possibilités d'extension sur lesquelles je reviendrai plus longuement dans la suite. Plus nous avançons, plus nous constatons qu'il est difficile de se limiter au rôle d'un spectateur. La problématique de la provenance nous conduit dans les *coulisses* de notre corps, en l'occurrence de nos yeux. Et dans ces coulisses ce n'est plus le regard qui domine mais les instances qui *régissent* la vision. Le régisseur prend ainsi peu à peu la place du spectateur. Mais le paradoxe ici, dans le cas de l'œil, réside dans le fait que même si nous devons envisager la provenance sur le mode du régir et du régisseur, nous ne demeurons pas moins au cœur de la vision, dans ce qui se prolonge par le regard, préservant le rôle de spectateur.

Il est vrai que des progrès immenses ont été également réalisés dans la compréhension des autres sens. L'étude du cerveau a ouvert à la question de la localisation en des régions précises des diverses activités sensorielles en lui et de la façon dont se produisent les régulations homéostatiques. L'élément le plus remarquable, dans ces recherches, réside bien dans l'idée d'un *encartage* par le cerveau. C'est le cerveau lui-même qui produit l'encartage des états du corps. Les structures cérébrales de l'homme peuvent ainsi dépeindre sous la forme de *cartes* sensorielles les transformations qui apparaissent dans le corps, par exemple lorsque se produisent des réactions émotionnelles (SAR, 55-56). Des images mentales provoquées par des stimuli externes résul-

[47] Voir en particulier le livre de David H. Hubel, *Eye, Brain and Vision*, Scientific American Library, New York, 1988.

tent en fait des structures neuronales dans le cerveau selon des encartages qui concernent, en l'occurrence, les états de la vision de l'œil. Plus exactement, ces recherches ont établi un lien entre, d'une part, la vision de différentes situations et, d'autre part, l'anatomie microscopique du cortex visuel selon des structures distinctes de l'activité neuronale, lien qui s'accomplit sur le mode d'encartages. Dans le cas de l'œil, qui ne forme après tout qu'un ensemble de mécanismes parmi des millions d'autres, ces mécanismes sont complexes "du fait de la diversité des empiétements physiques qui peuvent être encartés, de la richesse des encartages subséquents qui peuvent se former et du nombre d'actions qui peuvent en résulter" (SAR, 201 ss.). Cette intégration du processus de configuration dans l'ordre du fonctionnement du corps et de ses parties, confère une pertinence élargie à la notion de configuration. Le sens et la portée de cet élargissement apparaîtront plus clairement au fil de l'exposé. En cet endroit, contentons-nous de relever la complexité des processus liés au corps.

À l'instar en effet de la structure de l'œil, celle de chaque organe peut être rapportée à une topographie précise qui permet d'établir de proche en proche la cartographie de l'ensemble du corps. Cette projection *fait voir* ce qui autrement peut rester en retrait sans prétention. En fin de compte, la vision, envisagée à partir de la question de la provenance nous conduit à d'autres parties du corps. Mais le fait que j'ai amorcé la quête de la cartographie du corps à partir de l'œil, de la vision et du spectateur n'est pas fortuit. Je me suis appuyé sur le présupposé, fréquemment répété, que la vision a tenu une place éminente dans l'histoire de la pensée occidentale. En suivant ce chemin, qu'il soit légitime ou non, j'ai cependant un peu dévié de mon itinéraire de départ, qui se limitait à constater que la vision de moi-même requérait un miroir, objet artificiel dont la provenance impliquait la production artisanale. Or, nous venons de découvrir que les processus dont *provient* la vision elle-même nous situent dans quelque chose d'étrange, qui, non seulement double les processus de provenance, mais qui en outre se caractérise par la complexité et met en jeu une autre activité : celle de régir, de gérer et de créer quelque chose.

3. *Cartographie d'organes visibles*

Une fois qu'on s'écarte de l'œil et de la vision, il n'est pas sans intérêt d'observer que l'on peut refaire des remarques analogues pour d'autres organes du visage, comme par exemple l'oreille qui ne se limite pas à une seule fonctionnalité, mais sert, en plus de l'audition, à l'équilibre du corps. À telle enseigne que l'usage des aiguilles par la médecine chinoise (acupuncture), notamment l'auriculopuncture prolonge ces perspectives du côté de l'énergie du corps, et nous propose une configuration fort différente de celle sur laquelle agissent les ORL. Elle se base sur une cartographie détaillée qui associe l'organe à l'ensemble du corps. L'acupuncteur plante les aiguilles dans le lobe et les parties cartilagineuses de l'oreille en fonction d'une cartographie qui sert à la thérapeutique, notamment des douleurs[48]. Divisée en plusieurs régions, dont chacune correspond à des centres énergétiques en réseau, correspondant aux organes et aux articulations anatomiques du corps, l'oreille apparaît comme un miroir du corps, reflétant les forces cosmiques opposées et complémentaires que sont le *yin* et le *yang*, et qui conduisent à un équilibre (*chi*). Or, ces régions représentent un nombre important de points (entre quarante et cent) sur plus de mille cinq cents points pour toute la peau, ce qui indique qu'il y aurait des zones privilégiées des flux énergétiques. Nous retrouvons ici l'importance de la peau. Mais cela explique aussi pourquoi le pouce est souvent la partie du corps la plus utilisée comme centre d'implantations d'aiguilles. Nous avons vu que cette perspective s'accorde bien au rapport entre cette partie du corps et les régions du cortex qui concernent l'appareil sensori-moteur. Mais, de toute façon, il semble que le choix des points corresponde souvent à la topographie de la neurophysiologie de la douleur, telle que la révèle l'électromyographie. Nous savons aujourd'hui que les récepteurs sensibles de la douleur ont une topographie plus riche sur la surface de la peau et plus pauvre sur les organes. Cette dernière topographie s'avère cependant plus complexe que la première, qui dépend du facteur extérieur qui provoque la douleur.

[48] Cf. M.J. Guillaume, J.-Cl. De Tymowski et M. Fiévet-Izard, *L'acupuncture*, Que sais-je ? PUF, 2002[8] (1975).

L'incursion que je viens de me permettre dans la médecine chinoise, quelle que soit sa valeur, n'est pas innocente. Elle vise à faire voir qu'il existe d'autres approches qui analysent autrement la provenance et l'ouverture au monde, ce qui complexe notre proximité à notre propre corps. Cette multiplication des perspectives peut être envisagée dans le cadre de différentes cultures sur notre planète, mais également dans l'ordre de notre propre histoire. Prenons cette remarque comme une bonne transition pour marquer un tournant dans l'analyse du corps, en revenant aux sensations cutanées.

Dès l'Antiquité, en effet, Aristote insistait sur le fait que si la vision est essentielle pour le savoir, en revanche, la vie est entièrement tributaire des sensations cutanées et du toucher. Pour la question de la proximité spatio-temporelle, cette constatation est décisive, surtout dans le cas des êtres vivants qui ne possèdent pas la vue ou l'ouïe ou qui, tout en les possédant, ne sont pas très développés. C'est là une observation que les zoologues ont déjà faite depuis longtemps. L'amibe unicellulaire est ainsi capable de détecter son environnement immédiat avec lequel elle entre en contact et de réagir en évitant l'obstacle qui se présente sur son chemin. On sait aussi que l'anémone de mer est capable de discerner un rocher que ses tentacules touchent (fait de pâtir) et qu'elle ignore au profit d'un poisson qu'elle cherche aussitôt à dévorer (fait d'agir). Les poissons-chats sont munis de barbillons grâce auxquels ils détectent leur nourriture, tandis que les araignées tissent leurs toiles grâce au toucher et parviennent, en se tenant sur le bord de la toile à détecter, à travers les vibrations, ce qui s'y passe sur l'ensemble de sa surface. Il s'agit là d'exemples classiques, que nous avons tendance à oublier. Ils contrastent avec le comportement des animaux supérieurs, dont on rapproche aussi l'homme, chez qui le toucher est tributaire d'un système nerveux complexe, auquel se rapporte la peau de l'ensemble du corps. C'est la peau qui subit l'action du toucher, tout comme elle subit la pression physique et la violence extérieure qui produit la douleur. La topologie de la peau dont les cellules sont associées à des terminaisons nerveuses transmettent les impulsions électriques au cerveau. Un système d'encartage dans le système nerveux permettrai l'émergence des émotions et des sentiments. J'y reviendrai.

Il apparaît ainsi que, grâce aux mains qui constituent une partie seulement de notre corps, mais qui mettent beaucoup de choses à notre portée en nous ouvrant au monde le plus immédiat, les sensations cutanées se découvrent un instrument opératoire, qui renforce les potentialités de la vie. L'avantage de la vision tient plutôt dans le fait qu'elle agit à distance, ce qui nous permet de couvrir un champ important de proximité spatio-temporelle qui favorise le savoir, avec l'aide surtout de l'ouïe. Quant à la main, qui forme cette partie de nous-mêmes à laquelle j'ai déjà prêté une attention particulière du fait qu'elle privilégie le contact immédiat, elle manifeste une topologie particulière, car elle met en jeu deux régions[49]. L'une comprend les parties molles et malléables situées en avant du squelette, l'autre des parties moins mobiles, en arrière. On les qualifie respectivement de région palmaire et de région dorsale. Elles prolongent le poignet et s'étendent jusqu'à l'extrémité inférieure des doigts. Leur constitution dessine une topographie complexe où s'entrelacent, selon plusieurs structures, les ligaments, les muscles, les tendons, les nerfs, les artères, les veines...

Une description plus précise de la paume de la main, qui forme la partie la plus connue, n'échappe pas à l'étrangeté. Si le "creux" de la paume, qui exprime la dépression située au milieu, ne soulève pas de difficulté, les saillies intérieure et extérieure, qualifiées d'éminence thénar et d'éminence hypothénar, inaugurent une nomenclature qui se complexifie aussitôt qu'on passe du côté des trois plis principaux illustrant un M majuscule. Bien plus, à travers les sillons calculés avec précision par les anatomistes se dessine une surprenante géographie des lignes la main, qui est exploitée par la chiromancie de tous les temps. Nous rencontrons une autre version de la complexification que celle de l'œil et de l'oreille, où une topologie peut se métamorphoser en système symbolique. Mais restons dans le cadre de l'anatomie qui est déjà à lui seul une source de concepts étrangers à la plupart d'entre nous[50]. Les catalogues

[49] Voir par exemple, H. Rouvière, *Anatomie humaine, descriptive et topographique*, révisée et augmentée par A. Delmas, 3 vol., Éd. Masson, Paris, 1970. Voir en particulier, le volume 3, pp. 10-248.

[50] Citons la description d'un anatomiste : "La *peau* est épaisse, glabre et très adhérente, sauf sur l'éminence thénar, où elle est mince et mobile. Ceci est dû à

de noms où se concentre un monde d'informations qui révèle que pour la plupart d'entre nous, la plus grande partie de notre corps manifeste des parties qui nous demeurent anonymes. On pourrait répéter, pour chaque partie du corps ce type de description, pénétrant dans un monde étrange, qui révèle qu'il faut beaucoup d'efforts pour faire entrer cette nomenclature dans notre monde proximal[51] Seuls des étudiants en médecine peu-

---

ce que seule l'éminence thénar possède une couche de tissu cellulaire lâche, tandis que, dans le reste de la région, la peau est unie au plan aponévrotique par de nombreuses brides fibreuses qui circonscrivent des pelotons adipeux. On rencontre dans le tissu sous-cutané des veines superficielles de petit calibre, et de nombreux rameaux nerveux. Ce sont : le rameau cutané palmaire médian pour la concavité de la paume et la partie voisine de l'éminence thénar ; le rameau thénarien du radial et les filets terminaux du musculo-cutané pour la partie supéro-externe de cette éminence ; quelques filets du cubital pour l'éminence hypothénar ; les nerfs collatéraux palmaires pour les doigts. Ils sont accompagnées par les artères collatérales et placées en avant d'elles" (*Id. ibid.*, pp. 239-240).

[51] Voici un second exemple, formé par le plan osseux qui demeure invisible, aussi longtemps que la technique des RX ne nous le met pas sous les yeux, à une proximité relationnelle qui compense la proximité spatio-temporelle que nous en avons en scrutant nos mains. Les anatomistes parlent de trois groupes distincts de la main, qui nous font pénétrer dans les secrets du squelette : le carpe, le métacarpe et les phalanges. Le carpe est formé de huit os courts, disposés en deux rangées, l'une supérieure (ou antibrachiale), l'autre inférieure (ou carpienne). L'une et l'autre de ces rangées sont constituées de quatre os, dénommés, d'une part, le scaphoïde, le semi-lunaire, le pyramidal, le pisiforme et, d'autre part, le trapèze, le trapézoïde, le grand os, l'os crochu. L'ensemble forme un massif osseux présentant quatre faces : antérieure-postérieure, supérieur-inférieure, et deux bords latéraux, dont l'une d'entre elles, la face antérieure est creusée en forme de gouttière concave, où glissent les tendons des fléchisseurs des doigts. D'autre part, le métacarpe, composé de cinq os longs (les métacarpiens), constitue le squelette de la paume de la main et s'articule en haut avec les os de la deuxième rangée du carpe. Enfin, les phalanges (squelette des doigts) qui, à l'exception du pouce, possèdent trois segments osseux. La fonctionnalité de l'appareil osseux s'accomplit grâce aux ligaments interosseux, qui sont constitués de membranes fibreuses, dont la description met en œuvre une nomenclature étrange pour un profane : cavité glénoïde, condyle, capsule articulaire, plan fibreux précapsulaire, faisceaux radio-carpien et cubito-carpien, apophyse styloïde, synoviale, etc.

vent avoir le courage ou l'enthousiasme de pénétrer les mystères de ces toponymes, sans lesquels pourtant l'articulation de notre corps ne saurait être comprise. Comme dans le cas de l'œil, la main dont l'usage met en œuvre une proximité immédiate, manifeste une structure complexe qui explique la provenance de l'usage de la main. Mais cette provenance qui peut, ici aussi, être rapportée à une provenance antérieure, qui est celle du cerveau et du rapport de celui-ci avec l'ensemble du corps, fait appel à des éléments différents de ceux de l'œil. En particulier, elle accorde à la musculature une place plus importante que dans le cas de l'œil, qui pourtant ne cesse de faire usage des muscles dans ses mouvements permanents. Mais le rôle plus mobile et plus puissant de la main modifie sensiblement sa fonctionnalité et les structures de sa provenance. Leur différence devient plus flagrante encore lorsqu'on constate que l'organe oculaire est tributaire des lois physiques de l'optique, tandis que la main suit les lois de la mécanique.

Le caractère abstrait de ces analyses, qui visent principalement à marquer l'antinomie de la proximité, ne doit pas occulter le fait que chacun de ces sites peut être le centre d'une douleur, l'origine ou l'expression d'une souffrance. L'activité de la main n'est pas seulement celle d'une mécanique, elle est celle d'une appartenance à un être humain avec toutes les souffrances qu'elle porte et lui fait supporter au cours d'une vie, au fil de ses innombrables usages. J'aurai l'occasion de m'arrêter encore sur la main, ne serait-ce que parce qu'elle met en jeu, par le contact immédiat, la forme de proximité spatio-temporelle la plus éminente, sans pour cela obnubiler les multiples proximités relationnelles qui la concernent.

Mais ne l'oublions pas, cette complexité, qui suscite une antinomie de la proximité, guide pourtant les médecins et plus spécialement les chirurgiens dans leurs tâches, lorsqu'ils doivent guérir les maladies de la main (une fracture, des arthroses, etc.). Cette connaissance d'une partie du corps n'implique pas nécessairement qu'un spécialiste en médecine maîtrise de la même façon toutes les parties du corps. Combien en effet de médecins spécialistes peuvent prétendre connaître parfaitement l'anatomie et la topologie complète du corps ? La médecine et la chirurgie du corps morcelé est à l'ordre du jour, même si la vision globale du corps est une condition à priori de son fonctionnement global et d'une bonne méthode de guérison, — comme le montre au demeurant la nécessité d'une médecine interne dans les hôpitaux, qui tient compte du corps organique et sa physiologie en son entier. Chaque partie du corps, chaque organe présente, pour ainsi dire, sa vie propre. Cette vie favorise une approche bio-organique du corps, et devient primordiale dès lors qu'on passe à une topologie prépondérante, comme celle du système cardio-vasculaire et celle du système nerveux central.

Par ces exemples qui concernent la topographie de l'œil et de la main, que je laisse ici dans l'imprécision que seule l'analyse d'un anatomiste peut éclairer, on découvre l'ampleur topographique qu'offre l'anatomie du corps. Cette visualisation configurée qui présente la stature humaine sous le mode d'un spectacle cartographique est troublante, car elle donne l'impression d'une limitation de l'homme, analogue à celle qu'on découvre avec la difficulté de voir son visage ou son corps sans le miroir. La topographie configurée du corps apparaît ainsi comme un miroir soumis au regard des spectateurs que nous sommes pour se découvrir, pour se connaître soi-même, pour arriver à réaliser une proximité avec soi-même.

Les différentes configurations que je viens d'élaborer pour nous rapprocher de la complexité qui est constituée des organes de notre corps, peuvent être étendues à toutes les parties du corps, nous entraînant, d'une façon plus déroutante encore dans un monde inconnu, dominé par une nomenclature que la plupart d'entre nous ignorons, quand bien même nous aurions une représentation, une configuration de l'anatomie de notre corps. En vertu de ce qui précède, on peut affirmer que nous n'avons aucune proximité avec l'ensemble de notre corps, ne serait-ce que parce que la plus grande partie nous est difficilement accessible sans des détours et des instruments médiateurs. La proximité immédiate que nous en avons, concerne uniquement des parties visibles du corps, ou encore celles que nous ressentons occasionnellement à l'occasion d'une douleur ou d'un autre type de sensation. Même lorsque nous restons sur le plan de la surface et nous explorons notre système sensori-moteur extérieur, nous affrontons beaucoup de difficultés pour connaître les détails et nous rapprocher d'un corps qui donne l'impression d'être un étranger en nous-mêmes.

Troisième Section

Régisseurs

1. Topologie de la dynamique du corps

1. *Accès à l'invisible*

Poursuivons notre cheminement dans la topologie de notre corps, en oubliant la projection topographique au profit d'une vision sur nous-mêmes grâce à un ou plusieurs miroirs. Lorsqu'un miroir ou une image nous révèle à nous-mêmes et que nous assumons plus clairement une proximité avec nous-mêmes, nous pouvons multiplier nos expériences à volonté avec plusieurs miroirs qui "s'entraident" pour mieux dévoiler les profils de notre corps visible, renforçant ainsi davantage notre proximité avec nous-mêmes. Au fil du temps, nous acquérons une grande familiarité avec l'image que nous façonnons de nous-mêmes, sans qu'elle nous permette pour autant d'épuiser notre corps propre. D'autant plus que le plus souvent cette familiarité se limite à l'extériorité, sans accès à la structure interne de notre corps, occulté par notre peau. Il suffit de se souvenir de l'étonnement que nous ressentons quand nous visionnons une radio de nos organes ou une image d'un scanner qui nous renseignent sur des aspects de notre corps qui demeurent invisibles. Si le microscope a permis d'approcher le microcosme, les rayons X sont parvenus à pénétrer la peau même. Les moyens techniques de plus en plus perfectionnés nous ont révélé une réalité peu familière qui nous ouvre à un monde qui nous est très proche et qui reste pourtant profondément opaque. Ici encore c'est par la médiation d'images, produites par des technologies de pointe, autrement plus complexes que le miroir, et même plus subtiles que celles des microscopes, que nous arrivons à nous connaître nous-mêmes.

Par ce glissement presque imperceptible, nous passons d'une situation où le spectacle est à notre portée, à condition de recourir à quelques subterfuges, à une situation où les moyens mis à notre disposition deviennent d'une efficacité de plus en plus grande et manifestent des potentialités quasi illimitées. C'est par ces moyens (dont la provenance fera l'objet de la dernière Section), que nous découvrons que l'invisible en nous met en jeu les processus qui *régissent* cela même qui nous paraît en nous visible et accessible. Et ces processus sont en même temps ceux dont *proviennent* nos comportements, nos activités et nos sentiments.

Ce passage d'une vision de nous-mêmes comme quelque chose de toujours visible mais d'inaccessible directement sans la médiation du miroir, à quelque chose d'invisible et d'accessible uniquement par de systèmes complexes plus adéquats, montre que, pour approcher la complexité de la réalité qui nous constitue, il faut recourir à des moyens qui sont eux-mêmes complexes, et que ce passage constitue, en même temps, un changement de registre. Le spectateur devient d'un seul coup tributaire d'un régisseur. Il s'ensuit que le monde proximal que nous réalisons ainsi renferme en lui un monde distal ambivalent qui ne peut être approché que partiellement par des moyens complexes et par des configurations adaptées à sa complexité. Aussi peut-on, par une sorte de digression provisoire, ajouter un autre mythe que celui du miroir pour mieux faire voir la portée de cette médiation.

Imaginons, en effet, qu'un jour, grâce aux progrès, la technologie parvienne à pénétrer si profondément et si efficacement notre corps que nous découvrions d'un seul regard nos organes internes, abstraction faite de toute l'extériorité délimitée par la peau. Celle-ci nous apparaîtra comme une sorte de paravent, de couche qui, tout en nous protégeant, n'en dissimule pas moins la réalité de notre constitution corporelle. Neutraliser ce paravent pour faire voir d'un seul regard tout ce qui se dissimule en nous, voilà un défi qui suffirait à nous dépayser. Car, une telle expérience qui faciliterait la tâche des médecins et réjouirait les patients, ne ferait pas nécessairement notre bonheur immédiat, puisqu'elle produirait une vision de nous-mêmes fort étrange, étrangère à nos habitudes et à l'image familière que nous avons construite de nous-mêmes. Qui d'entre nous, confronté à une telle expérience, serait capable de reconnaître sa propre constitution, sans un long travail de discernement, de mémorisation, d'adaptation et d'assimilation ? Cette expérience, si elle se réalisait un jour, non seulement nous révélerait d'une façon insolite notre propre réalité corporelle, nous apportant une preuve supplémentaire que nous avons peu de proximité avec ce que nous sommes, mais nous dépayserait. Et ce dépaysement, qui nous mènerait sur des chemins inconnus et complexes, devrait perturber nos rapports avec nous-mêmes et multiplier nos émotions et nos soucis, provoquant sans doute de nouvelles souffrances, mais parfois aussi des joies inédites. Je veux dire par là que cette étrangeté qui pourtant devrait contribuer à produire une meilleure proximité à l'égard de nous-mêmes risque fort de créer en nous un malaise difficilement supportable aussi longtemps que cette vision des choses ne devient pas habituelle, triviale et familière, pour produire en nous la joyeuse satisfaction d'une mission périlleuse réussie.

Bref, notre constitution intérieure nous est étrangère. La stature limitée de notre personne, en tant qu'êtres humains, se révèle par là dans toute sa nudité. Pour que notre constitution intérieure nous devienne plus familière, pour qu'elle soit assumée sur le mode d'une proximité plus conséquente, elle devrait être visualisée par des moyens techniques. Comme pour le miroir susceptible de révéler notre visage, dans ce cas aussi, seul un système spécial d'imagerie est susceptible de réaliser la connaissance de soi relativement, du moins, à notre corps propre. Cette visualisation n'est réalisable que si elle s'accorde aux règles de la répétition. Une seule vision de notre intériorité corporelle n'est pas susceptible de produire l'adhésion de celui qui découvre la constitution détaillée de son corps intérieur. Pour atteindre toutes les régions invisibles de notre corps en les visualisant, il faut réaliser un parcours minutieux et répété de toutes les parties de nous-mêmes, car seul un tel cheminement est susceptible de créer une familiarité avec nous-mêmes, condition de toute forme de proximité. Un tel itinéraire permet d'établir une cartographie de l'ensemble des parties qui nous constituent, configurant notre unité. Pour établir cette topographie configurée qui forme une sorte de projection extérieure et visualisable de nous-mêmes, la *temporalité* devient un médiateur incontournable entre la proximité extérieure qui nous est familière et une proximité intérieure inconnue mais plus profonde.

En somme, entre la familiarité d'un visage qui révèle ce qui nous est proche et l'étrangeté d'un corps massif qui nous est pourtant aussi, sinon plus proche encore, s'institue un *hiatus*, sans rapport immédiat, comme si l'un faisait écran à l'autre, empêchant un accès immédiat et transparent à nous-mêmes. Aussi longtemps que la proximité n'est pas précisée selon des processus variés pour réaliser cette double familiarité, les êtres humains que nous sommes, vivront dans l'illusion d'une maîtrise de quelque chose qui leur paraît le plus proche d'eux, alors que d'un autre point de vue il leur est très éloigné, parce qu'il leur est à la fois inaccessible et peu maîtrisable. Nous verrons, dans la suite, que les choses deviennent encore plus déroutantes lorsqu'on y ajoute la dimension psychique, qui se situe d'entrée de jeu dans un invisible qu'aucun système d'imagerie ne peut dévoiler directement. Nous y arriverons par étapes, en rencontrant, en chemin, des tas de cas intermédiaires qui, de leur retrait, de leur invisibilité produisent leurs effets, analogues aux effets suscités par les émotions sur le corps, et plus particulièrement par les altérations (grimaces...) du visage ou encore par les gestes de nos mains et de nos bras.

La problématique des émotions, sur laquelle je reviens dans la suite, constitue un modèle intéressant pour faire voir visuellement que quelque chose d'important se passe dans nos structures corporelles et cérébrales. Les émotions sont des révélateurs d'un monde invisible dont elles configurent certaines de ses dimensions. Ce phénomène a été fort étudié ces dernières années. N.H. Frijda répartit le contexte émotionnel selon trois variables : la pertinence relative aux buts qu'il faut atteindre, l'état de préparation à l'action du fait que l'émotion interrompt la cours de l'action au profit d'une réponse urgente à la nouvelle situation et la modification subjective des états mentaux. Les régulations émotionnelles peuvent opérer de façon consciente et non consciente, automatique et contrôlée, et elles semblent délimiter trois modes de réactions émotionnelles avec des modifications tantôt observables et tantôt non. Les réponses sont *physiologiques* (rythme cardiaque, pression sanguine...), *comportementales-expressives* (expression faciale, gestes, posture, voix...) et *cognitives-expérentielles* (réactions cognitives et expérientielles, avec fixation dans la mémoire)[1].

Le visage qui se crispe avec des mouvements des sourcils, les mains qui s'agitent et le corps qui se meut d'une façon inhabituelle illustrent, dans un contexte plus général, notre modèle de prédilection : le visage et les mains. La modification de la voix, la peau qui révèle des réactions électrodermales et le goût qui s'altère complètent cette liste et nous renvoient à la topographie sensori-motrice que j'ai esquissée au début de mon exposé anatomique. Mais cette description se trouve néanmoins dépassée aujourd'hui par de nouvelles données, et notamment par l'énumération de trente-deux émotions mises en évidence par une équipe de recherche hollandaise[2]. En les rapportant à des souvenirs et des tendances à l'action, cette recherche a permis d'établir "des *patterns* qui lient un état émotionnel à une *configuration* particulière d'évaluations cognitives et de tendances à l'action". Ces situations apparaissent, selon les cas, tantôt positives (fierté, enthousiasme...) ou négatives (colère, rage...), selon qu'on promeut l'exubérance ou l'antagonisme. Cette combinatoire est intéressante du fait qu'elle oppose, entre autres, quatre concepts appartenant plus directement à la problématique de la proximité : l'*approche* ("j'avais envie de m'approcher, d'entrer en contact"), l'*exubérance* ("l'avais envie de sauter, de chanter, de bouger, d'entreprendre quelque chose"), l'*évitement* ("je ne voulais plus avoir à faire avec quelqu'un ou quelque chose"), l'*antagonisme* ("j'avais envie d'insulter quelqu'un, de lui faire mal") (PE, 28).

De telles situations ne sont pas isolées, mais interviennent dans la perception du monde, dans la manière dont on s'exprime, dans les raisonnements qu'on tient et les processus d'apprentissage mis en œuvre, etc. Elles font partie de notre mémoire et de notre vie quotidienne, de nos problèmes les plus habituels, sans lien préalable et nécessaire avec

[1] N.H. Frijda, *The emotions*, Cambridge University Press, Cambridge, 1986 et O. Luminet, *op. cit.*

[2] N.H. Fijda, P. Kuipers et E. Schure, "Relations among emotion, appraisal and emotional action readiness", *Journal of Personality and Social Psychology*, 57, 1989, pp. 212-228. Cf. O. Luminet, *op. cit.*, pp. 28 ss.

notre vie affective, déterminant souvent nos décisions. Si bien que toute lésion des lobes frontaux du cerveau peut entraîner des déficits de notre mémoire épisodique (qui permet d'avoir conscience des expériences émotionnelles) et de nos manières de vivre.

Dans son exposé qui relate ces recherches, Olivier Luminet rappelle le cas célèbre de Phineas Gage, un rescapé d'un accident grave, victime d'une explosion lors des travaux des chemins de fer américains, mais dont les séquelles cérébrales avaient émoussé les réactions émotionnelles. Ses lésions lui avaient ôté la capacité d'associer des réponses émotionnelles à des choix dans l'anticipation de ses actions, de sorte que ses relations sociales ont été fortement handicapées. Il me semble utile d'observer que le handicap de Phineas Gage révèle que la proximité, en tant qu'elle est liée également aux émotions, peut être tributaire de lésions. Gage formait des rapports de proximité (d'amitié) sans discernement, comme si la proximité avec lui-même et avec les autres avait perdu son sens. Cette observation est troublante car elle montre la précarité qui entoure la question de la proximité. Elle aurait peu d'effet si de telles situations ne représentaient que des cas limites, accidentels. Mais, nous le verrons, les choses ne sont pas si simples, les problématiques actuelles de l'émergence des niveaux de conscience, des sentiments et surtout de l'inconscience (au sens freudien ou lacanien) suscitant des interrogations illimitées, laissant au monde distal un champ libre que tous les efforts actuels de réaliser un monde proximal de connaissance et d'action, grâce aux neurosciences et à la psychanalyse, ne parviennent pas à maîtriser.

Le cas clinique de Phineas Gage est sans doute un exemple parmi des milliers d'autres qui ont fait avancer la science. Il aurait cependant tellement fasciné Antonio Damasio, célèbre neurologue de l'Université d'Iowa, qu'il l'aurait incité à s'intéresser aux mécanismes cérébraux impliqués dans les émotions (PE, 28-29). Mais avant de venir au travail remarquable de ce savant, il convient d'engager une explicitation préalable concernant la complexité du cerveau. Car sa visibilité grâce aux moyens technologiques et scientifiques actuels, ne cache pas moins un invisible pour nous et en soi, qui donne l'impression de nous mener devant un précipice, où le vide laisse néanmoins voir à travers les brumes des esquisses significatives et entendre des échos qui créent un espoir pour des avancées scientifiques importantes à court ou moyen terme, lesquelles devraient contribuer à renforcer notre monde proximal, mais sans doute aussi à ouvrir à de nouvelles complexités et des inconnus, en rendant le monde distal encore plus étendu et plus énigmatique.

2. *La victoire du cerveau contre le cœur*

Bien que le cœur ait été associé souvent, et notamment depuis Platon, au courage et aux sentiments nobles, très rapidement, avec Aristote et les stoïciens, il est devenu le centre régulateur de l'être humain, centre de vie et centre de gouvernance, centre du développement de l'embryon et centre de la raison. Nous avons de très beaux fragments des stoïciens qui cherchent à justifier et à exploiter le caractère central du cœur où se trouve à la fois le centre de la vie et la pensée. C'est, paradoxalement, en s'opposant à l'idée de son maître Platon, qui faisait du cerveau une partie de la moelle épinière, qu'Aristote a proposé, le premier, une théorie du cœur comme siège de la raison organisatrice du corps et du fonctionnement du sujet humain, tout en situant le cerveau en contre-poids pour le maintien de l'équilibre physiologique de l'organisme. Le cerveau serait la plus froide des parties du corps ; il s'oppose à la moelle, grasse et huileuse, ainsi qu'au sang, qui seraient des parties plus chaudes. Cette physico-chimie élémentaire, qui surprend aujourd'hui après au moins un siècle de progrès vertigineux en neurosciences, est néanmoins intéressante, car elle met en évidence une configuration qui s'appuie à la fois sur un présupposé métaphysique et sur une approche empirique qui se réfère à la vision et au toucher. La référence théorique affirme que “relativement à chaque excès, toujours la nature s'ingénie à faire appel à l'aide, pour équilibrer un excès par un autre, à un excès contraire”, tandis que l'épreuve empirique montrerait la froideur du cerveau qui serait la partie du corps la plus sèche, et la moins pourvue de sang, dépourvue aussi de sensation au toucher et de continuité avec les parties sensitives du corps[3].

[3] Aristote, *Les parties des Animaux*, I, 7, 652a24 ss.

Sans doute, ces assertions font sourire aujourd'hui. Pourtant, Aristote propose l'une des premières configurations pertinentes réalisée par la science de la nature dans l'histoire humaine, qui dominera pendant des siècles moyennant des réaménagements qui ne seront jamais révolutionnaires avant l'époque moderne. Cette configuration recèle en tout cas une intuition lumineuse, car elle s'oppose à tout dualisme radical entre l'âme et le corps, selon lequel l'âme serait séparée du corps, formée par une sorte d'incorporel (tradition platonicienne) ou comme si elle était une entité substantiellement autonome (comme ce sera le cas plus tard dans la tradition augustinienne et cartésienne). Avec beaucoup de perspicacité, Aristote considère que l'âme assure la constitution du corps et se constitue dans un corps qui assume les conditions physiologiques requises[4]. Comme il le dit ailleurs, l'âme est la spécificité (*eidos*) relativement au corps, c'est-à-dire ce qui spécifie un corps organisé qui possède la capacité de vivre et d'opérer. Et cette spécificité se manifeste sous la forme d'une l'entéléchie première, c'est-à-dire d'une constitution issue d'un processus de développement du corps organisé avec ses fonctions organiques, se possédant dans sa fin propre, de telle façon qu'il puisse s'actualiser par une multiplicité d'activités. Cela ressemble, dit-il, au savant qui acquiert et possède un savoir (entéléchie première) et l'exerce partiellement en actualisant telle ou telle partie selon les circonstances (entéléchie seconde)[5]. Or, pour étayer cette thèse, qui assure au corps organisé et fonctionnel une place essentielle dans la stature de l'homme, Aristote se tourne vers les deux principes qui sont mis en évidence, à tour de rôle, par ses prédécesseurs : le cœur et le cerveau. Il les relie par des réseaux simples selon les données de sa physique des quatre éléments (terre, eau, air, feu) et de leurs propriétés (sec, humide, chaud, froid).

Bien sûr, Aristote était loin de s'imaginer qu'un jour nous aurions des moyens technologiques d'imagerie et une chimie qui bouleverse-

[4] *Id. ibid.*, 652b8-9.

[5] Aristote, *Traité de l'âme*, II, 1. Cf. mes Livres *La Physique d'Aristote*, Ousia, Bruxelles, 1997[2] (1980), chap. 5 et *Aux origines de la philosophie européenne*, *op. cit.*, pp. 491-511.

ront cette proximité par contact et une physiologie fondée sur une opposition entre le chaud qui garantit la vie, et le froid qui équilibre l'échauffement. Mais ce qui me paraît intéressant dans son raisonnement, c'est qu'il tente d'établir, avec les moyens rudimentaires du bord, une topologie du corps pertinente pour expliquer la vie. Il accorde ainsi la froideur au cerveau pour équilibrer la région (*topos*) du cœur, dominée par la chaleur, sans laquelle il n'y a pas de vie. De sorte que même si le cerveau n'est pas, selon lui, le centre de la gouvernance en l'homme, il est néanmoins destiné à assurer aux animaux une entière sauvegarde et leur salut (*holès sôtèrian*). Par suite, un déséquilibre dans la physiologie des propriétés des éléments, peut produire des dysfonctionnements : "trop humide ou trop sec, le cerveau ne remplira pas sa fonction, mais ne refroidira pas ou se durcira au point de provoquer des maladies, des accès de folie et des morts, car, dit-il, la chaleur et le principe qui se trouvent dans le cœur, reçoivent le plus d'affections et ressentent rapidement les modifications et les affections subies par le sang dans le cerveau".

Comme je l'ai dit, cette configuration constituait à son époque un pas important pour analyser la physiologie de la vie ; elle dominera longtemps dans la pensée occidentale, avec des variantes, en formant un monde proximal, toujours débattu au cours des siècles, mais toujours pertinent aux yeux des médecins et physiologistes de l'Antiquité et du Moyen Âge, qui ne discernaient pas que le monde distal qu'ils investissaient était immense, aussi bien par l'inconnu qu'il comportait que par la complexité qu'il recelait.

Sans doute, l'une des clés pour comprendre comment les configurations successives s'imposent est de repérer quels sont les modèles de proximité qu'utilisent les auteurs. Chez les Anciens, c'est le plus souvent par analogie avec l'art artisanal, la *technè*, que les phénomènes de la nature et du comportement humain sont abordés. Aristote utilise la structure des quatre causes (matière, spécificité, finalité et action efficiente, motrice ou productrice). Descartes se réfère aux automates, à la mode à son époque et dont les développements successifs atteindront un point culminant avec l'autorégulation servomécanique du 19e siècle. À l'époque contemporaine, la biologie et surtout la biologie moléculaire n'a cessé de se référer à des analogies particulières provenant du monde de la technique (circuits électriques, électronique ou théorie de l'information, barrages pour l'énergie cellulaire, etc.), avec un tournant décisif lorsqu'on a commencé à réfléchir à l'intelligence artificielle[6]. Depuis peu, nous le verrons, une nouvelle configuration fait son apparition, issue de l'art : la plasticité[7].

L'histoire des débats autour de la question de savoir si le cerveau humain fonctionne comme les ordinateurs est longue. Les progrès de la logique mathématique ont favorisé les débats (calcul propositionnel de A. De Morgan, algèbre de G. Boole, théorie des fonctions récursives et des algorithmes explicités par A. Church, etc.). Mais, on le sait, c'est la machine logique de A. Turing qui en intégrant les procédures algorith-

[6] Cf. mon étude «Du logos à l'informatique: l'histoire d'une mutation», dans *Penser l'informatique et informatiser la pensée* (Mél. A. Robinet), éd. ULB, Bruxelles, 1987, pp. 13-30.

[7] Cette configuration a été introduite en philosophie par Cathérine Malabou, dès l'époque de sa thèse, publiée sous le titre *L'avenir de Hegel. Plasticité, temporalité, dialectique*, Vrin, Paris, 1996. Inscrite dans le sillage de la pensée de Jacques Derrida, mais en la prolongeant d'une façon féconde, cette configuration assure un dynamisme à la notion de "trace" en fonction d'une démarche qui vise au dépassement de la métaphysique. Elle est illustrée dans plusieurs livres : *Que faire de notre cerveau ?*, Bayard, 2004, ainsi que *Le change Heidegger. Du fantastique en philosophie*, et *La plasticité au soir de l'écriture. Dialectique, destruction, déconstruction*, parus aux Éditions Léo Scheer, respectivement en 2004 et 2005. À quoi s'ajoute l'ouvrage collectif qu'elle dirigea : *Plasticité*, Actes du colloque du Fresnoy, Éditions Léo Scheer, 2000. La façon dont Cathérine Malabou traite la plasticité allie la métaphysique spéculative avec ce que j'appelle la métaphysique concrète, grâce à laquelle une forme de dépassement de la métaphysique traditionnelle pourrait un jour s'avérer possible. Ce n'est dès lors pas une coïncidence si, en plus de ses réflexions sur la mondialisation, sa démarche rejoint les préoccupations de certains scientifiques qui cherchent à rendre compatibles neurosciences et psychanalyse, comme c'est le cas de François Ansermet et de Pierre Magistretti : voir en particulier leur livre commun *À chacun son cerveau. Plasticité neuronale et inconscient*, Odile Jacob, Paris, 2004 (je citerai par ACC).

miques (programmes) met en branle, en 1936, le processus qui alimentera les rêves de tous ceux qui souhaitaient conquérir le monde distal de la pensée humaine en lui associant son double artificiel. Lorsque J. von Neumann conçoit le logiciel comme élément déterminant de la mémoire de la machine à calculer électronique, il accomplit un pas supplémentaire, plus décisif et plus fondamental encore que l'acte pionnier de Watt, lequel avait réussi jadis, avec sa double boule, à réguler la vapeur. L'électronique prenait définitivement la place de la servomécanique, le traitement automatique pouvant désormais réaliser un traitement de problèmes sans que l'exécution soit distinguée du fonctionnement de la machine. Bien plus, l'usage de logiciels révélait que les systèmes ne se limitaient pas seulement au calcul numérique, mais pouvaient être programmés pour accomplir des inférences logiques et manipuler des symboles. Cette découverte donna certes l'illusion à l'opérateur d'observer des analogies entre la machine et le fonctionnement du cerveau, mais en même temps permettait à l'homme de se libérer d'un nombre considérable de tâches et de découvrir un auxiliaire qui pouvait suppléer ses défaillances. C'est dans cette double fonction de la découverte de von Neumann que le problème de la complexité prenait une ampleur sans précédent. Elle ouvrait de nouvelles voies de réflexion sur le monde distal, mais aussi des possibilités inédites pour la formation de configurations nouvelles susceptibles de renforcer notre monde proximal. Face à la complexité, les projections topographiques deviennent de plus en plus difficiles, de sorte que la pratique des configurations dévoile peu à peu sa nécessité, mais aussi sa précarité. Elle doit sans cesse se modifier et s'accorder aux nouvelles situations que les progrès de la science et ceux de la technique lui imposent.

En pratique, dans une première étape comme le note Marceau Felden, un optimisme excessif domina les débats, ce qui était après tout naturel après les développements de la cybernétique, de la théorie de l'information et de l'étude des automates, développés respectivement par Wiener, Shannon et Weaver, ainsi que par Pitts et Kleene. L'extension des réflexions du côté de la neurophysiologie du système nerveux, en progrès à l'époque, donnait un nouvel élan, avec les rapprochements accomplis entre, d'une part, le système nerveux et, d'autre part, la machine universelle de Turing par Pitts et McCulloch, mais ensuite aussi avec l'information et les rétroactions par Rosenbluch, Wiener et Bigelow. Comme le note M. Felden, "ces travaux et, dans une moindre mesure, le texte posthume, et inachevé, de von Neumann *The Computer and the Brain* établissent un *pont* entre le cerveau et la machine, marquant ainsi le point de départ des sciences de l'artificiel, malgré le fait que ce dernier *mette déjà en doute* l'adaptation de nos mathématiques à l'étude du névraxe !"[8].

L'ambivalence de la remarque de Felden peut être interprétée, selon mon point de vue, d'après l'idée que le monde proximal qu'on était en train d'édifier à travers le monde distal en utilisant les parallèles qu'on y décelait entre fonctionnement du cerveau et données de la technique de cette époque, nécessitait la mise en valeur de nouvelles configurations, plus adaptées aux réalisations pratiques qui se multipliaient depuis les années cinquante. C'est la phase de la technique où les calculateurs électroniques, dotés de programmes plus performants, permettaient de façonner le rêve de l'"intelligence artificielle". Les nouvelles données connues sous le signe GPS (*General Problem Solver*) se fondent sur l'hypothèse qu'on pouvait concevoir des appareils capables d'effectuer des tâches exigeant de l'intelligence. Cette perspective accordait, par son caractère "heuristique", une prééminence à l'efficacité sur la véracité (IA, 238 et 243, n.4).

C'est là un point qui me paraît central pour établir une conjonction entre, d'une part, les configurations que nous formons pour interpréter un phénomène en rapprochant, par exemple, les mécanismes cérébraux et les modèles de la technique et, d'autre part, les configurations construites par la technique elle-même ou, en parallèle, organisées par les mécanismes cérébraux en vue d'une tâche. Nous verrons que cette perspective est importante, d'abord, pour la problématique des modèles que l'être humain produit pour expliquer un phénomène particulier, et qui ne sauraient prétendre à une adéquation véritable avec ce dont ils

[8] M. Felden, "L'intelligence peut-elle être artificielle?", *Dictionnaire de l'ignorance. Aux frontières de la science*, dir. M. Cazenave, Albin Michel, Paris, 1998, pp. 235-244 ; 237 (je souligne). Je citerai par l'abréviation IA.

sont le modèle, mais qui sont jugés en fonction de leur degré de performance, et, ensuite, pour les systèmes d'encartage que forment les mécanismes cérébraux en transformant les données sensorielles. Si nous pouvons, au moyen de la notion de configuration, rapprocher et relier ces deux situations relatives, l'une, à la connaissance et à l'action humaine, l'autre, au fonctionnement cérébral, c'est précisément parce que le processus de configurer ne consiste pas à établir une adéquation vraie avec les choses, mais à promouvoir une *proximité* régie par la pertinence et l'efficacité. Et quand, à un moment donné, cette pertinence et cette efficacité s'avèrent insuffisantes, de nouvelles configurations sont aussitôt édifiées, grâce à la plasticité du cerveau, comme diraient les tenants de la théorie de la "plasticité". Ceux-ci pourraient ajouter ici que la dynamique de l'efficacité est soutenue par la prééminence de la plasticité sur la rigidité, voire sur la flexibilité et l'adaptabilité. Tout cela, on le verra bientôt, est essentiel, non seulement pour notre rapport au monde, mais également pour le fonctionnement interne du cerveau.

Cette observation, qui demande des preuves, pourrait ouvrir à de nouvelles perspectives, surtout après le désenchantement provoqué par les rapports de Pierce aux États Unis d'Amérique et de Lightill en Grande Bretagne, qui ont qualifié d'illusoires certains grands projets, comme celui de la traduction universelle par machine, ou encore celui de la capacité de résoudre tous les problèmes. Il apparaît que dès lors qu'une machine doit explorer toutes les possibilités de résolution d'un problème donné, elle se heurte fatalement à une expansion combinatoire peu contrôlable, car "le nombre de voies à explorer croît exponentiellement quand la complexité varie linéairement, le cas du jeu d'échecs en étant l'exemple type" (IA, 239-240). Le parallélisme entre la machine et le cerveau humain soulève donc d'innombrables problèmes. Surtout qu'avec l'explosion technologique des années quatre-vingt et les projets militaires et civils américains, des progrès énormes ont été réalisés dans la constitution des systèmes experts en robotique, des réseaux de simulation, des banques de données, des autoroutes de l'information et tout ce qui concerne l'Internet et les autres technologies de la communication. Ces progrès ont rendu extrêmement complexe le statut de la technique elle-même. C'est là un point sur lequel je reviens dans la Section consacrée aux "producteurs".

Mais je tiens à souligner ici que cette complexification perturbe sensiblement les parallèles qu'on souhaiterait établir entre la machine et le cerveau, ne serait-ce que parce que les matériaux utilisés dans les nouvelles technologies, comme les semi-conducteurs et les micro-processeurs, sont d'une simplicité inouïe par rapport à biochimie et à la physique des structures cérébrales. J'ose même dire que la logique qui régit les deux systèmes n'est pas nécessairement la même, car si la puissance des ordinateurs réside dans la simplicité de la logique binaire, celle des mécanismes cérébraux, si l'on tient compte aussi des structures de l'inconscient, semble plus complexe et pourrait impliquer, en plus, des logiques plus complexes, comme celle de l'ambivalence[9]. En réalité, la machine ne peut constituer qu'un modèle que nous façonnons et qui peut évoluer selon de nouvelles données, pour approcher la nature et, en l'occurrence, le cerveau. Et comme Marceau Felden l'observe, "à présent, il s'agit moins de spéculer sur ce que pourrait faire la machine mais plutôt de savoir ce que l'on pourrait lui faire faire !" (IA, 240). Dès lors, toute tentative pour identifier machine et cerveau ou de rendre leur analogie étroite constituerait, comme dirait Kant, une illusion transcendantale.

Nous aurons l'occasion de revenir sur cette différence, et sur l'aide apportée par l'art et la technique pour éclairer le réel, ne serait-ce que parce qu'ils sont des créations humaines et, de ce fait, plus intelligibles pour nous. Leur caractère proximal peut contribuer à réaliser un monde proximal progressif dans le domaine de la nature et de l'être humain. Ces données nous font découvrir les coulisses de nos comportements, là où un mystérieux "régisseur" (qui n'a rien à voir avec un quelconque "homoncule" qui tirerait les fils de nos activités) gère et manipule des structures et des processus, jusqu'au tréfonds de nous-mêmes, jusqu'aux frontières énigmatiques de l'inconscient, sans pour

[9] Je reviens, dans la suite, à cette logique que je rapproche souvent à celle qui est utilisée par le monde archaïque. Voir, entre autres, mes études "La logique du mythe et la question du non-être", *Revue de Théologie et de Philosophie*, 122, 1990, pp. 323-340 et «Y-a-t-il une logique archaïque», dans *Logique en perspective* (Mélanges offerts à Paul Gochet), éd. F. Beetz et E. Gillet, Ousia, Bruxelles, 2000, pp. 45-79.

autant s'approprier de toute notre liberté d'action. Bref, une fois encore c'est la question de la provenance qui domine la question de la proximité, provenance qui rend possible des activités qui conduisent elles-mêmes à l'ouverture d'un monde.

3. *Les coulisses de la conscience*

Je commencerai par l'une des dernières approches en date, une parmi d'autres possibles : celle de Gerald Edelman, à laquelle j'ai déjà fait allusion. Il ressort qu'actuellement le débat autour des rapports entre le cerveau et les corps évolue vers de nouvelles configurations, qui tiennent compte de plus en plus des données du néodarwinisme, déjà en vogue en paléontologie, en anthropologie physique, en biologie et en biologie moléculaire. C'est au niveau des structures du cerveau que ce modèle est appliqué, selon des configurations qui envisagent les neurones sur le mode de populations soumises à des processus de sélection. De ce fait, un ensemble de thèses plus anciennes paraissent de moins en moins pertinentes : l'opposition entre, d'une part, un cerveau qui se rapporte à un corps morcelé (ou modulaire) dont les parties sont fonctionnellement isolées et autonomes, et, d'autres part, un corps absolument unitaire (ou holiste) ; ou encore le rapprochement entre, d'une part, le cerveau et, d'autre part, l'ordinateur et les systèmes de computation digitale qui, en s'appuyant sur des programmes et des algorithmes, utilisent des modèles informationnels ou instructionnels, etc. Les nouvelles tentatives cherchent surtout à rendre compte de la *complexité* ; elles s'opposent à l'idée qu'il convient de repérer les mécanismes les plus simples susceptibles d'expliquer la diversité. Ce tournant épistémologique favorise la constitution de nouvelles configurations qui cherchent à relier entre elles les régions du cerveau qui donnent l'apparence d'être isolées, révélant "un système complexe d'une façon imbriquée et intégrée". Cette nouvelle configuration, défendue surtout par Gerald Edelman dans plusieurs livres successifs[10],

[10] Avant son livre *Plus vaste que le ciel*, G. Edelman à publié, comme seul auteur, *Biologie de la conscience* (Odile Jacob, 1992) et, avec Giulio Tononi,

serait plus apte à expliquer, par une théorie *globale* du cerveau, la perception, la mémoire, l'action et l'intention, l'émergence au cours de l'évolution de la conscience, et la différenciation entre une conscience primaire et une conscience supérieure (PVC, 47). En réalité, il ne s'agirait là que d'un premier pas, se tenant dans la tradition de neurosciences autonomes, inaugurée par Jean-Pierre Changeux[11]. Celui-ci semble d'ailleurs avoir évolué, car après avoir traité de flexibilité et de labilité, il met aujourd'hui en exergue "l'exceptionnelle plasticité" de l'organisation cérébrale[12]. Nous assistons, actuellement, à des avancées épistémologiques importantes dans plusieurs directions : la nécessité de clarifier le langage parfois confus, utilisé dans ce domaine d'études (comme le suggère Jean-Noël Missa)[13] ; le désir d'approcher ou d'opposer la phénoménologie et les sciences cognitives[14] ; l'espoir de concilier la génétique-chimie-neurologie-sociologie de l'homme, la psychanalyse freudienne et l'ontologie phénoménologique (comme le souhaite Rudolf Gutwirth)[15] ; l'urgence de réaliser un rapprochement pertinent entre neurosciences et psychanalyse (comme le tentent Fran-

---

Comment la matière devient conscience (Odile Jacob, 2000). Je citerai par les abréviations BC et CMC.

[11] J.-P. Changeux, *L'homme neuronal*, Hachette, Paris, 1983.

[12] Comme l'observe C. Malabou, *La plasticité au soir de l'écriture*, *op. cit.*, p. 111, qui renvoie à l'échange entre J.-P. Changeux et P. Ricœur, *Ce qui nous fait penser. La nature et la règle*, Odile Jacob, Paris, 1998, p. 173.

[13] J.-N. Missa, *L'esprit-cerveau. La philosophie de l'esprit à la lumière des neurosciences*, Vrin, Paris, 1993 et Introduction, dans le volume qu'il a dirigé sur *Philosophie de l'esprit et sciences du cerveau*, *Annales de l'Institut de Philosophie de l'Université de Bruxelles*, 1991 (Vrin), pp. 7-10.

[14] Voir, entre autres, les réflexions de M. Maesschalck et V. Kokoszka, "Phénoménologie et auto-organisation", dans *Auto-organisation et émergence dans les sciences de la vie*, dir. B. Feltz, M. Crommelinck et Ph. Goujon, Ousia, Bruxelles, 1999, pp. 407-420. Dans ce même volume, on peut trouver une mise au point de F.J. Varela, avec une bibliographie circonstanciée : "Synchronisation neurale et fonctions cognitives", *op. cit.*, pp. 310-329.

[15] R. Gutwirth, *L'homme narcissique. Freud, Sartre, Edelman*, Ousia et VUB Brussels University Press, Bruxelles, 2004.

çois Ansermet et Pierre Magistretti), etc. Ces derniers mettent en œuvre un nouveau paradigme, fondé précisément sur la “plasticité”[16].

Ces complexifications peuvent nous aider à saisir sur le vif la formation d'un monde proximal relativement à nous-mêmes et à esquisser une approche par configurations pour pénétrer un monde distal qui, paradoxalement, apparaît de plus en plus étendu dès lors qu'on y pénètre du point de vue de la complexité. Autrement dit, après les éléments que je viens de rappeler du rapport entre les centres opposés du système cérébral et du système sanguin chez Aristote, le cas de l'approche plus fouillée et pourtant pédagogiquement irréprochable de Gerald Edelman, devient décisive pour évaluer la distance parcourue dans la réalisation d'un monde proximal à travers un monde distal, et pour saisir la refonte du concept opératoire de configuration. La modification historique des paradigmes, par le passage de la simplicité à la complexité est impressionnante, ce qui met en jeu le statut de la proximité.

Nous verrons que l'intérêt du travail d'Edelman réside, d'abord, dans cette pratique des configurations autonomes et, ensuite, dans le fait qu'il intègre, à travers la théorie de l'encartage, l'idée même de configuration dans le fonctionnement du cerveau. Cette intégration, au moyen de la formation, par le système cérébral, de processus d'encartages (c'est-à-dire de formation de cartes qui ressemblent à des représentations internes, voire à des modèles ou quelque chose de ce type, utiles au fonctionnement des circuits cérébraux) s'avère impressionnante dans la perspective où je me place, c'est-à-dire de l'activité de configurer. La multiplicité de ces cartes, qui attestent une structure topologique élaborée dans le cerveau, du moins quand on en fait une projection géométrique ou spatiale, montre que la problématique de la configuration est extrêmement complexe, au point de supporter une énigmatique imbrication entre l'homme et le réel. Cette constatation

[16] Qui tentent de montrer que nous avons atteint, à ce début du 21e siècle, une étape de la connaissance biologique qui permet d'objectiver ce qu'est une trace produite par l'expérience, qui esquisserait un pont entre la trace psychique et la trace synaptique s'établissant dans le réseau neuronal. Cf. *À chacun son cerveau*, *op. cit.*

me paraît d'autant plus intéressante qu'elle montre que le processus de provenance lui-même peut être envisagé à partir du concept de configuration, avec tout ce que celui-ci peut entraîner comme dynamique dans son sillage, qui modèle et façonne infiniment la plasticité : la préfiguration, la refiguration, la transfiguration et la défiguration, etc.

Si ce rapprochement s'avérait pertinent, alors il apparaîtrait que notre façon humaine de configurer le monde met effectivement en jeu une forme de plasticité qui n'est pas étrangère à la façon dont fonctionne notre système cérébral avec sa capacité de configurer (encarter) ses propres configurations, lesquelles s'enracinent dans d'autres configurations qui nous mènent jusqu'à la microphysique des particules et des énergies. On s'en doute, ces conjonctions variées sont provisoires et s'accordent à l'état actuel des recherches où les données de l'épistémologie traditionnelle s'avèrent désormais insuffisantes, pour rendre compte de la complexité. Mais les données nouvelles devraient être, elles-mêmes, révisées à l'avenir grâce à d'autres configurations. C'est dire que le concept de "configuration", utilisé de plus en plus dans différents domaines du savoir et des activités humaines semble actuellement le plus convenable pour traiter de la complexité, et notamment celle du cerveau qui associe complexité et plasticité. Cette dernière, mal perçue par Edelman, atteste pourtant la configuration, peut-être, la plus apte à expliquer, chez l'homme, la dynamique du cerveau et son irréductibilité à un déterminisme strict. Rien ne dit qu'un jour ces approches ne devront pas être nuancées, révisées, réaménagés ou modifiées, remplacées par quelque chose d'autre, plus apte à rendre compte du monde distal qui reste encore à investir[17].

[17] Affirmer, comme le font F. Ansermet et P. Magistretti, que la plasticité "n'est pas seulement un concept, c'est une réalité biologique à partir de laquelle surgit la notion d'unité du sujet" (*op. cit.*, p. 32), c'est considérer que le nouveau paradigme qu'ils proposent est *adéquat* à la réalité, ce qui, non seulement contredit l'idée même de "paradigme", mais s'oppose à l'esprit scientifique contemporain qui construit des modèles de plus en plus subtils et complexes, précisément parce qu'il sait qu'il est téméraire de prétendre que la science arrive à atteindre une chose dans ce qui lui est propre. En l'occurrence, la "plas-

Mais en attendant ces nouvelles configurations, faisons confiance à la configuration, signalée par le processus d'encartage, qui ouvre la voie à la complexité de l'activité du cerveau. Profitons de l'occasion pour rappeler quelques données concernant la topographie du cerveau ou, pour parler en métaphores, son réseau routier dans son propre paysage habité, fort complexe mais superbe et fascinant. Cela peut nous aider à mieux pénétrer dans le monde distal qui le constitue et auquel jusqu'ici seul un nombre limité de scientifiques au courant des progrès actuels de la science ont accès.

D'un poids supérieur à un kilo, le cortex cérébral offre une structure entortillée qui, une fois déployée sur un espace à deux dimensions, devrait avoir la longueur d'une nappe. Il est composé de plus de trente à cent milliards (30.10^9 à 100.10^9) de cellules neuronales et d'un million de milliard (1.10^{15}) de connexions synaptiques reliant les neurones. L'extension de ces neurones est formée, un côté, de dendrites (ensemble arborescent) et, de l'autre, d'un axone. Les dendrites et l'axone sont reliés à d'autres neurones au moyen de synapses qui communiquent, en transmettant leur signalisation par des processus électrochimiques, grâce à des neurotransmetteurs. Comme le note G. Edelman, les neurones comportent un ensemble de configurations, de plus de deux cents sortes dans le cerveau, tandis que, d'autre part, ses diverses régions se servent de différents neurotransmetteurs et de substances chimiques variables

---

ticité", issue des configurations utilisées pour l'art, apparaît comme un schème susceptible d'approcher, mieux que les modèles précédents, l'activité du cerveau, mais sans plus. Le problème métaphysique (ou postmétaphysique) qui ressort de cette modélisation est une autre affaire. Et, de ce point de vue, la question de l'*unicité* du sujet appartient à la problématique de l'Un et du Multiple, c'est-à-dire à l'hénologie. Or, sur ce plan, ce qui est *numériquement un* est plurivoque et ne peut être déduit, sans autre forme de procès, de la seule plasticité. En l'occurrence, l'unicité que la plasticité est supposée faire surgir ne prend son sens que parce qu'elle est inscrite dans l'*historicité* du sujet. C'est par l'historicité qu'elle s'institue. Mieux, en tant que celle-ci est toujours susceptible de modification, l'unicité s'inscrit, — pour reprendre ici la terminologie de Jacques Derrida —, dans la différ*a*nce.

dont les propriétés modifient les comportements de l'activité neuronale (PVC, 29-35). Dans cet ensemble, les processus issus de différentes parties du corps s'accomplissent par des *projections* via le système neuronal dans des régions fonctionnelles du cerveau (thalamus, hippocampe, ganglions, cervelet...), qui se partagent les opérations. Par là, la constitution d'une cartographie du cerveau, par lui, de l'ensemble des régions du corps qui s'y connectent devient possible.

Une analyse plus affinée, comme celle que proposent François Ansermet et Pierre Magistretti, en vue de faire voir l'importance de la plasticité, précise le rôle des neurotransmetteurs : leur libération à partir de la terminaison présynaptique (dont les vésicules renferment de milliers de neurotransmetteurs) et leur action au niveau des récepteurs sur le versant postsynaptique. Or, pour une même simulation, le neurone (qui possède un seul type de neurotransmetteur principal et deux ou trois accessoires) peut être *conditionné* à libérer un plus grand nombre de neurotransmetteurs qui produit une réponse au niveau postsynaptique. Les choses se passeraient comme dans le cas d'un rhéostat qui varie l'intensité lumineuse dans une pièce. Par cette métaphore, on découvre ici une sorte de "rhéostat synaptique", formant un premier niveau de plasticité, à la suite d'un mécanisme de différence de potentiel électrique infime (60 à 90 mV), due à une répartition inégale d'ions, le milieu extracellulaire étant enrichi en Na et en Ca, alors que le cytoplasme l'est en K, etc. Or, de proche en proche, les auteurs nous permettent de voir que la suite de mécanismes neuronaux peuvent s'exprimer de façon durable, en modifiant de manière permanente le transfert d'information à une synapse, multipliant les possibilités de plasticité des mécanismes physiologiques. Cela aboutit à une thèse importante : à partir du site synaptique, le transfert d'information entre les neurones n'est pas de nature binaire, ni constant dans son intensité, comme dans les ordinateurs, mais hautement *modulable* (ACC, 33-46).

Cathérine Malabou résume bien les potentialités biologiques du cerveau qui ressortent de pareille approche, en dégageant trois fonctions principales de la plasticité : *développement*, *modulation* et *réparation* (QFC, 40 ss.). Comme le montre aussi Marc Jeannerod (que C. Malabou suit jusqu'à un certain point), le *milieu* joue un rôle important dans cette plasticité, attestant une aptitude à la liberté du sujet[18]. Si les deux premières fonctions de la plasticité sont essentielles pour le problème de la proximité, la troisième concerne plus directement la question de la souffrance. M. Jeannerod consacre des pages importantes sur les pathologies[19], tandis que C. Malabou insiste davantage sur sa régénérescence, envisageant la régénération, le renouvellement cellulaire et la ressource comme des "auxiliaires" de la plasticité synaptique, qui font voir la puissance de la *guérison* (soin, cicatrisation, compensation, régénérescence, capacité du cerveau d'élaborer des prothèses naturelles...). D'où cette belle métaphore : "l'art plastique du cerveau donne naissance à une statue susceptible de se réparer elle-même" (QFC, 61 ss.). Notons, dès à présent, que cette perspective peut être prolongée, dans une direction constructive, comme celle que suivent actuellement les études sur la résilience. Quant à ses assises fonctionnelles et métaphysiques, elles peuvent également intégrer la problématique des traces, dont la jonction avec la plasticité ouvre de nouveaux horizons de réflexion.

Bref, dans tous les cas, l'efficacité synaptique s'exprimerait par la "plasticité". Cette ouverture permet une intégration dans les processus d'apprentissage des facteurs culturels (par exemple des bonnes manières...). Dès lors que ces actions habituelles, non réfléchies, sont accomplies selon ce qu'on appelle une mémoire procédurale, il apparaît qu'elles sont "non consciente". Or, quel est le statut de ce type l'activité "non-consciente" relativement à ce qui est qualifié, surtout depuis Freud, d'"inconscient", qui met en jeu d'autres variable ? Voilà toute la question. Mais une première réponse peut déjà être amorcée : il faut commencer par éclairer le fonctionnement du cerveau et, ensuite, celui de l'inconscient, mais selon l'idée qu'un pont entre eux n'est pas à priori impossible, comme on le soutient souvent. Pour la première étape du parcours, prenons pour guide G. Edelman.

[18] M. Jeannerod, *Le cerveau intime*, Odile Jacob, Paris, 2002, pp. 10-27. Je citerai par l'abréviation CI.

[19] Voir en particulier son analyse de la douleur, *op. cit.*, pp. 100-103.

Le rôle du thalamus est important pour les fonctions sensorielles. Par exemple, pour revenir au cas de l'œil et de la *provenance* de la vision, la projection des neurones de la rétine se fait à travers le nerf optique vers un noyau latéral de la région du thalamus et, de là, vers l'aire corticale visuelle primaire. Les processus qui relient la rétine à ces centres cérébraux agissent à double sens entre le cortex et le thalamus. Par ce biais, nous découvrons un lieu de la provenance de la vision que j'ai étudiée ci-dessus selon la configuration anatomique de l'œil. Cette topologie en quelque sorte originaire, régulant le processus de provenance de la vision, — qui nous était invisible et inconnu il y a encore quelques années —, devient aujourd'hui repérable et configurable grâce aux techniques de l'imagerie. Si je me permets de parler, non pas d'origine, mais de "quelque chose d'originaire", c'est que ce lieu suppose, plus fondamentalement encore des processus chimico-physiques qui nous échappent encore ou, en tout cas, qui font appel à des configurations établies par la microphysique. Cela veut dire qu'aucune configuration n'a le dernier mot pour décrire le monde distal et pour le transformer en monde proximal, mais ne fait que figurer un domaine particulier du monde distal, laissant un reste indéfini et immense, loin de notre portée.

Or, si je suis déjà admiratif pour ce qu'Aristote avait déjà mis en chemin, il va de soi que ce que je découvre à travers mes quelques lectures sur la stature humaine, telle que la science actuelle la comprend, ne peut que m'éblouir et m'enthousiasmer davantage encore. Cela me donne l'impression de mieux configurer le monde proximal qui est le mien. Par suite, même si la proximité relationnelle que j'entretiens avec Aristote, qui m'a initié à ces questions, demeure inaltérée, la distance qui sépare son monde proximal du nôtre dans ce domaine particulier de l'anatomie de l'être humain, est énorme. Aussi au fil de mes lectures, je crée des proximités relationnelles avec d'autres figures de la science qui, en plus, sont plus proches de nous au point de vue spatio-temporel, même si je n'ai pas eu l'occasion de les rencontrer. C'est pourquoi je souhaite partager avec le lecteur quelques instants de plaisir (non sans quelque souffrance dues aux difficultés) en relevant d'autres éléments de la vision de Gerald Edelman, qui renforcent ce monde proximal, quand bien même (du fait de mes compétences limitées) une partie de son travail ressemble à un monde distal qui fait émerger des esquisses avec des contours imprécis.

Le champ d'action des connexions du cerveau, que je viens de rappeler, n'est pas aussi limité qu'il apparaît. Déjà, dans la régions du thalamus et du cortex, les connexions se multiplient et contribuent largement à son fonctionnement, sous le nom de "tractus cortico-cortical" (PVC, 35-36). Quand on prolonge l'approche vers d'autres régions du cerveau, comme l'hippocampe pour la mémoire, le cervelet qui coordonne les fonctions motrices, les ganglions de base pour le contrôle et l'enchaînement des mouvements, trois "configurations" ou "motifs"[20] peuvent être établis concernant le système neuroanatomique du cerveau : motifs ou configurations thalamocorticaux, polysynaptiques et par projection ascendante (à partir du tronc cérébral). Il s'agit là de trois systèmes différents de connexion relatifs à des régions différentes du cerveau.

Selon la première configuration, les groupes de neurones connectés entre eux sont reliés par de nombreuses connexions *réciproques* de façon locale et à distance, ce qui se manifeste par une présence plus

[20] Les termes sont utilisés par G. Edelman lui-même. Certes, celui-ci ne discerne pas leur statut philosophique et leur ampleur, mais il entrevoit néanmoins leur pertinence. L'expression "motif" est utilisée en littérature ou en art, et je l'ai moi-même appliquée dans mes travaux, en rapport avec le "thème" et avec l'approche idéologique ou symbolique de l'objet. Le motif du "char", par exemple, peut être commun pour les chars de Zeus, d'Hélios, d'Agamemnon ou d'un coursier dans un hippodrome actuel. Mais ce motif se thématise différemment dans chacun de ces cas, et chaque thématisation ouvre à une autre structure idéologique ou symbolique selon le contexte où elle est appliquée : le char de Zeus requiert une explicitation à partir du contexte mythico-religieux du monde ancien, tandis que le char du coursier de l'hippodrome met en jeu le système technico-économique actuel. Dans cette structure complexe, le motif offre donc une première vision des choses, dont la configuration en précise les contours et le contenu. Entre motif et configuration il existe bien des différences, car le terme de motif est plus simple et plus rigide, alors que celui de configuration est plus complexe, et donc plus flexible, plus dynamique, voire plus plastique, puisqu'il peut intégrer tant des choses élémentaires que des modèles complexes, qui peuvent être des dispositifs fort élaborés, modulables. Sur l'usage de ces termes par G. Edelman, voir l'*op. cit.*, pp. 42-44.

grande du système sensoriel et cognitif. La deuxième configuration met en œuvre des circuits *inhibiteurs* en boucle des ganglions qui concernent, entre autres, les structures motrices et la mémoire qui s'y associent. Quant à la troisième, sur laquelle s'est penchée plus particulièrement l'équipe d'Edelman, elle se compose des projections ascendantes des *systèmes de valeur*, c'est-à-dire des systèmes dont l'activité est liée aux récompenses et aux réponses nécessaires à la survie (PVC, 35-43). Sans être spécialiste en neurosciences, nous sentons néanmoins l'importance de cette dernière configuration, du fait que les "systèmes de valeurs", pour contribuer à la survie et à la vie, se projetteraient un peu partout en agissant "sur d'importantes populations de neurones, de façon simultanée en libérant son neurotransmetteur à la manière d'un tuyau d'arrosage qui fuit". Ils agissent sur les réponses neuronales qui affectent l'apprentissage et la mémoire et qui contrôlent les réponses corporelles nécessaires à la survie. C'est cette métaphore d'une "population" de neurones, qui devient déterminante dans cette approche, car elle contribue à édifier un *modèle sélectionniste* pour comprendre le fonctionnement du cerveau et l'émergence de la conscience. Nous verrons qu'au point de vue technique, cette approche est qualifiée, par son inventeur, de "théorie de la sélection des groupes de neurones" (TSGN), et donne lieu à un système complexe de sélection[21], dont l'importance apparaîtra bientôt.

Il me semble important d'observer qu'avant l'analyse concrète de la TSGN, et une fois la triple configuration des circuits mise en relief, G. Edelman écrit que "cette généralisation est une *simplification*, vu la complexité des détails du câblage neural". Pourtant, elle est *utile* et "nous pourrons nous en *débarrasser* une fois que nous nous en serons

[21] Cette idée est déjà bien présente dans son livre *Biologie de la conscience*, *op. cit.*, p. 128. On trouvera une analyse de ce livre comme le prolongeant la travail de J.-P. Changeux, chez R. Gutwirth, *op. cit.*, pp. 248 ss. qui observe, avec pertinence, que "la *flexibilité* de la cartographie neuronale du cerveau est plus nettement soulignée par Edelman que par Changeux". On peut ajouter ici, que la *plasticité* de cette cartographie est déjà amorcée dans *Plus vaste que le ciel*, mais prend son véritable relief chez F. Ansermet et P. Magistretti, *op. cit.*

servis" (PVC, 42, je souligne). L'auteur annonce ainsi des éléments épistémologiques importants, sans en avoir toujours évalué la portée et les conséquences. En les interprétant à ma façon, je dirais que toute configuration n'est qu'une simplification couvrant une complexité qui n'est accessible que par de nouvelles configurations, mieux adaptées. Elle est comme une sorte d'échafaudage plastique qui sert à édifier une monde proximal, mais qui n'est utile qu'aussi longtemps qu'il sert à cette tâche. Dès lors qu'il faut établir une plus grande proximité avec ce dont il est question, de nouvelles configurations sont requises, comme par exemple la TSGN, — lesquelles deviendront, un jour, insuffisantes, et nous devrons une fois encore nous en débarrasser.

En fait, Edelman revient dans la suite sur les trois configurations des circuits, mais après avoir précisé leur contenu selon son modèle sélectionniste, qui permet d'établir une théorie globale du cerveau (TSGN), car il s'agit bien d'établir comment les régions du cerveau isolées quant à leurs fonctions sont néanmoins reliées pour constituer un système complexe d'*une façon imbriquée et intégrée*, susceptible de faire émerger la conscience. Pareille approche refuse l'idée que le cerveau serait seulement un système où les informations provenant du monde susciteraient des réponses adaptées sur la base d'une *déduction logique*, ne serait-ce que parce que les entrées dans le cerveau comportent des *ambiguïtés* qui font usage des *connexions encartées variables et plastiques*, lesquelles produisent des changements dans *le contexte de leur usage*. Le système d'encartage, c'est-à-dire de formation de cartes à partir des *stimuli* sensoriels, par exemple, constitue un élément majeur dans l'analyse actuelle du cerveau, et nous la rencontrerons de nouveau chez A. Damasio. En prenant quelques risques, j'ose dire qu'il s'agit là d'un système de "configurations" qui permet de mettre en évidence une autre logique que celle de l'induction ou de la déduction, comme S. Borutti l'a indiqué dans un autre contexte[22]. Edelman précise cette idée grâce au concept d'"encartage réentrant" qui ajoute à l'encartage habituel l'idée de connexions *réciproques*, d'une sorte

[22] Voir la Première Section ci-dessus, ainsi que G. Edelman, *op. cit.*, p. 52-54.

d'aller-retour continuel qui renforce les processus d'intégration et d'imbrication, — seuls susceptibles d'approcher la complexité de ce qui est en jeu.

2. Topologie des fondations de la conscience

1. *Au seuil de la problématique de la complexité*

Le concept d'"encartage réentrant", issu de l'analyse des configurations structurelles du cerveau constitue un pas décisif vers l'instauration d'une problématique de la complexité. Il est d'autant plus important qu'il concerne un état des configurations actuelles mises en évidence par les neurosciences. Edelman illustre cette perspective par des exemples significatifs, comme la main — laquelle a été au centre de mon analyse jusqu'ici. Il rappelle que les connexions encartées qui vont du sens du toucher dans la main au thalamus et ensuite à la région du cortex somato-sensoriel sont *variables* et *plastiques*. C'est pourquoi les frontières internes des sous-régions du cortex somato-sensoriel qui portent les cartes des doigts peuvent se déplacer en fonction de l'usage intensif que nous faisons d'un seul doigt. Autrement dit, le changement du *contexte* d'usage modifie la topologie cérébrale — ce qui nous rappelle l'exemple de la surdétermination de la région du pouce dans le modèle de l'*homonculus*, que j'ai rappelé ci-dessus. De même, pour rencontrer mon autre domaine de prédilection, la vision concerne une trentaine de régions corticales isolées au point de vue fonctionnel (vision de la couleur, du mouvement...), mais réparties dans tout le cerveau, et dont le fonctionnement est plus complexe qu'il n'apparaît de prime abord. Il serait en fait soumis à la TSGN, qui met en œuvre plusieurs types de sélection en même temps : sélection *développementale* qui crée des "répertoires primaires" dans chaque région cérébrale consistant en un nombre considérable de circuits variés associant la division ou la mort cellulaire ; sélection par *l'expérience* qui crée des "répertoires secondaires" mettant en œuvre des changements dans les forces synaptiques en faveur de certaines voies et en défaveur de certaines autres ; et sélection par *encartage réentrant* qui créé de nombreuses connexions à la fois localement et à longue distance reliant les aires encartées selon des processus spatio-temporels réciproques sans que leur soit attachée une fonction d'erreur, comme c'est le cas dans les phénomènes de "feed-back" (PVC, 53-61).

Ces trois principes du système sélectionniste concernent trois principes régulateurs de la vie que sont : l'*évolution*, le *système immunitaire* et *les systèmes nerveux complexes*.

> — L'évolution est directement impliquée par le processus de la sélection naturelle et concerne, de ce fait, la production de la diversité dans une population formée d'individus ou de cellules, en favorisant la survie et les accouplements entre individus grâce aux critères d'adaptation.
> — Le système immunitaire donne lieu à des rencontres, régulées par clonification et par des énergies critiques de liaison, entre des répertoires de populations et le système environnemental à reconnaître — système environnement écologique, molécule étrangère, signaux sensoriels...
> — Les systèmes nerveux complexes amplifient d'une façon différentielle le nombre et l'influence des éléments des répertoires qui remplissent les critères de sélection. On y trouve un accroissement de la force des synapses et des circuits neuronaux qui s'accordent aux critères impliqués par les systèmes de valeur (PVC, 59-61).

Il apparaît de plus en plus, aujourd'hui, que les groupes de neurones connectés par des interactions *réentrantes* forment les unités sélectives des cerveaux supérieurs qui manifestent l'aptitude à réaliser des "catégorisations perceptives", grâce auxquelles on peut conférer un premier sens au monde. Le processus de catégorisation perceptive forme un intermédiaire provenant d'une constellation complexe d'éléments. Ceux-ci forment un encartage global (qui peut inclure des composantes à la fois sensorielles et motrices) et ouvrent à une activité de généralisation entre divers complexes de signaux, lorsque le cerveau encarte ses propres activités, représentées par plusieurs encartages globaux, en dressant, pour ainsi dire, des cartes de ses cartes perceptives, afin de créer un concept (PVC, 67-69). Selon le langage que j'utilise dans ce travail, le "concept" proviendrait de l'activité du cerveau formant des configurations de ses propres configurations perceptives.

Ce processus de "réentrée", qui se tient au centre de l'analyse d'Edelman, représente l'une des grandes conquêtes des neurosciences ces dernières années ; il ouvre à de nouvelles configurations pour approfondir le monde proximal. La réentrée consiste en "l'échange récursif permanent de signaux parallèles entre les aires cérébrales servant à coordonner l'activité des différentes zones dans l'espace et dans le temps". Plus concrètement, elle est le principe d'organisation régissant la coordination spatio-temporelle entre les divers réseaux sélectifs du cerveau. C'est par ce processus que, par exemple, la couleur et le mouvement d'un objet visuel sont intégrés (PVC, 57-58). En général, diverses cartes sensorielles se forment (en l'occurrence deux), chacune manifestant des propriétés isolées au point de vue fonctionnel, mais qui sont reliées ensemble par *réentrée*. D'où la possibilité de réaliser plusieurs encartages globaux.

Au point de vue philosophique, cela signifie que le système des cartes (et donc des configurations internes) est régulé par ce type de processus, sans devoir recourir à une sorte de carte (ou configuration) extérieure ou supérieure de régulation qui les unifierait — ce qui, disons-le en passant, aurait produit quelque chose d'analogue au célèbre argument du troisième homme qui a tant perturbé les philosophes depuis Platon. Les processus se font par un mouvement à la fois de sélection et d'intégration, concernant toutes les fonctions (perceptions, mouvements, mémoires, etc.), en amplifiant progressivement la complexité de l'être vivant, en l'occurrence de l'être humain. La réentrée est bien, dans les conditions actuelles des recherches, le concept clé qui exprime, dans ce phénomène, l'articulation de la complexité.

En effet, lorsque G. Edelman se pose la question de savoir quel est l'événement "suffisant" de l'évolution qui a rendu possible l'émergence de la conscience, il met en relief un ensemble de connexions *réentrantes* diversifiées. Ces processus se seraient passés à un moment de l'évolution qui marque la transition entre les reptiles et les oiseaux ou encore les mammifères. Il serait apparu, à un moment, un nouveau mode de connexion réciproque dans le système thalamocortical. Des connexions réentrantes se seraient ainsi développées entre les régions corticales qui assurent la catégorisation perceptive et les régions plus frontales propres à la mémoire. Et la réentrée corticale aurait été médiatisée par d'autres systèmes de connexions réentrantes qui départagent au fur et à mesure les fonctions de la conscience primaire, indispensable à la survie de l'animal, et de la conscience supérieure, responsable d'une réflexion sur soi et sur la temporalité[23].

Avec ces éléments, intégrés dans le cheminement que nous venons de parcourir, nous avons déjà fait des pas énormes dans le monde de la proximité avec nous-mêmes et édifié, dans notre monde distal, un monde proximal mieux configuré que celui qui était dessiné au début de mon exposé. Mais, avant de quitter Gerald Edelman pour rencontrer Antonio Damasio, il est utile de nous arrêter sur l'analyse qu'il amorce concernant les systèmes complexes. Car nous avons désormais franchi aussi les frontières des systèmes réducteurs, en découvrant que le monde distal n'est pas seulement un monde inconnu qu'on pourrait conquérir, mais un monde complexe qui s'élargit paradoxalement à chaque pas, car chaque conquête complexifie davantage les choses.

Pour expliquer la notion de complexité, il relève deux systèmes opposés, comme celui qui est constitué de gaz idéal sans intégration (collisions au hasard des particules) et celui qui est formé d'un cristal parfait complètement intégré. Du fait qu'il n'y a ni gain ni perte dans le premier cas (l'échange l'information entre les unités) ni, dans le second (le passage à une unité constitutive du système), ces systèmes ne seraient pas complexes. Si la différence de l'entropie entre la somme de chacune des parties du système et celle de l'ensemble du système est nulle (cas du gaz), il n'y a pas d'intégration, tandis que si cette différence est très élevée, il y a intégration poussée. Un système complexe, comme le cerveau, mettrait au contraire en jeu des valeurs intermédiaires, qui dénotent à la fois une intégration et une différentiation. À la différenciation fonctionnelle se manifestant dans une scène consciente qui se rapproche d'un système non intégré répond aussitôt le système de connexions par réentrée assurant l'intégration, et qui témoigne de l'existence de propriétés unitaires provenant de bases neu-

[23] Pour les détails voir l'exposé précis de G. Edelman, *op. cit.*, pp. 73-79. Mais pour l'ensemble des questions concernant le conscience, on peut consulter les chapitres 7 à 11 du livre.

rales mécaniques. Dans cette double structure, le nombre vertigineux d'interactions réentrantes et les changements rapides (en fractions de secondes) n'articulent la complexité que parce qu'il y a constitution d'un *noyau dynamique* issu du système thalamocortical. Ce noyau dynamique est “un système complexe qui peut maintenir isolées, d'un point de vue fonctionnel, des parties tout en intégrant leur activité selon une combinatoire très riche”. Il permet une vision globale qui “s'accorde avec la TSGN et avec l'idée de cerveau comme système sélectif, marqué à la fois par la constance et la variation” PVC, 81-93).

L'idée d'un “noyau dynamique” avait déjà été mise en évidence dans le livre commun avec G. Tononi, mais avec une plus grande insistance sur la singularité de ce noyau pour chaque vécu individuel et sur la possibilité que certains troubles de la conscience concerne des anomalies en lui (CMC, 170 ss.)[24]. Fondé en grande partie sur le système thalamocortical, et dont la complexité est *extrême* (PVC, 139), ce noyau pose sans aucun doute d'innombrables questions. Il me fait penser à l'Être (Eon) énigmatique, “inviolable” (*asylon*) de Parménide qui est la condition de la pensée. Selon cette perspective, il apparaît que la pensée ne saurait penser sa propre condition, de sorte que Parménide se voit obligé d'approcher ce noyau (Eon) par différentes voies : le mythe, la métaphore et le langage signifiant[25]. Ici, on pourrait parler d'un noyau dynamique qui est la condition de la conscience. Mais la conscience peut-elle avoir conscience de sa propre condition ? La réponse reste ouverte. Pour ma part, je constate que la pensée qui émerge avec la conscience supérieure ne peut pas penser le “noyau dynamique” auquel se réfère Edelman, mais le cerne obliquement comme par nécessité. Je ne veux pas m'engager ici dans l'analyse des articulations logiques qui étayent cette problématique du noyau dynamique où le mythe lui-même est mis en scène à travers une “construction assez bizar-

[24] Voir aussi R. Gutwirth, *op. cit.*, pp. 254 ss.

[25] Dans mon étude sur Parménide j'ai développé toute cette problématique et j'ai tenté, en plus, de saisir les fondements physiologiques de l'Être, en associant au fr. 8, le fr. 16. Cf. *Mythe et philosophie chez Parménide*, Ousia, Bruxelles, 1990² (1986).

re" (l'expression et de G. Edelman), où un démon et un homonculoïde imaginaires font leur apparition, mais qui permettent de faire voir de quoi il s'agit (PVC, 94-97). Mais le problème vaudrait la peine d'être étudié de près. D'autant plus qu'il est de plus en plus à l'ordre du jour avec la théorisation de ce qu'on appelle péremptoirement "l'intelligence artificielle", dont l'étude a poussé les savants à s'interroger sur la possibilité même de cerner l'intelligence humaine, puisque c'est par son activité qu'elle doit être étudiée.

Cette question qui soulève le problème du statut de l'autoréférentialité ouvre-t-elle au domaine de l'indécidable ou tout simplement nous oblige-t-elle, comme le fit autrefois Parménide, à l'approcher par des voies détournées, par la médiation, comme je dirais aujourd'hui, de différentes "configurations" ? Il en va de même de la question : "le cerveau peut-il comprendre le cerveau ?"[26]. Mais si je devais engager ici une comparaison entre l'Eon de Parménide et le noyau dynamique d'Edelman, je dirais qu'alors que l'Eon est caractérisé par la simplicité fondée sur le *plein* d'être, sur son unité absolue et sa continuité, le noyau dynamique edelmanien est au contraire d'une extrême complexité. D'où une difficulté supplémentaire à l'approcher par des métaphores et une pensée signifiante qui le décrive de la façon la plus adéquate. Le monde distal auquel il ouvre demeure manifestement, dans les conditions actuelles de l'analyse, inaccessible. En revanche, comme dans le cas de Parménide, on peut circonscrire le contexte dans lequel il est placé.

En effet, de l'analyse qui précède, il ressort qu'en fin de compte, les processus qui forment la conscience proviennent du nombre considérable d'interactions réentrantes qui agissent entre les systèmes fondamentaux, présents dans des zones antérieures du système thalamocortical (comme, par exemple, diverses mémoires qui concernent les consciences primaire et supérieure), et les systèmes postérieurs qui assurent la catégorisation perceptive. C'est grâce aux états complexes du noyau dynamique que ces interactions à la fois conservent l'unité des

[26] Voir à ce propos les deux études de Marceau Felden, "La mathématique et la réalité" et "L'intelligence peut-elle être artificielle?", dans *Dictionnaire de l'ignorance. Aux frontières de la science*, *op. cit.*, pp. 177-186 et 235-244.

états de conscience et les rendent changeants et variés au cours du temps. En somme, toute transformation phénoménale (C) provient de l'activité neurale du noyau dynamique (C'). D'une façon plus précise, ce sont des chaînes causales dans le monde (signaux provenant de l'environnement, du non soi), dans le corps et dans le cerveau (signaux provenant du soi) qui affectent le noyau dynamique réentrant. Et, en retour, l'activité du noyau affecte d'autres événements et actions neuraux. De plus, ces événements appellent des signaux du soi et du monde qui impliquent une action sur le monde et une interaction avec d'autres événements causaux dans le noyau dynamique. À ce titre, l'activité à double sens du noyau dynamique, qui révèle un fond complexe de processus multiples en l'homme, se traduit par la co-présence d'une tendance à l'unité (voire à remplir les vides[27]) et à la diversification. Aussi les processus en question du noyau dynamique (C') confèrent l'aptitude à l'accomplissement des distinctions qui se manifestent en tant que transformations phénoménales (PVC, 99-103 ; 140-141).

Une approche plus affinée de cette configuration met davantage en évidence les interactions causales du monde (environnement), du corps et du cerveau donnant naissance à une conscience primaire et à une conscience d'ordre supérieur capable d'avoir une conscience de soi (conscience de la conscience). La conscience primaire est constituée d'une boucle réentrante qui connecte la mémoire dite de "valeur-catégorie" à la catégorisation perceptive (signaux du monde), tandis que la conscience d'ordre supérieur ajoute une boucle réentrante supplémentaire qui connecte de nouvelles structures de mémoire et, en plus, est dotée de capacités sémantiques et de langage, ce qui amplifie la capacité de conceptualisation. Les concepts de soi, du passé et du futur se lient désormais avec la conscience primaire.

[27] Voir les remarques importantes et pertinentes de l'auteur concernant "la tendance remarquable qu'ont les cerveaux à rechercher les pleins et à éviter les vides..." (*ibid.*, pp. 54-56). Ou encore : "il est important de souligner aussi que, selon la TSGN, le cerveau doit nécessairement être constructeur. L'un des aspects de la propriété d'intégration des réseaux sélectifs réentrants est l'apparition de propriétés de remplissement et de gestalt".

Or, toutes ces données s'enracinent dans les différentes régions cérébrales que je ne citerai pas ici, mais qui permettent d'établir une véritable cartographie de correspondances des régions cérébrales et des fonctions de la vie de l'être humain, sous l'égide de la TSGN. La thèse qui sort de cette approche est qu'"*il existe un ensemble de processus neuraux C' sous-jacents à n'importe quel état de conscient C*". À telle enseigne que la conscience devient elle-même "un phénomène construit de façon interne", car le cerveau peut prolonger les informations qui lui sont données et peut, grâce à la médiation de connexions réentrantes, "créer des scènes conscientes sans entrées ni sorties vers le monde extérieur" (PVC, 137-147). D'une façon générale, le noyau dynamique C' sous-tend l'aptitude à réaliser des distinctions dans un domaine complexe, et les états de la conscience qui sont les propriétés créées par C', "*sont* ces distinctions". Cette situation, cette relation permet de considérer C "*comme si* elle était causale" (PVC, 172-173), — entendez autonome et productrice elle-même d'effets.

Sans que cela soit explicite, nous entrevoyons néanmoins ici, à travers la critique du dualisme, du mysticisme et de projections paranormales, une critique à peine voilée du *cogito* cartésien, qui déduit de la pensée (conscience) l'existence. Le renversement est complet, car le dualisme cartésien fondé sur deux substances autonomes, l'esprit inétendu et le corps étendu, même s'il trouve quelque rapport dans des parties du corps (comme la glande pinéale ou autre chose analogue), occulte le monde distal de la complexité sous-jacente à l'esprit, — qui est précisément le cerveau avec une topographie autrement plus complexe que la simplicité inouïe relevée par Descartes, qui associe dans l'esprit des fonctions d'une conscience variée (pensée, sensation, imagination, volonté...), sans véritables frontières entre elles. Une fois que la complexité du corps est écartée, il ne reste à l'esprit que d'aspirer à une pure simplicité. Aussi le pas franchi par G. Edelman et les neurosciences d'aujourd'hui, après bien sûr quelques siècles de tentatives de complexification de l'âme, est un pas de géants vers la prise du conscience de l'ampleur du monde distal et de la possibilité de former un monde proximal relatif à la connaissance de nous-mêmes et à la proximité avec nous-mêmes. Mais beaucoup d'inconnues demeurent encore pour espérer pénétrer plus profondément dans l'abîme qui s'étend en nous, et pour résoudre les apories du dualisme qui surgissent au tournant de chaque nouvelle entrée dans le monde distal[28]. L'ampleur du problème apparaît plus clairement depuis que l'on découvre le rôle d'autres cellules que les neurones dans le cerveau : les *astrocytes*.

C'est Rudolf Virchow qui, en 1856, les découvre et les désigne par le terme *glie* (glue) ou cellules "gliales", en pensant qu'elles étaient chargées de maintenir la cohésion des neurones, par une fonction de remplissage[29]. En nombre cinq à dix fois plus grand que les neurones, ils forment un type particulier des cellules entourant les synapses. Depuis quelques années, on leur accorde un rôle plus actif, celui d'alimenter les neurones d'énergie. Ils posséderaient leur propre réseau de communication, influençant, pour ainsi dire, en sous-mains les neurones. S'il en est ainsi, on peut dire que dans la fonction de régisseur du cerveau, leur rôle serait éminent. Comme de nombreux astrocytes enveloppent des synapses, il semble, en effet, qu'ils absorbent des neurotransmetteurs traversant les synapses et les recyclent, en régulant leur fixation sur les récepteurs ; mieux, ils produiraient des molécules de signalisation permettant d'augmenter le nombre de récepteur de la synapse selon les besoins. Or, nous l'avons vu, c'est cette modification quantitative qui régulerait la plasticité[30]. Tous ces indices sont prometteurs.

Toutefois, comme le dit Franc Pfrieger (chercheur au CNRS et à l'Institut Planck), "nous vivons une période exaltante, mais il faut rester modeste. Les données sur les astrocytes sont encore parcellaires". Bref, le monde distal garde encore ses secrets, et il faudra du temps pour que les mécanismes qui nous régissent nous rassurent sur degré de liberté que nous autorise la plasticité du cerveau. Ce qui me paraît étrange, c'est

[28] Voir les études de Marceau Felden, que j'ai déjà citées ci-dessus, ainsi que celle qui est parue dans le même volume dirigé par M. Cazenave, de John Stewart, "La relation du corps et de l'esprit", *op. cit.*, pp. 245-258.

[29] Sur tout ceci, voir C. Tourbe, "Astrocytes. Ils bouleversent tout ce que l'on sait du cerveau", *Sience et vie*, 1045, octobre 2004, pp. 66-71.

[30] Pour le lien entre astrocytes et plasticité, voir F. Ansermet et P. Magistretti, *op. cit.*, pp. 80-81.

que le spectacle mis en scène par Edelman esquisse un monde proximal bien agencé, comme si nous avions déjà tout à la portée de nos mains. En réalité, il s'agit d'un monde abstrait, sans véritable vie. Il dissimule les plaisirs et les douleurs, les joies et les souffrances. Il s'agit d'une cartographie supplémentaire de celle que j'ai dégagée successivement ci-dessus, pour *faire voir* par des projections extérieures, par des configurations variées, notre propre stature humaine complexe. Mais en nous plaçant ainsi comme des *spectateurs* de nous-mêmes, non pas par un travail d'introspection, mais par des tentatives d'une extériorisation, ces multiples configurations permettent de réaliser une proximité avec nous-mêmes, certes étrange, mais sûrement efficace, surtout qu'elle conduit à une évidence indubitable : nous vivons sans cesse dans l'illusion de nous connaître suffisamment nous-mêmes, alors que nous ignorons presque tout de nous-mêmes. Nous découvrons, aussi par là, que, pour s'approcher de la complexité, l'analyse doit être elle-même complexe. Et il apparaît que la démarche *jusqu'ici* la plus pertinente pour réaliser cette tâche est bien celle de *configurer*, ne serait-ce que parce qu'il existe de multiples modes de configuration, et que tout processus de configuration, suppose, selon une plasticité illimitée, des champs d'activité qui comprennent des préfigurations, des transfigurations, des refigurations, de défigurations... Cette polyvalence du "figurer", qui fait émerger des "figuralités" diverses est marquée par un dynamisme que la position d'Edelman n'a peut-être pas suffisamment épuisé, mais que l'investissement supplémentaire imposé par la pratique de la plasticité du cerveau peut atteindre, du moins dans les conditions actuelles des recherches. Il faut donc aller plus loin et s'approcher autrement, de ce même monde invisible dominé par le cerveau, ce cœur si j'ose dire de la vie, qui bat, qui manifeste des sentiments et des émotions, une affectivité dont la provenance, le sens et la portée requièrent un approfondissement, que la psychanalyse, nous le verrons, tente de réaliser.

2. *Émotions et sentiments*

Cette nouvelle approche, qui nous pousse dans le monde distal pour comprendre les émotions et les sentiments, est devenue plus explicite ces dernières années, depuis qu'on a établi la liste des mécanismes régulateurs qui assurent l'homéostasie des êtres vivants, donc aussi de l'être humain. Dans son livre *Spinoza avait raison*, Antonio Damasio a relevé un "curieux schéma de construction" qui ne se réduit ni à une sorte de hiérarchie linéaire, ni à une grande chaîne des êtres, ni encore à une sorte de tour aux multiples étages. Il ressemble à "un grand arbre touffu dont les branches, de plus en plus hautes et élaborées, partent du tronc et ont des communications à deux voies avec leurs racines" (SAR, 43). Le schème de l'arbre a été utilisé dans le passé, notamment par Plotin, pour l'ensemble du réel, y compris les hypostases de l'Un et de l'Intelligence, et par Descartes pour l'organisation du savoir. Constituant un schème de proximité pertinent, parce qu'il traduit une expérience familière, il est souvent utilisé dans les cultures humaines[31]. Ici, il s'agit surtout de représenter l'organisme vivant selon les niveaux de régulation homéostatique automatisée, du plus simple au plus complexe, tributaires de l'histoire de l'évolution des vivants. Les divers processus régulateurs se succèderaient par *emboîtements*, sous le mode de "réarrangements bricolés de morceaux issus des processus inférieurs plus simples". Ils tendent vers un but précis : la survie et le bien-être de l'être vivant, en traitant des problèmes dont la solution est indispensable à la réalisation de ce but global (SAR, 33-54 ; 41 ss.).

L'idée donc est que les organismes vivants sont munis de procédés conçus pour résoudre d'une façon automatique les problèmes de base que pose la vie, comme le fait de trouver des sources d'énergie, d'incorporer et transformer de l'énergie, de préserver un équilibre chimique inférieur compatible avec le processus de vie, se défendre contre les agents extérieurs que sont les maladies et les blessures physiques. L'homéostasie exprime l'ensemble de ces régulations et l'état de vie régulée qui en résulte. Comme au bas de l'échelle, les réponses simples sont d'abord l'*approche* et *l'évitement*, ensuite l'*excitation* (augmentation d'activité) et le *repos* (baisse d'activité), et à l'autre

[31] Sur la richesse de ce schème, voir J. Chevalier et A. Gheerbrandt, *Dictionnaire des symboles*, Éditions R. Laffont et Jupiter, Paris, 1982^2 (1969), pp. 62-68.

bout de l'échelle, elles concernent la *compétition* et *la coopération*, on comprend que la proximité et l'antagonisme forment deux attitudes qui se tiennent de près. Ils apparaissent à tous les niveaux de la machine homéostatique complète, que représente le schème de l'arbre. Celui-ci comporte à ses différents niveaux une série de processus qui révèle, à travers une organisation polyvalente, la complexité des vivants et en particulier de la stature de l'homme. La façon dont A. Damasio présente cette complexité, selon des configurations accessibles, donne bien l'impression d'une nouvelle conversion du monde distal en nous-mêmes en un monde proximal, lequel éclaire la proximité avec nous-mêmes. Mais, en même temps, nous découvrons l'immensité de la tâche qui incombe à la science pour pénétrer davantage la chimie et les mécanismes des organismes vivants, amplifiant l'inconnu et la complexité du monde distal. Pour aborder ce domaine complexe, formons la configuration des différents niveaux d'organisation en fonction du schème de l'arbre proposé par l'auteur :

* Partie inférieure de l'arbre :
— *régulation métabolique* : composantes chimiques et mécaniques, et tous les processus présidant aux équilibres chimiques, aux ajustements dans le milieu interne, à la fabrication, au stockage et aux distributions des substances, etc. ;
— *réflexes de base* : réaction au bruit, contact tactile, éloignement d'une chaleur ou d'un froid, attirance vers la lumière, etc. ;
— *réponses immunitaires* : défense de l'organisme quand son intégrité est menacée de l'intérieur ou de l'extérieur.

* Partie intermédiaire inférieure de l'arbre :
— *Comportements de douleur* (et de punition) : réactions d'approche ou d'évitement de l'organisme entier face à un objet ou une situation spécifique. Dans le cas de mauvais fonctionnements ou de lésions des tissus du corps (brûlure, infection locale...), les cellules de la région affectée émettent des signaux indiquant une douleur ou "nociceptifs", en réaction desquels l'organisme produit des comportements de douleur ou de mal.
— *Comportement de plaisir* (et de récompense) : réactions au bon fonctionnement survenant dans le corps, qui facilite les attitudes vis-à-

vis des autres (corps détendu et relâché, visage manifestant de la confiance et du bien-être…).

* Partie intermédiaire supérieure de l'arbre :
– *Besoins et motivations* : opposition entre un état comportemental d'un organisme engagé dans un besoin particulier et la conscience de ce besoin (faim, soif, curiosité, exploration, jeu, sexe…)[32].

* Partie inférieure du haut de l'arbre :
– *Émotions d'arrière-plan* : résultat en grande partie imprévisible de plusieurs processus régulateurs concurrents à l'œuvre sur la vaste scène à laquelle ressemble l'organisme (dispositions métaboliques associées au besoin interne, à des situation externes, etc.)
– *Émotions primaires* : peur, colère, dégoût, surprise, tristesse, bonheur… Facilement identifiables dans les diverses cultures.
– *Émotions sociales* : sympathie, embarras, honte, culpabilité, orgueil, envie, gratitude, admiration, indignation, mépris… Selon le principe d'emboîtement, elles sont le résultat d'une suite de réactions régulatrices, combinées à des éléments présents dans les émotions primaires. Il semble que la disposition à produire une émotion sociale soit enracinée dans le cerveau de l'être vivant, "prête à se déployer lorsque la situation adaptée se débrouille pour la déclencher".

* Partie supérieure du haut de l'arbre :
– *Sentiments comme perception d'un état du corps* : le contenu du sentiment est une représentation du corps qui est, d'une certaine manière, une représentation d'un état donné du corps. Leur soubassement se trouve dans des cartes corporelles du cerveau, qui renvoient à des *parties* du corps et à des *états* du corps. Le sentiment provient, non seulement des émotions, mais de n'importe quel ensemble de réactions homéostatiques.
– *Sentiments comme perceptions interactives* : contrairement à la perception d'un objet extérieur qui demeure le même quoique une partie du phénomène soit tributaire de ce que le cerveau en fait, dans le cas du sentiment l'objet lui-même ou l'événement originaire se trouve

[32] En se référant à Spinoza, A. Damasio rapproche les besoins des "appétits", les motivations des "désirs". En réalité, Spinoza réaménage une thématique ancienne, issue de l'opposition entre *épithymia* et *orexis*.

dans le corps, et de ce fait peut impliquer une série de transitions et varier radicalement.
— *Sentiments et conscience* : création du soi, sans lequel on ne peut rien connaître.
— *Interférences et distorsions dans les sentiments* : "faux" encartages corporels, "fausse" construction et états simulés du corps[33].

Le schème de l'arbre, traduit ci-dessus en une structuration qui va du plus simple au plus complexe, fait voir que les sentiments ne précèdent pas les émotions et d'autres mécanismes de l'organisme, mais *proviennent* d'activités multiples et complexes, où les émotions jouent un rôle central. Ces activités ne sont pas tributaires seulement de la présence d'un corps et d'un cerveau capable de produire de représentations du corps, mais, plus fondamentalement, elles proviennent d'un soubassement constitué par "la machinerie cérébrale de la régulation vitale, y compris des mécanismes de régulation vitale qui suscitent des réactions comme les émotions et les appétits" (SAR, 111 ss.). Cet ensemble déroule en quelque sorte devant nos yeux notre propre stature dans l'ordre d'une organisation qui nous mène, au-delà de la cartographie anatomique, dans les rouages les plus intimes du déploiement des parties du corps relativement aux régions cérébrales, mises en évidence récemment par les neurosciences. Cette nouvelle configuration de nous-mêmes fait la promotion d'une proximité avec nous-mêmes plus étroite encore, tout en montrant une fois encore la difficile connaissance de soi.

D'après cette approche, rassemblée par le schème de l'arbre, les sentiments, qui sont situés au sommet de l'arbre, sont exprimés par des perceptions analogues à d'autres formes de perceptions, comme, par exemple, la perception visuelle. Par suite, de même que le fonctionnement de la vue grâce à l'organe oculaire est ancré dans une région cérébrale précise, de même les différents sentiments répartissent leurs activités dans des régions cérébrales, dont on a établi une cartographie

[33] J'établis cette succession de thèmes sur la base de l'analyse de A. Damasio, *op. cit.*, pp. 87-124.

également précise. Nous verrons que ce morcellement n'est fonctionnel que parce qu'un phénomène d'*encartage*, c'est-à-dire une formation de *cartes* produites par le cerveau lui-même, qui renvoient à des parties du corps et à des états du corps, médiatisent ces activités. Cette double approche, celles des cartes produites par le cerveau et celle de la carte des régions qui localisent les cartes reflétant des états du corps accentue le caractère *morcelé* du corps ; elle régionalise même les mécanismes et les activités. De cette multiplicité dominante, la seule unité envisageable, pour le moment, ressort des substrats immédiats des sentiments qui sont les encartages de *tous* les états du corps dans les régions sensorielles du cerveau conçues pour recevoir les signaux venus du corps (SAR, 91).

Plus en détail, ces processus de base d'où proviennent les sentiments montrent que l'entité capable d'avoir des sentiments doit être un organisme qui dispose, en plus d'un corps et d'un système nerveux, des moyens de *représenter* le corps ou des parties du corps *en son sein* même, selon des *cartes* ou *configurations*, telles qu'en produit notre cerveau. Seul le cerveau est capable d'encarter les structures du corps et de ses états, et de transformer les structures neurales de ces cartes en structures ou images mentales. Mais, pour que l'organisme puisse connaître le *contenu* d'un sentiment, il requiert en plus une *conscience*, c'est-à-dire “la création du soi, sans lequel on ne peut rien connaître”.

Or, cette création du soi n'est pas simple, elle suppose des processus variés de provenance, ne serait-ce que parce que le processus du sentiment est multipartite et subdivisé en branches, et parce que les structures de l'état du corps sont réalisées sous le contrôle d'autres parties du même cerveau. De la sorte, le cerveau atteste une double nécessité qui marque la circularité de ses opérations : il doit produire des encartages du corps, mais à condition d'avoir auparavant réagi à des objets et à des événements par des émotions ou des appétits, et contrôlé ou construit l'état émotionnel du corps qui est ensuite encarté en tant que sentiment. Au cours de l'évolution, l'avènement des sentiments n'a été possible que parce que “la machinerie cérébrale” liée à la régulation du corps avait besoin de “cartes cérébrales” pour procéder à ses ajustements régulateurs, et plus spécialement aux ajustements qui se produisent pendant le déroulement d'une réaction émotionnelle. C'est sur ce plan qu'on pourrait parler — en prolongeant Damasio — de plasticité du cerveau.

Pour comprendre les processus qui aboutissent aux sentiments, il faut éclairer au moins ceux qui régissent les émotions, voire le degré de leur caractère inné ou acquis. Paradoxalement, bien qu'il fasse état des émotions sociales, A. Damasio s'intéresse très peu au caractère acquis et culturel des émotions, comme le fait une longue tradition de chercheurs[34]. La perspective qu'il met en évidence est celle de la provenance, sans aucune réflexion sur la dimension prospective des émotions, sur le monde auquel elles ouvrent. Cette autre face des émotions a été récemment mise en relief par Vinciane Despret[35], qui exploite le travail de l'ethnopsychologie, pour montrer que les émotions peuvent être différentes selon les cultures, l'universalité qu'on leur attribue n'étant qu'une construction de notre propre culture. Les études actuelles d'ordre éthologique éclairent le problème par d'autres voies qui abolissent l'opposition entre inné et acquis, car "l'acquis ne se trouve jamais acquis que grâce à l'inné, qui lui-même s'avère toujours à façonner par l'acquis". Et comme le précise Boris Cyrulnik (à qui j'emprunte cette idée), "l'éthologie combine ses conclusions à celles de la neurobiologie pour mettre (...) en lumière l'extraordinaire plasticité du cerveau humain et pour tirer parti du fait que le jeu de la double contrainte reste toujours ouvert. Si rien ne s'efface, rien n'est jamais définitif dans le développement d'une personne humaine"[36]. Par comparaison, l'analyse proposée par Damasio s'intéresse davantage aux processus internes de l'organisme que sur les interactions adaptatives et plastiques avec l'environnement, qui mettent en œuvre des *pressions*, incontournables ou contournables, sur les individus.

[34] Thèse défendue par J.R. Averill et partiellement par K.R. Scherer. Voir à ce propos l'analyse de O. Luminet, *op. cit.*, pp. 30 ss. qui prend une position nuancée.

[35] V. Despret, *Ces émotions qui nous fabriquent. Ethnopsychologie de l'authenticité*, Institut Synthélabo pour le progrès de la connaissance, Le Plessis-Robinson, 1999.

[36] B. Cyrulnik, *La naissance du sens*, Hachette littératures, 1995, pp. 91-95.

D'après lui, si la conformation générale du cerveau permettant des comportements sophistiqués en l'absence de langage et des instruments culturels est un don lié au génome de certaines espèces, les réponses émotionnelles seraient tantôt strictement innées, tantôt le résultat d'une adaptation à l'environnement n'exigeant qu'une aide extérieure minimale. À telle enseigne que "pour toute personne élevée dans l'idée que les comportements sociaux sont nécessairement le produit de l'éducation, il reste difficile d'admettre que les espèces animales simples qui ne sont pas connues pour leur culture peuvent faire preuve de comportements sociaux intelligents" (SAR, 51-52). De plus, même si de nombreux concepts sociaux trouvent dans les vivants une *préfiguration* embryonnaire, celle-ci aurait une portée importante surtout sur le plan de la *sécurité* par le nombre, la force par la coopération, l'altruisme, les sacrifices, l'union dans le travail... On pourrait parler ici d'attitude de *préservation de soi*. L'analyse de Damasio, aussi subtile et riche qu'elle soit — et elle l'est effectivement — se déploie surtout dans l'ordre de *stratégies* de la nature pour préserver la vie, tout en admettant que la nature réalise une sorte de bien-être. Cette dernière précision amorce certes une ouverture prospective et un rapport possible avec le monde, mais elle le fait selon une tendance univoque, opposée à celle que je viens de relever à partir du travail de V. Despret.

Par ce biais l'approche de Damasio déborde la question de la proximité avec soi-même et engage déjà la question de la proximité avec les autres. Sur ce plan, à l'instar de la nécessité d'un miroir pour la réalisation de la *connaissance de soi*, la culture et l'éducation jouent un rôle fondamental, qui bouleverse la notion d'adaptation pragmatique. Mais nous aurons l'occasion de voir qu'auparavant une problématique plus insidieuse perturbe la proximité avec soi-même, qui est celle de *l'affection de soi*, dévoilée avec une force incomparable par le génie de Sigmund Freud, et qui ouvre au monde par la biais de symptômes, qui reflètent plus directement la question de la souffrance. Mais revenons à l'étude de Damasio pour circonscrire l'ampleur de sa démarche.

En m'appropriant son approche, je peux dire que monde proximal qui se déploie à partir des émotions, et qui rend possible, avec le système de régulation, les sentiments, *provient* d'un travail du cerveau susceptible d'évaluer l'environnement à l'intérieur et hors de l'organisme, et de répondre d'une façon adaptée aux différents problèmes posés (SAR, 58-62). Les émotions opèrent de diverses façons (traiter la présence d'un objet, la relation aux autres, la connexion avec le passé...). Et l'appareil cérébral qui les constitue co-évalue avec l'"esprit" en faisant preuve de pensée, de sorte que les émotions opèrent dans différents cadres. Certains déclencheurs émotionnels auraient été associés à notre cerveau par l'évolution, tandis que d'autres se seraient retrouvés associés "par notre cerveau à des objets émotionnels compétents en vertu de notre expérience individuelle". Il s'agit moins ici d'une question d'éducation que d'expériences habituelles dans la vie d'un chacun. L'exemple le plus célèbre est la madeleine de Proust. Damasio propose un cas analogue sur la base d'une visite de la maison où, dans notre enfance, nous avons vécu une peur terrible. Nous ressentons une gêne sans autre raison que le fait que nous avons autrefois éprouvé une puissante émotion négative dans ce même cadre. On peut même ressentir une émotion semblable dans une autre maison, ne serait-ce que parce qu'on a pu détecter l'enregistrement cérébral d'un objet ou d'une situation comparable. Il apparaît ainsi que "les objets émotionnellement compétents peuvent être réels ou remémorés", et qu'ils soient présents réellement, "sous forme d'image fraîche ou sous forme de souvenir, l'effet est le même". Pour qu'il y ait émotion, il faut que le stimulus soit "émotionnellement compétent". A. Damasio illustre son propos par une assertion de Spinoza, qu'il aurait pu découvrir également chez d'autres philosophes, et qui soulève de nombreuses interrogations philosophiques[37] : "L'homme est affecté du même sentiment de joie et de tristesse par l'image d'une chose passée ou future et par l'image d'une chose présente" (*Éthique*, III, 18).

En somme, la complexité structurelle du mécanisme des émotions, met en jeu la complexité de leur provenance. A. Damasio le clame sans détours : "L'apparition d'une émotion dépend d'une chaîne com-

[37] Sur lesquelles je ne me pencherai pas ici, mais qui concernent les modes d'affectation du cerveau et le rapport entre l'appareil cérébral et l'activité psychologique.

pliquée" (SAR, 62-71). À cette occasion, le savant se place en spectateur inventif des processus constitutifs de cette provenance, qu'il illustre à partir du paradigme de la peur. Il nous offre un spectacle remarquable qui aboutit à une topologie parallèle entre, d'une part, les principales étapes dans le déclenchement et l'exécution d'une émotion et, d'autre part, les structures du cerveau qui sont les plus nécessaires pour le déroulement de chaque étape, y compris les conséquences physiologiques de cette chaîne d'événements. Ainsi, l'appréciation et la définition d'un stimulus émotionnellement compétent (en l'occurrence la peur) correspondent aux cortex cérébraux d'association sensorielle et supérieurs. Le déclenchement (induction) correspond à l'amygdale, et l'exécution, à la base du pré-cortex, de l'hypothalamus et du tronc cérébral. Quant à l'état émotionnel, il correspond aux changements transitoires dans le milieu interne, aux viscères, au système musculaire et osseux, et aux comportements spécifiques (SAR, 70).

Ce panorama ne doit pas dissimuler le phénomène fondamental qui régit le corps humain dans ses rapports au cerveau, — que j'ai illustré, d'une façon simplifiée, par le système sensori-moteur de l'homoncule et, d'une façon plus complexe, avec l'aide de G. Edelman. Il s'agit tantôt de morceler le corps et de produire des reliefs topologiquement irréguliers, et tantôt de déceler les processus d'intégration (comme les processus de "réentrée"). On sait aujourd'hui que les sentiments que nous éprouvons proviennent "des régions sensibles du corps", alors que récemment encore on assignait "des sentiments à *tout* le système cérébral", comme si "les sentiments tombaient du ciel et se promenaient un peu partout dans le cerveau". Reste désormais à mettre en évidence comment ce morcellement peut être soumis aux processus de réentrée ou à d'autres processus que les neurosciences pourraient bientôt nous dévoiler.

Les propositions de Damasio n'épuisent donc ni les problèmes ni les solutions, car si dans de nombreux cas, les régions cérébrales sensibles au corps produisent une carte précise et fidèle de ce qui se passe dans le corps, dans d'autres cas, il n'en va plus de même, comme dans les cas où "l'activité des régions d'encartage ou bien les signaux qui y arrivent, ont pu être modifiés". Il semble que la médiation du temps dans le processus d'encartage pourrait expliquer ce phénomène de distorsion — à condition de suivre l'hypothèse subtile avancée par A. Damasio, selon laquelle "les sentiments ne dérivent pas nécessairement des *états réels du corps* (bien que ce soit possible), mais des *cartes réelles* construites à un moment donné dans les régions sensibles au corps du cerveau" (SAR, 115-117). On pourrait parler ici d'une *distorsion* produite lors de la formation des *configurations*, dans des régions cérébrales, sous l'effet de certains facteurs, dont le temps. Cette constatation, anodine à première vue, prendra au cours de mon exposé des proportions imprévues, même si je ne vais pas jusqu'à faire état des processus réentrants qui, probablement, seront utilisés bientôt dans ce domaine. Mes compétences limitées ne m'autorisent pas à spéculer sur ces questions. Je ne l'ai déjà fait que trop jusqu'ici, avec une dose de témérité, que certains auront le loisir de stigmatiser. En revanche, je souhaite, d'une façon plus modeste, insister sur le substrat de notre stature humaine, pour montrer qu'un domaine de nous-mêmes pose encore d'immenses problèmes, de sorte que le monde distal qu'on croit progressivement entamer s'étend davantage encore, du fait même de ces découvertes.

3. *Détournements physiologiques et mémoire multifonctionnelle*

L'intérêt de cette incursion de la distorsion dans le cours du processus d'encartage cérébral apparaît dès lors qu'on suit les mécanismes de défense de l'organisme. Lorsque des signaux nociceptifs du corps atteignent les régions compétentes du cerveau, celui-ci les *filtre* et produit aussitôt des "faux" encartages, qui font barrage aux cartes ordinaires permettant l'épreuve de la douleur. Ce phénomène d'*interférence* naturelle du cerveau serait l'équivalent de la prise forcée d'une forte dose d'aspirine ou de morphine, ou de l'application d'une anesthésie locale, pour éliminer la douleur. Le corps fabrique naturellement plusieurs classes de molécules (appartenant aux peptides opioïdiques) qui se lient à des classes spécifiques de récepteurs situés dans certains neurones de certaines régions du cerveau.

La nature et la technique se rencontrent ici d'une façon déterminante, puisqu'il arrive, en cas de besoin, que la nature fournisse "l'injection analgésique que le médecin compassionnel administre au patient qui souffre". Elle fait en sorte que "ce que nous ressentons réellement n'est pas exactement ce que nous aurions ressenti sans la sage interférence du cerveau". Cela expliquerait un nombre considérable de mécanismes dans notre vie, qui font disparaître des symptômes physiques dans des circonstances déterminées, comme les douleurs d'une maladie chez un orateur devant un auditoire ou chez un acteur monté sur la scène, ou encore la peur des soldats sur le champ de bataille, etc. Il se produirait ainsi une modification salutaire des cartes corporelles représentant, en l'occurrence, la douleur et la peur dans le cerveau. Cette constatation permet à A. Damasio de conclure que "certains états psychopathologiques bien connus *détournent* dans une certaine mesure ce bon mécanisme. Les réactions *soi-disant* hystériques ou de conversion qui permettent à des patients de sentir ou de mouvoir des parties de leur corps pourraient résulter de changements passagers mais radicaux dans les cartes actuelles du corps. Incidemment, un simple *détournement* de ces mécanismes pourrait aider à supprimer le rappel des événements qui nous ont un jour causé une forte angoisse " (SAR), 117-119, je souligne).

Cette conclusion, qui amorce un regard vers l'avenir, dissimule à peine ses allusions critiques à la psychanalyse. Elle évoque la possibilité qu'un jour les neurosciences trouvent des solutions à un grand nombre de pathologies grâce au phénomène de "détournement" salutaire dans l'encartage et aux nouvelles positions de la médecine depuis le déchiffrement du code génétique humain. Et nous avons pu constater que G. Edelman lui-même oblitère d'une façon délibérée le sujet, se limitant à l'émergence d'une conscience, en se débattant surtout contre le dualisme cartésien. Si l'on ajoute ici les développements actuels dans les domaines de la *transplantation* d'organes et du *clonage* (thérapeutique ou autre), on doit reconnaître que les progrès futurs de la science nous réserveront des surprises que personne aujourd'hui ne saurait prévoir. Du reste, nous verrons que même dans le domaine de la psychothérapie les procédés se multiplient au détriment de la psychanalyse, au nom d'approches plus efficaces d'ordre communicationnel, comportemental ou pharmacologique. Toutes ces démarches n'ont plus seulement un impact scientifique qui concernerait une simple modification du l'*inconnu* du monde distal en quelque chose de *plus connu*, mais font irruption dans la complexité propre du monde distal qui se plie, jusqu'à un certain point, au fonds propre du monde qui est le nôtre aujourd'hui, le monde technico-économique qui configure notre mode de vie. Rien donc dans ces domaines n'est impossible. Mais, à mes yeux, cette vision (optimiste ou pessimiste selon le point de vue où l'on se place) concernant les progrès des sciences et des techniques, risque d'occulter la complexité de notre intériorité et de s'appuyer trop facilement sur une connaissance partielle, fondée sur certains mécanismes, en croyant qu'il s'agit là de la seule voie de salut.

Cette théorie du "détournement", soutenue par Damasio, ne me paraît pas suffisante pour écarter l'apport de Freud et de la psychanalyse. Celle-ci contribue à mieux percevoir la complexité de l'appareil psychique, tout en tentant de dévoiler les souffrances profondes éprouvées par tout être humain dans sa vie, — du seul fait qu'il trace sa propre histoire dans un environnement amical et hostile en même temps, auquel il doit sans cesse s'adapter, entraînant des conséquences qu'il ne peut prévoir. D'ailleurs, l'idée d'un détournement salutaire ou non se rapproche, jusqu'à un certain point, des analyses freudiennes, mais en perdant de vue, il est vrai, qu'un tel détournement pourrait *différer* l'action de ce qui est détourné, en le *fixant* dans un inconscient, non sous le mode d'une passivité, mais comme agent actif agissant par d'autres voies, notamment par des fantasmes. Même si, nous le verrons, la psychanalyse de Freud s'intéresse davantage à la dimension "érotique" de l'être humain, son inspiration de base sur la façon dont sont mémorisées les affections, ouvre un champ immense de recherches. Ce qui me paraît encore se dissimuler dans l'analyse des mécanismes régulateurs assurés par l'homéostasie des êtres vivants, c'est le statut des mécanismes de *détournement* et de *mémoire*. Nous verrons que, chez Freud, le processus de "détournement" n'est qu'un mécanisme possible, parmi d'autres (refoulement, sublimation...) dans la problématique du destin des *pulsions*. Bien plus, la thématique des symptômes, sous le mode d'un compromis entre désir et défense, subvertit toute analyse univoque des *interférences*, au profit d'une problématique encore mal comprise des *ambivalences*.

Bien entendu, il ne s'agit pas, dans mon esprit, de nier que les processus physico-chimiques et les mécanismes liant la topologie du cerveau à l'ensemble du corps ne soient pas la base des comportements humains. Je veux seulement rappeler que la question de la *fonctionnalité* des "organes" humains et celle des *interférences* possibles ne sont pas une affaire simple, et que les processus réentrants ouvrent à un approfondissement de la complexité qui ne saurait pas ignorer éternellement le problème de l'inconscient. Claude Bernard avait déjà indiqué qu'un même organe pouvait remplir au moins deux fonctions, comme par exemple le foie qui remplit sa fonction glycogénique parallèlement à sa fonction digestive[38]. Même là où il y a une seule finalité, il peut y avoir plusieurs fonctionnalités : une machine à laver a pour but de laver du linge, mais les fonctions que nous proposent les fabricants sont multiples et décuplent les résultats. Avec nos ordinateurs, les choses se compliquent davantage encore, puisque c'est la finalité elle-même qui se répartit en plusieurs finalités possibles selon les *configurations* des logiciels utilisés (traitement de textes, classements, graphismes, comptabilité, jeux, vision de films, audition de musique, recherches et communications par Internet, etc.), et dont chacune peut multiplier les fonctions selon le type de programmation. C'est dire que si la technique contemporaine est parvenue à de tels exploits, rien ne dit que la nature n'agit pas au moins d'une façon comparable et ne multiplie pas également les fonctions d'un même organe. Et ce n'est pas parce que, comme nous l'avons indiqué ci-dessus à la suite d'Edelman, il ne faut pas confondre le cerveau (susceptible de plasticité) avec les ordinateurs (davantage soumis à la programmation et à la détermination) qu'on ne peut pas reconnaître des recoupements. L'analyse des "encartages" et des "processus réentrants" plaide en faveur de cette option, et présente sûrement un avenir prometteur. Il suffit de songer à un organe de l'homme sur lequel j'ai beaucoup insisté : la main. La robotisation remplace de plus en plus la main humaine dans des situations où l'homme ne peut accéder (comme dans l'espace, dans des zones contaminées, etc). Dans ce type de multifonctionalité, c'est la mémoi-

[38] Cité par P.-L. Assoun, *Corps et Symptôme. Leçons de psychanalyse*, Anthropos-Économica, 2004^2 (2001), p. 142. Je citerai par cs.

re qui joue un rôle déterminant. Et sur le plan d'une mémoire cognitive, il est probable que la technique de l'intelligence artificielle, aussi rudimentaire qu'elle soit aujourd'hui, pourra réussir, à l'avenir, des exploits. Là où la fonctionnalité humaine excède vraiment, et d'une façon radicalement différentielle, la fonctionnalité technique, c'est dans le cas de la mémoire affective[39]. Cela signifie que dans le cas du corps de l'homme (voire des vivants), rien n'empêche le déploiement de topologies particulières, comme celles des lieux “érogènes”, qui ouvrent à un monde en lequel les investissements symboliques peuvent proliférer. Cette possibilité d'une topologie érogène du corps confère au travail Freud le caractère de pionnier.

Mais il y a plus. Car, ce qui me semble vraiment occulté dans la démarche de A. Damasio — qui, contrairement à G. Edelman, affronte l'affectivité —, c'est la question de la *souffrance* dont les mécanismes ne se réduisent pas seulement à ceux de la chimie de la douleur ponctuelle et contrôlable par des procédures de détournement. Si l'on doit recourir à la biochimie — et il le faut —, il convient sûrement de s'attendre à des configurations plus complexes que celles dont nous disposons actuellement, et qui puissent révéler des modifications plus radicales des états du corps humain et approfondir des oppositions entre situation temporelle limitée et situation durable. Les processus d'interaction reconnus actuellement en neurosciences semblent déjà constituer un pas vers la mise en évidence d'une complexité inouïe en nous, que l'on peut éprouver d'une façon “diffuse”. Il s'agit d'une piste de recherche, qui cependant n'anéantit pas la spécificité de la souffrance comme phénomène radical de l'existence, provoqué chez les vivants et chez l'être humain par des multiples *pressions* et selon une *durée* indéterminée.

Antonio Damasio constate d'ailleurs lui-même la particularité du phénomène de l'*humeur*, qui se distinguerait des émotions d'arrière-plan, parce qu'elle fait en sorte qu'une émotion donnée dure longtemps

[39] Cette mémoire affective que le film de Stanley Kubrick, “2001. L'Odyssée de l'espace” (1968) a tenté de mettre en relief en montrant que lorsque l'homme a décidé de détruire le cerveau artificiel du vaisseau spatial, celui-ci a réagi affectivement et a tenté de détruire l'homme.

et peut s'appliquer au déclenchement répété de la même émotion (SAR, 48) ou — pourquoi pas ? — de l'interférence de la répétition de plusieurs émotions différentes. En réalité, sur la question de l'humeur et sa différence avec l'émotion, de nombreuses recherches ont été menées, qui aboutissent à la mise en évidence d'oppositions significatives, qu'on devrait retrouver en partie dans la différence entre douleur et souffrance. Résumons ces oppositions en transposant le classement retenu par Olivier Luminet (PE, 34-42)[40], qui caractérise d'abord l'émotion et ensuite l'humeur (en utilisant v : *versus*) selon une suite de situations :

— vitesse de déclenchement : rapide (réponse d'urgence) v lente ;
— fréquence d'apparition : faible v élevée ;
— intensité subjective : forte v faible à modérée (impression diffuse) ;
— éléments déclencheurs : facilement identifiables v difficilement identifiables ;
— durée : courte (secondes, minutes) v longue (heures, jours) ;
— effet sur l'attention : fort v faible ;
— effet sur les trois composantes :
  - physiologique : oui v non ;
  - comportementale-expressive : oui v non ;
  - cognitive-expérientielle : oui // oui ;
— propriétés : module l'action v module le contenu et les processus cognitifs (c'est-à-dire l'émotion agit pour répondre à la situation nouvelle, alors que l'humeur manifeste une accessibilité en mémoire et concerne la créativité et la flexibilité) ;
— intentionalité : présente (est individuelle) v absente (est générale).

Que l'humeur diffère de l'émotion par sa complexité et sa durée est un indice remarquable et suffisant pour supposer une différence de ce type entre douleur et souffrance. Cette question d'une différence entre temps ponctuel et durée met, en tout cas, en évidence la complexité de la *mémoire*.

Henri Bergson notait déjà en 1911, dans une conférence présentée à

[40] O. Luminet y résume le débat autour des positions de P. Ekman, R.J. Davidson, N.H. Frijda, R.S. Lazarus, L.A. Clark et D. Watson.

l'Université de Birmingham, que lorsqu'on dit "esprit", on parle surtout de "conscience". Or, il convient de considérer que la conscience signifie, d'abord, la *mémoire* et qu'elle est la conservation et l'accumulation du passé dans le présent et, ensuite, *anticipation* de l'avenir, de sorte que toute action est un empiètement sur l'avenir. Plus concrètement : "La mémoire peut manquer d'ampleur ; elle peut n'embrasser qu'une faible partie du passé ; elle peut ne retenir que ce qui vient d'arriver ; mais la mémoire est là, ou bien alors la conscience n'y est pas. Une conscience qui ne conserverait rien de son passé, qui s'oublierait sans cesse elle-même, périrait et renaîtrait à chaque instant : comment définir autrement l'inconscience ?" De plus, la conscience s'occupe de ce qui est, mais en vue surtout de ce qui va être : "L'attention est une attente, et il n'y a pas de conscience sans une certaine attention à la vie. L'avenir est là ; il nous appelle, ou plutôt il nous tire à lui ; cette traction ininterrompue, qui nous fait avancer sur la route du temps, est cause aussi que nous agissons continuellement"[41]. Bref, la conscience, comme l'avait déjà pressenti saint Augustin, suppose la mémoire et l'anticipation, comme si tout ce qui n'est pas inscrit dans le temps était de l'ordre de l'absence de conscience. Mais notre stature humaine, qui possède une conscience supérieure capable d'avoir la conscience d'être consciente, nous permet de nous "écarter du présent remémoré par des actes d'attention", ce qui suppose, à la base, une mémoire élaborée déjà sur le plan de la conscience primaire, multipliant les systèmes de la mémoire. On parle de mémoire à long terme et de mémoire à court terme ou de travail, mais aussi de mémoire procédurale (qui exprime l'apprentissage moteur et ses actes complexes), de mémoire épisodique (qui aide à se souvenir des suites d'événements ou des récits à long terme (PVC, 70-71 et 122). Les choses sont très complexes.

Enfin, la thématique de la mémoire et du souvenir a permis à Damasio de mettre en évidence les mécanismes en jeu dans un souvenir de peur d'enfance lorsqu'on retourne sur les mêmes lieux, qui révèlent que la mémoire à la fois sauvegarde une trace du passé et le contextua-

[41] H. Bergson, *L'énergie spirutuelle*, dans *Œuvres*, PUF, Paris, 1963, p. 818.

lise. En l'occurrence, on fait état d'une situation *affective*, mais qui suppose néanmoins l'intelligibilité de ce dont il est question topologiquement, dans un lieu déterminé. Mémoire affective et mémoire cognitive ne sont manifestement pas la même chose. Tout se passe ici comme si la mémoire comportait deux structures différentes, même si elles peuvent se recouper.

En fait, la mémoire recèle beaucoup plus de fonctions que celle d'une rétention d'une expérience du passé. Les Anciens l'avaient bien compris. Ils avaient commencé par intégrer, dans un système d'énumération sous le mode du catalogue, la déesse Mémoire, mère des Muses[42]. Or, comme je l'ai déjà indiqué, le discours *catalogique* (par exemple une généalogie des dieux et du cosmos, mais aussi un annuaire de téléphone ou la liste des disparus sur un monument aux morts) met en œuvre une succession de données qui ne prennent leur sens que si elles sont *redressées* pour rétablir l'ordre du monde. Dans une cosmo-théogonie, il s'agit de retrouver le partage des lieux, des pouvoirs et des fonctions entre les dieux. Le discours catalogique se déploie d'une façon diachronique selon des distorsions (des "mensonges", dit Hésiode) qui requièrent un *redressement* (entendez un décodage) sans lequel le sens nous échapperait, et qui met en jeu une topologie et une organisation contextuelle du monde. Cette démarche archaïque requiert de nombreuses entrées qui supposent chacune diverses formes de mémorisation, parmi lesquelles figure une mémoire affective qui exprime le degré d'attachement à ce qui est mis en scène.

Je l'ai dit, la simplification des fonctions de la mémoire par la recherche d'une mémoire qui agit sans distorsion et qui réussit à situer l'intelligibilité des choses, en vertu d'un discours immédiatement dressé (*orthos logos*), est une *conquête* majeure de la pensée grecque, qui trouve son achèvement dans la théorie des syllogismes aristotéliciens et dans la logique stoïcienne des propositions. Même Platon conserve des éléments mythiques dans ses exposés et parle, dans le *Phédon*, d'un mythe eschatologique que seul un insensé appréhendera litté-

[42] Cf. mon *Histoire de la philosophie ancienne et médiévale*, *op. cit.*, Première Partie.

ralement. Mais cela ne l'a pas empêché d'établir, en même temps, une *structure* de l'âme fondée sur l'intelligibilité, que la réminiscence seule parvient à dévoiler, en se servant de la *mémoire* des événements sensibles et contingents. L'âme apparaît ainsi comme formant une sorte de “mémoire” de fond, intemporelle, fondement de toute intelligibilité, où la mémoire ordinaire, temporellement préoccupée des événements contingents, va puiser l'intelligibilité de ce qu'elle relate. Si Platon nous apprend, d'une façon parfois confuse, la complexité de la mémoire, Aristote, au contraire, tentera de mettre un peu d'ordre dans un monde qui ne cesse de se dérober, encore à notre époque.

Aristote est le premier à distinguer une mémoire à long terme (mémoire de fond) et une mémoire à court terme (mémoire de surface). Il conçoit, d'une part, l'âme intellective, formée par un intellect pur qui se constitue dans l'instauration en lui des intelligibles grâce à l'expérience sensitive[43], et, d'autre part, la mémoire proprement dite, liée au corps[44] et formée par les événements contingents, qui l'imprègnent de traces dont la réminiscence s'accomplit à travers des images[45]. La première structure, qui constitue en nous le fond intelligible nous permettant de penser les choses dont nous avons déjà eu connaissance, ne s'oublie jamais et se manifeste sous le mode d'une identité entre ce qui pense et ce qui est pensé (l'intelligible actualisé)[46]. Ce qu'on oublie, ce sont des choses et des événements contingents impliquant les sens et l'imagination, qui opèrent par des médiations permanentes (comme la vision moyennant la lumière, l'audition au moyen de l'air qui vibre, etc.). Mais même ces choses qu'on oublie sont tributaires de l'intelligibilité propre à l'intellect, puisque ce que l'on recherche et ce dont on se souvient nous est *déjà* intelligible. Son intelligibilité a été acquise

[43] Voir le *Traité de l'âme*. Cf. Mon livre *Aux origines de la philosophie européenne*, *op. cit.*, pp. 503-511.

[44] Lequel n'est pas chez Aristote séparé de l'âme (comme chez Platon), puisqu'il définit l'âme comme la spécificité et l'entéléchie d'un corps organisé ayant la vie en puissance (*De anima* II, 1).

[45] Voir le *Traité de la mémoire* 1, 450a 25 ss.

[46] *Traité de l'âme* III, 5.

antérieurement, à travers nos rapports au monde. Sans cette intelligibilité instituée en nous, qui forme notre intellect même, lequel se caractérise, en plus, par sa capacité d'actualiser ce qu'il *possède* en lui, — comme le fait le médecin qui possède certes la technique médicale, mais ne l'exerce que lorsqu'il faut —, on ne saurait ni penser, ni chercher ce que l'on cherche. On pourrait dès lors parler, en infléchissant un peu les textes d'Aristote, d'une mémoire de fond formant notre intelligibilité (acquise par nos expériences) et d'une mémoire de surface. Ce qui nous rapproche des neurosciences actuelles, avec cette différence, bien entendu, qu'Aristote refuserait d'utiliser le terme "mémoire" pour l'intelligibilité ineffaçable de l'intellect constitué par l'expérience, l'attribuant seulement à la mémoire proprement dite (de surface). Nous venons de le voir, selon les données actuelles des neurosciences, on peut catégoriser divers systèmes de mémoire, mais les spécialistes reconnaissent qu'il y a encore beaucoup à faire dans ce domaine. Toutes les mémoires mises en relief jusqu'ici et d'autres encore seront au menu des recherches futures. Dans ce domaine où le monde distal demeure énorme, le monde proximal que nous formons grâce à la mémoire révèle en même temps que ses configurations sont provisoires.

Il est utile de noter que les neurosciences ne distinguent pas encore nettement les fonctions cognitives, actives et affectives de la mémoire, comme le font Aristote et les Anciens. Or, pour Aristote, le domaine de l'action, lié à la douleur et au plaisir, met en œuvre un autre type encore de mémorisation, moins puissant que l'intelligibilité de l'intellect, à savoir la formation d'*hexeis*, c'est-à-dire des possessions ou dispositions acquises (qui ressemble à la mémoire procédurale). En latin, on parle d'*habitus*, ce qui a donné le concept d'"habitude", qui a été transposé en sociologie par Pierre Bourdieu. Cette "mémoire" concerne le type ou la qualité de l'action, c'est-à-dire aussi bien la "possession" d'activités résultant de la répétition, comme, par exemple, celles des musiciens qui maîtrisent un instrument ou d'un habile artisan, qu'une qualité morale acquise (*éthos* qui peut être vertu ou vice) en fonction du mode de vie que l'on mène. Qu'il s'agisse d'*intelligibilité* dans l'intellect ou de ces *dispositions acquises* permettant d'agir d'une certaine façon, la durée constitue l'une de leurs caractéristiques, ce qui n'est pas le cas de la mémoire habituelle, qui fait appel, en général, à des images ponctuelles et des souvenirs temporellement limités. Aristote n'a pas tenté de rapprocher ces différentes structures pour établir le statut du passé dans la pensée, la production et l'action, ni de les contextualiser, comme le font d'autres penseurs, comme Chrysippe. Sur le plan de la connaissance, il réfléchit surtout, contre Platon, en fonction de l'*absence* d'une réminiscence de ce qui constitue l'intelligibilité instituée par l'intellect, et qui surgit instantanément une fois qu'il y a quelque chose à intelliger, alors que la réminiscence concerne ce qui est mémorisé d'une façon contingente dans la mémoire où il est conservé comme une *trace* inscrite en elle. Au contraire, sur le plan de l'action, il instaure une problématique nouvelle, où les dispositions acquises se déterminent positivement ou négativement d'une façon *presque* inamovible, formant une mémoire de fond dont la permanence peut être modifiée par l'éducation ou la volonté. Or, si ces dispositions peuvent être acquises positivement ou négativement pour devenir des "possessions" (*hexeis*) et des caractères ou qualités éthiques (*ethè*) opposés (vertu ou vice), c'est que la disposition (*diathesis*) au départ est *ambivalente*[47]. Cette ambivalence atteste manifestement l'existence de fonctions mémorisatrices qui diffèrent sensiblement de celles qui concernent l'intelligibilité ou le souvenir purement cognitif. Bien plus, cette ambivalence révèle que le déterminisme de ce qui a été inscrit, sous forme de traces déterminantes, n'est pas absolu, même si, comme dans le cas de cas ponctuels, bien connus aujourd'hui par les diverses accoutumances (cigarette, drogue, alcool, médicaments...), il n'est pas toujours modifiable par la volonté. Or, ces fonctions sont davantage liées que les précédentes au plaisir et à la douleur, mettant en jeu la possibilité d'une mémoire affective avec ses propres lois.

Si l'on osait maintenant simplifier ces processus en faveur de la notion de mémoire au sens large, on pourrait dire que les Grecs considéraient, à travers les distinctions en question, différentes fonctions de la

[47] *Éthique à Nicomaque* II.

mémoire selon qu'elles concernent l'intelligibilité, le souvenir, les dispositions acquises, l'affectivité, etc. Ils admettaient ainsi une mémoire selon l'intelligibilité (qui nous constitue par notre rapport au monde), une mémoire selon les souvenirs (qui se forme par notre histoire propre), une mémoire selon les dispositions acquises (*hexeis*) issues de nos activités en relation ou non avec l'affectivité, mais généralement liée au plaisir et à la douleur (de l'effort par exemple). Cette approche permet de discerner la complexité de la notion de "mémoire", réduite trop facilement, par les philosophes, à l'emmagasinage du passé, alors qu'elle peut manifester ce passé de diverses façons sous le mode d'une multiplicité de fonctions. En songeant au parcours que nous venons de suivre et celui dans lequel nous nous engagerons bientôt, on peut dire que la fonction d'encartage dont parle Damasio pour les émotions et les sentiments, et celle de l'inconscient de Freud pourraient être envisagées selon d'autres fonctions de la mémoire, multipliant la multifonctionnalité de la mémoire en l'homme.

En conséquence, en l'être humain, la mémoire, quel que soit le mode selon lequel elle se manifeste, est fondamentale. Pour faire voir son importance, songeons à nos déplacements quotidiens entre notre domicile et notre lieu de travail, à supposer qu'on aille à pieds. Nous marchons par des voies que nous avons inscrites en nous au cours de nos expériences successives, et qui peuvent, jusqu'à un certain point, nous faire souffrir physiquement ou psychiquement si nous sommes, par exemple, en retard ou pris dans un orage. Parfois, nous ressentons du plaisir en parcourant ces lieux familiers, en rencontrant un visage connu ou un ami, en achetant un journal ou une bouteille d'eau dans une épicerie, etc., ou encore lorsqu'on retrouve le chemin après une courte absence. Nous savons énumérer, tout le long du chemin, une succession de choses, d'êtres vivants, de personnes que nous rencontrons sur notre passage, sans que nous puissions nécessairement les nommer. Il est rare que nous pensions que la plupart des choses que nous rencontrons dans notre vie et dont notre mémoire possède pourtant des traces, sont anonymes, comme si notre mémoire faisait la part de ce qu'elle a intelligé conceptuellement et de ce qu'elle a sauvegardé en elle par un nom, acquis dans des circonstances singulières, parfois associées à diverses émotions. Cette constatation révèle que, paradoxalement, nous vivons en mémorisant davantage un monde qui se tient à distance en nous, comme s'il faisait partie du monde distal, qu'un monde auquel nous avons une proximité étroite, conceptuelle ou nominative, et qui appartiendrait plus activement à notre monde proximal. Ce fait d'ignorer beaucoup de choses parmi toutes celles que nous rencontrons n'est pas sans importance pour ce que nous éprouvons, en émotions et sentiments, activant les fonctions affectives de notre mémoire. Si des événements qui surgissent sur notre parcours peuvent nous émouvoir, alors que nous ignorions auparavant pratiquement tout de choses ou d'êtres qui les concernent, c'est sans doute parce que la mémoire affective peut manifester une forme d'autonomie. Autrement dit, la fonction cognitive de la mémoire n'a pas l'exclusivité de la proximité que nous entretenons avec nous-mêmes, mais une grande part du monde proximal qui nous concerne atteste des fonctions affectives intenses de notre mémoire, investissant souvent notre mémoire cognitive et l'intelligibilité propre à une mémoire (procédurale) de fond, d'un monde affectif qui ouvre à la grande question du symbolisme[48]. Par conséquent, la proximité avec nous-mêmes est beaucoup plus complexe qu'elle ne nous est apparue jusqu'ici ; elle se dérobe sans cesse à travers les jeux qu'elle assume entre connaissance de soi, affection de soi, amour de soi, souci de soi, estime de soi, etc.

L'ensemble de ces données qui mettent en jeu de multiples fonctions de la mémoire et qui interfèrent entre elles d'une façon inextricable laisse voir que nous agissons le plus souvent sans trop y réfléchir et sans même nous poser la question de savoir quelle est la provenance de cette façon de nous comporter. Cette façon d'être ferait partie de notre vie et le plus souvent elle nous suffirait. Mais, en réalité, une telle configuration ne relate ni ne reflète vraiment la complexité qui nous constitue et que mon analyse précédente a relevé, et moins encore la façon personnelle de vivre qui nous est impartie, et qui est sans cesse investie d'événements singuliers et d'imprévus, d'émotions et de sen-

[48] Qui fera l'objet de mon livre sur le mythe et le rite.

timents, de souffrances et de joies. La réalité qui touche chacun de nous dans sa singularité dessine une configuration encore plus complexe que celle qu'on pourrait esquisser à partir de la complexité de notre propre réalité d'être humain, agissant selon une vie habituelle, routinière et avec quelques soucis. Si les choses étaient si simples, la proximité avec nous-mêmes donnerait de l'être humain une vision, certes complexe, mais assez uniforme. Mais la singularité de chacun de nous, sur laquelle Nietzsche, on l'a vu, a insisté à sa façon, mais que beaucoup d'autres auteurs encore n'ont cessé de relever, n'est pas réductible à des configurations générales. Le monde proximal et le monde distal s'entremêlent inexorablement en chacun de nous, et perturbent sans cesse la proximité avec nous-mêmes. Il convient donc d'avancer d'une façon plus décisive vers la singularité qui personnalise chaque être humain.

3. Transfiguration de l'appareil psychique

1. *Le passé qui nous fait vivre*

Après avoir achevé ce travail j'ai pris connaissance du livre de François Ansermet et de Pierre Magistretti, *À chacun son cerveau*[49], qui relève des idées proches de celles que je défends. L'importance de ce que ces auteurs mettent en relief m'a contraint à l'intégrer autant que possible dans le cours de mon exposé, surtout pour illustrer la question de la "plasticité". L'endroit me semble propice, pour faire la transition entre les neurosciences et la psychanalyse, dont chacunes mettent en jeu une autre fonction de régisseur, mais qui se rejoignent *quelque part*, dans un "lieu" qui demeure encore dans un monde distal.

Je commence par l'essentiel de leur apport : la notion de *trace*, à laquelle j'ai fait allusion à propos de la mémoire chez Aristote, mais qui est, on le sait, le champ de prédilection de l'analyse de l'écriture chez Derrida. Sans rentrer dans les détails, je tiens à indiquer que deux ap-

[49] Cité n. 7 ci-dessus.

proches ont été proposées de ces traces, qui prolongent celles du passé : l'une, celle de C. Malabou, est philosophique et cherche à surmonter l'opposition entre trace et forme[50] ; l'autre, celle de F. Ansermet et de P. Magistretti, est physiologique et cherche à trouver un lieu où la psychanalyse devient compatible avec le fonctionnement du cerveau. Ces derniers posent clairement la question, au moment où ils montrent comment, par les mécanismes synaptiques, on pourrait se construire une trace psychique ou représentation d'un objet / événement d'une expérience : “peut-on généraliser ce processus aux traces psychiques inconscientes par lesquelles se constituerait une réalité interne inconsciente, tel, par exemple, le scénario fantasmatique dont l'exploration est au centre de la démarche psychanalytique ?” (ACC, 87). L'originalité de leur position réside dans la profusion de cette notion de trace, qui intègre à la fois le domaine neuronal, grâce aux liaisons synaptiques et le scénario fantasmatique qui se réalise en chacun de nous par des processus internes au cerveau, et qui n'est pas étranger à l'inconscient (au sens freudien). Le tout est impliqué dans les déploiements du cerveau selon les potentialités de la plasticité. Cette rencontre heureuse est donc aussi une façon de nouer et d'enchevêtrer des domaines qui paraissaient jadis incompatibles : le cerveau et le corps avec l'inconscient et le psychisme conscient, ou l'inverse.

Les *traces* qui sont d'abord en jeu concernent le fonctionnement synaptique (jusqu'à un certain point observées par l'imagerie électronique). À partir de perceptions par des mécanismes de la plasticité synaptiques, ces traces s'inscrivent dans les circuits neuronaux. Certaines d'entre elles, rappelables dans la conscience, sous-tendent la mémoire et l'apprentissage, alors que d'autres peuvent, par réarrange-

[50] Et sur lesquelles Cathérine Malabou marque la transition entre neurosciences et approche post-métaphysique, en écartant l'opposition, chez Lévinas et Derrida, entre trace et forme, pour édifier une nouvelle approche qui va au-delà de l'autre de la forme au profit de l'*autre forme*, que rend possible la plasticité (*La plasticité au soir de l'écriture, op. cit.*, pp. 87-95). Il s'agit d'une perspective féconde, sur laquelle je reviendrai ailleurs, c'est-à-dire dans le troisième volet de ce travail, consacré à l'hénologie.

ment, réaliser une association entre elles et une production de nouvelles traces, sans lien direct avec la perception initiale, et échapper de la conscience. Bien plus, on peut supposer que certaines traces s'inscriraient à partir de la perception dans des systèmes non accessibles à la conscience. Trois types de traces seraient ainsi en jeu : celles qui sont directement conscientes ou rappelables à la conscience ; celles qui échappent secondairement à la conscience par des mécanismes de réassociation aboutissant à une discontinuité entre perception et trace ; et celles qui sont inconscientes (ACC, 183 ss.). Or, l'apprentissage ne se limite pas au seul domaine cognitif ou moteur, mais concerne également un apprentissage émotionnel qui fait éviter consciemment des situations dont on sait qu'elles sont désagréables, ou cherche celles qui sont agréables. Le sujet répond à des stratégies qu'il est difficile à expliquer à partir des processus conscients. Il y a en fait des "déterminants" pour l'action, régis par des sièges neurophysiologiques. Le siège principal : l'amygdale (située à la face interne du système temporal), région activée par différents systèmes sensoriels. Elle est aussi en relation avec les systèmes neurovégétatifs et endocriniens qui déterminent les états somatiques, mais aussi avec cortex préfontal, qui joue un rôle important dans la mémoire de travail. Bref, l'amygdale serait une plaque tournante qui met en relation la perception et son inscription avec le déclenchement des réponses somatiques, tout en fournissant des informations à la mémoire de travail par le biais de ses connexions avec le cortex préfontal. Ce système neuronal met en jeu tout un système d'organisation où les connexions se croisent : l'amygdale agit sur les systèmes neurovégétatifs et endocriniene, et sur le cortex préfontal ; ceux-ci seraient les sites au niveau desquels s'inscrivent les traces et où se réalise leur association à des états somatiques pour constituer une réalité interne, intervenant dans notre comportement pour, parfois, le moduler ou le perturber. Ce sont les traces, inscrites au niveau de l'amygdale, qui seraient de l'ordre de l'inconscient. Bien sûr, ce n'est là qu'une vision fragmentée de la vie psychique, mais elle est déjà, par elle-même, significative.

Au niveau d'une plus grande complexité, entrerait en jeu l'incidence des systèmes de mémoire où sont conservées des informations repérables à la conscience, inscrites par les mécanismes de la plasticité synaptique. On pourrait ajouter l'impact de souvenirs conscients ayant une connotation émotionnelle de plaisir ou de déplaisir. Mais l'individu manifeste, aussi, une vie psychique à partir de perceptions internes. Les traces inconscientes que l'expérience laisse, associées entre elles, et avec les états somatiques, constitueraient une réalité interne inconsciente qui peut produire, à son tour, des stimuli spécifiques, lesquels se mettraient en relation avec des traces conscientes, voire des perceptions immédiates, en engageant la mémoire de travail, contribuant à la réalisation d'une action face à une situation donnée. Ce "scénario fantasmatique" contribue à moduler nos perceptions de la réalité et à déterminer nos comportements et nos actions, c'est-à-dire nos relations avec notre environnement familial, social, culturel ou professionnel (ACC, 183 ss.). L'important est de comprendre que ce scénario brouille tout accès direct à l'expérience originaire du fait même de sa formation. C'est cette *autonomisation* qui fait en sorte que ce scénario est constitué par d'autres traces et par des associations de traces qui se sont distancées de l'expérience initiale, de sorte qu'on ne peut plus entrer en relation directe avec l'expérience qui a eu lieu : "l'expérience s'est perdue dans les défilés de son inscription sous une forme d'une réalité interne consciente" (ACC, 204).

Il s'ensuit que ce scénario peut présenter plusieurs modes de présentation. Il peut demeurer inactif et mobilisable par la volonté consciente, comme une sorte de cinémathèque dans laquelle nous avons des scénarios que nous pouvons librement "revoir" ou "repasser" ; ou encore en permanence, donnant au cadre contraignant à toute réalité perçue, déterminant sur une base fantasmatique le rapport à la réalité externe et la direction de nos actions. L'évaluation est toujours contextuelle, elles permet une évaluation "globale" des situations où opère la mémoire de travail. Nous pouvons parler ici de formation de configurations, car c'est bien ce rôle globalisant, mais toujours ouvert et plastique que les configurations autorisent. En tout cas, l'évaluation nous permet de travailler différentes informations, qui proviennent aussi bien de la réalité externe que de nos souvenirs conscients inscrits dans le système de mémoire (ACC, 187-188).

Un tableau établi par les auteurs illustre les circuits neuronaux contribuant à la constitution de la réalité interne inconsciente qui détermine l'action : réalité externe, stimuli, systèmes sensoriels primaire, thalamus avec diverses directions, comme par exemple vers les aires corticales sensorielles primaires, lesquelles tendent vers l'hippocampe, puis vers le cortex préfontal (dorso-latéral, cingulaire orbito-frontal), qui produit l'action en conjonction avec l'autre processus, où du thalamus on va vers l'amygdale, à partir de laquelle il y a tension vers l'aire corticale et le cortex, mais également cheminement vers le système neuroendocrinien et les systèmes neurovégétatifs qui agissent sur les états somatiques. À partir du corps (états somatiques), il y a de nouveaux cheminements vers le cortex, via l'insula, le tout produisant l'action. Ce qui veut dire que plusieurs conditions conjointes contribuent à un seul déterminant (ACC, 191). Mais ce n'est là qu'un aspect du problème de la complexité. Car, une fois que l'heure des traces est prise au sérieux, et qu'on y implique le scénario fantasmatique, pour parler d'inconscient, de mémoire et de refoulement, la complexité passe à un niveau supérieur (ACC, 201 ss.). Et sur ce plan, une biologie de l'inconscient et de la pulsion serait dorénavant rendue possible grâce aux avancées des neurosciences. Freud attendait depuis longtemps une vérification de ses théories au moyen de la biologie (ACC, 49-58, 226). Or, aujourd'hui, la psychanalyse semble en crise. La tentative de F. Ansermet et P. Magistretti de renouer le dialogue me semble important. L'option choisie, celle de la plasticité et des traces, est une voie pertinente et ouvre à de nouveaux débats, surtout pour élucider ce que j'appelle, dans la suite, la "mémoire affective". Aussi, avant de nous engager plus directement dans une approche de la psychanalyse dans l'éclairage de la question de la proximité, il me semble utile de rappeler cette intégration de la problématique des traces dans l'ordre du scénario fantasmatique.

D'après ce qui précède, tout se passe comme si des traces produisaient des traces. Au cours de ces processus d'inscription, de réinscription et d'association, il n'y a pas de lien direct entre le signifié du monde extérieur et les signifiés de la réalité interne inconsciente. Les traces qui constituent le scénario fantasmatique de la réalité interne inconsciente sont bien différentes d'un système de mémoire donné. Ce sont de nouvelles traces mnésiques propres à l'inconscient, que l'on ne peut pas ramener à l'une ou à l'autre structure vouée à la mémoire définie et localisée par l'approche de la neuropsychologie cognitive. En cela l'inconscient serait comme un trouble de la mémoire. Les mécanismes de la plasticité synaptique auraient comme fonction, d'abord, de fournir les mécanismes pour une transcription relativement fidèle de la réalité externe et, ensuite, d'ouvrir la voie à la constitution d'une réalité interne nouvellement créée, unique, propre à chaque sujet, qui devient elle-même source de stimuli et de nouvelles perceptions. C'est en cela qu'on peut dire que “à chacun son cerveau”, mais aussi à chacun sa réalité interne inconsciente. Y avoir accès passe nécessairement par un travail analytique (en prenant ce terme dans son sens étymologique) qui remonte le fil interne inconscient qui représente le sujet. Après des détours, les auteurs nous ont ainsi conduit à destination : au seuil de la psychanalyse.

Ils considèrent qu'il faut envisager l'inconscient selon une définition dynamique plutôt que selon une localisation. Les traces qui constitueraient ce réseau d'associations de l'inconscient ne seraient donc plus, comme je l'ai déjà indiqué, en connexion directe avec l'expérience initiale du monde externe. Par le biais de multiples ré-associations, l'accès direct à l'expérience initiale se perd. C'est, j'ose dire, le lot de toute provenance dont la traçabilité n'est plus repérable sans un effort immense. C'est un thème que nous retrouverons à plusieurs reprises en chemin, jusqu'à la production industrielle des objets techniques. On a ici affaire à un scénario complexe qui s'est constitué en discontinuité par rapport à la réalité. L'analyse (psychanalyse) sert précisément à rétablir la continuité, en démasquant le scénario fantasmatique. Cela aide le sujet à retrouver un rapport plus direct à la réalité (ACC, 204 ss.). En somme, il s'agit de réaliser une proximité avec ce dont le sujet s'est éloigné en lui-même, et qui, nous le verrons, crée en lui de profondes souffrances.

Comme l'indiquent les auteurs, “dans tous les cas, le travail analytique vise à rendre le sujet conscient de la nature fantasmatique de ce scénario qu'il a constitué lui-même et qui lui fait voir la réalité à travers la petite lucarne de son fantasme. Il cherche à libérer le sujet du fantasme comme unique solution. À travers une liberté nouvellement acquise par rapport aux contraintes du fantasme, le parcours d'une psychanalyse devrait permettre au sujet d'aborder la réalité sous un angle nouveau, de passer de la contrainte d'une réalité interne inconsciente à un accès aux potentialités offertes par toute éventualité" (ACC, 223). À ce titre, non seulement la plasticité neuronale est une condition d'une possible plasticité du devenir du sujet, — en favorisant une acquisition qui se sert de la capacité de transformation et de modification, ainsi que de la production de scénarios fantasmatiques par l'expérience interne —, mais une autre forme de plasticité permettrait au sujet, grâce à la psychanalyse, "de s'affranchir de la contrainte d'un scénario fantasmatique figé ou d'utiliser différemment sa fonction de solution, de se servir du fantasme, plutôt que de se laisser asservir par lui" (ACC, 223). Ce qui demeure néanmoins dans l'ombre, dans cette démarche, c'est, me semble-t-il, le statut de la mémoire (ou des différentes formes de mémoire) et de l'absence de mémoire (de l'inconscient), qui supportent les différences entre les différentes traces, et qui multiplient les pratiques de la plasticité. L'expérience de l'amnésie pourrait nous mettre sur le chemin.

Imaginons qu'un jour je perde la mémoire. L'amnésie est un phénomène angoissant et redoutable qui me tracasse souvent. Quelques expériences que j'ai eu dans ma vie de personnes proches touchées d'amnésie partielle m'ont profondément troublé. Celui qui subit ce mal peut éprouver une profonde souffrance du fait qu'il peut devenir incapable de retrouver le chemin de retour chez lui ou/et de reconnaître tout ce qu'il rencontre d'habitude sur son chemin, ou, plus grave encore, de reconnaître les siens. Dans l'amnésie ce n'est pas seulement la mémoire cognitive qui est touchée mais c'est le monde affectif que l'histoire d'une vie a façonné qui risque de s'écrouler. Heureusement les choses sont rarement assez tranchées, assez radicales, pour laisser la souffrance envahir entièrement le psychisme ou même atteindre des frontières ultimes où elle disparaît entièrement, laissant l'être humain en dehors du rythme de la vie.

Toutefois, même dans des cas plus habituels, lorsque la perte de mémoire est partielle, cette perte situe le malade *à distance* du monde intime qui le constitue, ouvrant la voie à de profondes souffrances. D'un seul coup, il peut oblitérer le monde proximal qui le situe relativement à toutes les choses et tous les êtres vivants qui habituellement lui sont proches, et faire surgir en lui un monde distal difficilement réductible, à moins qu'un travail médical de longue haleine réussisse à restaurer les traces de la mémoire perdue. Du reste, comme on reconnaît les choses, moins parce qu'on connaît leur nom que parce qu'on en possède une forme d'intelligibilité et une forme d'affection, la proximité avec soi-même est le plus souvent fragmentée et morcelée. C'est toute l'histoire singulière de la vie de chaque être humain qui s'inscrit dans la multifontionnalité de la mémoire, et qui, si l'on pouvait la dérouler, pourrait être racontée.

Or, même si nous sommes en pleine santé, et que nous possédons nos aptitudes à mémoriser, nous ne sommes aptes à atteindre qu'une infime partie de notre histoire. C'est dire que lorsque nous prétendons nous connaître nous-même en songeant à notre passé, la proximité avec nous-mêmes se heurte inexorablement à l'oubli. L'oubli garde le monde distal dans une intégrité énigmatique dont toute tentative pour l'entamer ne parviendra jamais qu'à en grignoter quelques parcelles, en produisant en même temps d'autres inconnues. C'est sans doute dans cette absence d'une mémoire étendue, qui ne nous révèle le passé que par bribes et fragments, que nous découvrons les véritables limites de notre stature humaine, et l'impossible proximité avec nous-même. Dans les limites de souvenirs lacunaires, se dessine une configuration déstabilisante, extrêmement complexe et riche d'inconnues, que notre temporalité préserve sur le mode d'un enchevêtrement indéterminé du monde proximal et du monde distal en nous.

Pourtant, c'est ce passé, dominé amplement par l'oubli, qui rend possible le chemin complexe de notre vie, qui nous a conduit jusqu'ici, en attente d'un avenir. Envisagé ainsi sous le mode de la *provenance*, de ce passé, il ne resterait pas grand-chose de conscient en nous. Ce qui forme notre mémoire consciente est infime relativement à cette autre forme de mémoire qui constitue aussi bien l'intelligibilité permanente que chacun de nous acquiert des choses, et à ces autres encore qui forment les habitudes de nos activités, nos affections, nos connaissances, notre culture, et qui se trouvent tous en nous d'une façon latente, en attendant un moment pour surgir dans la conscience. Quelque chose d'étrange, en nous, constitué au fil de notre vie, devient un fonds qui régit notre vie quotidienne et trace notre destinée. Toutes ces mémoires ou, si l'on préfère, ces fonctions d'une mémoire unique et polyvalente, font partie de nous. Tout cela est proche de nous en tant qu'il forme le substrat à partir duquel nous pensons et produisons, parlons et agissons, formons nos souvenirs et façonnons notre imagination, ressentons des émotions et des sentiments, rêvons dans le sommeil et l'éveil, évaluons nos possibilités et esquissons nos projets d'avenir.

Cet effort permanent, qui forme la trame de notre vie, ne réussira jamais à faire en sorte que la proximité avec nous-mêmes réduise sensiblement le monde distal en nous. Cette sorte de proximité se heurtera toujours à la distance qui la sépare avec ses territoires inconnus ou peu connus et la complexité que le monde distal recèle en lui. Par conséquent, la partie de nous-mêmes avec laquelle chacun de nous a une certaine proximité, et qui forme le monde proximal en nous, et qui nous permet de réaliser une certaine proximité avec nous-mêmes ne représente pas grand-chose ; elle se réduit à une peau de chagrin. Le passé ressemble à un océan oublié, mais qu'on aura parfois l'occasion de visiter en fonction des aléas de la vie, guidés par les traces d'une mémoire multifonctionnelle qui peut former ses "cartes" ou, plus exactement, ses "configurations". Face à l'avenir, qui se dresse dans l'attente et l'espoir, comme une lumière qui éclaire nos pas, ce passé s'étend semblable à une ligne de bougies qui se prolonge au fil du temps comme si elle allait atteindre un jour l'infini. Et cette ligne que nous tentons d'évaluer avec un regard rétrospectif, triste pour tout ce qui s'est évanoui, comme un spectateur qui mesure dans l'obscurité à jamais assombrie ses joies et ses souffrances, alimente une souffrance profonde, celle des flammes à jamais éteintes. Comme l'exprime merveilleusement le poète Constantin Cavafy dans son poème "Cierges"[51] :

[51] C. Cavafy, *Poèmes*, tard. M. Yourcenar et C. Dimaras, Gallimard, Paris, 1978[2] (1958), p. 74.

> "Les jours futurs se dressent devant nous comme une file de cierges allumés, petits cierges dorés, chauds et vifs.
> Les jours passés demeurent derrière nous, triste rangée de cierges éteints.
> Les plus récents fument encore, cierges froids, fondus et penchés.
> Je ne veux pas les voir ; leur aspect m'afflige. Le souvenir de leur ancienne lumière me fait mal. Je regarde devant moi mes cierges allumés.
> Je ne veux ni tourner la tête ni constater en tremblant combien vite la sombre rangée s'allonge, combien vite les cierges éteints se multiplient".

Sur cette ligne qui s'étend sans limite précise, aussi bien dans le passé que devant nous, dans le futur, océan illimité constitutif de l'avenir, il est possible de trouver une autre sorte de "mémoire", formée par ce qui se cache sous les bougies, couvert par la surface de l'océan. Lieu énigmatique et mystérieux, ce qui se cache et se protège éveille sans relâche des désirs inavoués. Cette *autre* mémoire qui nous renvoie à l'inconscient freudien, est davantage liée à l'affect, à l'affection et à l'affectivité. Souvent oubliée, méprisée ou refoulée par certains savants, elle recèle une ampleur, peut-être, plus extraordinaire que Freud lui-même ne l'avait pensé, lorsqu'il la dévoilait, d'abord, à travers son analyse des rêves, puis au fil d'une topologie des zones érogènes du corps. Cette topologie, qui a été mise en scène progressivement selon diverses versions (topiques), configure les potentialités que recèlent les désirs, les plaisirs, les jouissances, mais aussi les profondes souffrances, produites par l'hystérie, la névrose, la psychose, etc.

Lorsqu'on aborde ces problèmes au point de vue de la proximité, on peut présumer que la mémoire inconsciente excède la topologie du corps visible, où la sexualité domine par ses organes (aussi bien par les organes spécialisés que par les zones érogènes du corps), et qui — tout préjugé moraliste et puritain mis à part — constitue une dimension éminente de la vie humaine. Cette éminence n'est pas seulement due à la jouissance qu'elle offre, et que Freud est l'un des premiers à avoir pris au sérieux, mais par ce qu'elle apporte à la perpétuation de la vie et la préservation de soi. Cette perpétuation nous place, d'emblée, dans une mémoire plus profonde qui ne concerne plus l'individu, mais sa perpétutation dans l'ordre généalogique, voire dans l'ordre de la préservation de l'espèce. Il s'agit là d'un thème qui déborde mon propos, mais qui fait voir que le monde distal peut déborder le sujet lui-même en se rapportant à une historicité qui l'excède.

Cette perspective conduit la question de la mémoire dans les chemins labyrinthiques de la temporalité et de la vie. Elle fait également signe vers quelque chose de plus étrange et plus complexe encore, concernant la destinée de cette sorte de cheminement. Si la fin n'est pas seulement celle qui marque le terme de la vie, la mort, mais concerne également les stratégies de la vie pour la survie et le bien-être, la mémoire recèle aussi en elle des potentialités qui nous font vivre.

Aristote avait déjà beaucoup insisté sur ce dernier point et mis en valeur les organes sexuels comme source de cette fonction reproductrice de l'homme. Il avait même souligné que dans la mesure où quelque chose de contingent peut participer au pire ou au meilleur, il faut admettre que l'âme est meilleure que le corps, l'être animé meilleur que l'étant inanimé, tout comme le fait d'être (*to einai*) est meilleur que le "ne pas être" et vivre meilleur que ne pas vivre. Cela, dit-il, explique aussi pourquoi il y a génération d'êtres animés[52]. Auparavant, il donne même d'autres précisions qui méritent d'être rappelées. Il soutient que la nature agit en produisant les choses comme il convient le mieux pour réaliser la vie et le bien-être. Il annonce par là une idée que nous venons de découvrir également chez A. Damasio, selon laquelle il est de l'ordre des stratégies de la nature de préserver la vie et de réaliser une sorte de bien-être. D'après Aristote, la fonction de l'être animé n'est pas seulement de se reproduire (fonction de l'âme végétative et commune à tous les êtres vivants), mais de participer également à certaines fonctions connaissantes tantôt développées et tantôt infimes.

En effet, doués de sensation (ou sensibilité), les êtres animés les possèdent, ne serait-ce que parce que toute sensation (ou sensibilité) est "une certaine connaissance" (*gnôsis tis*). Or, la valeur qu'on confère à ce type de connaissance varie selon qu'on la compare à la *phronèsis* ou faculté de réflexion (disons même, de façon anachronique, à la "conscience supérieure") ou qu'on l'attribue aux étants inanimés. Kant dira, après

[52] Aristote, *Traité de la génération des animaux*, II, 1, 731b23-31.

Aristote, avec plus de force encore : “Que l’homme puisse posséder le Je dans sa représentation, cela l’élève infiniment au-dessus de tous les autres êtres vivants sur la terre. C’est par là qu’il est une *personne*”[53]. Cette prise de position ne m’empêche pas d’observer que le penseur grec réussit ici, en évitant un dualisme aussi radical, — qui pose, on l’a vu, d’innombrables problèmes quant à la *provenance* de la conscience et du Je —, un coup de génie. Il place la réflexion sur le plus haut palier de l’organisation d’une nature, laquelle cherche, dans ses stratégies, à préserver des fonctions qui sont à l’avantage de la vie, en assignant à la conservation de la vie la première fonction des vivants, et en faisant prévaloir, pour l’homme, en plus de la réflexion et des diverses formes de sensations, une sensibilité liée à l’“aimer” : “Tous les êtres humains désirent (*oregontai*) naturellement savoir; ce qui le montre, c’est l’amour (*agapèsis*) qu’ils ressentent pour les sensations”[54]. Mais il y a plus.

Aristote considère, par ailleurs, que l’amour est un dépassement de l’amitié, et celle-ci un dépassement de l’amabilité, et ces dépassements s’accomplissent sous le mode de l’aimer (*agapan*). Mieux, il situe à l’origine de l’amitié la bienveillance, qui suppose à la fois un sentiment soudain pour quelqu’un et une certaine affection (*stergein*) de surface[55]. Il pousse si loin l’importance de l’amitié qu’il affirme que l’amitié (cette fois-ci politique, qui est plus extensive que l’amitié proprement dite) garantit l’unité de la cité, et c’est pourquoi les législateurs se soucient plus de l’amitié que de la justice, sachant que si les citoyens sont amis entre eux, ils n’ont besoin de justice, alors qu’au contraire, s’ils sont justes ils ont besoin en plus de l’amitié[56]. Pour un penseur réputé pour être le promoteur par excellence de la raison, ces incursions dans le champ de l’affectivité surprennent. Toutefois, en dépit de cette extension de l’affecti-

[53] E. Kant, *Anthropologie*, Livre I, § 1, 127, trad. A. Renaut, GF-Flammarion, Paris, 1993, p.51.

[54] Aristote, *Métaphysique* A, 1, 980a21-22.

[55] Voir mon étude “La philia à l’origine d’une mise en question du bonheur aristotélicien comme seule fin ultime de *l’Éthique*”, *Annales de l’Institut de philosophie de l’ULB*, 1970, pp. 25-78.

[56] *Éthique à Nicomaque* VIII, 1, 1155a22-28.

vité jusqu'au cœur du désir propre à l'activité qui intègre le plaisir et la douleur, Aristote oblitère la fonction de *jouissance* propre à la sexualité, qu'il réduit à la reproduction, comme si la supériorité de l'âme sur le corps dont elle est pourtant la force organisatrice immanente et structurelle, c'est-à-dire l'entéléchie qui lui assure la vie, disqualifiait la corps comme champ de l'éros, en ignorant l'existence de ses multiples zones érogènes. Par cette "lacune", il a orienté, avec d'autres penseurs de l'Antiquité, le cours de la pensée européenne. Plus tard, par la radicalisation de l'esprit de ce qui est chaque fois meilleur, l'amour sera associé à Dieu. Sublimé, l'amour sera néanmoins disqualifié par le péché originel, qui lie inexorablement la sexualité au mal, et par lui à la souffrance.

Ces remarques suffisent, me semble-t-il, à faire voir l'apport incontournable de Sigmund Freud dans la réévaluation de la sexualité et la découverte d'une topologie du corps qui intègre dans son système sensori-moteur des sensations érogènes, et qui pousse la complexification du corps humain dans des chemins difficiles à explorer, et pourtant constitutifs d'une proximité incompressible. Mais, pour éviter les malentendus qui accompagnent la promotion de la sexualité par Freud et son intérêt pour cette mémoire affective qu'on avait en grande partie oblitérée avant lui, je tiens à rappeler que ces découvertes ne l'ont jamais empêché de discerner le danger de la promotion d'une multiplicité aveugle au nom d'une valorisation nécessaire du multiple et des affects. La question centrale, pour lui, est de discerner quelle est l'instance qui peut garantir une valeur de référence. Or, depuis l'époque médiévale, cette référence était attribuée principalement à la religion, que Freud fut un des premiers à considérer, non pas comme l'"opium du peuple" (point de vue marxiste), mais comme constitutive d'un surmoi réprimant et néfaste pour l'affectivité, entraînant de profondes souffrances chez l'être humain.

2. *Des contorsions pulsionnelles à l'inconscient*

Dans sa 35e Conférence "Sur une *Weltanschauung*", où il reprend l'idée que les interdits avancés par la religion peuvent entraîner des conséquences néfastes pour le psychisme humain, il considère que l'expérience psychanalytique nous apprend que pareil interdit, “même s’il est initialement limité à un domaine déterminé, a tendance à s’étendre, et devient alors une cause d’inhibitions graves dans le comportement d’un individu face à la vie”. Il donne deux cas qui, croit-il, alimentent sa thèse : les conséquences de l’interdiction de s’occuper de sa sexualité, ne serait-ce qu’en pensée, surtout pour le sexe féminin ; et les conséquences de l’inhibition due à la religion qu’il découvre dans la biographie de presque tous les individus éminents du passé.

Or, si la religion ne peut être l’instance de référence, il faut en trouver une autre. Il s’agit de l’intellect (ou, selon un nom plus familier : la raison), qui “est une des puissances dont nous pouvons le plus attendre une influence unificatrice sur les êtres humains, ces êtres humains qu’il est difficile de maintenir ensemble et qui sont, pour cela, presque ingouvernables”. À quoi il ajoute : “Qu’on se représente combien la société humaine deviendrait impossible, si chacun avait seulement sa propre table de multiplication et sa propre unité de poids et de mesure. C’est notre meilleur espoir pour l’avenir que l’intellect — l’esprit scientifique, la raison — parvienne avec le temps à la dictature dans la vie psychique de l’homme. L’essence de la raison nous est un garant qu’elle ne manquera pas d’accorder aux motions affectives humaines et à ce qui est déterminé par elles la place qui leur revient”[57].

Je ne m’attarderai par sur ce texte, qui fait la promotion d’une façon d’unifier l’humanité par l’application de la raison, en dehors de la religion et en ménageant de nouveaux rapports à l’affectivité. Dante l’avait également proposée jadis, dans son traité *Sur la monarchie*, en s’inspirant de l’Intellect agent d’Averroès, unité plurielle qui serait apte à fonder l’unité et la paix universelle. Je me contente de noter que la façon dont Freud valorise l’intellect (raison et esprit scientifique), osant même parler de sa “dictature” dans la vie psychique de l’homme, rééquilibre sensiblement l’idée qu’on se fait souvent de lui comme promoteur de la sexualité au sens large du terme. En fait, c’est à un autre rapport à la raison et à l’affectivité en nous-mêmes qu’il nous

[57] S. Freud, “Sur une Weltanschauung”, *Nouvelles conférences d’introduction à la psychanalyse*, trad. R.-M. Zeitlin, Gallimard, Paris, 1984, p. 229.

convie, un rapport qui réhabilite la sexualité, certes pas en vue de la débauche, ni même au profit d'un hédonisme contrôlé, mais pour faire voir son rôle dans les souffrances humaines. Il nous révèle que lorsque l'affectivité est mal engagée, les conséquences peuvent être néfastes. Par cette démarche, il modifie radicalement les données pour comprendre la proximité avec soi-même.

Dans ce domaine Freud est un véritable pionnier, même si on a beaucoup parlé d'"affection" et d'"amour" bien avant lui. Même située au centre de la pensée, jamais avant lui, la question de l'amour n'avait été abordée à partir des organes mêmes qui la réalisent au travers d'une jouissance qui lui assure sa force intrinsèque, et jamais on avait décelé avec tant de perspicacité les souffrances que la répression de l'amour pouvait entraîner. Sans aucun doute, Freud appartient à cette lignée de penseurs inaugurée par Empédocle, qui ont discerné que l'amour et son contraire, Neikos (haine, discorde) ou Thanatos (mort), jouent un rôle décisif dans le destin de l'homme[58]. Par là, il introduit un thème qui ne cessera d'interpeller la pensée européenne, surtout à partir de Platon, amorçant de nouvelles stratégies dans le but de contrôler Neikos et Thanatos. Il s'agissait désormais d'écarter la discorde, l'antagonisme, la haine, au nom de l'amour, envisagé d'abord dans sa plurivocité (avec Platon), puis promu rapidement en instance métaphysique, sorte de valeur supérieure, tantôt correspondant, comme chez Plotin, à la réalité Intelligible et à l'Un (qui agit comme s'il s'aimait lui-même), et tantôt agissant, comme dans la christianisme, par sublimation dans Amour de

[58] Il faut toujours se souvenir que c'est Empédocle qui, le premier, substitua le schème de l'*amour* aux schèmes empiriques de proximité, régulateurs de la pensée et de son articulation, qui étaient à son époque, la parenté, la violence ou le chemin. Bien qu'il associe l'amour à la haine (ou la discorde), il explique son choix par le fait que l'amour est l'expérience de proximité la plus radicale, car nous l'expérimentons dans nos membres, et la société elle-même l'intègre dans ses structures sociales et culturelles sous les noms d'Aphrodite et d'Éros. Ce qui l'autorise, par un coup de force sans précédent, à inscrire l'amour et l'antagonisme au cœur de toutes choses (fr. 17 Diels-Kranz). Cf. mon livre *Aux origines de la philosophie européenne*, *op. cit.*, pp. 136-138.

Dieu pour l'homme déchu par le péché, qui marque sa mémoire d'un fond qui détermine son destin.

L'apport de Freud, qui replace également l'homme dans son historicité, est tout autre, car il insère l'amour dans l'histoire singulière de chaque individu selon un rapport d'ajustement et d'adaptation ou de manque d'ajustement et d'inadaptation à son milieu. La mémoire affective ne vient pas du fond des temps, elle s'instaure dans cette vie même, mais, il est vrai, en créant une mémoire comme fonds (l'inconscient) qui *régit* une bonne partie des activités du sujet. Le régisseur n'est plus une instance mythique des origines, mais l'inconscient instauré par les aléas de la vie.

Pour voir l'ampleur de ces questions, il faudrait toujours garder à l'esprit, que dans d'autres cultures, extérieures à la culture européenne et occidentale, la structure érotique du corps est valorisée d'une façon plus élaborée et plus structurée que ne l'a fait notre tradition culturelle, qui hésite entre la sublimation et l'obnubilation. Ces autres positions, que je n'aborderai pas dans ce travail, — en laissant le monde distal à ce propos dans une ouverture en quelque sorte sans souillure —, modifient sensiblement le sens d'une proximité avec soi-même. À elle seule cette perspective nous introduit dans une forêt dense sans lumière, où les dangers et les obstacles foisonnent à l'infini.

L'"inconscient" freudien forme une sorte de mémoire instaurée à travers l'histoire de l'adaptation de l'individu à son entourage et qui conserve une force active dont bénéficie ou que subit, en grande partie, la conscience elle-même. Selon Freud, c'est lorsque la conscience éveillée se trouve dans des situations de relâche, qu'elle peut découvrir, à travers le *lapsus*, l'acte manqué, le rêve, des indices qui dévoilent l'existence de l'inconscient. L'inconscient apparaît ainsi comme un fond qui s'oublie sans cesse dans l'ordre de la mémoire consciente, où il se manifeste par des indices, des détours. Or, ce fond est une sorte de fonds. Il alimente la conscience et joue un rôle permanent et intemporel dans la vie, comme une mémoire de fond. Celle-ci n'est ni celle qui domine en nous sous le mode de l'intelligibilité, ni même celle qui seulement structure des dispositions acquises ; elle est celle qui *configure* une activité, proche de cette dernière, mais en se constituant exclusivement à travers les jeux de l'affectivité et sous un mode qui pose un ancrage *déformant*, tributaire des lois propres aux pulsions. Ce type d'inconscient devrait, théoriquement, s'étendre à l'ensemble du monde affectif. Mais chez Freud, à part des cas particuliers et limités qui débordent même l'affectivité (pulsion d'autoconservation, pulsion de la mort...), il concerne surtout les pulsions *libidinales* qui délimitent le domaine de la sexualité au sens large du terme — c'est-à-dire qui touchent l'ensemble des zones érogènes du corps dès la naissance, extérieures ou préalables à l'activité génitale proprement dite qui apparaît plus tard. Comme on le sait, cette orientation du statut de l'inconscient a suscité d'innombrables réactions. Freud a dû les assumer au cours de sa vie, en nuançant parfois ses positions, mais en maintenant le cap pour nous permettre de mieux comprendre que l'homme est aussi un être dont l'affectivité érogène joue un rôle décisif dans sa vie, c'est-à-dire dans ses rapports avec soi-même, avec les autres et avec les choses. Afin de comprendre le statut de l'inconscient et son rapport au monde distal, alors même qu'il nous est, paradoxalement, le plus proche spatio-temporellement et relationnellement, commençons par situer la nouveauté de la théorie des pulsions, quelle que soit notre opinion quant à sa pertinence.

Le texte qui me paraît le plus fécond est "Pulsions et destins des pulsions" (1915), repris dans la *Métapsychologie*[59], qu'il convient de compléter par la 32e conférence sur "Angoisse et vie pulsionnelle", texte qui appartient aux conférences fictives de Freud, intégrées dans *Nouvelles conférences d'introduction à la psychanalyse* (1933). Freud souligne que la pulsion ne se limite pas à la dynamique d'une poussée vitale, instinctuelle et ne consiste pas non plus en un mécanisme biologique-

[59] Sur le statut des cinq synthèses formant le traité de *Métapsychologie* et le contexte dans lequel elles ont été publiées et leur relation au projet de Freud de publier un livre sur les *Préliminaires à une métapsychologie*, voir D. Bourdin, *La psychanalyse de Freud à aujourd'hui*, Éditions Bréal, Rosny, 2000, p. 92. On trouvera, dans ce même ouvrage, une synthèse sur plusieurs questions, et notamment sur les pulsions (pp. 92 ss.) et les deux topiques (pp. 111 ss.).

ment programmé, car elle recèle en elle une aptitude à se *transformer*. Nous découvrons ici quelque chose de comparable au processus de détournement retenu par A. Damasio, mais avec cette différence essentielle, que la pulsion n'est pas réductible aux mécanismes biologiques liés à de manifestations émotionnelles et des sentiments, elle forme un "concept-limite", un "concept-frontière" (*Grenzbegriff*) se manifestant par ce qui est issu du corps dans l'appareil psychique qui lui est lié, et qui peut susciter des *résistances*. Par là Freud introduit dans le processus de la pulsion une différence due à sa capacité de se modifier, et qui s'exprime par un travail psychique, sorte de *psychisation*. La pulsion exprime, si j'ose dire, l'émergence psychique d'une puissance, voire d'une structure organique. Celle-ci ne forme pas des encartages cérébraux (thématique inconnue à l'époque de Freud), mais des "représentations" ou, comme on dirait aujourd'hui des "fantasmes" ou des "scénarios fantasmatiques". S'il est vrai que c'est dans l'affect qu'on localise l'effet corporel du processus pulsionnel, la pulsion se manifeste dans la psychè à la fois comme affect et comme représentation, comme si affect et représentation étaient les deux versants de la pulsion. L'affect exprimerait, dit P.-L. Assoun, la *pulsionnalité* de la pulsion et n'agit en sa pureté que lorsqu'"elle s'est détachée de son représentant-représentation" (CS, 179-180). En antacipant sur la suite de mon exposé, on pourrait rapporter l'affect à l'imaginaire et la représentation au symbolique selon Lacan, à condition de faire intercéder un troisième terme qui en garantit la séparation (par exemple le père).

Si l'on voulait rapprocher cette analyse de Freud de la régulation homéostatique selon Damasio, qui traite un problème en fonction de la survie et du bien-être, on peut dire que la specificité de la pulsion tient dans la nature du but : la recherche de la satisfaction, notamment celle d'un plaisir. Cette variante est essentielle, car, une fois que la pulsion ne parvient pas à se satisfaire, elle se heurte à des obstacles, à des résistances ou à des répressions, de sorte qu'il se produit du déplaisir et de la douleur, dont les conséquences sont imprévisibles quant aux *souffrances* que la personne peut éprouver. D'une façon plus concrète, quand la pulsion est réprimée, il peut y avoir *refoulement*, car elle se transforme et l'affect trouve un *autre* destin en se plaçant à distance de la conscience, en investissant l'inconscient, canalisant l'énergie psychique, qui pourrait servir à des manifestations pathologiques ultérieures. Le *symptôme* reflète cette situation lorsque le refoulé parvient à exprimer l'affect sous une forme détournée, méconnaissable. Mais l'affect peut être également *déplacé* sur un objet substitutif, soit négativement comme dans la *phobie*, soit positivement par un renforcement d'autres "motions" pulsionnelles en atteignant un but désexualisé, par la *sublimation*. Enfin, il peut arriver que l'affect ne soit pas lié à une représentation, ce qui risque de le transformer en angoisse ; ou encore qu'il soit soumis à une activité auxiliaire des pulsions, qui se limite à des plaisirs préliminaires. Le monde de la souffrance révèle par là certains de ses secrets.

Tous ces processus qui attestent la constitution d'une mémoire affective d'un type nouveau, dont personne avant Freud n'avait soupçonné l'existence et les conséquences, révèlent donc que la mémoire de l'inconscient configure un monde distal qui subvertit profondément le monde proximal, en autorisant des distorsions dans la conscience qui peuvent provoquer des profondes souffrances en l'être humain. Il s'agit là d'une conquête majeure concernant la structure de l'être humain. La souffrance n'est plus située du côté d'un mal originaire et radical en l'homme (comme le fait notre tradition occidentale d'ascendance judéo-chrétienne), mais l'explique par la *pression* que le corps et l'appareil psychique qui lui appartient subissent dans le rapport de proximité que l'homme entretient avec lui-même, avec les autres et avec les choses.

Ces pressions, qui font obstacle à la pression propre de la pulsion, à cette pression qui provient du dedans de l'organisme, d'une source inhérente d'excitation, dénoncent l'illusion d'une proximité transparente et simplifiée avec soi-même. À l'illusion transcendantale de Kant, qui dénonçait l'illusion de croire à la possibilité d'établir la scientificité des choses en soi, Freud ajoute l'idée que le danger le plus grand que court l'homme est de croire que ce qui lui est le plus proche, parce qu'il l'expérimente sans cesse, à savoir la conscience, est aussi la chose la plus transparente qu'il puisse s'imaginer. En investissant le monde proximal qui nous est propre d'un monde distal dont le contenu et les fonctions nous échappent, Freud nous oblige à repenser entièrement la proximité avec soi-même, en commençant par nous libérer de nos illusions. Il nous apprend qu'en nous-mêmes quelque chose de nous-mêmes, et pourtant étranger à toute prise immédiate, régit, à sa façon, nos actions et notre vie. Si cet autre en nous-mêmes (l'inconscient) n'était pas constitué par nos propres actions selon les règles de l'adaptation aux circonstances de la vie affective, on pourrait attribuer nos comportements à une aliénation radicale, un déterminisme fondé sur un étranger en nous-mêmes. Mais l'inconscient n'est pas tel, puisqu'il est le produit de notre propre vie relativement aux autres et, de ce fait, appartient à l'ordre de la proximité avec soi-même, et notre capacité de réfléchir notre adaptation dans un milieu.

Pour comprendre cette situation, il est utile de nous rappeler qu'habituellement, dans nos cultures, on favorise les activités qui servent le savoir, au point que l'activité de l'intellect a été envisagée depuis l'Antiquité comme pouvant s'accroître indéfiniment par l'effort en faveur d'une quête de l'intelligible et par la connaissance illimitée. Aristote nous a d'ailleurs laissé une très belle image à ce propos, en constatant le contraste entre les cinq sens, qui sont limités par le corps et l'organe qui les constitue, pouvant être détruits par tout excès, et l'intellect qui n'a pas de limites, car plus il pense plus il s'enrichit et s'active[60]. Aujourd'hui, on suppose que, tout comme nos ordinateurs sont limités par leur mémoire, il en va de même de notre cerveau, même si celui-ci est tellement riche en neurones et en astrocytes qu'il nous donne l'impression d'être illimité et plastique dans ses possibilités. Avec la problématique nouvelle de la bioéthique, on risque bientôt de mettre en place des politiques de prohibition, empêchant la mémoire intelligible de s'épanouir à sa guise, à l'infini.

3. *Les ambiguïtés de l'amour sexuel*

Face à la dynamique de la pensée et de la connaissance, la tradition occidentale a tenu une attitude inverse : à l'égard des plaisirs, elle met-

[60] Aristote, *Traité de l'âme* III, 4.

tait des règles, mais rarement sur le plan de la connaissance. La limitation de l'action des pulsions libidinales est dans la mythologie grecque fort ambiguë, car, la figure d'Éros donne de cette action une forme mythique. L'homme est soumis à l'action d'Éros, présenté comme un enchanteur, qui prend possession du cœur de l'être humain, pour lui offrir une autre vie, celle des plaisirs sublimes. Mais ce don le livre, en même temps, au pouvoir d'Éros, dieu ambivalent qui alimente le plaisir, mais en même temps produit de profondes souffrances. Dans le *Phèdre*, Platon fait voir, avec une acuité troublante, comment la dissymétrie joue, quand l'aimé aime de tout son être l'amant qui se joue de lui, qui simule un amour pour l'autre, qui aliène l'être aimé lequel sacrifie tout (biens matériels, vie familiale et avantages sociaux) pour son amour pour l'amant indigne, devenant l'objet de ses désirs et de ses pulsions. La souffrance qui s'ensuit est tellement profonde qu'avant sa rétractation au nom de la divinité d'Éros, Socrate, après Lysias, se demande s'il n'est pas préférable de ne pas aimer que d'aimer (230e-257b). Nous aurons l'occasion de voir de plus près que tous ceux qui, dans leur vie, ont été trahis dans leur amour et leur fidélité, souffrent profondément, et leur souffrance guette à chaque instant leurs rapports affectifs en les enchaînant injustement sur l'autel du cynisme humain.

Si le mythe grec fait voir cette soumission de l'être qui aime par l'image d'Éros enveloppant la tête de l'homme et troublant ses pensées par une nuée qui se répand autour de lui pour le cacher de tous les côtés[61], le *Phèdre* situe l'amant comme l'enjeu d'un trouble maléfique qu'Éros promu pour la première fois au statut de dieu, cherche à écarter au nom d'un amour authentique. Mais, en réalité, les choses sont plus complexes, car le *Banquet* révèle, dans un dialogue où prennent part différentes figures de la culture grecque, diverses versions possibles d'Éros, nous propulsant dans un chemin labyrinthique qui n'est pas étranger à la question même de l'amour, au monde distal auquel il ouvre, mais, que Platon sublime en fin de compte, en le récupérant dans la recherche de la beauté.

[61] Cf. J.-P. Vernant, *L'individu, la mort, l'amour : soi-même et l'autre en Grèce ancienne*, Paris, Gallimard, 1989, pp. 131 ss., qui associe Éros et Thanatos.

Par cet acte ultime, Platon oblitère, d'une façon subtile mais déterminante, les pulsions libidinales qui sont détournées de leur ambivalence, au profit du rôle habituel d'auto-conservation de l'espèce et de sa perpétuation. Ce rôle est prolongé par une forme d'amour qui se tient en dehors ou à l'opposé de la souffrance, si ce n'est celle, nous le verrons, de l'effort de l'émulation ou de l'éducation, ce qui soulève d'autres problèmes que ceux de l'amour pour l'autre. Soumis au désir de choses élevées et sans commune mesure avec la stature limitée de l'homme soumis à des multiples pressions, l'amour se transfigure en désir, au sens d'aspiration, au détriment de toute forme libidinale ancrée dans la vie. Les Grecs réunissaient, tant bien que mal, ce domaine de la sexualité et de l'amour sous le terme d'*aphrodisia* (œuvres d'Aphrodite) qui reflète surtout le rapport entre actif et passif (une coupure entre deux sexualités opposées, celle de l'homme ou celle de la femme), l'intensité de l'activité sexuelle (et non le type de partenaire) et le statut politique, c'est-à-dire selon l'opposition homme v femme, homme libre v enfant ou esclave, supérieur v inférieur (et non selon l'opposition : normal et pathologique). Michel Foucault, à qui l'on doit des ouvrages remarquables sur l'*Histoire de la sexualité*[62], a insisté sur les modifications produites dans l'*érotique* grecque par les réflexions platoniciennes sur l'amour, qui le subliment en quelque sorte. Platon porterait le débat : (1) sur l'*essence* de l'amour, analysée surtout à partir de celui qui aime (*érôn*) ; (2) sur l'amour de la *vérité*, abordée à partir du désir de l'amant pour des valeurs élevées (réminiscence, aspiration au beau, immortalité...) ; (3) sur la transformation de l'être aimé, grâce à la vérité, en sujet dans la relation amoureuse, réalisant un rapport symétrique entre l'amant et l'aimé ; (4) sur le renoncement des *aphrodisia* en résistant à toute forme de séduction pour donner place à la sagesse[63]. En s'écartant d'une conception terre-à-terre de l'amour au

[62] M. Foucault, *Histoire de la sexualité* (vol. 1. *La volonté de savoir* et vol. 2. *L'usage des plaisirs* et vol. 3. *Le sousi de soi*), Gallimard, Paris, 1976-1984.

[63] Sur cette question, voir M. Foucault, *L'usage des plaisirs*, chap. 5, et plus spécialement les pp. 251-268. Pour une analyse de cette perspective, voir F. Wolff, "Éros et logos. À propos de Foucault et Platon", *Revue de philoso-*

profit d'une mise en valeur d'un désir qui surdétermine la finalité au détriment de ses racines obscures en l'homme, que les différentes versions du *Banquet* laissaient encore en discussion, Platon aurait conféré à la quête de l'amour le statut d'une vérité gnoséologique (résumée dans la question qu'est-ce que l'amour?, qui exprime son essence) au détriment du statut de l'affectivité sous toutes ses formes, qui marque la mémoire affective d'une *autre* vérité. Cette autre vérité, que la psychanalyse va traquer, et qui, envisagée par Lacan comme appartenant à l'ordre de la vérité, — bien sûr fort différente de celle que vise le platonisme —, non seulement bouleverse la façon platonicienne de penser qui canalise la souffrance du côté de l'éducation (et donc de la connaissance et de l'intelligibilité), mais la renverse radicalement. Elle révèle en effet que la mémoire affective et l'affectivité en général mettent en jeu des situations qui, selon les circonstances, favorisent l'épanouissement, suscitent l'indifférence ou produisent de profondes souffrances.

Sous l'influence des Anciens, la culture occidentale a promu une attitude forte, qui consiste à écarter la souffrance par la "maîtrise de soi". Cette perspective, poussée à l'extrême, ne résout pas la question des interdits, elle en déplace simplement le champ d'action au nom de l'idéologie du maître, en ne libérant de la souffrance que par le *détachement*. À la maîtrise de soi comme source d'une domination de l'autre ou, éventuellement — pourquoi pas ? — comme une forme d'attachement, on impose la maîtrise de soi comme domination sur soi-même. Il ne faut pas dissimuler le fait que si l'on met en œuvre un tel travail éthique que l'on effectue sur soi-même (sorte d'exercice spirituel) pour arriver jusqu'à la pleine maîtrise de soi qui conduit à une forme d'ascétisme, c'est qu'on s'impose à soi-même des interdits pour éloigner du monde proximal une série de comportements, parmi lesquels figurent les pulsions libidinales, considérés comme litigieux ou comme des obstacles sur le chemin de la maîtrise, ce qui n'est possible que si tout ce qui est interdit est englouti dans le monde distal, pour dispa-

---

phie ancienne, 7 (1), 1989, pp. 47-78, ainsi que G. Deleuze, *M. Foucault*, Éditions de Minuit, Paris, 1986.

raître à jamais. Tout se passe donc comme si la problématique de la maîtrise de soi constituait la première étape de la politique des interdits, en intériorisant la répression pour mieux contrôler les conditions d'une souffrance existentielle.

L'Antiquité tardive avec ses mystiques religieux et ses théurges, et le Moyen Âge avec ses moines et moniales n'ont cessé de répandre dans les masses cette forme de répression bien avant que les interdits soient institutionnalisés par des associations spirituelles ou par les pouvoirs publics. Les détachements relativement au monde ou relativement à ses propres facultés inférieures, dont on trouve la théorisation dès la problématique de la tempérance des philosophes anciens, est une façon subtile et détournée de s'imposer à soi-même des interdits. Le monde de la mystique est d'ailleurs très étendu, et il arrive qu'il soit lui-même dominé par des interdits et par l'apologie de la souffrance. Vivre détaché du monde, dans l'isolement le plus complet, comme le faisaient les anachorètes byzantins en priant et en souffrant pour libérer le monde des péchés, est une souffrance fondée sur des interdits qu'on s'impose à soi jusqu'au refus du secours d'un autre quelconque.

L'histoire d'"Éros" est cependant fort complexe et sinueuse et ne peut être réduite à des clichés, à quelques configurations comme je suis contraint à le faire ici. Il suffit de se rappeler du phénomène étrange, qui a attiré l'attention des savants : l'investissement érotique du macabre et du pouvoir entre le 16e et le 18e siècles[64]. Les spécialistes de l'histoire de l'art ont été intrigués de signes étranges, comme, par exemple, dans la peinture de Dürer, où la maigreur squelettique du cheval de l'apocalypse est compensée par la force de l'organe sexuel, qui associe la mort et la capacité génitale ; ou encore, dans la représentation que Bernin se permet de l'union mystique de sainte Thérèse et de Dieu, où il rapproche les images de l'agonie et celles de la transe amoureuse. Le théâtre baroque n'a pas hésité à intégrer des scènes d'amour dans les cimetières et les tombeaux. En pénétrant la religion

[64] Voir Ph. Ariès, *Essai sur l'histoire de la mort en Occident*, Éditions du Seuil, Paris, 1975 et E. Jackson, *Éros et pouvoir*, La Baconnière, Neuchâtel, 1988. Je citerai le livre d'Ariès par EHM.

et l'art religieux, l'érotisme ébranlait une longue tradition concernant la représentation aussi bien de l'amour que de la mort. Éros exprimerait par là, une transgression pouvant être interprétée comme une ouverture et une rupture, mais qui en réalité est l'indice d'une plus grande proximité avec un phénomène, certes redoutable aux yeux de gens, mais familier et présent dans la vie quotidienne. C'est cette proximité qui sera selon Philippe Ariès, ébranlée dans la suite, lorsque la nouvelle sensibilité érotique du début du 19e siècle, "a retiré la mort de la vie ordinaire", et lui a conféré un rôle nouveau dans le domaine de l'imaginaire, "rôle qui persistera à travers la littérature romantique jusqu'au surréalisme". Ce déplacement qui introduit dans les mentalités "une distance qui n'existait pas auparavant entre la mort et la vie ordinaire" (EHM, 47 et 105-108), a modifié le rapport à la vie sexuelle, qui subira la pression d'une société nouvelle, moins ouverte aux pulsions libidinales. Georges Bataille a beaucoup insisté, dans ses analyses de l'érotisme, sur l'utilisation par la littérature de cette époque de l'orgasme et de la mort, qui forment deux facteurs fondamentaux de transgression de la vie régulière.

La littérature de l'époque représente souvent la femme fatale et diabolique qui apporte la souffrance par le biais de la sexualité. En transgressant l'ordre social traditionnel, la femme obsédée par le sexe devient le symbole de la mort, comme le fait voir Oscar Wilde dans *Salomé*[65]. L'apologie du mariage a été, au début du 19e siècle, une réponse à ce mal. Elle sera portée en dérision un demi-siècle plus tard, par exemple, dans le roman. *À Rebours* d'Huysmans, que j'ai retenu lors de l'analyse du narcissisme en littérature. Le point culminant de cette réaction pourrait être situé chez deux romanciers qui nous rapprochent le plus de Freud : August Strindberg et son ami Stanislaw Przybyszewski. Si la *Danse des morts* du premier et l'*Androgyne* du second subvertissent le mariage en faisant le tour de différentes formes de comportements qui effleurent la perversion, aux yeux de la société d'alors, c'est pour mieux engager la voie de la réhabilitation de la

[65] Roman paru en 1892, époque importante dans le travail de Freud.

sexualité. Cette tentative aboutit à l'apologie du sexe dans *Messe des morts* de Stanislaw Przybyszewski, paru en 1893, qui nous éloigne du caractère morbide et fatal des pulsions.

Formé en architecture et en psychiatrie, cet écrivain insista avec force sur le lien entre le sexe et la mort. Pour lui, le sexe doit être considéré comme un principe éternellement créateur, comme “la substance fondamentale de la vie, la matière de l'évolution, l'essence la plus intime de l'individualité”. Le renversement est amorcé. S'il est vrai que l'idée survivra d'une façon latente jusqu'aux années soixante, la littérature ne cessera d'ébranler entretemps les habitudes d'une société, qui s'était fait une raison de la nécessité de réprimer les pulsions libidinales, parce qu'elle croyait y voir une mise en question de l'ordre établi autour de quelques valeurs (famille, patrie, religion) qui édifiaient une proximité identitaire. Lorsque, dans le années soixante du siècle précédent, l'esprit d'une libération s'est esquissé, Freud est devenu un bon candidat pour prendre la relève, en tirant dans son char, Georges Bataille, Herbert Marcuse, Wilhem Reich et d'autres encore. La libération sexuelle devenait le slogan de la fin de toutes les formes de pression et de répression, interprétées, à juste titre, comme sources de multitudes de souffrances.

Certes, sans des interdits que la société traditionnelle avait surdéterminés, aucune vie sociale, ni la perpétuation de l'espèce, ne serait possibles. La pratique de la prohibition de l'inceste comme facteur d'organisation de la vie sociale, que l'anthropologie a beaucoup étudié, en est un bon exemple. Il n'empêche qu'en dehors de ce type de référence qu'il ne s'agit pas, dans mon esprit, de contester, il est certain que nos cultures ont favorisé, avec des degrés variables, la (ré)pression contre les pulsions. Freud a délimité cette pression autour du concept du surmoi et Lacan parlera, par un léger infléchissement, du “nom-du-père”. C'est un point qu'on ne saurait passer sous silence, sans oublier en chemin quelque chose d'essentiel dans les processus de *provenance* de ce que nous sommes. C'est bien de cette provenance qui nous échappe, avec laquelle nous n'avons aucune proximité, qu'il faudra nous enquérir. Ces concepts sont en fait comme des substituts plus élaborés dans la pratique du schème du miroir, qui nous enchaînent parce qu'ils se constitueraient comme les médiateurs indispensables pour découvrir un fond énigmatique en nous-mêmes, à la façon dont le miroir nous révèle notre visage et notre corps.

L'intérêt de la pensée de Freud s'impose donc comme une lumière qui éclaire le miroir, parce qu'elle nous apprend quelles sont à la fois les nécessités et les conséquences de ces prohibitions pour la vie quotidienne de l'être humain, et notamment pour l'élucidation et la maîtrise de certaines de ses souffrances. Toutefois, pour garder les précautions d'usage, soulignons, dès à présent, que les interdits portent en eux les conditions d'une souffrance différente de celles que l'être humain éprouve dans l'effort pour acquérir des multiples savoirs (éducation), des situations sociales (concours). Elle est aussi différente de la souffrance propre à l'émulation (gymnastique, sports, jeux...), même si des rapprochements sont possibles avec des cas de figure, à première vue plus litigieux, qui justifieraient "le plaisir de souffrir"[66].

Depuis les découvertes de Freud, il convient d'évaluer, en plus de la distance entre l'homme et son Créateur (à supposer qu'on y croie) et de celle qui sépare l'être humain et le monde qu'il se représente au moyen des modèles, la distance immense qui est inscrite en l'homme lui-même, entre sa conscience transparente et le reste de son appareil psychique. Et ceci, non plus seulement, comme on l'a vu, parce que stature humaine est complexe et inexplorable entièrement (comme si le cerveau était "plus grand que le ciel"), mais parce que la béance s'inscrit d'entrée de jeu dans le psychisme humain, qui du fait de son histoire personnelle subit des multiples pressions, parmi lesquelles figurent celles qui touchent l'affect et les régions érogènes de son corps. Bien avant l'idée de Damasio d'un détournement dans l'ordre de l'encartage, Freud a bien montré que par la présence de multiples pressions, plusieurs processus sont possibles dans les représentations suscitées par les transformations des pulsions : répression, détournement, rentabilité... Pour établir une topographie du psychisme, il élabore une sorte d'"organologie" du corps érogène et plusieurs topiques qui situent des "lieux" dans l'appareil psychique.

[66] Pour reprendre ici l'expression de Chantal Thomas, qui, nous le verrons, justifie les souffrances inévitables. Cf. *Souffrir*, Éditions Payot et Rivages, Paris, 2004, que je citerai par l'abréviation So.

Quatrième Section

Souffleurs et Figurants

1. Aux confins de l'âme et de l'esprit

1. *L'organologie freudienne*

Je commencerai cette nouvelle investigation par les zones érogènes, parce que ce thème fait le pont avec les topologies précédentes. Une fois encore, les analyses de Freud peuvent constituer une bonne entrée en matière, mais il convient de compléter par d'autres approches, notamment celles qui insistent sur l'importance de la parole. Les configurations théâtrales des figurants et du souffleur sont susceptibles d'illustrer cet ambivalence, tout en laissant voir, en creux, que chaque être humain est un acteur concerné par le jeu permanent entre monde proximal et monde distal. Les figures de l'acteur, du figurant et du souffleur rassemblent, sur la scène, différents modes d'altérité qui tissent des liens inextricables que chaque être humain entretient avec les autres dans le théâtre de la vie.

En introduisant la problématique de la *libido* pour exprimer chez l'homme un besoin sexuel analogue au besoin de la nutrition, Freud devait accompagner sa découverte d'un langage circonstancié. Il qualifie la personne qui exerce un attrait sexuel d'*objet* sexuel et l'acte auquel pousse la pulsion comme le *but* sexuel. L'étude qui cherche à montrer qu'il existe de nombreuses déviations relatives aussi bien à l'objet qu'au but sexuel devenait désormais possible. Ces déviations ont été traitées par Freud dans plusieurs textes, et plus particulièrement dans les *Trois essais sur la sexualité*[1].

[1] Publié en 1905, mais modifié dans les éditions ultérieures (1910, 1915, 1922, 1924).

Il s'agit d'une étude remarquable qui a posé les jalons de multiples clarifications concernant les comportements des êtres humains et, notamment, les limites imprécises de la "normalité". Il y étudie également la sexualité infantile, non seulement par une extension du terme "sexualité" au-delà de l'usage des parties génitales de l'homme, dont la fonctionnalité est tardive, mais en considérant que la quête du plaisir par l'enfant s'accomplit dans diverses directions, ce qui ferait de lui une sorte de "pervers polymorphe". Bien entendu, il ne s'agit pas ici de comprendre le terme de "perversion" au sens étroit d'une activité vicieuse, contraire à la morale, mais, conformément au sens originaire, d'un retournement d'un état ou d'une situation, de ce qui détourne la pulsion de son but, de son destin. L'objet sexuel pourrait ainsi être envisagé comme un objet partiel qui n'est pas objet proprement dit de satisfaction, mais comme une occasion de satisfaction. Cela suppose des variantes qui peuvent demeurer dans le cadre de la normalité ou la transgresser. De l'autoérotisme de l'enfant (sucer son pouce) aux soins donnés au bébé (dans toutes les parties du corps) qui éveillent les zones érogènes de son corps, en passant par tous les rapports ambigus avec la mère, le champ des résistances à l'égard des pulsions, sont multiples. Si bien que le monde proximal qui se forme à travers ces activités que l'on découvre avec plus de clarté avec le travail de Freud révèle en même temps un monde distal qui n'est pas toujours disposé à dévoiler ses secrets. C'est pourquoi je limite mon étude à quelques points, que je considère importants pour la suite de mon exposé.

Au cours de son travail, Freud soulève le problème d'une extension de la sexualité en fonction des zones érogènes, ce qui met effectivement en jeu une problématique nouvelle de la proximité. C'est ainsi qu'il indique que l'on considère généralement comme but sexuel normal l'union des parties génitales dans le coït, ce qui conduit "à la résolution de la tension sexuelle et, pour un temps, à l'extinction de la pulsion — satisfaction qui présente des analogies avec l'assouvissement de la faim"[2]. Or, dit-il, on trouve déjà dans ce processus qualifié de

[2] S. Freud, *Trois essais sur la théorie de la sexualité*, trad. B. Reverchon-Jouve, Idées, Gallimard, Paris, 1923, p. 34. Je citerai par TES.

“normal” des germes qui peuvent conduire ultérieurement à des déviations qu’on désigne comme “perversions”. Les sources germinales de ces déviations trouveraient leur source complémentaire dans une *transgression* anatomique et dans la *médiation* de certains actes qui retardent la satisfaction sexuelle. La transgression anatomique consiste à utiliser d’autres parties du corps que les parties génitales pour satisfaire un plaisir. Que la bouche, par exemple, puisse servir pour goûter, manger, mais aussi pour le baiser ou d’autres activités sexuelles, fait voir la multifonctionnalité des organes et notamment leur usage possible comme organes de plaisir. En prolongeant cette perspective, la multifonctionnalité des organes peut servir aussi à des médiations ou des actes préliminaires dans le processus sexuel, comme des attouchements ou des excitations visuelles. La main et l’œil deviennent ainsi des instruments de la sexualité. Le corps touché ou vu dessine des zones érogènes qui ouvrent la voie à une véritable organologie.

Ce glissement de l’anatomie du corps vers une problématique nouvelle, fondée sur le plaisir, étend en fait la sexualité au-delà des parties génitales du corps qui, certes, marquent le plaisir le plus important, mais n’épuisent pas les données qui concernent l’objet et le but sexuels. Freud réussit à réaliser autour de cette problématique une véritable typologie des diverses formes de perversion, avec des nuances remarquables. L’enracinement de cet exposé dans la problématique des pulsions révèle l’importance de la constitution de l’appareil psychique de l’homme selon des articulations que l’approche classique mais aussi la découverte des neurosciences n’ont pas réussi jusqu’ici à effleurer. À elle seule, cette ouverture marque quelque chose d’extraordinaire qui circonscrit un domaine énorme de la souffrance humaine. Prenons quelques exemples.

Lorsqu’il examine les attouchements dans les préliminaires à l’amour, qui manifestent une proximité par contact, c’est-à-dire une proximité spatio-temporelle absolue, il affirme qu’il s’agit d’un acte nécessaire à la réalisation du but sexuel normal, car le contact éveille le plaisir et accroît l’excitation. Cette activité ne saurait, dit-il, être envisagée comme de la perversion, à condition que l’acte sexuel se poursuive. Il en va de même de la vision que l’on peut comprendre au demeurant comme une forme d'impression tactile. Liée à la coutume de cacher le corps, elle peut éveiller la *libido*. Freud va même plus loin dans son analyse, car il associe l'objet sexuel au développement possible de la beauté, de sorte qu'il peut, grâce à l'art, exprimer un processus de sublimation. En revanche, le plaisir de voir peut devenir une perversion, "(a) quand il se limite exclusivement aux parties génitales ; (b) quand il ne connaît pas le dégoût (voyeur des fonctions de défécation) ; (c) quand, au lieu de préparer l'acte normal, il en détourne". C'est, dit-il plus loin, la *pudeur* qui "constitue la force opposée à ces perversions ; mais dans certaines occasions, elle se montre impuissante" (TES, 34-42). Nous nous trouvons ici loin des fonctions que j'ai jusqu'ici attribuées à la vision et à l'activité tactile, le plus souvent à travers l'activité sensori-motrice dans l'ordre de l'usage et de la mémoire cognitive. Leur intégration dans la mémoire affective, où les affects propres aux pulsions produisent du plaisir, mais peuvent aussi provoquer des déviations (refoulement, régression...) et des dégâts au cours de la vie qui modifient sensiblement la donne. La dimension psychique du processus qui s'y constitue n'est donc pas exempte de distorsions qui provoquent des symptômes que le sujet ne parvient pas toujours à comprendre.

Dans le cadre de son analyse des divers types de déviations et de perversions, Freud met l'accent sur le sadisme et le masochisme, qui expriment le désir de faire souffrir l'objet sexuel. Il s'agit d'un problème sur lequel je reviendrai. Mais le moment est propice pour dire qu'au centre de tous les aléas que rencontrent les pulsions se tient toujours la question de la souffrance humaine. La façon dont Freud traite du sadisme et du masochisme est un modèle du genre dans la mesure où il montre qu'ils mettent en jeu une satisfaction dépendant d'une souffrance physique ou psychique éprouvée de la part de l'objet sexuel.

En effet, réfléchissant sur un terme habituel à son époque pour désigner le plaisir procuré par la douleur, à savoir l'*algolagnie*, il précise que les termes de sadisme et de masochisme (donnés par Krafft-Ebing) ont le mérite de délimiter le plaisir procuré par toute forme d'*humiliation* et de *soumission*. La différence, on s'en doute, est immense, car dans le premier cas, on peut ressentir du plaisir dans de nombreux types d'effort où pourtant la douleur accompagne l'activité, de sorte qu'en généralisant, on risque d'amorcer une thèse métaphysique de référence qui unirait inextricablement souffrance et plaisir. Freud s'attaque à ceux qui prétendent que "toute souffrance contient en soi une possibilité de plaisir". À quoi il ajoute : "nous nous bornerons à dire qu'une telle interprétation ne saurait nous satisfaire, et qu'il se peut que plusieurs tendances psychiques s'unissent pour contribuer à la perversion résultante" (TES)[3]. Aussi faut-il, dès à présent, observer que la souffrance n'implique pas de lien à priori avec le plaisir. Au contraire, elle exclut le plus souvent tout plaisir, de sorte que les activités qui assument ce lien, soit sont une forme de la perversion, comme dans le cas du sadisme et du masochisme, soit appartiennent un autre ordre, dans lequel on trouve l'effort éducatif, l'émulation, etc. Rarement dans ces dernières activités on subit de l'humiliation ou de la soumission directement, sous le mode d'un plaisir. Il est dès lors important de circonscrire ce que dit Freud des deux activités perverses.

Le sadisme comprend des degrés d'une attitude active face à l'objet sexuel. Il est lié à une sexualité qui véhicule des éléments d'*agression*, en l'occurrence dans le but de maîtriser l'objet sexuel par des voies différentes de celles, par exemple, de la séduction, et qui, par son excès, aurait acquis une forme d'indépendance. Au contraire, le masochisme comprend des degrés d'une attitude passive, dans la mesure où le sujet prend la place de l'objet sexuel. Notons ici que la facteur "agression" n'est pas suffisant, selon Freud, pour interpréter ces comportements.

En se référant à des cas cliniques, Freud fait l'hypothèse que la perversion masochiste est "le résultat complexe d'une série de facteurs qui exagèrent et fixent une attitude de passivité sexuelle originelle (complexe de castration, sentiment de culpabilité)". Et il s'empresse de noter que si le sadisme et le masochisme lui semblent tenir une place

[3] Sur l'ensemble des question traités ici, voir également S. Freud, "Un enfant est battu" et "Le problème économique du masochisme", *Névrose, psychose et perversion*, PUF, Paris, 1981 (1973), pp. 219-243 et 287-297. Je reviens plus loin sur la position de Krafft-Ebbing à l'égard du marquis de Sade et de Sacher Masoch.

spéciale dans l'étude de la perversion, c'est parce que l'activité et la passivité forment des caractères fondamentaux de la vie sexuelle en général. Si bien que ce qui caractérise principalement ces perversions, c'est que la forme passive et la forme active se rencontrent dans le même individu, y compris dans le cas du sadisme, car celui qui, dans les rapports sexuels, prend plaisir à infliger une souffrance, est aussi capable de jouir de la souffrance qu'il peut ressentir. C'est à cette occasion que Freud tire une conséquence métaphysique de cette problématique, en considérant que les couples d'éléments antagonistes dominent ce processus et qu'ils doivent être rapportés, en dernière analyse, à la bisexualité (TES, 44-45).

La façon dont Freud analyse la perversion, non seulement par l'exemple que je viens de retenir, mais à travers les névroses, les psychoses, etc., montre qu'il ne se limite pas à l'objet et au but sexuels, mais qu'il s'intéresse à la *source* somatique des pulsions. Par là il porte l'accent sur le processus de provenance, nous conduisant d'entrée de jeu dans le monde distal dans lequel il tente de pénétrer. "Ce qui distingue, dit-il, les pulsions les unes des autres, et les marque d'un caractère spécifique, ce sont les rapports qui existent entre elles et leurs *sources* somatiques, d'une part, et leur *but*, d'autre part. La source de la pulsion se trouve dans l'excitation d'un organe, et son but prochain est l'apaisement d'une telle excitation organique" (TES, 56-57). Après cette incursion dans les organes en morcelant le corps également dans l'ordre des "pulsions partielles" qui correspondent à des formes de la sexualité infantile, Freud met l'accent sur l'excitation sexuelle, relativement à d'autres pulsions possibles, et désigne l'organe correspondant par l'expression que j'ai déjà utilisée de "zone érogène" d'où *provient* la pulsion partielle. Selon lui, nombreuses sont les pulsions partielles qui proviennent de diverses régions du corps, produisant une répartition de l'énergie primitive du plaisir d'organe.

Ces zones érogènes, comme par exemple la cavité buccale ou l'orifice anal se comportent comme des *parties* de l'appareil sexuel, comme appareil génital *secondaire*. Dans l'hystérie et toutes les névroses, il y a comme une usurpation des fonctions de l'appareil génital, du fait qu'apparaissent même des mouvements qui créent des nouveaux buts sexuels.

À telle enseigne que des parties de l'appareil psychique peuvent *régir* des fonctions corporelles. Mais Freud propose encore d'autres exemples significatifs, comme le voyeurisme, où c'est l'organe visuel qui joue le rôle de zone érogène, où comme dans la cruauté et dans la douleur, c'est "l'épiderme qui, dans certaines parties du corps, se différencie en organes sensoriels et se transforme en muqueuse", devenant "une zone érogène par excellence" (TES, 57-58). Or, derrière à cette problématique d'un morcellement du corps, non plus seulement par le truchement de fixations à des stades pré-génitaux, mais dans la structuration des zones érogènes, à travers les organes, se cache une immense forêt des conséquences des dysfonctionnements éventuels de la vie pulsionnelle, avec l'irruption des symptômes qui provoquent tant de souffrances chez l'homme. Cela montre paradoxalement que les zones érogènes qui ouvrent le corps à un monde de plaisirs sans limites mettent en jeu, en même temps, du fait des structures de provenance, des pathologies. C'est là un des caractères de la mémoire affective que nous ne trouvons pas dans la constitution de la mémoire cognitive, source d'intelligibilité. Il est dès lors utile d'aller plus loin pour explorer ce domaine du monde distal qui recèle la complexité de l'appareil psychique.

Paul-Laurent Assoun qui a étudié de près l'organologie freudienne (CS, 129-177), illustre d'une façon très élaborée et éclairante la pathologie d'organe, en analysant plusieurs cas, et notamment celui de la constipation récidivante due à des troubles psychiques, telle que Freud l'a traitée dans le cas célèbre de l'Homme aux Loups[4]. L'idée de départ est qu'un médecin généraliste ne pouvait que rencontrer des difficultés

[4] Il s'agit de l'histoire de Sergeï Pankéjeff qui, entre trois et quatre ans, rêva la présence de loups blancs devant sa fenêtre, et prit d'angoisse poussa un cri. Il raconta son rêve lors de la cure, qui aboutit à l'idée qu'il s'agissait d'une névrose infantile suscitée par une scène primitive, celle de la relation sexuelle des parents. Freud reconstitue cette scène en suivant le fil des relations affectives et sexuelles qui lui révèlent, entre autres, la difficulté que son patient a à nouer des relations amoureuses, à avoir des rapports sexuels autres qu'avec des femmes pour lesquelles il n'a aucune estime. Il y découvre une homosexualité passive associée à un rapport ambivalent au père (crainte du père et crainte de sa mort).

pour guérir un tel patient. Il s'agit, plus exactement, de montrer où se trouve “le point de dissension épistémologique pratique et fondamental entre le médecin et l'analyste” (CS, 136). Or, qu'un cas à première vue si banal puisse produire des effets aussi complexes sous l'effet d'un *régisseur* mystérieux (l'inconscient), suffit à faire voir non seulement l'ampleur de la problématique qui lie l'organe corporel à l'appareil psychique, mais la profusion de situations ambivalentes que chacun de nous pourrait vivre chaque jour ou occasionnellement.

Souffrant de ce mal, le patient recourt à des lavements périodiques, qui impriment à sa vie un rythme organique, tout en soumettant la vie à l'enfance, au point de corporéifier le rituel. Cette souffrance se manifeste par l'impression qu'a le patient d'être enveloppé dans un voile ou d'être séparé du monde comme par un voile. Or, ce voile ne se déchire qu'au moment où l'évacuation intestinale réalisée après le lavement, restitue le sentiment de la normalité. Comme l'écrit P.-L. Assoun, “l'instant de la jouissance, réappropriation de soi et du monde, c'est celui où le sujet, littéralement vidé — et comme on dit, ‘frais et dispos’ — se retrouve tout à coup habitant vivant du monde, avec une densité subjective élevée, fût-ce ‘pour un très court instant’. Alors il se sent *hic et nunc* présent lui-même au monde, à moins que le monde fait enfin un pas vers lui, ce qui, pour le *cogito* corporel, revient au même. (...) Or, c'est sur la ligne de crête de l'organe, congestionné puis ‘vidangé’, ‘débouché’, que le sujet accède à ce sentiment paradoxal d'exister. (...) Le trop-plein du corps s'assortit d'un vide du monde et c'est en retrouvant sa fluidité organique, la fluidité de ses organes, que le sujet est rendu au monde, du moins jusqu'au prochain embouteillage de l'organe qui, opiniâtrement, ‘remet *ça*’. (...) L'intestin fait de la résistance en lieu et place du sujet” (CS, 130-133).

Cette lecture se prête à un commentaire qui devrait analyser chaque mot. Mais tel n'est pas mon objectif ici. Je souhaite seulement indiquer, dans ce processus, le moment symptomatique le plus aigu qui conduit à l'inconscient (révélé dans le *ça*) en situant le dysfonctionnement par rapport à un organe rétif qui recule devant la fonction pulsionnelle et, par suite, fait “à sa tête”. Il traduit en réalité une “inhibition”, grâce à laquelle se manifeste la machinerie libidinale de l'organe. L'analyse que donne Freud de l'inhibition met en jeu, comme le souligne Assoun, le rapport entre la fonction du moi d'un organe endommagé et l'augmentation de sa fonction sexuelle ou érogénéité. L'organe se comporterait, en l'occurrence, "comme la cuisinière qui se met en grève de fourneaux parce que le maître de maison a noué avec elle des relations amoureuses". Alors "l'organe, soumis à cette brusque révélation aveugle de dangereuses liaisons, flagrant délit de jouissance interdite, n'en fait qu'à sa tête". Nous verrons, lorsque je traiterai du moi (conscience) et du surmoi (l'idéal des normes), que le moi renonce aux fonctions qui lui sont inhérentes pour ne pas devoir effectuer un nouveau refoulement qui risque de provoquer un conflit avec le ça, voire avec le surmoi ; il rencontre ainsi la chasse gardée du ça ou du moins le contentieux avec le surmoi. Mais cette complexification n'apporte pas grand-chose en cet endroit, où l'on découvre que lorsqu'il ne marche pas, un organe n'est pas nécessairement tributaire, comme le suppose le médecin, d'un problème organique, qui peut s'avérer inexistant, mais il fait surtout signe vers sa machinerie libidinale qui donnerait la solution à la souffrance. En l'occurrence, c'est un trop-de-jouissance qui aurait rendu l'organe impraticable. Freud découvre lors de la cure de l'Homme au loups des éléments précis d'expériences traumatisantes sexuellement, et plus spécialement la scène primitive d'une relation sexuelle entre ses parents, qui produit des inhibitions. Il diagnostique une homosexualité passive, associée à un rapport ambivalent au père (crainte du père et crainte de sa mort). Tout se passe comme si sa souffrance était la conséquence d'un dysfonctionnement de l'érogénéité d'un organe. Mais l'explication n'a été possible que par la cure, — par l'effet de parole que l'analyse produit. L'organe souffrant se comporterait comme s'il avait une langue d'organe. Cette irruption du langage ici est déterminant. Je m'y arrêterait plus longuement dans la suite, avec l'aide surtout de Lacan.

P.-L. Assoun propose un autre cas où la parole marque sa présence. Il s'agit de l'hypocondrie. Il arrive que l'hypocondriaque constate des douleurs, voire ressente des symptômes sur un organe de son corps, alors que celui-ci ne s'avère pas pathologique. Une fois encore le médecin généraliste ou un spécialiste semblent impuissants. L'hypothèse freudienne y verrait les versants du narcissisme et de la castration, qui peuvent être déchiffrés comme "langue d'organe" (pour reprendre un hapax de Freud). En ce sens, “l’hypocondrie est le moment où l’organe se met à ‘causer’ ”. Mais cette situation révèle en même temps ses limites, car si l’on abandonne l’organe à son monologue, on risque d’assister à un délire verbal. Aussi faut-il raccorder l’organe au langage par le travail analytique (CS, 141 ss.). Lacan dirait qu’il faut privilégier l’ordre symbolique sur l’ordre de l’imaginaire.

Ainsi l’organologie freudienne qui nous fait découvrir une topographie des zones érogènes, conduit au seuil de l’inconscient et nous éclaire sur les pulsions partielles. Il s’agit d’un des domaines les plus difficiles que doit penser la problématique de la proximité. Car derrière ce visible que la pathologie du corps révèle, tout en nous entraînant sur les voies de la physiologie, s’étend un monde que l’on peut qualifier de distal, mais que Freud a tenté de convertir, jusqu’à un certain point, en monde proximal.

C’est à travers l’hypnose et le rêve qu’il a amorcé cette conversion. Or, l’analyse du rêve révèle que l’inconscient se constitue dans le rapport à l’autre, à travers la mémoire affective qui se lie à des défaillances, moins fondées sur l’oubli que sur des refoulements. Le rêve intègre en lui les *autres* qui ont joué un rôle affectif dans notre histoire singulière et que l’inconscient recèle en lui. Aussi la psychanalyse ne se contente pas d’investiguer l’inconscient, elle met en œuvre des rapports d’altérité où l’analyste, tout en donnant l’impression de jouer au *figurant* pour laisser l’analysé dévoiler la mémoire affective formée par ses rapports aux autres, n’en demeure pas moins une sorte de *souffleur* qui prévient les défaillances de la mémoire de l’acteur (l’analysant). Par son silence, il fait de l’analysé un analysant, tout en étant lui-même, dans la vie courante, un homme en chair et en os avec ses propres passions, ses joies et ses souffrances.

C’est cette ambivalence reliant le figurant qui reste presque muet et le souffleur qui parle sans figurer peut nous aider à transiter vers la figure de l’acteur. Cette analyse aurait pu être ultime, si la philosophie n’avait pas tenté de la contourner par la recherche des conditions idéales qui rendent possible la pensée. Nous verrons que l’effort le plus élaboré de cette tentative est accompli par Husserl qui prolonge la philosophie kantienne du sujet en vue de dépasser la coupure entre le sujet et l'objet, nous situant dans un domaine de l'idéalité qui préserve notre mémoire et notre pensée.

2. *Le régions de l'appareil psychique*

Comme on le sait, dans l'œuvre freudienne, deux topiques de l'appareil psychique ont été successivement établies. La première se réfère au conscient, préconscient et inconscient, et la seconde au ça, moi et surmoi. Par là Freud met en évidence que la conscience ne représente pas à elle seule le psychisme humain, mais qu'il existe bien en lui un domaine important couvert par l'inconscient et qui joue un rôle déterminant, au point de *régir* une partie des comportements, non pas en tant qu'instance innée mais en tant qu'appareil constitué par le rapport affectif du sujet à son environnement immédiat (principalement humain). Cette constatation ébranle d'une façon incontournable l'unité du sujet et la connaissance de soi ; elle subvertit aussi la proximité avec soi-même, en associant monde proximal (moi et surmoi) et monde distal (ça). Au fil de ses recherches, Freud a réussi à prolonger la première topique (conscient, préconscient, inconscient) par une seconde, plus complexe, qui approfondit le domaine de l'inconscient relativement à la *pression* du monde. Il la développe dans plusieurs textes, et plus spécialement dans “Le moi et le ça” (1923), qui suit de peu “Au-delà du principe de plaisir” (1920) (insérés l'un et l'autre, dans *Essais de psychanalyse*), et dans la 31e Conférence sur “Décomposition de la personnalité psychique”. La seconde topique ne fait plus d'un inconscient univoque le domaine privilégié des représentations refoulées ; elle introduit le ça, en tant que source de pulsions issues du corps, fondement de la réalité psychique organisée, qui permet la formation du moi et du surmoi, dont certaines de ses parties sont également inconscientes[5]. Il parle à ce propos de trois “royaumes, régions, provinces”, en lesquels on décompose l'appareil psychique de la personne, et dont les relations doivent être établies. Il précise que le caractère principal du ça est qu'il est une pro-

[5] S. Freud, “La décomposition de la personnalité psychique”, *Nouvelles conférences*..., p. 96. Je citerai par l'abréviation DPP.

vince psychique étrangère au moi, un "autre" en nous et qui perturbe d'une façon irrémédiable la proximité avec soi-même.

Pour illustrer cette topologie du psychisme, Freud s'inspire de la géopolitique, ce qui montre, une fois encore, l'importance de l'approche topographique pour configurer une proximité avec soi-même. La façon dont il distingue des régions en nous renforce mon idée d'un monde proximal (le moi) qui se tient face à un monde distal en nous, lequel apparaît comme un étranger en nous, alors qu'il constitue le fondement même du moi. L'inconscient se dessine ainsi comme une région active, qui a été constituée par l'histoire de l'individu, et qui est actuellement activée, "bien que nous ne sachions rien de lui". Cette restriction, ajoute Freud, "nous rappelle que la plupart des processus conscients ne sont conscients que peu de temps ; ils deviennent très vite *latents*, mais ils peuvent facilement redevenir conscients. Le surgissement possible du *lapsus linguae*, des actes manqués et des rêves forment l'arsenal des indices qui font signe vers ce monde inconnu et la nécessité de l'explorer. En tout cas, le *lapsus* révèle qu'il y a "intention de parole" chez la personne concernée. Cet acte, la personne peut le ressentir comme lui étant familier (il appartient alors au préconscient) ou, au contraire, en le désavouant, elle peut le considérer comme lui étant étranger, devenant inconscient d'une façon permanente. Dans ce dernier cas, pour rendre conscient ce qui est inconscient, il faut accomplir des efforts considérables, le plus souvent avec l'aide extérieure (psychanalyste) d'un travail pour forcer l'inconscient à devenir conscient. Mais des obstacles majeurs surgissent, car le rapport entre les trois régions du psychisme ne serait pas harmonieux, il serait l'enjeu d'antagonismes et de conflits.

Pour illustrer ces difficultés, Freud s'inspire de la géopolitique (DPP, 100 ss.). Il s'imagine un pays au relief varié, peuplé d'Allemands, de Magyars et de Slovaques, repartis sans ordre précis sur le territoire, où ils exercent diverses activités. Il montre que la configuration ordonnée que l'on pourrait établir ne reflète pas la complexité de la réalité, et qu'il faudrait dès lors "nous accommoder de divergences". C'est quelque chose d'analogue qu'on devrait rencontrer dans l'inconscient. Mais le domaine qu'il couvre et exprime le ça, qui forme la partie obscure de notre personnalité, et le peu que nous connaissons de lui provient de l'analyse des rêves et de celle des symptômes névrotiques, de sorte que sa description s'accomplit négativement par rapport au moi. "Nous approchons du ça avec des comparaisons". Nous nous y rapprochons, si j'ose dire, par des configurations que nous façonnons en agissant *comme s*'il était ceci ou cela, comme l'a fait la théologie traditionnelle pour parler de Dieu indicible et suressentiel. Mais le ça n'a rien de divin en nous, il est un fonds qui s'est constitué par adaptation face au monde de notre propre histoire, en particulier face à ce qui, dans ce monde, constitue des relations d'affectivité.

En se souvenant du modèle géopolitique, interprété comme absence possible d'organisation, Freud se représente l'inconscient d'une façon imagée, par des configurations qui situent la différenciation du contenu et la fonctionnalité des régions "psychiques". Le ça est ainsi représenté comme une sorte de chaos, de chaudron "plein d'excitations en ébullition", qui est ouvert à son extrémité vers le somatique, d'où il recueille "les besoins pulsionnels qui trouvent en lui leur expression psychique", sans qu'on puisse néanmoins dire dans quel substrat. À partir des pulsions, il se remplit d'énergie, mais sans organisation, sans qu'il produise de volonté d'ensemble ; il produit seulement "l'aspiration à procurer satisfaction aux besoins pulsionnels, en observant le principe de plaisir". Et Freud précise que les lois logiques de la pensée, y compris le processus de non-contradiction, ne sont pas valables pour les processus qui se produisent dans le ça ; on n'y trouve pas non plus quelque chose qui corresponde à la représentation du temps. Au contraire, non seulement des motions opposées coexistent côte à côte sans s'annuler ni se soustraire les unes des autres, et des processus de compromis parviennent à évacuer l'énergie, mais des motions de désir qui n'ont jamais franchi le ça et des impressions qui ont été enracinées par le refoulement en lui, sont "virtuellement immortelles", au point de se comporter "après des décennies *comme si* elles venaient de se reproduire" (DPP, 102-103).

En fait, la façon dont Freud met en scène le ça se fonde sur une hypothèse, qu'il peut difficilement démontrer, selon laquelle les lois de la conscience et celles de l'inconscient sont en quelque sorte opposées. Il suffit pour ainsi dire de renverser ce que nous acceptons habituellement pour la conscience, pour déduire la structure de l'inconscient : non coïncidence des opposés v coexistence des opposés ; logique de la non contradiction v logique de l'ambivalence ; évacuation d'énergie v rétention d'énergie ; temporalité v intemporalité. On peut encore ajouter d'autre oppositions : jugement de valeur v absence de jugement de valeur ; bien et mal et présence d'une morale v pas de bien ni de mal et absence d'une morale ; rationnel v irrationnel. Quant aux critères qui sous-tendent cette double structure, ce sont les pulsions, les motions de désir, des impressions (issues de l'affectif) et le principe de plaisir. Et il apparaît que "le facteur économique ou, si vous voulez, quantitatif, intimement lié au principe de plaisir, domine tout le processus". Mais il y a plus.

La démarche qui accompagne cette approche fait appel à la thérapeutique, afin d'agir sur les causes énergétiques qui sont responsables des "maladies" psychiques, source de souffrances. D'où cette idée lourde de conséquences : les motions de désir et les impressions enracinées par le refoulement dans le ça "ne peuvent être reconnues comme passé, perdre leur valeur et être dépouillées de leur investissement d'énergie, que si, par le travail analytique, elles sont devenues conscientes, et là-dessus repose pour une bonne part l'effet thérapeutique du traitement analytique".

En d'autres termes, en dépit du fait que le refoulé subit des lois sans organisation et agit dans l'ordre irrationnel ou plutôt, — comme je crois qu'il est plus juste de dire —, selon des lois soumises à un *autre* type d'organisation, qu'il conviendrait de comprendre sous la forme d'une logique de l'ambivalence[6], il présente un état d'*inaltérabilité* qui demeure — selon l'expression de Freud — *insensible au temps* (DPP,

[6] Qui se fonde sur des rapport d'opposition et de complémentarité, qu'on peut illustrer par le symbole Tao, où un terme n'est pas identique à lui-même mais renvoie aussitôt au terme opposé. J'ai beaucoup insisté sur cette logique de l'ambivalence dans mes études sur le mythe archaïque, où j'ai en plus insisté sur le fait que le principe de non contradiction est lui-même ébranlé. Comme ce sujet déborde ce travail, je me limite à le signaler, tout en rappelant que la problématique du "redressement" que j'utilise au cours de mon exposé appartient, en partie, à ce cadre d'analyses.

103). C'est cet état qui alimente les souffrances et qui doit être bousculé, modifié par une action qui à la fois l'altère et le temporalise. C'est en cela que réside la cure analytique, et son action requiert essentiellement une mise en *parole* de la conscience pour atteindre l'inconscient, parfois sans autre forme d'intervention, si ce n'est celle, le plus souvent quasi silencieuse, du psychanalyste, parfois avec l'aide également de la pharmacologie.

À cette première approche de Freud, nous en ajouterons bientôt une seconde qui met en scène le moi et le surmoi, dont une partie certes peut être inconsciente, mais "sans posséder les mêmes caractères primitifs irrationnels". Cette démarche est le résultat d'un vœu : "on donnerait beaucoup pour pouvoir mieux comprendre ces choses" (DPP, 104). Ces points peuvent être illustrés par des réflexions de Freud lui-même, qui mettent face à face monde distal et monde proximal en nous.

"Plus nous pénétrons profondément dans l'étude des processus psychiques, dit-il dans la 32e Conférence, plus nous reconnaissons leur richesse et leur intrication. Plus d'une formule simple qui nous semblait au début adéquate s'est révélée par la suite insuffisante. Nous ne nous lassons pas de les modifier et de les améliorer"[7]. En d'autres termes, les configurations du monde proximal que Freud a formées autrefois de l'appareil psychique se sont avérées trop simples dès lors qu'il pénétrait plus profondément dans le domaine des processus psychiques, étendant le monde distal, alors même qu'il intégrait de nouvelles configurations figurant un monde proximal plus proche encore mais modifié. Dans le texte qui précède, la 31e Conférence, il indique que si le point de départ est important dans une recherche, pour la psychanalyse, le thème qui a suscité le plus de débat, c'est son travail sur le "symptôme". Or, paradoxalement, cette chose qui est devenue si proche de ceux qui s'y sont intéressés fait partie, si j'ose dire, du monde distal en nous : le symptôme, dit Freud, est "la chose *la plus étrangère* au moi qui se trouve dans le psychisme", il "provient du refoulé, il en est en quelque sorte le représentant (*Vertreter*) devant le moi ; le

[7] S. Freud, "Angoisse et vie pulsionnelle", *Nouvelles conférences*..., p. 125.

refoulé est toutefois pour le moi une terre étrangère, *une terre étrangère interne*, tout comme la réalité est — permettez-moi cette expression inhabituelle — *une terre étrangère externe*" (DPP, 80).

Rien donc de plus clair dans la mise en scène énigmatique d'un monde distal en nous, couplé à un monde distal en dehors de nous. La suite de l'exposé nous réserve d'autres surprises encore. Car, Freud nous rappelle l'itinéraire qui trace la formation des configurations (du monde proximal) de la psychanalyse, lequel va du symptôme à l'inconscient, à la vie pulsionnelle et à la sexualité. C'est au cours de ce trajet où les découvertes se succèdent, que la psychanalyse a entendu des objections "pleines de sens", d'après lesquelles l'être humain n'est pas seulement un être sexuel, mais connaît "des élans plus nobles et plus élevés". Freud répondit à ce type de critique avec une dose d'ironie, en clamant qu'"on aurait pu ajouter, qu'exalté par la conscience de ces élans plus élevés, il s'arrogeait souvent le droit de penser des absurdités et de négliger des faits". Et c'est bien ces faits qui montrent clairement que l'être humain est un être qui souffre, qui fait l'épreuve de la souffrance, parce qu'"il tombe malade en raison du conflit entre les revendications de la vie pulsionnelle et la résistance qui s'élève en lui contre elles". L'instance résistante, rejetante et refoulante, la psychanalyse l'a conçue armée de forces particulières (pulsions), tout en sachant qu'elle ne pouvait pas "étudier tous les domaines en même temps et de s'exprimer d'une haleine sur tous les problèmes". La psychanalyse a découvert que, dans le sujet, le moi n'est pas la seule instance qui soutient l'existence et qui contrôle les pensées et les agissements, mais qu'au fond de lui-même, dans ce fond qui, nous le verrons, se tient jusque dans la surface, ce qui régit est un autre en soi-même, l'inconscient. Quelque chose d'étrange en chacun de nous, qui n'est pas une sorte de démon socratique, mais une instance constituée, est le régisseur de notre vie.

Le problème dès lors qui se pose est paradoxalement celui du moi, qui perd désormais son caractère péremptoire et hautain, qui se soumet à un autre qui se tient dans sa proximité. Car c'est son rôle qui devient problématique et qui subvertit la proximité avec soi-même. Si bien qu'après la terre étrangère (le "monde souterrain" du refoulé), on doit porter l'attention sur une terre plus proche et plus familière, celle du refoulant, du moi, qui accumule les difficultés, ne serait-ce que parce qu'il faut faire de ce qui semblait être le sujet le plus propre, un *objet*. Autrement dit, il faut devenir spectateur de nous-même, tout en sachant que dans les coulisses un régisseur prend en charge une grande partie des œuvres qui nous préoccupent.

Se souvenant du sens originaire du terme d'"objet", c'est-à-dire *anti-keimenon*, *Gegen-stand* ou *op-posé*[8], Freud observe qu'il ne s'agit plus de mettre en évidence "quelque chose" qui se place en face, dans une position opposée, mais "quelque chose" de soi-même, opposé selon un processus de dédoublement, de clivage, morcelant aussitôt le moi. J'insiste bien sur cette idée de morcellement, car Freud fait ici du moi plus qu'un objet de spectacle, en l'investissant d'autres activités possibles : "Le moi peut se prendre lui-même comme objet, se traiter comme d'autres objets, s'observer, se critiquer et faire encore Dieu sait quoi avec lui-même". De spectateur, le moi peut devenir acteur de ce dont il croit être un spectateur privilégié, alors qu'on l'a vu, à propos du stade du miroir selon Lacan, le miroir est, au départ, extérieur. Les choses se compliquent donc, et il faudra se référer à Lacan, pour mieux discerner comment il est possible de prolonger Freud. Mais, pour le moment, notons que le glissement vers un morcellement du moi, révèle qu'"une partie de moi *s'oppose* au reste", de sorte que le moi peut se cliver, et il se clive effectivement "dans le cours d'un bon nombre de ses fonctions, passagèrement du moins", car "les parties peuvent se réunir à nouveau par la suite" (DPP, 80-82).

Cette situation paraît à première vue étrange, si l'on songe à la tendance habituelle d'envisager le moi dans son unité continue. Elle n'en fait pas moins partie de la dimension *pathologique* du psychisme. Là où la pathologie "montre une cassure ou une fissure, il peut y avoir, normalement, une articulation. Si nous jetons un cristal par terre, il se brise, mais pas n'importe comment : il se casse suivant ses directions

[8] Voir mon étude "La question du 'sujet' dans la philosophie grecque", *Cahiers de l'École des Sciences philosophiques et religieuses* (Facultés Univ. Saint Louis), 8, 1990, pp. 9-41. Cf. *infra* huitième Section.

de clivage en des morceaux dont la délimitation, bien qu'invisible, était cependant déterminée à l'avance par la structure du cristal. Des structures fêlées et fissurées de ce genre, c'est aussi ce que sont les malades mentaux". Les pathologies peuvent dévoiler des choses "qui, autrement, nous resteraient inaccessibles".

Or, ce qui est remarquable, dans la démarche de Freud, c'est qu'il illustre son propos en se référant aux malades qui "souffrent de délire d'observation", et dont le comportement n'est pas loin du sentiment de persécution. Ils vivent avec la peur qu'on les surprenne dans des actions interdites pour lesquelles ils devront être punis ou avec le sentiment qu'on se méfie d'eux. Il y a bien ici une mise en scène d'une souffrance comme voie d'entrée pour comprendre les instances ou parties du psychisme. Et cette souffrance devient d'autant plus terrifiante que ce qui la cause se dérobe, dans la mesure où elle peut être provoquée par une *pression* interne. Il suffit de s'imaginer qu'il existe "chez nous tous, dans le moi, une instance observatrice et menaçante de ce genre". Pour Freud il ne s'agit pas là d'un produit de l'imagination mais bien d'"un trait régulier de la structure du moi", qu'on identifie souvent à la conscience morale, mais qui intègre davantage de fonctions, c'est-à-dire le *surmoi*.

Certes, cette référence a quelque chose d'habituel, appartenant à la psychologie populaire et à la morale puritaine peut étonner. Mais, en réalité, le fait de prendre des expériences habituelles en leur donnant de "nouvelles conceptions et ordonnances", permet, en dernière analyse, de se donner une forme plus profonde de proximité avec soi-même en précisant davantage notre monde proximal. En l'occurrence, cette nouvelle approche n'est pas seulement une sorte de progrès dans la forêt, elle quitte le champ d'une normalité courante pour renverser les valeurs : le pathologique n'est pas le résultat d'une *déviation* de normes fondées, mais le résultat d'une *pression* où la norme elle-même fait partie du pressoir. En effet, le surmoi "jouit d'une certaine autonomie, poursuit ses propres desseins et, dans l'énergie qu'il possède, est indépendant du moi". Il applique "le critère moral le plus sévère au moi, qui lui est livré désemparé ; il représente d'ailleurs de façon absolue la revendication de la moralité". Cela nous permet de saisir d'un coup d'œil, que "notre sentiment de la culpabilité morale est l'expression de la tension entre moi et surmoi". La souffrance devient ainsi le produit d'un jeu interne des parties de l'appareil psychique, qui suscite des pathologies pouvant nous surprendre, lorsqu'elles se manifestent dans un moi en état d'ivresse, prêt à satisfaire tous ses appétits. "Processus riches d'énigmes non résolues !" (DPP, 83-86), avoue Freud, en pointant du doigt un monde distal interne à la fois inconnu et complexe, qui ne peut que nous réserver des surprises permanentes. Au lieu seulement de consolider le monde proximal, celles-ci étendent davantage encore le monde distal lui-même.

La description, bien connue, donnée par Freud de l'itinéraire de constitution des parties du psychisme, insiste d'abord sur l'identification d'abord du moi à un autre étranger (le père) qu'il imite, voire le prend en soi de telle façon que le moi est modifié d'après le modèle. Ici, ce n'est pas, comme chez Lacan, le stade du miroir permettant de se découvrir à travers sa propre image qui domine, mais la parenté même[9]. En se souvenant du poème de Char, on pourrait dire que c'est en quelque sorte quelque chose d'analogue à l'action de la main, de l'image dans le miroir. La nuance est importante, non seulement parce qu'elle différencie les positions de Freud et de Lacan, mais parce que, chez Freud, c'est le complexe d'Œdipe, en tant que lié à la parenté, qui devient régulateur du processus. Le texte l'avoue sans détour : "le fait décisif concernant cette conception est que la création d'une instance supérieure dans le moi est très intimement rattachée au destin du complexe d'Œdipe, de sorte que le surmoi apparaît comme l'héritier de cette *liaison affective* si importante pour l'enfance. Nous comprenons qu'en abandonnant le complexe d'Œdipe l'enfant a dû renoncer aux investissements d'objets intensifs qu'il avait placés chez ses parents, et c'est en dédommagement de cette perte d'objets que les identifications aux parents, vraisemblablement présentes depuis longtemps, se trouvent tellement renforcées dans son moi" (DPP, 88-90).

[9] Voir mon étude "Transmutation du schème de la parenté en psychanalyse", *Psychanalyse. Que reste-t-il de nos amours ?*, dir. F. Martens, *Revue de l'Université de Bruxelles*, 1999 (2), pp. 53-70.

La position de Freud, qui ne se réfère pas à un stade préalable du miroir, source de l'imaginaire chez Lacan, place l'affectivité, en tant que rapport originaire aux parents selon les sexes (mais aussi à une autre figure les remplaçant ou les secondant, telles les éducateurs, les maîtres, les modèles idéaux), comme le fondement de la formation du sujet et de certaines formes de pathologie, lorsqu'il y a dérégulation. Freud observe même que la multiplication des figures marque le passage d'une plus grande proximité (parents) vers ce qui est plus éloigné, et qui devient de plus en plus impersonnel. Mieux, même le rapport aux parents se modifie entre l'époque où le complexe d'Œdipe cède la place au surmoi et plus tard lorsque le moi écarte les prescriptions du surmoi. Nous y découvrons des formulations intéressantes sur les "territoires de l'intime" sur lesquels je me pencherai dans la suite.

Mais cette nouvelle perspective s'élève sur un autre niveau de la proximité, celui du rapport à l'autre, surtout par la médiation de la *parole* et du *langage*. Ce n'est pas une coïncidence si l'un des disciples de Freud qui a vécu l'apogée de la linguistique contemporaine des années soixante, a investi la psychanalyse par le langage, en soutenant que l'inconscient est structuré comme un langage. Avec Lacan l'insconscient lui-même devient l'Autre par excellence, au point de revendiquer le statut non plus seulement du régisseur mais également de l'acteur. Mais d'autres penseurs réintègrent plus activement le *dialogue* avec le patient là où Freud et Lacan préfèrent l'écarter au profit du silence de l'analyste et du discours libre de l'analysé en vue d'en faire un analysant. Par là la proximité avec l'autre entre dans une phase décisive qui met en jeu des multiples formes d'altérité. Cette ouverture, dont la complexité est inouïe, fait surgir non seulement l'autre en tant qu'être humain mais aussi tout autre, y compris les choses dont on se sert dans la vie. Nous verrons que l'analyse du rêve amorce l'importance de cette extension.

3. *Le sens du rêve*

Dans la pratique de la parole le récit d'un rêve permet de découvrir, grâce à l'histoire singulière du sujet, ces autres qui sont inscrits en lui, dans la mémoire affective, et qui jouent un rôle peu visible mais non moins déterminant dans sa vie. S'il est vrai que le rêve fait partie de nous-mêmes, de notre monde nocturne, et recèle quelque chose de l'histoire singulière de notre vie, c'est le plus souvent dans nos rapports de proximité avec les autres qu'il se façonne. Monde de notre intimité la plus secrète, le rêve est une expression pertinente de notre mémoire affective, telle qu'elle se lie à notre inconscient, régissant un nombre considérable de nos actions. À condition de pouvoir le décoder, le redresser, le rêve dévoile quelque chose de fondamental de notre proximité avec les autres que nous avons fréquentés à un moment de notre vie. Ces autres demeurent en contact avec notre inconscient, selon une proximité relationnelle qui supplée la proximité spatio-temporelle, ne serait-ce que parce que les personnes qui apparaissent dans le rêve peuvent avoir disparu ou avoir été effacées de notre vie quotidienne, devenant partie de notre monde distal.

C'est pourquoi, en portant le rêve à la parole, nous exprimons quelque chose de notre histoire, et plus spécialement de notre histoire affective, inscrite profondément dans la mémoire affective, dans l'inconscient. Mais, plus profondément, la question énigmatique du rêve, dévoilée par Freud, fait voir qu'en nous-mêmes le cercle restreint des personnes qui ont participé à quelque chose de notre vie conserve une forme de présence, comme si nous étions quelque part tributaires de cette présence dans le cours de notre vie. Et cette présence ne se donne pas seulement par des images, à l'instar des figurants dans une pièce de théâtre, comme si le rêve reflétait à la façon d'un miroir ce déroulement imagé d'épisodes de notre vie, mais jaillit par des mots, des signifiants, dissimulant des signifiés qui conserveraient les secrets du sens, et qu'une sorte de souffleur caché tentait de nous rappeler.

Bref, le rêve est révélateur à la fois de la présence de l'autre en tant qu'humain dans notre vie qui persiste sous la forme d'un figurant, et de la parole qui fait et trace notre histoire singulière, comme si elle nous était soufflée d'un lieu caché. Par cette double présence, nous pouvons, avec l'aide de Freud et de Lacan, faire un pas vers les autres qui nous sont proches d'une façon ou d'une autre, *via* la proximité avec nous-mêmes. Mais, en même temps, cette approche peut révéler que notre histoire singulière et la mémoire qui en garde les souvenirs ne sont pas grand-chose face aux histoires en nombre quasi infini qui concernent les êtres humains, les sociétés et les civilisations de notre planète, lesquelles se donnent comme un monde distal dans lequel notre monde proximal ressemble à une goutte dans un océan.

Si on extrapolait les acquis actuels des recherches concernant les interactions entre la mère et le fœtus, sur lesquels je reviendrai, on peut supposer qu'un jour on apprendra que les rêves de la mère sont susceptibles d'influencer le fœtus, même si on prouvait qu'il ne rêve pas vraiment. En revanche, le rôle du rêve chez le nouveau-né est confirmé par les recherches actuelles. Nous verrons que T.B. Brazelton a montré qu'il existerait quatre états dans le développement du nouveau-né, à savoir le *sommeil profond*, le *sommeil léger*, les *états d'alerte* et l'*habituation*[10], ce qui inclut le rêve au deuxième état. Toutefois, même si on peut supposer que l'enfant rêve lors de son *sommeil léger*, où sa respiration est instable et ses paupières et ses yeux mobiles, où il semble également agité, se réveillant sous l'effet de la voix d'un proche, il est néanmoins incapable de porter à la parole son rêve, de le mettre en récit, comme s'il appartenait à son monde intime, lui conférant des joies mais aussi des cauchemars, des peurs, des angoisses, bref, des souffrances. Dès lors, on peut supposer que si le rêve est précoce, l'histoire singulière d'un nouveau-né n'est pas étrangère à ses rêves aussi rudimentaires soient-ils, résultats de ses premières expériences affectives, de sa mémoire affective.

Certes, on pourrait toujours contester l'interprétation que Freud donne des rêves. Du reste, chez ses disciples, on découve des discussions à ce sujet. Mais ces discussions n'amoindrissent en rien son apport exceptionnel. La discussion la plus amusante concerne le rêve dit du "lustre miteux" de Ludwig Binswanger en février 1907, lors de sa première rencontre avec Freud, et dont l'amitié dura jusqu'à la mort de ce dernier. Il raconta son rêve à Freud, en présence de Jung. Il s'agissait d'un rêve sur un lustre placé à la hâte à l'entrée de la maison en réfection où il logeait cette nuit-là avec Freud[11]. Freud interpréta le rêve

[10] T.B. Brazelton, *La naissance d'une famille*, Stock-L. Pernoud, Paris, 1981.

[11] L. Binswager, "Souvenirs sur Sigmund Freud", dans *Analyse existentielle*

comme signifiant que le jeune Ludwig désirait épouser sa fille aînée, mais en même temps refusait ce désir en évoquant l'idée que celui-ci pensait : "Je n'épouse pas quelqu'un qui est d'une maison où pend un lustre si miteux". Sans doute Freud y voyait le signe d'une attirance du jeune chercheur de vingt-six ans pour sa fille. Mais cette interprétation révèle davantage le désir de Freud que celui de Binswanger — désir de voir en celui-ci un successeur par alliance ou spirituellement. C'est sans doute dans cette projection que réside le plus grand danger de l'interprète du rêve. C'est pourquoi, tant Jung que Binswanger ont vu dans cette interprétation un relâchement des analyses de Freud en comparaison avec celles de l'*Interprétation des rêves*, sept ans plus tôt. Il est vrai que Freud n'a pas toujours pratiqué les principes qui régissaient ses premières approches du rêve : d'abord, que tout rêve est la réalisation d'un désir et, ensuite, que son interprétation doit se fonder exclusivement sur ce qu'a réellement raconté la personne qui a rêvé.

L'insistance de Freud de porter le rêve sur le passé du rêveur a provoqué des réactions chez certains de ses disciples, qui ont insisté sur la possibilité que le rêve ait une dimension prospective et concerne, au-delà des désirs sexuels refoulés, les aspirations d'ordre professionnel ou social, l'ouverture à l'altérité, la créativité ou la préoccupation éthique, bref le pouvoir-être du sujet. Cette dernière option, qui est celle de Binswanger, ouvre à une position plus phénoménologique, où le rêve révèlerait l'existence et la liberté du sujet, la possibilité d'une ouverture féconde vers l'avenir (SSF, 46-47 ; 59). Selon cette perspective, le rêve de Binswanger signifierait que ce n'est pas être infidèle au père (Freud) que de changer le lustre de la maison — c'est-à-dire proposer une nouvelle théorie du psychisme inspirée de la phénoménologie husserlienne, selon une ouverture anthropologique et humaniste (SSF, 50-55). Plus tard Binswanger y ajoutera l'analyse existentielle d'inspiration heideggerienne, sur laquelle je reviendrai plus loin, en privilégiant le dialogue.

---

et psychanalyse freudienne, Gallimard, Paris, 1970, pp. 269-270. Cf. L'étude de P. Jonckheere, "Un rêve de Binswanger", *Études phénoménologiques*, 21, 1995, pp. 41-60. Je citerai par l'abréviation SSF.

Quand Freud forme sa première topique (conscient, préconscient, inconscient), il montre qu'en plus du *lapsus*, des actes manqués, des mots d'esprits, le rêve peut prêter à deux approches, l'une qui tient compte du rêve *manifeste* et trompeur, raconté avec ses distorsions, l'autre qui atteint le rêve *latent*, avec sa structure propre qu'il s'agit de redresser. Mais ce redressement qui peut mettre en évidence le domaine du préconscient ne suffit pas à maîtriser la structure profonde du rêve, sans des règles qui sont ici centrées sur le *désir* caché. Le processus par lequel les pensées latentes du rêve ont été transformées en rêve manifeste forme le *travail* du rêve, et ce travail s'enracine dans le désir inconscient. C'est ainsi que, lorsqu'il souhaite abandonner son autoanalyse de ses rêves en février 1898, pour se consacrer au livre sur les rêves, Freud n'a pu échapper à cette habitude de rêver. D'où le rêve, déterminant pour la fondation de la psychanalyse, de la "monographie botanique". Il s'agit d'un rêve sur une monographie que Freud a écrite sur une plante et qu'il tient devant lui en tournant les pages. Chaque exemplaire contient un spécimen de la plante séchée, comme un herbier. Le livre renvoie à de nombreux événements (fleurs qu'on offre aux dames, monographie de Freud sur le coca, glaucome de son père, etc.). Freud découvre dans ce rêve des éléments pour mettre en évidence l'importance du langage et pour atteindre, à travers les déguisements conscients ou préconscients, la source qui forme le désir inconscient, où l'on reconnaît un *centre* d'une intensité particulière[12].

Sur ce plan, la mémoire affective, associée à la mémoire cognitive, joue un rôle décisif, en utilisant des souvenirs-écrans : surgissement d'un tableau en couleurs encarté, qui lui rappelle son goût, à dix-sept ans, pour les monographies, puis le souvenir de sa petite enfance, lorsque son père l'amusa en offrant à lui et à l'aînée de ses sœurs, un livre avec des images en couleurs qu'ils ont détruit en arrachant, avec une joie infinie, les feuilles, feuille par feuille, comme s'il s'agissait d'un artichaut. Cette *scène* d'enfance apparaîtra plus tard à Freud com-

[12] Voir à ce propos S. Leclaire, *Psychanalyser. Essai sur l'ordre de l'inconscient et la pratique de la lettre*, Seuil, Paris, 1968, pp. 37-39. Je citerai par l'abréviation Psy.

me un souvenir-écran pour son amour des livres, au point de constituer une sorte de "ver de livre" ou un "rat de bibliothèque" (*Bücherwurm*) (Psy, 37-41). Ces événements ne sont pas sans rapport avec le don de sa propre bible que fit à Sigmund son père à l'occasion de ses trente-cinq ans, avec une dédicace lui avouant l'affection qu'il lui voue.

Serge Leclaire, dont je reprends et complète la lecture qui lie les signifiants (d'ordre botanique), en suivant le fil de moments affectifs significatifs, rappelle qu'il convient d'associer à ces événements au moins deux éléments supplémentaires : un souvenir autobiographique précoce de la vie de Freud (il n'avait que deux ans à deux ans et demi) et son amour violent pour Gisela Flüss lorsqu'il avait dix-sept ans. Ce qui associe les deux souvenirs, c'est la couleur jaune qui serait "la couleur majeure de l'érotisme urétral". Dans le cas de Gisela, le jaune est celui de sa robe, tandis que dans le souvenir précoce, il s'agit de la couleur des fleurs de pissenlits (terme évocateur pour un lecteur francophone de l'érotisme urétral).

Le contexte qui entoure les événements de son enfance, met en scène une maison devant laquelle se tiennent une paysanne et une bonne d'enfants qui bavardent au seuil de la pente d'une prairie dont le vert est parsemé de fleurs de pissenlits. Avec son cousin et sa cousine, ils se mirent à cueillir des fleurs, et comme la petite fille qui avait son âge tenait le plus beau bouquet, les garçons l'arrachèrent, et celle-ci courut en pleurant auprès de la paysanne qui lui donna, pour la consoler, un gros morceau de pain bis. À peine les garçons avaient vu la scène, ils jetèrent les fleurs et se précipitèrent à la maison pour demander aussi du pain. Aussi, dans les souvenirs de Freud, "le pain a une saveur hautement délicieuse", et c'est à ce moment-là que la scène s'arrête. C'est à dessein que j'ai utilisé le terme "scène" dans plusieurs séquences de la présentation de cet événement. Car, le rêve figure vraiment l'une des situations les plus remarquables d'une mise en scène qui s'articule à travers des scènes variables, configurant un aspect d'un ensemble qui se dérobe, qui comprend dans sa constitution une refiguration et une transfiguration des événements vécus à des moments divers de l'existence de Freud et, de ce fait, défigurent le fond nodal qu'il s'agit de découvrir, comme centre régissant l'ensemble des signifiants constitutifs de la mise en scène (le rêve).

Bien que Freud ne voie pas clairement, comme le verra plus tard Lacan, le sens de l'articulation de la *chaîne* des signifiants, il discerne néanmoins l'importance des mots qui prolifèrent, et les associe selon leurs structures sémantique et fonctionnelle. Sans avancer jusqu'à l'idée d'après laquelle l'inconscient serait structuré comme un langage, Freud a observé l'importance du langage (*lapsus*, mots d'esprit, rêve...). Par ce biais, il découvre surtout la portée de la parole dans la cure analytique. Il est donc temps de nouer plus directement un dialogue avec ce point central, qui révèle en l'homme une sorte de souffleur qui redresse ses défaillances en utilisant des figurants. Cette situation fait en même temps de l'être humain un acteur dans ses rapports avec d'autres êtres humains, et non plus seulement un spectateur.

Certes, Freud ne pouvait être informé, à son époque, des progrès de la linguistique et notamment de l'importance de la sémiologie. Mais rien ne dit que la récupération lacanienne de cette problématique, aussi décisive soit-elle pour la cure analytique, épuise vraiment la question de l'inconscient. La perspective freudienne demeure encore sur le champ d'une approche anthropologique selon des modes opératoires qui avaient ébranlé les principes de la logique, et plus spécialement les principes de non-contradiction et d'identité, en quête d'une autre logique qui reste à établir — et que certains d'entre nous, appellent "logique de l'ambivalence"[13]. Mais laissons cette thématique entre parenthèses, et revenons au rêve sur la botanique.

En l'occurrence, les termes "arracher" et "cueillir" évoqueraient les épisodes autour des livres, mais aussi sa séparation avec Gisela, dont l'idylle éphémère ne portait pas moins "sa nostalgie à un véritable paroxysme" (Psy, 43-45). J'ajouterai à cela l'acte par lequel les garçons arrachent les fleurs et la réaction de la fille qui s'arrache de son lieu et court vers la paysanne. L'analyse de S. Leclaire met en évidence les subtilités sémantiques couvrant les différents mots, qui prennent leur sens dans leurs rapports différentiels, comme le dirait J. Lacan

[13] Voir, parmi mes études qui abordent cette question, la dernière en date : "Y-a-t-il une logique archaïque", dans *Logique en perspective* (Mélanges offerts à P. Gochet), éd. F. Beetz et E. Gillet, Ousia, Bruxelles, 2000, pp. 45-79.

après F. de Saussure. Chez Freud, il se produit surtout un mouvement d'orientation progressif vers un "noyau central" qui est exprimé ici par le mot "botanique", qui formerait le point le plus sensible du rêve. Cela en fait un mot-clef, véritable mot carrefour, qui "figure selon Freud, *directement l'accomplissement du désir,* et qui concerne, en fin de compte, l'amour secret qu'il a ressenti autrefois pour Gisela, mais qui continue encore, du fond de sa mémoire affective ; à troubler son inconscient (Psy, 45-48). De ce fait, la question des désirs qui animent l'activité humaine, et dont certains demeurant *indestructibles* dans l'inconscient, devient centrale.

Pour amorcer un glissement qui peut conduire à Lacan, constatons que les différents moments du récit relèvent des signifiés qui deviennent des signifiants dans la trame qui se tisse, en dominant les signifiés — qu'on peut découvrir seulement *après coup* grâce au rêve et à sa transcription. En revanche, l'analyste peut, en travaillant les signifiants qui surgissent de la parole progressive de l'analysé (au fil des séances), découvrir les signifiés qui se dérobent dans l'inconscient. En laissant la parole librement à l'analysé, l'analyste le fait régresser, par son silence, jusqu'au signifiant premier, inconscient, de son désir. Il s'agit de découvrir le "manque premier" qui consiste, selon Lacan, à "n'avoir pas été, n'être pas phallus". De sorte qu'au terme de cette régression arrive le moment de la "nomination", cette "parole pleine" de l'analyste, lorsqu'il nomme et révèle ce désir premier, qui se donne comme signifiant premier[14].

Dans le cas du rêve, les choses sont différentes, car il s'agit d'interpréter le rêve raconté, y compris son propre rêve, comme le fait Freud. Mais quel que soit le discours mis en jeu, nous découvrons des indices qui confirmeraient que l'inconscient, s'il ne se structure comme un langage, du moins a un rapport avec le langage. Tout le problème est de savoir *quel* est ce rapport, dès lors que l'inconscient, on l'a vu, se constitue parce qu'il y a des pulsions régies par les lois du dé-tourne-

[14] Voir l'excellent exposé de J.-B. Fages, *Comprendre Jacques Lacan*, Privat, Toulouse, 1971, pp. 19-24. Je citerai par l'abréviation CJL.

ment et est, en plus, le résultat d'actions intrinsèquement liées à l'affect. C'est peut-être sur ce point que l'ouverture de Lacan pèche par excès de linguistique (notamment par l'usage qu'il fait de la métaphore et de la métonymie) et par une visée de rendre l'inconscient intelligible, même s'il s'en défend[15].

À cette première percée dans la pensée lacanienne, il faut en ajouter une autre qui marque l'effectivité du signifiant, dans la mesure où Lacan considère que "l'homme est habité et transformé par le signifiant"[16]. Le rôle du signifiant apparaît d'une façon précieuse dans la lecture percutante qu'il propose de la *Lettre volée* d'Edgar Poe[17].

2. La prééminence de la parole

1. *L'apologie du signifant*

Comme on le sait, il s'agit de l'histoire d'une lettre qui passera entre les mains de plusieurs personnes, alors que son contenu demeure mystérieux. Cette lettre (signifiant) est compromettante pour la Reine dont le contenu (signifié) n'est pas immédiatement dévoilé. Celle-ci la dissimule au regard du Roi qui entre dans son boudoir, mais le Ministre qui l'accompagne s'en aperçoit et la remplace par une autre, sous les yeux de la Reine. Dès ce moment, la lettre passe aux mains successives

[15] J. Lacan, "Démontage de la pulsion", *Le Séminaire, Livre XI*, Seuil, Paris, 1973, p. 182, où il écrit : "on va même quelquefois jusqu'à l'invoquer contre la doctrine qui est la mienne concernant l'inconscient, y désignant une intellectualisation — si l'on savait ce que je pense de l'intelligence — et je ne sais quelle négligence de ce que tout analyste connaît d'expérience, à savoir le pulsionnel".

[16] J.-M. Palmier, *Lacan*, Éditions Universitaires, Paris, 1972, p. 47. Je citerai par l'abréviation La.

[17] Ce conte célèbre d'Edgar Poe, on le trouve dans *Histoires extraordinaires*, traduit et ordonné, en 1856, par Baudelaire selon un ordre qui n'est pas chronologique. *La Lettre* volée date de 1845. Lacan l'utilise, un siècle plus tard, dans le séminaire du 26 avril 1955. Il écrit en mai-août 1956 et publie en 1957, en lui assurant une place stratégique en tête des *Écrits*.

d'autres personnes, avec tous les risques que cela suppose pour la réputation de la Reine. C'est au fil de ces déplacements que l'intrigue est façonnée. Dans les déplacements du signifiant (lettre) où s'établit la chaîne du signifiant se déterminent les sujets "dans leurs actes, dans leur destin et nul ne saurait échapper à cette loi" (La, 47). Bien plus, au cours des déplacements, la lettre (signifiant) occupe une place différente, mais elle est toujours placée dans un lieu tellement visible qu'elle passe inaperçue. Cette subtilité situe en fait quelque chose en une place où l'on peut tous le voir, tout en restant pourtant invisible, — ce qui atteste un *autre lieu* (Edgar Poe), une *autre scène* mise en jeu par le désir inavoué (Freud). C'est pourquoi, pour Lacan, nous y découvrons l'*Autre*, qui n'est pas seulement la visée du désir, mais "le lieu de la parole de l'inconscient du sujet"(La, 73).

Nous découvrons dans cette façon de traquer l'inconscient un élément majeur qu'il convient de toujours garder à l'esprit : l'inconscient n'est pas quelque chose qui se tient dans une sorte d'arrière-monde ; il nous est le *plus proche* avec le conscient (et le préconscient). Il se tient ainsi au centre de la proximité avec soi-même, mais se dérobe sans cesse, tout en se dévoilant obliquement par des symptômes. Cela signifie que ce n'est que par une sorte de projection et par une configuration topographique seulement qu'on peut distinguer les régions en nous, comme le fait Freud. Et c'est aussi par une sorte de mise en scène mythique, au fil d'une narration utilisée à dessein, qu'il est possible de faire voir les dispositions subtiles de cette topographie, comme le fait Lacan avec la *Lettre volée*. C'est dire qu'aux configurations topographiques généralement adoptées par ceux qui se réfèrent à la constellation biologique de l'être humain (donc aussi celle qui est étudiée, on l'a vu, par les neurosciences, mais aussi celle qui est abordée par Freud à travers les pulsions), Lacan préfère des configurations liées à la narrativité relativement à l'appareil psychique. C'est pourquoi la mise en valeur de la chaîne des signifiants à partir de la lettre volée comme signifiant, l'autorise à penser la formation totale de l'intrigue comme passage de l'imaginaire au symbolique qu'il situe d'entrée de jeu dans l'ordre du langage. Aussi situe-t-il la scène primitive dans le boudoir où la Reine dissimule au Roi la lettre compromettante qu'elle a reçue[18]. Et il est clair qu'en l'absence d'une prise sur le contenu de la lettre (signifié), l'imaginaire domine, du moins aussi longtemps que la lettre ne revient pas aux mains de la Reine, pour permettre au langage (symbolique) de se manifester dans sa plénitude.

C'est en s'inspirant de Freud que Lacan a compris l'Autre comme le lieu de "cette *mémoire* qu'il (Freud) a découverte sous le nom d'inconscient, mémoire qu'il considère comme l'objet d'une question restée ouverte en tant qu'elle conditionne l'indestructibilité de certains désirs"[19]. Parole articulée à travers le jeu du signifiant et du signifié, d'un signifié qui s'éclipse sous la domination du signifiant, dont la présence énigmatique guide le psychanalyste dans sa quête pour retrouver son rapport originaire au signifié, voilà l'indice qui permet à Lacan de porter l'accent, plus que Freud, sur la parole et le langage. Freud avait déjà bien compris lors de ses analyses des rêves l'importance des signifiants, même s'il ne discernait pas la nécessité de les situer dans une chaîne qui rend possible l'ordre symbolique. Mais déjà auparavant, en réfléchissant avec Breuer, sur la psycholinguistique effleurée par Binet et Janet, il avait souligné, à l'occasion de ses *Études sur l'hystérie*, qu'"un souvenir dénué de charge affective est presque toujours totalement inefficace. Il faut que le processus psychique originel se répète avec autant d'intensité que possible, qu'il soit remis *in statu nascendi*, puis verbalement traduit (*ausgesprochen*)"[20].

Ce témoignage est déterminant : un souvenir n'est efficace dans l'ordre de la psychopathologie que s'il possède une *charge affective*, s'il appartient à l'ordre de la mémoire affective plutôt qu'à celui de la mémoi-

[18] En réalité, comme je l'ai indiqué dans une conférence sur la *Lettre volée*, qui n'a pas été jusqu'ici publiée, contrairement à l'analyse de Lacan, il existe deux éléments majeurs qu'il occulte : d'abord, il manque le commanditaire de la lettre, qui peut toujours resurgir, et qui régit de son retrait le destin de la Reine (c'est peut-être là que se joue le statut de l'inconscient dans ce qui demeure toujours irréductible), et, ensuite, la présence permanente du vol qui se répète, et qui joue le rôle d'un schème régulateur des signifiants eux-mêmes. J'y reviens dans la suite, mais sans approfondir ici la question.

[19] J. Lacan, *Écrits*, Seuil, Paris, 1966, p. 575. Je souligne.

[20] S. Freud, *Études sur l'hystérie*, trad. A. Berman PUF, Paris, 1973, p. 4.

re cognitive, dont la fonctionnalité est tout autre. Une charge affective suppose le plus souvent un autre en tant qu'être humain, tandis qu'une mémoire cognitive se construit principalement autour d'un ensemble de choses dont la plupart peuvent être autres que l'homme. Bien plus, il faut que cet ancrage affectif se manifeste par une répétition (des signifiants successifs) qui puisse conduire, indépendamment de leur hétérogènéité, à leur lieu de naissance dans cette genèse pour ainsi dire historiale, qui régit de son retrait les symptômes et qui, de ce fait, laisse l'imaginaire et les fantasmes envahir le psychisme, comme dirait Lacan. Mais c'est seulement lorsque ce *pathos* originel est porté au langage, verbalement traduit ou, plus profondément, *ex-primé*, c'est-à-dire lorsqu'il surgit comme une réponse verbale à la *pression* interne, à *souffrance* qui enchaîne le sujet, qu'il y a désaliénation possible et cure effective.

L'ordre symbolique, sur lequel Lacan appuie ses espoirs pour libérer l'homme des fantasmes (domaine de l'imaginaire) joue ici un rôle majeur. Mais cela ne doit pas nous empêcher de nous demander si la parole se suffit par elle-même (tendance lacanienne) ou si elle ne doit pas être aidée par la psychopharmacologie (point de vue plus psychiatrique). Autrement dit, quelle est la force de la parole pour extirper la souffrance diffuse en l'homme souffrant à la suite, par exemple, d'un refoulement ? C'est là une question sur laquelle je reviens plus loin, car elle conduit à la problématique postfreudienne d'une *analyse existentielle* (*Daseinanalyse*) telle qu'elle a été introduite par Ludwig Binswanger, et plus généralement par la *psychiatrie phénoménologique*, telle que la préconise Michel Henry, au nom d'une prise en compte de la dimension humaine de la psychopathologie qu'aurait obnubilée la psychanalyse traditionnelle. Dans ces nouvelles constellations où le langage et l'existence cherchent à occuper le centre du débat qu'advient-il de la pensée de Freud qui a initié la révolution la plus extraordinaire qu'ont réussie les études sur l'âme ?

Je répondrai par une réponse certes insuffisante, mais qui n'est pas loin de la vérité : Freud a tenté de sauvegarder sa position originelle qui place au centre des débats la cause et la provenance de la souffrance, qu'il relie à la mémoire affective fondée à la fois dans les structures complexes de la parenté et dans les zones érogènes animée une sexualité élargie en relation, à nouveau, avec la question de la parenté. C'est pourquoi, si l'on veut analyser son apport à la question du rêve, on peut dire qu'il tente de rapporter les signifiants au complexe d'Œdipe, qu'il inscrit dans l'ordre anthropologique de la sexualité, et qui diffère sensiblement de l'application lacanienne du schème du miroir, centré sur la question de la *reconnaissance*. Chez Freud la reconnaissance est implicite mais présente, et s'inscrit le plus souvent dans le complexe d'Œdipe. L'infléchissement de la pensée de Freud accompli par ses successeurs, et plus spécialement par Lacan, sans doute l'un des plus fidèles à l'esprit de sa pensée, et qui met en jeu l'antériorité du schème du miroir par rapport au schème de la parenté (l'Œdipe), nous autorise à pénétrer davantage dans ce nouveau champ de recherche (lacanienne) qui est celui du rôle de l'imaginaire et du symbolique, lesquels concernent également d'autres dimensions de l'appareil psychique, comme le surmoi, mais qui prennent tellement de place qu'ils occultent l'enjeu véritable : la question de la souffrance.

Dans sa volonté de garder le contact avec le maître, Lacan cherche à trouver un point nodal dans l'inconscient, en considérant que relativement à l'interprétation du désir, il y existe des signifiants fondamentaux, dont le plus fondamental est le *phallus*. Celui-ci est "le signifiant destiné à désigner dans leur ensemble les effets du signifié". Mieux, selon lui, la fonction de ce signifiant "débouche ici sur sa relation la plus profonde : celle où les anciens y incarnaient le Noûs et le Logos" (Ecr, 690)[21]. Pour bien comprendre la portée de cet étonnant rapprochement avec les Anciens, résumons l'itinéraire qui a conduit jusqu'à ce point.

Partis de l'émergence des signifiants dans les rêves comme souvenirs-écrans, que Freud avait repérés dans une logique, si j'ose dire d'occasion, du moment propice (*kairos*), nous avons rejoint Lacan qui organise ces signifiants sous le mode d'une chaîne qui dévoile, en même temps, que l'inconscient est organisé comme un langage, encore que le fond soit tributaire du désir, dont Freud avait découvert l'importance. Or pour nouer le signifiant au désir, Lacan relève que le signifiant de référence est le *phallus*, qu'il rapporte en ce texte au Logos et

[21] Cf. J.-M. Palmier, *Lacan*, *op. cit.*, p. 62 ss.

au Noûs. Si je ne cache pas mon embarras sur cette incursion intellectualiste dans l'écriture de Lacan, c'est qu'elle risque de soumettre l'inconscient aux lois de notre logique, soumission confortée par le retrait de l'imaginaire face au symbolique. Lacan fusionne en fait mémoire cognitive (intelligible) et mémoire affective, au point que celle-ci se laisse excéder, pour ne pas dire absorber, par celle-là. Il écarte autant qu'il peut l'affect de l'inconscient, car le seul affect inconscient est, à ses yeux, "le produit de l'être parlant dans un discours en tant que ce discours le détermine comme objet"[22].

Par conséquent, tout se passe comme si l'affect se laissait résorber d'une façon insidueuse par les lois du langage, telles qu'elles ressortent d'une analyse de la linguistique structurale. S'il est vrai que cette position n'est pas étrangère à celle de Freud, lorsqu'il confère, on l'a vu, une promotion de l'intellect (esprit scientifique et raison), à tel point qu'il serait souhaitable qu'il parvienne avec le temps "à la dictature dans la vie psychique de l'homme"[23], il faut se rappeler que Freud place cette assertion comme espoir *futur*, mais non comme la réalité actuelle propre de l'appareil psychique. C'est pourquoi il indique dans la suite immédiate que "l'essence de la raison nous est un garant qu'elle ne manquera pas d'accorder aux *motions affectives* humaines et à ce qui est déterminé par elles la place qui leur revient". Sans jamais renoncer à la mémoire affective, Freud souhaite simplement que la raison ne laisse pas les refoulements dominer l'être humain. Il rejoint par là l'idée traditionnelle selon laquelle la raison doit maîtriser les passions, mais il accorde à la notion de "passion" un sens plus complexe, en relation avec la vie qui constitue l'inconscient. En revanche, chez Lacan, où la problématique est portée sur le plan des rapports entre imaginaire (fantasmes) et symbolique (langage et parole), la mémoire affective se laisse résorber dans la mémoire cognitive et sa logique propre, comme si la promotion de soi au moyen de la *reconnaissance* par l'autre avait plus de poids que la promotion de l'affectivité dans la

[22] J. Lacan, "L'envers de la psychanalyse", *Séminaire XVII*, p. 176.

[23] S. Freud, "Sur une Weltanschauung", *Nouvelles conférences...*", *op. cit.*, p. 229.

proximité avec l'autre. Il est certain que cette façon de traiter l'appareil psychique a le mérite d'aider la cure, en lui assignant une logique interne incontestablement plus claire que celle à laquelle se rapporte Freud et ses disciples jusqu'alors. Mais la question n'en demeure pas moins de savoir qu'est devenue, dans une telle démarche, la souffrance humaine, telle qu'elle surgissait du fond de la mémoire affective, et qui a été à la base des découvertes de Freud, alors qu'elle semble contournée par Lacan ? C'est cette occultation que je souhaite montrer, en utilisant de nouveau la *Lettre volée* et en revenant à l'interprétation du rêve de la monographie botanique.

Si l'on extrapole le récit de la *Lettre volée*, on peut supposer que la Reine souffre en sachant que son secret pourrait être dévoilé et que le commanditaire qu'elle connaît ou ignore pourrait continuer son jeu sordide. Il en va de même, mais pour d'autres raisons, pour presque chacun des acteurs de l'intrigue, qui ont de bonnes raisons d'éprouver leur propre dose de souffrance. Lacan demeure, dans son analyse, à un degré moins fondamental, parce qu'il y cherche surtout la confirmation de l'existence de l'inconscient *via* le signifiant qui se déplace. Il fait prévaloir que le jeu du regard aveugle et de la vérité qui voit, est celui que Freud situe comme le lieu de l'inconscient, que lui-même étend à l'Autre et non plus à l'autre scène. Il devient ainsi le lieu où il découvre l'image du rapport du signifiant et du signifié, et la domination du signifiant sur le signifié. En combinant les démarches de Freud et de Lacan, je souhaite les prolonger sur l'interprétation du rêve, et ceci bien avant que j'arrive à la topologie lacanienne qui intègre l'imaginaire et le symbolique, dont la complexité et la subtilité pourraient oblitérer la point nodal de ce qui s'y passe.

Je constate en effet que la séparation de Freud avec son premier amour, Gisela, âgée de quinze ans, alors que lui n'avait que deux ans de plus à peine, apparaît comme un *arrachement* (provoqué sans doute par les parents) impossible à contrecarrer, vu l'âge des protagonistes. L'arrachement laisse ici un vide béant. Mais ce vide est en partie comblé par la *pression* du surmoi qui impose ses lois, mais en alimentant une souffrance sournoise, que le rêve rappelle, mais qui se manifesterait d'une façon détournée par des symptômes. Or, si, comme dit Aristote, la distance amplifie l'amour, chez Freud s'ajoute quelque chose de plus : le temps crée la nostalgie, qui peut, comme ici, amplifier l'amour jusqu'au paroxysme, alimentant une souffrance diffuse et sans contours. S'il y a paroxysme, c'est à la fois parce qu'il y a ce vide béant et l'irruption de la béance sous la pression de règles dont l'affectivité n'a rien à faire, parce qu'elle opère dans l'ordre de la pulsion. C'est dire que cette double béance qui confère à affection une sorte d'autonomie, porte l'amour dans l'imaginaire, comme fantasme : il s'alimente, par lui-même comme scenario fantasmatique. À côté de cette séparation dont la radicalité laisse des traces profondes dans le psychisme, d'autres séparations ne sont pas durables, elle sont le plus souvent momentanées et éphémères, complexifiant le monde psychique et la mémoire affective. Nous venons d'avoir un échantillon dans l'analyse du rêve. Mais cette analyse qui esquisse les lignes d'un aspect du monde proximal dans l'histoire singulière de l'individu ne révèle qu'une infime partie à la fois du monde proximal et du monde distal dont la complexité est plus redoutable qu'on se l'imagine.

En faisant un pas supplémentaire, on peut résumer ce qui précède en disant que face à la *ré-pression* d'un amour impossible qui peut conduire à une *dé-pression*, la nostalgie peut aider à alléger cet état. Si bien que dans le creux qui articule l'ambivalence de cette double proximité, exprimée ici par l'arrachement, une souffrance s'y inscrit qui se perpétue tout le long de la vie, créant une *com-pression*. S'il arrive au rêve de la dévoiler indirectement au fil d'une histoire où d'autres signifiants la rappellent ou la répètent autrement, cette émergence ne devient pertinente que lorsqu'elle est portée à la parole, en donnant l'espoir que par ce qui se révèle à la conscience, quelque chose de cette souffrance disparaisse. Or, à moins qu'on vive dans l'illusion, ce "quelque chose" ne représente, en définitive, qu'une infime partie des souffrances enfouies dans la mémoire affective tissée au fil d'une vie personnelle et singulière, peu comparable à tout autre vie personnelle et singulière. Si l'émergence de situations du passé comportant quelque souffrance n'était pas aussi difficile, au point de ne se manifester qu'à des moments propices, dans des moments privilégiés, comme par exemple, dans le rêve, les *lapsus*, les rencontres, les souvenirs occasionnels, etc., mais au contraire pouvait se manifester dans la conscience à volonté et à profusion, chacun de nous ressemblerait à une boîte de Pandore, où à chaque instant les innombrables souffrances produites à travers nos relations aux autres, accumulées depuis l'origine de notre vie, surgiraient et se diffuseraient dans notre entourage. Le monde deviendrait invivable. Nous découvrons ainsi l'ampleur du monde distal en nous, mais aussi le fait que le monde proximal que nous souhaitons édifier n'est pas sans ambiguïtés. Paradoxalement, il semble préférable d'opérer par des configurations limitées et successives, — à condition de ne pas vivre dans l'illusion qu'elles sont suffisantes à maîtriser le fonds qui s'est constitué en nous à travers l'histoire de nos relations aux autres. Dès lors, voyons comment se configure, selon des esquisses partielles, le monde proximal de chacun d'entre nous.

À supposer qu'on admette une souffrance principale, comme celle de l'amour de Freud pour Gisela, qui s'enracine dans l'origine historiale de symptômes inapparents, cette souffrance est sûrement différente de celle provoquée par l'arrachement des fleurs par les deux garçons, quand la jeune fille *ex-prime* sa souffrance en s'arrachant du lieu où elle joue avec joie, pour courir en pleurs à travers la prairie. Le fait de pleurer est effectivement un mode d'*ex-pression* parmi d'autres possibles pour faire voir la souffrance qu'on ressent. D'ailleurs, comme on pleure pour plusieurs raisons, y compris dans la joie, on apprend, au cours de la vie, à faire la part des choses. S'il est vrai que dans cette nouvelle situation une compensation (morceau de pain bis) a suffi pour sécher les larmes, en empêchant le désir de vibrer dans un manque qui enracine la souffrance dans l'inconscient, contribuant à produire des symptômes, n'oublions pas que cette souffrance fait suite à un acte violent d'arrachement (en l'occurrence des fleurs par les garçons), c'est-à-dire sous l'effet d'une *pression*. Le fait de provoquer la souffrance de l'autre pour se faire un plaisir malsain et éphémère n'est pas un acte exceptionnel dans nos sociétés. Il s'agit là d'un problème redoutable sur lequel je reviendrai, car, dans l'excès, cet acte pousse jusqu'au sadisme. En revanche, dans le cas du livre défloré qui aboutit pourtant à sa destruction, l'*expression* s'accomplit dans la joie, une joie motivée par le don, le cadeau qui crée une complicité, non contre un autre pour le faire souffrir, mais au moyen d'un objet, en soi insignifiant (du moins aussi longtemps qu'on ne lui accorde pas une valeur), qui contribue à la *sup-pression* d'une pression interne ou externe. La joie apparaît ainsi comme une *ex-pression* opposée à tant de *pressions* qui produisent de la souffrance.

En somme, la répétition d'un acte apparemment identique, mais en réalité différent (divers types d'arrachement) met en jeu des situations différentielles et des réponses variées aux multiples pulsions : joie, plaisir insidieux qui accompagne un acte violent, pleurs qui peuvent avoir ou non une compensation, nostalgie... Mais, si l'on décide de suivre l'ordre de la chaîne des signifiants (comme le fait empiriquement Freud et comme souhaite l'instaurer comme méthode Lacan), il semble que, dans le cas particulier qui nous intéresse ici, c'est bien l'amour violent de Sigmund pour Gisela qui entraîne une souffrance profonde compensée par la nostalgie, et qui est, dans le cas de Freud, le désir inaccompli. Dans ce type de configurations, cet amour peut être envisagé comme le point nodal du rêve, mais selon un contexte où le monde distal dans le psychisme de Freud lui-même est immense et immaîtrisable. L'auto-analyse des rêves que Freud propose ne peuvent refléter le fonds de son psychisme, sa mémoire affective, telle qu'elle a été consolidée au fil de ses rapports de proximité relationnelle au cours de sa vie. Les choses deviennent d'autant plus complexes que l'événement en question de l'amour de Gisela est postérieur à la plupart des actes relatés. De sorte qu'on peut dire que s'il entraîne dans son sillage la chaîne de ces signifiants qui sont pourtant antérieurs, c'est que par sa force, produite par l'arrachement injuste d'un premier amour, mais juste aux yeux des parents soumis à la puissance du surmoi, il accumule une souffrance plus profonde, historialement plus déterminante, parce qu'elle est le résultat d'une rupture violente d'un amour violent, laissant d'emblée un vide béant, une blessure inguérissable, que seule la nostalgie est apte à en alléger les effets, — ce qu'elle tente d'ailleurs de faire par des substituts successifs (les signifiants) qui ne prennent sens (ou on leur donne) que dans la chaîne des signifiants rapportés à l'amour pour Gisela[24]. Cette chaîne représente une configuration parmi d'autres possibles d'une vie (histoire singulière) profusionnelle de relations avec les autres, dont le rêve fait une promotion, cristallisée

[24] Cela montre que l'événement qui s'impose comme avènement historial dans l'ordre des signifiants du psychisme n'est pas un événement originaire qui entraîne dans son sillage les autres signifiants temporellement ultérieurs, comme cela se passe, chez Heidegger, dans l'historialité de l'Être advenue à l'aube de la pensée, qui détermine toute l'histoire de l'Être jusqu'à la technique moderne. Si l'on devait rapprocher les deux processus de l'histoire, celle de l'inconscient à celle de l'Être qui se dérobe, il faudrait dire qu'ils sont apparentés seulement si on infléchit ce que je viens de dire pour l'histoire de l'Être, en précisant que l'amour de Gisela intervenu plus tard dans la vie de Freud, révélé par le rêve, détermine la vie de son inconscient ressemblant à l'événement de la pensée de Platon, qui constitue, selon Heidegger, la véritable origine de l'histoire de la métaphysique, du fait que l'Être serait investi par la question des principes et des causes qui usurpent la véritable place de l'Être originaire (présocratique). Celui-ci s'est éclipsé, voire a été oblitéré (oubli de l'Être). Ces remarques ne sont pas bien sûr innocentes, car je souhaite montrer que les signifiants sont mis dans une chaîne de telle sorte qu'on rencontre rétrospectivement l'origine nodale. C'est à l'occasion du rêve et de son interprétation à travers des signifiants surgissant eux-mêmes à l'occasion du récit du rêve, — qui sont, en l'occurrence, plus anciens que le signifiant nodal (amour pour Gisela) —, que l'amour se révèle comme déterminant historialement pour la vie psychique du sujet. Le signifiant nodal apparaît comme impliquant une détermination rétrospective d'une indétermination originaire *configurée à l'occasion* d'une série de signifiants extraits du rêve. Le rapport entre histoire psychique et histoire de la philosophie, ce parallélisme peut éclairer d'autres plis du psychisme, et notamment l'idée qu'on ne saurait se contenter d'une seule origine historiale dans la mémoire affective, tout comme on ne peut pas limiter l'histoire de la philosophie à la seule histoire de l'Être comme l'a fait Heidegger, et avant lui Hegel pour l'Esprit. Cette thèse que j'ai mise en question dans mon *Histoire de la philosophie ancienne et médiévale*, au profit d'une multiplicité d'historialités, autres que celle de l'Être ou de l'Étant, — ne serait-ce que parce qu'il y a des histoires du mythe et de l'Un et du Multiple selon une multiplicité de pratiques —, fait signe vers quelque chose d'analogue pour le psychisme, dont la complexité de saurait être épuisée dans les configurations que nous venons de parcourir.

par la volonté libre de Freud lui-même de comprendre sa propre expérience vécue.

Il s'ensuit dès lors que les signifiants qui se lient entre eux selon une chaîne implacable ne sont pas seulement tributaires d'une problématique de l'accomplissement du désir et du signifiant ultime, mais s'enracinent dans cela même qui leur donne leur sens véritable : la souffrance. Si, comme l'écrit Lacan "le signifiant est unité d'être unique, n'étant de par sa nature symbole d'une absence" (Ecr, 24). L'absence n'est pas seulement l'absence d'une présence, mais peut être le résultat d'une acte violent préalable, d'un arrachement qui provoque de la souffrance et se perpétue sous la forme d'une souffrance latente se dévoilant, selon les lois de la mémoire affective, à travers les symptômes. Et cette souffrance peut bien réapparaître, par répétition, chaque fois que le souvenir y consent, mais selon des signifiants qui associent d'autres signifiants, issus de signifiés qui peuvent aussi manifester de la joie ou d'autres attitudes, mais toujours contaminées, d'une façon ou d'une autre, de souffrances, sinon originaires, du moins principales.

La mémoire affective a donc ses propres secrets, que les neurosciences actuelles ont du mal à comprendre, mais que la psychanalyse, même si on voulait lui contester ses prérogatives dans la guérison, a au moins le mérite de respecter. À mes yeux, la contribution majeure de Freud a été de mettre l'accent sur des phénomènes quotidiens appartenant à l'histoire singulière de chacun d'entre nous. Il comprit l'importance de la souffrance comme phénomène constitutif du fonds en nous, produit par l'histoire personnelle et singulière de chacun de nous, que l'appareil psychique organise contribuant à régir aussi bien la proximité avec soi-même que la proximité avec les autres. S'il est vrai que seul celui qui souffre éprouve la souffrance dans sa densité irréductible, cette souffrance est sans cesse diffusée vers les autres, selon des degrés et des intensités variables, et selon une proximité que le souffrant entretient avec chaque personne, avec laquelle il rentre en relation, provoquant dans le psychisme de l'autre l'épreuve d'une souffrance. Et celle-ci marquera à son tour le psychisme de celui qui reçoit cette souffrance, contribuant à la réalisation de son propre monde proximal et de sa mémoire affective. Si Freud et ses continuateurs me paraissent très attentifs sur le but véritable de la psychanalyse qui consiste à libérer l'homme des souffrances qui l'envahissent sans cesse dans son effort d'adapter ses pulsions soumises aux pressions du monde (familial, social, culturel...), ils n'ont pas suffisamment évalué l'ampleur du monde distal qui reste à explorer. Pour nous libérer des souffrances marquées au cours d'une vie constituée d'innombrables relations avec les autres, on se contente le plus souvent de configurations limitées et orientées d'un monde proximal, lui-même difficilement explorable.

Le chemin tracé par Freud, que je viens d'emprunter, Lacan l'a sillonné avec une efficacité incomparable, en précisant le lien entre inconscient et langage. Ce lien l'a orienté vers d'autres types d'élucidations importantes, qui mettent l'accent surtout sur le désir, la manque et les signifiants au détriment de la mémoire affective et de la souffrance. Un indice qui témoigne de cette sous-détermination peut être relevé de nouveau à travers son analyse de la *Lettre volée*, qui s'offre à d'autres scénarios possibles.

Si en effet le signifiant (lettre) joue un rôle essentiel par ses déplacements, l'acte qui les rend possible est celui de vols successifs. Ces vols ne se font pas par des simples croisements entre des figurants qui se déplacent, mais à travers des véritables *rencontres* tantôt sur le mode de figurants et tantôt en tant qu'acteurs qui engagent un dialogue. Or, dans ce contexte complexe qui manifeste des intrigues, le vol est chaque fois un *arrachement* faisant souffrir celui qui, à chaque occasion, subit le vol. Et de ce point de vue, ce n'est pas la Reine qui est au centre de la scène primitive, mais le mystérieux commanditaire qui lui envoie la lettre dont nous ignorons le contenu et les motivations, et dont l'acte atteste un *désir* à son égard, désir d'amour ou désir de haine fondé lui-même sur un amour introverti. Mais de toute façon, le désir, quel qu'il soit, n'est pas indépendant d'une mémoire affective, d'un affect préalable qui en justifie la présence.

Cela signifie qu'en l'absence d'une référence parentale (enfant, mère, père) exprimée par le schème de la parenté, d'autres schèmes peuvent s'y substituer, comme ici le schème du vol, et dont le rôle régulateur dans le récit ne fait aucun doute. Si bien que le signifiant (lettre) prend son sens dans les déplacements, du fait qu'il y a vol, et que ce vol doit être rapporté au signifié originaire (le contenu secret) qui est refoulé par la Reine, et dont l'instance qui en régit les processus et les conséquences, est bien un commanditaire (régisseur) dont l'action ne naît pas du néant mais s'enracine dans des affects, dans une mémoire affective qui a cristallisé une souffrance (d'amour ou de haine). Le commanditaire se tient certes en retrait, mais il n'est pas moins présent d'une façon dissimulée dans chaque déplacement de la lettre (inconscient). Bien qu'il soit peut-être placé à distance, ce régisseur préserve néanmoins une forme de proximité relationnelle avec chacun des acteurs du récit. Aussi longtemps qu'il n'est pas découvert et dénoncé, il attestera un *premier* signifiant qui est essentiel parce qu'il concerne un désir qui portera sur des substituts de la Reine (qui joue le rôle de la mère), et qui se manifestera, si j'ose dire, comme un phallus. Mais dès lors qu'il y a processus porté par une signifiant (lettre) qui met en jeu des acteurs successifs, chacun de ceux-ci souffre par la pression des événements, mais aussi à cause de la souffrance du premier chaînon (le commanditaire) qui met en branle le processus.

Par ce biais, il apparaît, une fois encore, que l'instance productrice des signifiants, en particulier du premier, n'est autre que celle des multiples *pressions* et des souffrances qu'elles entraînent, que tout être humain subit dans ses rapports au monde, parmi lesquels les besoins les plus élémentaires, les désirs et les demandes occupent une place particulière. De plus, les rapports ambigus qui se tissent au cours des intrigues successives créent en chaque personne qui intervient dans le jeu une mémoire affective avec ce que celle-ci comporte, et que le récit dissimule. Cela nous permet de renouer avec l'analyse de Freud, car les pressions ne sont pas seulement celles du monde extérieur, mais également celles du surmoi (ou du nom-du-père, comme dirait Lacan). Celui-ci réalise, à travers une forme de répression, une fonction séparatrice qui s'avère néanmoins à la fois oppressive et féconde, du fait qu'elle évite une fusion (pathologique) entre la mère et l'enfant. Nous avons vu que cette structure séparatrice, voire agonistique s'avère nécessaire, en produisant une sorte de proximité équilibrée entre des personnes, en l'occurrence, l'enfant, la mère et le père, en dehors d'un entourage plus étendu. Dans le cas du récit de la *Lettre volée*, cette structure se déplace à partir du rapport entre le Roi et la Reine, dont les relations sont soumises à leur surmoi respectif. Le glissement ici montre la complexification des rapports humains qui ne sont pas réductibles au seul schème de la parenté.

2. *Le silence et son contexte*

Au moment de nous engager plus avant dans la question du langage et du dialogue, il me semble important de souligner que, dans le contexte de la civilisation européenne et occidentale, la psychanalyse a renouvelé radicalement le problème de la souffrance psychique, en déplaçant la culpabilité du sujet (célébré par la tradition judéo-chrétienne) à l'entourage, à la société et à la culture. Elle interprète ainsi la souffrance en dehors d'un mythe d'origine, en l'envisageant comme une conséquence de multiples pressions, influant sur les rencontres singulières (manquées) dans la vie personnelle de chaque être humain. Par là, elle accomplit également un renversement important de l'attitude des meneurs de jeu : au dialogue dissymétrique et perturbant du confesseur que l'Église avait inventé pour libérer l'âme de ses péchés, la psychanalyse a préféré le silence de l'analyste, l'absence de toute violence, déresponsabilisant l'analyste sans culpabiliser l'analysé. On pourrait dire, sans trop se tromper, que, dans cette perspective, la souffrance de l'homme n'est pas située à priori dans l'ordre de la responsabilité du sujet, complexifiant ainsi la question des responsabilités. Je crois que, sur ce point, la psychanalyse a touché à quelque chose de très important, car elle situe le cadre de son action dans le statut de la *proximité originaire* qui est d'entrée de jeu impliquée dans *chaque* rencontre depuis la naissance, voire avant la naissance dans le rapport entre la mère et le fœtus.

La comparaison que je viens d'introduire entre le discours manipulateur du confesseur (indépendamment du fait qu'il soit sincère, comme je le crois) et le silence de l'analyste n'est pas sans arrière-pensée. Il s'agit de faire voir, en plus de la question d'une présence ou d'une absence de responsabilité du sujet, qu'aussi bien le psychanalyste qui oriente son regard du côté de l'oppression des pulsions, que le confesseur autorisé par les Églises chrétiennes s'occupent de l'affectivité, le premier de l'affectivité interpersonnelle formée par l'histoire individuelle dans ses rapports aux autres, le second d'une affectivité plus essentielle, enracinée dans le rapport de l'homme à la fois à l'histoire trans-individuelle qui inclut les préceptes divins, tels que l'Église les a établis à partir des premières rencontres mythiques entre Dieu, Adam, Ève et le serpent, et à l'histoire individuelle dans ses rapports surtout à soi-même, à ses propres actions bonnes ou mauvaises (péchés).

En écartant toute référence à une altérité qui impose une forme de violence, et en privilégiant le silence, le psychanalyste semble plus apte à être à l'écoute de l'autre, de ses fantasmes et de ses souffrances. Il favorise une prise de conscience du nœud du problème, par la réalisation du transfert dans les meilleures conditions possibles, et sans préjugé sur la mise en question du surmoi (des idéaux imposés par la société, les parents et le père). De ce point de vue, la psychanalyse accepte, du moins théoriquement, de subvertir les fondements des références ultimes, quelles qu'elles soient. Mais cette structure théorique suppose d'abord l'*absence* d'une véritable *rencontre*, si ce n'est moyennant le transfert, au risque que la rencontre subvertisse le processus même de la libre parole, en vue de l'Autre en soi-même, constitué par un rapport historique de soi avec les autres (en priorité ceux de son entourage). Elle suppose aussi l'occultation d'une *idéalité* originaire susceptible de fonder l'intelligibilité et l'affectivité. Laissons pour la fin de cette Section cette occultation de l'idéalité, sur laquelle spécule la démarche philosophique, et venons en immédiatement à la première de ces deux approches, plus apte à analyser la proximité et la souffrance.

Dans sa quête de l'intime par le silence, dans sa tentative de faire surgir, de l'inconscient vers le conscient, des éléments de l'histoire singulière de l'individu ayant été refoulés et se manifestant par des transfigurations en symptômes, le psychanalyste se manifeste comme un modèle en quelque sorte idéal de proximité, ne serait-ce que parce qu'il favorise, à travers le silence, la *confiance* de l'autre. Toutefois, sa position péremptoire fondée sur un silence de principe ne cache pas moins des ambiguïtés sur le plan du transfert qui, dans des cas limites, peuvent créer entre l'analyste et l'analysé soit un sentiment d'amour, soit un antagonisme et un rejet. Or, s'il y a possibilité de confiance préalable, c'est que le silence de l'analyse est *précédé* par un dialogue qui met le patient en confiance. C'est la raison pour laquelle, on le verra, d'autres approches ont été proposées, prolongeant le contexte épistémologique freudien en fonction de la prééminence du dialogue. Ces nouvelles méthodes montrent qu'un travail du type psychanalytique ne consiste pas, selon les termes de Didiers Anzieu, "de répéter ce qu'a trouvé Freud face à la crise de l'ère victorienne", mais de trouver "une réponse psychanalytique au malaise de l'homme moderne dans notre civilisation présente". Ce travail devrait se faire "là où surgit l'inconscient : debout, assis ou allongé ; individuellement, en groupe ou dans une famille ; pendant la séance, sur le pas d'une porte, au pied d'un lit d'hôpital, etc.", c'est-à-dire partout où un sujet peut laisser parler "ses angoisses, ses fantasmes, ses failles à quelqu'un supposé les entendre et apte à lui en rendre compte". En d'autres termes, il n'existerait ni de parole, ni de place privilégiées pour scruter l'inconscient, car celui-ci "ne répond pas nécessairement aux convocations régulières d'heure et de lieu et la durée des cures s'allonge de plus en plus à attendre avec passivité son hypothétique surgissement"[25]. Aussi serait-il plus judicieux d'accepter la parole ou le dialogue à travers des rencontres diversifiées où l'autre est toujours pris au sérieux et les intrigues le concernant abordables d'une façon non privilégiée.

Le mérite du dialogue n'est pas seulement de rompre le silence dont la valeur éminente en tant que condition du discours libre de l'autre n'évitera jamais de réduire son caractère énigmatique et distal. Son mérite tient dans son rôle dans toute *rencontre*, en se faisant un *révélateur* privilégié, voire le révélateur par excellence qui confère à tout acteur un rôle actif avec un éventail énorme de possibilités et de variétés, tout en laissant aussi la possibilité de *respecter* l'autre en tant que personne. Entre le silence comme *respect* de l'autre en laissant la libre parole à l'autre jusqu'au refus d'un *vis-à-vis*, et le dialogue comme entrée

[25] D. Anzieu, "La psychanalyse encore", *Revue française de psychanalyse*, 1975, et plus récemment "Être psychanalyste", *Psychanalyse : que reste-t-il de nos amours?* dans *Revue de l'Université de Bruxelles*, Éditions Complexes, 1999 (2), pp. 199-201.

en scène *respective* de deux ou plusieurs personnes, dans un *face-à-face*, se manifestent deux types différents d'ouvertures et de proximités avec l'autre, où s'inscrit la précarité de ce double respect, source de rapprochement ou d'éloignement, voire d'antagonisme.

Par suite, l'ambivalence à laquelle la psychanalyse conduit au fil d'un subtil embrouillement, où l'*intrigue* multiplie ses entrées en scène (parce que la cure ne se limite pas à une unique séance), révèle que la parole, qu'elle soit envisagée comme monologue ou comme dialogue, prime et supplante la nécessité de la présence de l'autre par le visage. Autrement dit, la psychanalyse révèle qu'en deçà et au-delà des schèmes originaires de la parenté *via* le complexe d'Œdipe (Freud) ou du miroir *via* le stade du miroir (Lacan)[26], se tient la parole (et le dialogue), de sorte que le rapport à l'autre chez l'être humain ne saurait être situé, originairement, uniquement et prioritairement dans un face-à-face dominé par le visage. Je reviendrai à la question de la surdétermination du visage chez Lévinas, pour en situer les conséquences concernant la question de la proximité et de la souffrance humaine. Ici, analysons plus en profondeur l'absence d'un face-à-face imposée par l'analyse, et qui bouleverse la problématique de la rencontre.

Par une décision de principe, le psychanalyste arbore un silence figé qui reflète le masque de la mort. Or, par rapport à la parole de l'analysé qui répond à ce silence par la liberté de la parole qui donne vie à ce qui semblait mort en lui, mais qui de l'invisible agit sans cesse et hante ses actions et ses rêves, le dialogue s'oppose à tous les masques, comme s'il ne pouvait opérer qu'en présence d'un visage, non pas d'un visage abstrait, mais de la vision d'une bouche qui parle ou, du moins, de l'écoute d'une voix qui parle, et qui ouvre l'espace d'un échange de propos. Or, je l'ai dit, même dans le cas de la psychanalyse, il y a dialogue *préalable* qui rend possible une proximité relationnelle entre l'analyste et l'analysé au moyen d'une confiance réciproque, qui anticipe la possibilité de l'ambivalence du transfert. Une fois qu'il met en scène, à la suite d'un dialogue avec le futur analysé, les rôles *respectifs*, le sien

[26] Sur la différence de ces deux perspectives, voir mon étude "Transmutation du schème de la parenté et psychanalyse", *idem*, pp. 53-70.

et de l'analysé, le psychanalyste simule le mort, il joue (faussement) le rôle du mort. Ressentant vivement un appel de l'autre, plus exactement, de la *souffrance* de l'autre, il vise, au-delà de la parole, une réalité qui comble le vide. Ce vide qui cherche à supplanter les conditions préalables à l'analyse, c'est-à-dire la confiance installée à la suite d'un dialogue, n'efface pas cette *provenance* de l'analyse, sans laquelle la proximité instaurée par la confiance risque d'anéantir les effets. Or, tout le problème est de savoir jusqu'où cet arrière-fond de la provenance se maintient dans la parole de l'analysé qui demeure au centre de l'analyse pour atteindre, à travers les signifiants, l'ultime signifiant, la scène primitive, où un autre demeure dans l'ombre de sa vie.

Jean-Michel Palmier, qui interprète Jacques Lacan, éclaire en partie cette situation qui met entre parenthèses (ou oblitère) ces conditions préalables. Il fait voir qu'en dépit du vide et du silence, c'est dans la dimension essentielle de la *parole* qui dépossède le patient d'une partie de lui-même, que s'effectue la rencontre de l'analyste et du patient. Autrement dit, l'absence de toute prise en considération d'un *dialogue* ici (y compris avant la cure) semble requise par ce qui est recherché : pénétrer dans un vide qui n'est comblé que par la parole du patient en tant que ce vide lui appartient sur le mode de la souffrance. Tout ce qui précède cette mise en scène du vide doit être oublié, écarté pour que le vide jaillisse comme vide. C'est pourquoi la frustration que ressent le patient “n'est pas seulement due au silence de l'analyste, mais au fait que la parole de l'analyste est parfois une parole vide, encore bien plus frustrante que son silence” (La, 56). Pour ma part, je dirais que la frustration provient du jeu de la mort : du fait que l'analyste doit jouer le rôle du mort pour extirper des révélations, il refuse la *rencontre* dialoguée qui permettrait à l'analysé de réaliser une proximité plus grande fondée sur une confiance sans cesse réitérée, mais au risque que ce dialogue surdétermine la confiance et rende opaque ce qui est recherché. Or, paradoxalement ce serait la frustration qui favorise la cure et le transfert, en révélant à l'analysé que ce qu'il cherchait (vainement) à découvrir en lui-même par lui-même, l'autre (l'analyste) le découvre grâce à la parole même de l'analysé. Reconnaissant, — en dépit de tout dialogue préalable —, la *nécessité* de l'autre (l'analyste) pour se libérer de ses souffrances, cette frustration devient le révélateur d'un autre type de rencontre que ceux auxquels nous sommes habitués dans notre vie quotidienne. Elle situe l'homme face à l'Autre en soi-même, cet Autre qui se constitue relativement aux autres au fil des rencontres permanentes qui tracent l'histoire de chaque vie singulière.

La rencontre entre analyste et analysé est donc d'un type très particulier. L'absence de dialogue a pour but de désaliéner le patient tout en l'aliénant autrement en lui refusant une véritable rencontre, si ce n'est dans le transfert. Ce refus contribue à éviter de provoquer d'autres souffrances sans pour autant produire une proximité authentique entre l'analyste et l'analysé. La frustration qui recèle quelque chose d'aliénant reflète le contraste avec ce que l'analysé révèle, et qui devient salutaire — "à force de peintures sincères qui n'en laissent pas moins incohérente l'idée, de rectifications qui n'atteignent pas à dégager son essence, d'étais et défenses qui n'empêchent pas de vaciller sa statue, d'étreintes narcissiques qui se font souffle à l'animer" (Ecr, 249). S'il n'y avait pas les ambiguïtés du transfert, le salut passerait ainsi à travers la proximité, sans s'y arrêter, reléguant tout dialogue au silence qui garde des distances infranchissables. Mais dès lors qu'il y a transfert possible, il y a rapprochement ou éloignement, proximité relationnelle possible, mais aussi antagonisme avec des conséquences imprévisibles pour la cure, donc aussi pour les souffrances qu'elle doit extirper. Sans oublier que l'analyste est un être humain, avec ses propres problèmes. Critiquant les psychanalystes, parce qu'ils sont "rigides, inaffectifs ou distants", Didier Anzieu indique qu'ils sont "les mêmes à qui il arrive, en cas de graves ennuis organiques, politiques ou conjugaux, de se confier à leurs patients !"[27] Ce qui montre la difficulté de réaliser un analyse *en dehors* du contexte dans lequel elle se réalise, y compris le monde psychique du psychanalyste auquel l'analysé accorde sa confiance.

En tout état de cause, comme la parole analytique devrait être l'enjeu d'un *transfert*, elle met en jeu une situation dominée par l'*affec-*

[27] D. Anzieu, "Être psychanalyste", *op. cit.*, p. 200.

tivité qui se produit dans le cadre de la relation instaurée par la cure. Cette situation affective, pouvant être considérée comme la répétition de prototypes infantiles de l'analysé, ceux-ci seraient transportés sur la personne du psychanalyste. Si dès lors le transfert est interprété comme un effet intrinsèque à la cure analytique, ce n'est pas au sens d'un processus cognitif, comme cela se passe dans les rapports entre enseignant et enseigné, ou encore dans la relation de Socrate à ses interlocuteurs interrogés sur le mode de l'ignorance, mais "comme l'effet d'une non-réponse à la demande constituée par le dire du patient" (Psy, 175-176). Ainsi comprise, la psychanalyse apparaît non seulement éloignée de la confession, mais aussi de l'enseignement et de la maïeutique socratique. En elle, *seul* le patient disposerait vraiment et jouirait de la parole, avec pour but d'arriver à dévoiler le nœud du mal, qui provoque la souffrance, et qui est constitué, le plus souvent, par des scènes primitives. D'où le refus d'une véritable rencontre dialogique entre analyste et analysé pour découvrir une rencontre plus essentielle appartenant à une scène dite primitive. À plus d'un titre, écrit Serge Leclaire, "on peut dire que l'ouverture de l'espace du transfert mène le patient à la *scène primitive* où "se rejouent, sur le mode fantasmatique de l'origine, ou sur le mode théorique de l'engendrement du sujet (et de l'inconscient), l'instauration et l'affrontement de la limite qui dit, et interdit, la jouissance."(Psy, 180) .

Certes, cette image en quelque sorte idéale de la psychanalyse qui conduit à travers la parole de l'analysé jusqu'au cœur de la mémoire affective, telle qu'elle est produite par les détournements de la pulsion en provoquant les souffrances, occulte la complexité du rôle de l'analyste, qui est parfois influencé par sa propre attente et son propre monde psychique, et dont la force dépend du degré de son intervention, de son attention "flottante" et de son silence. Bien plus, elle laisse ouvertes les ambiguïtés supposées par la notion même de "rencontre" — entre l'analyste et l'analysé, ainsi que celles qui, plus anciennes, sont à la base des fantasmes. Cela montre que les règles de l'écoute analytique sont difficiles à établir et que l'analyse doit graver dans la mémoire de l'analyste les points saillants, en évitant qu'ils soient déterminés par son attente et son expectative, en sachant que "la signification des choses entendues ne se révèle souvent que plus tard (Psy, 20 ss.). Mais, plus profondément, cette image confirme que l'altérité se manifeste selon des multiples entrées. Il y a l'autre qui s'inscrit dans la scène primitive, les autres qui apparaissent dans l'histoire singulière en rapport, proche ou lointaine, avec cette scène, l'Autre comme l'inconscient qui s'y constitue à partir de ces rencontres, et l'autre en tant que surmoi et, enfin, l'autre ultime qui est l'analyste lui-même qui supporte le transfert. Cette multiplication d'altérités, en dehors même des innombrables altérités qui touchent le même sujet au cours de sa vie et qui influent ou non sur cette pièce particulière d'une vie, parmi beaucoup d'autres pièces et scénario du théâtre de la vie d'un sujet, révèle la complexité de la proximité avec l'autre ou, plus exactement, avec les autres.

Face au domaine, fort limité dans lequel se déploie l'analyse, la neutralité de l'analyste n'est qu'une mise en scène qui met entre parenthèses (provisoirement) la vie affective totale du patient. Autrement dit, ce sur quoi porte son attention, ce n'est pas sur n'importe quel souvenir dans l'océan profusionnel des actions du sujet, mais sur *quelques* souvenirs qui attestent une position affective ou libidinale, laquelle devrait conduire, en dernière analyse, au "carrefour où est la place du phallus manquant" Psy, 24). Dans son approche (dé)limitée, Lacan discerne que ce dont il faut déposséder l'analysé, ce sont ses fantasmes, c'est-à-dire les œuvres de l'imaginaire qui s'étaient données, faussement, le statut de la certitude. Si bien que dans son travail d'analyse au fil de la parole que le patient laisse émerger, et au cours de laquelle il dévoile ses fantasmes *pour un autre* (l'analyste), l'analysé retrouve l'aliénation fondamentale qui les "lui a fait construire *comme une autre*, et qui l'a toujours destinée à lui être dérobée *par un autre*". C'est cet autre qui se tient face au psychanalyste, et qui n'est pas la personne avec laquelle on dialogue et avec laquelle le psychanalyste a fondé la confiance avant que la cure commence, est l'Autre en tant que son inconscient. Or, cet inconscient se structure comme un langage, se dévoilant sur le mode de la parole et accessible par le langage. Cela explique aussi pourquoi la libération de la souffrance — issue du détournement en symptômes reconvertis en fantasmes —, doit s'accomplir également sur le plan symbolique (de la parole). Le monde symbolique apparaît ainsi comme un séparateur qui déstabilise une proximité convertie en fantasmes, c'est-à-dire comme cet autre (langage de l'autre) qui, à la façon du miroir, permet de s'écarter de soi-même, grâce à l'autre. Pour être plus précis, tout se passe comme si le langage jouait le rôle d'une multiplicité de miroir qui reflètent différentes structures d'un sujet formées à travers divers types d'altérités et différentes proximités avec les autres.

3. *La topologie lacanienne*

Dans un texte célèbre, Lacan reconnaît que la langue parlée, avec sa structure propre, "préexiste à l'entrée qu'y fait chaque sujet, à un mouvement de son développement mental", car le sujet s'inscrit dans le mouvement universel du discours, non seulement parce que nous faisons un usage d'un nom propre, mais parce que nous sommes insérés dans une culture qui possède son langage propre[28]. L'appropriation qu'il fait de la langue, dont la parole manifeste l'activité singulière du sujet, prolonge la perspective structurale inaugurée par Ferdinand de Saussure. Nous venons de la constater grâce à la chaîne des signifiants qui mettent en jeu un signifiant premier, le phallus. Celui-ci est destiné "à désigner dans leur ensemble les effets du signifié en tant que le signifiant les conditionne par sa présence de signifiant" (Ecr., 690).

Or, selon la chaîne des signifiants que nous avons déjà abordée, il apparaît que l'imaginaire qui nous constitue, ne parvient pas à se manifester s'il n'est pas rapporté à la chaîne symbolique. Dans le stade du miroir, on l'a vu, l'enfant sort de l'identification avec le miroir (étape narcissique) où l'imaginaire domine, pour arriver jusqu'à la découverte de son image comme une image de lui-même au fil seulement d'un parcours temporel qui l'aide à constituer son monde symbolique. Dans ce contexte, où s'inscrit une sorte de béance entre le corps de l'enfant et son image, font en plus irruption un ensemble de comportements relatifs aux autres enfants (imitation, agression, lutte), qui ne sont pas in-

[28] Voir "L'instance de la lettre dans l'inconscient ou la Raison depuis Freud", *Écrits*, pp. 493-528.

dépendants des relations primordiales à la mère. C'est dire que l'altérité (avec un autre humain) n'est pas surajoutée au stade du miroir, mais s'inscrit d'entrée de jeu dans le rapport de l'enfant au monde, et se manifeste par un assujetissement originaire de l'enfant à un autre (image, mère, semblable) dont le caractère aliénant alimente l'imaginaire aussi longtemps que l'ordre symbolique ne l'excède pas.

Lacan a constaté que l'enfant psychotique éprouve une souffrance profonde sous le mode de l'angoisse lorsqu'il voit son image ou le regard d'un autre dans le miroir : il se sent terrorisé, figé, medusé. Ce refus de l'image exprime l'incapacité de reconnaître le corps propre, signifié par une régression vers l'état du corps morcelé, qui se montre dans ses rêves (rêve de membres disjoints à la façon des tableaux de Jérôme Bosch) (Ecr, 97 ss.). C'est seulement l'intégration de l'image dans le corps propre, par la médiation de l'ordre symbolique, qui favorise la constitution du sujet. Cela n'est possible que si le rapport entre l'enfant et cet autre, représenté par la mère (rapport œdipien), produit une différenciation sexuelle. La médiation du père suscite par au *nom* du père la rupture. L'instance de la parole signifie en l'occurrence la Loi (Ecr, 278). Il suffit que la mère refuse de jouer le jeu, et la fonction imaginaire persévère avec toutes les conséquences pathologiques que cet assujetissement peut provoquer. En revanche, si la mère contribue à ce que la Loi du père s'impose, c'est-à-dire en reconnaissant que le père est le seul détenteur du phallus (objet désiré par la mère et objet distinct de l'enfant), on assiste à ce que Lacan appelle une *castration* symbolique. Comme l'écrit J.-B. Fage, "le père *castre* l'enfant en le distinguant du phallus et en le séparant de la mère" (CJL, 16 ss.). Cette démarche permet en fait à l'enfant de se désaliéner, de se libérer, en acquérant la subjectivité.

Le langage de Lacan peut certes dérouter le profane, mais a le mérite d'éclairer la pensée de Freud en montrant que le phallus ne se réduit pas au sexe biologique (représenté par le pénis) mais concerne un signifiant métaphorique (la métaphore paternelle), qui, en tant qu'il appartient à l'ordre de la métaphore, exprime une *substitution* signifiante, un symbole. Au moyen du "nom-du-père", l'enfant parvient, au terme de l'Œdipe à avoir accès à l'ordre symbolique. C'est en *nommant* le père que l'instance de la parole marque l'avènement de cet ordre. Le glissement par rapport à la problématique du surmoi freudien est apparemment imperceptible. Pourtant, ce qui distingue les deux auteurs, c'est que, chez Freud, le surmoi représente une forme de pression sur l'être humain, le déterminant pour l'aliénation qu'il subit dans sa vie, qui est tributaire du contexte socio-culturel dans lequel il est né. Par contre, chez Lacan, la pression s'exerce implicitement dans le stade préalable du miroir, dans la nécessité de passer par l'autre pour se découvrir, au fil d'un long processus, comme être autonome. C'est pourquoi, en tant que métaphore, le phallus ne s'impose comme objet, mais désigne le manque à être primordial, qui "ouvre sur une multiplicité d'objets et demandes d'objets parce qu'il n'est pas lui-même objet" (CJL, 28).

Cette divergence se reflète en fait sur l'idée freudienne de *pulsion* que Lacan situe entre le *besoin* et le *désir*. Dans son texte fondamental sur le *Démontage de la pulsion*[29], il lit les textes de Freud en interprétant la "poussée" propre à la pulsion en dehors de toute assimilation de la pulsion à une fonction biologique, laquelle aurait toujours un rythme. La pulsion aurait "une force constante" qui est cependant telle que la satisfaction qu'elle implique peut opérer à *l'encontre* du but attendu. C'est pourquoi même les symptômes relèvent de la satisfaction, mais en agissant à l'encontre de ce dont ils pourraient se satisfaire, ou peut-être mieux, ils satisfont *à* quelque chose. Ils ne se contentent pas dans cet état si peu contentif, ils se contentent". Mais, ajoute Lacan : "la question est justement de savoir qu'est-ce que c'est que ce *se* qui est là contenté" ; et il répond aussitôt que dans un première approximation, on pourrait dire que "ce à quoi ils satisfont par les voies du déplaisir, c'est quand même — aussi bien est-ce communément reçu — la loi du plaisir". Or, ce qui caractérise le principe du plaisir, c'est qu'il comporte de l'impossible quant à la satisfaction, et que cet impossible est tellement présent, qu'il n'y est jamais reconnu comme tel, mais se satisfait par hallucination (imaginaire), c'est-à-dire quelque chose qui, en réalité, ne saurait satisfaire la pulsion. Lacan déduit de là qu'aucun be-

[29] J. Lacan, "Démontage de la pulsion", *Le Séminaire XI*, Seuil, Paris, 1973, pp. 183 ss. Je citerai par l'abréviation DP.

soin ne peut satisfaire la pulsion et que ce qui est de l'objet dans la pulsion, est totalement *indifférent*. Cela signifie, d'une façon plus concrète, que l'objet de la pulsion orale, par exemple, n'est ni la nourriture, ni le souvenir de la nourriture, ni l'écho de la nourriture, ni même le soin de la mère, "mais quelque chose qui s'appelle le sein, et qui a l'air d'aller tout seul parce qu'étant de la même série" (DP, A87-189). Dans sa fonction d'objet, le sein peut être rattaché à ce que Lacan appelle l'objet *a*, cause du *désir*, et qui est cet *autre* auquel s'adresse le sujet dans une relation *imaginaire*, et qui arrive à construire un moi.

L'élément central de l'approche de Lacan se tient, d'abord, dans l'impossible satisfaction qu'attend le principe du plaisir et, ensuite, dans le caractère d'indifférence qui touche l'objet de la pulsion, qui peut être n'importe quel objet qui alimente l'imaginaire sous l'effet du désir. Cela explique l'indication que j'ai donnée ci-dessus d'après laquelle la pulsion freudienne est située par Lacan entre le besoin et le désir ou, comme on peut le préciser maintenant, entre le besoin (qui ne peut satisfaire la pulsion) et le désir causé par son objet lié à l'imaginaire. C'est dans ce cadre que les fantasmes peuvent se produire en comblant en quelque sorte la béance qui s'inscrit dans l'impossible impliqué par le principe du plaisir. Je l'ai déjà dit, ces fantasmes manifestent une certaine autonomie, produisant des "scénarios fantasmatiques". Cela explique pourquoi Lacan insiste tant sur l'idée que la pulsion aurait "une force constante" qui est cependant telle, que la satisfaction qu'elle entraîne peut opérer à *l'encontre* du but attendu, et que les symptômes relèvent de la satisfaction, mais en agissant à l'encontre de ce dont ils pourraient se satisfaire, ou peut-être mieux, ils satisfont *à* quelque chose. Ce sur quoi Lacan insiste moins, ici, c'est sur le fait que la non-satisfaction de la pulsion produit une mémoire affective qui met en jeu de la souffrance résultant de ce processus, comme je crois l'avoir indiqué à propos de Freud. En dépit de l'attention qu'il porte sur la souffrance de l'enfant psychotique lorsqu'il voit son image dans le miroir, une fois encore il contourne la question de la souffrance *en tant que* telle. Sa préoccupation est de comprendre surtout le processus qui fait émerger le fantasme et, comme on le verra, la façon de l'écarter par la promotion de la fonction symbolique offerte par la parole. La question qui se pose, dès lors qu'on suit l'analyse de Lacan, est de savoir comment il faut concevoir, dans ce contexte, l'inconscient.

Dès lors qu'il y a parole, il faut tenir compte du fait qu'elle s'adresse à autrui, mais sans sous-estimer aussi que le désir d'être reconnu par l'autre est en même temps le désir de l'autre lui-même d'être reconnu. Il s'ensuit que, dans le lieu de la *reconnaissance* par la parole, c'est l'ordre des signifiants qui émerge, mais en fonction d'un autre, que Lacan a qualifié d'Autre (avec un A majuscule). C'est au niveau de cet Autre que l'ordre symbolique global se déploie, l'Autre étant ce qui régit et constitue en même temps cet ordre. Il s'agit ni plus ni moins de l'inconscient, comme l'indique Lacan lui-même : "si j'ai dit que l'inconscient est le discours de l'Autre avec un grand A, c'est pour indiquer l'au-delà où se noue la reconnaissance du désir au désir de reconnaissance" (Ecr, 524 ; 439 et 575).

Nous avons vu que Freud parlait de l'inconscient comme d'une *autre* scène (*Eine andere Schauplatz*), si bien qu'on peut supposer, avec Jean-Michel Palmier, que c'est de cette assertion que Lacan a tiré l'essentiel de sa conception de l'inconscient comme discours de l'Autre. Si bien que "cet accès au lieu de l'Autre, à cette autre scène dont parle Freud, est interdit au sujet, sauf en de rares moments où l'hétérogénéité s'abolit. Tel est le cas de la cure analytique et de la vérité qui advient en elle. La parole de l'analyste est la médiation qui rend possible la saisie de la raison et de la vérité du discours de l'Autre dans son intention" (La, 74). Par suite, on peut établir, avec J.-B. Fage, une hiérarchisation des fonctions successives (CJL, 33) :

> 1.— en tant que le besoin est lié au manque à être, il lui correspond le complément maternel ;
> 2.— en tant que les pulsions font suite à une pulsion originelle liée à la mère, il leur correspond l'expansion qui se canalise dans les zones érogènes avant la formation de représentations ;
> 3.— en tant que le désir se rapporte au manque de l'autre (la mère), lui correspondent les multiples objets, y compris l'autre humain dont il requiert la reconnaissance ;
> 4.— en tant que la demande concerne tous les manques des niveaux inférieurs, il lui correspond la parole ;

5.— en tant que l'Autre est l'inconscient de tout ce qui peut s'y inscrire (y compris la Société et la Culture), il lui correspond l'ordre symbolique.

Dans cette construction topographique des fonctions humaines, quelques éléments se sont dérobés : d'une part, l'analogie entre mécanismes de la formation de l'inconscient et l'usage de la métaphore et de la métonymie sur le plan du langage ; d'autre part : l'imaginaire. L'imaginaire joue un rôle décisif dans l'émergence du symbolique. Mais il faut aussi observer son rôle dans la formation de l'inconscient sur le mode des fantasmes (CJL, 37-38) qui constituent des "amorces de symbolisation des désirs inconscients" et, de ce fait, se situent entre le désir et la demande. En enchevêtrant à la fois l'inconscient, préconscient et le conscient, ils présentent un caractère mixte, et leur présence est décisive pour la cure analytique. Quant à l'usage de structures propres au discours pour éclairer l'inconscient, elles marquent un tournant dans la pratique de la parole de Freud, beaucoup plus empirique, se fiant surtout à l'analyse des symptômes, selon une articulation qui met en jeu la puissance de la pression, tandis que chez Lacan, l'imaginaire et l'ordre symbolique dominent.

Plus précisément, chez Freud le ça couvre le domaine de l'inconscient et constitue le siège des pulsions. Le moi se forme en se différenciant du ça et devient l'instance organisatrice du sujet humain. Lieu de la conscience, le moi n'en demeure pas moins partiellement inconscient et fait émerger les exigences et revendications du ça, mais aussi des données propres au monde extérieur et au sur-moi. Le *monde extérieur*, surtout celui qui est constitué par des êtres humains, et le *surmoi* qui représente les normes sociales (et plus spécialement morales) agissent sous le mode de la pression. La pression la plus forte est accomplie par le surmoi, qui conserve de la première topique les données fondamentales du complexe d'Œdipe et de l'idéologie des parents. Il perpétue avec une inébranlable fermeté le système de la moralité, y compris la culpabilité[30].

[30] S. Freud, "Le moi et le ça", *Essais de psychanalyse*, Payot, Paris, 1981.

Comme on le sait, face à cette topographie qui projette dans l'espace la structure de l'appareil psychique et son fonctionnement, Lacan a proposé un modèle fort différent, où émergent, autour d'un carré (qui fait penser au carré logique d'Aristote) des relations. Comme Lacan envisage l'inconscient comme un langage, il réaménage la topologie freudienne avec l'intention d'être fidèle à *l'esprit* de Freud. On vient en effet de le voir : Lacan analyse l'appareil psychique à partir de l'Autre et du désir ; il considère que les pulsions sont structurées par le désir de l'autre ; aussi décompose-t-il l'objet du désir auquel est adressé la demande en "objet petit a" et en cet Autre inconscient qui excède toute assignation. Sur cette base, il élabore un schéma où le Sujet (S) s'adresse aux objets (autre, petit a) selon la relation imaginaire qui construit le moi en tant qu'aliéné. Cette opération risque de produire l'oubli de l'inconscient, du régisseur, cet Autre absolu de l'ordre symbolique qui le régit et le constitue. Cela montre que l'inconscient est comme un autre en nous-mêmes qui se dérobe mais qui régit à la fois le moi et le sujet. En revanche le moi (aliéné) entretient un rapport aux objets qui sont de l'ordre de l'imaginaire, avec tous les risques que cela entraîne dans l'identification, s'il n'y a pas symbolisation dans l'ordre de la parole qui crée une distance, où l'autre y trouve une place. Cette structuration subtile et complexe, issue d'une inspiration structuraliste, met en jeu une mise en rapport de l'imaginaire, du symbolique et du réel, qui peut être illustrée par la configuration topologique du nœud borroméen.

En simplifiant, on peut dire que derrière cette structuration nouvelle se profile le principe du plaisir fondé non plus sur la *libido* et les pulsions libidinales (sexuelles), mais sur le *désir*, et plus spécialement sur le *désir de l'autre*, donc aussi le désir de *reconnaissance*, comme le stade du miroir l'avait déjà fait voir. Par suite, le concept de pulsion, tel que Freud l'avait envisagé, est par là-même déstabilisé, car, non seulement on structure les pulsions par le désir de l'autre mais on leur refuse le démembrement en pulsions partielles. Cette seconde thèse sous-détermine l'organologie freudienne, fondée à la fois sur des zones érogènes et sur des zones de douleur qui renvoient à une souffrance diffuse. À sa place Lacan situe l'opposition entre l'objet *petit a* et l'Autre, ainsi que le langage. Cette promotion accentue la nécessité d'une écoute. En termes plus simples, cette approche fonde la cure analytique surtout sur la parole et s'oppose aux pratiques pharmacologiques. On comprend dès lors que Lacan ait aussi avantagé la pulsion du moi. La fidélité de Lacan à l'égard de Freud me fait penser à celle de Plotin à l'égard de Platon. Il ne cesse d'affirmer son attachement à l'esprit de la pensée de Freud, mais s'en éloigne sur de nombreux points, traçant son propre destin, qui fait son originalité et sa grandeur.

Grâce à l'idée d'une chaîne des signifiants, Lacan rend possible une cure par l'usage de la parole, en laissant à l'analysé la liberté de s'ex-primer, le convertissant en l'analysant. Et même si cette découverte s'est accomplie au détriment d'une attention plus grande à la mémoire affective et à la souffrance, elle a le mérite de conférer à la parole une place et un pouvoir, même si ce pouvoir s'accomplit par la passivité de l'analyste. L'optimisme de Lacan tient dans le fait qu'il a cru qu'on peut, grâce au récit, visiter l'inconscient, alors que celui-ci forme un monde distal qui peut certes être approché, mais pour aussitôt révéler sa complexité et, de ce fait, provoquer son étendue toujours plus grande. Qu'on le veuille ou non, aussi féconde que soit la méthode préconisée par Lacan — et elle l'est effectivement dès lors qu'on prend son temps —, elle a ses limites, car elle ne touche de l'océan de l'âme humaine que des îlots qui permettent un sérieux soulagement, voire une certaine guérison, mais toujours incomplète. L'hostilité de Lacan à l'égard de la psychiatrie et le refus de s'engouffrer dans les fonctions vitales organiques et dans la psychopharmacologie, rend peut-être difficile la cure dans tous les cas. Dans certains circonstances, le récit de l'analysé (ou analysant) n'a-t-il pas plus de chance de se produire, s'il est calme, ce qui pourrait être favorisé par la pharmacologie ? Le monde des signifiants couvre-t-il nécessairement la globalité de ce que le psychisme met en jeu ? Ces difficultés expliquent les résistances et les dissidences qui se sont dessinées, en révalorisant le dialogue dans la cure.

3. Ambiguïtés discursives et quête des fondements

1. *Parole et dialogue comme modes d'ex-pression*

C'est, tout d'abord, du côté de la psychiatrie, par la psychiatrie existentielle, et du côté de la psychanalyse, avec analyse existentielle que la dissidence s'est produite. Mais beaucoup d'autres méthodes sont pratiquées, où la dialogue et les stratégies prennent une place centrale, le plus souvent au détriment ou en opposition avec la psychanalyse. Je pense surtout aux thérapies comportementales et cognitives, aux thérapies communicationnelles de l'école de Palo Alto et aux thérapies humanistes (plus spécialement de Carl Rogers). L'un des adeptes de la thérapie comportementale, Jean Cottraux, énumère deux cent neuf principales formes de psychothérapie[31]. Dans la suite, je ferai allusion à l'une ou l'autre de ces écoles, mais ici je vais porter mon attention à l'intégration dans la psychatrie d'une dimension existentielle, avec une surdétermination de la parole à travers le dialogue, —pour former l'*analyse existentielle*.

Comme on le sait, la révalorisation de l'homme dans la psychiatrie a été l'une des préoccupations majeures de Ludwig Binswanger. Sa démarche s'est accomplie dans le cadre d'un chassé-croisé avec d'autres penseurs, comme Eugène Minkowski, Erwin Strauss, H. von Gebsattel, Victor von Weizsäcker, etc., dans le but de fonder une psycho-pathologie post-freudienne en s'inspirant de l'anthropologie phénoménologique. Il s'agit de prendre au sérieux la souffrance humaine comme constitutive de la formation de la subjectivité et d'élaborer un rapport à l'autre sur le mode de la présence dans et par le langage (dialogue), mais sans mépriser l'usage éventuel de médicaments.

Selon Binswanger il faudrait dépasser la césure entre les concepts du psychique et du corporel au profit d'une césure plus fondamentale entre, d'une part, le mode de fonctionnement de l'organisme psychico-physique et, d'autre part, l'histoire spirituelle de la vie. Cela met en jeu

[31] Jean Cottraux, *Les visiteurs du soi. À quoi servent les psys ?*, Odile Jacob, Paris, 2004, pp. 288 ss. Je citerai par VS.

deux approches méthodologiques qui utilisent l'observation et la méthode de penser selon de fonctions et des histoires différentes. Mais ces distinctions entre les fonctions de l'organisme qui engendrent des troubles physiques et psychiques, et les vécus du Moi n'abolissent pas l'unité de l'homme. Il s'agit bien d'"*un* seul et même être humain (...) possédant un organisme qui fonctionne de telle ou telle façon"[32].

Contrairement à ce qui pourrait ressortir de cette nouvelle césure entre psycho-biologique et Moi spirituel, le but de Binswanger n'est pas d'élargir la psychopathologie, mais "de *prendre son point de départ dans l'existence* et de montrer en quel sens l'accès psychopathologique à l'homme malade correspond à une *modification déficitaire de l'existence*."[33]. Nous découvrons ici un glissement vers un domaine plus fondamental que ceux que la psychanalyse a envisagés, un fond cependant qui ouvre à un monde distal moins clair et plus énigmatique. Poussée à la limite, cette thèse aboutit à la phénoménologie radicale de Michel Henry.

Selon cette dernière perspective, l'inconscient freudien devrait être envisagé selon une ambivalence : d'une part, il serait constitué par la potentialité de toutes les représentations que la conscience pourrait assumer, mais qui sont actuellement inconscientes ; d'autre part, il serait formé par une strate plus profonde de l'expérience où la vie est un Soi qui entre en possession de soi, avant que se lève le monde. Les propriétés de la vie (qui serait celle que conçoit Freud), ne sont d'aucune façon convertibles en représentations, mais sont données dans l'immédiateté propre à une intériorité radicale, et que Michel Henry, qualifie d'"affect" et de "force". C'est selon lui, "l'auto-donation à elle-même de le vie comme affectivité qui détermine tout et fait d'abord que cette vie est une force"[34].

[32] L. Binswanger, "Fonction vitale et histoire intérieure de la vie", *Introduction à l'analyse existentielle*, trad. J. Verdeaux et R. Kuhn, Éditions de Minuit, Paris, pp. 53-55.

[33] R. Kuhn, "Existence et psychiatrie", dans *Psychiatrie et existence*, éd. P. Fédida et J. Schotte, Jérôme Millon, Grenoble, 1991, pp. 47-70 ; 48.

[34] M. Henry, "Phénoménologie et psychanalyse", dans *Psychiatrie et existence*, *op. cit.*, pp. 101-125 ; 109-110. Je citerai par PP.

Même si la distinction de Michel Henry entre deux aspects de l'inconscient me paraît litigieuse, à moins qu'on y voie une référence au préconscient et à l'inconscient freudien, le lien qu'il fait à propos de l'inconscient entre affect et la force (ou pulsion) est jusqu'à un certain point pertinent. Je dis bien jusqu'à un certain point, car l'interprétation qu'il en donne, en occultant à la fois la mémoire affective et les processus de détournement des pulsions en symptômes, nous mène vers une position métaphysique attribuée (à tort) à Freud, qu'on accepte ou qu'on rejette : "Et que dit Freud de cet affect sis au cœur de notre être et faisant de nous des vivants ? *Qu'il n'est jamais inconscient*. C'est donc l'affirmation explicite de la doctrine que le fond de l'inconscient n'est pas inconscient". À quoi il ajoute immédiatement, que la vie n'est jamais à distance de soi, elle est "ce qui a de cette façon la possibilité de s'éprouver soi-même dans une immédiation radicale, au sens de ce qui se touche en chaque point de son être, qui est rivé à soi, lié à soi et se sent soi-même sans que ce souffrir et ce jouir de soi puissent jamais se défaire".

Bref, Henry pose une immédiateté absolue et simple au fond de l'homme comme source conscient de l'inconscient lui-même. Par là il abolit d'un seul trait toute complexité au fond de l'homme, complexité que l'inconscient freudien avait au moins le mérite de préserver, et que la génétique actuelle et les neurosciences ne font qu'élargir. De même, le commentaire qu'il propose de la pulsion freudienne nous pousse une fois encore sur un terrain mouvant. Henry indique qu'elle ne désigne qu'en apparence chez Freud un processus biologique, et qu'il faut la saisir telle qu'elle est vécue par l'homme, dans sa subjectivité, non cependant selon une conscience représentative ou comme être-au-monde, mais "comme la vie au sens phénoménologique, comme cette subjectivité acculée à soi à jamais et qui n'a d'autre solution pour se décharger autant que faire se peut du poids de sa propre existence que de se transformer soi-même, *de changer, par la poussée de son propre effort, son malaise en une tonalité plus acceptable et si possible en la satisfaction du désir accompli*. La pulsion freudienne n'est rien d'autre que cette poussée".

Je me suis permis de souligner la dernière partie du texte de Michel Henry, car elle me semble contraire à ce que dit Freud. Pour celui-ci la pulsion ne provoque aucun malaise, puisque elle vise à une satisfaction. Le malaise provient des obstacles qui empêchent la satisfaction, et dont l'énergie suscite des symptômes détournés. Il y a chez Freud une profusion d'événements possibles dans l'histoire singulière de chaque individu et dont un certain nombre peuvent provoquer des souffrances, du fait des refoulements par exemple. La pulsion elle-même ne provoque donc pas de souffrance, ce sont plutôt les pressions qui s'y appliquent qui en sont responsables. En écartant la profusion des événements qui nous concernent, les pressions que nous subissons sans cesse et l'histoire singulière que chacun assume, Henry se permet même, par un saut métaphysique, de lier la pulsion et l'angoisse, et celle-ci à la tonalité affective de la vie phénoménologique, pour conclure que la source de la pulsion est l'angoisse : "C'est pour fuir son malaise, c'est-à-dire ultimement son angoisse, ce sentiment d'être Soi au sens de ce qui ne peut se fuir soi-même, que la vie fait effort pour se modifier du moins soi-même, de telle façon que l'épreuve qu'elle fait continuellement d'elle-même cesse de s'accomplir dans la souffrance, devienne au contraire, si possible, une jouissance de soi" (PP, 110-111). Je me suis permis, dans la première partie de mon étude, de stigmatiser tout passage à la limite, en considérant qu'il s'agissait d'une étonnante simplification qui oblitère la complexité du réel. Mais cette position limite qui conforte la psychiatrie phénoménologique afin de sauvegarder la dimension humaine de la psychanalyse, n'épuise pas heureusement tous les efforts de cette École.

S'il est vrai en effet qu'au point de vue méthodologique la position de Binswanger signifie que l'analyse existentielle précède toute autre forme de pratique psychopathologique, elle a cependant le mérite d'envisager le vécu à partir des pressions et des oppressions que subit l'individu et dont les conséquences pathologiques ne sont pas négligeables[35]. D'où la mise en valeur du dialogue comme méthode thérapeutique. Il ne s'agit plus, comme dans la psychanalyse classique de laisser l'analysé s'exprimer avec l'intervention minimale, mais d'intervenir activement dans le dialogue, sur le mode de l'entretien, ne serait-ce

[35] Voir à ce propos R. Kuhn, "L'importance actuelle de l'œuvre de Ludwig Binswanger", *Études phénoménologiques*, 25, 1995, pp. 5-22.

que parce que le langage est au cœur de toute la cure, une fois que celle-ci est fondée sur l'existence de la personne. Le médecin utilise le langage dans la description de la situation du malade et de sa maladie, et le langage est au centre de tous les comportements du malade, dans sa vie quotidienne, avec tous ceux qui l'entourent, le soignent, etc. L'être humain s'exprime sans cesse de sorte qu'il semble difficile de faire abstraction de l'ensemble de son comportement pour se limiter uniquement à la cure sur un divan. Cette nouvelle approche tient donc compte de la souffrance dans sa diffusion et cherche à réaliser la plus grande proximité possible avec le patient.

Il est clair que la psychiatrie ainsi renouvelée par une synthèse entre psychanalyse freudienne et philosophie existentielle nous rapproche davantage du domaine de la médecine classique, ne serait-ce que parce qu'elle fait appel à la pharmacologie et au rapport direct du médecin et du malade pour maîtriser la souffrance. Nous arrivons ici à un point important de la proximité avec l'autre, car nous pénétrons d'un seul coup dans tout le domaine couvert par la pratique médicale, y compris le milieu hospitalier qui l'entoure et le soutien. L'itinéraire que nous avons parcouru arrive en quelque sorte de boucler la boucle, puisqu'au départ la psychanalyse n'était qu'une nouvelle façon d'envisager la psychiatrie, avec pour but de s'en libérer.

Avec Freud et la psychanalyse, l'étude des affections du corps produit un véritable chassé-croisé entre, d'une part, les topologies du corps organique (bio-organique) et du corps sensori-moteur, et, d'autre part, celles du corps érogène, qui s'est révélé à travers la psychopathologie. Dans ce contexte, c'est non plus seulement le corps organique bio-médical qui marque ses limites, mais aussi la conception psychosomatique de l'homme. Le corps freudien semble mettre en scène un "maillon manquant" entre le psychique et le somatique grâce à l'inconscient. Le concept a prêté à de nombreux malentendus, non seulement à cause de son extension à la collectivité (Jung et Lévi-Strauss), mais à cause de sa propre structuration, conçue diversement, y compris comme un langage (Lacan). Ces difficultés se sont accentuées du fait que la nouveauté révolutionnaire de la conception freudienne porta à l'avant-plan la pulsion, qui a suscité d'interminables débats. Bien que Freud nie défendre le caractère universel et totalitaire de la sexualité, et semble avoir évolué quant à l'usage de la pulsion, les débats se poursuivent, le plus souvent par ignorance de la complexité des problèmes qu'il a dû aborder. L'importance du maillon manquant que serait l'inconscient ne doit pas être dissimulé. Mais le problème est de savoir comment agir sur cet inconscient qui, par principe, ne prête pas à une action directe, mais régit lui-même une série de comportements. Entre l'usage du seul langage et l'usage d'une pharmacologie sophistiquée les intermédiaires possibles sont fort nombreux et attestent autant d'Écoles possibles pour scruter et guérir l'âme humaine. Dans tous ces possibles, la présence de l'autre n'est pas négligeable, aussi bien de l'autre comme absent que de l'autre comme actif. Mais dans tous ces cas, il est certain que l'effort de revaloriser le dialogue doit être pris au sérieux, car l'altérité est centrale : le patient doit être envisagé dans toute sa dignité de personne capable d'agir, et le soignant comme susceptible de faire confiance au discours du patient peut à son tour réaliser, par la confiance qu'il suscite, une proximité à la fois spatio-temporelle et relationnelle. Un exemple me permettra de faire voir le caractère pertinent du lien entre dialogue comme révélateur de l'inconscient et cet inconscient comme maillon énigmatique entre le corps et le psychique, sans qu'il s'agisse le moins du monde d'une perspective pathologique psycho-somatique. Il s'agit de cas de brûlés dont la douleur somatique n'est pas l'effet d'un symptôme psychique, mais le résultat d'un acte violent en lui-même, mais qui, au-delà, de la douleur corporelle fait pression sur le psychisme, pouvant produire, non sans raison, une dépression.

Dans son remarquable ouvrage sur *Le Moi-peau*, Didier Anzieu, nous rapporte la situation des grands brûlés dont la souffrance est souvent peu contrôlable, car même les soins sont douloureux, pénibles à donner et à recevoir. Il raconte une histoire émouvante d'une de ses étudiantes, Emmanuelle Moutin, admise comme psychologue clinicienne dans un service où elle a pu avoir des contacts continus avec plusieurs grands brûlés et des agonisants. Son contact avec un malade, Armand, qui se plaignait de ses vives souffrances physiques et que la médecine avait des difficultés à apaiser, révéla la force de la parole. En attendant que l'infirmière apporte des antalgiques, elle eut avec lui un entretien spontané et chaleureux sur sa vie passée et les problèmes qui lui tenaient à cœur. Lorsque l'infirmière arriva il les refusa en indiquant que ce n'était plus la peine, en s'étonnant lui-même que le mal avait disparu. Comme le montre D. Anzieu, par l'entretien, ce sont les besoins psychiques qui ont été touchés, en permettant au malade, à défaut de rétablir sa peau, de reconstituer "un Moi-peau suffisant pour que sa peau, malgré l'atteinte physique, puisse exercer ses fonctions de pare-excitation à l'égard des agressions extérieures et des conteneurs des affects douloureux". Ainsi s'est établie "une peau de mots apte à calmer la douleur". En fait, comme le Moi-peau opère par étayage multiple ou, si l'on préfère, atteste une multiplicité de fonctions, il peut utiliser également un étayage socio-culturel. De sorte que "la peau de mots trouve son origine dans un bain de paroles du tout-petit à qui son entourage parle ou pour qui il chantonne. Puis, avec le développement de la pensée verbale, elle fournit des équivalents symboliques de la douceur, de la souplesse et de la pertinence du contact, là où il a fallu renoncer au toucher, devenu impossible, ou interdit, ou douloureux"[36]. Quelle que soit l'embarras qu'on ressente par cette observation, il est certain que l'action de la parole touche en l'occurrence un domaine entre le psychique et le somatique, elle concerne un maillon entre les deux, que l'on peut qualifier d'inconscient ou autrement.

Sans trop spéculer sur cette remarquable approche, l'entrée dans la vie de chaque être humain s'accompagne de mises en scènes, parmi lesquelles le bain de paroles anime sa formation, depuis le bain que procure les gestes de la personne soignante (mère ou substitut de la mère) pour préserver la santé du corps jusqu'à la chanson qu'elle fredonne pour l'endormir et préserver la sérénité de son âme. Dans l'entre-deux les multiples paroles qui atteignent son corps par l'intermédiaire de l'appareil auditif manifestent, grâce à leur articulations variées et d'origine culturelle, la culture même de la mémoire cognitive et affective, de l'inconscient autant que du conscient. L'appareil psychique tissé au corps et au système cérébral qui en régit la vie se culti-

[36] D. Anzieu, *op. cit.*, pp. 206-207.

ve comme le champ sur lequel on sème, formant une culture si riche et si variée que l'enfant y cueillera à volonté ce qu'il a lui-même mémorisé, intelligé, refoulé, etc. L'autre et les autres agissent comme révélateurs de ce qu'il sera capable d'accueillir en lui en s'appropriant du monde qui est à sa portée.

Il apparaît ainsi plus clairement encore que la proximité avec soi-même passe nécessairement par la proximité avec l'autre. Celle-ci s'accomplit de diverses façons, parmi lesquelles la médiation médicale ou psychologique (sous toutes ses formes) est centrale pour l'être souffrant. Mais, dès avant sa naissance et depuis sa naissance, l'être humain bénéficie également d'une multitude d'autres proximités avec les autres, d'autres rencontres positives ou négatives qu'il faudra également aborder. Ce sera l'objet de la Section suivante, consacrée plus directement aux acteurs. Toutefois, avant de quitter cette Section, qui nous situe apparemment dans la marge, comme des figurants et des souffleurs dans le théâtre, j'observe qu'elle a révélé que même ce qui paraît de l'ordre du comparse peut jouer un rôle important, ne serait-ce que parce que la vie, comme le théâtre, présente une complexité dont chaque élément joue un rôle significatif. Mais face à cette marginalisation partielle, il me semble important de nous replier quelques moments sur la philosophie qui n'a pas encore dit son dernier mot, en dépit de cette présence massive de disciplines qui donnent l'impression de la supplanter sur son propre terrain. Pour ce faire, je m'engagerai dans la pensée de Edmund Husserl afin d'explorer s'il est possible d'aller au-delà de ce que nous venons d'établir, pour saisir à travers les conditions de possibilité de la pensée, un mode plus fondamental de la proximité avec soi-même.

2. *Retour à la métaphysique spéculative*

Après le long parcours que je viens de suivre, il est temps de m'arrêter quelques instants pour reprendre un souffle, en se rappelant que la philosophie a encore son mot à dire, ne serait-ce que parce que, depuis ses origines, elle joue en quelque sorte le rôle d'un régisseur en retrait et en même temps d'un acteur en activité. Non tellement parce qu'elle utiliserait ces rôles pour revendiquer sa place dans l'émergence de tant de savoirs, — car cela appartient à la fierté qu'elle ressent sans vouloir nécessairement l'étaler aux yeux de tous —, ni parce qu'elle décèlerait dans tous ces discours beaucoup d'affirmations qui demeurent infondées, — car cela est la moindre de ses préoccupations, puisqu'elle sait que l'effectivité de ces savoirs n'est possible que si leurs auteurs ignorent leurs fondations —, mais parce qu'elle a depuis ses origines tenté de circonscrire son propre domaine dans l'instauration réflexive des conditions d'articulation de l'action (éthique, politique, religion...), de production (technique, esthétique, mythe, littérature...) et de connaissance théorique (sciences au sens large du terme et métaphysique). Dans ce domaine elle a multiplié les discours qui rencontrent rarement celui des autres activités de l'être humain.

C'est dire qu'au terme d'un premier parcours qui m'a amené à distinguer entre spectateurs et régisseurs, et qui nous a conduit au seuil d'un nouveau chemin où l'on doit assumer le rôle de l'acteur dans le cadre de la proximité avec l'autre, la philosophie ne nous a jamais quitté. Tout le long de son histoire, elle n' jamais cessé de jouer tantôt le rôle du spectateur dans la *théôria*, tantôt celui du régisseur dans la promotion des principes (*archai*...) et des causes (*aitiai*...), et tantôt encore celui d'acteur dans toutes sortes de considérations sur l'activité humaine. Elle cache sûrement suffisamment des ressources pour resurgir et prolonger toute discussion au-delà de tout ce que je viens de relever et de tout ce que je compte encore établir dans la suite.

Pour éclairer l'itinéraire que nous avons suivi jusqu'ici, la philosophie pourrait énumérer toutes les quêtes qu'elle accomplit, depuis ses débuts, en faveur d'une forme d'unité pour instaurer les assises de l'*intelligibilité*. C'est bien cette unité que notre étude jusqu'ici n'a fait qu'ébranler, en prenant à rebours ses chemins les plus habituels. Dans sa quête d'une forme d'unité, la philosophie pourrait nous rappeler aussi que depuis l'ère moderne, elle est parvenue à mettre en scène de nombreuses *critiques* de la connaissance sous prétexte que l'on ne peut évaluer l'objet étudié que si l'on explore d'abord les moyens de le connaître — ce qui, certes, conduit à une circularité, comme l'a bien souligné Hegel dans la Préface de sa *Phénoménologie de l'esprit*, puisque c'est par la même connaissance qu'on connaîtrait les moyens de connaître, mais qui ouvre néanmoins, aussi, à un champ de recherche autonome qui vise à légitimer ou à surmonter toute forme de circularité qui se présenterait sur son chemin. C'est dans ce cadre que la pensée de Husserl, en revenant aux choses mêmes et en les considérant selon l'intentionnalité, en tant que phénomènes de la conscience, marque un tournant dans la pensée contemporaine.

C'est à ce titre qu'il me semble intéressant d'interroger l'effort de ce philosophe qui, sous le signe d'une quête de l'unité, a tenté de réaliser une *idéalité* capable de régir nos pensées et nos actions, pour mieux nous situer dans nos rapports aux choses et aux autres. Bien sûr, il y a des précurseurs. Je songe d'abord à Platon qui instaura une réalité idéale autonome dont les difficultés intrinsèques ouvrirent à des réflexions exceptionnelles sur les multiples sens de l'Un dans son *Parménide* ; ensuite à Descartes qui sépara la substance spirituelle de la substance corporelle dont chacune forme sa propre unité irréductible ; à Kant qui établit des concepts purs de l'entendement et des Idées ultimes et régulatrices ; à Hegel qui fonda, à travers les concepts, un savoir plus consistant ; et surtout à Husserl qui, non seulement a revalorisé les choses mêmes par le biais d'un rapport intentionnel de la conscience, mais circonscrit aussi l'idéalité au détriment de l'attitude naturelle, grâce à une pratique remarquable, qualifiée de "réduction" qui peut conduire jusqu'au cœur de l'unité de chaque chose. Nous pouvons prolonger encore longuement cette énumération en reprenant notamment les courants du positivisme logique et de la philosophie analytique anglophone qui visent également à établir une forme d'idéalité, mais à travers le langage et sa conversion en discours scientifique.

À eux seuls tous ces courants conduisent, moyennant une sous-détermination de l'Autre, au fond de nous-mêmes pour traquer un lieu d'origine, un régisseur de nos pensées — à supposer que celui-ci ne soit pas Dieu (comme cela pourrait ressortir des déductions platoniciennes, cartésiennes et même kantiennes). Ces domaines de recherches apparaissent, au termes du parcours que je viens d'entreprendre, comme des *restes* que j'ai laissés en quelque sorte dans les coulisses de mon étude, et qui pourraient, de leur retraite, venir entraver les possibilités d'une proximité avec soi-même et avec les autres. Le cas de Edmund Husserl — que je choisis par l'acuité des problèmes qu'il a posés —, suffira à montrer l'ampleur d'une question que j'ai écartée de mon propos, en le préservant dans un monde distal, où règne la complexité[37].

Rencontrant les critiques à la fois de Platon contre l'empirisme ancien (notamment du *Théétète*) et du néokantisme contre l'empirisme moderne, voire les critiques bergsoniennes contre la psycho-physique, Husserl s'est engagé le plus loin possible dans la voie d'une fondation de l'idéalité. Aussi met-il en question, dans le domaine de la théorie de la connaissance, la psychologie empirique qui cherchait à dégager les processus génétiques et la causalité naturelle du psychisme. Cette critique du "psychologisme" en logique l'oblige à mettre en œuvre d'autres procédures pour atteindre les choses mêmes et pour établir les conditions de la scientificité de toute science. Une bonne partie du travail que j'ai accompli ici et que j'accomplirai dans la suite, pourrait être envisagé, du point de vue de Husserl, comme appartenant à l'ordre du psychologisme. C'est pourquoi la question qui demeure à l'horizon de mon étude est bien celle de savoir comment la philosophie pourra un jour associer cette prétention à une idéalité pure et la nécessité de passer aux confins du psychologisme, du naturalisme ou de l'historicisme. C'est cette tâche qu'une métaphysique concrète devrait tenter de réaliser. Bien que la théorisation d'une telle tâche ne soit pas l'objet de ce livre, l'approche de Husserl permet de mieux comprendre le sens et la portée d'une telle question, en nous rapprochant de la question de l'unité recherchée après l'éclatement, la morcellisation du corps organique et la dislocation de l'appareil psychique.

Dans la première partie de ses *Recherches Logiques*, il réfute le psychologisme dans le domaine de la logique en montrant que la théorie de la connaissance et même de la pensée ne saurait être fondée sur une psychologie empirique ou naturelle ; dans la seconde partie, en prolon-

[37] L'intégration, dans mon travail, de l'histoire de la philosophie, et plus spécialement de l'histoire de la connaissance de soi, de l'affection de soi, du souci de soi, etc. serait certes bienvenue, mais elle risque de nous mener au-delà de ses limites possibles. Je la laisse en réserve pour une autre occasion.

geant Brentano et, peut-être Dilthey (qui n'est cependant pas cité en cet endroit), il s'applique à introduire un nouveau type de psychologie, une psychologie "descriptive" qui cherche à décrire les actes essentiels de la conscience dans la formation de la connaissance. S'il est vrai que cette démarche a été pratiquée avant lui, depuis Platon, jamais avant Husserl, le procédé n'affronte la conscience même qui constitue, pour ainsi dire, le champ du *vécu*. Son originalité consiste dans le fait de chercher à porter le débat, dans le sillage du kantisme, sur un plan "logique" parallèle à l'empirique. Il cherche notamment à établir une pré-science sans laquelle la science même ne saurait se déployer, car la science agit sur la base d'une pré-compréhension et d'une pré-connaissance, domaine qui serait l'objet de la philosophie comme science rigoureuse.

Peu importe ici de savoir comment Husserl phénoménalise le phénomène (selon Kant) selon une évidence immédiate qui assure à toute science des fondements véritables, donc aussi une vérité ultime. Peu importe aussi de savoir comment il rend les limites (kantiennes) de la connaissance moins restrictives, pour atteindre par l'intuition les choses mêmes. Peu importe encore de savoir si, pour lui, la conscience peut ou non posséder en elle quelque chose de la chose même, et que pour instaurer la légalité de son expérience relative à la chose, il faudrait que la chose soit à la fois donnée à la conscience et rencontrée par elle dans l'intuition qu'elle suscite, c'est-à-dire dans la visée même qui la fait apparaître comme phénomène. Après le détour que nous avons fait avec G. Edelman à propos de la conscience, il me semble important d'observer que les points de vue sont fort différents : Husserl se place, si j'ose dire, au fondement non pas de la constitution cérébrale de la conscience qui pourrait être interprétée comme reflétant une perspective à la fois psychologiste et naturaliste, mais de ses opérations transcendantales qui garantissent la logique qui l'anime et, de ce fait, touche de plus près, une forme d'unité possible (et préalable) en dehors de tout morcellement et de toute dissémination. Ces perspectives sont-elles conciliables ? Dans les conditions actuelles de nos réflexions sûrement pas. Mais l'avenir pourrait nous réserver une autre réponse dès lors qu'on admettra la possibilité de réaliser une métaphysique plus concrète.

2. *De l'intentionnalité à l'émergence d'un infini*

Du point de vue de Husserl, les phénomènes qui se manifestent à la conscience sont vécus par elle sur le mode de l'*intentionnalité*. Dès lors, les phénomènes ne sont pas seulement des "choses" ou des "objets", mais forment également les objets de désir, de l'imagination, du souvenir, etc. La mémoire et la temporalité elles-mêmes appartiennent à ce même ordre du vécu. Ainsi la conscience se manifeste selon une multiplicité de rapports intentionnels aux phénomènes et de modalités d'être — l'être ne se réduisant plus aux catégories aristotéliciennes ou kantiennes, mais se déploie par la multiplicité des phénomènes *corrélatifs* à la conscience. "Si, dit Husserl, la théorie de la connaissance veut étudier les problèmes des rapports entre la conscience et l'être, elle ne peut alors avoir devant les yeux que l'être comme corrélat de la conscience, comme quelque chose de visé d'après la manière de la conscience"[38].

Ainsi, par rapport à Kant, qui se limite à des structures catégoriales (au sens de formes à priori de la sensibilité et de l'entendement) sans référence aux contenus des phénomènes, objet d'une intuition sensible, Husserl retrouve en partie l'exigence aristotélicienne d'un *contenu* intelligible (c'est-à-dire d'une spécificité devenue intelligible dès lors qu'elle est en rapport avec l'intellect), mais en y intégrant plus clairement toute chose et toute activité en fonction d'un rapport intentionnel régi par l'activité de penser (noèse) et son correlatif, l'objet de la pensée (noème). Cette uniformisation selon une multiplicité de rapports intentionnels constitutifs du sujet et de la conscience vécue, et ceci indépendamment de l'extériorité, ne signifie pas que tous les "objets", les "phénomènes" de la conscience doivent être mis sur le même plan. Ni les choses en tant qu'objets extérieurs, ni les êtres humains ne s'identifient au vécu comme le font les images, les souvenirs ou les objets du désir. Ils mettent en jeu une sorte de *transcendance*. Pourtant, cette transcendance qui indique que les choses extérieures sont différentes et autres que le contenu de la conscience n'est pas moins soumi-

[38] E. Husserl, *La philosophie comme science rigoureuse*, PUF, Paris, p. 67.

se à la visée même de la conscience, de sorte que les objets, tout en étant transcendants, sont par leur idéalité (les essences) constitutifs de la conscience dans son *immanence* même. C'est là, nous le verrons, une difficulté qui n'a pas échappé à Heidegger. Mais laissons provisoirement cette difficulté entre parenthèses et avançons dans le domaine qui nous rapproche davantage de la problématique du monde distal.

On vient de voir que l'activité intentionnelle ouvre à un nombre illimité de rapports divergents, puisqu'elle met en jeu toutes les relations possibles de la conscience vécue. Cette ouverture à un illimité, un infini plus essentiel atteste l'existence d'un monde proximal relationnel qui s'institue à travers tous les rapports intentionnels effectifs, à côté d'un monde distal des activités possibles qui pourraient ne jamais se réaliser. Par là, Husserl réussit à pratiquer la proximité relationnelle d'une façon massive, sans s'intéresser directement à la différence entre proximité spatio-temporelle et proximité relationnelle, qui requiert une extériorité plus franche qu'il ne le soutient. Or, en dépit de l'absence de cette différenciation, il parvient néanmoins, à travers de chaque acte intentionnel, à relever un premier point commun : la nécessaire *unité* et l'unité de *sens* (au sens d'une forme d'intelligibilité) de ce qui est visé par la conscience. Sa théorie des profils permet de mieux percevoir l'ampleur de cette visée.

En effet, une chose, par exemple une tasse, peut être parcourue par le regard selon un nombre considérable d'approches différentes que laissent apparaître ses profils, sans que cela modifie l'unité et le sens de ce qui est visé, à savoir la tasse. L'intentionnalité permet ici de faire voir qu'une multiplicité illimitée, voire infinie, n'est pas à priori incompatible avec une forme d'unité. De même, l'unité de l'autre (humain), en face de moi, dont je découvre les multiples profils ne s'abolit pas nécessairement par cette multiplicité. L'unité, qui se donne en l'occurrence par une constance qui résiste à toutes les figures, refigurations et transfigurations que le regard ou l'action des différents sens produisent sur une chose ou un être humain, apparaît à la fois comme la condition de ce qui est visé et comme l'horizon ultime de toutes les formes de multiplicité qui s'y rapportent. Il suffit dès lors de prolonger la démarche de Husserl vers la complexité, voire la complexité plurielle selon de nombreuses configurations, pour découvrir que le morcellement et la dissémination provoquées par l'antinomie de la proximité ne sont pas incompatibles avec la quête de l'unité. C'est, du reste, pour dégager une *idéalité* fondée sur l'unité que Husserl applique la méthode de *réduction* qui cherche, dans une première étape à détacher la conscience de l'expérience empirique et naturelle, en vue d'une expérience phénoménologique plus essentielle. Même si cette démarche risque de produire une frontière irréductible entre approche naturelle (où la complexité se manifeste) et approche phénoménologique, elle a toutefois le mérite d'envisager clairement la question de l'unité, y compris, nous le verrons, sur la plan de la conscience elle-même, à travers l'Ego transcendantal.

Certes, l'ouverture amorcée par Husserl vers un monde distal fondé sur l'infini relativement à une et même chose, — que les multiples intentionnalités appuient et que sa théorie des profils illimités d'une chose dont l'unité implique l'identité (et sa spécificité) et un sens complète d'une façon heureuse —, n'atteint jamais la *complexité*. Cependant, sa démarche permet de supposer que cette complexité, incluse dans l'infini dont il parle, n'est pas à priori incompatible avec la quête de l'unité. Autrement dit, certes, la complexité demeure chez Husserl comme un impensé, puisque celui-ci manque l'antinomie de la proximité et effleure à peine l'ambivalence de la proximité que tantôt il réduit à l'intentionnalité et tantôt refigure à travers l'exploration des profils d'une chose ou d'un être vivant, mais, en revanche, il discerne l'importance d'une quête de l'unité. Comme, je l'ai dit, dans cette problématique de l'intentionnalité, les essences en tant qu'unités ultimes forment les conditions de possibilité de la conscience et c'est pourquoi l'à priori se constitue comme une infinité d'essences possibles, *visées par la conscience*, et non selon des structures ou formes à priori (de la sensibilité et de l'entendement) comme chez Kant. C'est bien l'intentionnalité, parce qu'elle met en jeu tous ces rapports à priori selon des contenus (les essences), qui nous autorise à dépasser l'attitude naturelle, à mettre en œuvre une approche transcendantale effective et à décrire le vécu et les actes de la conscience corrélatifs à ces essences.

De ce fait, la phénoménologie peut décrire comment la conscience est constitutive d'un monde phénoménal avec des essences propres et tout ce que celles-ci impliquent. Elle peut même établir comment la conscience elle-même se constitue pour elle-même. Par suite, elle apparaît comme la science descriptive de la conscience et de ses actes, mais avec la double possibilité supplémentaire de se penser comme science des sciences et de réfléchir les fondements mêmes de la conscience (le Moi ou Ego comme tel). Ces glissements successifs, qui mènent à une unité première tributaire de l'Ego, peuvent nous aider à discerner comment Husserl envisage la question de la proximité.

Husserl considère que par *l'attitude naturelle*, on tient pour ontologiquement valide le monde dans lequel on est en tant qu'homme et qui inclut l'environnement ouvert aux autres êtres humains. Cela inclut, bien sûr tout ce que j'ai retenu concernant le monde biologique. Les choses sur lesquelles on est dès lors orienté sont également celles sur lesquelles sont orientés les autres êtres humains. Il écrit, à propos de cette attitude naturelle, que "lorsque je suis orienté sur une chose, fût-ce de façon toute exclusive, que j'en ai l'expérience perceptive, que j'apprends à la connaître de plus près, que j'en ai la connaissance, je continue également, au moins implicitement, à être relié aux autres, en tant qu'eux aussi se la représentent et éventuellement la connaissent"[39].

Cette double approche qui associe le rapport aux choses et le rapport aux autres met en jeu une omni-subjectivité qui ne se limite plus au rapport sujet-objet (qui domine dans la philosophie traditionnelle du sujet depuis Descartes), elle relève d'"une corrélation merveilleuse" qui relie tous les modes de représentation de tous les hommes et un objet en fonction d'une concordance à priori. Pourtant, cette approche qui manifestement concerne le monde proximal tel que je l'ai établi jusqu'ici ne contente pas Husserl. Car ce monde "*m'est* donné en tant qu'il est ce qui est donné à *tous*"; et s'il est le monde pour tous, c'est parce qu'il l'est *pour moi* avant tout, il est "*ma* validation ontologique" mais selon une

[39] Sur cette question, voir le texte du 20 juin 1936, repris en Appendice XX au paragraphe 39, dans E. Husserl, *La crise des sciences européennes et la phénoménologie transcendantale*, trad. G. Granel, Gallimard, Paris, 1976 (original allemand, 1954), pp. 519-524. Je citerai par l'abréviation CSE.

corrélation qui intègre les autres, etc. De sorte que "la validation ontologique de cette corrélation, concrètement donc celle du monde, est la mienne, c'est moi qui l'accomplis, et ce que j'accomplis naturellement — l'attitude naturelle — consiste en ceci, que j'ai uniquement pour thème dans cet accomplissement les sub(si)stances du monde, et éventuellement l'*universum* dans son style ontologique". En somme, selon l'attitude naturelle qui opère à propos de ce qui existe, l'homme s'implique et implique les autres dans tout ce sur quoi il est orienté.

Au contraire, lorsqu'on applique la réduction, l'épochè (mise entre parenthèses phénoménologique) qui suspend ce rapport naturel, sans pour autant faire abstraction de cette existence, on oriente aussitôt les préoccupations "sur quelque chose d'autre". Mais cet autre n'est plus seulement, comme je l'ai rappelé ci-dessus, une recherche d'une idéalité, d'une unité eidétique pour chaque chose à travers un rapport intentionnel qui demeure, en fin de compte, sur le plan de la multiplicité (des essences). Dès lors qu'il est question de monde nous sommes déjà impliqués dans le champ de la totalité qui nous oblige à aller au-delà du multiple, y compris le multiple eidétique. Il s'agit d'établir un *autre* qui demeure comme l'ultime recours lorsqu'on amorce un processus progressif de mises entre parenthèses successives.

La démarche doit être celle du retrait. Lorsqu'on s'engage en effet "à se retirer de la validité du monde dans sa totalité, avec toutes les validations qui s'y trouvent comprises, celles de l'expérience, celles de la connaissance, à retirer de tous les intérêts, de tous les actes qui sont rattachés, ou sont à rattacher, au mondain, et qui en tant que tels ont pu appartenir eux-mêmes au monde en cours de validité", il ne reste plus rien à chercher dans le monde. Toute connaissance étant désormais exclue, y compris une connaissance ontologique "si elle doit avoir le sens d'une connaissance eidétique du monde d'après sa forme nécessaire", il ne reste plus qu'à tourner le regard vers soi, comme l'avait déjà fait Descartes.

Mais, avec Husserl, ce retour sur soi ne vise pas la fondation de l'existence *via* la pensée, mais à restituer *via* le moi la validité du monde avec tout son contenu, avec l'ensemble de sa structure ontologique, car "je suis certain de moi-même comme homme parmi les hommes dans le monde, et je veux interroger cette certitude du monde, cet être et cette validation". Si je me retire de ma façon de vivre "en plein monde" selon la perception, des passions et des actions que j'y loge, des intérêts et des occupations que j'entretiens avec les choses, des projets que je forme, etc., que reste-t-il ? Il reste une vie intentionnelle que chacun vit, plus spécialement une intentionnalité de la forme de l'origine, qui consiste en une visée actuelle d'un but. Lorsqu'on tend vers un but (tension dans laquelle on persiste et demeure) on possède un certain avoir "dans un tendre-vers, dans un vouloir, selon une autre modalité de la volonté, mais de la même volonté". Si bien que toutes les intentions forment dans leur mouvement une unité, non une simple juxtaposition, mais comme des rayons de la "volonté" dans son unité, de l'être du sujet dans son unité : "Ego, l'ego unique, le même ego, je suis dans cette volonté, dans la diversité des orientations singulières du vouloir, l'unique ego-voulant".

Cette identité originaire à travers la diversité de tous les décrets que "j'accomplis et que je maintiens en vigueur", à travers aussi toutes les volitions, manifeste "un pan de la persistance de l'ego", situe la question des validations selon une validation d'unité, dans le cadre d'"un universum de toutes les validations dans lesquelles je suis positivement, qu'elles soient sédimentées ou partiellement en cours de validité, comme aussi bien en train d'être à nouveau fondées". Ce qui se constitue ici à travers la validation d'unité c'est une structure selon une totalité, "une totalité infinie en train de fluer". Nous redécouvrons cette présence d'un infini qui n'est pas incompatible avec l'unité, mais cette fois-ci sur le plan du sujet même. Mais une fois encore cette ouverture vers le monde distal s'accomplit sans référence à quelque complexité en nous, comme cela ressort des analyses précédentes que j'ai développées — et qui manifestement pécheraient, aux yeux de Husserl, par leur attachement à l'attitude naturelle.

Or, dès lors qu'on s'applique à analyser la proximité, et plus spécialement l'antinomie de la proximité qui porte un regard attentif sur le complexité du réel, est-il possible de se contenter d'un jeu entre l'unité de l'Ego compatible à l'infini de se manifestations ? Husserl lui-même, on peut le constater par ce qui précède, reconnaît que l'attitude naturelle, parce qu'elle valorise ce qui m'est proche, appartient bien à l'ordre de la proximité spatio-temporelle. De plus, du fait qu'il cherche à mettre en évidence une éidétique, il y associe une proximité relationnelle. Mieux, dans la mesure où l'infini s'accorde à cette visée, il affleure la possibilité d'un monde distal. Reste à savoir comment la complexité pourrait-elle être convertie à une idéalité sans être réduite à une forme d'unité. Il y a, me semble-t-il, une difficulté que son approche rend impossible à surmonter. À moins qu'on consente à renverser la processus de réduction en mettant entre parenthèses l'unité recherchée au profit d'une complexité toujours modifiable — ce qui pourrait transformer la phénoménologie en un profusionnisme aménagé en fonction d'une théorie des configurations. Je laisse ici entre parenthèses cette idée, pour avancer plus en avant dans la pensée de Husserl.

Ce qui ressort de la question de l'unité à partir de la perspective de la volonté, c'est un changement total de la position de l'ego. Au lieu de la volonté d'apprendre à se connaître en fonction d'un moi au sens de la "personne humaine" dont les actes s'accomplissent directement sur le terrain du monde, le moi est conscient de promouvoir un vouloir vivre qui cherche à apprendre à se connaître *transcendantal*, où le "moi" est "l'ego concret ultime et véritable", c'est-à-dire qui apprend à se connaître "dans l'ensemble de son être antérieur, et, à partir de là, dans l'ensemble de son être à venir tel qu'il est esquissé d'avance (tous les modes de la prise et de la volonté antérieures)". Autrement dit, il s'agit de "dévoiler le système producteur de validation". De ce fait, en tant qu'étant dans son vouloir, l'ego se donne comme condition pour expliquer les modalités ontologiques de l'attitude naturelle. Il est pour ainsi dire ce dont proviennent, sinon les thèmes naturels, du moins leur explication principielle. Quant au vouloir propre à l'ego, il n'est pas simple, il est "entrelacé à l'infini, entrelacé d'infinités de volontés médiates et immédiates et pris dans le mouvement infini de modification de ces volontés, des actes qui produisent toujours de nouvelles validations, mais qui abandonnent aussi la validation, etc., l'infinité de modifications de la sédimentation, continue et discrète, des modifications qui portent le titre d''association', de "mélange', etc.".

Alors même que Husserl nous conduit au cœur de l'unité transcendantale de l'ego, il retourne aussitôt la situation en discernant, à travers la répétition du concept d'infini, un lieu possible pour la complexité de ce dont il est question. Au point d'affirmer que la connaissance de soi effective constitue une tâche infinie. Mais cet effort remarquable est aussitôt arrêté, empêchant son élan de se déployer jusqu'au bout. Husserl dévie du chemin et affirme que la connaissance de soi conduit dans son développement purement immanent à distinguer les "autres" transcendentaux, en tant qu'implicites dans l'ego, pour ouvrir à la connaissance-(de)-nous *absolue* correspondant à l'omni-subjectivité *absolue*. Une fois encore la recherche d'une monde distal où la complexité marque sa présence irréductible disparaît. De sorte que même si Husserl parle d'une tâche infinie de la philosophie en tant que science totale — ce qui ouvre au demeurant à l'*historicité* —, cette tâche consiste à connaître le tout du monde. Or, ce monde est chaque fois "le monde présent, présent continuel qui se change continuellement en passé et expecte continuellement le présent futur". Cela fait du présent un présent fluant qui est le présent de son passé et de son avenir mondial universellement fluant. Ce qui fait de la temporalité la modalité de l'être du monde, en écartant la complexité qui serait davantage de l'ordre de l'attitude naturelle (CSE, 547).

Ce qui est visé par la démarche husserlienne, c'est le fait de situer la question de la proximité avec nous-mêmes relativement aux (seules) conditions de déploiement de la *logique* de notre pensée (avec comme point culminant une logique transcendantale). Cette perspective régit toutes les analyses que je me suis permis de développer jusqu'ici. C'est cette précision qui peut expliquer pourquoi, chez lui, la proximité relationnelle (attitude phénoménologique) absorberait en quelque sorte la proximité spatio-temporelle (attitude naturelle).

Par ce biais, la philosophie s'écarte des domaines de prédilection des sciences et des neurosciences ; elle porte l'accent davantage sur les rapports de la conscience aux choses que sur les choses mêmes ou encore, à l'inverse, sur le sujet même, en dehors de sa provenance. Encore que l'idéalité et la logique ici visées, peuvent être envisagées comme une autre procédure de provenance que celles que nous venons de dégager à partir des neurosciences et de la psychanalyse. Pour atteindre ce domaine fondateur, Husserl met en œuvre des réductions successives (méthode qui place entre parenthèses les données des diverses expériences empiriques ou autres, sans les abolir). Le but de la réduction constructive est précisément de circonscrire l'être selon les multiples manifestations de la conscience. Cet "être", par l'idéalité (les "essences") qu'il implique, concerne les conditions essentielles de toute expérience et, par elle, de toute science. Cela signifie que la "réduction" doit bien conduire au-delà de l'existence des choses par laquelle notre attitude naturelle détermine telle ou telle chose ; elle doit conduire au vécu *complet* de la conscience.

Ces glissements successifs au moyen de réductions de plus en plus élaborées, de ce que nous considérons comme appartenant au naturel (spatio-temporel) vers une idéalité pure, nous autorisent à qualifier la phénoménologie husserlienne d'"idéalisme transcendantal". Ils montrent que l'idéalité doit être exempte de toute trace physique et psychique. Dans ce sens, même la psychologie des profondeurs, telle que Freud l'a envisagée semble extérieure à cette tentative transcendantale. Cette position, qui peut troubler les empiristes de toute sorte, ouvre pourtant à un domaine de recherche immense, qui accentue notre rapport énigmatique avec le monde distal. L'usage pour ainsi dire répété du concept d'"infini" par Husserl oblitère l'ampleur et la variabilité du monde distal. C'est pourquoi, même les tentatives de Husserl pour réduire le monde distal en vue d'édifier un monde proximal, constituent par elles-mêmes un champ réservé à quelques initiés. Cela n'empêche pas la pertinence de ce champ de recherche. Celui-ci est aussi, mais autrement, pertinent que celui qui se répand, d'une façon parallèle, dans la philosophie analytique de tendance anglophone, fondée entièrement sur un arrière-fond logique et logistique.

Avant de quitter la pensée de Husserl, je dirais qu'à travers le détour que je viens d'entreprendre sur un plan plus spéculatif (donc aussi fondateur en tant qu'il régit nos pensées et nos activités) mais parallèle à celui que nous avons parcouru jusqu'ici, nous sommes à nouveau reconduits à la topologie des "régions". Toutefois, il s'agit d'un autre domaine d'application de ce schème, même si cette pratique des lieux et de la constitution d'une topologie peut intriguer. Autrement dit, la métaphysique spéculative husserlienne articule des configurations différentes de celles que nous avons rencontrées jusqu'ici depuis le début de mon exposé.

Sans rentrer dans les détails, retenons seulement que l'étude des essences formelles constitue ce que Husserl appelle une "ontologie" *formelle*, tandis que celle des essences matérielles concerne autant d'ontologies *régionales*, surmontées par celle qui concerne "le sujet transcendantal", c'est-à-dire l'essence Ego, impliquée dans toutes les essences comme une proto-catégorie (*Urkategorie*) ou proto-région. C'est l'approfondissement de cette ontologie particulière et principielle qui conduira à la fondation d'une Ontologie fondamentale par Heidegger, renouvellant la question ontologique. Il convient d'ailleurs d'observer que ce serait l'évolution de la pensée de Husserl depuis ses *Recherches Logiques*, où il refuse la Moi[40], qui l'a conduit à la thèse de l'Ego transcendantal. Dans ses *Idées directrices pour une phénoménologique*, ce Moi semble définitivement acquis, après une première rétractation dans une note de la deuxième édition des *Recherches Logiques*, où il reconnaît qu'il a entretemps appris qu'il ne fallait pas se laisser obnubiler par la peur des excès de la métaphysique du Moi (RLII2, 161). Il s'agit là d'une conséquence de la "réduction phénoménologique", car, dans les *Idées directrices*, le Moi apparaît comme le résidu de cette réduction face à la multiplicité des actes intentionnels par lesquels, non seulement il y a multiplicité de phénomènes, mais la chose même qui y apparaît se donne par une multiplicité d'aspects et de profils.

Dans cette régression vers un centre en nous-mêmes, vers l'Ego qui se constitue comme condition de tout sens, Husserl réussit à circonscrire un "je" pur (c'est-à-dire "transcendantal") par lequel s'accomplit l'ultime réduction (que l'on pourrait qualifier de "transcendantale"), et qui se prend lui-même comme "objet" intentionnel de son propre acte de conscience, qui en est la condition. Cela explique pourquoi, lorsqu'il envisage la question de l'intersubjectivité en considérant l'*alter ego* comme

[40] E. Husserl, *Recherches logiques*, II, 2, p. 161. Je citerai par l'abréviation RLII,2.

constitué d'une façon analogue à l'*ego*, il refuse de considérer l'Autre (autrui) comme "sujet" pur se donnant comme phénomène ; il l'envisage comme "quelque chose" qui se donne, à travers l'intentionnalité, avec un corps et avec les choses du monde, selon le mode d'une présence psychique, voire d'une "présentation" psychique ou, comme il dit, d'une "apprésentation". L'intersubjectivité ainsi comprise, ouvre au-delà du Monde, c'est-à-dire au monde de la culture et à l'historicité. Par là même la question du "sens" se complexifie.

Cette difficulté suscite une aporie, et donc la nécessité d'approfondir l'Ego transcendantal en lui-même et relativement au Monde. C'est bien une des voies possibles, tracée par l'Ontologie fondamentale de Heidegger, le plus célèbre des élèves de Husserl qui, lorsqu'il était son assistant à l'université de Fribourg, enseignait aux étudiants les *Recherches Logiques* de son maître, alors même qu'aux yeux de Husserl cet ouvrage n'était qu'un état antérieur de sa pensée. Heidegger ne se priva pas de critiquer Husserl ; il voyait dans les *Recherches Logiques* de l'impasse de la phénoménologie husserlienne : le maintien d'une "psychologie", même si celle-ci était épurée par la conscience intentionnelle et les "essences", qui à la fois la condamnait à l'impossibilité d'une sortie réelle *hors* de la conscience pour accéder au Monde et au maintient d'une problématique catégoriale à peine modifiée par ces essences mêmes. Heidegger nous dit lui-même ce qu'il a appris de cette lecture avec les étudiants : "j'ai appris que ce qui pour la phénoménologie des actes de conscience s'accomplit comme le se manifester du phénomène, est pensé plus originellement encore par Aristote et dans toute la pensée des Grecs, la façon dont ils furent les Grecs, comme Alètheia, comme l'ouvert sans retrait de la présence, son dévoilement, son se montrer. Ce que les recherches phénoménologiques avaient redécouvert comme le maintient le port de la pensée, s'avère le trait fondamental de la pensée grecque, pour ne pas dire même la philosophie comme telle. Plus je voyais cela, précise Heidegger, et plus devenait pensante la question : D'où et comment, d'après le principe de la phénoménologie, se détermine ce qu'on doit éprouver comme 'la question même' (*die Sache selbst*) ? Est-ce la conscience et son objectivité, ou bien est-ce l'être de l'étant dans son non-retrait et dans son retrait ?"[41]. Par cette alternative, Heidegger ouvrait à une nouvelle question qui est celle du Monde — question sur laquelle je reviendrai dans la suite —, et qui devient à son tour la condition transcendantale de toute expérience humaine. Or, nous le verrons, cette expérience est bien envisagée par Heidegger à partir de la proximité relationnelle en la distinguant de la proximité spatio-temporelle, ce qui accorde à l'extériorité une légitimité. En revanche, comme son maître Husserl, il laisse en dehors du champ de ses réflexions la question de la souffrance humaine.

En somme, plus nous avançons dans le cheminement philosophique plus nous découvrons que jusqu'ici nous avons à peine effleuré ce domaine des conditions de nos rapports au monde, qui nous porte dans une proximité relationnelle avec nous-mêmes, mais aussi avec les autres, avec les choses et avec le monde. Une position philosophique comme celle à laquelle ouvre la tradition phénoménologique nous place sur la champ à la fois du spectateur, du régisseur et de l'acteur. Sur ce point l'approche métaphysique, en dépit de son caractère — il faut le reconnaître — abstrait, garde toujours une force irréductible. Nous aurons l'occasion de redécouvrir cette force dans l'analyse plus décisive d'Emmanuel Lévinas en faveur de la proximité avec l'autre selon une démarche qui écarte l'intentionnalité, trop contaminée, selon ses goûts, de la perspective du savoir, lui préférant la thématique de la responsabilité.

Il y a, dans ces approches, une pertinence que nous retrouvons autrement dans la philosophie analytique anglophone, qui défie toute simplification des activités humaines, nous poussant inéluctablement vers une réflexion plus décisive de la complexité. Qu'on le veuille ou non, le monde distal nous défie sans cesse et perturbe inlassablement le monde proximal que nous édifions par des configurations que rapidement nous découvrons comme devant être remaniées ou modifiées. La leçon est sans doute dure. Mais cela nous a au moins appris, au terme de cette première quête aux multiples dimensions et au début d'une

[41] M. Heidegger, "Mon chemin dans la phénoménologie", *Question IV*, Gallimard, Paris, 1976, pp. 161-175.

nouvelle qui avance vers nos rapports aux autres (être humains), que la proximité avec nous-mêmes nous conduit inéluctablement à la proximité avec l'autre, et que cette double démarche constitue la chose la plus difficile à réaliser. Nous avons aussi appris qu'une nouvelle tâche était souhaitée, qui pourrait nous conduire au seuil d'une métaphysique plus concrète, amorcée à partir de la différence entre monde proximal et monde distal, avec l'aide d'un pont construit grâce au concept de configuration.

Cette démarche qui cherche à éviter à la fois la recherche d'une transparence illusoire et d'une visée sceptique sans issue, est susceptible de mieux circonscrire la complexité. Même si elle risque de laisser certains philosophes ou scientifiques sur leur propre faim, elle permet néanmoins de circonscrire, à travers le complexe, à la fois les possibilités illimitées (pour nous) de l'être humain et ses limites (en soi). Nous vivons naïvement dans l'illusion d'une maîtrise de nous-mêmes qui demande à être totalement révisée, pour le bien de nous-mêmes, mais aussi pour le bien des autres. C'est peut-être un premier pas vers un monde meilleur, en nous tournant vers l'autre, pour mieux comprendre ses souffrances, pour mieux le connaître, pour mieux réaliser une proximité avec lui.

Cinquième Section

Acteurs

1. Champs de la proxémie

1. *Au seuil d'un nouveau départ*

Le moment est venu d'affronter plus franchement l'*autre* en tant qu'être humain, capable de se tenir en face de nous et de nous découvrir de la même façon dont nous le découvrons, en se substituant aux multiples miroirs que nous fabriquons pour nous connaître, pour qu'il devienne un miroir actif et dynamique, un acteur comme nous-mêmes. Car, derrière ces miroirs révélateurs, se tient, pour l'autre aussi, le même monde invisible que nous venons de découvrir pour nous-mêmes. Tout ce que nous venons de nous attribuer (les figures du spectateur, du figurant et du régisseur), et ce que nous nous attribuerons bientôt (la figure de l'acteur), nous devons l'attribuer également à l'*autre humain*, avec un plus : en tant qu'il devient, à proximité de nous, un *objet* possible de notre regard, de notre toucher et de notre étude, il peut contribuer, sinon mieux, du moins autrement que le miroir et la technique, à éclairer notre propre proximité avec nous-mêmes. Cela confirme une fois encore que cette proximité avec nous-mêmes a plus de chance de réussir si le face à face avec un autre est envisagé sur le mode de la proximité *avec* l'autre.

Or, dans le parcours, toujours en retrait par rapport à une réalité qui nous excède d'une façon pour ainsi dire infinie, nous étions confrontés, — et nous le sommes d'ailleurs toujours —, aux multiples configurations, caractérisées par leur hétérogénéité et leur variété, et qui font voir, non plus seulement un corps morcelé que l'anatomie révèle avec fracas, mais, plus profondément, le morcellement de la stature humaine en sa totalité, que seules des configurations permettent d'unifier jusqu'à un certain point. Morcelée, fragmentée et disséminée en elle-même, la stature humaine révèle une image à laquelle nous ne sommes pas accoutumés, car nous avons eu l'habitude de présupposer notre stricte unité. L'accoutumance joue en faveur d'une unité à priori qui, cependant, on l'a vu, se dérobe dès lors qu'on tente de l'approcher et de la cerner, mais qui ne demeure pas moins à l'horizon de le pensée, comme cela ressort de l'approche philosophique de Husserl. L'expérience de la multiplicité que nous avons tentée, dans les Sections précédentes, montre ainsi que l'unité se donne à partir de deux entrées : soit elle est présupposée comme ce qui demeure constant dans ce qui est étudié et morcelé, soit elle se constitue au fil de configurations qui figurent et refigurent la complexité, et qui émergent sans qu'une unité objective soit imposable, si ce n'est rétrospectivement, par la construction d'une configuration simplifiée, qui transcende la complexité dans son dynamisme propre, en mettant entre parenthèses la complexité configurée en divers degrés ou niveaux d'unité.

De cette double approche, il ressort que le retour sur soi pour fonder une sorte d'ipséité, n'est pas une affaire d'introspection ou de fondation simplifiée de quelque existence indubitable issue de l'expérience de la pensée, des sens ou même du corps ; il n'est pas davantage une sorte d'exercice spirituel qui nous porterait au cœur de ce que réaliserait la connaissance de soi, le sentiment de soi, le souci de soi, et même l'affection de soi, — tous ces modes possibles de la proximité avec soi-même, dont la multiplicité témoigne par elle-même de leur impossible univocité. Il se constitue surtout par l'édification de multiples configurations qui s'esquissent comme des projections *topographiques*, déployant notre stature limitée et complexe face à nous, sous notre regard stupéfait mais toujours plus admiratif, en nous convertissant en spectateurs de nous-mêmes et en faisant de nous-mêmes un autre pour nous-mêmes. Ces configurations forment des miroirs amplifiés et animés, multiples et variés, en lesquels nous découvrons un aspect important de ce que nous sommes, notre complexité irréductible, à partir d'une altérité originaire en nous. Elles sont le résultat de figurations successives qui à la fois préfigurent, refigurent, transfigurent et défigurent une réalité complexe qui n'est peut-être ni manifestée dans ce qui lui est propre, ni représentée dans une unité transparente et fidèle à la réalité. De ce point de vue, toute tentative d'unifier ces configurations, par une sorte de configuration de toutes les configurations, s'avèrera toujours comme une tentative vaine et prétentieuse, qui ne saurait être qu'une défiguration monstrueuse des figurations se donnant tant bien que mal comme des représentations ressemblantes ou infidèles de quelque chose de nous-mêmes. Pourtant, nous avons vu, grâce à Husserl, qu'à travers une complexité irréductible, on peut supposer une forme d'unité comme fil conducteur qui donne sens à ce dont il est question.

Jusqu'ici, l'itinéraire que j'ai emprunté n'a pas révélé grand-chose sur cet *autre* humain, même si nous n'avons cessé de parler de nous-mêmes comme être humain qui se révèle dans l'autre. Certes, nous avons déjà déblayé une grande partie du chemin qui mène vers l'autre, car nous pouvons attribuer à tout être humain, naturellement et sans détour, tout ce que nous venons d'attribuer à nous-mêmes dans les chemins que nous avons tracés pour réaliser une proximité avec nous-mêmes et avec la souffrance qui y est impliquée. Lors de cet exercice, s'est confirmée l'idée que tout retour sur soi-même pour former un monde proximal s'avère performant uniquement à travers des configurations dont la cristallisation dans des multiples topographies, aide à découvrir comment nous les êtres humains sommes constitués. Nous avons été ainsi forcés, en visitant notre propre stature au moyen de *projections* topologiques, de *cartes* topographiques qui se donnent *comme* un autre, de nous découvrir comme un autre semblable à un *autre* être humain. Avec les moyens techniques actuels, cette exploration aurait pu s'accomplir par une animation plus fidèle que celle que nous avons envisagée, accordant à cet autre qui nous reflète une apparence plus crédible. Mais cela n'aurait pas changé les résultats auxquels nous sommes arrivés, à savoir que plus nous devenons spectateurs de nous-mêmes, plus nous morcelons notre stature humaine, et, en même temps, découvrons qu'il existe en nous de nombreuses instances qui nous régissent et qui demeurent irréductibles, même si c'est nous-mêmes en tant qu'*unité* que nous explorons.

Bref, miroirs pour ainsi dire défigurés de nous mêmes, ces topographies forment, à travers le morcellement de notre stature, la seule représentation de nous-mêmes que nous sommes jusqu'ici aptes à configurer, même si celle-ci nous refigure et nous transfigure jusqu'à un certain point. Ces topographies indiquent qu'en dépit du fait qu'elles *concernent* ce qui nous est le plus proche, cette proximité *n'est pas aussi immédiate* qu'on aurait pu l'espérer. La seule proximité qui nous semble crédible dans l'ordre de l'immédiateté, est celle de nos sens. Ce n'est d'ailleurs pas une coïncidence, nous le verrons, si Edward Hall a inventé le concept de "proxémie" en réfléchissant sur le rôle des cinq sens dans la proximité. Mais nous verrons aussi qu'il existe, au moins une autre instance pour ainsi dire proxémique : le langage (y compris la parole) en tant qu'il est ce dans quoi nous séjournons.

Qui plus est, jusqu'ici aucun instrument et aucune méthode ne nous ont aidé à *redresser* ces refigurations, transfigurations et défigurations topologiques qui ont été établies comme si aucune configuration n'était apte à nous exprimer adéquatement selon une unité qui serait notre unité propre. Le seul résultat que nous avons pu tirer — et il est déjà significatif —, c'est qu'à défaut d'établir quelque unité de nous-mêmes qui soit crédible (en dehors de l'unité phénoménologique de sens), cette quête nous a aidé à relever l'importance de l'*antinomie* de la proximité, dans la mesure où nous avons découvert que le monde distal en nous présente une ampleur inimaginable et immaîtrisable, qui contraste avec la fécondité du monde proximal que les diverses configurations aident à former de nous-mêmes. J'ai dis "jusqu'ici", car personne ne sait ce que l'avenir nous réserve.

En effet, imaginons qu'un jour, grâce aux progrès, la technologie parvienne à pénétrer si profondément et si efficacement notre corps et celui des autres en face de nous que nous découvrions d'un seul regard les organes internes, abstraction faite de toute l'extériorité formée par la peau. Celle-ci nous apparaîtra comme une sorte de paravent, de couche qui, tout en protégeant l'être humain, n'en dissimule pas moins la réalité de sa constitution corporelle. Neutraliser ce paravent pour faire voir d'un seul regard tout ce qui se dissimule en l'homme, voilà un défi qui suffirait à nous dépayser. Car, une telle expérience qui faciliterait la tâche des médecins et réjouirait quelques patients, ne ferait pas nécessairement le bonheur de tous, puisqu'elle produirait une vision de soi-même fort étrange, étrangère aux habitudes et à l'image familière que chacun édifie de lui-même.

Qui d'entre nous, confronté à une telle expérience, serait capable de reconnaître sa propre constitution et celle de l'autre en face de lui, sans un long travail de discernement, de mémorisation, d'adaptation et d'assimilation ? Comment pourrait-il l'exprimer le plus clairement possible sans se fourvoyer dans un langage qui distord ce qu'il prétend manifester en toute transparence ? Pareille expérience, si elle se réalise un jour, non seulement nous révélerait d'une façon insolite notre propre réalité corporelle et celle des autres, nous apportant une preuve supplémentaire que nous avions peu de proximité avec ce que nous sommes et avec ce que les autres sont, mais nous porterait dans un monde étrange et peu familier. Devenant étranger au monde familier qui concerne les mêmes personnes et les mêmes choses, chacun de nous devrait réapprendre à vivre son propre monde, en refigurant sa proximité avec lui.

Un tel dépaysement ne saurait pas ne pas perturber nos rapports avec nous-mêmes et les autres, ni multiplier nos soucis, provoquant de nouvelles souffrances et profilant des discours qui pourraient paraître délirants. Pendant cet effort de refiguration de la proximité, d'innombrables nouvelles souffrances surgiront fatalement en chacun de nous. Ainsi, paradoxalement, le progrès technique peut se donner sur le mode de l'étrangeté, alors qu'il devrait contribuer à réaliser une meilleure proximité avec nous-mêmes et avec les autres. Cela risque de créer un malaise, difficilement supportable aussi longtemps que cette vision des choses ne devient habituelle, triviale et familière, aussi longtemps aussi qu'elle n'est pas communiquée de façon crédible, c'est-à-dire qu'un *autre* humain ne nous met pas *en confiance* face à cette nouvelle réalité qui nous révèle mieux que jamais à nous-mêmes.

Pour sortir de l'étrangeté et du dépaysement, et acquérir quelque *confiance en soi*, il faut acquérir progressivement une certaine accoutumance et édifier de nouvelles formes de proximité. Mais cette accoutumance exige une double médiation : la proximité avec un autre qui nous aide à nous mettre en confiance et le temps qui rend la situation plus familière. Nous avons d'ailleurs déjà en partie illustré de telles situations à propos du stade du miroir lacanien, où l'enfant réalise son identité propre par étapes. Ajoutons maintenant que c'est un *autre* (parents ou une autre personne) qui rend possible cette action. Il en va de même de l'analysé (ou analysant) en psychanalyse ou du patient en psychothérapie : il ne se libère de ses souffrances qu'au fil du temps, à travers l'écoute d'un autre (analyste ou thérapeute). De même que la visualisation de notre stature n'est réalisable que si elle s'accorde aux règles de la répétition, de même aussi la *parole* qui nous révèle à partir de la conscience ou de l'inconscient requiert une répétition de faits saillants de notre vie, dont seul un autre (analyste ou thérapeute) est capable d'évaluer le sens.

Ces indices nous autorisent à dire que la temporalisation concernant la proximité ne s'accomplit pas à vide sous la seule supervision du sujet ou de l'agent de l'action, mais requiert l'horizon d'une interaction, d'un *rapport avec* un autre humain qui marque sa présence comme une sorte d'*unité* de référence. Bref, une seule vision de notre intériorité corporelle n'est pas susceptible de produire l'adhésion de celui qui découvre son corps intérieur, tout comme une seule parole ne saurait jamais nous révéler tel que nous sommes, ni l'autre tel qu'il est. Pour atteindre toutes les parties visibles et invisibles de notre corps et celles d'un autre en les visualisant directement ou en se servant d'une technologie sophistiquée (qui est encore aujourd'hui de l'ordre de la fiction), il faut réaliser un parcours minutieux et répété de toutes les parties de nous-mêmes et de celles d'un autre — qui devient médiateur, une sorte de miroir, de la découverte de notre propre corps. De même, pour dévoiler le monde psychique de l'autre, il faut scruter le langage de l'autre selon les multiples facettes qu'il met en œuvre et en jeu au fil d'une temporalité, à travers lesquelles nous nous découvrons également nous-mêmes. Cette temporalité est seule susceptible de créer une familiarité avec nous-mêmes, condition de toute forme de proximité, et ceci en dehors de l'unité présupposée ou visée de nous-mêmes et de l'autre. Dès lors que l'autre, quel qu'il soit, se tient à l'*horizon* d'une proximité, il forme une *unité* de référence qui fait voir qu'aucun être humain ne saurait vraiment réaliser une proximité avec soi-même sans un autre humain.

En somme, ni la proximité avec soi-même, ni celle avec un autre ne constituent une affaire simple. Le chemin que nous avons parcouru jusqu'ici illustre à chaque pas cette impression, alors que nous sommes loin encore de notre destination. D'ailleurs, on l'a constaté en chemin : nous étions à peine sortis de notre torpeur en tant que spectateur de nous-mêmes, qu'aussitôt l'horizon s'est assombri, en découvrant que notre activité de spectateur était elle-même soumise à une activité dominée par des régisseurs. Que ceux-ci prennent le nom de "système cérébral" ou d'"inconscient", voire d'une réalité "corpusculaire" avec ses particules et ses forces, leur présence nous interpelle et nous oblige à aller plus avant, non par curiosité, mais parce que c'est notre autonomie qui est de plus en plus mise en jeu.

D'où une première question : face aux multiples processus de provenance qui gèrent pour ainsi dire nos activités, quelle autonomie pouvons nous revendiquer ? Qu'un autre en nous-mêmes régisse notre propre existence et qu'un autre extérieur soit le révélateur de nous-mêmes, n'implique-t-il pas que nous vivons dans une illusion concernant l'autonomie ? Quel type d'autonomie peut-on encore revendiquer pour fonder la dignité humaine ?

Il est dès lors important de scruter notre rôle d'acteur face à d'autres acteurs qui nous ressemblent, pour voir jusqu'à quel point ce rôle nous assure l'autonomie recherchée ou jusqu'à quel point, au contraire, il nous dirige davantage dans une impasse, celle qui prélude à d'autres énigmes. Ce que nous réserve la suite, le langage nous le dira : non pas le mien, qui nous portera jusqu'au bout de ce livre, mais le langage et la parole dans lesquels chaque être humain séjourne et qui font l'humanité de l'homme. C'est par le langage et la parole que l'être humain devient un acteur dans ce monde. Le langage et la parole sont si riches, si prolifiques et profusionnels en eux-mêmes, si puissants et délirants même, qu'ils peuvent conduire l'être humain, par leur ambivalence même, aussi bien au seuil d'un abîme qu'au cœur d'un monde illimité où se configure, pour chacun, un monde proximal qui ne cesse de foisonner, avec ses joies et ses souffrances. *Provenance* et *ouverture au monde* constituent une fois encore les deux axes qui doivent guider nos chemins.

2. *Proxémie pré-verbale*

Le phénomène de la maternité illustre bien la conjonction de ces deux axes, puisqu'un être humain se développe et, lorsque le moment propice arrive, il s'ouvre au monde. Les études actuelles concernant le fœtus (fondées entre autres sur des capteurs techniques, l'imagerie endo-utérine...) ont bien montré que les désirs de la mère et ses comportements sensori-moteurs peuvent agir sur lui, car le système cérébral du fœtus est capable, à partir d'un certain moment, de traiter de nombreuses informations. Depuis une trentaine d'années, les recherches ont montré l'importance des communications gustatives et olfactives chez le nouveau-né. Déjà Aristote avait discerné l'importance du sens du goût comme manifestation des facultés sensitives au sein de la mère, avant la naissance, ne serait-ce que parce que fœtus doit se nourrir. C'était un premier pas dans la bonne direction. L'étude de la genèse de cette faculté dans la formation du moi à travers les transformations progressives du réflexe gusto-facial comme moyen de communiquer avec autrui chez le nouveau-né est toutefois récente[1]. Ce réflexe "s'inscrit d'emblée dans un environnement qui interprète, donne sens et, en conséquence, contribue à la transformation de réactions biologiques en modalités de dialogue avec autrui"[2]. Dans ce phénomène de proximité par contact, le rapport entre la mère et le fœtus crée une structure d'interaction permanente qui assure aux deux partenaires une complicité féconde. C'est pourquoi on parle de plus en plus d'"un système d'ajustement réciproque". Et bien avant l'usage de la parole pour l'exprimer, on le constate chez le fœtus, puis chez le nouveau-né au moyen de ses comportements.

Le monde pré-verbal a été étudié par l'éthopsychologie du développement de l'enfant (RI, 26). Contrairement aux idées préconçues du passé (y compris de l'époque où règnaient les conceptions de Piaget),

[1] Cf. M. Chiva, "Goût et communication non verbale chez le jeune enfant", *Enfance*, 1983 (1-2), pp. 53-64.

[2] J. Le Camus, *Les relations et les interactions du jeune enfant. Étude éthopsychologique de son développement*, Les Éditions ESF, Paris, 1985, p. 26. Je citerai par l'abrévation RI.

le nouveau-né révèle une précocité dans ses aptitudes à capter, à intégrer, à traiter et à stocker des informations que lui transmet celle ou celui qui s'occupe de lui. Nous découvrons de plus en plus que le développement fœtal n'est pas étranger à cette situation. L'interaction entre la mère et le fœtus fait penser que la souffrance est déjà manifeste dans les comportements de celui-ci sous la pression de la vie de la mère. Bien que la souffrance soit *singulière*, puisque seul celui qui souffre souffre vraiment, nous avons cependant aujourd'hui des moyens techniques sophistiqués pour détecter la douleur, et même la souffrance. Traditionnellement, les pleurs de l'enfant suffisaient à sentir qu'il diffuse sa souffrance, mais souvent on les interprétait aussi comme étant le signe d'un laxisme de la part de la mère. Mais on sait aujourd'hui, grâce aux études de T.B. Brazelton, que les pleurs peuvent avoir des fonctions cathartiques. Les états entre le sommeil et l'état d'alerte qu'il établit constituent un indice important pour déceler la complexité des comportements de l'enfant à travers ses rapports aux autres et par rapport aux irruptions que la souffrance accomplit.[3].

[3] L'étude de T.B. Brazelton sur *La naissance d'une famille* se rapporte à la vigilance et à l'excitation dans lesquelles se trouve l'enfant ou *état* du nouveau-né, en retenant quatre états de comportement qui donnent des éléments susceptibles de situer la souffrance. Dans l'état du *sommeil profond* où la respiration est régulière et profonde, et les paupières lourdement fermées, rien ne semble déranger l'enfant comme s'il ne souffrait pas, alors que dans l'état du *sommeil léger*, où la respiration est instable et les paupières et les yeux mobiles, il est agité et se réveille sous l'effet de la voix, laissant apparaître des signes d'une souffrance diffuse. Le troisième état, désigné par le pluriel *états d'alerte*, comporte divers degrés allant de l'inactivité attentive jusqu'aux pleurs et à l'agitation, en passant par la phase intermédiaire de l'activité attentive. Quant au quatrième état, il forme l'*habituation*, qui atteste l'adaptation du nouveau-né au monde qui l'entoure en agissant en fonction d'un rejet et d'une exclusion de "ce à quoi il ne veut pas prêter attention" et qui lui assure la liberté "de choisir les stimuli auxquels il veut répondre". Parmi ces états, le troisième est significatif, car, selon Brazelton, il est accompagné de pleurs qui aident le nouveau-né à se protéger en s'isolant du monde extérieur, tout en sollicitant des soins. Les pleurs jouent aussi un rôle cathartique permettant une décharge de l'énergie qui produit des réactions perturbatrices. Bien que tous les pleurs

Envisagée de ce point de vue, la souffrance concernant le psychisme du fœtus met en jeu la responsabilité de son destin et de son bien-être, qui doit aussitôt être supportée par la mère et l'entourage. L'autre en tant qu'il est un être humain bien avant la naissance, constitue sûrement ce qui est le plus digne à sauvegarder, ne serait-ce que parce que la défense de la dignité humaine constitue un but suprême. Nous découvrons là une forme élevée de la proximité à la fois spatio-temporelle et relationnelle, que Lévinas, on le verra, sur-détermine comme si elle était la seule proximité pertinente, — ce qui occulte la complexité des relations de proximité. La dignité humaine commence sûrement avec le fœtus, non pas nécessairement parce que la vie doit être préservée (comme le soutiennent tous ceux qui prennent la vie pour un absolu et cherchent dès lors à la situer le plus tôt possible pour mettre en doute tout acte d'avortement au nom de la vie même), mais parce que la responsabilité qu'assume la mère porteuse d'un fœtus et son entourage à l'égard du bien-être de celui-ci n'est pas négligeable et devrait primer sur de nombreuses autres considérations[4].

---

ne semblent pas liés à la souffrance, la recherche d'une protection suppose que le nouveau-né souhaite l'éviter, sans doute parce que l'épreuve de la souffrance est déjà ressentie comme quelque chose de redoutable. D'autre part, si les pleurs sollicitent les personnes, c'est qu'il est possible qu'une souffrance pousse dans cette direction, suscitant un appel à l'aide. De toute façon, s'il y a décharge d'énergie, on peut supposer qu'il y a effectivement souffrance.

[4] Les débats actuels autour du moment où l'on peut attribuer la vie au fœtus ne semblent donc pas aussi décisifs qu'on l'affirme généralement. Dès lors qu'on est confronté à la question de la souffrance, les données se relativisent. Quel sens y a-t-il de savoir le moment où la vie commence dans le développement du fœtus quand une femme, un couple ou une tierce personne qualifiée (par exemple un médecin) doivent décider s'il est préférable d'avorter, pour ne pas laisser émerger une vie qui présente toutes les probabilités de conduire à la souffrance de l'enfant et de son entourage ? L'enfant qui éprouve la souffrance n'étant pas en mesure de répondre, la responsabilité est aussitôt déléguée à ses proches. Or, les critères qui définissent cette responsabilité ne sont jamais purs. En dehors des questions d'intérêt, ce sont les raisons idéologiques qui dominent. Ces motivations sont d'autant plus obscures qu'elles reflètent notre culture occidentale qui a réussi à porter le problème de la souffrance sur le plan

Étant un *autre* au sein même d'une mère, le fœtus rassemble en lui, non seulement sa propre histoire, mais également l'histoire qui le constitue à travers son interaction avec l'histoire psychique de la mère pendant le laps de temps où ils vivent ensemble dans une proximité exceptionnelle. Il y a là, à côté de la fascination du phénomène de la maternité et de sa positivité (affective) irremplaçable, des éléments faisant penser à une aliénation originaire qui n'est pas étrangère à la souffrance que tout être humain éprouve dès sa naissance. À cette souffrance diffuse s'ajoute sans doute la souffrance qu'un fœtus éprouve, en plus, sous la pression qu'il subit au moment de sa naissance, pression intérieure et extérieure (avec comme facteur prédominant la pression atmosphérique), alors qu'il s'efforce de se libérer du sein de sa mère. Certes, aujourd'hui, les choses sont devenues plus complexes depuis qu'on pratique l'insémination artificielle. Mais cela ne change rien quant à la complexité du phénomène de la naissance et de son lien avec la souffrance qu'éprouve l'être humain dès l'origine de sa vie.

Même si les moyens techniques (imageries sophistiquées, sonorisations...) nous aident à recevoir des informations concernant le fœtus, ils ne demeurent pas moins à distance, ne serait-ce que parce que le monde de la communication non verbale est immense. Le concept de "proxémie" de Edward Hall[5] l'exprime bien. Il montre la complexité à la fois de nos rapports à autrui et à nous-mêmes. Ses observations complètent les études de certains psychanalystes qui avaient insisté sur l'importance de l'audition[6] et du toucher[7] dans la constitution du moi.

---

d'une fatalité qu'il conviendrait d'assumer. Mais, quelle que soit la vérité dans ce domaine, le débat reste ouvert.

[5] Cf. Edward T. Hall, *La dimension cachée*, Seuil, Paris, 1971 (orig. 1966) ; *Le langage silencieux*, Seuil, Paris, 1984 (orig. 1959). Anne Staquet m'a signalé également son étude parue dans *La nouvelle communication*, éd. Y. Wilkin, Seuil, 1981; voir en particulier pp. 192-193.

[6] D. Anzieu, "L'enveloppe sonore de soi", *Nouvelle revue de psychanalyse*, 13, 1976, pp. 161-179.

[7] D. Anzieu, "Le moi-peau", dans "Le dehors et le dedans", *Nouvelle revue de psychanalyse*, 9, 1974, pp. 195-208.

La “proxémie” est souvent analysée d’une façon descriptive, en considérant les échanges selon un point de vue spatial, qui tient compte de la “distance” par l’intermédiaire de l’objet-chose ou par contact physique. Or, pour aborder ce que j’ai qualifié de proximité relationnelle, les adeptes de la proxémie recourent à un second concept, tout aussi descriptif : la “tonalité affective apparente” de l’activité des partenaires (c’est-à-dire de l’émetteur et du récepteur) se répartissant selon les registres hédoniste (rassemblement, liaison, échanges gratifiants) et agonistique (dispersion, rupture, échanges frustrants) (RI, 59)[8]. Par ces descriptions nous nous situons déjà de plain-pied dans notre sujet.

Cette entrée en la matière montre l’importance des sens et leur portée. Prenons par exemple l’odeur. Les odeurs que respire une femme enceinte peuvent influer sur le rythme cardiaque du fœtus ou modifier sa posture (RI, 56). Cet exemple, parmi beaucoup d’autres, entraîne des conséquences considérables : il nous apprend que de tels phénomènes sont déterminants pour la vie future de l’enfant, ne serait-ce que parce que, moyennant la communication olfactive, le rôle de la mère s’impose à la fois dans la vie prénatale et après la naissance[9]. On constate que l’odeur maternelle peut avoir des propriétés apaisantes jusqu’à cinq ans. On sait aussi que le nouveau-né adapte son comportement, moyennant la modélisation, aux odeurs environnantes, parmi lesquelles beaucoup lui sont indifférentes parce qu’elles n’appartiennent pas à la constitution de sa mémoire intelligible et affective[10]. Birioukov a étudié le cas d’un castor sensible aux variations de la lumière ou aux bruits, mais indifférent à l’odeur de l’acétone. Cela montre la différence des perceptions entre les animaux et les êtres humains, mais également entre les êtres humains dont chacun marque sa propre vie singulière dans sa mémoire. Comme l’indique Cyrulnik, — à qui j’emprun-

[8] Je reviens plus loin à cette perspective pour montrer ses limites.

[9] Cf. H. Montagner, “Communication non verbale et discrimination olfactive chez les jeunes enfants. Approche éthologique”, dans *L’unité de l’homme*, Seuil, Paris, 1974, pp. 246-270.

[10] B. Cyrulnik, *Les nourrritures affectives*, Éditions Odile Jacob, Paris, 1993, p. 55. Je citerai par l’abréviation NA.

te cette anecdote —, la pensée analogique constitue un mode fondamental de toute pensée, mais risque de réduire le monde mental à un monde commun, qui est finalement rapporté à l'homme, alors que manifestement il existe diverses formes de monde mental selon les espèces et les individus.

Cette approche montre que rien ne nous autorise à négliger, comme je le fais ici par la force des choses, l'importance de tous les sens reconnus et organisés selon une articulation qui ne dévoile pas facilement son unité. Sur ce plan, l'unité paraît arbitraire et purement stratégique. On peut tenter de la justifier, mais jamais on épuisera les objections qu'elle suscite. Du reste, plus on se rapproche de chaque sens et de ses objets, plus on est contraint de s'interroger sur ses fonctions et l'utilisation culturelle qui a été faite, sans que celle-ci puisse maîtriser la complexité du réel, le monde distal qui se dérobe à notre emprise. Ce qui me conduit à un autre exemple, plus spectaculaire encore que les précédents.

La façon dont les empereurs chinois vivaient l'espace de leur palais, en forme de carré, réplique fidèle de l'univers, est éclairante. Ils se déplaçaient selon les saisons dans des locaux situés aux différents angles du palais, en y adaptant les couleurs des décors et de leurs habits, les odeurs des parfums et des fleurs, les goûts des aliments, etc. Par là le monde de la proximité féconde un système idéologique et symbolique. Ce phénomène montre comment le monde pré-verbal peut être transfiguré en monde symbolique grâce à la parole. On rencontre d'ailleurs des phénomènes analogues en Europe, dans l'Église, à travers la liturgie chrétienne orthodoxe. On y associe la vision des multiples couleurs offertes par l'art des icônes et les décors des habits et des lieux, l'audition d'une musique quasi céleste sans instruments, l'odeur de l'encens, le toucher des cierges et des bougies, le goût de la communion (vin doux et pain), etc. Ici aussi, la proximité conférée par le sens est convertie en système symbolique par l'intermédiaire du langage.

En somme, on peut établir différentes configurations que les sens rendent possibles et qui peuvent, comme ici, façonner des configurations qui élèvent l'expérience sensorielle jusqu'à sa transfiguration symbolique. Dès lors qu'on admet la complexité du réel manifesté par les sens et qu'on affronte une forme de limitation de notre façon d'agir en formant des configurations qui délimitent notre monde proximal, la tâche devient immense. Il s'avère en tout état de cause que la formation du monde pré-verbal n'est qu'une étape dans la constitution du monde organisé par la parole, dont les potentialités sont profusionnelles, pouvant nous porter jusqu'au plan symbolique. Celui-ci peut se manifester par des approches aussi bien mythiques que rituéliques.

Une fois que la parole prend en charge ces expériences proxémiques et les médiatisent par l'imaginaire et le symbolique, l'être humain s'approprie ces expériences pour son compte, configurant un monde proximal à sa portée. Il me semble vain d'attendre de l'homme de se cantonner dans une forme d'autisme culturel, qui accorderait à la pertinence de l'expérience pré-verbale les prérogatives d'une séparation par rapport à tout autre être vivant. Dès lors qu'il y a parole, l'expérience préverbale se soumet à une forme de proximité qui l'excède, car, on l'a vu, la parole peut approcher et porter à la présence tout ce qu'elle prend en charge. S'il n'en était pas ainsi, la prééminence de l'expérience sensorielle nous conduirait au relativisme des perceptions, déjà en vogue chez les anciens sophistes, que Platon critique dans son *Théétète*.

Partant de là, on peut arriver, de proche en proche, à l'idée que le fait que la peau du fœtus est en contact étroit avec la "peau" amniotique, le contact entre la mère et l'enfant devient naturel. Mais une fois que se manifeste la structure physique de la parole de la mère dans sa vie quotidienne, cette parole "se transforme en toucher qui stimule le fœtus et déclenche un comportement exploratoire avec les mains et la bouche". Mieux, lorsque la mère chantonne, il se produit une sélectivité dans les fréquences qui arrivent jusqu'à la bouche du fœtus (NA, 56). Nous découvrons ainsi une proximité remarquable entre la mère et l'enfant qui permet à Boris Cyrulnik d'indiquer qu'il y a deux types de toucher chez le fœtus : un toucher postural, où la peau du dos et de la nuque met en interaction le fœtus avec les émotions de la mère, et un toucher par l'oreille et la bouche qui transmettent, comme une caresse, les vibrations graves de la voix maternelle. Didier Anzieu parlerait à ce propos davantage d'un Moi-peau de l'enfant, ce qui ouvre à une structure intermédiaire entre le corps biologique et l'appareil psychique rendant possible des transfigurations symboliques. La parole maternelle semble donc jouer un rôle majeur dans la formation du fœtus, bien avant qu'elle devienne le centre des processus d'attachement — qui feront plus loin l'objet de notre attention. Le monde pré-verbal, aussi décisif soit-il, est déjà médiatisé bien avant la naissance, par la parole de la mère et, peut-être même, de son entourage.

Face à cette proximité interactionnelle, qui met en jeu une complicité difficile à évaluer, il se produirait, à un moment donné, une séparation, une rupture, comme si la mère n'était que le réceptacle d'une production. Cette thèse devient actuellement peu pertinente, surtout depuis que l'on sait que le psychisme de l'enfant est imprégné des émotions de la mère et le cerveau du fœtus se forme par des ajustements réciproques. Mais toutes les choses ont toujours une fin. Et la vie qui n'est qu'en apparence paisible, — contrairement à ce que pensent tous les nostalgiques des situations originaires — multiplient les souffrances. L'enfant pleure dès sa naissance pour de multiples raisons, que j'aurai l'occasion d'indiquer, parmi lesquelles bien sûr, il y a celles qui sont dues aux pressions qu'il subit et qui le font souffrir.

La séparation avec la mère qui se produit vers le neuvième mois, permet au nouveau-né d'être capable de différencier cet apport extérieur de ses propres rythmes (pulsions cardiaques...). Cette distanciation qui se donne comme s'il y avait rupture dans l'ordre de l'ancienne proximité spatio-temporelle, multiplie les proximités relationnelles, en créant une proximité avec le mère qui est différente de la proximité avec soi-même (par les rythmes de sa propre existence). Or, si le premier monde mental du fœtus est bien "un monde de représentations organisées autour de l'affect plaisir-déplaisir", c'est-à-dire marqué par un plaisir mais aussi par le déplaisir et la souffrance, lors de sa naissance, le bébé est déjà équipé d'"un appareil neurologique qui perçoit, filtre et organise son nouveau monde" (NA, 60-68). Au point de vue des mécanismes cérébraux qui ont attiré notre attention dans les sections précédentes, on observe que "la connexion entre cerveau limbique (mémoire et émotion) et le lobe préfrontal (anticipation) se fait à la gare de triage neuronale du thalamus". Et dans cette constellation de mécanismes qu'on retrouve diversement distribués dans les différentes espèces vivantes, "le cerveau humain est, entre tous, le plus capable de traiter et d'articuler des informations relatives à des choses absentes, à des phénomènes disparus et à des événements passés et à venir" (NA, 24-28).

C'est là un point que la philosophie avait soupçonné, mais sans en établir la preuve et la théorie, comme le fait actuellement la science. La philosophie s'était surtout intéressée aux choses présentes. Mais ici encore les travaux en psychologie et en neurosciences montrent que le nombre de conduites qu'ont relevées les études sur les interactions assumées par le nouveau-né est considérable. Il en va de même de l'imitation précoce du nouveau-né âgé à peine d'une douzaine de jours (tirer la langue, jouer avec la bouche...), ainsi que de ses réactions motrices (de différentes parties du corps) aux discours de la mère, et plus généralement de l'adulte. Toutefois, cette capacité de réagir du nouveau-né à la parole humaine ne serait pas permanente, car elle requiert un haut degré d'éveil (RI, 34-36). Tout cela montre que le nouveau-né n'est pas passif, mais profondément réactif : il est un véritable acteur.

Bien sûr, d'immenses problèmes se posent dès lors qu'on veut découvrir ce qu'il ressent dans son intériorité, puisque rien ne nous permet d'explorer son vécu. Notre rapport à l'autre, tel qu'il commence avec le nouveau-né, se trouve manifestement en défaut. Un monde distal nous sépare de lui, quelle que soit l'affection qu'on lui porte. Pourtant, des progrès importants ont été réalisés ces dernières années dans l'ordre des observations le concernant, notamment grâce à ses comportements moteurs, au point qu'on peut, jusqu'à un certain point, en inférer ce qui se passe dans son vécu, dans sa vie intérieure, dans son monde intra-psychique. C'est dire aussi que les souffrances qu'il éprouve ne peuvent être saisies en elles-mêmes, elles peuvent seulement être approchées à partir de ce qu'il consent ou qu'il est capable de nous dévoiler, plus spécialement sur le mode d'une diffusion qui nous atteint.

Cette complexification de l'activité de l'enfant, permet de comprendre pourquoi il cherche auprès de la figure de la mère, qui lui apparaît sous une forme plus prégnante que toutes les autres figures, un refuge, une protection, un réconfort, un attachement, de l'affectivité à l'infini. La parole de la mère est peut-être la référence la plus précise qu'un être humain, dès sa naissance, découvre dans son rapport au monde, qui supplée à toute situation proxémique qu'il est disposé à réaliser par tout l'arsenal des situations pré-verbales.

3. *Formation du monde proximal*

Le travail de Brazelton, dont j'ai fait état ci-dessus renferme des éléments importants pour comprendre la souffrance, même s'il ne tient pas compte directement de la souffrance. Il montre qu'au stade d'adaptation du nouveau-né au monde qui l'entoure, celui-ci exclut ce à quoi il ne veut pas prêter attention (donc l'écarte vers un monde distal) et prend la liberté de ne choisir que des stimuli auxquels il veut répondre (édifiant ainsi des configurations constitutives de son monde proximal). Par là, Brazelton parvient à surmonter le déterminisme qu'il croit découvrir en psychanalyse. Cela nous rapproche de l'idée de configurations formatrices d'un monde proximal qui n'est pas incompatible à l'existence simultanée d'un monde distal, délibérément préservé pour la sauvegarde de l'être humain lui-même. Nous verrons que la limitation des choix dans la vie, grâce aux configurations limitées, protège l'homme d'une fuite en avant dans l'infini, et préserve une forme d'unité ouverte. Dès lors, le travail extraordinaire qu'ont fait les chercheurs pour déceler le monde intérieur de l'enfant à partir de ses gestes et paroles, de ses mouvements et de ses grimaces (qui montre la difficulté de visiter son monde vécu, le monde proximal qu'il se forme et qui dresse différentes situations susceptibles de produire ou d'exprimer ses souffrances) permet de situer les configurations comme une sorte d'interstice entre monde distal et monde proximal. Les études sur les données multi-référentielles du comportement de l'enfant indiquent que si l'on souhaite circonscrire son monde vécu constitutif de son monde proximal et établir des configurations pertinentes, il faut analyser les différentes situations dans lesquelles il se trouve, et qui contribuent à la formation de son monde proximal : ses relations avec l'objet chose, avec la mère, avec l'aide puéricultrice ou avec les autres enfants, mais aussi son comportement en l'absence de relation déterminée ou déterminable. Cette absence de relation déterminée aide à circonscrire le monde proximal le plus immédiat de l'enfant relativement au monde distal qui lui est associé.

Le nombre considérable d'attitudes d'enfant observées apparaissent en effet comme autant de signes extérieurs d'une vie intérieure intense à laquelle nous n'avons aucun accès, mais qui édifient une proximité de l'enfant avec lui-même et une proximité avec les personnes de son entourage, et plus spécialement les personnes qui prennent soin de lui. Ce sont ses activités et ses façons d'agir qui élaborent son monde proximal par l'intégration, dans l'intimité individuelle, de l'extériorité de la *présence* de l'autre (mère, parents, choses, etc.) qui devrait appartenir au monde distal, avec ce qu'il laisse délibérément ou par ignorance dans l'absence. C'est cette intégration, fécondée par l'affectivité, source de sa mémoire affective, qui édifie, avec toute l'intelligibilité qui l'accompagne, son intériorité. Bref, l'autre ou plutôt les autres deviennent paradoxalement quelque chose du vécu de l'enfant. Mais cet état ne se révèle que par de nombreux signes, si nombreux qu'on peut supposer que le monde proximal qui s'édifie pour lui et en lui est de loin plus riche que celui que nous percevons et imaginons. En appliquant une fois encore la méthode d'énumération, nous découvrons sans peine ce débordement et cette complexité.

En effet, les psychologues ont repéré des activités auto-centrées : ouvrir ou fermer la bouche, bouche bée, sucer le doigt ou le poing, tirer ou claquer la langue, bailler, tousser, sourire, grimacer, frotter ou cligner ou fermer les yeux. Ils y rapprochent les mimiques, l'activité de regarder sans but précis, d'explorer le corps propre (visage, doigts ou autres parties du corps), de pleurer, de vocaliser d'une façon différenciée. À quoi ils ajoutent toutes les activités motrices, comme divers déplacements : ramper, marcher à quatre pattes ou debout, reculer, courir, planer...) ; et encore d'autres activités : le fait de se coucher, se tortiller, pédaler, tomber, taper du pied, tourner sur soi-même, d'utiliser les mains, les bras, les jambes, les pieds, etc.[11] Que représentent toutes ces activités ? Quel monde proximal édifient-elles ?

[11] Jean Le Camus, *op. cit.*, pp. 165-171, rassemble en trois Annexes le ré-

En somme, plus nous approchons le corps pour en dégager la topographie extérieure de la dynamique des activités de l'enfant, plus nous découvrons que ces lieux prennent des reliefs différents et variés, analogues à des paysages géographiques, mais couvrant un monde intérieur complexe. Il ne s'agit plus ici seulement de ce monde des régisseurs cérébraux qui a attiré notre attention ci-dessus, mais du monde proximal en formation, avec ses souffrances et ses joies, ses fascinations et ses surprises, ses fatigues et ses échecs. Le paysage change, il devient plus familier, mais en même temps plus déroutant encore, car nous découvrons, à travers le catalogue des activités et des détails auxquels elles conduisent, une complexité inépuisable.

Dans ce contexte, le corps doit être compris à la fois dans sa globalité et dans ses multiples parties, de sorte que le visage ne rassemble que certains types d'activités parmi d'autres, même s'il attire immédiatement le regard et suscite le sentiment qu'il exprime l'identité de l'autre. Mais le corps global n'empêchera jamais le corps morcelé de manifester ses prérogatives, ne serait-ce que parce que les gestes et activités de l'enfant donnent l'impression d'une dissémination désordonnée, un désordre sans règles ni lois. Voilà ce qui, une fois encore, intrigue le plus le spectateur qui ne s'observe plus lui-même mais observe l'autre qui, depuis sa naissance, se développe et se modifie sans cesse. L'enfant n'est pas quelque chose d'inerte : il se manifeste par le fonctionnement des sens, par une riche activité motrice, par des zones érogènes que les soins modèlent selon une prégnance significative. Il se place comme un véritable acteur.

C'est pourquoi, en dépit du morcellement de son corps en une variété de lieux qui lui sont propres et à travers des attitudes variées qu'il manifeste, son unité ne se limite plus seulement à l'unité observée, mais s'impose comme l'unité d'un acteur qui agit, qui configure. Autrement dit, il s'agit d'une unité configurée. Paradoxalement, plus nous approchons un jeune enfant selon ses multiples facettes et plus son uni-

---

pertoire de ces comportements selon trois situations différentes : jeu libre pour enfants de trois mois à trois ans, au cours du repas à la crèche (enfants de deux à trois ans) et au cours du bain à la piscine.

té se disloque et devient vague et imprécise, plus nous configurons, à travers le dynamisme qu'il offre, une forme d'unité qui fait irruption sur le mode de l'acteur qui impose lui-même son unité par ses actions et ses paroles configurées. Ainsi, au-delà des relations avec les objets choses (y compris le miroir), nous découvrons que le champ qui est propre au corps en tant que corps agissant de l'enfant et qui se manifeste face à nous comme un autre actif, comporte à la fois une complexité inouïe, qui subvertit les proximités recherchées, et une unité active qui nous permet de le reconnaître comme un autre singulier. Et cette unité n'est pas un absolu, mais le résultat d'une approche, d'une proximité que nous réalisons sur le mode de configurations.

Par suite, que signifie la proximité d'un enfant avec ceux avec qui il est en interaction et qui contribuent à la réalisation d'une proximité avec lui-même grâce à la multiplication de ses activités selon diverses parties de son corps, en l'absence de toute relation clairement assumée avec l'extérieur ? Elle signifie l'intégration des autres en lui-même sur le mode de configurations, et ceci non seulement en tant qu'êtres humains conçus sur le mode d'une intelligibilité, mais comme acteurs grâce à une mémoire affective qui enrichit sa vie, mais en même temps produit, à travers les multiples absences et obstacles possibles, un conscient avec tout ce qu'il comporte. Cela montre que la notion de configuration n'est pas de l'ordre de la fiction, elle forme une structure active qui régule la dissémination par des limitations, des unités régulatrices. Par ce biais, les autres participent ainsi à leur façon à la formation du monde proximal du nouveau-né sur le mode de configurations alliant l'intelligibilité et l'affectivité.

Rien à priori ne permet d'imaginer comment ces autres sont en lui, dans sa mémoire, puisque seul le corps avec ses multiples parties, ses multiples mouvements et ses activités atteste, par des signes externes, cette intériorité insolite et cette intimité inédite. Mais, même si peu d'indices font connaître quelque chose de ce monde proximal intime de l'enfant, ils suffisent à faire voir qu'il est limité relativement au (reste du) monde qu'il assume à distance. Les personnes qui forment son entourage (ceux qui le soignent ou ceux qui lui tiennent compagnie) sont bien présentes en lui, sur le mode d'une connaissance élémentaire qui lui assure un accès progressif au monde distal. Les configurations par lesquelles il forme son monde proximal, quel qu'en soit le nombre, sont constitutives de développement. Elles s'enrichissent ou se modifient au fil des expériences successives et progressives qui contribuent à rassembler les données éparses de l'expérience proximale, tout en lui faisant découvrir, au fil du temps, que le monde distal est inépuisable.

Bref, selon une analyse conforme à la proximité spatio-temporelle, le monde proximal concerne un ensemble d'objets familiers et quelques êtres humains (parents, infirmières, puéricultrices...) ou quelques êtres vivants. Au-delà de ces entités règne le domaine de l'inconnu, le monde distal auquel l'enfant est indifférent parce qu'il n'a aucun moyen ou évite d'y accéder. Cependant, des objets et des êtres se tenant à distance peuvent intégrer au fil du temps le cadre de l'expérience actuelle de l'enfant, ils peuvent être rapprochés par l'enfant, tantôt par un contact physique et tantôt à distance. Mais à elle seule la proximité spatio-temporelle ne suffit pas à traduire les interactions ; elle s'accompagne d'une proximité relationnelle qui se manifeste par la médiation d'un attachement ou d'un détachement de l'enfant à l'égard des personnes, des êtres vivants et des objets qui constituent son entourage. Tous ces points, empruntés en partie à la psychologie du développement de l'enfant et plus spécialement à l'éthopsychologie, montrent une fois encore la conjonction entre l'ambivalence de la proximité et l'antinomie de la proximité. On peut illustrer cette perspective par des exemples.

Observons un bain à la piscine[12]. Les attitudes par contact physique délimitent un premier champ de la proximité : attraper le nez de la mère, caresser son visage, sucer son doigt, taper une partie de son corps, se blottir contre elle, s'appuyer sur son épaule, accrocher le bras autour de son cou, s'asseoir sur ses genoux, pousser son corps avec les mains ou les pieds, etc. Ajoutons d'autres attitudes : toucher le visage, la main ou une partie du corps d'un enfant ou d'un parent. Dans le cas

[12] Observations de C. Azema et P. Derribière, en 1981, résumées par J. Le Camus, *op. cit.*, pp. 168-171.

d'une relation à distance, l'enfant fixe les yeux sur la mère, lui sourit, ouvre sa bouche, tend son bras ou pleure vers elle, éclabousse son visage, etc. ; bien plus, lorsqu'il voit un enfant, un parent ou un animateur dans ou en dehors de la piscine, il regarde d'une façon familière, sourit vers une personne, tourne la tête vers quelqu'un, écoute parler, s'agite à la vue d'une personne, échange des regards avec quelqu'un, etc. L'énumération de toutes ces attitudes nous oblige à nous imaginer, par une sorte d'activité de redressement, la structure complexe du comportement de l'enfant. En l'occurrence, ces attitudes concernent deux types de proximités spatio-temporelles (par contact ou à distance) et permettent d'établir une multiplicité de proximités relationnelles différentes selon les personnes qui y sont impliquées. Plus les acteurs se multiplient, plus les proximités relationnelles se complexifient et le monde proximal de l'enfant multiplie les configurations au détriment de son mode distal.

Mais il y a plus, car les relations physiques ou à distance peuvent concerner également les rapports de l'enfant avec les objets-choses. Dans le cas des relations physiques par contact, l'enfant se place, par exemple, dans la bouée, rabat la bouée sur le visage, tourne entraîné par la bouée, s'assied sur le tapis, glisse sur le plongeoir, s'accroche au rebord de la piscine ou tape les pieds, tient dans les mains des objets (par exemple un ballon), le manipule, le lâche, l'attrape, le rattrape, le frotte, le caresse, le met en contact avec sa peau (une autre partie du corps), le suce, le mord, etc. Et dans le cas d'une relation à distance, il suit l'objet des yeux, l'aperçoit, le regarde, s'agite à sa vue, se penche, tend la main ou la remue vers lui, change de position pour l'attraper, mime avec la bouche la préhension, ouvre la bouche à la vue de l'objet, vocalise vers lui. La présence ici des objets anticipe déjà la dernière partie de mon travail concernant la proximité avec les choses, et qui ne peut pas être écartée d'une analyse de l'activité d'un acteur humain, qui vit selon un cadre topologique dont une grande partie des décors sont constitués par des objets. Nous verrons que c'est en tant qu'objets de l'activité de l'acteur que les choses nous aident à voir la complexité du monde proximal face au monde distal.

Cet échantillon de relations par contact ou à distance selon une perspective motrice est donc essentiel pour discerner le foisonnement de gestes et d'attitudes qui sont signifiants et reflètent un monde intérieur en formation du nouveau-né. Si l'on modifie le contexte, on découvre aussitôt d'autres configurations. On peut illustrer cela par un autre exemple qui relate le comportement de l'enfant dans une crèche à l'heure du repas[13]. Il y découvre de nouvelles activités en rapport avec la nourriture, etc., élaborant d'autres configurations constitutives de son monde proximal, que l'observateur attentif, soumis aux anciennes configurations, doit s'approprier pour adapter ses relations avec l'enfant. C'est en ce sens que des interactions permanentes et diversifiées peuvent se réaliser, selon les lieux et les circonstances, entre l'enfant et la mère, mais aussi entre l'enfant et l'ensemble des personnes qui prennent part à son entourage.

Sans cette profusion de relations, aucune approche ne serait possible de cette intériorité qui se dérobe. Or, du fait qu'ils utilisent des configurations qu'ils identifient, — par une sorte d'illusion transcendantale, comme dirait Kant — à la réalité, ceux qui soignent l'enfant ont souvent l'impression (fausse) de tout maîtriser. Indépendamment de cette illusion, il est certain qu'ils acquièrent au fil des contacts avec l'enfant une familiarité qui rend possible des rapports de proximité relationnelle privilégiés. Et c'est grâce à tous ces gestes et attitudes qu'ils peuvent *configurer* quelque chose de son intériorité, de l'intimité qui le constitue. Or, avant qu'à proximité des enfants un tel travail sur le terrain s'accomplisse, la multiplicité constitutive de ses gestes et activités demeure à distance, dans un monde distal. Cela montre que c'est seulement par le contact et l'observation que l'on peut configurer le monde intime de l'enfant. Il convient du reste de le souligner, ces configurations qui forment le monde proximal de l'enfant ne se constituent pas selon une quelconque planification ou des symétries prévisibles, mais s'improvisent dans le cadre de l'environnement où l'enfant est placé, en ménageant des rapports contextuels et relationnels.

Face à cette complexification des rapports de l'enfant avec les au-

[13] Expérience de A. Beaumatin et F. Gourves, 1981, résumée par J. Le Camus, *op. cit.*, pp. 167-168.

tres et des autres avec l'enfant, le stade du miroir élaboré par Lacan est limité et ne saurait couvrir toutes les expériences originaires. Il représente une configuration certes pertinente, mais partielle de la formation du monde proximal de l'enfant qui se découvre dans un miroir, à condition que son développement suive cette voie plutôt qu'une autre qui privilégie d'autres sens. Cette expérience a néanmoins le mérite de marquer clairement la prééminence de l'autre dans la découverte de soi-même. En ce sens, la psychanalyse a bien discerné l'importance incontournable de l'altérité en quelque sorte originaire dans la vie humaine. Elle a même poussé ses analyses vers le domaine de l'agressivité et des relations antagonistes, mais le plus souvent par des configurations générales et limitées, en dehors d'une approche de la complexité et des détails, susceptible de débrouiller les fils de la proximité relationnelle.

On peut approcher davantage cette complexité en profitant encore de l'exposé de Jean Le Camus (RI, 57 ss). Complexifions les différentes relations en les enrichissant de nouvelles variables provenant des rapports entre l'enfant et des personnes connues, familières ou non. Il est vraisemblable que "la quantité et la qualité des interactions entre pairs varient avec un certain nombre de facteurs qu'on peut facilement imaginer : sexe, âge, proximité affective, apparence physique, tempérament, etc. du partenaire impliqué dans le dialogue" (RI, 58). Comme dans le cas des rapports verticaux (mère-enfant...), se dégagent, ici aussi, des comportements infra-verbaux qui dessinent un pré-langage et un langage complexes, formés par des offrandes, des sollicitations, des menaces, des actes de saisie et des agressions, des isolements et des pleurs... Ces structures s'accordent et complètent le critère de *proxémie* de Hall et celui de *tonalité affective* qui régissent les échanges. Les éléments nouveaux qui doivent attirer notre attention, sont ceux qui recourent à une opposition dans les rapports, fondée sur le plaisir et la douleur, regroupés en deux registres opposés : le registre positif ou *hédoniste* — qui met en valeur le rassemblement, la liaison, l'échange gratifiant —, et le registre négatif ou *agonistique* — qui met en œuvre la dispersion, la rupture, les échanges frustrants. Ces modes de rapprochement ou d'éloignement, d'unification ou de division, d'attachement ou de rupture seraient au nombre de six (deux fois trois), délimitant des macro-comportements, en lesquels on peut situer diverses fonctions d'action ou praxèmes. Même s'ils ne s'avèrent pas exhaustifs, les praxèmes éclairent la proximité aussi bien à partir de ce qui rapproche qu'à partir de ce qui l'ébranle et la subvertit, et qui est plus apte à expliquer les souffrances humaines.

Sur la base des trois relations retenues ci-dessus (à distance, par contact ou par la médiation d'un objet), on peut énumérer un ensemble de praxèmes :

1. Pour le registre *hédonistie* :
— à distance : *accueillir*, *inviter*, *solliciter* ;
— par contact physique : *donner la main*, *embrasser*, *enlacer* ;
— par la médiation d'un objet : *offrir*, *donner*.

2. Registre *agonistique* :
— à distance : *refuser*, *s'écarter*, *menacer* ;
— par contact physique : *griffer*, *mordre*, *pincer*, *donner les coup de pied*, *gifler*... ;
— par la médiation d'un objet : *saisir*, *détruire*.

Grâce à ces fonctions, on peut établir un ensemble varié de proximités spatio-temporelles et relationnelles structurant les actions, en l'occurrence celles d'enfants placés dans un contexte de jeu et selon les relations qu'ils assument entre eux en tant que *compagnons* de jeu. Cette nouvelle dimension relationnelle, qui excède le territoire restreint du cadre familial, ouvre à un monde proximal décisif pour la vie : celui des possibles relations avec les autres, étrangers. Un monde proximal s'avère possible à condition qu'il soit formé à partir de divers *révélateurs* positifs ou négatifs. Sans entrer dans les détails des diverses situations possibles que les psychologues observationnistes ont réussi à établir, je crois que quelques exemples peuvent nous éclairer.

Par exemple, l'action de "solliciter", étudiée par A. Restoin et son équipe, qui met en jeu une proximité à distance, consiste en "une recherche active du regard et/ou une orientation du regard par rapport à l'objet tenu mais sans qu'il y ait enchaînement avec une tentative de saisie ou une agression". Cette action suppose de nombreuses variantes (ving-trois configurations). C'est ainsi qu'une sollicitation peut s'accomplir dans le but de faire participer l'autre à une activité : un regard, un sourire ou un mot, une verbalisation, etc. forment des modalités différentes. Elle peut être accueillie favorablement par le récepteur ou rejetée, réprouvée (menace, agression, fuite).

Cet exemple qui révèle un rapport s'accomplissant en dehors de tout contact physique direct (proximité spatio-temporelle immédiate) — qui suppose d'autres types de révélateurs —, apporte des nuances aux tentatives de s'approcher de l'autre : regard, sourire, parole...; ou dans l'évitement et la distanciation : menace, agressivité, fuite (RI, 59 ss.). Or, si l'on se souvient que pour ces auteurs, le registre hédoniste concerne le plaisir et la joie, tandis que la souffrance appartient au second registre agonistique (affrontement, confrontation ou émulation), il apparaît que cette dichotomie ne rend pas la complexité des relations entre les êtres humains. Car, le classement me paraît trop rigide, et je ne suis pas sûr que la première rubrique soit aussi nette. Dans chacune des situations retenues concernant la "sollicitation", nous avons à faire à une *rencontre* qui s'actualise sur le mode de rapports positifs à distance. Rien ne prouve que la sollicitation par le sourire, le regard, la parole ne cache pas un piège, une ruse, une stratégie, qui peuvent devenir source de souffrance. Entre la bienveillance et la malveillance s'étendent des nuances qui forment autant de révélateurs que de situations singulières qu'il convient d'analyser et de gérer. Du reste, à supposer que cette rencontre se passe sur un autre mode du même registre, comme par exemple l'*invitation* qui fait appel, à son tour, à différentes situations, parmi lesquelles une invitation bienveillante peut être, en même temps, ambiguë, motivée par de l'intérêt. Et il en va de même de l'*accueil*, dont l'histoire nous apprend qu'il est arrivé qu'un banquet royal aboutisse à des assassinats ou qu'un banquet familial ou d'affaire soit un piège pour imposer des concessions. Entre l'accueil stratégique et l'hospitalité s'étendent des degrés qui ne sont pas tous réductibles à ce qui apporte du plaisir (hédonisme), mais peuvent dissimuler des situations malsaines, sources de profondes souffrances.

La notion de "rencontre" est donc profondément ambiguë, ambivalente même. Beaucoup d'êtres humains ont pu constater, au cours de leur vie, que des personnes qui les détestent, prennent souvent l'allure bienveillante selon les circonstances, en associant la sollicitation, l'invitation et l'accueil avec des arrières-pensées qui préparent des coups derrière leur dos. Les Troyens l'ont appris à leur dépens, quand ils firent entrer dans leur cité le cheval conçu par Ulysse pour briser leur résistance. Certes, cet exemple ajoute à la sollicitation la médiation d'objets (don et offrande), mais qui appartient au même registre des rencontres ambiguës. La vie humaine et l'histoire des nations est pleine de tels exemples, dont les révélateurs ne sont pas toujours transparents, ne serait-ce que parce que les choses sont toujours embrouillées et les intrigues illimitées.

C'est pourquoi, bien que nous ayons souvent l'impression qu'une rencontre par contact, du fait qu'elle manifeste clairement la proximité spatio-temporelle, serait la plus intense et la plus crédible, comme le fait de donner la main ou d'embrasser, aucun critère n'autorise à la privilégier par rapport aux relations à distance où intervient la médiation d'autres sens ou des objets. Le baiser de Judas a laissé dans notre culture une trace indélébile ; il a le mérite de faire voir les ambiguïtés qui couvrent et couvent les proximités spatio-temporelles, souvent soumises à des proximités relationnelles ambiguës. Combien de fois n'avons-nous pas entendu dire qu'un regard a suffi pour qu'une personne tombe amoureuse. À l'inverse, qui n'a pas éprouvé, au moins une fois dans sa vie, le sentiment de donner la main par obligation, pour se conformer à une coutume ou une convenance, alors qu'aucune envie ne le sollicitait ou qu'il ignorait qu'il se préparait entre les protagonistes un scénario redoutable ? Combien de fois aussi a-t-on refusé de rapprocher les acteurs d'un conflit autour d'une table, d'un déjeuner où la convivialité aurait pu résoudre de nombreux litiges, préférant manipuler des médiateurs ? Dans beaucoup de circonstances, un contact direct et un repas commun aurait pu s'avérer plus efficace pour résoudre de nombreux malentendus que le recours à des intermédiaires soumis à des stratégies d'intérêt, qui amplifient les distances[14]?

[14] Il semblerait ainsi, pour prendre un exemple concret, que les négociateurs entre les Serbes et les Albanais du Kosovo à Rambouillet avaient évité de

Dans beaucoup d'actions appartenant au registre hédoniste, le plaisir annoncé n'est pas de mise. Il faut se méfier de ce genre de simplification, qui souvent oblitère les sources de la souffrance. Ce n'est pas seulement l'éloignement, la séparation ou la rupture qui la produisent, mais également le mode de rapprochement. Les rapprochements révélateurs sont plus manifestes lorsque les personnes se rapprochent entre eux pour mieux affronter l'adversaire, comme c'est le cas des proximités identitaires (racisme, nationalisme, xénophobie, fanatisme, sectarisme...), constitutives d'intrigues. Aussi la question de la proximité fait-elle voir qu'il existe des rencontres qui ne sont pas toujours favorables. Mais l'inverse est aussi possible. Dans ce qui a été qualifié de registre agonistique, quoique le plus souvent on y inclut des attitudes marquées par la violence, notamment dans le cas du contact physique (griffer, mordre, pincer, donner les coups de pied, gifler...), la rencontre avec l'autre peut aussi s'accomplir sur le mode d'une défense face à la violence de l'autre ou d'une intervention violente pour arrêter des personnes en lutte avec lesquelles nous maintenons une proximité relationnelle positive et intense. Bien plus, le fait de refuser d'intervenir dans des situations malsaines et destructrices, ou le fait de s'écarter pour ne pas être complices de souffrances infligées à d'autres ne saurait être situé d'une façon stricte dans ces registres opposés, car en refusant certaines actions ou en s'écartant de certaines situations, on peut se rapprocher davantage de ceux qui en sont les victimes et qui souf-

---

créer une convivialité entre les représentants des deux parties en les gardant séparés dans le même hôtel (à proximité spatio-temporelle) et en jouant eux-mêmes les messagers, évitant de favoriser une proximité relationnelle. Si cet événement était confirmé, on peut se poser beaucoup de questions, non seulement sur l'igorance des négociateurs de ce qu'est une proximité ambivalente, mais aussi sur leur volonté réelle que ces rencontres aboutissent. C'est aux historiens de l'avenir que reviendra la tâche de faire la part des responsabilités et des culpabilités. Pour ma part, même si cet événement n'était pas tel qu'on le relate, il peut être pris comme une référence fictionnelle de ce qu'il faut faire ou ne pas faire dès lors qu'on réfléchit sur la paix et les stratégies à suivre pour réaliser des proximités entre des parties en conflit.

frent. De même, saisir des objets dangereux ou les détruire rend parfois les rencontres plus ambiguës qu'elles ne paraissaient au départ. Sans oublier tous les domaines où l'agonistique rejoint l'émulation et la performance, comme dans les concours, les sports, les compétitions, etc., qui sont fort valorisés dans nos sociétés, alors qu'ils ne sont pas exempts de profondes souffrances aussi bien corporelles que psychiques. C'est là un point sur lequel j'aurai l'occasion de revenir de plus près, car il met en jeu une proximité ambivalente qui domine de plus en plus aujourd'hui tant dans le monde éducatif que dans celui des affaires et des multiples concurrences.

On ne peut, bien entendu, confondre ces situations avec les antagonismes qui prolifèrent dans le monde actuel en multipliant les situations conflictuelles et les conflits destructeurs. Elles alimentent néanmoins les oppositions entre les êtres humains et les souffrances qui s'ensuivent, de sorte que leurs conséquences ne sauraient être négligées. Sans qu'elles soient causes directes de souffrances, elles les produisent indirectement, par leur caractère intermédiaire entre le registre hédoniste et le registre agonistique. Je veux dire par là qu'il existe bien des cas où, par exemple, un enfant se suicide parce qu'il n'est pas à la hauteur de ce qu'on attend de lui dans ses études, un candidat perd son poste de peu ou le perd à cause de manœuvres pour faire passer un concurrent, ou encore un athlète se dope pour réaliser des performances en détruisant sa santé, un téléspectateur casse son poste de télévision parce que son équipe a perdu, un joueur de loto rate une somme considérable à cause d'un seul chiffre, etc. Dans beaucoup de ces cas, comme dans des milliards d'autres, il peut arriver que le plaisir de l'émulation provoque des souffrances en dehors d'un conflit direct. Ce qui complexifie infiniment la question de la souffrance.

Face à l'éventail de situations produites par les rencontres qui ne se limitent pas au rapport mère/personne soignante - enfant, et qui proviennent d'interactions variables où les révélateurs se multiplient et où l'ambivalence de la proximité s'enrichit de multiples ambiguïtés, le chercheur a l'embarras du choix et peut puiser ses approches dans un arsenal riche de configurations. Les relations et les interactions d'un jeune enfant ou d'un adulte avec son milieu sont complexes et mettent en jeu de nombreux révélateurs qui configurent un monde proximal relativement à un monde distal inépuisable.

La notion de “rencontre” qui se tient au cœur de toute relation pertinente avec un autre ou des autres écarte toute approche univoque, réduite à la seule positivité (approche, fusion, union, accord, etc.) ; elle fait appel, à d’autres rapports possibles en lesquels l’opposition, l’affrontement ou la confrontation peuvent intervenir également. C’est pourquoi j’y porterai une attention particulière dans la suite. Du reste, la présence des antagonismes dans les processus de proximité perturbe infiniment l’analyse et nous oblige sans cesse de repenser la notion de rencontre selon sa polyvalence et ses irréductibles ambivalences. J’aurai l’occasion d’indiquer l’importance des antagonismes et de la violence dans la problématique de la proximité et dans celle de la souffrance. Mais, auparavant, il semble utile de revenir au rapport mère - enfant pour scruter le fond sur lequel s’appuient les rapports privilégiés qu’on accorde à cette relation. Car, si la mère joue un rôle significatif dans la formation du sujet, il convient au moins de savoir quel est le type d’*attachement* en jeu dans pareille relation. Toutefois, en tenant compte de la complexité de ce que je viens de relever, la constitution du monde proximal de l’enfant, en lequel l’inconscient tient une place importante dans l’histoire de la constitution de sa singularité, suppose une multiplicité de relations proximales, et non seulement celles qui concernent la mère.

2. Champs de l’attachement

1. *Attachement et détresse*

La proximité entre la mère et l’enfant a été au centre de la problématique de l’attachement, inaugurée par James Robertson et thématisée, en 1958, par John Bowlby (dans trois volumes consacrés à l’*Attachement*) et H.F. Harlow (dans un livre sur *La nature de l’amour*). René Zazzo, qui a fait connaître ces travaux en France, a insisté sur le caractère révolutionnaire de leur approche, parce qu’ils avaient envisagé le besoin d’attachement comme fait primaire et autonome, qui ne dérive pas d'un autre besoin qui serait plus fondamental[15]. Que le besoin de nourriture, de protection, de tendresse soient des situations primordiales pour l'être humain dès sa naissance, cela ne fait aucun doute. Mais vouloir remplacer la théorie de la libido et des pulsions (c'est-à-dire du primat de la sexualité) par celle de l'attachement (primat de l'amour), en contournant Freud par du post-freudisme sans profondeur, constitue une stratégie qui doit encore être éprouvée. D'autant plus que de nombreuses études actuelles dans ces domaines sont développées dans le sillage des travaux d'éthologie animale inspirée des recherches de K. Lorenz[16], que j'ai décidé d'éviter ici, comme je l'ai souligné dans la première Section, pour ne pas alourdir davantage un texte déjà suffisamment dense — même si des auteurs que j'utilise, comme Bowlby, Schaffer, Cyrulnik et d'autres ne cessent d'y faire référence. Il est toutefois important de signaler que l'arrière-fond commun (presque métaphysique) de ces recherches, y compris celle de Freud, est configuré par l'idée darwinienne d'"adaptation" d'un être vivant, donc aussi de l'être humain, à son environnement et son milieu. Et, comme on l'a vu, cette adaptation est aujourd'hui affinée et est convertie en plasticité. La question de l'adaptation biologique a été longuement étudiée depuis qu'on envisage les êtres vivants, non plus en eux-mêmes, mais en fonction de leur niche écologique. Sur ce plan c'est le concept de complexité qui domine, car la complexité des structures des vivants est de plus en plus considérée relativement à l'environnement selon les détails qui favorisent l'adaptation, selon un système (complexe) d'interactions et d'ajustements[17].

[15] R. Zazzo et autres, *L'attachement*, Delachaux et Niestlé, 1974, p. 20.

[16] Cf. K. Lorenz, *Les fondements de l'éthologie*, Flammarion, Paris, 1984.

[17] Selon la traductrice du travail de J. Bowlby, Jeannine Kalmanovitch, l'"adaptation" concerne "l'action d'adapter" (Littré, proche du sens anglais), mais aussi "l'action de s'adapter ou le résultat de cette action" (Robert). Pour rendre l'anglais *adaptedness* (substantif issu du participe passé *adapted*), elle propose le néologisme "adaptétude" en partant de propositions parallèles concernant la négritude ou la différence latine entre *necessitas* et *necessitudo*, qui confèrent une nuance au sens, le premier, plus abstrait, le second plus concret.

Dans le cas de l'homme, les choses sont donc plus complexes : il est plus versatile et est capable d'innover. Cela lui a permis d'élargir et de modifier, au cours de son évolution, les environnements dans lesquels il est apte à vivre (AI, 89 ss.). Grâce à sa capacité d'adaptation, il mit en œuvre des stratégies de survie et de coordination dont l'efficacité s'est confirmée au fil du temps.

Quand on tient compte d'une perspective qui respecte la complexité, on reconnaît que l'homme utilise de nombreux systèmes de comportement différents et que ses activités peuvent être réalisées suivant divers modes de coordination. J. Bowlby relève les systèmes de séquences permettant de suivre la chaîne de l'activité et de l'adaptabilité des êtres vivants. Pour reprendre un exemple connu non-humain, la collecte du mie par une abeille part d'un premier maillon d'une chaîne, formé par le système de comportement régulé par la vision (perception d'une fleur à distance), suivi par un maillon commandé par des stimuli olfactifs qui permettent à l'abeille d'aborder la fleur, ce qui met en jeu un troisième maillon dominé par des stimuli tactiles, puis par le goût, etc. Les séquences comportementales sont ainsi adaptées à l'environnement selon des enchaînements simples, mais susceptibles d'accidents de parcours, de sorte que le processus peut ne pas aboutir, ou il peut utiliser des raccourcis pour arriver plus vite à destination. Dans le cas des êtres humains, la complexité fait appel à des stratégies à géométrie variable, capables de rectifier les séquences et de les hiérarchiser. Dès lors qu'il y a adaptation selon des stratégies, l'être humain utilise des configurations (représentations topographiques ou cartes mentales) qui l'aident à recueillir de son environnement suffisamment d'informations pour agir (AI, 111 ss.). Cette action n'est pertinente que si l'acteur possède une connaissance de ses propres capacités et potentialités comportementales (AI, 120).

D'où l'idée que, selon Bowlby, "l'environnement d'adaptétude évolutionniste" serait l'environnement auquel un être vivant s'adapte ou est adapté suivant les processus de l'évolution (*L'attachement I*, *op. cit.*, p. 79, n. 1). Je citerai l'ouvrage de Bowlby par l'abréviation AI, AII et AIII.

En vertu de cette première approche, le comportement d'attachement consiste en "une classe de comportement social d'une importance équivalente à celle du comportement d'accouplement et du comportement parental". Attachement et relations d'accouplement et de parenté diffèrent, même s'ils se recoupent jusqu'à un certain point. L'attachement présenterait une fonction biologique qui lui est spécifique et concerne certains systèmes comportementaux lorsqu'ils sont activés et se développent chez l'enfant comme conséquence de son interaction avec son environnement d'adaptétude évolutionniste, et spécialement de son interaction avec sa mère (le fait de manger ne joue qu'un rôle mineur dans son développement).

Les recherches de Bowlby concernent les origines et le développement précoce de l'être humain. Elle relèvent que toute adaptétude combine deux modèles, l'un environnemental, l'autre organismique — compris selon une perspective cognitive, en dehors d'une mémoire affective formée à partir des pulsions et de leur satisfaction ou non-satisfaction. Même lorsqu'il intègre le langage, Bowlby se réfère à l'usage fait pour organiser un comportement au moyen de stratégies. Certes, il reconnaît que le langage contribue à la formation de modèles sophistiqués, dont "les résultats sont d'une variabilité protéiforme" (AI, 121-122), et concerne la problématique des sentiments (AI, 151)[18]. Mais ici aussi, il n'éclaire pas l'affectivité en elle-même selon une mémoire affective, mais l'envisage à partir des rôles du système d'évaluation : évaluation des environnements et des états de l'organisme en changement, surveillance de l'individu sentant et service de communication avec autrui. En fait, c'est en sous-déterminant la mémoire affective que Bowlby se sépare de Freud, considérant les comportements à partir d'un *influx afférent sensoriel* et d'un système de *déviation* (plutôt que de détournement actif) en relation avec une situation de référence qui est celle du comportement d'attachement en tant qu'il est potentiellement actif pendant toute la vie de l'être humain.

[18] Bowlby privilégie la notion de sentiment au sens large, et utilise le terme "affect" à propos des théories habituelles, et le terme "émotion" dans le sens restreint des sentiments ou affects, tels que aimer, haïr, avoir peur ou faim...

Pour avancer un peu plus du côté de la question de la souffrance, constatons que, pour Bowlby, l'influx, issu de l'environnement ou de l'organisme, lorsqu'il est évalué et interprété, peut être ressenti en termes de valeur (agréable ou désagréable, bon ou mauvais, appétissant ou rebutant). Selon que son origine est l'organisme ou l'environnement, il produirait de la douleur et des effets comportementaux (A I, 160-162). Ce domaine nous est déjà familier. Mais ce que nous n'avions pas encore abordé jusqu'ici, ce sont les conséquences d'une telle situation. Or, dès lors que dans la thématique de l'attachement on écarte la perspective freudienne de la libido et des pulsions, l'origine des souffrances demeure problématique. La douleur n'est-elle qu'une conséquence d'un influx excessif, comme par exemple un bruit (environnement) aigu ou une indigestion par excès de nourriture (organisme) ou, au contraire, d'ordre pathologique (manifesté par des symptômes, comme le soutient Freud) ? En écartant Freud, Bowlby insiste sur le fait que la pathologie constatée sur un enfant ou sur un adulte ne serait pas due à une fixation ou une régression à une étape précoce de son développement, mais à un cheminement *déviant* dans son développement psychique.

Bowlby prend ici comme critère, non la raison, comme le faisaient beaucoup d'Anciens, et notamment les Stoïciens, et comme les font les psychologues du comportement, mais le modèle cybernétique. Celui-ci expliquerait comment les comportements d'attachement deviennent auto-adaptatifs, au cours du développement. Cela est dû au fait que les systèmes homéostasiques structurés évaluent d'une façon continue, en évaluant au moyen du rétro-contrôle, tout décalage dans les comportements que le comportements d'attachement *rétablit* par le biais du *maintien* d'une proximité avec la ou les figures d'attachement reconnues. Cela signifie que tout décalage, toute déviation peut provoquer une menace de perte, qui entraîne du chagrin ou de la colère, et qui doit trouver une réponse homéostatique par une correction, garantie par la proximité. À l'inverse, le maintien d'un lien sans menace est ressenti comme une source de sécurité, et le renouveau d'un lien de proximité est envisagé comme une source de joie[19].

[19] J. Bowlby, *Attachement et perte*, T. III : *La perte. Tristesse et dépression*, PUF, Paris, 1984 (orig. 1980), p. 60.

Ainsi, d'après John Bowlby, le comportement d'attachement consiste à "*maintenir la proximité* avec un autre individu" (A I, 267).

À cette occasion, il précise l'évolution de sa propre pensée entre 1958 et 1969, qui passe d'une théorie de réponses à composantes instinctuelles à une théorie cybernétique du comportement d'attachement. Dans la première version de sa théorie, il décrivait cinq modes[20] de comportement contribuant à l'attachement : la succion, l'agrippement, le comportement de suivre quelqu'un, les pleurs et le sourire. Dans la nouvelle version, il considère toujours que les cinq modes sont importants, mais il postule que chez l'enfant entre neuf et dix-huit mois, ils sont incorporés selon leur but à des systèmes rectifiés, organisés et activés pour *maintenir* l'enfant à *proximité* de la mère, qui devient *un but assigné* (AI, 248). Pour qu'un tel comportement d'attachement soit possible, il faut que l'enfant reconnaisse la mère et "soit enclin à se comporter de façon à *maintenir la proximité* avec elle" (AI, 273 ss.). En somme, si la proximité figure l'attachement, c'est parce que le *maintien* de la proximité constitue réponse à une dérégulation d'ordre homéostasique. À cette thèse manque pour ainsi dire les structures cérébrales du régisseur, telles qu'elles ont été élaborées, on l'a vu, par les neurosciences. Elle me paraît être, avec quelque retouches, une anticipation logique des analyses de A. Damasio que j'ai esquissées ci-dessus.

Pour illustrer plus concrètement la position de Bowlby, prenons le cas des pleurs, parce qu'il permettrait, en tant que fonction homéostatique, de maintenir la proximité, comme dans le cas où la mère quitte la pièce. L'enfant tente parfois de la suivre, mais échoue et les pleurs peuvent augmenter ou cesser par une sorte de résignation ; en revanche, le retour de la mère est accompagné de joie. La rupture d'une proximité est aussitôt neutralisée par la proximité reconstruite. L'attachement sert de médiation pour cette reconstruction. Mais alors que la proximité ne semble être envisagée par Bowlby que dans l'ordre spatio-temporel (départ et retour de la mère dans un laps de temps déterminé), nous

[20] Il parle en fait de "schème", mais le sens qu'il assigne à ce concept est fort différent du mien, c'est pourquoi je préfère utiliser, pour sa pensée, le terme de "mode" qui rend mieux ce qu'il veut dire.

constatons que la proximité relationnelle retrouve ses droits *via* le comportement d'attachement qui *maintient* la proximité. C'est dire qu'à son insu, Bowlby utilise l'ambivalence de la proximité, axée sur l'attachement. En revanche, il occulte la manifestation de la souffrance liée à la proximité : la rupture sous la pression d'un départ provoque une souffrance profonde dont les réponses ne sont pas satisfaites. Cela entraîne des conséquences pour l'inconscient de l'enfant. Même s'il y a reconstruction de la proximité par la réapparition de la mère, les traces demeurent. J'aurai l'occasion de revenir sur ce type de violence et ses conséquences quand j'envisagerai la question de la "résilience", car les recherches actuelles sur les déchirures traumatiques de toutes sortes montrent qu'elles ne sont pas irrémédiables.

La théorie bowlbienne de la proximité, limitée à des processus homéostatiques, éclaire néanmoins l'état de tension et la détresse de l'agent de l'action (*stressors*, *stress*, *distress*) (AIII, 62). Ces concepts nous éloignent des données que nous avons relevées concernant les multiples *pressions* qui produisent des effets dans l'inconscient, dont les conséquences peuvent être néfastes pour le sujet. J. Bowlby tente de donner une réponse à la détresse humaine, quelle que soit sa forme, en imaginant que le maintien ou la reconstruction de la proximité avec la mère ou une autre personne pouvait effacer les souffrances et susciter la joie. Bien qu'il perde de vue la complexité de l'histoire singulière de chaque individu depuis sa naissance, qui nécessite plus qu'une proximité avec la mère ou l'entourage dans un environnement de plus en plus complexe, l'idée d'une reconstruction est féconde. D'autant plus qu'elle aboutit, moyennant d'autres facteurs de proximité, au problème de la sécurité.

Selon Bowlby, il y a "toutes les formes de comportement qui augmentent ou maintiennent la proximité (se déplacer vers, pleurer, étreindre) et aussi toutes celles qui encouragent la mère elle-même à maintenir la proximité (sourire ou autres sortes d'amabilité)". Il ajoute des facteurs qui activent les divers comportements d'attachement ou les empêchent, comme la douleur, la fatigue, etc. Il fait même état de leur fonction de protection, la mère ou l'adulte étant envisagés comme un gage de *sécurité*. D'où il déduit que l'attachement comporte un caractère primaire qui médiatise, d'abord, la mère, puis le père et, enfin, d'autres adultes familiers (RI, 112 ss.).

Dans le sillage de Bowlby ou en parallèle, R. Schaffer, M.D.S. Ainsworth, P. Emerson et d'autres ont insisté sur les liens que tisse l'enfant, non seulement avec la mère, mais également avec d'autres personnes. Cette thèse de l'attachement *multiple* est associée à une autre, déjà retenue par les Anciens, d'après laquelle il faut tenir compte de la présence de différents types d'affectivité et d'attachement (entre parents, frères, frère-sœur, amis, éducateurs, etc.), y compris une hiérarchisation de ces rapports. Cette complexification des relations d'affectivité impliquant des multiples comportements d'attachement nuance fort l'attachement à la mère, comme si, du fait de la maternité, ce rapport demeuraient exclusif, contre vents et marées. Ces nuances montrent qu'il faut tenir compte du développement de l'enfant selon des étapes. D'après R. Schaffer il y aurait trois étapes : différenciation par l'enfant des êtres humains des autres éléments du milieu, reconnaissance de la figure maternelle et sélectivité. Chacune de ces étapes fait la différence entre un monde proximal et un monde distal, comme, par exemple, dans la cas où la promotion de la figure de la mère n'est pas immédiate et s'accomplit au détriment des autres personnes, envisagées comme des inconnus, ou dans le cas de la sélection de personnes dont on cherche la compagnie en rejetant tout rapport avec des inconnus (RI, 48 ss.). Une fois encore la proximité relationnelle est envisagée exclusivement par le biais de l'attachement, mais en distribuant l'attachement selon les rapports diversifiés qu'il convient d'instaurer.

L'approche de l'attachement multiple qui promeut des figures autres que la mère, autorise l'usage d'une configuration *prégnante* qui s'organise par la mise en valeur du *familier* au détriment d'individus inconnus, appartenant pour l'enfant au monde distal, auquel il demeure indifférent pour un temps. Elle fait voir que les étapes de l'émergence et de la différenciation de l'attachement à partir de ce qui est le plus familier (le plus connu pour nous) suppose l'histoire singulière de chaque individu, réalisée par des ajustements successifs entre l'enfant et les autres. Toutefois, cette perspective occulte le fait que l'attachement comme maintien de la proximité à partir de ce qui est proche et familier n'est pas seulement d'ordre cognitif mais il est également et surtout d'ordre affectif.

Aujourd'hui, on dirait que c'est la formation d'une mémoire affective et la plasticité du cerveau qui fonde l'attachement et c'est pourquoi ses répercussions sur la vie adulte ne sont pas négligeables, comme Freud l'a montré avec perspicacité. Bowlby admet certes que le comportement d'attachement dans la vie adulte est en continuation avec celui de l'enfance, mais il évite tout rapprochement avec des pulsions possibles, des refoulements et l'apparition de symptômes détournés. Il se contente d'indiquer que dans les maladies et les malheurs, les adultes agissent par l'excès, en devenant exigeants à l'égard des autres, et en cas de danger inattendu ou d'un désastre, “l'individu recherche presque toujours la *proximité* avec une autre personne *connue* et en laquelle il a *confiance*”. Il s'empresse d'ajouter que loin d'être une sorte de régression, cet attachement joue un rôle vital dans la vie humaine “depuis le berceau jusqu'à la tombe” (AI, 283-284). Cette incursion dans la problématique de la maladie et des infortunes qui touchent l'homme en vue de montrer que c'est sur le mode de la confiance que la proximité joue un rôle positif, nous conduit au cœur de l'apport réel de Bowlby à la question de la proximité, même s'il n'aborde pas le problème par ce biais.

De ce qui précède, il ressort que l'analyse bowlbienne de la proximité est celle d'une proximité spatio-temporelle agrémentée d'une proximité relationnelle axée uniquement sur l'attachement. Aussi l'attachement a plus de chance de s'activer si l'enfant, d'abord, l'adulte, ensuite, sont confrontés à la perte de la mère et d'une personne aimée, ou à leur éloignement... Il n'en reste pas moins que face aux aléas de la vie et aux situations multiples et complexes, qui s'imposent aux individus dès leur naissance comme des multiples *pressions* qui les font souffrir, la recherche obligée d'une *proximité* avec une autre personne *connue* et en laquelle on a *confiance*, ne constitue qu'un aspect du problème, une sorte de canevas nécessaire mais pas suffisant. Il faut se demander qui peut être cette personne (si la mère est défaillante et si le milieu ne prête pas à cette situation idéale), et si l'on peut redresser les traumatismes qui alimentent les souffrances du fait de l'histoire singulière de chaque personne. Qu'en est-il des proximités relationnelles, telles l'amitié, l'amour, la résilience, l'hospitalité, la solidarité, la fraternité, etc. ?

3. *Précarité de la confiance*

Nous avons vu dans une précédente Section que, selon Eluard, l'action des mains se distingue de la vision par une différence d'(in)formation. J'avais précisé à cette occasion que cette action se distingue aussi par une provenance énigmatique, que les objets fabriqués dissimulent à travers leur usage. Ces deux ouvertures, celle de la main par son action et son usage, et celle de la provenance nous déplaçaient déjà dans un autre paysage que celui du miroir et du dessin qui reflètent fidèlement l'apparence de notre corps ou de notre visage. Ne l'oublions pas, le poème qui fait état du jeu entre la vision et le toucher provient lui-même de la *parole*, cette parole qui marque son importance, dès avant la naissance, sur le fœtus même.

La parole peut produire des poèmes, comme elle peut produire des mythes ou des arguments, et comme elle peut provoquer des passions et des blessures profondes. Elle ouvre au champ immense de la communication, avec de multiples reliefs qui assurent à l'attachement un mode privilégié de manifestation. Nous avons vu son rôle dans le domaine de la mémoire affective, tantôt en provoquant des souffrances et tantôt en les maîtrisant. Relativement au miroir produit par un artisan, la parole de la mère, le discours du soignant ou de l'enseignant, le poème créé par le poète, le roman composé par le romancier, la théorie proposée par le scientifique, la parole de l'analysant ou du psychiatre, etc. assurent un autre type de provenance, plus puissant et prolifique. Pourtant un abîme sépare la vision, le toucher et la parole, alors que chacune de ces activités contribue à sa façon à la réalisation d'un monde proximal dans l'ordre de l'attachement. L'intégration de la parole dans notre propos donne l'impression de découvrir un lieu de l'unité de l'homme. En réalité, comme la parole fait jaillir une multiplicité de mots et se déploie selon divers types de langage et de discours, elle ne semble pas (encore) contribuer à figurer cette unité. Par la multiplicité des fonctions de ses membres et de ses organes, l'être humain est manifestement disloqué.

Aussi revenons sur nos pas pour mieux appréhender le glissement entre les sens et la parole, en profitant de l'occasion pour prolonger par de nouveaux éléments, le mythe originaire de la connaissance de soi, qui a guidé notre démarche au début de mon étude.

Le mythe nous a révélé comment j'ai découvert pour la première fois mon visage sur un dessin réalisé par un artiste occasionnel, et comment j'ai mieux compris que les mains peuvent servir aussi bien à réaliser une proximité avec des aspects de mon visage, en le palpant, qu'à produire un dessin m'aidant à le visualiser. Comme le poème d'Eluard, il est parvenu à rapprocher la vision et le toucher des mains, qui sont sans rapport et incompatibles entre eux. Grâce à la parole qui le constitue, selon une *façon* de parler, le mythe *fait voir* que c'est à la fois par le toucher et par la production de cet autre, le dessin, que j'ai accès à mon visage, à la singularité que d'autres m'attribuent et par laquelle ils me reconnaissent, en la confirmant par la *parole*. Plusieurs étapes se succèdent ici selon un ordre qui esquisse une configuration de plus en plus complexe de notre rapport à nous-mêmes et du monde proximal que nous édifions en y intégrant les autres. Déroulons davantage l'intrigue que le mythe recèle.

Grâce aux mains qui palpent le visage, nous avons déjà un premier accès *immédiat* à nous-mêmes, à notre identité partielle. Grâce à l'image qui a été dessinée de nous-mêmes, cet accès devient plus *clair*. Que l'image devienne ainsi un médiateur plus efficace que les mains de notre propre proximité, ne peut dissimuler le fait qu'elle est néanmoins entièrement tributaire d'une main, plus exactement de l'*habileté* d'une main, voire de ses parties (les doigts) qui sont seules aptes à nous rendre progressivement semblables, approchant de ce que nous sommes quant à l'aspect de notre visage. Clarté et habileté assignent deux propriétés différentes de la proximité. Par ces approches, nous nous rapprochons de nous-mêmes, en configurant une proximité plus claire avec nous-mêmes, comme si auparavant la proximité que nous ressentions, liée à l'expérience de notre existence, était encore obscure. Nous pouvons penser et déduire que nous existons, sans même connaître quelque chose de nous-mêmes, ni notre visage, ni nos mains, ni notre corps, ni quelque chose d'autre de nous-mêmes. Il s'agit du paradoxe le plus étonnant auquel nous a conduit Descartes et sa thématique du *cogito*. Or, rien ne dit que le fait d'avoir une proximité avec nos mains, notre image, notre corps n'entraîne pas un sentiment d'exister. Et sans la parole pour la communiquer, cette existence ne saurait conduire qu'au narcissisme silencieux. C'est pourquoi Descartes lui-même se voit obligé de faire précéder la problématique du "je pense, donc je suis", dans le *Discours de la méthode*, par l'idée qu'il y raconte son histoire personnelle et que ce qu'il raconte il le fait sur le mode d'une fable[21]. Tout se passe comme si la parole, et plus particulièrement le discours mythique, excédait ici la pensée elle-même. Dans sa recherche de la clarté, en posant la certitude à partir d'une intuition évidente, Descartes ne manque pas de manifester beaucoup d'habileté.

Mais chez lui, comme dans le mythe du dessin qui n'est susceptible de me révéler le plus ressemblant que si l'artiste est habile, la co-présence de la clarté et de l'habileté n'empêche pas la pensée occidentale de valoriser le plus souvent la clarté, tandis que les mains y sont dévalorisées par rapport aux yeux et à la vision. Descartes opère par la parole et la pensée, comme s'il n'avait pas de mains. Pourtant il a *écrit* le *Discours de la méthode*. Dans son cas, comme dans beaucoup d'autres, la *provenance* devient énigmatique. Descartes n'est sûrement pas responsable de ces occultations successives, inscrites dans une tradition qu'il ne fait que radicaliser.

Toujours est-il que Descartes nous a appris que dans nos démarches et nos approches à l'égard de nous-mêmes nous nous contentons pas

[21] Descartes, *Le discours de la méthode*, Coll. La Pleiade, NRF, Paris, p. 127. Descartes explique que son dessein n'est pas d'enseigner la méthode que chacun doit suivre pour bien conduire sa raison, mais seulement de *faire voir* quelle manière il a tâché de conduire la sienne : "Ceux qui se mêlent de donner des préceptes se doivent estimer plus habiles que ceux auxquels ils les donnent, et s'ils manquent à la moindre chose, ils en sont blâmables. Mais ne proposant cet écrit que comme une histoire, ou, si vous l'aimez mieux, que *comme une fable*, en laquelle, parmi quelques exemples qu'on peut imiter, on en trouvera peut-être aussi plusieurs autres qu'on aura raison de ne pas suivre, j'espère qu'il sera utile à quelques-uns, sans être nuisible à personne, et que tous me sauront gré de ma franchise".

de la vision. Nous ne cessons d'utiliser la *parole*, qui nous permet de communiquer et d'exprimer toutes ces expériences. Pourtant, jusqu'ici, le mythe que j'ai façonné l'a maintenue à l'écart, comme si elle ne jouait aucun rôle décisif, alors que lui-même en est l'expression la plus spectaculaire. Comme l'a bien discerné Heidegger, la parole est ce dans quoi l'homme séjourne et, à ce titre, elle est l'une des manifestations les plus éminentes de la proximité[22]. Cette proximité s'impose, d'entrée de jeu, mais d'une façon qui n'en demeure pas moins étrange, car la *provenance* en nous de la parole qui lui confère le statut de ce qui nous est le plus proche n'occulte pas moins sa nature propre[23].

Dans le mythe d'origine que j'ai façonné ci-dessus, rien donc de la proximité relationnelle (avec nous-mêmes) que nous découvrons grâce au visage dessiné par notre artiste occasionnel, — et qui est à l'origine tant du mythe de Narcisse que du narcissisme —, ne nous garantit qu'il soit bien le nôtre ou qu'il soit proche de notre propre visage. L'habitude et la certitude que nous instaurons, subjectivement, ne sont pas des critères suffisants pour garantir la véracité de ce que nous voyons, même si elles sont apaisantes et sécurisantes. Si Narcisse s'est noyé en cherchant à toucher le reflet de son visage dans l'eau, parce qu'il n'a pu le reconnaître, dans notre cas où l'on découvre notre image pour la première fois à travers un dessin, nous risquons, à l'inverse, de trop nous y attacher, nous identifier sans que nous ayons la preuve qu'il s'agisse bien de notre propre image. Pour acquérir cette garantie, il faut qu'un autre ou d'autres nous rassurent et certifient que nous ressemblons à l'image qui a été dessinée, qu'elle est fidèle à notre visage. Pour illustrer cette perspective, prolongeons le mythe que j'ai façonné autour de l'image du visage dans le miroir.

Imaginons que l'image dessinée par l'artiste occasionnel n'est pas la mienne. Imaginons aussi que j'ai été dessiné comme une sorte

[22] Voir notamment Heidegger, *L'acheminement vers la parole*, Éditions Gallimard, Paris, 1976.

[23] Cette provenance, Heidegger la situe dans un fonds en nous qui en même temps provient de la culture ambiante, qu'il qualifie die Sage — traduite par la Dite qui signifie en fait le mythe et la légende...

de monstre qui ne reflète pas la réalité de mon visage. Il est évident qu'aussi longtemps que personne, parmi ceux qui participent à ce jeu macabre, ne m'informe sur cette situation et que, au contraire, tous jouent le jeu en persistant et affirmant que c'est bien là mon visage, je vivrai avec la certitude que le dessin en question me représente fidèlement. La parole des autres, leur opinion n'est mise en doute que si les circonstances l'imposent, sinon elle nous paraît le plus souvent aller de soi. Nous pouvons nous y attacher, sans y réfléchir. Le monde culturel, depuis l'origine de l'homme, n'a cessé de conforter de telles situations.

Grâce à cette approche, qui prolonge la question de la vision de soi-même dans le sens des ambiguïtés des rapports humains, où la vérité et le mensonge surgissent par la force de la parole, nous découvrons que le monde proximal que nous formons en intégrant la parole met en œuvre un mode essentiel de la proximité : la *confiance*. Toute confiance rapproche, alors que la méfiance éloigne. À travers la confiance la proximité spatio-temporelle et la proximité relationnelle s'enchevêtrent d'une façon indissociable, tandis qu'à travers la méfiance et la défiance surgit la souffrance humaine. Tout se passe comme si la confiance relative en l'autre augmentait la confiance en soi, tandis que la méfiance déstabilisait cette confiance en soi, produisant de l'anxiété et des souffrances.

Cet exemple illustre la *doxa*, telle qu'elle a été élaborée par Platon, qui l'associe à la "croyance" (*pistis*). Chez lui, la croyance signifie la certitude et la foi que nous accordons aux choses et aux autres, la "confiance" que nous y ajoutons en confortant la certitude. Or, rapportée à la situation mise en scène par le mythe, cette certitude, fondée sur la confiance, s'associe à une proximité plus grande avec les autres, qui révèlent ce qu'ils souhaitent que je croie à propos de moi-même. Pour que la confiance que j'accorde à leur parole soit durable, il faut que le secret soit gardé, — qui suppose une confiance réciproque entre mes interlocuteurs, ce qui se traduit par une sorte de proximité identitaire, fondée sur le mensonge.

Une connivence profonde lie donc la proximité et la confiance. À première vue, plus la confiance règne, plus la proximité se renforce, quel que soit le type de proximité qui s'y installe. En réalité, les choses sont sûrement plus complexes. Mais ici, nous pouvons nous contenter d'imaginer ce qui pourrait se passer si quelqu'un trahissait l'accord entre mes interlocuteurs, en rompant une confiance réciproque qui les liait par le mensonge. Je perdrai toute confiance en mes amis, en détruisant la proximité qui nous liait, en rompant tout l'attachement que j'avais pour eux, en créant un authentique éloignement, alors que la personne elle-même qui a trahi, serait rejetée par les autres parce qu'elle a rompu leur confiance consacrant le lien de proximité institué sur cet accord originaire. Je ressentirai également une souffrance profonde, comme si je compensais l'éloignement et le détachement à l'égard de l'autre ou des autres par une proximité avec moi-même, exprimée par la souffrance vécue. La souffrance apparaît ainsi comme une expérience vécue dans sa singularité par celui qui souffre, qui est seul à vivre de cette façon sa souffrance. Par cette épreuve singulière de la souffrance nous découvrons non plus seulement que la proximité avec soi-même est bien plus fondamentale que la connaissance de soi, mais que cette proximité est tributaire des autres, du jeu que ceux-ci consentent à jouer, rassemblant en chaque personne plusieurs rôles ensemble, aussi bien ceux du spectateur qui nous observe, du régisseur qui nous manipule que de l'acteur qui fait usage de la parole en se dissimulant derrière un masque.

Ces éléments rappellent des événements qu'on rencontre dans chaque civilisation, mais que notre culture judéo-chrétienne a perpétué autour de la figure de Jésus, dans la mise en scène de la Cène, où les apôtres, y compris Judas, entourent le Christ. La trahison a suscité une profonde souffrance. Celle-ci a atteint son point culminant dans la souffrance du Christ sur la croix. Toutefois, on le verra, la confiance et la perte de confiance ont conduit, d'une autre façon, à la fidélité et à l'exclusion. En cet endroit, notons que la souffrance vécue dans sa *singularité* par le Christ entraîne le deuxième mode de la souffrance : celui qui se *diffuse* et qui atteint l'entourage du Christ. Nous verrons plus loin que ce deuxième mode concerne la proximité avec les autres. Il concerne les rapports que les êtres humains entretiennent avec les êtres souffrants, dans les milieux familiaux, hospitaliers, professionnels et dans la vie courante. C'est sur ce plan que la question de la confiance s'avère déterminante. Mais, on l'a vu, il existe aussi un troisième niveau de la souffrance. Il concerne ce qui est dit et raconté de la souffrance, qui la refigure, la transfigure et la défigure. Il s'agit d'un lieu privilégié de la littérature, de l'art et de la politique, que j'aborderai, dans la suite, d'après plusieurs scénarios.

L'insertion de la parole dans le monde proximal marque donc un tournant dans l'analyse de la proximité avec soi-même et dans celle avec les autres. Elle renforce la champ de la proxémie et de l'attachement, du fait que la parole est multiforme et polyvalente. Comme Gorgias l'avait constaté, avec beaucoup de perspicacité, elle a un pouvoir immense, elle façonne tout ce qu'elle souhaite. Elle peut louer et blâmer, élever et rabaisser ; elle n'est donc pas seulement créatrice ou édifiante, mais peut blesser l'autre dans son âme, produire des ressentiments, provoquer des conflits... Par cet aspect, si j'ose dire, maléfique, elle peut nous éloigner de l'autre, perturber le monde proximal, pousser même les êtres humains dans l'indifférence des souffrances des autres, comme s'ils faisaient partie d'un monde distal. C'est dans de telles perspectives que la parole peut faire souffrir et provoquer des situations qui expriment par elles-mêmes de la souffrance. Aujourd'hui, l'image prend de plus en plus le relais, complexifiant davantage la proxémie et l'attachement. Mais, pour notre propos, la valeur la plus éminente de la parole et de l'imagination tient dans le fait que, par ce que la parole dit, et par ce que l'imagination révèle, elles *rapprochent* ce qu'elles portent à la présence, — ce qui concerne un nombre considérable de choses, réelles ou fictives. La parole et l'imagination ont même la capacité de sélectionner des choses appartenant au monde distal (l'inconnu et le complexe), de les intégrer aussi dans le monde proximal. Par ce pouvoir, elles élargissent sans cesse le monde proximal, pour ainsi dire à l'infini.

Par suite, bien qu'elles soient ce dans quoi l'homme séjourne, comme son fonds propre, comme une sorte de modèle d'autres formes de proximité, la parole et l'imagination échappent à la solitude de l'univocité, à une identité qui nous singulariserait au même titre que le visage. Leurs potentialités sont si riches et si variables, si bénéfiques, mais aussi si maléfiques, qu'elles se rapprochent davantage de la fonctionnalité de la vue et de la main, mais en en multipliant considérablement les potentialités. La main, qui peut faire des choses fécondes et utiles, a aussi la capacité de frapper, de manipuler des armes, de faire souffrir l'autre. En somme, la richesse offerte par la parole et l'imagination est infiniment plus extraordinaire, mais n'est pas moins destructrice.

En résumé, la parole et l'imagination sont polyvalentes, multivoques et multifonctionnelles. Se fonctionnalisant selon différents types de discours (démonstration, argumentation, rhétorique, mythe, fiction, actions...) et d'images (remémorations, réminiscences, rêves, inventions, créations, fictions...), elles diversifient leurs pouvoirs et ouvrent au monde de façon variable et infiniment configurable. Selon qu'elles manifestent le vrai ou le mensonge, la réalité ou la fiction, le vraisemblable ou le mythe, selon qu'elles révèlent ou dissimulent, qu'elles réjouissent ou blessent, qu'elles nous rapprochent ou nous éloignent des choses, des autres et même de nous-mêmes, la parole et l'imagination configurent des situations variables rendant les rapports tantôt simples et tantôt complexes. Leur polyvalence explique aussi pourquoi elles sont susceptibles de porter à la surface la souffrance, la diffuser, la refigurer et la transfigurer — ce qui ne veut pas dire qu'elles seront reçues par tous et partout de la même façon. Par la refiguration et la transfiguration le roman, le mythe, la poésie et la rhétorique, mais aussi l'art et, en particulier le septième art, les discours médical et politique, et d'autres encore peuvent faire état de la souffrance, la rendre sensible à tous ceux qui consentent à être à l'écoute de l'autre. Nous verrons, en illustrant cette perspective par une analyse de romans, que les différentes associations entre parole et image, peuvent servir à leur façon, peut-être mieux que tout autre procédé, à faire voir cette souffrance.

3. *Territoires de l'intime individuel*

Se référant au travail d'E.T. Hall, qui comprend l'espace proxémique selon la distance que nous souhaitons préserver entre nous et les autres, variable selon les civilisations et les circonstances, R. Neuburger conçoit l'espace *physique* personnel comme un territoire dont nous pensons être le gestionnaire exclusif. Le droit d'ouvrir ou non cet espace aux autres ne reviendrait qu'à nous. Ce territoire comprendrait, en plus du corps, un espace autour du corps. Le corps est constitué de parties solides contenues dans notre peau, il inclut aussi la peau et ses orifices (la bouche, l'anus, le vagin, l'urètre, les narines), tandis que l'espace autour du corps comprend les prolongements du corps : vêtements, chambre, maison, objets multiples, y compris virtuels, comme l'argent déposé en banque...). Je reviendrai à ce prolongement du côté des objets, lorsque j'aborderai la proximité avec les choses. En tout état de cause, le concept d'"espace physique personnel" est fort complexe. Il varie selon les facteurs sociaux, nationaux et autres. Le temps est également "une dimension qui peut être assimilée à l'espace physique corporel : nous n'aimons pas 'perdre notre temps' ou qu'on nous le 'prenne', sans notre consentement" (TI, 43-45). Nous retrouvons par là cette notion d'urgence que j'ai annoncée dans la première Section, et qui met en scène une proximité temporelle, à laquelle s'ajoute ici un élément révélateur d'une distanciation possible, source d'antagonisme et de conflit possible : la réticence qu'un *autre* prenne notre temps.

Ces observations relèvent la difficulté d'établir l'espace de la proximité spatio-temporelle. Elles sont néanmoins insuffisantes, aussi longtemps qu'on se limite au corps et aux configurations extérieures et internes — d'où proviennent nos activités externes. L'analyse de l'auteur a le mérite d'y associer l'espace *psychique* qui circonscrit le monde des pensées intimes. Ce monde est formé de "tout ce qui vient à l'esprit et que nous pouvons partager ou non avec d'autres selon notre envie". Même si le rôle de l'inconscient est sous-estimé, le domaine du psychique que l'auteur couvre complète nos approches précédentes. Le territoire de l'intime individuel provient et se constitue ainsi à partir d'un ensemble d'éléments et de facteurs qui leur confèrent une complexité qu'on peut esquisser jusqu'à un certain point.

R. Neuburger montre que le monde des pensées intimes peut être situé sur un plan qui comprend un ensemble d'activités : rêveries diurnes, rêves nocturnes, convictions, théories, croyances, sentiments, désirs, fantasmes, goûts, inclinations, affections, secrets, souvenirs, préoccupations, perplexités, questionnements, pulsions, répulsions, opinions diverses, religieuses, politiques ou autres. Cet espace est celui où l'enfant et l'adolescent réussissent à croire en leurs capacités de défendre leur propre territoire matériel et spirituel (pensées et convictions). Cet espace est repérable par les malaises ressentis, par exemple, lorsque quelqu'un prend connaissance de notre journal intime ou devine nos pensées, quand un lapsus malheureux dévoile le fond de notre pensée, etc. (TI, 47-49). Le territoire de l'intime individuel peut donc être menacé, le plus souvent par la différence entre normes familiales et normes sociales. L'essentiel tient dans le fait que l'enfant et l'adolescent assument la croyance en eux selon un processus qui oublie qu'il s'agit d'une croyance, en la refigurant en un mythe qui alimente leur "narcissisme". L'auteur parle plutôt de "auto-mythification", — terme qu'il préfère à "narcissisme", parce que le sujet se sent unique à partir d'une prédestination familiale (attente et désir parental de la naissance, identification avec le passé familial...) et des risques qu'il prend en affrontant son destin (jeux dangereux...). Ces actes de caractère *ordalique* dessinent un territoire de l'intime en s'exposant à des dangers qui laissent néanmoins la possibilité de sortir indemne de la situation à laquelle on s'expose (TI, 36-39). De cette façon, le monde proximal d'une personne qui se constitue présente une ouverture qui excède le monde proxémique restreint sur lequel Hall a basé ses analyses. Curieusement, ces références aux malaises et aux risques, qui anticipent l'analyse des menaces pour l'intimité par l'intrusion dans son domaine préservé, oblitèrent l'énumération de la douleur et de la souffrance dont elles sont pourtant des expressions. Cet oubli, habituel dans nos études, est le signe d'une banalisation de la souffrance. C'est bien cette banalisation qu'il faut tenter d'ébranler, car, à trop banaliser, on ne la voit plus, on devient indifférent à l'égard de l'autre qui l'éprouve et cherche à l'exprimer sans qu'il soit écouté. Banalisée, la souffrance risque de ne pas intégrer notre monde proximal, se donnant comme si elle était inconnue, loin dans notre monde distal.

Cela dit, la cascade des concepts que je viens d'étaler, et qui allient la problématique de la provenance et celle de l'ouverture au monde, fait voir le champ de la proximité avec soi-même relativement à l'espace intérieur et extérieur qui nous concerne, traçant une topographie complexe qui excède la seule dimension spatio-temporelle de la proximité.

Elle nous conduit à la proximité relationnelle, et plus spécialement à la proximité avec les autres, supposée ici dans le contexte de la défense de l'intimité. Cette intimité est plus manifeste dès qu'on ajoute la troisième composante du territoire de l'intime : le domaine de *compétence*.

L'expression "compétence" risque de nous égarer, car elle peut nous écarter du champ de la complexité, qui doit intégrer, en plus de la compétence et de l'expertise, la créativité, le savoir-faire, le pouvoir-faire et la liberté d'action — un ensemble d'activités de l'individu qui dessine une topologie extrêmement riche, dominée par la proximité relationnelle. Comme l'auteur le reconnaît, les compétences spécifiques de chacun de nous, sont assurées par l'apprentissage. Dans ce domaine, relevant de sa responsabilité, l'être humain est à la fois un spectateur et un acteur. Doté du sentiment de posséder une liberté dans ses actions, il interprète souvent les conseils qui lui sont prodigués par un autre (les parents ou un ami bienveillant) comme une intrusion dans son territoire intime (TI, 51-52). Il suffit de penser à nos comportements. Nous détestons que notre intimité soit mise en cause, que notre territoire intime soit empiété par un étranger ou même par un proche ; nous sommes jaloux de notre liberté et de nos biens, et nous provoquons des situations intenables pour un presque rien ; nous voyons partout des intrigues qui visent à pénétrer dans l'espace qui nous appartient. Bref, nous concevons la proximité en fonction de certains critères qui préservent un monde proximal, interdisant en quelque sorte que l'on dérange la sphère de notre intimité. Nous formons, pour ainsi dire, une sorte de carapace qui nous protège des autres.

Qu'en est-il ici de la présence de l'autre, y compris dans l'intimité familiale la plus intime, et plus particulièrement du *regard* de l'autre, sur lequel Jean-Paul Sartre a porté une attention profonde, ne serait-ce parce qu'il y découvre une menace, une violation de l'intimité[24] ? Sartre a bien montré qu'il faut situer le "regard" dans un contexte plus étendu, qui inclut les objets qui se lient au sujet et sans lesquels celui-ci serait abstrait, comme dans le cas où le fait de se lever est indisso-

[24] Cf. J.-P. Sartre, *L'être et le néant. Essai d'ontologie phénoménologique*, Gallimard, Paris, pp. 304 ss. Je citerai par l'abréviation EN.

ciable de la chaise sur laquelle je suis assis. L'association entre contexte matériel et menace qui guette l'être humain esquisse une situation qui nous rapproche un peu de la complexité de l'intimité individuelle.

Sartre écrit : “ce que je saisis immédiatement lorsque j'entends craquer les branches derrière moi, ce n'est pas qu'*il y a quelqu'un*, c'est que je suis vulnérable, que j'ai un corps qui peut être blessé, que j'occupe une place et que je ne puis, en aucun cas, m'évader de l'espace où je suis sans défense, bref que *je suis vu*” (EN, 304-305). Aussi, l'aliénation produite par le fait d'être-regardé implique l'aliénation du monde que le sujet regardé *organise*. Pourtant ce monde peut m'échapper, demeurer opaque, comme cette chaise sur laquelle je suis assis, et “je ne la vois point, en tant qu'il est impossible que je la voie, en tant qu'elle m'échappe pour s'organiser, avec d'autres rapports et d'autres distances, au milieu d'autres objets qui, pareillement, ont *pour moi une face secrète*, en un complexe neuf et orienté différemment” (EN, 309-310). Selon un langage qui nous est maintenant familier, on peut dire que Sartre relève l'émergence d'un monde proximal face à un monde distal. À ce que Neuburger retient, j'ajouterai que la menace concerne également le regard sur des choses qui révèlent notre pensée ou notre vie, comme le cas de la lecture par un autre d'un journal intime concernant le monde proximal du sujet, et qui doit demeurer à distance du regard des autres, devant devenir, pour eux, un élément (définitif) de leur monde distal. Ces situations qui mènent à la complexité, montrent que chaque fois qu'une incursion est tentée dans le territoire de l'intimité individuelle, s'ensuivent des conflits et de profondes souffrances.

Une fois encore s'imposent les ambiguïtés que recèle l'ambivalence de la proximité. Une trop grande proximité spatio-temporelle peut générer des rapports négatifs qui vont de la simple irritation à un conflit ouvert. Les modalités qui subvertissent ici la proximité relationnelle, sont multiples, aucune désignation ne pouvant jamais épuiser leur complexité. Chacun de nous s'est senti, dans sa vie, agacé, énervé, contrarié, exaspéré, etc. par les tentatives préméditées, spontanées ou bienveillantes des autres d'approcher notre intimité. La longue terminologie que le langage a créé pour exprimer ces situations suffit à faire voir la difficulté de les circonscrire, en vue de répondre aux griefs qui naissent à l'égard d'un autre, et pour redresser les préjudices qu'on croit avoir subi. De tels préjudices sont ressentis depuis l'enfance et poursuivent l'être humain pendant toute sa vie.

Cette analyse des ambivalences et des ambiguïtés qui touchent le monde proximal de l'intimité individuelle, révèle la complexité profonde de la notion de proximité, car une fois qu'on s'approche de plus près de cette notion pour l'éclairer, on se heurte à des difficultés qui nous conduisent jusqu'au seuil des antinomies, révélant qu'au bout du chemin surgit toujours l'étendue d'un monde distal inépuisable. La difficulté majeure réside dans le fait que même des attitudes positives (comme un conseil bien intentionné, la bienveillance amicale, etc.) dénotant une proximité relationnelle positive, peuvent être interprétées comme une intrusion et une menace, provoquant aussitôt des situations d'antagonisme. Entre la coopération et l'antagonisme se joue un jeu ambivalent qui perturbe sans cesse et menace la réalisation d'une proximité relationnelle, dans le domaine où domine la proximité spatio-temporelle. R. Neuburger, qui discerne certaines de ces ambiguïtés, tente de les situer dans la perspective topologique, rarement retenue dans l'étude des comportements, alors qu'elle forme la configuration la plus habituelle que l'être humain utilise pour interpréter et aménager ses rapports au monde.

On s'en doute, les trois territoires de l'intimité personnelle, constitutifs du monde proximal de l'individu ne sont pas étanches entre eux, ni isolés les uns des autres. L'espace physique personnel, perturbé par des intrusions, suscite un investissement du monde psychique ou du domaine de compétence. La destruction, ou la non-reconnaissance d'un domaine entraîne un sur-développement des autres. Il se crée ainsi un phénomène de suppléance entre les trois domaines de l'intime individuel. Il serait fort différent, selon R. Neuburger, de ce qui se passe avec le nœud borroméen, tel que J. Lacan se l'approprie à propos du lien entre imaginaire, symbolique et réel. On le sait, ce nœud est fait de trois brins liés en cercle et noués ensemble, de telle sorte que les deux supposent toujours le troisième et de façon que si l'on en coupe un, les autres se défont (TI, 52). La topologie de l'intime ressemblerait plutôt à la surface ondulée de trois vases communicants constitués de plastique léger rempli d'air, dont les modifications à tel endroit par un déficit d'air sont compensées aussitôt par le gonflement d'un autre endroit, le tout demeurant identique. C'est dire que dans l'espace constitué par les territoires de l'intime, chacun, au cours de sa vie, configure les situations selon ses propres règles. Il conquiert de l'espace, abandonne certaines parcelles, renforce d'autres. C'est pourquoi tout empiètement sur le territoire que nous considérons comme nous appartenant en propre, comme notre propriété, qui exprimerait notre véritable identité, produit de nombreux antagonismes. Chacun forme ainsi, pour lui-même, des normes qu'il trouve "normal" d'être respectées par les autres. Ces normes tracent des frontières "à ne pas franchir pour soi et pour les autres", car elles fondent le sentiment de sécurité et concernent la question de la "dignité" (TI, 52-54).

À quoi il faut ajouter : toute mise en cause de la topologie complexe du monde proximal que nous configurons au cours de notre existence, avec ses lieux propres, fort nombreux et toujours changeants, est ressentie comme une *pression*. Et cette pression produit en nous une forme de *souffrance*, dont les conséquences sont tantôt infimes et tantôt importantes, parfois même néfastes, jamais cependant inexistantes. L'"anormal" ne doit pas être interprété comme reflétant le fait de subir cette pression co-naturelle à l'espace de l'intime ; il est plutôt l'expression de situations qui excèdent certaines limites dans le cadre des normes prescrites par les individus dans le contexte d'une culture donnée. À l'inverse, le "normal" lui-même ne marque pas clairement ses frontières, et c'est pourquoi il peut paradoxalement devenir pathologique par son extrême normalité, c'est-à-dire, par un conformisme aveugle aux normes familiales, sociales ou professionnelles[25].

Le monde qui concerne l'intimité individuelle est donc un monde complexe qui embrouille les pistes pour celui qui veut s'en rapprocher. L'autre, dans son intimité, nous demeure toujours opaque, et ce que nous découvrons de cette intimité, par le hasard des circonstances ou

[25] Il s'agit du concept de *normopathie*, introduit par J. Mac Dougall, *Théâtres du jeu*, Gallimard, Paris, 1982, et développé par Ch. Dejours, *Souffrance en France. La banalisation de l'injustice sociale*, Éditions du Seuil, 1998.

par des intrigues, ne sont en fin de compte que des facettes, des parties d'une peau qui cache un océan inaccessible, ou une forêt où l'on risque de se perdre, de nous y épuiser sans une finalité qui soit digne de s'y risquer. Toute tentative de ce type suppose qu'un autre pourrait accomplir la même démarche, pour percer nos secrets, notre proximité avec nous-mêmes jusqu'à nous aliéner. L'enjeu de la transparence est celui d'un risque suprême : la perte de tout ce qui nous préserve et qui assure un sens à notre singularité — et qu'on appelle un peu abusivement, dans le langage de la simplification, notre propre *identité*, occultant le fond distal en nous dans sa complexité inépuisable.

Mais cette préservation de l'intimité propre à la singularité de chacun n'implique pas pour autant que l'être humain pourrait ou devrait vivre sans un autre qui puisse avoir, *jusqu'à un point*, accès à son intimité. C'est dans ce sens que l'on parle d'un "proche". On accorde au terme le sens d'une proximité à la fois spatio-temporelle et relationnelle exceptionnelle. Cet "autre" ne saurait donc être n'importe quel autre, il est un autre qui appartient à notre monde proximal comme "proche". Il s'agit d'un autre à qui on accorde à priori une certaine *confiance*, et qui n'est pas nécessairement un parent, mais peut être une autre personne avec qui on décide de former un couple, ou encore quelqu'un qui devient un ami, voire un collègue ou un associé, etc. Dans ce contexte où l'on situe les proches, où la proxémie et l'attachement jouent un rôle dominant, où la précarité de la confiance et la préservation du territoire de l'intime perturbent la positivité des rapports (de la proximité relationnelle), la prise en compte de l'*absence* renforce la complexité inépuisable du monde proximal de l'être humain et précise davantage la portée de la souffrance.

En effet, quand un père s'absente à l'étranger et que l'enfant ressent cette absence comme un manque, il arrive que la mère réussisse à lui expliquer par la force de la parole le sens de cette séparation. L'attachement de l'enfant au père crée, dès lors qu'il y a absence, une sorte de traumatisme qui suscite des souffrances. La mère, pour contrôler cette souffrance, recourt le plus souvent à des images concrètes (un voyage en voiture, en avion…) qui suppléent en quelque sorte cette absence. Par son discours et les gestes qui l'accompagnent, l'enfant prend conscience de la distance qui le sépare du père, tout en tissant des proximités relationnelles avec l'absent. En l'absence du père, il arrive aussi qu'il se rapproche de la mère, qu'il s'attache à la mère, à la parole de la mère, maintenant ainsi une double proximité : l'une avec la mère présente pour suppléer sa détresse, l'autre avec le père absent par l'intermédiaire de la parole de la mère. Tout en étant loin et absent, le père est ainsi rapproché, grâce à la parole, selon une proximité relationnelle pertinente et efficace, qui intègre la monde proximal de l'enfant, même si cette absence pourrait avoir d'autres effets, détournés ou refoulés. On peut supposer que la parole de la mère peut jouer un rôle préventif, avant d'agir, le cas échéant, comme un remède ou comme un poison — si l'absence du père crée une fusion entre l'enfant et la mère. Nous découvrons par cet exemple, la complexité qu'une absence peut susciter dans le chef d'un enfant, mais en même temps le rôle incontournable et ambigu de la parole.

En somme, tout comme la distance est abolie par la proximité relationnelle qui se forme, grâce à la parole, en allégeant ses effets, de même le refoulement qui se fixe par un infléchissement des pulsions dans l'inconscient de l'enfant, produit à son tour une proximité relationnelle de ce qui se met pour ainsi dire à distance dans l'inconscient. Mais ce scénario pour ainsi dire catastrophe peut néanmoins être atténué par la parole de la mère qui peut agir préventivement ou rétrospectivement pour empêcher que le refoulement alimente des symptômes. Le scénario retenu ici à titre d'exemple (inspiré de l'exemple freudien du jeu de la bobine par un enfant, jeu qui symbolise l'absence de la mère[26]) ne relève en fait qu'une configuration, celle de l'absence du père. Mais ce scénario peut être affiné, par exemple avec l'*attente* du retour du père. L'attente joue un rôle décisif dans la question de la proximité et de la souffrance. Comme l'absence (le départ d'un proche, l'amour à l'égard d'une personne absente, le deuil, etc.), elle n'est pas, non plus, étrangère à la souffrance. Cela fait de mieux en mieux voir la complexité de l'ambivalence de la proximité, qui ouvre à une multiplicité de scénarios possibles.

[26] Cf. S. Freud, "Au-delà du principe de plaisir", *Essais de psychanalyse*, Payot, Paris, 1990, pp. 52 ss.

3. À la recherche de l'autre

1. *La disponibilité et l'attente*

Toute absence, comme d'ailleurs toute rencontre, peut contenir une forme de disponibilité et une attente qui la rendent possible. Ces attitudes, qu'on ne retrouve pas lors des innombrables croisements d'individus qui arrivent au cours d'une vie, ne surgissent pas du néant. Quelque chose du passé qui enracine la vie de chacun, — des événements précis ou imprécis, l'histoire singulière et tant d'autres choses —, peut configurer une absence en créant en elle un désir de revoir, retrouver, rencontrer l'autre ou préparer l'avènement d'une rencontre. Sans quelque disponibilité, sans attente, et sans un brin de hasard, aucune rencontre n'est possible. Il faut un moment propice (*kairos*) pour qu'une absence amorce le désir d'une présence et qu'un croisement se convertisse en rencontre, quel que soit le destin de cette rencontre, qu'il soit considéré, après coup, comme favorable ou défavorable. Bref, une absence comme une rencontre peuvent dissimuler en elles une provenance, avant de s'inscrire sur le mode de l'intrigue et dessiner son propre scénario.

Sans doute, dans l'ordre de la provenance, la disponibilité qui assure les assises d'un tel processus, précède l'attente et constitue l'état, sinon le plus complexe, du moins le plus insaisissable, car elle suppose la conjonction de plusieurs événements dans l'histoire singulière de chaque personne, susceptibles de produire un terrain propice pour que se réalise la transfiguration des croisements en rencontres. L'attente, quant à elle, marque un temps d'arrêt, de suspension, dans un ensemble de processus de la vie, précédent ou suivant les rencontres. Elle est sans mesure possible entre l'instant et l'éternité ; elle se tient, dans le vide qui la constitue, grosse d'espoir et de crainte, de joie et de souffrance, de curiosité et d'ennui, mais toujours connotée de quelque inquiétude. Chantal Thomas, dans *Souffrir*[27], relève quelques scénarios types parmi d'autres possibles qui éveillent l'attention et nous pous-

[27] Ch. Thomas, *Souffrir*, Payot et Rivages, 2004, pp. 47-51. Je citerai par l'abréviation So.

sent à la réflexion. Le plus banal est celui d'une salle d'attente, le plus pittoresque celui d'un carnet de bal et le plus dramatique celui de la vie malheureuse d'un couple (ses propres parents). Dans chacun de ces scénarios-modèles, la souffrance fait irruption, ébranlant le cours des choses. Cette mise en intrigue, — que je me permets de prolonger ici vers d'autres horizons —, me paraît comme une bonne mise en situation, car elle ouvre à une profusion de scénarios qui révèlent que les structures de la mise en intrigue sont modelables selon une variété de situations (qui peuvent concerner des intrigues réelles), prêtant à de nombreuses configurations.

N'importe quel lieu où l'on attend, dit Chantal Thomas, aussi merveilleux qu'il soit, peut ressembler à une salle d'attente froide et nue, "avec pour seule attention aimable une pile de vieux journaux illisibles posés sur une table basse au milieu. Le monde entier peut se muer en salle d'attente". La généralisation de l'attente, sur le mode d'un schème, est sans doute excessive. Mais, à l'instar d'une schématisation empirique, cette généralisation s'appuie sur une expérience de proximité vécue par chacun de nous selon différents scénarios dans la vie : chez le médecin ou dans un hôpital, chez soi ou à l'extérieur lors d'un rendez-vous, dans une gare ou dans un aéroport, dans une file à la poste ou dans la circulation, devant un bureau en quête d'un document ou d'un emploi, dans une école ou une université au seuil d'un examen, dans un café ou un parc sans raison, lors d'une insomnie en attente de l'aube, dans les affaires en attente des échéances, etc. Qu'il s'agisse de quête ou d'inquiétude, d'espoir, de promesse ou de vœu, de projet ou de rêve, l'attente atteste sa présence et ouvre aussitôt, à travers l'inquiétude qu'elle suscite, à la patience ou à impatience. Chacun des scénarios qui l'impliquent peut inclure des joies et des souffrances, comme par exemple dans un hôpital, selon qu'on attend la naissance d'un enfant, une opération banale ou grave, le résultat d'analyses ou de radios, un médicament pour soulager les douleurs, un médecin qui prend son temps, etc. Dans chaque cas, l'attente peut être perçue comme un supplice, car l'issue n'est pas toujours à portée de main, ni inéluctablement favorable. C'est dans de tels cas que, face à la difficulté de se contenir, l'impatience impose ses lois et l'urgence prend un sens positif, comme si l'on souhaitait que le temps s'abolisse, que l'issue soit la plus proche, instantanée quels qu'en soient les résultats et les conséquences.

Dès lors, ce n'est pas une coïncidence si les cultures humaines ont fait de la patience une sorte de vertu qui concerne également l'attente. Il s'agit de supporter les désagréments et les incommodités d'une situation ou d'un événement. L'étymologie du terme "patience", issue du latin *patientia*, formé à partir de *pati* qui signifie "supporter" et "souffrir" parle par elle-même ; elle nous porte dans ce lieu où la souffrance peut devenir tantôt un supplice insupportable, tantôt un espoir de joie et de bonheur et tantôt un état de résignation ou un exercice d'endurance. C'est pourquoi les attentes ne sauraient être réduites à un modèle unique et univoque.

Deux cas limites retenus par Chantal Thomas le montrent bien, même si son analyse ignore les liens entre l'attente et les caractéristiques qui dessinent ses reliefs, comme la patience et le temps. Une personne qui, dans un café, fait passer son temps ou prend son temps en regardant mille petites choses autour d'elle, ne s'imagine pas toujours sa chance par rapport à une autre personne qui, en attente de quelqu'un, d'un événement, d'un signe, est condamnée au supplice de l'attente, en se rongeant les ongles "jusqu'au sang", en se desséchant "sur place". Ce qui l'entoure s'anéantit, n'a pas de réalité : seule dans le désert, "elle fixe un horizon vide, vibrant d'une lumière blanche, aveuglante".

Cette double description est percutante, parce qu'elle résonne et se répercute au-delà de ce qu'elle évoque, en multipliant les nuances ou les contrastes ; elle peut être affinée, complexifiée à l'infini. Aussi les autres situations retenues, comme celle d'un bal ou celle d'une vie commune impossible pendant des années, peuvent également être refigurées à l'infini. Aristophane, au début des *Nuées*, fait voir la complexité d'une situation, comme celle de la souffrance qu'on ressent face à l'attente des échéances de dettes qu'il faut rembourser, et qui peuvent produire des effets désagréables, en l'occurrence des insomnies, de l'agacement à l'égard de l'insouciance du fils prodigue ou encore des inquiétudes quant aux moyens de maîtriser la situation. Ce phénomène est plus que jamais actuel, à l'époque du capitalisme triomphant, où le crédit s'est généralisé dans la plupart des pays du monde et où des millions d'êtres humains vivent au-dessus de leurs moyens, engloutis dans les dettes contractées pour un logement, des objets techniques, des événements qu'ils ont déjà consommés, etc. Bien que je revienne sur ce sujet dans la suite, il me semble intéressant d'introduire cette perspective dès à présent, à travers le contexte plus étendu du lien entre attente et souffrance. Mais prenons les choses dans l'ordre, en commençant par l'attente dans un café.

Dans un café, chaque personne représente sa propre histoire singulière, une autre raison de sa présence en ce lieu où le passe-temps compense les souffrances. En ce lieu, les croisements avec des familiers ou des arrivants qui y passent pour une seule fois peuvent devenir des rencontres. En ce lieu aussi, où le goût d'une boisson laisse sa trace dans la mémoire en soulageant les souvenirs et en alimentant le besoin d'un retour permanent, transfigurant la visite en une répétition quasi nécessaire, comme une sorte de rite, les raisons du séjour se dissimulent, préfèrent le silence, du moins aussi longtemps qu'une proximité avec un autre ne rompt pas le secret. Exilé de quelque part, celui qui s'y arrête y trouve le repos, parce qu'il n'a plus l'envie ou le courage de flâner dans les rues chaudes ou froides qui alimentent l'ennui, ni, non plus, de se laisser entraîner jusqu'aux quais qui ouvrent l'imaginaire au lointain, ni encore de pénétrer dans le désert vert des campagnes que les techniques agricoles ont déshéritées de leur beauté sauvage, de ses millions de plantes variées qui faisaient jadis de la nature une création profusionnelle de Dieu. Le visiteur du café, exilé de quelque part pour y trouver un refuge, dévoile, un jour ou l'autre, sa solitude à un autre dont il rencontre le regard compatissant et de qui il reçoit un geste amical, des paroles de consolation qui se prêtent à la confidence. Solitude dans une maladie physique ou psychique, dans la vie du couple, dans la mésentente familiale, après la rupture d'un amour ou d'une amitié éphémères, dans la contrainte professionnelle, dans l'exil politique, peu importe, toute solitude est une fenêtre souffrante sur le monde qui configure des multiples scénarios de l'attente sans fin, attente que seule une disponibilité indéfinie et le hasard des circonstances peuvent refigurer en espoir d'un cheminement vers un autre, en une rencontre confiante et persévérante. Le café peut ainsi devenir un lieu d'exercice de l'endurance, où la patience se traduit en résignation, où un lieu de séjour où la patience n'a plus de raison d'être parce que la lassitude d'une vie ratée ou ébranlée pousse la souffrance à un mode d'être normalisé que l'atmosphère et la vie du café apaisent, différant l'angoisse d'un avenir incertain.

C'est dans un cadre analogue qu'on peut situer l'épisode que nous décrit Aristophane au début des *Nuées*, à une époque fort différente de la nôtre, mais dont certaines configurations ressemblent étrangement à la nôtre. Que Aristophane ait réussi à placer cette situation dramatique dans le déroulement d'une comédie, en vue de démystifier Socrate et son entourage, ne change pas le fond de ce qui y est mis en scène ; au contraire, il le rend plus présent encore, comme s'il voulait marquer le contraste entre la souffrance et la désinvolture de ceux qui l'exploitent. C'est ainsi que Strepsiade (dont le nom signifie le "Tordu", et qui est parfois traduit par "Tourneboule") ne sait plus où tourner la tête depuis que son fils Phidipide (dont le nom se rapporte aux chevaux, parfois traduit "Galopingre") a multiplié les dettes à cause de son amour pour ses chevaux et les courses hippiques[28]. Il doit payer des amendes et des intérêts aux créanciers de son fils, qui le menacent de saisies. En attente des échéances, il est excédé et exaspéré par l'insouciance de son fils. Ne pouvant plus prendre son mal en patience, il cherche à sortir d'une situation embrouillée, en méditant une intrigue à la mesure de la situation. Avec une force remarquable, dont il a le secret, Aristophane réussit à faire voir cette situation d'attente des échéances en la contextualisant, dans la cadre de la vie quotidienne, notamment dans le cas concret du réveil matinal, en se servant de plusieurs formes de temporalité.

> "Oh ! là là! bon dieu de sort ! ces nuits, que c'est long! ça n'en finit pas ! Il ne fera donc jamais jour ! Il y a pourtant bel âge que j'ai entendu le coq ! Et mes valets qui ronflent ! (...) Lui non plus < en montrant son fils >, le bon et honnête jeune homme, il ne s'éveille pas ! Il passe la

[28] Je suis ici la traduction de Victor-Henry Debidour, dans Aristophane, *Théâtre complet* I, Gallimard, Folio, Paris, 1965, pp. 219 ss.

> nuit à péter, embobiné dans une demi-douzaine de couettes !... Non ! Rien à faire pour dormir ! Quelle misère ! Je suis dévoré par les dépenses, et par le râtelier, et par les dettes, à cause de ce fils que j'ai là ! Il se laisse pousser la crinière, et en selle, et roule cocher ! Il ne rêve que chevaux ! Et moi, je me ronge à voir la lune aller son train vers les fins de mois, car les intérêts trottent !..." (vers 1 ss.).

Le propos est remarquable, car il associe à l'attente dramatique des échéances de dettes contractées par un proche, une proximité que révèle la périodicité de la lune qui aussitôt produit, par l'insomnie, une anxiété qui se traduit par l'attente de l'aube. La nuit qui ne finit pas et maintient à distance l'aube, contraste avec la proximité du jour où il faudra payer les dettes, conférant une densité telle à l'attente que la souffrance se mue en supplice. Double souffrance donc qui s'enracine dans les dettes du fils, mais qui devient existentielle sur le mode de l'attente. Cet exemple pourrait être raffiné et multiplié à l'infini, car il se reproduit avec des variantes dans d'innombrables situations concrètes de notre vie. L'attente d'un salaire qui est en retard, d'une somme vitale qui est bloquée dans une banque, d'une lettre d'un être aimé qui n'arrive pas, d'un signe d'une personne qui voyage, etc. sont autant d'exemples qui peuvent créer de telle situation où l'attente nous remplit de souffrances. De telles souffrances peuvent arriver jusqu'à déborder, à sortir du lit de l'attente, suscitant des drames. Mais elles peuvent aussi, à l'occasion d'un dénouement, d'un événement propice qui met fin à la pression, produire de la joie et de la jubilation, se transformer en liesse.

Dans un contexte fort différent, le paradigme du bal, jadis idéalisé par la culture bourgeoise de la quête d'un prince charmant, met en scène un autre type d'attente, qui est en quelque sorte l'envers de celui des dettes. Car, si l'échéance des dettes crée une telle attente qu'on souhaiterait qu'elle se diffère sans fin, au contraire le carnet de bal écrit le scénario d'une attente en vue d'un mariage et d'une vie heureuse. La jeune candidate à l'avenir heureux assume l'attente avec une patience façonnée par l'éducation, mais qui couve l'impatience d'une rencontre qui sera unique, vitale et définitive. C'est cette ambiguïté qui fait de cette promesse de vie une attente insupportable, qui n'est pas étrangère à la souffrance. Par son approche, Chantal Thomas nous ouvre ainsi à quelque chose de plus profond que le scénario d'un bal. Elle nous mène au seuil de tous ces lieux de rencontre où les mises en scènes ne sont pas toujours préméditées, fabriquées ou laissées au hasard des rencontres, à la chance, mais qui forment les références d'une civilisation telle qu'elle se déploie à chaque époque. Même si nous ne sommes plus (heureusement) à l'époque où, au cours d'un bal, les jeunes filles façonnées à l'image des circonstances attendaient, assises, avec leur carnet de bal à l'appui le prince charmant et le sort du destin, ce paradigme offre un scénario pertinent pour réfléchir l'attente et la souffrance qu'elle recèle. Comme l'auteur l'indique, les jeunes filles, au cours d'un bal, bavardaient entre elles pour se donner une contenance, en riant pour un rien mais sans jamais y mettre quelque conviction. L'important est de ne pas s'embarquer dans une discussion et de "laisser passer l'occasion, car chaque seconde peut être bonne ; celle où il va se pencher vers elle, l'inviter à danser, l'épouser". L'occasion, le moment propice, voilà de quoi il s'agit vraiment. C'est bien ce temps qui associe la nécessité (en l'occurrence la disponibilité) et le hasard (de la rencontre), faisant jaillir un moment unique, que l'on s'imagine être le plus favorable possible (quelle qu'en soit la suite, donc aussi l'échec éventuel, c'est-à-dire la séparation, le divorce). L'attente qui rend possible l'occasion, mais qui pourrait aussi en différer indéfiniment l'émergence, marque cet état de vie où la souffrance enracine sa singularité, diffusant ses effets, et laissant à d'autres d'en parler, d'en transfigurer le sens et la portée.

Combien de joies, mais aussi combien d'espoirs déçus, de souffrances, ces situations ont provoqués dans notre civilisation. Ce qui trouble le plus en songeant aux multiples scénarios offerts par ces situations extrêmes, mais aussi par toutes les autres qui sont répandues à notre époque (bals populaires ou mondains, soirées philanthropiques, thés dansants, discothèques, boîtes de nuit, soirées mondaines ou privées, conférences, expositions, etc.), c'est que de telles rencontres, où se déploie sans partage le règne du temps propice (*kairos*), scellent souvent un destin favorable ou défavorable. Toutes ces rencontres qui peuvent rapprocher un homme et une femme, mais aussi des êtres du même sexe, et même aboutir à une vie commune, au concubinage, à un (ou plusieurs) mariage(s) au cours d'une vie, etc. forment des multiples scénarios où les joies et le souffrances s'associent inéluctablement, configurant pour chacun un monde proximal. Du fait même que telles rencontres privilégiées sont uniques, elles écartent beaucoup d'autres rencontres possibles, les rejetant dans un monde distal devenu pour un laps de temps ou pour toujours insignifiant. Ce rétrécissement dans le cours de la vie d'une personne qui n'envisage même pas le monde distal sur le mode de sa complexité, mais se résigne dans l'inscription d'*une* destinée que le hasard d'*une* rencontre se plaît à assigner à chacun pour le reste de sa vie, édifie un monde proximal que chacun assume dans sa singularité, si rien bien sûr ne vient le perturber. Et il l'assume avec des plaisirs et des douleurs, des joies et des souffrances. Jusqu'à quel point les êtres humains assument ce destin en le subissant, en le dominant ou en le supportant tant bien que mal, est une question essentielle, mais qui n'autorise aucune réponse simple et tranchée. Sa complexité vient du fait que toute réponse significative doit prendre en compte la proximité relationnelle qui lie deux êtres humains et du degré de souffrance qui mesure leur vie.

2. *Territoires de l'intime du couple*

Robert Neuburger relève que lorsque l'intimité du sujet n'est plus menacée, il arrive souvent qu'une personne forme un couple avec une autre personne. Les raisons de ce repli peuvent être multiples, mais on peut les résumer autour de l'idée qu'une vie trop libre peut devenir pesante ou encore qu'il arrive à un moment donné de ne ressentir aucun désir de conquérir plus que ce qu'on possède. Le couple qui se forme remet en question les frontières individuelles et les exigences antérieures, pour édifier une nouvelle situation qui est celle précisément du "couple", en ranimant de nouveaux rapports, où dominent le partage et les renoncements, mais avec des frontières variables qui dépendent de nombreux facteurs, en particulier du statut familial et social de chacun des conjoints, de l'histoire singulière de chacun d'eux.

C'est à partir de cette rencontre fondée sur des différences que se forme le couple, sorte de "mini-institution disposant d'une identité soutenue par des croyances spécifiques, les mythes, et des pratiques rituelles destinées à renforcer le sentiment d'appartenance de chacun au couple". Comme toute institution, le couple a besoin d'une *reconnaissance* de la part de la société, des familles d'origine et du cercle d'amis. Cela l'oblige à se soumettre à certaines conventions et à des normes du monde extérieur, tout en bénéficiant de prérogatives variables selon le contexte dans lequel il s'intègre (TI, 71-75). Bref, comme dans le cas du nouveau-né que je me suis permis de situer en rapport avec son entourage, en évitant un rapport abstrait mère-enfant, de même ici, il faut situer le couple en fonction de son entourage, qui trace l'espace-temps existentiel dans lequel il s'insère et édifie son destin.

L'élément clé d'une telle approche est de comprendre que chaque conjoint engage une relation, non seulement avec l'autre, mais avec le couple lui-même. Il s'agit autrement dit de réfléchir sur les rapports entre l'intime de chacun et l'intime du couple ou de "la maison-couple" (TI, 74). En prolongeant ici l'analyse de l'auteur, on peut dire que le territoire de l'intimité du couple est celui de l'"habitat", qui constitue, déjà chez les Anciens (et plus spécialement pour Aristote[29]), une dimension agathologique (c'est-à-dire fondée sur le "bien") du lieu. Habiter sous le *même* toit est une expression qui ouvre à une dimension existentielle plus étendue et plus profonde que l'énoncé le laisse voir, car elle met en scène une vie commune qui serait fondée sur l'amour, la confiance et le fait d'assumer les soucis et les souffrances de l'autre. Il s'agit d'un lieu favorable pour l'épanouissement de l'homme avec un autre ; lieu de plaisirs et de joies de la vie, mais lieu aussi qui rassemble les soucis, les besoins ou la nécessité de devoir affronter, avec un autre, les aléas de l'existence, et plus particulièrement les souffrances que la pression de la vie impose inéluctablement à chaque être humain. Les aléas de la vie prennent des noms multiples qui peuvent fragiliser les liens du couple : maladies, accidents, perte d'emploi, chômage, perte de confiance, impuissance, adultère, dépression, etc.

Relativement à l'idée qu'un couple formerait, en un lieu comme

[29] Dans l'analyse qu'il fait du "bien" plurivoque dans l'*Éth. à Nicom.* I.

l'habitat, le territoire de l'intime le plus courant, sinon le plus stable, ces aléas embrouillent l'étude de la proximité et intriguent celui qui y porte un regard attentif. Il y découvre des éléments suffisants pour ébranler l'image idéalisée d'un couple parfait, sans problème, dont rêvent des millions d'êtres humains qui s'engagent dans cette voie pour sortir de la proximité endogène et narcissique avec soi-même, que l'intimité individuelle risque d'alimenter. Dès lors qu'on envisage le couple du point de vue de sa formation, des événements ou même des conflits qui peuvent surgir au cours d'une vie commune, nous y découvrons une complexification de la proximité, ne serait-ce que parce que la proximité forcément spatio-temporelle que l'habitat commun édifie, s'allie avec des multiples dimensions de la proximité relationnelle, entraînant, avec les joies d'une vie commune, des multiples souffrances. Sans nous attarder ici sur une question, qui demande par elle-même une étude, les processus de provenance d'un couple suffisent à révéler la complexité de la proximité relationnelle qui y est impliquée, et dont les configurations figurent la vie future des personnes qui le composent — que s'y ajoute ou non la naissance d'un ou de plusieurs enfants, qui font à leur tour une intrusion dans leur vie, les obligeant d'assumer de nouvelles configurations.

La question qui intrigue le plus est, bien sûr, celle de savoir pourquoi parmi l'ensemble des croisements et des rencontres qu'un être humain fait tout le long de sa vie depuis sa naissance, une rencontre privilégiée émerge et impose une telle présence, au point d'aboutir à la formation d'un couple qui lie deux personnes, en principe jusqu'à la fin d'une vie, souvent pour un laps de temps variable riche non seulement de paroles, d'actions et de souvenirs féconds et enrichissants, mais parfois aussi de disputes, de violences et de conflits sans conciliation possible. Sûrement, il est arrivé un moment que l'on peut qualifier de favorable (temps propice), pour que cela arrive et qu'il arrive en dehors de situations extrêmes, comme celles que l'on surdétermine lorsqu'on éprouve ou l'on parle de coups de foudre ou, à l'inverse, d'un accident imprévu. Le plus souvent, cette rencontre met en jeu un ensemble de facteurs favorisant une bienveillance réciproque grâce à laquelle une rencontre fait advenir un événement unique et prégnant, qui amorce un processus susceptible de durer et de former un couple[30].

Bien que dans notre culture actuelle, la formation d'un couple est supposée être le résultat de processus où l'amour joue un rôle central, les choses sont en réalité plus complexes, car elles sont rarement l'effet du pur hasard, ne serait-ce que la plupart des rencontres arrive selon un contexte qui tisse par lui-même l'intrigue où les choses se passent. L'avènement d'un couple, à travers une rencontre, est complexe, non seulement parce que le fait d'aimer est complexe en lui-même, mais parce qu'une rencontre se situe dans un contexte dont la complexité n'est pas réductible à quelques éléments transparents. Dans un passé encore récent, de nombreux couples formés dans le cadre d'un mariage pouvaient être le résultat de coutumes (comme dans le mariage de raison) où les critères d'échange dominaient la perspective de l'amour, mais dont la formation supposait un rituel complexe, peu compréhensible pour notre génération. Si les rencontres n'étaient pas toujours le fruit d'un (heureux) hasard, mais le résultat d'un arrangement mis en scène selon divers critères et situations, la vie en couple n'en demeurait pas moins stable, parfois au moyen d'un amour qui s'accordait davantage à des habitudes qu'à des sentiments profonds. Cette précision, qui n'a pas la solidité d'une règle, révèle néanmoins que la notion de rencontre, quand bien même elle serait axée sur une situation comme celle de la formation d'un couple, se révèle fort complexe. Mais, supposons le cas d'une rencontre favorable qui puisse aboutir à la formation du couple, fondé sur l'amour réciproque entre deux personnes. Il est intéressant d'en circonscrire quelques éléments pertinents pour mieux discerner la complexité du problème.

Bien que le phénomène des rencontres puisse être contextualisé à partir de la nature et de la société, il marque aussi une dimension culturelle et personnelle[31]. Tout être humain, après avoir affronté de multiples pressions (physiques, familiales, sociales...), peut ressentir une for-

[30] Cf. mon étude, "Le temps hénologique", dans *Figures du temps*, Presses universitaires de Strasbourg, Strasbourg, 1997, pp. 89-107.

[31] Voir B. Cyrulnik, *Les nourritures affectives*, *op. cit.*, qui analyse le phénomène, d'abord, à partir des rencontres animales en précisant le rôle et les

me de saturation qui le rend *disponible* pour accepter un autre dans l'espace de son intimité, sans scruter à priori les conséquences d'une telle concession. Sans cette disponibilité, aucune rencontre, aussi positive soit-elle, ne saurait promouvoir une bienveillance, produire une affection telle qu'elle puisse être interprétée sur le mode de l'amour et, en plus, la faire durer. Je pense que c'est cette disponibilité qui fonde aussi la mythification qu'un couple édifie dès l'origine de sa formation, en y voyant l'effet du destin plutôt que le résultat d'une rencontre fortuite selon un contexte déterminé. Un couple qui est soudé croit souvent qu'il était prédestiné, tandis qu'un couple qui se dissout peut contourner le mythe de la prédestination en voyant dans l'échec l'effet d'un destin funeste. L'amour comme symbole d'une prédestination du vivre ensemble est sûrement un élément fécond qui nourrit le romantisme et les fantasmes d'une vie idéale. La *fidélité* devient, dans ce contexte, la référence par excellence de la proximité, non seulement parce qu'elle renforce la notion de confiance réciproque, mais parce qu'elle préserve le couple d'une souffrance inéluctable à la suite d'une infidélité.

Nietzsche écrit, dans *Humain, trop humain* (§ 58) : "qui promet à l'autre de l'aimer toujours ou de le haïr toujours ou de lui être toujours fidèle promet quelque chose qui n'est pas en son pouvoir", car "on peut promettre des actes, mais non des sentiments". Quant aux actes qu'on promet, ils peuvent découler également d'autres motifs que l'amour, la haine ou la fidélité, dans la mesure où les motifs et les actes sont multiples qui conduisent à un même acte[32]. Comme l'observe Jean Paumen, dans son remarquable livre sur *Approches de la fidélité*, si les sentiments d'aimer s'intègrent dans une promesse, en résulte-t-il que les actions s'y laissent intégrer également ? Car la question est : qu'est-ce que promettre, et plus spécialement promettre d'être fidèle ? Or, précisément ce que nous ne saurions jamais prévoir, ni être assurés,

---

mécanismes cérébraux des sens (pp. 17-33), et, ensuite, dans le contexte social plus proprement humain (pp. 34 ss.).

[32] F. Nietzsche, *Humain, trop humain. Un livre pour esprits libres*, T. I, édition G. Colli et M. Montinari, et traduction R. Rovini, revues par M.B. de Launay, Gallimard, 1988, p. 77.

c'est que les conditions des actions futures ne seront guère différentes des conditions de leurs manifestations présentes. Bien que confuse, la notion de fidélité peut être clarifiée, à condition de discerner qu'elle est plurivoque (car on peut être aussi fidèle à une idée et une idéologie, à une religion et une nation, etc. et qu'elle comporte un ensemble de caractères différents, comme la sincérité, la véracité, la constance, le sentiment, la foi et l'honneur[33]. Dans le cas particulier de l'amour, mais aussi de l'amitié, il faut tenir compte qu'il n'y a d'amour ou d'amitié que si on ne dissocie pas les défauts et les démérites d'une personne de ses mérites et de ses qualités. Ce n'est que "là où rien n'aura dû être mis en balance ou en proportion, bref, où tout aura pu être pris en charge", qu'il peut y avoir amour ou amitié. Mais là encore, il faut retenir que les notions de mérite et de démérite, de qualité ou de défauts ne comptent pas parmi les plus claires, de sorte que si les sentiments de l'amour ou de l'amitié viennent à s'affaiblir ou à s'affoler, la fidélité est aussitôt menacée. Elle est menacée "tantôt à chavirer dans les échappatoires vulgaires d'un indifférentisme paresseux ou dans les subterfuges triviaux du mensonge de circonstance ou de la fourberie de préméditation, tantôt de sombrer dans les leurres d'un dérapage dangereux ou d'une assez fatale déviation". Comment dès lors approcher une notion aussi fuyantes qui révèle les difficultés de la proximité ?

La réponse de Paumen, — que j'adopte pour mon propre compte dans la suite de mon livre —, est qu'il faut recourir aux romans, seuls susceptibles à faire voir la complexité de ce dont il est question. L'originalité donc de l'analyse de Jean Paumen, appuyée sur des romans (de Tourguéniev, James, Conrad et Faulkner), est de montrer que le "mystère" de la fidélité ne peut être approché que par le biais de dérogations ou de transgressions conduisant à la problématique d'un contexte *affectif* du temps et de l'espace. Par là il privilégie "un contextualisme senti-

[33] J. Paumen, *Approches de la fidélité*, Ousia, Bruxelles, 2001, pp. 7-12. Je citerai par AF. Je ne vais pas analyser ici l'exposé de l'auteur, auquel je renvoie le lecteur. On y trouvera une illustration des différentes approches de la fidélité par des textes littéraires de Dostoïevski, de Martin du Gard, de Maupassant, de Conrad, d'Anouilh, de Tourguéniev, de James et de Faulkner.

mental, sous la garantie duquel les lieux (vécus) du temps (humain) n'auront été décrits que pour autant qu'ils auront été indéfiniment conçus, ou conçus seulement dans la mesure où ils auront été indéfiniment décrits" (AF, 171-172). J'aurai l'occasion d'illustrer par quelques romans (de Neel Doff, James Joyce, Knut Faldbakken et Amélie Nothomb), les menaces qui guettent l'amour et l'amitié. Mais, dans le contexte du monde actuel, où les conditions sociales se sont profondément modifiées, notamment avec le travail des femmes et les délocalisations qui séparent les couples, la fidélité devient plus fragile, suscitant de nouveaux facteurs de souffrances. Sans suivre jusqu'au bout Nietzsche, il me semble utile de citer le § 420 de *l'Humain trop humain* : "Après une querelle, une brouille personnelle entre une femme et un homme, l'un des deux souffre surtout de l'idée d'avoir fait mal à l'autre ; tandis que le second souffre surtout de n'avoir pas fait assez mal à l'autre, raison pour laquelle il s'évertue encore après coup à lui mettre la mort dans l'âme par force de larmes, sanglots et mines défaites". On ne dirait pas mieux quelles sont les difficultés de réaliser une proximité relationnelle, même chez ceux qui se sont promis un éternel amour, et comment les pressions qui provoquent les souffrances sont rarement les mêmes.

3. *Les chemins du risque : de l'ordalie aux conflits*

R. Neuburger montre d'ailleurs que, dans le cas d'un couple, comme dans celui de l'adolescent, il arrive que l'épreuve ordalique fasse irruption, perturbant la structure simplifiée qu'on s'imagine de la vie d'un couple. Les couples aiment à se faire peur, à porter un défi à leur amour. Parfois la prise de risque pousse jusqu'au seuil de l'adultère, parfois il franchit le pas et passe à l'acte, laissant un espace vide, où peut s'inscrire une blessure dont la cicatrice peut constituer une trace de mémoire toujours prête à resurgir. Pourtant, ce genre d'épreuve par le risque se fonde sur l'idée que si le couple résiste à des incidents graves, il mérite d'exister (TI, 80 ss.). Mais ici aussi, l'analyse de l'auteur demande à être prolongée. Il faut se souvenir que la vie en couple est souvent confrontée à la souffrance autant qu'aux joies, et que les épreuves ordaliques provoquent des blessures, et fatalement des souffrances. Au-delà de l'émergence de sentiments superficiels ou profonds, qui rendent possibles la formation d'un couple, et les intrigues qu'il consent à façonner pour éprouver sa stabilité, il faut d'autres variables pour configurer un habitat commun qui soit un lieu propice à une vie commune où l'amour puisse fructifier, même si de nombreux exemples montrent qu'il peut devenir un lieu défavorable d'une vie commune impossible, d'un enfer qui, à travers les violences physiques ou verbales, les humiliations et les reproches, alimentent de multiples souffrances. Derrière cette situation complexe se tient, comme arrière-fond, l'émergence possible de conflits ou, en tout cas, l'absence d'une vie commune fondée sur une proximité relationnelle positive. Le cas des parents de Chantal Thomas, que j'ai signalé ci-dessus, est un exemple intéressant comme préambule à la question des conflits.

Peu avant d'analyser le cas comme une illustration de l'attente, l'auteur décrit le rapport du couple sur le mode de l'absence (So, 39-40). Elle indique qu'elle n'a vu ses parents se toucher qu'une seule fois, dans un chemin de montagne, dans les Alpes. Ce souvenir d'enfance (elle n'avait que six ou sept ans) la bouleversa, ne serait-ce que parce qu'il était insolite dans leur vie commune, et il disparut aussitôt pour toujours. À leur place, l'absence d'une relation spatiale s'accordait avec l'absence d'une proximité relationnelle : la voix de sa mère était chargée de colère, tandis que celle de son père était effacée, "empreinte d'une lassitude désespérée". Le dimanche matin, où les familles se réunissaient, chacun occupait son espace : elle à la messe, le père à la pêche et la mère à la cuisine. À midi, on écoutait dans le silence la radio, avec ses voix venues d'ailleurs qui "n'avaient pas le pouvoir de dégeler le silence de la maison". Du reste, ce silence n'était pas vraiment un silence véritable, car dans la maison régnait la mauvaise humeur : on claquait les portes, on brisait des verres, etc. Tout cela dénotait une absence de quelque proximité relationnelle, ce qui se confirmait du fait que l'échange de propos et de paroles avait disparu depuis longtemps. Le langage des mots "s'était dissous dans leur fatale incapacité à se dire à temps qu'ils ne s'aimaient plus, qu'il fallait annuler le projet de mariage, avoir le courage d'avertir leurs familles". L'auteur résume cette situation vécue avec une formule forte : "ils n'avaient pas de mots pour la suite banale des jours, ils en avaient encore moins pour les drames et pour les deuils". Aussi l'un que l'autre se renfonçaient, dit-elle, "un peu plus dans son aphasie et je sentais passer au-dessus de ma tête, comme des projectiles mats, comme des petites balles dures, les quelques paroles indispensables pour que tout se déroule normalement".

Face à cette absence, qui alimente une sourde souffrance, que peuvent attendre deux êtres qui vivent ensemble, qui s'appellent constamment "chéri(e)", mais qui n'ont rien à se dire ? Manifestement, à l'image de beaucoup de couples, ils s'appuient sur la présence de leurs enfants pour ne pas se séparer. L'enfant n'est plus ce qui relie et crée une nouvelle forme de proximité relationnelle, mais prend une "fonction" d'alibi provisoire, jusqu'au jour où, devenu grand, ils pourraient se quitter. Du moins, c'est l'avenir que s'imagine le père, alors que la mère, "égarée dans sa colère perpétuelle", se posait moins de questions, n'attendait sans doute pas grand-chose de son destin. Mais, quel que soit le type d'attente, elle plonge dans la souffrance permanente : la souffrance d'une vie qui ne mène nulle part ou celle d'une libération future qui ne faisait qu'entraîner ses effets pervers. Aux femmes en effet qui tombaient amoureuses de lui, le père n'avait pas d'autre mot que de celui d'attendre. "Elles pleuraient, faisaient des scènes, et puis se lassaient. Elles prenaient sans doute son silence pour de l'indifférence. Elles avaient tort. Il était tenté de les aimer. Il en avait une envie extrême, insupportable. Il en était malade intérieurement, tout en s'exhortant à prendre son mal en patience. Il faisait du bateau, jouait au tennis, s'enfermait dans le garage pour bricoler, se perdait dans des silences interminables. Mais un jour, il a perdu patience. Il est mort à quarante ans" (So, 47-48).

On ne pourrait mieux résumer cette attente qui prolonge le temps, qui devient existentielle et pleine de souffrances, qui dure des années et est à l'affût de moments propices favorables pour tracer un autre itinéraire de vie, un nouveau destin, mais qui n'arrive pas toujours à pousser et à féconder. La patience peut avoir des limites et la souffrance peut excéder la force de la vie. De telles situations des millions de personnes les ont vécues et les vivent encore. Elles touchent, non seulement les couples mal accordés, mais aussi les couples séparés, les parents, les amis, etc. Les marins qui vivent loin de leur épouse et de leurs familles, les émigrés, les exilés, les prisonniers, les malades, que les circonstances ont déracinés, ne cessent de vivre cette attente qui n'en finit pas, qui éprouve la patience jusqu'à l'épuisement. Leur souffrance est comme une source inépuisable, que rien ne semble pouvoir arrêter. C'est pourquoi, lorsqu'une issue heureuse arrive, la joie devient tellement excessive qu'elle ne peut surgir que dans les pleurs.

Mais il existe d'autres cas de figure, non moins dramatiques : ceux qui font surgir et alimentent les conflits. Sur cette question, le travail de Michel Monroy et d'Anne Fournier me semble exemplaire[34]. Comme l'indique Jean-Louis Le Moigne, dans la Préface, il nous ouvre "les portes des nouvelles sciences des systèmes et de la complexité". Il réussit à nous faire sortir du modèle simple du conflit, "perçu habituellement de façon rassurante par sa résolution ("un vainqueur, un vaincu, et c'est fini")". Dans le passé, on concevait "un concept universel, reconnaissable en tous temps et en tous lieux", qui se réduit "à la pensée linéaire et causale à laquelle nous sommes culturellement trop exclusivement accoutumés depuis un siècle", alors que le conflit "peut se transformer en multiples représentations dès que la raison humaine, pour les manipuler, s'accepte pensée complexe". Cette nouvelle configuration que ces auteurs inaugurent, au nom de la complexité, entend le conflit "dans la complexité des projets de l'acteur qui se le représente", en passant d'un usage "diplomatique" de la représentation (c'est-à-dire d'un objet indépendant du représentant) à son usage "théâtral" (c'est-à-dire au projet de l'acteur le représentant)[35]. Dans les faits, il s'agit de ne plus se limiter à une analyse des conflits à partir seulement de l'agressivité[36], de l'intérêt[37], du pou-

[34] M. Monroy et A. Fournier, *Figures du conflit. Une analyse systémique des situations conflictuelles*, PUF, Paris, 1997. Je citerai par l'abréviation FC.

[35] J.-L. Le Moigne, dans M. Monroy et A. Fournier, *op. cit.*, pp. 1-6.

[36] Point de vue inauguré par les travaux de Konrad Lorenz pour le règne animal, mais qu'on rencontre également pour les êtres humains, dans le sillage de la psycho-dynamique freudienne chez Mélanie Klein et d'autres.

[37] Cette composante est surtout étudiée par les économistes, les politologues et les juristes. Les polémologues, comme Gaston Bouthoul, ont fait de la guerre un type particulier du conflit, mais d'autres modèles ont été aussi proposés, qui insistent sur l'importance des intérêts dans l'émergence des conflits.

voir[38], de facteurs affectifs[39] ou autres facteurs univoques. Car la dynamique propre du conflit déborde largement la personne et l'initiative des adversaires, et jamais celui qui est en situation de conflit n'est maître absolu des événements (FC, 9-10). Les auteurs remplacent le couple "responsable-coupable" par la référence plus subtile "acteur-serviteur-interprète".

La complexité du conflit apparaît dès lors qu'on discerne qu'il véhicule des situations paradoxales et ambivalentes, jamais entièrement dissociées selon une opposition radicale. Cela signifie que le conflit est *à la fois* choisi et subi, car il implique des stratégies élaborées et un contexte largement abandonné au hasard ; il dissocie, désagrège, déconstruit le système *en même temps* qu'il le reconstruit autrement avec l'idée que la nouvelle cohésion est meilleure ; il aboutit toujours à un état où *les uns et les autres* sont toujours des perdants. Cette triple mise en intrigue du conflit révèle ainsi que derrière l'affrontement des certitudes se dissimulent des incertitudes. Si bien qu'aucune autre activité que celle du conflit "n'est plus décriée, vilipendée, dénoncée, déplorée, voire ridiculisée", mais en même temps aucune "n'a jamais dans l'histoire et la littérature été aussi magnifiée, exaltée, célébrée". Le conflit est tel qu'il "mobilise les forces et les consciences, provoque l'héroïsme et construit des amitiés fraternelles en même temps qu'il dégrade, avilit et révèle les bas-fonds de l'âme ; et dans le temps où il s'alimente de références morales, il génère les pires turpitudes". C'est pourquoi il convient de s'interroger, à propos des conflits, sur la dérive, l'engrenage qui se superposent aux enjeux, "évoluant pour son propre compte et rendant la situation insoluble". Cela suppose qu'il faut, au-delà des altercations et des rixes, des agressions unilatérales et des situations intra-psychologiques, voire des joutes et concurrences, tenir compte de trois références essentielles : la *durée* (moyen ou long terme), les *partenaires* également impliqués d'une façon très active et in-

[38] Il s'agit là d'une composante habituelle, connue surtout depuis la *Cité de Dieu* de saint Augustin, qui situe l'origine du conflit dans la volonté de puissance.

[39] Les passions humaines comme origine des conflits est une idée ancienne, puisqu'on la trouve chez Homère, dans la guerre de Troie, à cause des passions d'Hélène.

vestissant une forte charge affective, et la *détermination et la visée* d'affecter, réduire, voire éliminer l'adversaire. Ces références qui révèlent que l'issue des conflits n'est jamais certaine, mobilisent un certain nombre d'acteurs avec des rôles repérables, et entraînent, dans leur sillage, l'allégation de dommages, de griefs, de fautes imputées à l'adversaire ; elles entraînent des coûts importants aussi bien financièrement ou socialement qu'affectivement. En somme, nous découvrons dans cette énumération la complexité qui entoure les conflits.

Il est intéressant de noter ici que la volonté des auteurs de remplacer la référence traditionnelle du conflit fondée sur le rôle de "responsable-coupable" par celui d'"acteur-serviteur-interprète" peut donner l'impression qu'on écarte la dimension éthique du conflit au profit de sa dimension "théâtrale", alors qu'en réalité cette dernière dimension ne consiste qu'en un schème qui permet de situer le conflit mais qui ne renie pas pour autant ses attaches avec l'éthique. Il serait ainsi plus exact de dire que le rôle extensif "acteur-serviteur-interprète" peut inclure le rôle "responsable-coupable" en l'excédant largement. Mais cette remarque ne doit pas occulter l'originalité de leur démarche et les précautions qu'ils prennent, et sur lesquelles je reviendrai dans un moment.

Quant au problème plus particulier des conflits dans un couple, il fait partie d'un contexte analogue, et c'est pourquoi il me semble important de nous arrêter sur cette analyse contextuelle du conflit pour mieux discerner sa complexité. Nous verrons que la description traditionnelle des conflits donne l'impression qu'on y retrouve tout ce qu'on peut s'imaginer à propos d'un conflit familial. Toutefois, les données d'un conflit sont plus complexes, car les situations qui l'entourent tissent une texture complexe qu'il n'est pas toujours facile à circonscrire, ce qui fait que les conflits demeurent souvent sans solution ou qu'ils sont résolus provisoirement. Dès lors comprendre cette complexité peut aider à prévoir les "scénarios redoutés" et à circonscrire les "configurations conflictogènes" qui sont des opportunités de "mise en scène d'un scénario de *traitement de situation*"[40].

[40] Ce langage qui s'accorde à la terminologie de mon travail est en réalité celui des auteurs : *op. cit.*, p. 28.

C'est pourquoi cette analyse du conflit aide à percevoir les limites de l'analyse traditionnelle qui "assimile les situations conflictuelles à des désordres, accidents, pathologies individuelles ou sociales provoquées par des responsables qu'il conviendrait de ramener à l'ordre". Dans le temps, on s'attachait surtout à des *problèmes* en analysant "les déterminants historiquement vérifiés et les dispositions psychologiques individuelles des adversaires, les faits 'réels', les ruptures d'ordre, les fautes et erreurs de chacun", au lieu de porter l'attention sur des *situations*. Ces situations devraient être envisagées comme "une sorte d'organisme ayant sa vie propre préexistant dans l'imaginaire collectif, ayant sa dynamique presque incontrôlable de déclenchement, d'évolution et de résolution dépassant l'initiative des protagonistes" (FC, 12-24). Selon le schéma traditionnel, l'analyse donne :

1. *Contexte d'origine* : rancunes, rivalités, opposition de personnalité, intérêts divergents, fauteurs de troubles, idéologies incompatibles.
2. *Déclenchement* : agression, faute, erreur, droit outrepassé, offense alléguée.
3. *Réaction* : affrontement, absence d'arbitrage, réponse "légitime".
4. *Installation* : enjeux au premier plan, victoire ou défaite attendues, rapports de force au premier plan.
5. *Le conflit cesse...*: quand l'un ou l'autre a obtenu ce qu'il voulait ou qu'il y a eu partage de dol.

La complexification contextuelle du conflit doit tenir compte d'un *consensus* conflictuel entre les adversaires et une *construction* d'un univers conflictuel (image de l'ennemi, langage mobilisateur, distribution des rôles, une représentation de séquences...). Ainsi se construisent des ingrédients qui structurent et alimentent le conflit. Il s'autonomise et prend sa vie propre. Paradoxalement, la complexification des situations est compensée par une simplification des représentations vers un réductionnisme bipolaire. Le modèle retenu sera celui d'une boucle avec des étapes successives :

A : Jeu interactif des impératifs possiblement conflictogènes.
Acteurs = serviteurs.

B : Opportunité conflictuelle. Configuration conflictogènes.
Acteurs saisissant l'opportunité du conflit.
C : Consensus conflictuel.
Acteurs construisant les outils nécessaires au conflit et les alimentant.
D : Autonomisation et enchevêtrement des dynamiques construites au service du conflit.
Acteurs = victimes.
E : Auto-évolution du conflit. Embrasement.
Perte de maîtrise des acteurs sur la dynamique conflictuelle.

Ces deux modèles, qu'on devrait développer en détail pour percevoir leur différence et la nécessité d'une complexification des problèmes (FC, 24 ss.), ont le mérite d'être applicables aussi bien pour un couple, une famille que pour une institution. On découvre ainsi qu'au-delà des raisons que les protagonistes d'un conflit invoquent, au-delà des péripéties que l'on peut évoquer pour indiquer ce qui les déclenche, ce sont surtout les *fonctions* du conflit qui révèlent l'existence de contextes plus larges et une temporalité qui tient compte des anticipations qui aident le mieux à circonscrire le statut d'un conflit. Comme le soulignent les auteurs, “chaque conflit s'inscrivant dans un contexte historique, affectif, économique, organisationnel particulier, il serait vain de vouloir énumérer toutes les configurations déterminantes possibles”. Aussi se bornent-ils “à schématiser de grandes familles de fonctions remplies dans la majorité des affrontements”. On ne pourrait mieux dire que la question des conflits dessine un monde distal que l'on ne saurait épuiser, la complexité dans ce domaine étant irréductible. Quelles sont ces fonctions qui nous permettent de nous rapprocher des conflits et de mieux voir où la proximité se trouve ébranlée ? Les auteurs analyses les familles de fonctions du conflit. Je ne reprendrai pas ici cette analyse. Pour celui qui souhaite pénétrer dans le domaine de la complexité leur analyse me paraît primordiale. Ici, je me contente d'indiquer que s'il y a conflits, il y a également des normes à suivre pour en sortir.

Robert Neuburger retient aussi l'importance des normes de chacun selon une perspective qui allie les dons et les renoncements, mais qui n'est pas moins déterminée par les expériences du passé, la loyauté envers les familles d'origine, l'adhésion aux normes socialement transmises sur ce qu'il convient ou non de donner au couple même et, bien entendu, à la puissance du lien amoureux. La multiplicité des facteurs et leur complexité qui s'opposent à tout système de dosage peut expliquer la précarité de l'institution formée par le couple dès lors que les pressions traditionnelles qui en renforçaient les soubassements tendent à disparaître dans le monde contemporain. Chaque couple forme une singularité, avec ses propres souffrances, ses joies et ses espérances. L'effectivité de la vie commune en couple, quand bien même le lien se fonderait sur l'amour le plus intense, montre que la singularité d'une histoire commune ne saurait jamais se substituer à la singularité de l'histoire individuelle de chacun des individus qui forment le couple. Le monde intime de chacun laissera toujours un espace distal pour l'autre, inconnu, complexe et inaccessible. En fin de compte, quelle que soit la proximité entre les individus formant un couple, le couple ne forme que des configurations plus positives ou plus conflictuelles selon les cas, constitutives d'un monde proximal qui ne parviendra jamais à envahir la complexité du monde distal qui le constitue.

En résumé, quel que soit le rapport entre les conjoints formant le couple, un monde distal irréductible les sépare. Il est illusoire d'affirmer, comme on le fait parfois, que l'on connaît son conjoint parfaitement, comme si une vie commune de quelques mois ou de quelques années suffisait à percer la peau de l'autre et pénétrer dans ses pensées et dans son âme. Déjà si nous parvenions à accueillir les soucis et les souffrances qu'il diffuse à sa façon, nous franchirions un cap important, qui constitue en même temps un pas immense vers cet autre auquel pourtant on s'est lié au hasard des rencontres, grâce à une bienveillance qui se donne des allures d'une affection (profonde), nommée amour. Plus concrètement, sans même songer à l'invisible que la peau protège, lequel nous mène, on l'a vu, même pour nous-mêmes, dans un monde distal infranchissable, le corps de l'autre, même s'il nous est plus accessible que le nôtre, n'en demeure pas moins inexploré dans tous ses détails. Quant à l'exploration de l'âme de l'être aimé, elle est labyrinthique. Elle gardera toujours ses secrets, ses souvenirs et ses espoirs déçus, ses refoulements et ses pulsions inassouvies, ses projets et l'espérance qui se profile à l'horizon d'une vie avec un autre qui lui est à la fois proche et éloigné dans son propre monde proximal, ce monde qui n'en demeure pas moins pour les autres un monde distal à jamais inaccessible. L'impossibilité de connaître pleinement l'autre, qu'une vie commune cherchera certes toujours à conquérir en vain, mais qui sera déjà une réussite si elle parvient à réduire les distances, s'amplifie davantage et inéluctablement lorsqu'on scrute le domaine psychique commun.

Nous pouvons dès lors pousser un peu plus avant notre démarche et indiquer que si la proximité spatio-temporelle a ses limites, aussi bien dans la fusion de l'amour, dans l'espace du sommeil, dans les moments du repas commun ou du partage du temps dans les lieux de l'habitat, il en va davantage encore pour la proximité relationnelle dès lors qu'elle touche l'âme. S'il est vrai que c'est chaque fois la proximité relationnelle qui règle les distances et rapproche ce qui est éloigné d'une façon spatio-temporelle, et éloigne ce qui est proche, la singularité de l'histoire de chacun des conjoints préserve le monde distal de l'autre quasi intact. La réalisation d'un monde proximal commun qui est celui du couple est certes imaginable jusqu'à un certain point, mais difficilement réalisable dès lors que chaque être humain se caractérise par son propre monde proximal dont les autres font partie. L'important est plutôt que les conjoints joignent leurs efforts pour trouver les moyens de promouvoir une proximité réciproque d'ordre spatio-temporel et d'ordre relationnel susceptibles de consolider le couple au détriment de l'antinomie de la proximité qui confère au monde distal sa puissance inéluctable. Un tel rapprochement n'est pas toujours sans paradoxes. C'est Aristote qui disait, non sans quelque pertinence, que la distance amplifie l'amour, tandis que Robert Neuburger écrit, dans un autre sens : "La peau est très réactive à ces frottements d'intimes. Nombre de troubles psychosomatiques exprimés au niveau cutané sont des réactions à l'envahissement des territoires personnels par l'intime débordant du couple. Ainsi ce couple où lui dit se sentir 'vitriolé' dès que sa femme l'approche, et elle devenir 'épidermique' dans les mêmes circonstances..." (TI, 79 ss.).

Par de tels exemples, on découvre que si l'absence peut alimenter l'imaginaire en renforçant les liens d'un couple à travers une souffrance liée au désir de l'autre, la présence trop envahissante pervertit l'imaginaire en transfigurant le contact en souffrance insupportable. Vivre en couple suppose bien des joies et des souffrances. Mais ce sont les souffrances qui mesurent le mieux sa solidité. Quand aux pressions de la vie s'ajoutent celles qui se créent à travers une proximité spatio-temporelle insupportable, les souffrances ne peuvent qu'entraîner le mal, la volonté de faire mal à l'autre pour ex-primer sa souffrance. Ce qui fait et défait les couples c'est la possibilité ou l'impossibilité de communiquer. Lorsque la communication devient impossible, la violence investit le vide qui s'installe entre les conjoints. Qu'elle soit physique ou verbale, qu'elle soit directe ou par insinuation et insidieuse, chaque fois la violence laisse ses traces indélébiles dans la mémoire affective affaiblissant le désir de cet autre avec qui pourtant des liens s'étaient formés et des promesses mutuelles avaient esquissé des projets et des espoirs infinis. À la place, dans ce qui devient un lieu, non plus de joie par l'écoute de la parole de l'autre ou par la découverte de zones érogènes de la peau des corps et de l'âme, mais de tristesse par l'irruption d'une vie mortifère, se dessine l'espace d'une clôture et en même temps d'une disponibilité nouvelle, en laquelle un (ou une) autre pourra s'insérer, prendre la place, en figurant l'infidélité et en refigurant une nouvelle fidélité.

Pour transiter vers la formation d'une famille à partir du couple, je rappelerai un élément révélateur des proximités aujourd'hui : l'amour sexuel. Cet élément a été sous-déterminé dans l'approche de Robert Neuburger, qu'il annonce pourtant, mais avec beaucoup de discrétion, lorsqu'il parle de la "fuite de l'intime", dans le cas où un événement fait irruption dans le couple, par exemple à l'occasion d'une infidélité, alors qu'il n'hésite pas, nous le verrons, lorsqu'il parle de la famille, à souligner l'importance des familles recomposées. Nietzsche avait déjà bien discerné, lorsqu'il aborda la question de l'amitié, qu'il s'agissait d'une question majeure dans l'Antiquité, qu'elle avait "profondément et fortement vécue, méditée et presque emporté dans sa tombe", alors que nous, nous ne pouvons lui opposer que "l'amour sexuel idéalisé". À quoi il ajoute : "toutes les grandes vertus antiques s'appuyaient sur le fait que *l'homme épaulait l'homme* et qu'aucune femme n'avait le droit de prétendre constituer l'objet le plus proche, le plus haut et même l'objet unique de son amour, — comme la passion enseigne à le sentir"[41]. L'observation me semble pertinente et pourrait être un bon préambule à la complexité de la question de la sexualité dans l'Antiquité, traitée, on l'a vu, avec enthousiasme par Michel Foucault et complétée par d'autres savants[42]. Mais, pour éviter de m'égarer dans une longue digression, je préfère laisser entre parenthèses la question de la sexualité dans l'Antiquité, en rappelant seulement que, dans une société où l'égalité entre les hommes et les femmes n'est pas reconnue et où la structure du maître et de l'esclave persévère, il est difficile de trouver quelque chose de comparable à notre époque, où la jouissance hétérosexuelle et, de plus en plus, homosexuelle acquièrent une nouvelle valeur. Le principe d'égalité étant surtout un principe moderne, notamment sur le plan de l'isopraxie, alors que dans les quelques rares démocraties antiques, il se limitait surtout à l'isonomie et l'iségorie.

C'est bien en effet sur le plan de la sexualité et de la communication au sens large du terme que les domaines corporels et psychiques communs et le domaine de compétence du couple étendent leur domaine d'action. S'il est vrai que le visage de l'autre serait un facteur révélateur pour l'amour, il n'est sûrement pas le seul. C'est une fois encore Aristote qui voyait dans le visage de l'autre l'origine de l'amour, là où Lévinas préféra, beaucoup plus tard, y trouver la personne de l'autre. Mais s'il est vrai que le visage peut être une origine qui ouvre à l'autre, y compris en transformant la bienveillance en de l'amour, la corps n'est plus sous-déterminé comme dans le passé, mais joue désormais le rôle d'un facteur érotique de première importance. À quoi il faut ajouter qu'il n'y a pas de corps érotique sans parole de sorte qu'il faut y intégrer l'échange des paroles qui affectent l'âme et provoquent de la jouissance intérieure qui fructifie l'éros.

[41] F. Nietzsche, *Aurore*, Gallimard, Paris, 1970, § 503, p. 259.

[42] Voir en particulier Cl. Calame, *L'Éros dans la Grèce antique*, Belin, Paris, 1996.

Commençons avec R. Neuburger par la parole qui informe (sur les croyances, les idées, les goûts, les loisirs...) et qui transmet des révélateurs affectifs (compliments, déclarations, promesses...), car elle joue un rôle dans la configuration des premières rencontres en conditionnant l'avenir. Seule la persévérance d'une parole constructive excluant les intentions blessantes contribue à la préservation des liens du couple. Une parole qui fait plaisir et qui donne de la joie est capable aussi de blesser et de faire souffrir. C'est que dans l'échange des paroles, dont l'ambiguïté ne sera jamais maîtrisée ni épuisée, qu'un couple tisse sa vie commune. C'est dans cet échange que l'autre peut être touché au plus profond de son âme, tant positivement que négativement, comme si les échanges alimentaient l'amour ou provoquaient des déceptions et des souffrances. S'il n'existe pas d'amour acéphale et incorporel, il n'existe pas davantage un amour sans paroles ou sans un désir sexuel. L'amour sans paroles, celui qui pousse à la solitude, est invivable, sauf si, comme chez les sourds-muets, un autre langage l'exprime avec plus de force encore. Et l'amour sans désir sexuel, aussi sublime soit-il, tourne à la fiction imaginaire qui détache l'homme de la vie commune en couple, le situent dans un autre habitat en quête d'une famille spirituelle, comme dans le cas de l'amour platonique ou dans la religieuse.

C'est pourquoi, dès qu'il y a échange dans l'ordre de la parole et de l'habitat, il arrive que le discours dominant ressemble à une "négociation". Les conjoints acquièrent alors certaines compétences et renoncent à d'autres : tâches ménagères, investissements professionnels, financiers, loisirs, etc. (TI, 79-80). Dans un tel contexte, l'intégration du couple se soumet inexorablement au monde technico-économique qui devient aujourd'hui un facteur incontournable de la vie commune et de la famille. Car l'habitat commun est aussitôt converti en un bien financier, et il en va de même de tout ce qui est investi pour le meubler et le faire fonctionner. Comme nous le verrons, lorsque nous parlerons de la proximité avec les choses, le monde de la consommation impose ses lois. La transformation du couple en famille par la venue d'un nouveau-né amplifie davantage encore cette situation. La vie commune devient aussitôt également une affaire d'argent, non pas, comme dans le passé, selon des mécanismes parentaux et de fortunes, d'héritages et de préservations des biens, mais sous la pression de biens imposés par monde technico-économique qui forme le fondement de notre époque. L'attente d'un enfant s'accompagne de plus en plus par des frais qui perturbent souvent l'émergence sereine d'une famille. Les intrigues deviennent plus courantes, une structure triangulaire prêtant plus facilement le flan à des ententes sournoises au détriment d'un tiers. Mais, en même temps, grâce ou à cause de l'enfant, l'ouverture vers la société et, en retour, l'investissement social de la vie du foyer deviennent inéluctables.

Sixième Section

Intrigues

1. Embrouillaminis dans les multiples formes d'altérité

1. *Extension du territoire de l'intime*

Les conflits qui surgissent dans les couples et perturbent la sérénité et leur épanouissement ne sont pas toujours étrangers à la dimension technico-économique de l'existence contemporaine, où la notion de travail devient incontournable. Cette dimension ne peut plus être occultée dans l'analyse de la vie commune, car, avec le travail presque généralisé de la femme, elle ébranle l'idée traditionnelle de l'amour romantique sans faille ou de l'épouse soumise, et, dans tous les cas, de la constitution d'une famille comme une obligation généalogique. Dans un monde où s'inscrit le destin de chaque couple, dominé par la société de consommation, il arrive souvent que les besoins, les possibilités et les limitations, les désirs permanents et les failles fassent partie de l'édifice. Le travail devient le ciment dans la vie du couple pour colmater ses fissures, de sorte que le désœuvrement d'un des conjoints, le chômage ou la maladie, déstabilisent inéluctablement la vie commune, surtout lorsqu'il a des enfants. La situation devient d'autant plus pénible que le couple n'a aucune maîtrise de la société, il se sent impuissant à trouver des solutions[1]. Ce sont là des facteurs de profondes souf-

[1] En s'appuyant sur la psycho-dynamique du travail, Christophe Dejours situe certaines stratégies défensives contre la souffrance. Par exemple, face à la peur suscitée par la précarité de l'emploi, un comportement normopathique peut bien constituer une réponse d'une stratégie défensive d'adaptation, qui rétrécit la conscience morale (monde proximal) occultant d'autres attitudes

frances qui surgissent en dehors même de l'activité du travail lui-même, et qui amplifient les risques et les intrigues.

Le travail aujourd'hui, davantage que dans le passé, met en scène de nouveaux facteurs, car la vie extérieure des conjoints et de la famille, selon un milieu scolaire ouvert et un milieu professionnel variable et oppressant, trouve d'autres formes de réconfort face à la souffrance du travail et de la vie. Cette extériorité favorise d'autres modes d'expression selon de nouveaux rapports de convivialité, où l'autre et les autres supplantent le conjoint, ébranlant parfois l'édifice qui forme l'habitation. C'est que la société issue du monde technico-économique s'investit de plus en plus dans l'organisation de la vie des familles, non sans une forme insidieuse de violence. Elle intervient, par ses produits et ses informations, elle intervient aussi par la sécurité sociale, les soins médicaux et les médicaments. Accueillie souvent comme remède, la pharmacologie s'avère parfois aussi comme un invisible poison. Enfin, la société intervient pour neutraliser la violence, autant la violence physique que la violence psychique. Ces dernières, plus nombreuses, ont des causes multiformes, et c'est pourquoi il arrive que la société doive aider de nombreuses familles qui vivent sous le seuil de ce qui est vital, ou encore celles qui vivent au-dessus de leurs moyens, succombant aux sirènes du capitalisme déréglé, qui pousse à la consommation à outrance en accordant des moyens de consommer qui diffèrent sans cesse les règlements des dettes. Mais, en dehors de responsabilités qu'on peut toujours attribuer à la société et du degré de prise en charge qu'elle est disposée à assumer, il faut constater que c'est, plus fondamentalement, la structure du monde technico-économique lui-même qui bouleverse les rapports humains et donc aussi les rapports qui régissent les couples et les familles aujourd'hui.

(monde distal). La fréquence, dans une communauté, de telles postures mentales banalise le phénomène. Ce qui veut dire que la banalisation du mal est initiée par "la manipulation politique de la *menace* de précarisation et d'exclusion sociale". Si bien que dans ces situations, les motions psychologiques habituelles deviennent secondaires, car elles "sont mobilisées par des sujets qui s'efforcent de lutter contre leur propre souffrance : la peur qu'ils éprouvent, sous l'effet de la menace" (*op. cit.* pp. 169 ss.).

Cette dimension, moins présente auparavant dans l'histoire humaine, est trop récente pour qu'on puisse évaluer son impact sur notre avenir et pour discerner comment de nouvelles proximités sont pensables pour affronter de nouvelles formes de souffrances. La seule chose qu'on puisse dire actuellement, c'est qu'aux pressions habituelles du monde physique et social, s'ajoutent aujourd'hui les pressions du monde technico-économique. Cette perspective, sur laquelle je reviens plus loin, implique aussi le statut de la sexualité dans le couple et dans la famille face à une société de communication qui l'étale d'une façon plus pressante que jamais. La sexualité est devenue, moyennant une publicité permanente, une donnée incontournable dans la réalisation de la proximité dans la vie d'un couple. Ce n'est pas parce que Freud a promu la sexualité et le corps érogène que la sexualité s'est répandue dans l'imaginaire social, mais probablement l'inverse.

Les choses se compliquent davantage encore lorsque le couple décide ou doit assumer (sans son gré) la naissance d'un enfant, car il est contraint, non seulement à évaluer la possibilité d'une maternité, mais également à céder du terrain pour la constitution d'un espace nouveau. Ici encore les domaines physique, psychique et de compétences retrouvent leurs prérogatives avec un élargissement de l'espace autour des enfants. Le territoire physique circonscrit davantage encore la "maison" comme lieu de rassemblement de la famille, où une redistribution de l'espace et des biens (meubles, voiture, réfrigérateur, télé, ordinateur, vêtements...), mais aussi du corps (accès à la nudité, contrôle de la propreté...). Portons, pour la circonstance, une attention particulière sur la proximité corporelle : tandis que le fait de toucher, d'embrasser est autorisé et encouragé, voire devient, dans certaines circonstances, obligatoire, parfois il est en revanche interdit ou déconseillé ; et en ce qui concerne les parents entre eux, les choses sont différentes, car cette proximité peut être montrée, cachée ou même inexistante (TI, 119-120). Déjà à elles seules ces diverses actions esquissent un monde proximal complexe pour chaque membre de la famille rendant quasi impossible la configuration d'un monde proximal attribuable à la famille comme telle. Aussi faut-il plutôt axer l'intérêt sur le monde proximal que chaque membre d'une famille édifie et dans lequel les autres sont inclus, car c'est à partir des divers mondes proximaux ainsi édifiés que se tissent des liens de proximité qui forment la famille.

De ce point de vue, tous les rassemblements qui forment la vie familiale sont l'enjeu de proximité. Je pense ici non seulement à ces moments insolites de la vie, comme les fêtes, les mariages, les décès, etc., mais aux quelques rassemblements quotidiens, au moment du réveil, à l'heure des repas, autour d'une musique ou de la télé, dans le laps de temps d'un accueil d'un ami ou l'hospitalité d'un étranger, etc. Il s'agit là de diverses occasions pour animer, à travers une proximité spatio-temporelle, des multiples proximités relationnelles. Pourtant les choses ne sont pas simples, car les facteurs qui interviennent dans ces différentes circonstances sont multiples et variables selon les familles et les cultures. Il est certain que l'espace d'une famille dans certaines régions africaines est fort différent du nôtre en Europe. Mais, en Europe aussi, les choses sont devenues fort compliquées à cause de l'évolution de nos sociétés. Un exemple suffira à marquer cette complexité.

Dans l'espace d'une table où la famille est réunie à l'heure du repas, la question qui surgit est celle de savoir quel est la véritable proximité entre tous les membres de la famille en dehors de la proximité spatio-temporelle impliquée par ce genre d'espace. Car la différence est grande, par exemple, entre une famille traditionnelle qui pratique la prière au repas, où personne ne commence à manger avant que le père en donne l'exemple, et où aucun participant n'ose se lever avant la fin du repas, et une famille contemporaine dans laquelle il arrive souvent que chacun puisse s'asseoir avec un retard, de sorte que le repas puisse commencer sans règles strictes, ou encore qu'un parent ou un enfant se lève et prend son plat pour s'asseoir à la télé, qu'un conflit violent peut éclater à la moindre parole, sans que le père et la mère aient leur mot à dire. Sans juger sur la supériorité de l'un ou de l'autre de ces modes de proximité, il est certain qu'ils attestent deux types différents de proximités relationnelles, dont le premier se fonde sur des traditions et sur le respect des convenances, le second sur la liberté et l'improvisation ouvrant à un monde sans limites précises[2]. Or, si l'élément moteur d'une

[2] Sur cette question délicate pour le développement des enfants, voir J.-P.

proximité familiale suppose un certain degré d'affectivité entre les membres d'une famille, il faut reconnaître que les deux situations que je viens de décrire ne l'impliquent pas nécessairement et à priori. À l'obligation et à la soumission qui régissent le premier modèle répondent l'indifférence et l'excès de liberté qui dominent dans le second. Une véritable proximité relationnelle d'une famille requiert manifestement plus que cela. Tout d'abord, elle suppose une affection mutuelle entre ses membres, selon un type de relation (conjugal, filial, fraternel...) qui s'inscrit dans le cadre d'une convivialité commune, capable de renforcer les liens de solidarité animés par des sentiments de joies et de tristesses. Ensuite, elle requiert des moments propices, privilégiés, où dominent la volonté et les stratégies pour apaiser les souffrances que chaque membre éprouve inéluctablement devant les pressions de la vie (professionnelle, scolaire, sociale, etc.).

De la description qui précède, aussi sommaire soit-elle, il apparaît que l'important dans une famille réside moins dans la proximité spatio-temporelle, qui ressort d'une vie dans une maison, mais bien dans la proximité relationnelle que recouvrent les différents termes qui décrivent les rapports possibles de rapprochement ou d'éloignement entre les personnes. Tout rapport, quel qu'il soit, peut susciter une attitude dominée par l'affect et l'affectivité grâce auxquels se produit la mémoire affective de tout être humain et plus spécialement des enfants. C'est en ce domaine, on l'a vu, que l'apport de la psychanalyse a été décisif, parce qu'elle révèle que la proximité avec l'enfant ou les enfants s'inscrit dans des rapports affectifs complexes qui manifestent un monde distal étranger aux parents eux-mêmes. Dans ce contexte, le territoire psychique n'est pas entièrement séparable du territoire physique, ni des informations extérieures qui pénètrent dans la famille, ni de la culture qui y est imposée, suscitant, les unes ou les autres, des débats, des accords, des antagonismes ou des conflits. C'est pourquoi, à l'arsenal des attitudes qui forment la vie familiale, on peut inclure aussi des croyan-

---

Lebrun, *Un monde sans limites*, Érès, Paris, 1997 et *Les désarrois nouveaux du sujet*, Érès, Paris, 2001.

ces auxquelles on doit se soumettre ou qui sont laissées au gré des circonstances, ou encore des sentiments qu'on peut ressentir non seulement à l'intérieur de la famille mais à l'égard d'autres membres de la famille élargie ou à l'égard d'étrangers. C'est dans ce contexte élargi que le monde proximal des membres d'une famille se complexifie, en s'enracinant non plus autour de ce qu'on a appelé un foyer, mais autour de ce qui devient de plus en plus aujourd'hui l'espace complexe d'habitations et de logements, où se tissent des multiples proximités, mais aussi d'innombrables antagonismes. D'où l'importance aussi du troisième axe d'analyse circonscrit par le domaine des compétences[3].

On y découvre en effet les tâches éducatives, fondement de la formation et de la réalisation d'autres formes de proximité qui touchent également l'épanouissement personnel et la reconnaissance par les autres d'une ou de plusieurs compétences. Mais le domaine des compétences concerne tout d'abord l'organisation de la vie familiale, c'est-à-dire des tâches partagées ou non, le plus souvent conçues selon une répartition des tâches. Il concerne ensuite les rapports avec la famille d'origine, qui consolide les liens parentaux mais qui peut susciter des antagonismes par des attitudes préférentielles ou des stratégies de pouvoir. Il peut aussi toucher les amis des uns et des autres, qui dessinent un espace d'une proximité féconde, ainsi que les personnes appartenant au contexte de la vie professionnelle des uns et des autres, et dont les rapports de plaisir ou d'intérêt n'en sont pas moins importants pour l'élargissement des proximités relationnelles au-delà d'un cadre qui risque parfois de promouvoir des proximités identitaires et fermées. Enfin, il concerne les activités collectives de loisir, de sport, éventuellement la participation à la vie religieuse, politique, etc. qui contournent, par leur extériorité, l'habitat et ses contraintes. De là s'amorce l'édification d'un monde proximal élargi qui multiplie les fenêtres sur le monde, et qui ne cessera de s'étendre au cours de la vie, atteignant, du moins en imagination, le monde planétaire, voire l'espace extra-terrestre.

[3] Voir le travail de R. Neuburger, *op. cit.*, pp. 118-121, que je résume et prolonge.

C'est par rapport à cet espace extérieur, multiplement constitué, que les configurations organisent le monde proximal de chaque personne, mais en laissant émerger, en même temps, le monde distal dans toute sa complexité. Or, en dépit de ce double mouvement qui associe les configurations du monde proximal et la complexité du monde distal, l'espace d'un monde proximal édifié à partir de l'habitation familiale, aussi élargi soit-il, atteste ses limites face à la prolifération d'une multitude d'êtres humains et la profusion des habitations diversifiées et variables qui s'implantent au-delà du cercle familial.

Théoriquement, une famille ne peut favoriser son épanouissement que dans le cadre d'un monde élargi qui lui permet de sortir d'une proximité identitaire, proximité qui risque de la fermer sur soi-même. Mais cette ouverture peut aussi constituer une menace pour son intégrité. Un engagement plus franc, dans la vie professionnelle, éducative ou politique constitue une condition *sine qua non* pour assumer le statut de citoyenneté. Une démocratie l'attend de chacun de ses membres, même si les aléas et les exigences de la vie favorisent le repli sur soi, dans son foyer, avec une extension jusqu'à des amis. Trouver un équilibre fondé sur des proximités spatio-temporelles et relationnelles peut constituer un critère de référence. Mais dans ces cas, les plaisirs et les joies ne sont pas durables, et les aléas que chaque membre d'une famille doit affronter, — où les antagonismes et les conflits, les maladies et les accidents, les déceptions et les détresses marquent leur présence —, entraînent fatalement des souffrances. Celles-ci deviennent plus visibles dès lors que se modifient les rapports familiaux avec les normes sociales multiples, devenues complexes (TI, 107 ss.).

Comme le montre R. Neuburger, la famille traditionnelle "conjugale, monogame, biologique" axée sur la triade père-mère-enfant n'est plus majoritaire, et on ne trouve plus de modèle unique qui permettrait à un couple d'accorder son intimité. De nombreuses familles sont recomposées, monoparentales ou matrifocales (axe formé de la mère et de la grand-mère), alors que d'autres sont trigénérationnelles (trois générations vivant sous le même toit), et d'autres adoptantes, sans oublier celles qui sont formées par des couples homosexuels. La multiplicité règne également dans les modes de constitution de la famille, car, en plus des procédés par coït et par adoption, les techniques de fécondation assistée se répandent, l'anonymat étant désormais accepté sans presque aucune réticence. Non seulement l'idée classique de la famille fondée sur le sang disparaît, mais s'affaiblit aussi l'idée d'une famille "organisée autour d'un projet transgénérationnel, projet organisateur commun pour un groupe". À telle enseigne que le projet familial n'est plus aujourd'hui axé sur le patrimoine, mais sur un projet éducatif.

Cette multiplicité de modèles familiaux n'empêche pas, pour autant, la promotion, par les magazines et la télévision, par les psychologues et les éducateurs, etc., d'"une norme de fonctionnement familial idéalisée" qui se rapporte à des stéréotypes d'une famille telle qu'elle n'a sans doute jamais existé : unie, aconflictuelle, où sont également distribués les rôles parentaux, équilibrés les investissements en temps, en argent ainsi qu'affectifs, respectées également les identités sexuelles paternelles et maternelles, et affirmée l'indépendance du groupe familial par rapport aux familles d'origine, et en particulier par rapport aux grands-parents. Bien plus, "l'intimité familiale est mythifiée par des stéréotypes qui brossent le tableau d'une famille réunie de préférence autour d'une cheminée". On met en scène des soirées où "les enfants roses et pré pubères joue calmement, le père lit son journal, maman, détendue, disponible et souriante, veille sur son petit monde, un petit chien dort au coin du feu (cocooning, rêve américain)..." (TI, 109-112).

Ce paradoxe que Neuburger décrit si poétiquement pour indiquer que les familles recomposées ne semblent pas affectées par cette image idyllique, peu fréquente dans le monde actuel (à supposer que cette image ait existé un jour autrement que dans l'imaginaire collectif), doit nous interpeller. Non seulement, comme le pense l'auteur, parce que les jeunes qui vivent dans des familles recomposées ne semblent pas pessimistes et leur capacité de croire à la possibilité d'une norme d'intimité familiale ne paraît pas altérée, mais parce cette idéalisation est le résultat de bouleversements plus profonds, surtout dans la seconde moitié du vingtième siècle. Elle serait moins le résultat d'une utopie ou d'une nostalgie en vue de (re)produire une famille idéale compromise par notre contemporanéité, — d'abord, à la suite de deux guerres et, ensuite, après les événements des années soixante huit qui ébranlèrent les fondements de la famille —, qu'une donnée essentielle des stratégies du monde technico-économique pour promouvoir l'immobilier, les assurances vie familiales, les comptes bancaires, les loisirs familiaux, etc. Dans certains de ses travers, la publicité entraîne parfois, dans son sillage, des effets positifs, comme d'ailleurs elle l'a fait au moment où le sida est apparu comme une menace sérieuse pour l'humanité, en faisant la promotion des préservatifs et de rapports sexuels stables qui ont favorisé la formation de couples. Mais généralement, le conditionnement médiatique subvertit le monde proximal de chacun d'entre nous, l'investissant, par un processus d'une violence détournée, d'un brouillage qui nous fait perdre nos références. Si l'on y ajoute la médiatisation de la violence, partout présente sur la planète, à travers les médias, la pression que nous ressentons est extrêmement puissante, même si les configurations que nous formons la banalisent jusqu'à un certain degré. La violence au foyer ou à l'école, ou encore la violence au travail, ou enfin les multiples violences diffusées par les médias, nous deviennent proches, comme si elles pénétraient notre vie quotidienne.

C'est dire que le statut de l'intimité familiale s'accomplit aujourd'hui autour de nouvelles formes de proximité, différentes de celle des familles d'autrefois où dominait un système étroit ou élargi de *parenté*. À l'affectivité obligée, fondée sur la filiation et le sang, succèdent de plus en plus des affectivités inédites et multiples qui ressemblent davantage à l'idée ancienne d'amitié qui s'édifie à travers la vie commune et les rencontres issues d'une rencontre primitive des parents. Ces situations qui subvertissent les derniers bastions du paternalisme, déjà profondément ébranlé sur le plan de la société post-coloniale et du système capitaliste contemporain, sont dignes d'attention, car elles modifient sensiblement les rapports actuels et futurs de proximités relationnelles, avec leurs propres souffrances. La recomposition des familles, telles que je viens de l'esquisser, situe de nouvelles références dans un monde où la répartition des positions s'est modifiée, mais où aussi les risques et la violence intègrent le monde proximal de chacun selon de formes nouvelles. Les intrigues de famille, sources de souffrance, deviennent plus complexes, ne serait-ce que parce que la multiplication des acteurs embrouille les rapports entre un système multiparental et la société.

2. *Intrigues narratives et intrigues réelles*

La notion d'"intrigue" telle que je l'introduis, en lui intégrant une complexité appartenant à un monde distal, cherche à prolonger celle qui a été popularisée par Paul Ricœur sur le plan narratif uniquement, en partant de la *mimèsis* aristotélicienne, interprétée, non plus comme une "imitation" ou même une "représentation", mais comme un ordre, un agencement des faits (*muthos*) concernant l'action (*praxis*), ce qui porte le débat du côté de la promotion du "principe *formel* de configuration". Par cette médiation, Ricœur parvient à appliquer la *mimèsis* au-delà de ce qu'avait souhaité Aristote, pour s'approprier les métamorphoses du récit à travers l'histoire du roman[4]. Mais il n'envisage

[4] Dans *Temps et récit*, 2. *La configuration dans le récit de fiction* (Éditions du Seuil, Paris, 1984, pp. 18-22, que je citerai par l'abréviation TR-2), Paul Ricœur montre avec beaucoup de perspicacité que la métamorphose des genres littéraires, par l'invention du roman, a fort évolué dans le sens d'une complexification amorcée au 18e siècle avec le roman anglais (qui fait intervenir les gens du peuple) et qui s'est poursuivie avec "le roman d'apprentissage" qui atteint un point culminant avec Schiller et Goethe, Balzac et Tolstoï jusqu'au premier tiers du 20e siècle, où l'émergence d'un personnage central s'accomplit par son développement à travers un récit grâce auquel sont tressées ensemble "complexité sociale et complexité psychologique". À cette complexité qui associe caractère et intrigue a fait suite une nouvelle source de complexité, avec "le roman du flux de conscience", illustré par Virginia Woolf, qui préserve l'inachèvement de la personnalité en diversifiant les niveaux "de conscience, de subconscient et d'inconscience", ainsi que "le grouillement des désirs informulés, le caractère inchoatif et évanescent des formations affectives". Selon Ricœur, cette complexification qui met apparemment à mal l'intrigue au sens aristotélicien, ne l'abolit pas, à condition de comprendre la notion d'intrigue à partir du "principe *formel* de configuration", c'est-à-dire du concept de "mise en intrigue", qui accroît en l'occurrence le champ de l'action : en plus de la conduite des protagonistes produisant des changements visibles de la situation et des retournements de fortune, il faut ajouter la transformation morale d'un personnage, sa croissance et son éducation, son initiation à la complexité de la vie morale et affective, voire des changements purement intérieurs affectant le cours temporel lui-même des sensations, des émotions, jusqu'au niveau le moins conscient. Autrement dit, grâce au principe formel de configuration,

qu'indirectement la possibilité de pénétrer le "réel" préfiguré dans sa complexité pour le considérer également dans l'éclairage de l'intrigue, comme si la seule *réalité* envisageable dans l'ordre narratif était l'*histoire* — à laquelle il consacre une grande partie de son travail. Même quand il fait état d'une "fidélité" du récit avec la réalité, c'est sur le plan de l'histoire de la littérature qu'il la considère. Par là il sous-estime l'*ancrage* d'une bonne partie du monde de la fiction dans les expériences réelles de l'être humain, qui n'est pas seulement de l'ordre de la préfiguration ou encore de l'autobiographie, mais il est de l'ordre des multiples intrigues, avec des épreuves vécues, avec des souffrances et des joies. Dès lors, c'est la notion même de "fiction" littéraire qu'il faudrait réaménager. Elle peut en effet aller d'une fidélité configurée à des événements vécus jusqu'à l'imaginaire d'une réalité défigurée, voire d'une irréalité qui ne saura jamais être convertie à quelque réalité, mais qui s'appuie elle-même sur la "réalité" de l'activité imaginaire dont les éléments trouvent leur inspiration dans le réel comme tel. Cela ne m'empêche pas de retenir l'analyse de Paul Ricœur sur les métamorphoses historiques du récit comme une approche majeure vers cette clarification qui suppose des multiples intrigues réelles, allant du réalisme le plus cru jusqu'à l'absence de toute réalité, et qui sont, dans chaque cas, autrement refigurées, transfigurées ou défigurées sous l'action de la mise en intrigue propre à l'action narrative.

Ricœur montre qu'au cours de son évolution, la fiction est devenue plus vraisemblable, assumant sa proximité et sa fidélité à la réalité quotidienne, ce qui rencontre autrement l'interprétation d'Aristote qui parle d'"imitation" de l'action (la vie). Pourtant cet effort n'aurait pas atteint son but de proximité, car il a inventé des intrigues "toujours plus complexes et, en ce sens, toujours plus éloignées du réel et de la vie". C'est pourquoi le recours au vraisemblable "ne pouvait longtemps cacher le fait que la vraisemblance n'est pas seulement ressemblance au vrai, mais semblance du vrai. Différence fine qui devait se

---

la succession historique entre roman d'action, roman de caractère et roman de pensée conserve une forme d'unité.

creuser en abîme". Dans ce contexte historique, l'âge d'or du roman au 19e siècle "peut être caractérisé par un équilibre précaire entre la visée toujours plus fortement affirmée de fidélité à la réalité et la conscience toujours plus aiguë de l'artifice d'une composition réussie". C'est cet équilibre qui devait un jour être rompu, en faisant de l'art de la fiction un art d'illusion, au profit du roman sans intrigue, sans personnage et sans organisation temporelle discernable, mais qui prétend néanmoins être au plus près de l'expérience fragmentée et inconsistante. Par conséquent, après l'abandon du paradigme classique au nom de la complexité sociale, c'est l'incohérence présumée de la réalité qui requérait l'abandon de tout paradigme. Si bien que "la littérature, redoublant le chaos de la réalité par celui de la fiction, ramène la *mimèsis* à sa fonction la plus faible, celle de répliquer au réel en le copiant".

Par un curieux retournement, l'usage de la configuration comme centre de gravité d'une *mimèsis* II, qui rassemble divers types d'agencements de faits, y compris l'absence d'agencement (donc l'absence d'intrigue) se tenant, on l'a vu, entre la préfiguration (*mimèsis* I) et la refiguration (*mimèsis* III), aboutit à une configuration proche de l'art d'illusion que Platon avait pourtant dénoncé, dans *République* X, comme appartenant à l'art mimétique (sophistique). Par là nous voyons que la tentative d'atteindre, par la fiction, "la vie quotidienne, dans sa proximité la plus étroite, est tenue pour une tâche accessible et finalement non problématique", qui nous oblige "à réfléchir sur les conditions formelles de l'illusion même de la proximité", ce qui nous conduit à reconnaître "le statut fondamentalement fictif du roman lui-même" (TR-2, 22-30).

Or, si cette constatation réconforte, à juste titre, Paul Ricœur dans sa recherche pour distinguer récit historique et fiction, elle laisse néanmoins dans l'ombre le statut de la *réalité* dont il est ici question — quelle qu'elle soit, c'est-à-dire fragmentée ou unifiée, disséminée ou complexe, etc., demeurant, dans sa perspective de la préfiguration, comme un *fond opaque* sur lequel l'intrigue s'appuie pour se configurer. Or, à mon avis, la fiction, quel que soit son statut, ne se déploie pas sans une forme d'*ancrage* dans "quelque" réalité. Par "ancrage", il faut entendre, non pas un enracinement dans le réel, partiel ou global, mais des points de contact, comme ceux des ancres des navires, sans lesquelles ils iraient à la dérive. À ce titre, la fiction met en jeu ses propres intrigues en vue de *faire voir* “quelque chose” de cette réalité, le plus souvent des expériences concrètes que la mise en intrigue réorganise à sa façon. En tant qu'elle configure, la fiction ainsi comprise, *fait voir* donc cette réalité par des configurations, celles que le romancier-créateur a cru utile de réaliser. Si bien que la pratique de l'intrigue ne se constitue en mise en intrigue par cet acte créateur que sur un fond qui peut lui-même comporter des intrigues configurables, sans que cela implique des rapports symétriques et des homologies. Le plus souvent, il y a distorsion, assumée délibérément par le romancier. Il en va ainsi, par exemple, pour la violence narrative dans les mythes, les romans, les films qui attestent son ancrage de la réalité, où la violence est partout et se manifeste selon plusieurs formes. Comme je l'ai indiqué dans mes travaux sur le mythe, le schème de la violence dans l'ordre narratif présente une fonction cognitive précise, qui est celle de différenciation de territoires et de fonction, ou encore celle de partage de pouvoir.

Dans mon esprit, l'*intrigue* n'est pas seulement d'ordre narratif, c'est-à-dire une façon de parler, de raconter (donc un *muthos*), aussi complexe que celle-ci soit à travers l'évolution de la pratique de la fiction. L'intrigue doit plutôt être envisagée en tant qu'elle peut préexister dans la réalité qui est portée au discours. Celui-ci la manifeste sur le mode d'une refiguration, d'une transfiguration ou d'une défiguration, en tenant compte des faits qui s'y passent (réellement ou simplement dans l'imaginaire de l'auteur). La question de la violence et de la souffrance illustre bien ce phénomène. La violence existe bien dans le quotidien, et peut être aussi intégrée dans l'ordre narratif avec des fonctions supplémentaires ou différentes que celles qui la caractérisent dans le réel, et qui peuvent excéder leur fonction dans la réalité.

En somme, il existe bien des êtres humains qui subissent des sévices et souffrent, et cela ce n'est pas de la fiction, c'est une réalité tangible. De sorte que lorsque la littérature, — comme d'ailleurs le septième art ou encore, d'une façon plus crédible, les médias —, font état de la souffrance, ils *parlent* sur le mode de la refiguration, de la transfiguration, voire de la défiguration d'une épreuve qui existe bien. Ils en parlent d'une façon pertinente, pour ne pas dire convaincante, même si le problème de savoir jusqu'à quel point cette parole touche le lecteur où l'auditeur-spectateur reste ouverte. La narration agit ainsi sur un *autre* plan par une mise en intrigue d'une intrigue primordiale (réelle ou construite), en faisant voir un ensemble d'événements sur le mode d'un agencement, au moyen de configurations articulées par l'imagination. Autrement dit, il faut aller plus loin que ne le fait Ricœur, et considérer l'"intrigue" également selon son sens propre de situation embrouillée, compliquée, voire embarrassante, qui met en œuvre des combinaisons secrètes ou implicites, susceptibles de produire un résultat positif ou de provoquer un échec, voire de susciter au lecteur des émotions sélectives. Comme l'a observé avec perspicacité Aristote, la tragédie doit être composée de telle façon qu'elle puisse sélectionner deux passions : la crainte et la pitié[5]. Il va de soi que l'arrangement de la comédie vise à faire rire. C'est à ce titre aussi qu'une situation de cet ordre peut, en plus, intriguer, c'est-à-dire éveiller en nous une curiosité et l'envie de la débrouiller. Mais nous verrons aussi, lorsque nous aborderons la proximité avec les choses, qu'indépendamment des intrigues humaines, les choses, telles qu'elles sont produites aujourd'hui par la technique prennent, selon l'expression de Bruno Latour, le caractère d'"hybride", de "quasi-objet". Ceux-ci brouillent autrement le réel, en nous embrouillant davantage. Par là il s'avère que c'est l'action d'(em)brouiller qui est générique, les intrigues humaines, que Plotin, déjà, dénonce lorsqu'il utilise le schème du théâtre, considérant que les mises en intrigues sont des modes qui adaptent ce schème aux diverses situations en jeu.

Face à la réalité complexe qui appartient surtout au monde distal, et qui se complexifie davantage encore par le seul fait que chaque personne accomplit sa propre histoire singulière dans un contexte pluriel et dans un laps de temps indéterminé d'une vie, la question est d'abord celle de savoir si les pressions multiples qui pèsent sur l'être humain, — pressions cosmiques, biologiques, familiales, sociales, etc. —, agissent déjà dès avant sa naissance (en tant que fœtus) et si elles s'ampli-

[5] S. Klimis, *Le statut du mythe dans la poétique d'Aristote. Les fondements philosophiques de la tragédie*, Ousia, Bruxelles, 1997.

fient à partir de la naissance, provoquant des traces dans la mémoire affective et de multiples souffrances. Cette question nous l'avons en partie abordée ci-dessus. Mais il convient aussi, d'autre part, de discerner pourquoi un nombre considérable d'êtres humains parvient à surmonter ou à gérer certaines souffrances en dehors de l'application de (psycho)thérapies au sens large du terme, alors que des thérapies circonstanciées peuvent échouer. En d'autres termes, jusqu'à quel point l'être humain est-il capable de résister aux pressions et aux souffrances qui en résultent et de trouver une voie favorable à son bien-être en dehors d'un recours à la technicité médicale ou à des méthodes thérapeutiques moins intensives ?

Selon les sociétés ou les cultures, selon les limites ou l'extension de la famille, les configurations diffèrent et forment des territoires variés qui débordent l'intimité telle que nous la concevons dans le monde occidental, souvent restreinte à l'individu, au couple et à la famille au sens étroit du terme. Selon les différents contextes, de nombreuses formes d'affectivité imposent leur présence dans la vie et se répandent dans une société multidimensionnelle. Ces affectivités produisent de multiples processus, auxquels nous sommes familiers. Ces processus aboutissent à diverses configurations de *rencontre*, comme l'*amour* ou l'*amitié*, la *fraternité* ou *l'hospitalité*, et à d'autres relations qui nous paraissent plus étranges, comme la prise de risque et le jeu avec le destin, c'est-à-dire les *attitudes ordaliques* ou les tentatives de reconstruction grâce à ce qu'on appelait auparavant la *rédemption*. Cette dernière configuration s'enracine dans la thématique de la résurrection du Christ, après sa souffrance et sa mort sur la croix[6]. On l'appelle au-

[6] La ré-appropriation par la littérature de cette thématique me semble avoir atteint un point culminant dans le roman de Léon Tolstoï *Résurrection*, où la déchéance de la femme soumise à un amour impossible, s'accompagne d'une mise en question de l'appareil administratif et judiciaire de la Russie de l'époque, ainsi que de l'hypocrisie ecclésiastique, et ceci au fil d'une intrigue multiplement rédemptrice. Mais l'ampleur de la question de la rédemption, en dehors de cette dimension sociale a été mise remarquablement en évidence par Jean Paumen, dans son étude les *Trois rédemptions du moi. Pascal, Nietzsche,*

jourd'hui sous l'influence de la psychologie, une *résilience*, qui consiste en une capacité de s'approprier des occasions favorables pour surmonter les aléas de la vie et s'améliorer[7].

Proust, Ousia, Bruxelles, 1997. Ce livre traite en effet de trois formes de rédemptions : la *religieuse* (Pascal), l'*éthique* (Nietzsche) et l'*esthétique* (Proust), en vue de mettre en valeur une quatrième, où se croise, en l'être de l'homme dans sa finitude, l'exceptionnalité recherchée avec la quotidienneté sans cesse assumée. Cette rédemption culmine ainsi dans la *complémentarité* des exigences d'un dépassement et des ressources de la complicité, qui constituent le fondement et l'originalité profonde de la réflexion philosophique de Jean Paumen. Celui-ci montre que les conduites décrites par ces trois penseurs selon des fonctions partielles du Moi, attestent cette complémentarité, par des expériences toujours privilégiées que chacun assume à sa façon. Aucun des trois en tout cas n'a cru devoir fonder l'assurance de l'éternel (Pascal), l'absolution du supratemporel (Nietzsche) et la promesse de l'extra-temporel (Proust) sur une indéfectible intuition de l'absolu. Le divertissement pascalien qui manifeste la bête face à l'ange, l'humain trop humain nietzschéen qui s'oppose au surhomme, et les flâneries rêveuses et les foucades sentimentales décrites par Proust qui mettent l'accent sur la discontinuité du moi perdu face à la continuité du moi retrouvé, plaident en faveur d'une complémentarité indissociable entre l'exigence du dépassement dans la recherche de l'absolu et les ressources de la complicité. Il en va de la rédemption pascalienne comme du décrochage de l'ordre de l'amour humain et de l'accrochage à l'ordre de l'amour divin, de la rédemption nietzschéenne comme de l'aspiration dionysiaque à un surhumain qui soit à la mesure de la volonté de puissance et de l'éternel retour de l'identique, et de la rédemption proustienne comme de l'épanouissement d'une interception de l'extra-temporel dans la création d'une œuvre d'art. Il reste certes à savoir si ces trois rédemptions ne seraient pas des chimères, dont on admettra au moins qu'elles auront pu médiatiser la félicité (Pascal), la joie (Nietzsche) et l'allégresse (Proust). C'est pourquoi Jean Paumen présume qu'elles auront su aider des hommes à mourir et, peut-être, à vivre, ou, en tout cas, à mieux découvrir la fontaine des eaux qui désaltèrent, eaux mêlées de nos ressources autant que de nos exigences, de nos complicités autant que de nos dépassements. Tout se passe ainsi comme si la fontaine était "rédemptrice au jaillissement même des débits croisés de la quotidienneté autant que de l'exceptionnalité".

[7] Cette expression, empruntée de la physique des matériaux, aurait été introduite par E. Werner (dans 'Resilient Children", Young Children, 40 (1),

Après l'usage post-théologique des concepts de rédemption et de rémission (aujourd'hui utilisé surtout en médecine pour faire état d'un affaiblissement provisoire d'une maladie grave), la problématique de la résilience constitue une des réponses pertinentes à la question que je viens de poser concernant la possibilité de surmonter ou de gérer certaines souffrances dans le cadre d'une approche qui met en valeur la complexité. Elle a le mérite d'étendre la question de l'affectivité au-delà des relations traditionnelles d'amour et d'amitié, et de mettre en évidence, à travers une profusion de relations d'altérité, des multiples scénarios possibles qui nous conduisent au seuil ou même au cœur de la question de la mémoire affective et de la nécessité d'une proximité relationnelle favorable. À ce titre, elle se plie bien à l'ambivalence de la proximité, dont elle dévoile à la fois l'ampleur et le caractère inépuisable, multipliant d'une façon impressionnante les proximités relationnelles.

Cette prise de conscience d'une profusion de relations affectives de proximité, qui édifie notre monde proximal, tout en révélant sa complexité inépuisable, nous conduit inéluctablement à l'antinomie de la proximité, car nous y découvrons notre impuissance à accéder à une multiplicité de proximités relationnelles fondées sur l'affectivité, amplifiant ainsi, en même temps, notre monde distal. C'est pourquoi le thème de la résilience doit être éclairé et complété par l'approfondissement des relations humaines au moyen d'une forme essentielle de la proximité relationnelle, à savoir la *compréhension*. Il faut appréhender ce terme au sens d'"entendre l'autre", "être à l'écoute de l'autre". Il faut y voir une façon de minimiser les propos et les fautes de l'autre, afin que la communication passe bien. Cela montre que la seule affectivité ne parvient pas toujours à réaliser sans un renforcement d'une approche pour ainsi dire cognitive — non pas au sens de formation de

---

1984, pp. 68-72) et thématisée par un ensemble de chercheurs, et plus spécialement par Boris Cyrulnik. Sur cette question, voir M. Manciaux (dir.), *La résilience : résister et se construire*, Éditions Médecine et Hygiène, Genève, 2001 et F. Gillot-de Vries, "L'enfant, la guerre et la résilience", dans *L'Art de la Paix. Approche transdisciplinaire*, dir., P. Calame, B. Denis et É. Remacle, P.I.E.-Peter Lang, Bruxelles, Bern, Berlin, etc., 2004, pp. 105-113.

structures d'intelligibilité, mais de constitution de stratégies de l'action où le souci majeur consisterait à être compris et à comprendre l'autre, de prendre en charge ses souffrances.

Ce *plus* s'inscrit au cœur de la question de la proximité, lorsqu'elle met en jeu l'*appel* d'un être humain à un autre, et plus spécialement d'un être humain *souffrant* s'adressant à un autre être humain qu'il *croit* être, d'une façon ou d'une autre, *proche* de lui, et donc plus apte à le *comprendre*, permet de situer la proximité au fondement de l'altérité, comme préalable, non seulement à toute thérapeutique, mais également à toute responsabilité. Il s'agit davantage d'un *mode de vie* capable d'affronter au quotidien les souffrances provoquées par les multiples pressions qui pèsent variablement sur chaque être humain. Cette pratique de vie que chaque être humain peut accomplir d'une façon improvisée et peu technique, diverses techniques de psychothérapie cherchent à la réaliser, chacune à sa façon, selon les choix principiels (les prémices et prémisses) qu'elles ont adoptées comme étant les plus pertinents. Telles qu'elles ressortent d'une approche qui tient compte de la proximité (c'est-à-dire de l'ambivalence et de l'antinomie de la proximité), ces diverses techniques recèlent, chacune selon ses propres critères, des choses pertinentes.

3. *Répartition des places et violence*

Depuis le monde archaïque, la répartition des lieux, des pouvoirs et des fonctions est une pratique courante dont on trouve la présence au cœur des mythes. Elle est une partie intégrante de l'intrigue. Les études actuelles sur les relations interpersonnelles, notamment en psychologie sociale, ont porté une attention particulière au concept de *place*[8]. À mes yeux, cette analyse constitue une version contemporaine des structures topologiques que nous révèlent les mythes anciens, tels que je les ai abordés dans mes travaux. J'y ai montré que la structure de ce

[8] Voir en particulier E. Marc et D. Picard, *Relations et communications interpersonnelles*, Paris, Dunod, 2000, pp. 32-47.

qu'on peut qualifier de "mythe" réunit trois axes : le discours catalogique (avec comme mode privilégié, diverses formes de généalogies), la mythologie (composée de l'ensemble du *corpus* narratif) et la topologie (la référence permanente à des lieux visibles et invisibles)[9]. Si, dans le passé, les puissances du monde invisible (dieux, démons, héros...) avaient leur place dans le Tout, en relation avec les places des hommes dans l'ordre social, aujourd'hui, ce sont les liens entre les places et les fonctions qui organisent le monde visible et invisible.

L'idée de rapports de *place* complète assez bien l'idée habituelle qui fait de chacun de nous un *membre* d'une ou de plusieurs catégories sociales impliquant des *fonctions*. Chacun de ces rapports topologiques met en œuvre des déterminations existantes ou des déterminations en formation, qui sont de plusieurs ordres : social, interactionnel et subjectif. C'est dans ce contexte que le nouveau-né trouve un milieu propice pour son développement et son épanouissement. Mais la place qu'il occupe n'est qu'un microcosme dans le macrocosme de structures sociales plus complexes et plus variées. Un même individu peut tenir un ensemble de rôles dans la société, qui expriment aussi des positions différentes selon le rapport qu'il entretient à l'égard des autres : parents (selon les degrés de parenté), conjoints (marié ou non), amis, compagnons, collègues, partenaires, enseignants, employés d'une administration, commerçants, supérieurs hiérarchiques, etc. De plus, les individus interagissent en fonction de leur sexe, de leur âge, de leur profession, etc. Cela affine la façon dont un individu modifie ses positions en fonction d'autres individus, mais aussi en fonction de la situation de groupes relativement à d'autres groupes. Les individus jouent de ce fait des *rôles* d'ordre social et culturel qui leur sont attribués ou qu'ils élaborent eux-mêmes, qui les situent relativement à d'autres individus. Les places, comme les rôles qui leur sont associés, produisent un mon-

[9] Voir mon *Histoire de la philosophie ancienne et médiévale*, *op. cit.*, Première partie, ainsi que mon étude "Genèse et structure dans le mythe hésiodique des races", dans *Le métier du mythe*, dir. F. Blaise, P. Judet de la Combe et Ph. Rousseau, Septentrion, Lille, pp. 479-518.

de humain d'une complexité inépuisable déterminant les enjeux de notre contemporanéité.

C'est dans cette complexification des rapports d'un individu aux autres que s'esquisse le monde proximal humain de chaque être humain, face à un monde distal plus complexe encore, où domine, à travers les milliards d'habitants de notre planète, l'inconnu. Dans cet inconnu foisonnent des antagonismes, des violences et des souffrances humaines à profusion, auxquelles aucun de nous ne pourra jamais avoir une idée précise. À ce monde distal de la souffrance, nous accédons, à défaut d'un contact direct — que peu de personnes ont le privilège d'accomplir —, par des témoignages, surtout grâce à l'information planétaire et mondialisée. Cet accès, aussi infime soit-il, permet de discerner que la misère et la violence suscitent d'innombrables souffrances dans le monde, amorçant en nous un sentiment de trouble. Aussi longtemps que ces multiples souffrances n'interpellent pas les humains que nous sommes, notre rapport au monde distal de la souffrance ne saurait demeurer qu'*indifférent*. Cette indifférence d'après laquelle un monde distal est d'autant plus opaque que la différence entre le monde occidental où nous vivons, et l'*autre* monde, celui de la plus grande partie de la planète, est tellement contrasté qu'il est difficile de s'imaginer ce que les autres éprouvent et endurent. Bien que l'information "passe" mieux aujourd'hui que dans le passé, grâce au progrès de la technologie de la communication, elle reste néanmoins l'apanage de quelques privilégiés relativement à la grande masse de la population mondiale. Non seulement parce que les représentations que nous édifions de ce qui se passe ailleurs sont configurées par les moyens et les instances qui diffusent l'information, mais plus simplement parce que nous vivons en fonction de notre propre monde proximal, comme si le reste du monde n'existait pas.

Pourtant, à l'instar de la proximité avec soi-même (où la projection de configurations topologiques aide à accéder jusqu'au tréfonds de nous-mêmes), de même les contrastes dans le monde (relevés par des cartographies) peuvent nous éclairer sur cette différence, afin de nous extraire des notre indifférence. Cette prise de conscience des problèmes des autres, dont les places et les rôles dans la société diffèrent des nôtres, constitue une condition *sine qua non* pour produire une proximité avec l'autre, car elle configure dans notre propre monde proximal un espace plus humain pour rencontrer l'autre tel qu'il se situe et en reconnaissant ses souffrances. Cela signifie aussi que c'est dans le monde proximal formé de rapports humains que les places et les rôles rendent pertinents les possibilités de redressement et d'ouverture en vue d'édifier un monde meilleur[10]. Pour profiter de l'apport des sciences humaines dans cette question des déterminations interactionnelles et la façon dont on peut infléchir ou prolonger les acquis, il serait utile de s'arrêter sur cette thématique de la topologie sociale, en portant davantage l'accent sur la perspective des antagonismes qui me semblent plus directement en rapport avec la question de la souffrance. Elle permettrait de mieux circonscrire les obstacles qui s'élèvent dans la question de la proximité avec l'autre et les autres[11]. Mais cela risque de nous mener trop loin. Aussi je me limiterai à quelques observations.

Chaque situation dans laquelle sont impliqués des êtres humains suppose une gamme de modèles relationnels selon des directions qui prennent en considération, en plus des places et des rôles, la distance (qui est liée à l'éloignement et à la proximité), la convergence (ou divergence), le rapport symétrique (ou asymétrique), la complémentarité, la hiérarchie, etc. Dans tous ces cas, aux rapports positifs s'associent des rapports négatifs, que nous pouvons rassembler autour du concept d'antagonisme. Par exemple, le couple homme-femme peut être interprété à partir de la bienveillance, de la séduction, de la rivalité, de la jalousie, de la dimension sexuelle ou éducative, etc. Si l'on ajoute d'autres variables, comme celles qui appartiennent à la communication, on peut y inclure l'ouverture, la fermeture, l'accord, le désaccord, etc. En prolongeant cette perspective, on peut établir des

[10] Dans mon étude "Proximité et antagonisme", *op. cit.*, j'ai pris comme référence pertinente la question de la paix. Mais nous verrons, dans la suite, qu'il convient de proposer d'autres références encore, afin qu'un véritable projet mondial soit tracé comme horizon de l'action humaine.

[11] Une fois encore je rencontre ici l'analyse que j'ai proposée, mais pour la question de la paix, dans "Proximité et antagonisme", *op. cit.*, pp. 206 ss.

rapports symétriques (égalité, échange, réciprocité...) ou asymétriques (préséance, hiérarchie...), etc.[12], en les renforçant par un système symbolique faisant intervenir des catégorisations et des identités sociales individuelles ou collectives, avec l'irruption de rituels qui régulent les rapports et les liens sociaux. Mais ces différents éléments ne forment en réalité qu'un avant-goût du champ immense dans lequel germent et se laissent éclore les antagonismes qui configurent des multiples violences. Or, la complexité de cette question, qui est tributaire également des objets, non seulement parce que les biens et les ressources peuvent produire des antagonismes et de la violence, mais parce que la violence se sert souvent aussi d'instruments, y compris les médias qui la diffusent avec une efficacité sans précédent.

En général, lorsqu'on parle de violence, on songe surtout à la violence physique[13]. Mais, en réalité, toute violence corporelle s'accompagne d'une violence psychique. Celle-ci est cependant fonction du type de violence physique et du contexte dans lequel elle est produite. Peu importe ici le sens qu'on accorde au "psychique", à l'"âme". Même si on peut admettre qu'elle est enracinée dans l'organisation du cerveau et dans l'ensemble du corps (au point qu'elle ne serait peut-être rien que l'organisation de ce corps même, comme l'avait déjà indiqué Aristote), il convient, au point de vue méthodologique de la distinguer du corps, pour mieux faire voir la question de la violence psychique, souvent sous-déterminée face à la violence physique. De ce point de vue, une violence qui touche l'âme, par exemple une parole qui blesse, même si elle peut avoir des effets sur le corps (sueurs, tremblements, crispations, etc.), elle ne se réduit pas au corps, sans quoi seul le corps souffrirait par des douleurs physiques. Or, les douleurs physiques peuvent disparaître avec un médicament adéquat, alors que la souffrance psychique s'inscrit dans la mémoire affective et poursuit sournoise-

[12] E. Marc et D. Picard, *op. cit.*, p. 36.

[13] Voir à ce propos W. Sofsky, *Traité de la violence*, Gallimard, Paris, 1998 (orig. allemand, 1996), ainsi que mes remarques, dans "Proximité et antagonisme", *op. cit.*, pp. 226 ss.

ment son chemin pendant (toute) la vie du sujet, vécu intimement et pouvant se manifester également par des douleurs corporelles. Un viol, une maladie, une humiliation, un échec, etc. peuvent marquer le psychisme d'une souffrance qui persévère et qui dure.

Mais on peut aussi atteindre l'âme elle-même, même si le corps n'est apparemment pas atteint, comme dans le cas d'une peur dans la nuit, dans un lieu déterminé (un bois, un désert, une forêt tropicale...), ou encore lors d'un tremblement de terre, un bombardement. Cette souffrance est courante, mais elle est souvent sous-estimée, voire ignorée. Ainsi, lorsqu'il y a un état de guerre, on insiste beaucoup sur le nombre de morts et de blessés, mais jamais sur les centaines et les milliers de personnes (femmes, enfants, vieillards...), qui souffrent dans leur âme, avec des conséquences pathologiques variables et durables. En revanche, il arrive, pour des catastrophes naturelles ou technologiques qu'on mobilise des psychologues pour venir en aide aux victimes et à leurs familles, touchées par des traumatismes. Jamais pareille générosité n'est utilisée pour les victimes de la guerre, surtout lorsqu'il s'agit d'"ennemis". Cette discrimination, qui situe des défaillances profondes de nos démocraties actuelles, lesquelles s'engagent de plus en plus dans des guerres dont les finalités ne sont pas toujours celles qui nous sont annoncées, constitue le facteur, peut-être, le plus intense et le plus considérable des souffrances aujourd'hui dans le monde, motivé par une vente frénétique d'armements (représentant mille milliard de dollars par an).

Sur le plan psychique, il existe encore d'autres types de violences et plus spécialement celles de la *parole*. J'ai déjà souligné qu'une parole peut blesser quelqu'un profondément, le faire souffrir atrocement, créant en lui des ressentiments et de la haine. Dans ce domaine, la violence discursive atteint l'estime de soi et l'image de soi, voire l'identité ou l'idée qu'on se fait de son identité. Dans ce contexte, où l'on peut aussi placer le harcèlement moral, on constatera surtout deux phénomènes courants : la *dépréciation* et la *déstabilisation* de la victime[14]. Ces deux phénomènes, on peut les rencontrer dans toutes les situations

[14] Sur tout ceci voir l'exposé subtil et fouillé de Philippe Braud, *Violences politiques*, Seuil, 2004, pp. 162 ss. Je citerai par l'abréviation VP.

où un individu se place : famille, groupes, écoles, cadre professionnel et administratif, assemblées, etc.

Sur le plan de la dépréciation, il existe plusieurs facteurs de violence. Il y a le discours *méprisant* (xénophobie, racisme, antisémitisme, anti-islamisme…), le *désaveu* (arrogance, agressivité…), l'*ironie*, l'*humour* et la *moquerie* (qui, derrière le rire, cachent souvent un forme d'agressivité). À ces derniers facteurs, on peut opposer la *fausse estime* qui est représentée par la *flatterie* et la *ruse*. Cette accumulation des facteurs de violence peuvent êtres complétés par ceux qui provoquent la déstabilisation. Sur ce second plan, on peut situer la *calomnie*, la volonté d'*ébranler les références* de la victime en mettant en question son identité, son appartenance à un groupe, ses valeurs ultimes, sa mémoire historique, ou encore le désir *d'ébranler ses croyances*. À ce même niveau, on peut créer l'impression que la victime est toujours un "perdant".

Toujours dans l'ordre de la parole, on peut ajouter d'autres types de violence, qui peuvent accompagner la violence corporelle et physique. La plus insidieuse est la *cruauté*, comme, par exemple, imposer des postures humiliantes ou encore provoquer l'affrontement entre des victimes en jouant sur leur survie. Mais ce type de violence peut atteindre des états extrêmes, où le meurtre devient aveugle, sans remords[15]. C'est dans ce même contexte qu'on peut situer la logique du *bouc émissaire*, qui marque une idéologie plus redoutable qu'elle n'apparaît, à première vue, et dont certains cherchent à la placer au cœur du

[15] Cette situation est bien illustrée dans le film Henry, *Portrait of serial* killer de John McNaughton et Richard Fire, où la délinquance des trois protagonistes (Henry, Otis et sa sœur Becky) est issue de leur milieu social, mais se révèle, en plus, vers la fin de l'intrigue, comme liée à l'impuissance sexuelle de Henry, qui entraîne Otis dans ses meurtres gratuits, avant qu'il l'assassine lorsque celui-ci a voulu violer sa propre sœur à laquelle Henry s'est attaché, par un amour impossible. Monde d'une violence permanente et sans issue, le monde proximal de chacun des personnages se réduit à peu de choses, à si peu de choses que la joie ne parvient jamais vraiment à émerger au fil d'une souffrance qui s'accroît au fil du film jusqu'à l'impasse. Je tiens à remercier ici mon collègue Fabien Gérard, de m'avoir signalé ce film et fourni les moyens pour le visualiser.

mythe et du rite[16]. Enfin, l'histoire nous a appris l'importance aussi de la violence *iconoclaste*, qui consiste à détruire des symboles (images, statues, objets ou lieux sacrés, etc.). Déjà à lui seul, ce double groupe de modes de violence couvre un champ énorme de la vie humaine et renforce les antagonismes d'un arsenal affolant, difficile à maîtriser, perturbant et subvertissant sans cesse la proximité entre les êtres humains[17]. Mais, en réalité, cette série de modes de la violence n'est pas exhaustive, car, de mon point de vue, toutes les *pressions* que l'être humain subit depuis son enfance, véhiculées par l'éducation, la publicité, la culture, etc. recèlent des formes de violence invisibles qui, par surcroît, forment le surmoi de chacun et conditionnent l'action. Toutes ces violences sont le plus souvent le résultat de formes d'*intrigues*, qui embrouillent la vie de chacun de nous. Ces intrigues, accompagnées de violences et de souffrances, attestent l'existence d'un véritable ancrage de l'intrigue dans le réel et le vécu humain.

On pourrait rassembler beaucoup de caractères de ces diverses formes de violence dans une violence qui prend de plus en plus un nom nouveau, sur lequel je ne m'attarderai pas dans ce travail : le *harcèlement sexuel* ou *moral*. Ce second type de harcèlement touche rarement le corps, mais pénètre profondément l'âme, déstabilisant l'être qui se sent harcelé[18]. Je tiens à souligner que la problématique du harcèlement, de plus en plus prise en charge par les pouvoirs publics qui, à juste titre, ré-

[16] Je songe notamment aux travaux de René Girard. Je ne m'attarderai pas ici sur cette question, ni sur la suivante, mais je reviendrai dans mon livre sur le mythe et le rite.

[17] Voir mon étude "Proximité et antagonisme", *op. cit*, p. 217, où j'énumère les formes de violence relatives aux antagonismes : conflits, guerres, combats, agitations, troubles, querelles, luttes, antipathies, haines, désaccords, divergences, disputes, discordes, trahisons, répulsions, oppressions, répressions, exclusions, démêlés, mésententes, désaccords, différends, dissensions, soumissions, humiliations, contestations, rivalités, tiraillements, ruses, intrigues, stratagèmes, machinations, escroqueries, tromperies, perfidies, sournoiseries, fraudes, falsifications, fourberies, subterfuges, hypocrisies, duplicités, etc.

[18] Sur cette question, voir, entre autres, les travaux de Marie-France Hirigoyen, et notamment *Le hacèlement moral. La violence perverse au quotidien*,

fléchissent sur une politique de *prévention*, notamment dans le monde du travail où les rapports de proximité spatio-temporelle embrouillent les proximités relationnelles, ne sauraient se limiter au plaisir du harceleur de faire souffrir sa victime. Souvent ces situations explosives sont dues à des conflits ou aux stratégies de mutation de l'emploi dans les entreprises, que les victimes interprètent sur le mode du harcèlement, en s'appuyant surtout sur les lois contre le harcèlement. Mais qu'il s'agisse de conflits, de préavis ou de véritables harcèlements, les victimes éprouvent, dans tous les cas, de la souffrance, avec des conséquences souvent graves pour leur santé. De sorte que le véritable problème du harcèlement ne serait pas seulement celui d'une politique de prévention au sens de solutions de situations conflictuelles de fait, mais celui des structures de nos entreprises dans le monde économique actuel[19]. Mais il y a plus.

Comme je l'ai montré dans mes travaux, à côté de toutes ces formes de violence, regroupées autour du corps et de l'âme, il existe une autre forme de violence psychique, fort énigmatique, et que j'appelle la *violence narrative*. Il s'agit de cette violence qu'on découvre dans les mythes (guerres entre les dieux, mutilations, comme celle d'Ouranos, liquidation par Dieu des premiers-nés d'Égypte, etc.). Elle se perpétue au cours des siècles dans la littérature et dans l'art, et elle foisonne aujourd'hui, d'une façon massive, souvent associée au sexe, dans le septième art, et plus spécialement dans les films et les feuilletons télévisés. Quel est le statut de cette violence, et quel est son rapport avec la violence réelle, constitue une question majeure de notre époque. Elle concerne le problème de la mise en intrigue, introduit par Paul Ricœur, qui ignore néanmoins ce phénomène capital de la narrativité. La raison de l'usage de tant de violence dans les narrations planétaires demeure énigmatique, et doit être étudié dans une étude spé-

---

Éditions la Découverte et Syros, Paris, 1998 et *Le harcèlement moral dans la vie professionnelle*, même éditeurs, 2001.

[19] Je tiens à remercier ici ma fille Nicole pour m'avoir informé sur cette vaste question, où la proximité relationnelle et la souffrance jouent un rôle central. Cf. M. Sanchez-Mazas, "Harcèlement sexuel et harcèlement au travail : de la domination à l'exclusion", dans C. Louche et P. Pansu (dir.), *La psychologie appliquée à l'analyse de problèmes sociaux*, PUF, Paris, 2004, pp. 83-108.

ciale consacrée au mythe. Toutefois, j'aborderai l'un de ses aspects, à la fin de mon travail, en faisant allusion à la délibération démocratique comme pratique qui cherche à maîtriser la violence.

Cette esquisse rapide de la question de la violence suffit à faire voir l'ampleur des problèmes d'antagonisme, qui empêchent la réalisation d'une proximité. Chacune des formes de violence que je viens de relever (à l'exception de la violence narrative, qui soulève d'autres questions) perturbe et subvertit la proximité. Même l'humour, qui paraît innocent, peut créer un trouble, une distanciation de la victime à l'égard de celui qui le manie, en manifestant sa perspicacité. Sans parler de l'ironie, qui blesse profondément l'âme de la victime. C'est dire que ce ne sont pas seulement les violences physiques qui créent les distances. Les violences discursives recèlent des potentialités maléfiques indescriptibles, dont seules les victimes qui souffrent le savent, en alimentant leur âme de ressentiments et de haine. Bien entendu, lorsque la violence physique s'associe à la violence discursive, comme dans le cas des tortures, des sévices sur des prisonniers de guerre, des viols, du proxénétisme, etc., la souffrance est immense et aucune proximité n'est plus possible. Déprimées et déchues, les victimes risquent de vivre une vie, pour ainsi dire de calvaire. C'est sur ce plan que la littérature a mis souvent en scène des processus de rédemption. Aujourd'hui, la psychiatrie prend très au sérieux cette perspective, grâce aux pratiques de la résilience, sur lesquelles je m'attarde dans la suite.

Mais le débat sur la violence ne peut être limité à ce foisonnement de concepts et de subtilités. Car ce qui intrigue le plus, dans nos sociétés, c'est le phénomène de l'éducation qui allie d'une façon sournoise violence (éducative) et souffrance. Une fois encore, il faut revenir aux problèmes de l'enfance dans cette problématique, l'instauration des droits de l'enfant est un élément majeur, car il modifie radicalement le statut de l'enfance et les rapports entre parents et enfants, selon de nouvelles conditions de réflexion et d'affectivité[20].

[20] Sur cette question, voir le livre fondamental de A. Renaut, *La libération des enfants. Contribution philosophique à une histoire de l'enfance*, Calmann-Lévy, Paris, 2002.

2. Brouillages dans les rapports entre souffrance et plaisir

1. *Droits et souffrance éducative*

Ces nouvelles conditions commencent enfin à tenir compte de la fragilité et de la précarité de l'enfance face aux pressions sociales, politiques et économiques. Sans doute le tournant de cette histoire de l'enfance se situe au cours de la seconde guerre mondiale, quand plusieurs États ou organisations privées se sont préoccupés des orphelins de guerre. L'histoire de cette époque de l'enfance reste à écrire. On sait, par exemple, l'intérêt qu'avaient porté Anna Freud et René Spitz aux troubles de développement de ces enfants. C'est dans leur sillage que John Bowlby porta une attention particulière à la question de l'attachement, sur laquelle je me suis penché ci-dessus. Mais comme l'indique Boris Cyrulnik, qui rappelle ces données, jusqu'à ce tournant, on interprétait le plus souvent le développement des enfants par des métaphores végétales, où, à la façon de bonnes ou de mauvaises graines, le développement de l'enfant pouvait se réaliser en dehors de toute affectivité[21]. Depuis, les chemins parcourus sont nombreux et féconds, même s'il reste encore beaucoup à faire dans ce domaine. Car, avec les guerres qui sévissent encore dans plusieurs régions de notre planète, les catastrophes naturelles qui se succèdent, les maladies, et notamment le sida exterminateur, la pauvreté qui s'amplifie, le proxénétisme qui impose ses lois, le travail des enfants qui rappelle d'autres époques, etc., ces problèmes multiplient les souffrances d'une façon exponentielle, de sorte que leur solution devient urgente et impérative. Il est indigne d'une civilisation, comme la nôtre, qui a porté les progrès technologiques à un point élevé et conçu des principes démocratiques aptes à promouvoir une meilleure proximité entre les êtres humains, de balbutier sur la question de savoir comment résoudre de tels problèmes, au moment où nos pays dépensent des sommes faramineuses pour l'armement, la course de l'espace, les dépenses de prestige, etc. Si

[21] B. Cyrulnik, *Les vilains petits canards*, Odile Jacob, Paris, 2001, p. 29. Je citerai par l'abréviation VPC.

nous avons pu réfléchir sur quelques solutions historiques quant au statut de l'enfant, rien ne s'oppose à ce que cette réflexion soit poursuivie et amplifiée. Elle peut aider à voir la complexification de notre vision du monde qui est en cours dans nos démocraties, grâce aux nouvelles politiques sociales et aux nombreuses études actuelles. Elle peut aussi aider à aborder plus directement la complexité de la proximité avec l'autre dans le cadre de la profusion des relations humaines, afin de déterminer quels types de processus peuvent favoriser l'épanouissement de l'être humain, y compris sa reconstruction après des périodes de détresse et de souffrance. C'est dans ce contexte que la résilience atteste sa fécondité et ouvre la voie à l'espoir.

Dans le passé, l'enfant n'avait pas les mêmes privilèges qu'aujourd'hui et ne bénéficiait pas de la même attention, au point d'être parfois abandonné[22]. Cela paraît d'autant plus paradoxal que nous avons l'impression que l'enfant a été toujours privilégié dans le milieu familial, où nous croyons que le nombre d'enfants (souvent considérable dans le passé) plaide en faveur d'une solidarité fraternelle. Cette image doit être corrigée, par la réalité d'une société sans ressources médicales suffisantes, souvent dominée par la pauvreté et les calamités de la nature, qui touchaient les plus faibles, et que la technique artisanale du passé était inapte à protéger. Le plus souvent, la mortalité précoce rendait la vie et la mort équivalentes et le deuil moins traumatisant qu'à notre époque, dans le monde occidental. Le tiers-monde, où règnent sans partage la pauvreté et la violence (guerrière le plus souvent) donne l'image de quelque chose de comparable, ce qui ne veut pas dire, indifférent à la souffrance. Celle-ci est bien présente, mais elle est autrement envisagée et affrontée.

Il est important de rappeler qu'au Moyen Âge, l'art chrétien représentait la Vierge tenant dans ses bras Jésus-Christ, créant une image privilégiée de la maternité que les figurations de la nativité n'ont fait que renforcer. Mais ce type de représentation est moins l'expression

[22] Cf. J. Boswell, *Au bon cœur des inconnus. Les enfants abandonnés de l'Antiquité à la Renaissance*, trad. P.-E. Dauzat, Paris, Gallimard, 1993, ainsi que A. Renaut, *op. cit.*, pp. 85 ss.

d'une société où le rapport mère-enfant est primordial, fondement de tous les rapports d'altérité, qu'une idéalisation symbolique d'une maternité non sexuelle, manifestée par une conception spirituelle. L'enfant appartient, jusqu'à un certain point, à l'ordre spirituel, couvert également par l'oblation. Or, ce phénomène, qui a persévéré jusqu'à notre époque et jusque chez les missionnaires au moment de l'évangélisation des régions extra-européennes, peut paraître comme un progrès parce qu'il corrige la pratique, moins rare qu'on se l'imagine, de l'abandon de l'enfant. On y envisage la limitation de sa liberté comme une "offrande" à Dieu *via* son intégration à un ordre spirituel, monastique. L'oblation a d'ailleurs évolué au fil du temps, — ce qui montre la complexité de l'histoire de la libération des enfants tant de la pression de la famille que de celle de la société. Aussi convient-il de ne pas oublier, dans ce contexte, l'idée d'une protection des orphelins qui a poussé les institutions ecclésiastiques et les États à fonder des orphelinats, première étape d'un droit de l'enfant à la protection. Mais tant la politique monastique que l'évangélisation et le souci en faveur des enfants déshérités par les aléas de la vie esquissent des formes de résilience qui soutiennent les enfants en vertu de droits qui sont en même temps des obligations pouvant produire, lorsqu'ils n'accomplissent pas des proximités relationnelles sur le mode de joies spirituelles, d'autres types de souffrances suscitées par une sorte de "prison de soi"[23].

Il apparaît ainsi que l'enfant, qui devrait en principe être au centre de soins sans limites et d'un amour infini, a été au centre d'intrigues selon des circonstances historiques ou sociales qui ne sont pas toujours faciles à démêler, surtout parce que les tentatives d'assumer leurs protections sont récentes. Le fait que les droits des enfants commencent à êtres respectés à l'époque moderne, et que l'amour parental a été restructuré au fil du temps[24], permet de constater, mieux que dans le passé, que la souffrance des enfants est un des phénomènes les plus constants et les plus troublants de l'histoire humaine.

[23] Pour reprendre ici l'expression de Jean Cottraux, *op. cit.*, pp. 61-64.

[24] A. Renaut, *La libération des enfants. Contribution philosophique à une histoire de l'enfance*, *op. cit.*, pp. 130-141.

Si l'on constate aujourd'hui cette constance, c'est surtout grâce à l'extension et à l'expansion de l'information au moyen des médias. Ce sont bien les médias qui nous permettent de prendre conscience que ce phénomène persévère avec une intensité inquiétante sur une grande partie de notre planète, et souvent, au lieu de disparaître, s'adapte aux nouvelles données sociales, économiques et géopolitiques. Or, les phénomènes multiples et variés des souffrances des enfants sont tellement embrouillés dans le monde de l'information et dans nos esprits que, le plus souvent, nous n'en prenons conscience qu'*à l'occasion* d'événements singuliers et monstrueux dont l'information nous atteint d'une façon ou d'une autre, surtout lorsqu'ils arrivent près de chez nous.

La publicité qui a entouré ces dernières années le phénomène de pédophilie, aussi bien par divers procès célèbres que par les configurations mises en forme dans les réseaux Internet, avec des méthodes qui embrouillent de plus en plus les pistes de leur provenance, constitue un indice parmi beaucoup d'autres de ce monde d'intrigues permanentes qui se répand partout. Il rend inaudibles les souffrances qu'elles provoquent, et en les empêchant de se diffuser jusqu'à nous. Par leur multiplicité et leur complexité, les médias eux-mêmes, qui pourtant constituent encore le moyen le plus efficace d'une diffusion et d'une publicité, sont, pour ainsi dire, brouillés. Mais une fois qu'une affaire est prise en charge par la justice et que les protagonistes (enfants, parents et proches) parviennent à exprimer leur détresse, une forme de résilience devient possible pour eux. Mais je tiens à souligner, — en anticipant quelque peu une prise de position face aux analyses actuelles de la résilience — que, d'une part, il s'agit là d'un nombre de cas limités relativement à la profusion de cas de souffrance réelle et, d'autre part, cette résilience aussi poussée soit-elle ne saurait jamais effacer entièrement les souffrances éprouvées. L'action de la pédophilie laisse des traces si profondes dans le corps et dans l'âme des victimes et, quand la mort s'ensuit, dans les corps et les âmes des parents et des proches, que la résilience ne peut assurer qu'une guérison partielle de blessures, avec l'espoir que l'oubli (le plus durable possible) puisse favoriser une autre forme de vie.

Cette nuance ne m'empêche pas de constater que la publicité faite autour de tels phénomènes, aussi surdéterminée qu'elle soit, permet, par la diffusion de la souffrance qu'elle réussit, la découverte de l'existence d'un monde parallèle. Certes ce monde est restreint, mais il est bien réel : abus dans des écoles ou ailleurs, même par des enseignants (y compris des prêtres) et par des personnes considérées comme bien éduquées qui devraient être au-dessus de tout soupçon. Par là ce qui demeurait dans le monde distal du secret et du non-dit intègre enfin notre monde proximal, faisant apparaître d'une façon crue le monde de la souffrance humaine. Même si de telles situations ne cachent pas nécessairement des dysfonctionnements plus étendus et plus profonds dans l'ordre de la justice, de la police ou de l'État, la diffusion de la souffrance suffit à faire voir le caractère inadmissible de telles situations qui méprisent la dignité humaine (en l'occurrence celle de l'enfant).

Il s'ensuit que de telles données embrouillent l'analyse de la proximité, car elles subvertissent l'idée d'une proximité relationnelle pure, comme si l'ambiguïté qui y est impliquée la contaminait. En véhiculant le soupçon dans les rapports des adultes aux enfants, ces données ébranlent l'indifférence quasi générale à l'égard de tels phénomènes, souvent réduits à des faits divers "crapuleux", stigmatisant l'ignorance ou la banalisation. Même si ceux qui évitent de se poser des questions qui intriguent sont nombreux, nous retiendrons dorénavant que ces phénomènes existent bien et qu'on ne saurait les négliger perpétuellement. Il n'est pas normal, aujourd'hui où l'information circule avec une grande facilité, qu'on ne soit pas informé sur de tels phénomènes. Ou, une fois informé, qu'on ne les prenne pas au sérieux et qu'on ne soit pas concerné, et même qu'on ne tente, par quelque moyen, d'en maîtriser les causes et les effets, — c'est-à-dire les multiples pressions qui pèsent sur tant d'êtres humains sans défense. Les enfants n'ont pas choisi de naître, ni de grandir dans tel milieu favorisé ou défavorisé. Ils subissent le plus souvent impuissants les pressions de la vie. Autrement dit, les aléas de la vie de leur entourage, les violences ouvertes ou dissimulées de la société et le poids d'un monde planétaire sans contours précis ni références repérables peuvent peser lourd dans leur vie, à moins que des facteurs ponctuels ou durables ne contribuent à susciter en eux une résilience. La complexité des rapports de proximité entre les êtres humains ne facilite pas les choses, parfois même elle embrouille nos préjugés.

Les progrès dans l'étude des animaux supérieurs a montré qu'il existerait une sorte de déterminisme biologique de l'évitement de l'inceste[25]. Mais ce qui est plus étonnant, si l'on songe eu caractère métaphysique qu'on a attribué à une époque à la prohibition de l'inceste comme origine de la vie sociale et de la parenté, ce sont les nuances qu'on confère actuellement aux rapports dits incestueux, notamment entre mère et fils chez les êtres humains, qui poussent vers une justification d'un certain nombre d'actes, qui traditionnellement seraient considérés comme scandaleux.

Boris Cyrulnik nous explique que le choix de l'objet sexuel semble être affectivement régulé par des émotions opposées, les unes qui sont trop proches, provoquant de la nausée, les autres, qui sont trop lointaines, étranges jusqu'à l'angoisse. Le dégoût provoqué par la proximité affective éclaire les interdits alimentaires (on mange du lapin et pas du chat, dont la viande aurait le même goût). Quand les vicissitudes de l'histoire singulière du sujet régissent mal son orientation sexuelle, celle-ci prend des formes excessives, tantôt en l'inhibant complètement, provoquant des interdits sexuels douloureux, comme la peur d'aimer les femmes, et tantôt au contraire en écartant tout interdit, facilitant le passage à l'acte, comme dans la cas de l'inceste mère-fils ou père-fille (NA, 159-160, 164)[26].

Son expérience de médecin lui a permis de relever de nombreux cas qui confirmeraient ces ambiguïtés. Ce serait l'absence de la distance abolissant l'émotion de la *rencontre* qui efface à l'acte les signes de l'inceste. Cela ne l'empêche pas de relever des cas où les retrouvailles entre une mère et son fils après plusieurs années d'éloignement a abouti à des rapports sexuels qui n'étaient pas assumés comme de l'inceste.

Ce qui étonne dans cette analyse, c'est l'absence de toute référence

[25] Selon B.-L. Deputte, cité par B. Cyrulnik, *Nourritures affectives*, *op. cit.*, p. 159.

[26] Voir plus spécialement le paragraphe intitulé "Inceste et proximité", pp. 161 ss.

à la souffrance. Or, si le médecin doit ici intervenir, n'est-ce pas parce que ces personnes l'ont visité pour parler de leur souffrance ? On peut supposer que de milliers de personnes qui se trouvent dans pareille situation ressentent une forme de souffrance, qui est d'autant plus grande qu'elles doivent se cacher des yeux de la société. B. Cyrulnik le relève lorsqu'il dit que "la société ignore tout de ces trames familiales, joviales, amoureuses ou tragiques, mais toujours secrètes. Elle ne connaît qu'un type d'inceste, étonnement stéréotypé : l'inceste justiciable étalé à la place publique". Monde distal dans notre société, la question des relations sexuelles entre membres d'une famille ne semble pas vouloir atteindre le monde proximal de chacun d'entre nous. Les secrets qui le protègent renferment des souffrances profondes, et souvent déterminantes pour la vie future des adultes qui y ont pris part librement ou été les victimes. Sur ces questions Freud avait vu juste, ne serait-ce que parce qu'il a osé poser des questions.

Prolongeons ces analyses vers la proximité qui se réalise entre la mère et le bebé lors du "bain-affect" (selon l'expression de S. Lebovici), où la mère qui soigne l'enfant. Ces soins éveillent des zones erogènes de son corps, sources de plaisirs qui dans la suite structurent son psychisme et ses relations, on découvre l'enracinement d'une relation ambiguë entre la mère et l'enfant qui risque de dégénérer en fusion, si une instance séparatrice (le père ou son substitut) n'intervient pas. Si ce tiers interdicteur n'intervient pas, "parce qu'il n'existe pas ou que la mère ne le laisse pas tenir son rôle, ou que l'enfant ne peut pas se le représenter, la fusion mère-enfant persiste comme un nirvanâ". Dans ce contexte, "des caresses sexuelles non interdites pourront s'effectuer sans culpabilité, le plus gentiment du monde, à la plus grande horreur des témoins qui, eux, auront connu le tiers censeur". Par là l'auteur s'autorise à déduire que "l'axe mère-fils constitue le vecteur affectif de toutes les manières d'aimer". Mais il ne faut pas confondre ici affectivité et sexualité, car si "la manière d'aimer sa mère constitue une affectivité unique, carrefour de toutes les manières d'aimer", il faut en exclure la sexualité (NA, 165-167). Ne l'oublions pas, Freud avait parlé de sexualité de l'enfant, mais dans l'ordre, comme dit Lacan, du phallus et non des organes sexuels et de l'orgasme.

Bien que cette façon de voir semble aller aujourd'hui de soi, sauf lorsque le surmoi culturel fait pression sur nous, elle est éloignée de celle des Anciens, notamment du mode d'affectivité que défend Platon, qui n'est sûrement prisonnier de préjugés, puisqu'il défend l'homosexualité. Dans le *Lysis*, où il s'interroge sur ce qu'est l'amour, il ne fait aucune allusion à l'amour à l'égard de la mère, mais parle de l'amour proprement dit (notamment à l'égard des adolescents), l'amour des parents ou l'inverse des parents à l'égard des enfants, l'amour de l'éducateur, l'amitié. Chacun de ces types d'amour marque sa spécificité. Parmi toutes ces variantes, c'est surtout l'amitié qui attire l'attention de Platon, ce qu'il interprète à partir de la familiarité et la convenance qui rapproche deux êtres. Mais ce qui rend possible l'amitié est le désir. Non seulement parce que l'on désire l'autre, mais parce que ce qui désire est l'"ami de ce qu'il désire"[27]. Aristote préfère situer l'origine de l'amitié dans la bienveillance produite par une *rencontre* entre deux personnes, qui doit être réciproque pour réaliser l'amitié avec le temps. Pourtant, la position de Platon me semble intéressante, car en liant ce qui désire et ce qu'il désire par l'intermédiaire de l'amitié, il conçoit l'amitié sur le mode de la proximité : elle *maintient* la proximité entre deux êtres du fait qu'il y a familiarité et convenance. On peut y ajouter : confiance.

Il y a dans cette position de Platon, quelque chose de proche de l'attachement selon Bowlby, mais avec cette nuance près, que l'attachement propre à l'amitié n'est pas le résultat d'une détresse, mais d'un désir, et ne concerne pas la mère. La question de l'amour, qui ouvre à une autre forme d'affectivité, rend plus forte encore cette position quand on aborde la pensée de Freud et de Lacan. Mais, comme je viens de l'indiquer à propos de l'amitié, — et que je peux répéter à propos de l'amour —, ce qui prime dans ces rapports, c'est la rencontre, grâce à laquelle une proximité spatio-temporelle et relationnelle devient possible. Or, c'est précisément l'émotion de la rencontre et sa médiatisation

[27] Voir mon livre *Aux origines de la philosophie européenne*, *op. cit.*, pp, 241-244.

qui, selon Boris Cyrulnik, rend possible une proximité affective qui ne soit pas fusionnelle entre mère et enfant.

Lorsque nous réfléchissons aujourd'hui nos rapports aux enfants et à l'enfance, nous le faisons en fonction de restructurations fondamentales (et louables) des sociétés démocratiques de notre époque, tout en agissant comme si ces attitudes existaient depuis toujours. Par cette attitude passive, nous perdons de vue à la fois que tout progrès en ces domaines est le résultat d'une conquête historique, et qu'elle risque de ne pas être durable si l'on n'y prête pas attention. Une telle observation donne plus de poids encore aux redressements et aux reconstructions accomplies par nos civilisations européennes des modes de vie des sociétés antérieures soumises à des pressions socio-politico-économiques sans la légitimité démocratique des États de droit. De toute façon, l'historicisation de ces questions fait voir qu'il est toujours possible d'aller de l'avant et d'améliorer les choses indéfiniment, mais aussi de régresser si l'on y prête pas l'attention qu'il convient. Cette vision jusqu'à un certain point optimiste ne doit pas bien sûr dissimuler le fait que nous parlons le plus souvent dans le cadre restreint des sociétés occidentales les plus riches, comme si le reste du monde n'existait pas. Or, c'est bien ce monde distal qu'il conviendrait un jour d'explorer, de pénétrer davantage et de (ré)animer. Mais, dans les conditions actuelles de la vie planétaire, ce serait déjà un pas encourageant si l'on parvenait à agir sur le monde proximal restreint qui nous entoure, et qui souffre lui-même par sa complexité.

Face à la situation planétaire, qui concerne un nombre considérable d'enfants, dépassant les trois milliards de personnes, il est clair qu'il n'existe pas de norme établie et commune qui reflèterait les rapports entre les géniteurs et les enfants. Si le système parental a été, à côté d'autres[28], l'une des références des sociétés archaïques, au point que le

[28] Sur cette complexité qui intègre dans la parenté d'autres structures (matérielles, politiques et religieuses) et qui élargit l'action des géniteurs et de l'action de soigner au-delà du couple père-mère (actions des dieux, des astres, des ancêtres, etc.), voir l'étude de M. Godelier, *Métamorphoses de la parenté*, Fayard, Paris, 2004.

schème de la parenté et les diverses variantes de la généalogie aient été posés à la racine de nos cultures, l'exclusion ou la secondarisation de la parenté dans nos pratiques narratives aujourd'hui, — alors que d'autres schèmes, comme la violence et le sexe demeurent encore massivement présents dans les romans, les émissions de télévision pour le grand public et les films dans les salles de cinéma[29] —, modifient sensiblement le statut des rapports parentaux. Cela rend complexe l'évaluation de l'exploitation des enfants dans le monde. Nous avons d'ailleurs vu que la dislocation des familles par les divorces et la multiparenté, n'arrange pas toujours les choses. Aussi ces perspectives restent encore en retrait dans nos études, et soulèvent la question de savoir quel est l'impact de la violence réelle sur la littérature et le septième art, mais aussi l'inverse. En revanche, des étapes importantes ont été franchies quant à la prise de conscience de la complexité des problèmes de l'enfance, tant sur le plan du droit que sur celui des possibilités d'une résilience.

Nous venons de le voir, Alain Renaut a abordé la question des droits de l'enfant d'une façon originale dans *La libération des enfants*. Le mérite de ce travail réside dans le rejet de la simplification avec laquelle l'enfance a été traitée dans le passé, en montrant la complexité de son histoire. Son approche s'accorde avec ma tentative de mettre en valeur la complexité. C'est pourquoi il conviendrait de la prolonger vers la diversité des positions prises à l'égard des enfants dans les diverses cultures de notre planète. Souvent ces cultures ignorent, non seulement les droits de l'enfant, mais aussi les conséquences pour leur vie, les abandonnant à la pauvreté, à la misère, aux maladies, au proxénétisme, ou les soumettent au régime de la guerre, du travail, de la servitude, etc. qui ébranlent l'idée même de la dignité humaine. L'émergence d'une problématique des droits de l'enfant constitue un tournant dans l'histoire humaine, qui marque profondément notre modernité, et plus spécialement les sociétés démocratiques contemporai-

[29] Pour une première approche de cette question, voir mon étude "Proximité et antagonisme", dans *L'Art de la Paix*, *op. cit.* Il s'agit d'un thème que j'ai traité dans des conférences, et qui sera surtout développé dans mon livre sur le mythe et le rite.

nes. Pourtant, selon l'organisation mondiale de la santé et l'Unicef, il y aurait plus de 100 millions d'enfants dans la rue, dont la plupart sont des garçons de 6 à 17 ans, peu éduqués, issus de familles nombreuses dont le père a disparu. De plus, plus de trois cents millions d'enfants sont brutalisés. Mais, comme l'indique Boris Cyrulnik, à qui j'emprunte une partie de ces informations, il ne faut pas généraliser la dimension négative de ce phénomène, car il demeure encore, dans ces milieux, des structures familiales qui conservent une structure affective et des comportements ritualisés qui rappellent ces familles d'ouvriers qui mènent leurs enfants à l'école polytechnique"[30]. Cette proximité familiale serait à la base d'une possible reconstruction des enfants qui vivent dans la misère et la souffrance, réalisant, comme on le verra, une résilience. Bref, les droits coutumiers servent ici la cause de la reconstruction. Qu'en est-il dans nos sociétés ?

Né nu, l'enfant est impuissant devant la violence polymorphe : les maladies, l'infirmité, la faim, la pauvreté, l'incompréhension, la violence familiale et la violence du milieu social, les difficultés scolaires, le travail imposé, la délinquance du quartier et de la ville, la prostitution, la guerre, etc. Cette violence polymorphe fait surgir des aliénations variables, de multiples intrigues, dans lesquelles il joue un rôle dont il n'est jamais un acteur autonome et puissant. Fragilité et précarité sont les maîtres mots qui la caractérisent. Face à un tel arsenal de pressions, la question de la responsabilité et celle d'une autonomie dans l'action se heurtent à des impasses permanentes. Pourtant l'être humain possède, dès sa naissance, des ressources insoupçonnables qui lui permettent, lorsque les circonstances sont favorables, de résister aux menaces, de remonter le courant défavorable et de redresser l'inertie de la chute, sans quoi l'évolution du monde serait depuis longtemps en dérive. Aussi faut-il s'interroger, plus radicalement, sur cette possibilité d'une issue, dont l'enjeu est, en fin de compte, l'éducation et la formation.

Si l'absence d'autonomie et de puissance pour affronter les pressions, d'où elles proviennent, suscite fatalement de la souffrance, la

[30] B. Cyrulnik, *Le murmure des fantômes*, Odile Jacob, Paris, 2003, pp. 85-86. Je citerai par MF.

souffrance de l'enfant est autant celle du corps que celle de l'âme ; elle est même plus celle de l'âme que du corps. Dans les sociétés archaïques, les rites éducatifs agissent à la fois sur le corps et sur l'âme. Dans nos civilisations, où les rites qui marquent le corps s'amenuisent, même si la maltraitance demeure encore courante, ce sont les blessures de l'âme qui dominent, souvent suscitées par la violence discursive (sous toutes ses formes), l'effort obligé et l'oppression. L'éducation conserve cette violence, non plus tellement par la violence sur le corps, mais par d'autres rites qui se répètent à travers les rapports enseignant-élève, les examens, l'humiliation qui peut s'ensuivre, l'échec qui rompt les liens avec le monde, etc. S'ajoutent aussi d'innombrables rites qui règlent les rapports entre les élèves et les étudiants eux-mêmes, entre eux et la société dans son ensemble. De sorte que le monde de l'éducation appartient, lui-même, au monde des intrigues qui embrouillent les rapports de proximités, où la proximité spatio-temporelle tisse de multiples proximités relationnelles ambiguës.

Nous avons le sentiment que sans une forme de souffrance, la formation est impossible. À telle enseigne que chaque fois qu'un système éducatif amorce l'idée qu'il convient de créer des rapports plus favorables à l'épanouissement des enfants par des proximités relationnelles, *en dehors* des souffrances, surgissent d'emblée les oppositions qui constatent, non sans quelque raison, un affaiblissement ou un échec dans l'ordre du savoir et de la formation eux-mêmes. Tout se passe comme si toute tentative, dans ce domaine, d'amoindrir la souffrance, mettait en question cela même qu'on cherche à réaliser : l'éducation et la formation. On est dès lors tenté de conclure que sans un effort qui fait souffrir l'enfant, aucune formation efficace ne serait possible.

De nombreux mythes d'origine n'ont cessé de proposer des raisons pour expliquer cette nécessaire souffrance[31]. La plupart de ces mythes, plus spécialement ceux de la Bible, et plus rarement ceux des autres civilisations situent la souffrance comme une *conséquence* d'un mal radi-

[31] Je ne développerai pas, dans ce livre, ces mythes ni la façon de les redresser, car il s'agit là d'un thème qui touche plus directement mon travail en préparation sur mythe et rite, que j'ai déjà annoncé.

cal (péché originel ou quelque chose d'analogue). Dans un tel contexte, l'éducation apparaît comme ce qui cherche à *redresser* ce mal. Jamais elle n'envisage la souffrance *en tant que* souffrance, donc aussi comme une cause possible du mal, comme d'autres approches mythiques y incitent. En revanche, le bouddhisme situe la douleur à l'origine. Et, dans la mythologie hellénique, la *Théogonie* d'Hésiode place à l'origine du mal la souffrance que ressent Gaia (mère-Terre) par la violence sexuelle d'Ouranos et par le fait que celui-ci cache, parmi ses enfants, les plus monstrueux. Le mal suit cette souffrance, elle-même conséquence d'une double pression. Il est illustré par la mutilation d'Ouranos (le Ciel). C'est en effet à cause de cette double pression suscitant une double souffrance que Gaia arme son fils Cronos pour accomplir un acte irréparable. Ce cas de figure est digne d'attention. Il s'oppose à la configuration retenue par la *Genèse* biblique où la souffrance, sous toutes ses formes, est la conséquence de la désobéissance de l'homme et de la femme à Dieu (qui leur a interdit de goûter les fruits de l'arbre de la connaissance). Ils seraient poussés, non pas par une pression (qui serait la faim corporelle ou spirituelle), mais la ruse maléfique du serpent (interprété rétrospectivement comme la figure du diable).

Pour nous rapprocher davantage de l'éducation, c'est l'allégorie platonicienne de la caverne qui illustre le mieux la souffrance, avec une mise en scène qui se tient entre ces deux traditions opposées. Je rappelle qu'au début du livre VII de la *République*, pour illustrer le fait qu'il y aurait deux mondes, — le monde sensible dans lequel nous vivons, et le monde des essences-intelligibles qui nous transcendent et qui à la fois expriment les modèles dont les choses sensibles sont des copies et qui nous permettent de penser et de connaître, avec le Bien au sommet —, Platon façonne une narration où les êtres humains sont *prisonniers* dans une caverne (image du monde sensible), d'où ils seront forcés de s'en éloigner (image de l'éducation) pour arriver à l'espace extérieur (image du monde des essences-intelligibles), éclairé par le soleil (image du bien). Certes, Platon ne se réfère à aucun péché originaire, puisqu'il situe l'homme dans des conditions de précarité, comme prisonnier (enchaîné) *depuis sa naissance* au fond de la grotte, ne voyant que les ombres des choses sur une paroi et n'entendant que les sons internes des choses. Mais, par le biais de l'idée d'enchaînement, il laisse ici ouverte la question d'une origine impensée, et donc aussi d'un mal éventuel. Pour lui, il semble bien que l'essentiel dans le récit est ailleurs : la libération des prisonniers et leur sortie forcée et douloureuse de la caverne, à cause de leur ancienne immobilité et de la lumière qui les éblouit. Il insiste très clairement, au début du récit qu'il propose, sur le fait qu'il cherche à mettre en scène une "image de l'éducation". Par là Platon fait voir clairement l'idée que l'éducation suppose un effort accompagné de souffrances. Mais en laissant entre parenthèses l'origine du mal, c'est-à-dire le fait de savoir pourquoi les prisonniers sont enchaînés *depuis leur naissance*, il brouille un point essentiel de la vie éducative : l'inégalité des chances qui rend les êtres humains incapables d'affronter la vie, et les emprisonne dans leur monde social et culturel. L'allégorie platonicienne donne l'impression que tous les êtres humains sont égaux au départ (prisonniers). Mais l'exposé qui suit sur les procédés éducatifs successifs (gymnastique, musique, mathématique, dialectique...) révèle néanmoins que cette égalité serait illusoire, car il existerait des êtres aptes à gouverner, tandis que les autres seraint inaptes, de sorte que l'éducation doit faire le tri. Et cette différence n'est pas, dans l'esprit de Platon, d'ordre social, mais elle est de nature. En l'occurrence, il n'y a pas de mal originaire, mais une différence radicale entre les êtres humains qui fait appel à un critère pour séparer et juger (*krinein*) les valeurs respectives des êtres humains, et qui n'est autre que l'effort éducatif sous la direction d'éducateurs compétents capables de décider de la performance du candidat.

Cette position est inquiétante, car même si elle ne se réfère à aucun péché originel, elle reconnaît une sorte de manque en celui qui est, *par nature*, condamné à subir le pouvoir des plus aptes. La souffrance qu'il éprouve, à travers l'effort éducatif, ne sert qu'à lui faire comprendre ce manque, pour se résigner à son sort. L'inégalité des chances devient ici connaturelle à l'être humain. Rapportée à la configuration biblique, cette perspective se rapproche de certaines interprétations médiévales qui s'appuient sur la prédestination. Rapportée aux idéologies dominantes de la civilisation européenne de l'Antiquité jusqu'à la fin du Moyen Âge et de la colonisation émergente après la conquête du Nouveau Monde jusqu'à la décolonisation au 20e siècle, elle façonne tous les travers des positions dominantes de notre culture, qu'on pourrait résumer par l'idée d'une "invention du racisme"[32]. Une telle perspective véhicule donc insidieusement l'idée d'une supériorité de certaines races, elle conforte l'idée qu'il existe des êtres humains qui sont aptes à dominer, alors que d'autres ne seraient incapables d'acquérir une responsabilité suffisante (indiens, noirs, etc.), et d'autres encore seraient indignes de confiance (les infidèles au cours du Moyen Âge ; les juifs, les tziganes, les francs-maçons, les communistes... à l'époque contemporaine). Sans le vouloir, sans doute, Platon a semé quelques semences qui, un jour, rencontrèrent d'autres configurations apparentées, dans lesquelles certains ont puisé des arguments suffisants pour faire souffrir des millions d'êtres humains. Par la persuasion, par la force ou par la violence, l'éducation devait les aider, sinon à sortir des chemins sinueux dans lesquels ils cheminaient, du moins à obéir à ceux qui possèdent la vérité.

En tout état de cause, qu'il s'agisse d'un mal originaire rapporté au péché, ou d'un mal forcé par l'inaptitude naturelle, la souffrance est le lot qui est destiné à l'être humain dans cette vie. Cette situation, même si elle semble aujourd'hui fort atténuée, elle persiste sur notre planète, le plus souvent sous le couvert de l'adversaire (politique, économique, religieux, idéologique...) qui est qualifiable de principe du mal, et qu'on ne peut combattre qu'en l'éliminant par la violence, quelle qu'elle soit. Extirper le mal signifie dès lors qu'il faut faire souffrir l'autre, celui qui est supposé le représenter ou l'exprimer, en dehors de toute considération des souffrances qui se répandent par cette action même. Les guerres actuelles, le terrorisme des forts (comme de nombreux attentats, y

[32] Je fais ici allusion au beau livre de Christian Delacampagne, *L'invention du racisme. Antiquité et Moyen Âge, Fayard*, 1983, qui montre que si la censure à l'égard de autres, y compris la femme, a bien fonctionné, c'est qu'elle avait de raisons très profondes, enracinées dans la structure même de la culture européenne, des inquiétudes fondamentales qui la parcourent et des angoisses qui l'habitent. Dès lors que les bases de notre culture ont craqué à Auschwitz, nous ne pouvons cesser de méditer cette leçon.

compris celui du 11 septembre 2001), le terrorisme des faibles (qui se sacrifient au nom d'une cause et de l'injustice) ou encore le terrorisme d'État (qui assassine les dirigeants ennemis qui gênent), les discours politiques fondés sur les menaces, l'arrogance des puissants etc. font partie de cette pratique de l'occultation de la souffrance subie à travers le plaisir de faire souffrir l'autre, en le mutilant et en l'humiliant. Une telle logique est une logique de la réciprocité, car l'autre, aussi faible soit-il, trouvera toujours le moyen de répondre dans le même esprit, amorçant le cycle infernal des passions et de la violence, de la déstabilisation économique et du renforcement fatal des industries des armements, avec comme seul résultat tangible : la mort et la souffrance. J'y reviendrai lorsque j'aborderai la proximité avec les choses produites par la technique moderne. Ici, je souhaite préciser l'enjeu de la souffrance dans l'éducation en fonction de ce que je viens d'esquisser.

Notre vision moderne de l'être humain a beaucoup changé depuis que nous avons repris l'idée remarquable des stoïciens selon laquelle tous les hommes sont *égaux par nature*. Ce qui nous contraint à situer l'inégalité des chances, non plus dans des différences de nature mais en fonction de contextes sociaux, économiques, géopolitiques, culturels, etc. Dès lors, pour revenir à la structure originelle de l'allégorie platonicienne, on peut proposer une version améliorée, — qui fait *abstraction* de la suite, qui interprète les liens comme un symptôme d'une situation à clarifier, mais déjà différenciée *naturellement* quant à l'aptitude de chacun de prendre des responsabilités. Elle permettrait d'indiquer que si Platon utilise ici un mythe, et que le mythe ne fait voir qu'un aspect infime des choses — que le mythoproducteur cherche à faire prévaloir —, c'est qu'il veut configurer l'origine selon une simplicité qui ne vise pas à priori à expliquer à cause de quel acte il y a des prisonniers. Cette configuration cherche plutôt à faire voir que les êtres humains ressemblent à des prisonniers nés dans cet état, ce qui les prive de la responsabilité de ce qu'ils sont. Ils subissent massivement les pressions de leur situation, sans qu'ils soient en rien, en eux-mêmes, coupables de quoi que ce soit. La variété des situations touchant une multitude d'êtres humains amplifie, par ces pressions, l'inégalité des chances, impliquant diverses formes de souffrances, ne serait-ce que parce que les interactions créent des rapports de forces et des comparaisons douloureuses. Dans ce domaine, la complexité impose partout ses tentacules et empêche la possibilité d'ex-pression (symbolisée par les "chaînes"), que seule l'éducation forcée (sortie de la caverne) peut réaliser. C'est aussi dire que l'inégalité des chances emprisonne les êtres humains dans leurs mondes respectifs où chacun se constitue son propre monde proximal, attestant autrement le règne de l'inégalité.

Tout porte dès lors à croire que la souffrance propre à l'éducation cherche à *prévenir* une souffrance plus profonde dont les prémices sont inscrites, soit dans l'inaptitude des chances pour tous (point de vue platonicien et de ceux qui s'y rapprochent), soit dans une aptitude, à condition que la société offre les conditions nécessaires et suffisantes, à tous, pour que l'éducation et la formation réalise son œuvre. Dans cette seconde perspective, qui me semble la plus digne pour l'homme, il faut préciser que ces conditions nécessaires et suffisantes, offertes à tous, doivent permettre à l'éducation de réaliser son œuvre avec *le minimum possible de souffrance*. Car, c'est bien sur ce plan que se joue réellement le problème actuel de l'éducation dans un monde où la profusion du savoir et les pressions sociales, politiques, économiques et culturelles sont telles que les inégalités de chance amplifient sans cesse les souffrances, imposant une éducation et une formation permanente qui donne l'impression de ne plus être en mesure de *redresser* l'immaîtrisable. Autrement dit, le paradoxe demeure bien présent, car les inégalités de chance multiplient les souffrances et l'élimination des inégalités entraîne des souffrances de plus en plus intenses dans l'ordre éducatif. De ce point de vue, la vie de chaque être humain apparaît aujourd'hui précaire, menacée à chaque instant, requérant des stratégies de proximité depuis sa naissance, afin qu'il puisse trouver ses chemins pour s'engager dans la vie et réaliser un meilleur vivre.

2. *Souffrance destructrice et souffrance constructrice*

Cette situation ne doit pas nous empêcher de poser la question de savoir s'il faut *passer* par tant de souffrances pour mieux vivre. La question est redoutable. En tout cas, elle est digne d'être posée, même si la réponse n'est pas simple. Elle est d'autant moins simple que, déjà le corps, pour vivre convenablement, a besoin d'exercices et de sacrifices. La gymnastique et l'alimentation modérée, les marches dans la campagne et les sports suffisent à illustrer des formes de plaisir que ressent l'homme par l'exercice, lequel ne semble pas possible sans un degré de souffrance. De même, il y a un plaisir d'apprendre, et ce plaisir n'arrive pas sans des efforts et les souffrances qui les accompagnent. Mais de là affirmer que la souffrance est une condition *sine qua non* de l'éducation et du plaisir qu'on ressent, c'est franchir un pas qui n'est ni indubitable, ni nécessaire.

Il faudrait en effet faire la part des choses en évitant d'envisager la souffrance selon une sorte d'univocité, condition de la vie même. D'autant plus qu'il existe différentes formes de souffrances, aussi bien des souffrances destructrices et des souffrances qui accompagnent positivement certaines actions. Cependant, même si on acceptait qu'il existe de souffrances "fécondes", rien n'autorise à affirmer qu'elles sont fécondes en soi. Il peut arriver en effet qu'une fois liées au plaisir, ces souffrances deviennent pathologiques, comme dans le cas des tortures, des assassinats crapuleux, voire du sadisme et du masochisme. Il s'ensuit que la souffrance dans l'éducation, comme celle qui se produit dans les jeux et les sports, bien qu'elle s'accompagne inéluctablement de quelque plaisir, n'en demeure pas moins, par un certain biais problématique, ne serait-ce que parce qu'elle peut entraîner des situations pathogènes, comme les sentiments d'orgueil, de la vanité, de supériorité, et tous les antagonismes qu'on peut s'imaginer. De tels sentiments sont susceptibles de provoquer du plaisir à travers la souffrance de l'échec de l'autre. Fatalement, ils subvertissent les proximités relationnelles et multiplient les distances entre les êtres humains, tout en sapant également la proximité avec soi-même. Autrement dit, il apparaît bien que la violence n'est pas seulement du côté des éducateurs, mais qu'elle contamine souvent l'attitude de ceux qui sont éduqués. Cette violence sournoise, que l'on rencontre dans tous les lieux où un enseignement ou une éducation est en cours, ajoute à la complexité du phénomène de la formation, des obligations et des droits, qui portent au premier plan le problème de la prévention, plus que celui de la répression. Elle ouvre à des multiples questions, qui embrouillent le statut de l'enfance et de l'adolescence, donnant l'impression que le monde de l'éducation est un monde d'intrigues permanentes. L'arrière-fond de cette problématique est vaste et fait partie du rapport complexe entre souffrance et plaisir.

Comme l'écrit Chantal Thomas, "il est important de savoir distinguer entre ce qu'on souffre par nécessité et ce qu'il nous fait plaisir d'endurer. Faute d'accomplir la séparation, on manque, par complaisance dans la plainte sur des motifs de souffrir qui, au fond, nous sont chers, *le plaisir de souffrir*. Mais l'on manque aussi, en voulant se dérober à des souffrances inévitables, le rapport essentiel qui unit le courage d'affronter la douleur à *l'événement de la joie* — au seul accès possible à la maison des vivants" (So, 215). L'observation est profonde, et trouve une référence fondatrice dans le *Gai savoir* de Nietzsche qui insiste sur le désir "d'endurer quelque souffrance" afin de tirer de la souffrance de millions de jeunes Européens qui ne peuvent plus supporter l'ennui ni se supporter eux-mêmes, "une raison plausible d'agir, d'accomplir un exploit. La détresse est nécessaire !" (So, 111).

Ce texte me paraît néanmoins inquiétant, car on sait aujourd'hui à quoi peut mener ce type d'exaltation. En fait, Ch. Thomas ne cite le texte que pour illustrer des cas plus humains, des vies d'êtres humains qui ont souffert, non seulement d'une souffrance destructrice, mais également d'une souffrance qui allie une forme de plaisir du fait même de souffrir. Et comme on peut s'en douter, en tout seigneur tout honneur, ce sont les figures du marquis de Sade et de Leopold von Sacher-Masoch qui attirent presque spontanément l'attention de l'auteur, ne serait-ce que parce que leur nom a été associé à ce type d'attitude, au point d'être converti aux concepts techniques de "sadisme" et de "masochisme", qui ont été popularisés par le docteur Richard von Kraft-Ebing[33]. L'analyse qu'elle propose, subtile et intelligente, deman-

[33] Dans son livre *Psychopathia Sexualis. Étude médico-légale à l'usage des médecins et des juristes*, tr. R. Lobstein, retravaillée par A. Moll, Payot, Paris, 1950 (orig. 1886). Comme le souligne Chantal Thomas, on peut lire, dans la préface de la version française, que "le mot *sadisme* est dérivé du nom

derait une étude plus poussée que je ne peux engager ici. Je me contente de m'approprier quelques éléments de sa démarche en y intégrant la question de la proximité. Ce qui me paraît intéressant dans la mise en scène qu'elle entreprend de ces deux figures, qui associent, dans leur œuvre, souffrance et plaisir, c'est qu'elles esquissent, des configurations orientées de la souffrance. Ces configurations sont le fruit d'un vécu douloureux, soumis aux pressions de la société de leur époque et aux intrigues qui ont marqué leur existence. Chantal Thomas allie les deux formes d'intrigue, celle de leur existence, et celle qui se dégage de leur écriture, qu'elle configure, sans trop de détails, par des incisions éclairantes dans la complexité de l'articulation entre vécu et écrit, mais qui sont suffisantes pour faire voir l'essentiel. Cette méthode, construite dans l'esprit d'Épicure, est utile, mais elle perd de vue la complexité profusionnelle de la réalité de ce dont il est question, que seuls les romans de ces deux auteurs sont susceptibles de faire voir. C'est pourquoi, dans la suite, lorsque j'illustrerai la proximité et la question de la souffrance à partir de romans de quelques auteurs que j'ai choisi en fonction du problème traité, j'engagerai une démarche, sans doute plus fastidieuse, mais plus proche des textes, pour illustrer la plasticité féconde et la capacité de la fiction de nous rapprocher des êtres et des choses selon des multiples facettes. Mais, en cet endroit, suivons la méthode configurative bien circonscrite de l'auteur, qui nous conduit à l'essentiel.

Le marquis de Sade a passé une vingtaine d'années en prison loin de la société dans laquelle il était habitué à vivre, n'ayant plus autour de lui que des gardiens, des bourreaux et des bestioles. Il a souffert au

du décrié marquis de Sade, dont les romans obscènes sont pleins de volupté et de cruauté. Le mot *masochisme* est dérivé du nom de l'écrivain Sacher-Masoch" (So, 104). Dans une étude circonstanciée, G. Deleuze a bien marqué la différence, voire l'opposition entre le sadisme et le masochisme, en rejetant la (con)-fusion sado-masochiste. Ils résument les symptômes qui les opposent en onze propositions, qu'il analyse dans la *Présentation de Sacher-Masoch*, dans l'édition française de *La Vénus à la fourure*, Éditions de Minuit, Paris, 2000; 1967, p. 115. Voir aussi Ch. Thomas, *op. cit.*, pp. 107-109.

plus profond de son corps et de son âme, lui, qui, dans son château, a vécu dans la proximité de son épouse, des convives qui comblaient sa solitude et des valets qui servaient tous ses désirs d'aristocrate. Jamais cependant, dans cette souffrance d'un damné, où chaque instant en prison est vécu comme un supplice, n'apparaît une trace de plaisir, tandis que dans ses romans, comme pour répondre à "la morale de ses bourreaux et de ses souffrances de prisonnier", il fait l'apologie du libertinage et du plaisir qu'on ressent dans la souffrance, voire du plaisir qui fait irruption dans l'action de faire souffrir. Chantal Thomas montre d'ailleurs comment la souffrance suscitée par la privation de sexe, peut fabriquer en l'imaginaire du prisonnier, des fantasmes qui s'ex-priment par une mise en intrigue dans le roman, — mise en intrigue qui, par son contenu, fit scandale à l'époque. Or, nous avons vu, lors de l'étude du cerveau et du psychisme, l'importance de la constitution en quelque sorte autonome des fantasmes dans la vie de chacun. Le cas du marquis de Sade fait bien voir que cette autonomisation, qui rompt avec le réel, peut s'exprimer par l'écriture. Nous verrons que c'est également le cas de Neel Doff, mais selon un autre contexte, celui de la souffrance à cause de la pauvreté et de la prostitution. Mais cela nous fait aussi voir que de telles situations peuvent s'exprimer par d'autres agissement, tant nobles (art, création, philanthropie, etc.) qu'avilissants (violence, meurtre, vol et d'autres formes de délinquance.

Chantal Thomas met à l'avant de la scène ce que le marquis reproche à sa belle-mère, avec laquelle il ne ressent aucune proximité, car elle serait responsable de tous ses malheurs : ne jamais avouer qu'elle jouit par la seule pensée de savoir qu'il est en train de souffrir. Ce reproche relève un élément important de la proximité négative : jouir de la souffrance de l'autre, l'autre devenant, à travers une proximité relationnelle pathologique, l'objet d'une jouissance. Mais, l'attitude du marquis, surtout à l'égard de son épouse, rend plus complexe, plus ambigu ce type de lien entre souffrance et jouissance. Sa femme devient un véritable objet de fantasmes ambivalents : tantôt il la voit comme son alliée fidèle, épouse modèle dont le rêve et le désir sexuel la rapprochent de lui, tantôt libertine et tortionnaire, semblable à sa mère, elle défie toute proximité.

Chez Sade, ces configurations de la souffrance attestent une ambivalence profonde de l'être humain, dont seules des situations limites font voir sous ses différents plis. Elles montrent également l'existence d'une double intrigue : celle qui concerne une réalité vécue, selon une souffrance singulière et selon une diffusion qui est reçue diversement par les proches, et celle qui est portée au roman, transfigurée, voire défigurée (S, 117-127). Tous ces aspects ne doivent pas occulter le fait que le marquis est victime d'une société dont l'éducation n'était pas encore adaptée au type de discours qu'il a voulu promouvoir. Bien qu'il appartienne à cette même société par son éducation et son mode de vie, la rupture qu'il ose entreprendre par rapport aux pressions socio-culturelles qui dominent, exprime un tournant historique dont on ne soulignera jamais l'importance. Mais l'œuvre ne peut faire oublier l'homme, cet homme qui a tant souffert pour avoir abusé, dans sa vie même, du lien énigmatique qu'il découvrit entre plaisir et souffrance, un lien qui ne saurait être réduit, dans tous les cas, à une perversion — sans quoi même le plaisir ressenti à travers les souffrances d'un exercice physique et de l'éducation risquerait d'être considéré comme étant pathologique. La difficulté est de tracer les limites, toujours mouvantes, dans cette épreuve de l'existence humaine, est irréductible, alimentant, pour longtemps encore, les débats, mais surtout préservant le caractère abyssal du monde distal.

La vie de Leopold von Sacher-Masoch est différente, voire opposée de celle du marquis de Sade, parce que cette figure également décriée a beaucoup voyagé, travaillé comme professeur d'histoire, et a réussi au moins une reconnaissance publique, au point de recevoir de la France la légion d'honneur, en 1886, l'année même où le docteur von Krafft-Ebing cherchait à le disqualifier. Auteur de romans historiques et érotiques, il cherche dans l'histoire "des justifications à son désir de souffrir et des personnifications de son idéal féminin : des femmes féroces et froides..." (So, 88). Si ce qui lui paraît comme "un pur délice", c'est souffrir et endurer d'affreux tourments, procurés surtout par les femmes (symbolisées par le fouet et la fourrure) qui dominent les hommes, en revanche, la véritable énergie érotique et l'inventivité ludique est l'œuvre de la victime. "La victime tremble, frémit, dans l'attente du prochain coup et tout entière possédée par la scène qu'elle s'est fabriquée". Mais le dernier mot revient toujours à la maîtresse qui peut "abandonner son esclave au milieu de son parcours douloureux", comme cela se passe dans son célèbre roman *La Vénus à la fourrure* (So, 95). Non seulement la proximité relationnelle s'impose par une dissymétrique problématique, mais cette proximité est sans cesse menacée par le vouloir d'un jouisseur qui peut jouir davantage encore dans l'absence de jouissance de l'autre, par la souffrance même que suscite l'absence. Or, comme dans le cas du marquis de Sade, chez Sacher-Masoch aussi, l'intrigue au moyen de la fiction ne correspond pas aux intrigues qui traversent sa vie. "Des malheurs que lui inflige l'existence, il n'éprouve aucun plaisir, ni sensuel, ni moral. Dans une perpétuelle errance, tenaillé par de constants problèmes d'argent, confronté à l'immense douleur que lui cause la mort de Sasha, son fils préféré, Sacher-Masoch est sans complicité particulière avec le souffrir. Il endure, s'efforce de résister". Les seules souffrances qui feraient jouir cet homme en chair et en os, ce sont celles qui participent de son fantasme, et notamment à celui qui concerne la souffrance provoquée par la femme aimée, envisagée néanmoins comme "intouchable" (So, 96-97). Mise en scène ou non, derrière cette approche se profile un thème majeur de notre culture : la torture. Sacher-Masoch la repère à travers une mise en scène érotique et ludique. Mais, les sociétés humaines ont parfois franchi un pas de plus, pour appliquer la torture corporelle. C'est un "art" qui appartient aux bourreaux en état de guerre ou chez les mafieux. Mais, comme je l'ai dit ci-dessus, elle s'impose aujourd'hui sur le mode du harcèlement sexuel et surtout moral, avec toutes les conséquences que cette attitude entraîne dans le monde professionnel, dominé par les intérêts.

En tout état de cause, peu d'êtres humains valorisent, dans leur vie quotidienne, le plaisir de leur souffrance ; nombreux sont ceux, en revanche, qui peuvent jouer le jeu sur le plan des fantasmes, préambules de configurations dans des comportements ou même de refigurations sur le plan de la création, et plus particulièrement dans la composition d'un roman. C'est en cela que l'ancrage dans le réel d'un roman est complexe, car, je l'ai signalé plus haut, ce "réel" peut être non pas celui des intrigues du monde social, mais celui des intrigues façonnées par un imaginaire vécu par des profondes souffrances. Face à ces multiples possibilités, il y a, bien entendu, les exceptions qui s'avèrent problématiques, — que certains ont rapidement interprétées comme pathologiques, mettant en scène un "dispositif de guerre". Cette violence peut prendre une forme redoutable : "non seulement les normaux ne veulent rien avoir en commun avec les pervers, mais, prétendant les guérir, ils cherchent, en fait, à les éliminer" (So, 106). Le pire ennemi de la proximité est l'idée d'être "normal", alors que tous ceux qui ne rentrent pas dans les normes de notre surmoi seraient des "malades". Celui qui se considère comme normal, se croit en même temps transparent à son propre regard, ignorant tout le monde distal qui se trouve en lui, et qui le régit à son insu. Tout se passe dès lors comme si l'attitude moralisante rejoignait les positions extrêmes du sadisme et du masochisme : celles où l'on peut jouir en faisant vraiment souffrir l'autre dans son corps et dans son âme. C'est bien cela qu'on appelait, dans le temps, une "torture" et qu'on appelle, aujourd'hui, "harcèlement".

Mais l'essentiel, dans toutes ces questions, est de savoir si les victimes de telles situations peuvent redresser la barre, sans se laisser engloutir dans les flots de la dépression. C'est cette recherche des chemins d'une reconstruction qui devient aujourd'hui urgente, et qui est étudiée dans plusieurs champs de recherche en sciences humaines. La problématique de la résilience permet d'amorcer un pas décisif dans cette direction, en sortant des structures simplificatrices habituelles de l'idéologie occidentale.

Boris Cyrulnik a bien illustré, à travers des cas concrets, la complexité de cette thématique et la variabilité des traumatismes qui touchent les êtres humains. Il met en scène une série de scénarios, dont le point commun est la possibilité d'améliorer l'état du sujet souffrant par une reprise de son évolution psychique selon l'"aptitude à tenir le coup et à reprendre un développement". Même si elle ne s'occupe pas directement de (l'ambivalence de) la proximité, son analyse montre la prééminence de cette perspective, c'est-à-dire de la proximité comme condition de possibilité de toute résilience. À l'inverse, même si son approche a le mérite de relever l'importance de l'affectivité dans diverses situations de reconstruction, elle n'éclaire pas suffisamment la complexité temporelle (notamment les rechutes successives suivies de reprises favorables), ni les stratégies qui y contribuent en produisant des changements de comportement, d'émotion et de pensée (selon la thérapie cognitivo-comportementale) ou des attitudes communicationnelles (selon l'école de Palo Alto). Bien que ces dernières méthodes, qui reprennent des traditions pragmatistes, sous-déterminent le rôle de l'affectivité et de la mémoire affective (établies par Freud) dans les processus de provenance, elles aident à trouver des solutions urgentes, que la psychanalyse ne parvient pas à offrir à l'être souffrant[34]. D'au-

[34] Si les adeptes de l'école Palo Alto refusent toute référence à la provenance, en insistant sur l'action présente, cette carence est reconnue par des adeptes de la thérapie cognitivo-comportementale, comme Jean Cottraux. Celui-ci écrit que "malgré l'accumulation de données pratiques sur les thérapies et l'importance de la recherche fondamentale sur leurs principes, il n'y a pas encore de théorie permettant de comprendre complètement le processus d'acquisition des troubles et leur changement au cours des thérapies" (*op. cit.*, p. 229). L'hostilité que les adeptes de la psychothérapie cognitivo-comportementale ressentent à l'égard de la psychanalyse, en relevant uniquement ses données négatives et sa fondation épistémologique insuffisante, allant jusqu'à parler d'"imposture" (pp. 135-155 et 183-206) n'aide pas le dialogue et constitue, par une sorte d'inversion, un obstacle épistémologique (comme dirait Bachelard), susceptible d'occulter l'apport freudien à la compréhension de l'histoire singulière du sujet, qui met en œuvre un *travail* sur la mémoire et les *distorsions* qui produisent des *symptômes* occultant leur origine. Les querelles d'école qui dépassent la critique constructive (et qui expriment davantage des processus d'antagonisme pour occuper le terrain d'un marché et acquérir une reconnaissance et de la gloire) ne contribuent en rien à trouver une voie parmi les plus de deux cents méthodes thérapeutiques actuellement pratiquées dans le monde occidental. Il est temps que les chercheurs abandonnent leurs passions au profit de la raison, afin qu'ils associent leurs efforts pour libérer les hommes souffrant de leurs problèmes. En tout cas, il faut se souvenir que dans les étapes retenues par la méthode cognitivo-comportementale, fondée sur la nécessité de changer un état qui comporte des troubles, une place importante est attribuée à "l'analyse fonctionnelle" qui présuppose de nombreux éléments thématisés par la psychanalyse. Certes, cette analyse étudie les relations entre, d'une

tant plus que, dans la démarche cognitiviste, le thérapeute est actif : il utilise une méthode socratique de questionnement aidant à la prise de conscience progressive, la *connaissance de soi*. D'où l'insistance sur des *schémas cognitifs* pour modifier les comportements, les émotions et les pensées, avec, en plus, un accord entre thérapeute et patient quant à la méthode appliquée, pour qu'elle soit mise en œuvre dans sa vie de tous les jours, et pour qu'elle soit réévaluée dans les séances suivantes. Le procédé est donc fondé sur la proximité et la confiance entre le thérapeute et le patient. Cependant cette proximité se base sur l'usage d'une méthode principalement cognitive qui doit supplanter toute proximité relationnelle affective afin qu'une *stratégie efficace* soit possible. Cette stratégie vise à modifier quelque chose de la personnalité du patient

---

part, les comportements-problèmes, les émotions et les pensées, et, d'autre part, l'environnement social et physique, "de façon à adapter à chaque patient l'application des principes généraux fondés sur les théories de l'apprentissage et/ou les théories cognitives". Mais, pour réaliser pareille démarche, il faut des "grilles d'analyse fonctionnelle permettant de comprendre le *fonctionnement passé et présent* et ainsi de guider la démarche thérapeutique à partir d'hypothèses communes au patient et au thérapeute, *au sujet des facteurs de déclenchement et de maintien du trouble*". Mieux, il convient de déceler "les pensées automatiques préconscientes qui entraînent les difficultés relationnelles du patient" (pp. 212-214. Je souligne). Même si, comme on l'a vu, ce type d'entretien remplace l'analyste muet, d'une façon différente de celui de l'analyse existentielle, l'inspiration freudienne est en l'occurrence claire dans la recherche d'une origine des troubles (qualifiés des troubles de la personnalité). Les tentatives de diminuer l'apport de Freud (pp. 138-142), en rapportant la filiation de l'inconscient à Pierre Janet, "auteur de la première théorie scientifique de l'inconscient, six ans avant Freud et Breuer", et le lien entre l'hystérie et la sexualité à Jean Martin Charcot, pour enfin dénoncer l'imposture freudienne et le manque de références suffisantes pour parler de guérison du malade "ni même d'amélioration substantielle", me semblent occulter le monde distal qui concerne le psychisme, en valorisant certaines configurations (cognitivo-comportementales), tout en en oubliant d'autres (mémoire affective, zones érogènes, etc.). Pour une critique argumentée de la psychanalyse, voir A. Grünbaum, *Les fondements de la psychanalyse. Une critique philosophique*, PUF, Paris, 1996. Cf. aussi J. Benesteau, *Mensonges freudiens*, Hayen, Mardage, 2002.

pour éliminer le trouble. C'est sans doute cette dimension stratégique qui appuie l'efficacité de la méthode. À l'instar de tout système d'efficacité, la pratique agit en fonction de ce que la méthode est apte, par sa constitution même, à modifier, écartant *ce* qui la déborde, comme par exemple la mémoire affective, qui forme ce qui est *le plus propre* à la constitution des troubles et des souffrances. En laissant actives les racines du mal, en sous-estimant notamment le rôle primordial de l'affectivité dans la possibilité d'une résilience, pourtant reconnue par cette méthode, le sens véritable de la provenance est oblitéré — provenance que la psychanalyse prend en charge, mais en manquant (souvent) l'efficacité requise pour une guérison psychique. La théorie de la résilience se tient en quelque sorte au milieu de ces deux approches de l'appareil psychique : elle admet la nécessité d'une action sur le sujet (au moyen de "tuteurs de résilience") et, en même temps, la possibilité de sa reconstruction par soi-même. En plus, elle tient compte du contexte social du sujet (traité ou non médicalement), ce qui multiplie la variété des situations, nous menant d'emblée dans le domaine de la complexité, même si, on le verra, le tuteur de résilience est souvent attribué à des situations ponctuelles, limitant les configurations susceptibles d'agir sur la vie complexe de chaque être humain.

En fait, on parle de résilience s'il y a eu, d'abord, un traumatisme qui s'inscrit dans la mémoire et qui fait partie de l'histoire du sujet "comme un fantôme qui l'accompagne", et, ensuite, une reprise d'un type de développement, c'est-à-dire une sorte de "déchirure raccommodée"[35]. Cela suppose une élucidation d'une série de notions : 1. L'événement qui produit le traumatisme ; 2. la violence traumatique qui ébranle la personne ; 3. la façon dont le traumatisme s'intègre dans la mémoire ; 4. L'étayage qui permet la reconstruction du sujet.

Pour réussir cette reconstruction, il ne suffit pas d'agir sur le sujet en lui offrant une affectivité artificielle ; il convient "de soigner l'alentour, d'agir sur la famille, de combattre les préjugés ou de bousculer les routines culturelles, croyances insidieuses où, sans nous en rendre

[35] J'associe ici deux livres de B. Cyrulnik : *Les vilains petits canards*, Odile Jacob, Paris, 2001, pp. 19-20 et *Le murmure des fantômes*, idem, 2003, p. 19.

compte, nous justifions nos interprétations et motivons nos réactions". Cette complexité implique qu'une étude sur la résilience devrait s'orienter vers trois axes de recherche :

1. — L'étude des interactions précoces préverbales permettant de discerner les façons de réagir face aux agressions de l'existence, en mettant en place de tuteurs de développement.
2. — L'élucidation, dans le cas d'un traumatisme, de la structure de l'agression expliquant la blessure ou le manque qui éclaire l'histoire du blessé dans son contexte familial et social.
3. — Offrir les tuteurs de résilience capable d'une reprise du développement infléchi par la blessure, grâce à la rencontre "des lieux d'affections, d'activités et de paroles que la société dispose parfois autour du blessé".

Ces explicitations marquent une complexification concernant deux approches successives. Boris Cyrulnik illustre par des cas précis cette possibilité d'une résilience, mais aussi les échecs qui arrivent par l'absence d'une affectivité capable d'amorcer une reprise de l'épanouissement et la reconstruction du psychisme blessé. Dans tous les cas, la souffrance peut être soit atténuée, et le sujet peut bénéficier de résultats encourageants (résilience) grâce à un ou des facteurs déterminants, soit, à l'inverse, renforcée par l'impasse vers laquelle le sujet chemine. L'auteur ne manque pas de rappeler des exemples célèbres, comme ceux de Maria Callas, de Barbara, de Georges Brassens, de Hans Christian Andersen, etc. À la résilience dont ce dernier a eu la chance de bénéficier grâce à l'affection de ses proches, il oppose les impasses qui ont empoisonnées la vie de Marilyn Monroe. Ce ne sont pas ces figures célèbres que je retiendrai pour mon analyse, mais des cas de personnes inconnues parce qu'ils m'aideront à situer la problématique des configurations relativement à la proximité et à la question de la souffrance.

Une fois encore nous découvrons des procédés narratifs où la mise en intrigue est tributaire à la fois d'un récit (une mise en intrigue d'un sujet) et d'intrigues réelles, fondées sur la souffrance singulière, diffusée en l'occurrence auprès d'un spécialiste qui cherche à situer des lieux possibles pour configurer une reconstruction. En comparaison avec l'analyse de Chantal Thomas, concernant le marquis de Sade et Sacher-Masoch, nous découvrons chez Boris Cyrulnik une correspondance qui cherche à faire prévaloir la refiguration au détriment de toute défiguration. Ce qui ressort dès lors de cette analyse, c'est, d'abord, la *variété* de configurations permettant une reconstruction et, ensuite, une *simplification* des tuteurs de résiliences, en très peu de configurations, — ce qui donne l'impression que la vie se résume à quelques épisodes. Si la thèse de la variété des configurations est pertinente et permet de voir clairement la complexité du problème de la résilience, la réduction des tuteurs de résilience à peu de facteurs risque d'occulter la complexité de l'histoire singulière de chacun. C'est pourquoi je prolongerai l'analyse de Boris Cyrulnik, — par ailleurs fascinante (par le mode d'écriture qui frôle le roman) et riche (par la diversité des cas) —, par celle de deux romanciers (Neel Doff et Knut Faldbakken) qui nous aideront à voir qu'une la multiplicité de facteurs jouent dans la résilience ou dans l'échec de sa réalisation.

3. Entre réalité et fiction

1. *Configuration diverses de la résilience*

Le titre d'un des livres de Boris Cyrulnik, *Les vilains petits canards* (2001), est inspiré du fabuliste pour enfants, Hans Christian Andersen, lorsqu'il écrit : “il se dirigea vers eux, la tête basse, pour leur montrer qu'il était prêt à mourir. C'est alors qu'il vit son reflet dans l'eau : le vilain petit canard s'était métamorphosé en un superbe cygne blanc”. Aussitôt l'auteur déplace son propos dans un autre paysage où nous découvrons à travers la chanson “mon enfance” de Barbara, l'histoire d'un tournant dans son histoire singulière, lorsqu'elle se senti (re)naître à ses vingt-cinq ans, car, auparavant, elles vivait comme si elle était morte. C'est dans un entretien à Paris-Match qu'elle avait confessé qu'elle s'en était sortie parce qu'elle chantait[36].

[36] L'entretien a eu lieu le 21 décembre 1964. Cf. B. Cyrulnik, *Les vilains petits canards*, *op. cit.*, p. 13. Je citerai par l'abréviation VPC.

Cette métamorphose grâce à la chanson, que le mythe illustre par une transfiguration du vilain petit canard en cygne blanc, ne se limite pas au seul effort subjectif. Comme c'est le cas de l'eau (miroir) qui reflète la mutation, la métamorphose s'accomplit le plus souvent par ce que Cyrulnik appelle les "tuteurs de résilience". Bien que ces tuteurs soient situés à partir des lieux d'affection, d'activités et de paroles que la société dispose à proximité du "blessé", les exemples retenus élargissent les possibilités, ce qui complexifie les voies des reconstructions des êtres blessés par les circonstances de la vie. On constate qu'à travers les différents scénarios mis en scène, se glisse chaque fois l'interconnection entre proximité relationnelle et souffrance. C'est cette perspective oblitérée par l'auteur que je souhaite mettre en scène, en l'insérant dans son récit, pour lui assurer un plus grand relief.

Prenons le cas de Michel qui s'était échappé un jour de la cave où son père le jetait après l'avoir battu. Il trouva un réconfort auprès d'une marchande de fruits (qui lui a tendu une pomme) et auprès de son chien (avec qui il entreprit une affectueuse bagarre). Dans cet élan de liberté, l'enfant prolongea le jeu en s'approchant des voitures qui filaient sur la route, sans hésiter à "les frôler comme un torero se fait effleurer par les cornes du taureau".

Ainsi, à la proximité relationnelle négative qui le lie à son père et qui le plongeait régulièrement dans la douleur, alimentant une souffrance continue, répond une triple proximité à la fois spatio-temporelle et relationnelle que l'enfant trouve auprès d'un être humain, d'un animal et d'objets animés. Par un processus qui renforce l'appétit que la liberté lui a offert, il a poussé son élan jusqu'au seuil du risque, qui double le risque de son évasion. Comme nous l'avons vu à propos de l'analyse des territoires de l'intime, il s'agit là d'une épreuve d'ordalie, difficilement compréhensible habituellement. Son caractère insolite oblige la marchande à injurier le garçon et à lui faire la morale, "en lui lançant à la tête des explications tellement rationnelles qu'elles ne correspondent en rien à ce que l'enfant éprouvait".

En l'occurrence, une seule personne aurait suffi pour que la vie du petit Michel trouve une possibilité de reconstruction. Toutefois, dans ce scénario, plusieurs configurations s'enchevêtrent, toutes fondées sur la proximité, y compris le "scénario ordalique", qui intervient comme si l'enfant souhaitait se faire juger par la vie, pour se faire acquitter (VPC, 14-16). Il s'agit bien là d'une configuration de la proximité, parallèle aux autres (offre de la pomme et jeu avec le chien), qui agit par une activité qui modifie le comportement de l'enfant, dont la vie était manifestement marquée par la déchéance et la souffrance. Tous ces éléments donnent l'impression d'une *stratégie* bien ordonnée. Mais, en réalité, il n'en est rien, car ils sont le produit de circonstances favorables, de moments propices qui contribuent à l'émergence d'un événement unique[37]. Cela ne m'empêche pas d'observer que c'est en l'absence de circonstances favorables dans la vie même du sujet que la résilience pourrait être provoquée par la parole et l'action, grâce aux méthodes thérapeutiques.

Cette explicitation de la résilience met en évidence *une* configuration générale autour d'un événement unique et propice, mais qui, envisagé au point de vue de la proximité et de la souffrance, associe plusieurs configurations différentes et variées. Pourtant, elle me semble encore insuffisante, car le noyau, apparemment simple, circonscrit un tuteur de résilience, comme si le reste de la vie de l'enfant ne jouait pas un rôle déterminant dans les processus de métamorphoses. Il y a ici une surdétermination d'une configuration parmi d'autres possibles, et dont le caractère, si j'ose dire, historial devient décisif pour l'avenir de la vie d'une personne. Cette historialité ne saurait surgir du néant : elle est précédée par l'histoire d'une provenance qui rend propice le terrain pour tracer les sillons et semer les semences de la résilience. Et cette provenance concerne l'histoire d'une famille, d'un père violent, d'une mère (dont on ne nous dévoile rien dans ce récit), etc. C'est dans ce lieu préalable de la provenance que les topologies de Freud et de Lacan peuvent jouer un rôle fécond, mais à condition de les situer dans la complexité que recouvre l'histoire singulière de la personne, complexité qui nous pousse dans un monde distal qui en grande partie nous échappe.

[37] Cf. mon étude "Le temps hénologique", dans *Figures du temps*, dir. L. Couloubaritsis et J.-J. Wunenburger, Presses Universitaires de Strasbourg, Strasbourg, 1997, pp. 89-107.

D'ailleurs, Boris Cyrulnik nuance son propos en ouvrant la voie à une complexification, lorsqu'il indique que la résilience suppose deux étapes : la première provoque la douleur de la blessure ou l'arrachement du manque, accomplissant un travail de cicatrisation, sans pour autant extirper la souffrance ; tandis que la seconde modifie l'idée, la représentation de ce qui est arrivé, neutralisant la souffrance. "À la cicatrisation, dit-il, de la blessure réelle, s'ajoutera la métamorphose de la représentation de la blessure" qui concerne plus directement la question de la souffrance. Cependant, ces deux étapes ne s'imposent pas d'un seul coup, elles passent par la menace d'une déchirure sous les coups du sort et d'un travail permanent à la métamorphose de la personnalité, sans jamais cependant réussir à rendre l'oubli définitif. L'oubli sera supportable, et pourrait un jour resurgir, si la résilience ne s'est pas stabilisée (VPC, 16-17). Cette remarque qui intègre des éléments proches de la thérapie cognitivo-comportementale, nous place devant une situation redoutable : l'oubli n'est pas un oubli d'ordre cognitif, comme lorsqu'on oublie où nous avons placé un objet, mais s'enracine dans la mémoire affective et conserve toujours en activité l'inconscient, suscitant, quand les circonstances s'y prêtent, des souffrances à travers des symptômes qui demeurent inaccessibles directement, et qui pourraient resurgir à chaque instant dans la vie du sujet. C'est pourquoi la résilience, toujours sous la menace de la précarité, met en jeu la dimension prospective de l'action, c'est-à-dire sa durabilité acquise et une ouverture vers l'avenir de la personne. Provenance et progression constituent les deux axes qui s'associent pour consolider la résilience et la rendre durable et féconde. La suite des deux livres en question de Boris Cyrulnik, mais aussi ses autres livres rassemblent d'innombrables informations qui font voir, du moins implicitement et par diverses voies, la complexité des processus de provenance et de reconstruction.

Prenons un autre cas : celui d'un enfant de quinze ans qui s'occupait de sa grand-mère souffrant d'un cancer, de son père alcoolique et de son chien. La résilience se serait produite grâce aux études que le jeune entrepris à la suite de quelques événements, dont la conjonction ressemble à une sorte de stratégie à la fois inconsciente et consciente. Tout d'abord, en dépit de la pression de la vie familiale, l'enfant trouvait un loisir dans l'étude, la nuit, "quant le calme était revenu". À ces instants de sérénité régulière du soir, s'est ajouté un événement ponctuel, le jour où un copain de lycée l'informa d'une émission culturelle, entendue sur France-Culture, ce qui aboutit à une invitation amicale par un professeur dans un café pour en discuter le contenu. Du coup, grâce à ce geste d'amitié, la motivation des études prit un sens. L'enfant compris qu'il était possible de "vivre dans l'amitié et dans la beauté des réflexions abstraites". De sorte que "cette heure passée dans le bistrot agissait en lui comme une révélation, un instant sacré qui fait naître dans l'histoire un avant et un après", c'est-à-dire la possibilité de sortir de la souffrance de sa vie quotidienne. Cela n'empêchait pas l'enfant de constater les obstacles — ce qu'il confia à l'auteur (qui fut son médecin). Mais les événements se sont précipités en bouleversant sa vie : la mort, survenue successivement pour les deux personnes aimées, au moment où le chien s'est enfui, l'a libéré des pressions familiales et de ses souffrances quotidiennes, lui ouvrant la voie pour des études qu'il avait toujours souhaitées. L'enfant avait sûrement suffisamment de ressources internes pour supporter les souffrances d'une vie peu ordinaire. Le psychiatre parle ici d'une "gentillesse morbide" secondée par une pauvreté qui se révélait à travers ses vêtements (VPC, 17-18).

Cette dimension sociale dans l'analyse révèle que le seul rapport affectif entre mère et enfant ne peut tout expliquer. Une fois encore rien du passé de l'enfant, de son histoire affective n'est dévoilé. La triple proximité avec sa grand-mère, son père et son chien suffiraient à alimenter l'ambivalence de la proximité. Mais cette proximité ne pouvait se dérouler sans ambiguïtés. Car cette vie, si j'ose dire de chien, était forcément une expérience de la souffrance permanente : celle de l'enfant lui-même, mais celle de ses proches aussi qu'il recevait en plus sur le mode d'une diffusion. Chose remarquable, l'enfant assumait cette diffusion qui l'inondait quotidiennement comme un appel auquel il répondait par les soins, par une profonde proximité à la fois spatio-temporelle et relationnelle, fondée sur l'amour des siens et l'amour du savoir, qui parvenaient à consolider le chemin du salut. Sur ce chemin, il tentait d'alléger autant que possible ses souffrances et celles des siens.

Boris Cyrulnik porte l'accent de la résilience sur l'histoire que le jeune homme lui raconta de sa rencontre au café, tout en reconnaissant que c'est bien la mort qui marque la rupture, qui libère de la pression à peine supportable, et que la soif de savoir a rendu plus significative encore. Bien que la multiplication des configurations dans l'histoire singulière du sujet nous mette sur la voie d'une complexification pertinente, celle-ci pourrait être renforcée par une approche à partir de la proximité, qui amplifie le champ des configurations, non plus seulement selon les divers cas de résilience, mais selon un approfondissement de la complexité d'un même cas.

La première de ces formes de complexité qui multiplie les configurations se dégage bien dans *Le murmure des fantômes*, où Cyrulnik relève les dangers qui guettent sans cesse les enfants et les êtres humains. L'auteur montre comment il suffit de peu de chose pour qu'un processus de résilience soit amorcé. Les exemples relatés correspondent à de multiples souffrances et font voir que la vie n'est pas rose pour tous. Chaque cas pourrait être interprété par l'ambivalence de la proximité selon diverses configurations. La proximité et la question de la souffrance s'y incrustent comme une sorte de constance tant dans des situations négatives (comme la violence, l'inceste, la fréquentation de délinquants, etc.) que dans des situations positives, qu'on peut résumer, au travers de configurations pertinentes (une parole, un geste, une main tendue, un bavardage anodin, etc.), par la notion de "rencontres" favorables. Même si les cas retenus situent bien l'intrigue, ils sont exposés par une sorte d'incision dans la vie, en écartant les détails qui feraient pourtant voir sa complexité irréductible, laissant le monde distal dans son état inaccessible aussi longtemps qu'ils ne sont pas repérés pour être intégrés dans le monde proximal du sujet.

C'est dire qu'une analyse de la résilience, fondée sur une typologie de configurations, peut oblitérer la complexité du phénomène de la vie et les souffrances qu'elle recèle, donc aussi occulter l'antinomie de la proximité. Ce manque n'est pas pour autant une lacune, mais le résultat logique de notre stature limitée. Il traduit la manière la plus habituelle par laquelle l'homme s'accorde au monde en surdéterminant quelques configurations pertinentes au détriment d'autres, et surtout en écartant la complexité du réel. Sans de telles simplifications, chacun s'engagerait dans une fuite en avant, en direction d'un infini sans but, au risque de s'engouffrer dans l'abîme. Cette situation qui traduit la façon dont l'homme s'adapte au monde ne doit pas toutefois dissimuler l'existence du monde distal, auquel on peut accéder très partiellement par d'autres procédés. Parmi ces procédés, la mythologie, la littérature et le septième art parviennent, malgré la limitation de l'intrigue qu'ils mettent en scène, à multiplier les facettes du réel et à les approcher selon une certaine complexité. Ces procédés *font voir* la profusion des éléments qui foisonnent dans l'expérience et la vie humaines, en les configurant, tout en ajoutant un *plus* grâce aux cadres des décors qui les contextualisent dans la perspective d'une ouverture plus ample au monde. C'est ce cheminement vers le complexe que j'amorce dans la suite, en oscillant sans cesse entre l'autobiographie et la réalité, et en relevant le mieux possible les différentes formes de proximité et la question de la souffrance. Cette ouverture suffira à montrer que le problème de l'intrigue, quel que soit le niveau qu'on la situe, dans la réalité sous de formes variées (y compris l'imaginaire et la pure fiction), met en jeu des scénarios à l'infini.

Pour illustrer cette complexité de la résilience, je m'appuierai, d'abord, sur une trilogie émouvante, constituée par l'autobiographie de Neel Doff (1858-1942), qui utilise le pseudonyme "Keetje" : *Jours de famine et de détresse* (1911), *Keetje* (1919) et *Keetje Trottin* (1921)[38]. Une lecture chronologique de sa vie requiert une inversion des deux derniers textes, car, alors que le premier et le dernier traitent de son enfance et son adolescence, le second se rapporte à son évolution vers la maturité[39]. S'il est vrai que, pour la question de la souffrance, les trois ouvrages sont essentiels, le problème de la résilience (ou "rédempt-

[38] Je suis la version de la co-édition Actes Sud et Labor (1994) pour le premier de ces ouvrages et celle de Labor pour les deux autres, parus respectivement en 2002 et 1999. Je citerai ces ouvrages par les abréviations suivantes : JF, K et KT.

[39] Sur une analyse plus détaillée, voir M. Frédéric, "Lecture", dans *Keetje*, *op. cit.*, pp. 251-283, et dans *Keetje Trottin*, *op. cit.*, pp. 165-187, qui inspire certains aspects de ma propre lecture.

ion", selon l'expression de Madeleine Frédéric) apparaît surtout dans *Keetje*, où l'on découvre les multiples chemins de sa (re)structuration après la déchéance de sa famille à cause de la pauvreté, qui l'a conduite jusqu'à sa propre déchéance dans la prostitution. Les deux autres ouvrages abordent sa jeunesse et son adolescence de façon différente : *Jours de famine et de détresse* décrit d'une façon quasi chronologique, l'évolution de la misère familiale, jusqu'à la descente aux enfers (à 16 ans) sous le signe de déplacements successifs qui conduisirent la famille jusqu'à Bruxelles, tandis que *Keetje Trottin* met en évidence surtout la période où elle assuma le métier de "trottin", c'est-à-dire coursier pour différents employeurs (pharmacien, modiste...), jusqu'au viol par son patron (à 14 ans). La jonction entre les deux récits se produit manifestement au moment où elle quitte sa place, ce qui suscite la consternation dans la famille. Par une incise, elle constate qu'elle grandissait et commençait "à échapper complètement à ses parents" (JF, 112). Ironie du sort : ce sont ces mêmes parents qui, peu de temps après, la forcent à se prostituer. C'est pourquoi, alors qu'une proximité familiale relationnelle forte parcourt l'ouvrage, elle se fait au détriment des parents, qu'elle se permet de critiquer, notamment le père qui dépense l'argent qu'il gagne en boisson au lieu de nourrir sa famille.

Dans *Keetje Trottin*, au contraire, nous découvrons plus de scènes d'antagonisme, surtout avec sa sœur Mina, qu'elle avoue détester, alors qu'elle semble plus indulgente à l'égard de son père, du moins jusqu'à ce qu'elle se rende compte que celui-ci était insensible à la contrainte qu'elle subissait pour se prostituer. Elle nous y décrit une scène merveilleuse de proximité entre père et fille dans un bistrot où elle s'est rendue pour l'inciter à rentrer au foyer au lieu de boire "la moitié de sa paie", alors que, par contraste, leur retour à la maison est accueilli par la mère avec fureur et violence (en donnant des coups de pied à sa fille). En l'évitant le père s'était vite couché, alors que Keetje voyait sa mère, "la figure comme folle, fièvreusement vider ses poches" pour trouver le reste de la paie (KT, 65-68).

En revanche, dans *Keetje*, elle révèle une scène pénible avec son père à l'époque où elle a décidé de ne plus se prostituer. Celui-ci osa l'accuser de mentir, lorsqu'elle dévoila ce que les hommes qui ramassent les femmes, exigent d'elles... : "Tu mens, canaille, hurla-t-il, tu inventes tout cela pour nous laisser crever de faim". Et aussitôt s'avança vers elle en la menaçant de la "flanquer par la fenêtre". Et celle-ci se dressant vers lui répliqua : "Eh bien, flanquez-moi par la fenêtre, cela vaudra mieux que de me faire continuer cette vie abjecte... Faites-le donc, ce serait fini du coup !". Le père céda, après un moment aigu d'affrontement, où la proximité spatio-temporelle manifestait l'absence totale de proximité relationnelle : "Nous étions les yeux dans les yeux ; lui, dans la pose du lutteur qui va empoigner son adversaire ; moi, mes maigres bras et les mains crispées levées vers lui". Dans ce face à face, deux souffrances contradictoires s'affrontaient : celle de la nécessité de nourrir une famille et celle du désir de mettre fin à la vie abjecte de la prostitution. Que reste-t-il encore d'humain face à de telles souffrances ? L'auteur fait voir que quelque chose d'humain demeure toujours vivant au fond de l'homme : le père "pâlit affreusement et partit" ; la fille, tremblante, s'habilla et sortit "battre les ateliers pour trouver à poser" (K, 25-26). Dans cet épisode, on découvre les traces d'une (re)construction, la possibilité d'une rédemption. Nous verrons que plusieurs sont les chemins de la résilience, avec comme point ultime, où culmine définitivement la rédemption, son travail d'écrivain à partir de l'âge de cinquante ans environ. Au cours de cette progression, par étapes, surgissent de multiples proximités, des rechutes qui la guettent à chaque pas, associant sans cesse les douleurs et les plaisirs, les souffrances et les joies, les amours et les haines, etc., qui oscillent entre des rares moments de jubilation extrême et le sentiment d'une solitude indépassable.

Le choix d'analyser ici ces textes, parmi d'autres possibles, est motivé par le fait qu'ils rassemblent quelques éléments appartenant à mon monde proximal, ce qui illustre au vif la proximité et la question de la souffrance. Tout, d'abord, l'existence d'une statue dont elle est le modèle à proximité de mon domicile[40] ; ensuite, le fait que c'est un ami qui

[40] En effet, le hasard a fait que, dans le quartier où j'habite, près de l'Abbaye de la Cambre à Bruxelles, il existe une statue de "Pascale", produite par Alfred Blondel (au coin de l'avenue des Klauwearts et de la rue du Levant), dont le modèle nu a été Neel Doff elle-même, à l'époque où s'est amorcé pour

m'a parlé pour la première fois du personnage, et plusieurs collègues de mon université qui me sont proches ont travaillé sur son œuvre[41] ; enfin, la proximité de certains lieux qui y sont relatés[42]. Parmi toutes ces proximités existentielles, j'en ai découvert une autre, non moins importante : le traitement de la souffrance humaine par un vécu réel, alors que généralement la littérature traite la souffrance par des mises en scène qui, certes, recèlent un ancrage dans la réalité, mais sur le mode de transfigurations de la souffrance grâce à l'apport de l'imaginaire. S'il y a bien un cas où l'on peut établir une nuance entre refiguration et défiguration de la souffrance, c'est bien celui que nous offre l'œuvre de Neel Doff, qui refigure la souffrance, alors que dans la plupart des romans de fiction, la souffrance est transfigurée, voire défigurée.

Ces diverses proximités (topologiques, temporelles, esthétiques, relationnelles...) illustrent l'idée que ce qui nous semble proche d'une

---

elle le processus de résilience. Lorsque j'ai découvert le lien entre cette statue et Neel Doff et eu, en plus, écho de sa vie dramatique, il était difficile d'échapper à son emprise symbolique, au point qu'elle commença à faire partie, par tout ce que le modèle représente, de mon monde proximal.

[41] Mon ami Raymond Demouselle lui avait consacré son mémoire de fin d'études (1956-1957) à l'Université Libre de Bruxelles. Plusieurs choses me lient à Raymond, y compris le fait que j'ai eu ses filles comme étudiantes. Mais j'ai découvert aussi que cette figure de la littérature belgo-hollandaise avait été étudiée par plusieurs de mes collègues (Madeleine Frédéric, Valérie Piette, Paul Aron, etc.), ce qui m'attacha davantage à son œuvre, comme si la lecture commune d'une œuvre pouvait rapprocher entre eux ses lecteurs, surtout des lecteurs qui se connaissent.

[42] La mise en scène de la ville de Bruxelles à une autre époque, définitivement révolue, fait voir d'une façon remarquable le lien entre monde proximal et monde distal : dans le rapprochement que je parviens à m'imaginer concernant les lieux qui me sont familiers, s'incruste une frange importante d'inconnu, que la distance temporelle préserve dans son irréductible secret. Si bien que lorsque cette époque se révèle à nous par des photos, des cartes géographiques et des récits, sa réalité passée intègre notre monde proximal en contribuant à une meilleure compréhension des lieux actuels, tout en laissant en suspens, dans une énigmatique absence, un monde distal indéfini.

façon spatio-temporelle ne l'est pas nécessairement dans l'ordre relationnel. Elles font aussi voir que ce qui se révèle par une proximité à première vue évidente n'est pas moins éloigné, par un autre biais, de nous, et est situé dans un monde distal qui nous échappe, mais auquel la littérature réussit à des contours. Dans ce cas précis où l'autobiographie se mêle à la fiction, les choix accomplis par l'auteur configurent des épisodes de sa vie et de son vécu, qui résonnent à travers un récit où la proximité et la souffrance dominent, — mais toujours assaisonnées par les joies de la vie, joies éphémères et ambiguës. Ils sont aussi associés à des processus qui contribuèrent à la résilience —, sans qu'ils occultent ce qui y est *absent*, c'est-à-dire le *reste* de la vie qui n'est pas relaté.

L'intrigue qui tisse les récits trouve ainsi un ancrage dans les intrigues de la réalité même, laissant cependant à l'écart, dans un silence, le champ de l'inconnu et la complexité. La réalité sous-jacente, qui concerne l'histoire singulière de Neel Doff, n'est pas seulement une "préfiguration" opaque, comme l'analyse narrative de Paul Ricœur le suppose, elle est bien celle d'une vie vécue avec ses actions, ses créations, ses réussites et ses échecs, ses joies et ses souffrances qui forment de multiples intrigues avec des diverses configurations. La conjonction entre la mise en intrigue propre à la narration selon des configurations qui édifient un ou plusieurs scénarios et les intrigues d'une vie complexe qui nous est partiellement révélée par la mise en intrigue laisse ouvertes les voies qui mènent vers ce qui *excède* à la fois les configurations inscrites dans le récit et les intrigues d'un réel qui nous demeure, en grande partie, à distance (monde distal). Si en effet les mises en intrigues intègrent ce qu'elles relatent dans notre monde proximal en nous atteignant en tant que lecteurs, elles font néanmoins aussi voir les éléments profusionnels de la réalité, et notamment les rapports inextricables entre proximité et souffrance humaine. Les détails du récit laissent percevoir des configurations successives où la misère, la déchéance, le viol, les amours avortées, les actions d'êtres humains insensibles ou sans scrupules côtoient celle d'autres êtres humains, plus sensibles à la générosité, à l'amitié, à l'amour et à l'encouragement. Quelques échantillons suffiront à voir l'ampleur de la question.

2. *Chemins de la déchéance*

Dès le début de son premier livre (JF), l'auteur décrit une scène de jeu d'enfants dans la neige, qu'elle vécut en s'accoudant à la fenêtre de la maison où elle habitait. Cette scène nous rappelle la férocité des enfants qui ressentent un plaisir en faisant souffrir un autre enfant. Ici s'ajoute les différences sociales qui motivent de telles attitudes dégradantes. L'auteur porte en effet notre attention sur son frère Kees : "en loques, sale, la tête embroussaillée, les sabots trop grands, les bas troués, les genoux perçant le pantalon, le fond de culotte en lambeaux ; pâle, boursouflé, mais agile et râblé", il se donne un élan si puissant qu'il entraîne dans sa glissade d'autres enfants, sans en blesser aucun. Pourtant, tous se fâchent et le traînent hors de la piste, le roulent dans la neige, "le cognent, et le jettent la bouche contre le trottoir". Bien qu'il se lève et tente de se défendre, il se sent impuissant : "de rage et de douleur, il s'en va, boitant et pleurant pitoyablement". Quant à elle, elle se retire de la fenêtre et, dans le miroir, elle aperçoit sa bouche contractée et ses yeux en pleurs. Elle venait de revivre une des scènes douloureuses de leur misérable enfance : "ces scènes, dont nous sortions honnis et maltraités, étaient toutes provoquées par notre pauvreté, car, quand c'est pour le plaisir, ce sont toujours les déguenillés que l'on rosse" (JF, 7-8).

Cette pauvreté, qui est au centre de sa vie de jeunesse, s'est amplifiée à cause du nombre d'enfants (neuf) à nourrir par de pauvres gens sans qualification véritable, en quête permanente d'un travail éphémère, et dont la paie passe le plus souvent en boisson. Avec une force incomparable, elle note : "après ma neuvième ou dixième année, je ne me rappelle plus grand-chose de sympathique chez nous. La misère s'était implantée à demeure ; elle allait en s'aggravant à chaque nouvel enfant, et l'usure et le découragement de mes parents rendaient de plus en plus fréquents les jours de famine et de détresse".

Parmi les scènes qui illustrent la précarité qu'entraîne la misère, certaines ciblent la souffrance éprouvée. Celle de leur expulsion, en plein hiver, de l'unique chambre qu'ils occupaient, parce qu'ils ne pouvaient plus payer le loyer, circonscrit une situation, plusieurs fois vécue, de leurs exodes successifs. Dans ce cas précis, des voisins leur permirent de déposer quelques biens dans un couloir obscur. Là “quelques-uns des enfants pleuraient de faim et de froid ; d’autres s’endormirent dans des coins, sur le carreau. Moi, dit-elle, je berçais le bébé dans mes bras, mourant de frayeur et d’inquiétude. Je sanglotais ; de temps en temps, j’appelais à haute voix ma mère, puis je n’osais bouger de peur des revenants, dont elle nous avait conté les exploits” (JF, 66-67). Plus tard, lorsqu’elle avait douze ans, le père les quitta pour trouver un travail en Allemagne, ce qui les obligea à vivre de la charité. “Nous fîmes, à cette époque la connaissance de tous les établissements de charité d’Amsterdam”. L’accueil philanthropique pourrait faire croire que ce type de proximité était la réponse de la société de l’époque à la pauvreté régnante. Mais il faut bien nuancer le propos, car, lorsque le père revint après six mois d’absence, la mère lui reprocha ce retour qui ôte “le pain de la bouche”. Aussitôt en effet qu’on apprit son retour, on ne leur donna plus rien, car il fallait que le père trouve un travail (JF, 76-78).

Il apparaît ainsi que face à la misère et la faim, même les rapports familiaux s’estompent, alors que les structures de proximité que la société met en place ne sont que provisoires, limitées le plus souvent par les circonstances et les cas traités. Mais cela n’empêchera jamais une famille qui compte sur la présence et le travail du père et de ses membres, de ressentir toute défaillance comme une souffrance indicible. C’est pourquoi, lorsque, plus tard, la prison accueillit le père, la nouvelle provoqua l’affolement dans la famille, et la nuit se passa en lamentations.

Ces situations qui tracent des sillons indélébiles dans la mémoire affective prennent parfois l’allure d’événements qui, selon les cas, paraissent pour les uns (les riches) insignifiants ou, à l’inverse, scandaleux, et pour les autres (les pauvres), dramatiques ou inéluctables. J’en retiendrai deux, dont les conséquences pour la vie future de Keetje sont décisifs. Le premier concerne un épisode ponctuel avec des usuriers, le second la descente aux enfers de la prostitution. Il s’agit là d’événements dont les causes sont plus sélectives et qui, de ce fait, pénètrent la mémoire affective, ne serait-ce que parce que la précarité peut être tributaire de paroles blessantes et d’actes difficilement pardonnables.

Face à l’impasse de la pauvreté, sa mère a dû négocier, avec une épicerie, la fourniture de pain en échange d'un gage : des vêtements. Pour reprendre une partie de ces objets précieux afin de participer à des événements familiaux, la mère et Keetje remboursent l'usurière, qui prend l'argent mais refuse de leur rendre les vêtements aussi longtemps que tout ne sera pas remboursé. Leur réaction violente exprime la souffrance et la révolte face à l'injustice : "Ma mère pleura, se fâcha, menaça ; moi, je sanglotais, en parlant de ma robe de première communion. Rien n'y fit. L'usurière nous chassa, en disant :'Vous ne pouvez pas prouver que vous m'avez remis de l'argent'". On dût la coucher : "L'émotion m'avait donné la fièvre. Ma mère eut, pendant plusieurs jours, des clignotements d'yeux et des plaques rouges sur les pommettes. Elle marmottait des mots de vengeance, et griffait l'air, comme si c'eût été la figure de l'usurière" (JF, 81-82).

Tout le long de sa vie, Keetje éprouve ce type de sentiment de révolte et de souffrance face à tout ce qui manifestait des injustices et bafouait la dignité humaine. Celui qui ignore ce qui allait se passer dans la vie de l'auteur pouvait s'imaginer, en suivant son récit, que la misère avait de temps à autre des remèdes suffisants, qu'elle puisait le plus souvent dans les petites besognes éphémères qui aidaient à vivre au jour le jour. Devenue marchande de rue, dès qu'elle vendit ses premières marchandises (trois casseroles), elle ressentit une joie immense. À cette occasion elle fit sa première expérience de déception amoureuse, lorsqu'elle rencontra un garçon de son âge, Willem qui l'aidait à monter, avec sa charrette, les nombreux ponts d'Amsterdam, et avec qui elle avait échangé quelque mots innocents d'amour. Mais cette proximité ne résista pas à l'épreuve de la férocité de jeunes de quartier qui, un jour, se moquèrent d'elle. Willem voulut l'aider, mais les autres colporteurs l'incitèrent à ne pas le faire. Nous retrouvons ici le thème du plaisir ressenti par la souffrance de l'autre. Keetje l'avait trouvé lâche et s'est écartée de lui. Le manque de courage dans des circonstances ponctuelles suffit souvent à ébranler une proximité et à provoquer de la souffrance, au point de forcer une personne de changer de métier.

Prête à toutes les besognes, tout en demeurant intraitable et peu maniable devant ce qui lui semblait une injustice, Keetje édifiait en elle un fonds à partir duquel elle pourra un jour puiser des ressources pour se reconstruire. Mais parmi les tuteurs de ses résiliences, il faut retenir son amour pour la lecture, au point de dévorer avidement n'importe quel écrit qui tombait sous sa main (JF, 100-113). Une courte digression, illustre bien ce phénomène, qui nous portera au cœur de la question de la proximité, avant qu'elle soit associée à la question de la souffrance.

La mise en valeur de la lecture est au centre de *Keetje Trottin*, où elle profite de sa présence dans les maisons des patrons pour mettre la main sur des livres. Une partie du récit est organisée autour de la découverte qu'elle fit, dans la chambre d'un étudiant, du roman *Woutertje Piertersen* de Eduard Douwes Dekker, dit Multatuli[43]. L'écriture de Neel Doff se développe en fait par des réminiscences ponctuelles, comme des flashes qui pénètrent les détails, mais toujours en délimitant les contours des incisions produites dans une mémoire qui appartenait désormais au monde distal de l'oubli. Ces configurations concernent d'abord des souvenirs courts mais détaillés, comme les seuls éléments qui demeurent dans la mémoire des premières périodes de sa vie, entre cinq et douze ans. Puis, plus on se rapproche des quatorze ans, là où le récit s'achève par le viol par l'un de ses patrons, le roman devient de plus en plus dense et détaillé, organisé en fonction de la place qu'elle a occupée dans les foyers, à proximité des servantes, comme c'était l'habitude à l'époque[44]. L'ensemble du récit et les références à sa vie révèlent néanmoins un monde proximal pauvre, limité à la vie dans une ville et dans quelques rues, comme si le reste du monde n'existait pas. Il s'agit là d'un élément important concernant le monde proximal de chacun de nous, toujours pauvre relativement au Tout.

[43] Cet auteur hollandais, qui vécut entre 1820 et 1887, était surtout connus pour son roman Max Havelaar, où il critiquait la politique coloniale de son époque.

[44] Elle écrit en effet, pour les deux servantes, Line et Bette, qu'elles étaient assises à la table de café, et mangeaient leurs tartines au fromage et buvaient du café, alors que "moi, à distance sur un tabouret, je mangeais ma tartine à sec : je n'étais pas de la maison" (KT, 52). Cf. M. Frédéric, "Lecture", dans *Keetje Trottin*, *op. cit.*, pp. 166 ss., qui renvoie aux travaux de Valérie Piette, *Servantes et domestiques : des vies sous condition. Essai sur la domesticité 1789-1914*, Académie Royale de Belgique, Bruxelles, 1998.

C'est chez le pharmacien que la proximité s'est construite autour de Willem, un des fils, qui avait douze ans, et qui la laissait lire ses livres et qui était disposé à les lui expliquer, à condition qu'elle le laisse l'embrasser, du moins lorsque sa cousine n'était pas là, qu'il aimait davantage... Le soir, dans son lit, elle rêvait des lieux où vivaient les auteurs qu'elle lisait, comme Joost van den Vondel, auteur de pièces de théâtre, écrites au 16e siècle, ou encore elle s'imaginait être une reine comme Esther... Elle s'emballa pour visiter la Maison de Rembrandt, après que Willem lui eut montré un livre sur la vie du peintre, "notre plus grand peintre, comme Joost van den Vondel est notre plus grand poète" (KT, 37-64). En revanche, lors de son emploi chez la modiste, où le mari n'hésitait pas à harceler Corry, la servante, c'est Wouter, le protagoniste du roman de Multatuli, qui occupe son cœur. Il n'était pas pauvre autant qu'elle, mais il n'était pas riche non plus ; elle vivait cependant avec lui "sa vie inconnue et humiliée, ses rêves des princesses qui l'aiment et qu'il aimait : Fancy, Omicron, Amalia...". Elle se voyait, dans son état de rêve éveillé, leur sœur, "la princesse Keetelina aux cheveux d'or". Ainsi, comme elle l'avoue, ce livre lui offrait des visions et lui donnait un compagnon qui vivait et sentait comme elle, "qui était un petit garçon d'Amsterdam, comme moi une petite fille..." (KT, 73-75).

Ce rêve imaginaire est façonné au fil de ses lectures successives, dans les moments propices, où elle peut pénétrer dans les secrets de la chambre de l'étudiant. Ainsi, avec plus d'intensité qu'auparavant, Neel Doff met en jeu, une fois encore, une proximité spatio-temporelle (Amsterdam) et une proximité relationnelle produisant entre elle et le héros du roman des rapports qui créent une intrigue, fondée sur son amour pour lui, et l'attente qu'un moment, au fil de sa lecture, il se tourne vers elle, pour l'aimer. Impossible, parce que fictif, l'amour intègre la fiction, qui se tisse avec la réalité. La fiction mêle le monde proximal et le monde distal, comme si l'imaginaire atteignait l'inaccessible monde distal dans le monde proximal, en alimentant les illusions. Et ce monde, ayant créé en elle ses propres fantasmes liés aux intrigues de sa propre vie, se retrouve dans le roman qu'elle écrit des années plus tard. Nous découvrons ici l'illustration du rapport entre intrigues et mises en intrigue.

C'est pourquoi, en dépit de l'illusion qu'elle recèle, cette identification avec le récit, — qui fait penser à la façon dont les romans sont lus et dont les feuilletons télévisés sont compris à notre époque —, devient si forte qu'elle suscite tantôt la joie du rêve et tantôt la souffrance face à l'attitude de l'entourage ou à cause d'un amour qui ne parvient pas à s'actualiser. D'un côté, quand elle emploie chez elle des mots qu'elle a lus dans le livre, ils provoquent, par incompréhension, des réactions affectives. Elle reçoit même une gifle pour cela. D'un autre côté, elle y apprend aussi, grâce au docteur Holsma, que "nous n'avons d'autres devoirs que ceux que nous pouvons accomplir : notre devoir le plus proche est que nous devons accepter ce que nous ne pouvons changer". Dès lors quel serait son devoir *le plus proche*, celui qu'elle pourrait accomplir alors qu'elle souhaite parler sans cesse avec Wouter *comme s'il était là* ? Elle ne peut croire qu'il est mort ou qu'il est une fiction, et elle insiste pour dire qu'elle le trouvera. Mais dans l'immédiat, dans cette proximité temporelle qui s'ajoute à la proximité spatiale de sa famille, où son frère Klaasje a des engelures, son devoir le plus proche "ne serait-ce pas de mettre les pieds de Klaasje dans l'eau chaude et de les savonner ?". Face à cette proximité, que reste-t-il d'une proximité relationnelle qui est de l'ordre de la fiction ?

La réponse vient aussitôt, comme un coup du couteau qui doit trancher et pourtant la main hésite : "Oui... Toi, te trouverai-je ?... Et alors est-ce bien de te chercher, de t'attendre ?... Je vais mettre les pieds de Klaasje dans l'eau chaude jusqu'à ce qu'il soit guéri... mais je continuerai à te chercher ou je mourrai de chagrin..." (KT, 75 ss. et 150-151). Or, s'il y a ici des signes d'une souffrance, c'est que la réalité elle-même devenait de plus en plus douloureuse (par l'émergence des sensations libidinales et les douleurs des règles). Et Keetje se sentait de plus en plus seule, coupée de tous, y compris de l'intrigue propre au roman. "Depuis un temps, dit-elle, j'étais malheureuse comme les pierres, je cherchais à être seule, pour pleurer désespérément. Aussi tout le monde était injuste envers moi... Puis Wouter était devenu de plus en plus un monsieur ; il connaissait de vraies princesses : certes, si je l'avais rencontré, il n'aurait pas fait attention à moi... À la maison, je suis comme si je n'étais pas des leurs et, excepté mère, ils m'aiment de moins en moins". Elle ne veut pas raconter à sa mère qu'elle pleure tout le temps, qu'elle a mal dans le ventre, que des frissons la parcourent, et qu'elle ressent des sensations, comme quand les garçons l'embrassent, "mais plus fort". Si elle pouvait raconter tout cela à quelqu'un, elle le dirait à Wouter, en l'embrassant : "Mais je n'ai personne, je suis comme seule au monde...". Seule qu'allait-elle faire ? Une pesanteur dans le ventre l'engourdissait. Et s'empressant d'achever sa lecture du roman, elle découvrait qu'il ne finissait, ni par la mort ni par le bonheur du héros, il restait inachevé.

La fin du livre s'achève avec le viol de Keetje, qui porte sa souffrance à son comble. Le cynisme du violeur requiert quelques secondes d'attention : "Tiens, fit-il, à peine éclose, la rose est cueillie... Il rit". La métaphore nous porte au-delà de la mise en intrigue, dans les profondeurs de l'intrigue propre au réel même, où la pauvreté et la souffrance n'alimentent que la misère et d'autres souffrances. Quelque chose rompt le cours du temps. Et ce quelque chose rompt aussitôt le rêve ; il éveille, avec la souffrance, l'idée du mal : "Wouter, maintenant je ne voudrais plus te rencontrer : je n'oserais pas venir sous tes yeux..." KT, 152-155).

En réalité, Keetje n'avait jusque-là vécu que les prémices de son destin ; elle n'avait mis les pieds qu'à la surface d'un monde féroce qui refuse de voir la souffrance et même qui en profite. D'une façon ou d'une autre, ce monde ignore la dignité humaine, comme si les souffrances que ses membres éprouvaient ne touchaient jamais le seuil de l'existence ; elles demeuraient, pour la plupart de ceux qui y vivent, dans un monde distal auquel ils refusent d'accéder. Certes, il existait sûrement un monde qui vivait en dehors de la misère, et qui découvrait de loin l'existence de la souffrance humaine dans les maladies et les péchés. Dans le monde de la piété, on l'a vu, on offrait des enfants aux couvents, avec des biens, pour la gloire de Dieu et la rémission des péchés. Mais il existait aussi cet autre monde qui goûtait aux plaisirs de la vie, selon le poids de la fortune et la force des désirs. C'est ce monde-là qui semblait dominer à l'époque, à travers une classe bourgeoise, qui hésitait entre un paternalisme respectueux d'une certaine moralité et l'exploitation aveugle des faibles. Entre la charité et le rejet, la distance était immense, mais ceux qui offraient la charité étaient, en même temps, aveugles à l'égard de ce qui se passait à leur côté, à portée de mains. Il y a, enfin, cette masse informe de pauvres, constituée de ceux qui se tiennent en marge de la société, aux confins d'une vie qui ressemble à la mort, où la faim annihile toute proximité, où les parents qui doivent nourrir des enfants conçus faute de moyens de contraception, n'hésitent plus à offrir les enfants au plaisir charnel des autres, inconnus et anonymes, qui s'évanouissent dans l'ombre de la nuit et se retirent dans un monde distal auquel personne n'aura d'accès. C'est là qu'on découvre les limites de la résistance, où la volonté d'être intraitable face à l'injustice, peut faiblir. Face à la misère des siens, quand, à l'amour de la vie, s'associent les pressions et un sol propice, on devient plus souple et plus malléable jusqu'au franchissement d'une limite où la manipulation devient la règle.

Tout a commencé avec la pression de la faim, que décrit avec force *Jours de famine et de détresse*. Le découragement peut fournir des forces pour s'en tirer, mais le plus souvent il conduit à l'apathie. C'était le cas de Mina, la sœur aînée de Keetje qui “s'était prostituée par paresse et veulerie”. Elle avait échoué dans “une maison discrète” fréquentée par les hommes du “meilleur monde” où les femmes ne travaillaient que la nuit. Comme les habitués ne reprenaient jamais la même femme, le tour était rapidement fait, et Mina ne gagnait plus rien. Il fallait quelqu'un d'autre dans la famille qui prenne le relais. L'entremetteuse n'était autre que la mère : “Écoute”, dit-elle à Keetje, “Mina ne gagne plus rien ; tous ses vêtements sont au clou. Nous mourons de faim. Il y a un monsieur qui veut voir tes jambes”. Quel sens peu encore avoir la protestation d'une enfant face à l'argument de la faim avancé par une mère en désarroi et une sœur qui n'a plus de scrupule, et qui ressentait mal les reproches de la petite qui avait osé la traiter de putain. Les tragédies ont souvent une provenance complexe, où les blessures portées par les paroles sont parfois plus violentes que toutes les violences. Ce qui demeure dans la mémoire affective de l'être humain est insondable. Aucune psychothérapie, aussi efficace qu'elle soit, ne pourrait redresser entièrement ce qui a été avili. Elle pourrait sans doute aider, mais c'est à la vie proximale que revient la tâche de contribuer à la résilience. Tel est le cas de Neel Doff, que sa vie d'enfance a poussé au désespoir, mais que les circonstances de la vie, appuyées par des ressources profondes en son âme, la délivrèrent de ses chaînes.

Elle décrit, avec beaucoup de pudeur et de fermeté, sa propre tragédie sans se masquer. Et sans doute le pire, c'est que ces hommes, un violeur et un jouisseur, qui aujourd'hui seraient condamnés pour abus de mineur et de pédophilie, jouissaient, l'un d'avoir cueilli une rose à peine éclose, l'autre de la douleur qu'elle ressentait — le tout résumé par la sœur qui l'attendait : "maintenant tu ne pourras plus me traiter de putain". La proximité familiale redistribuait les cartes : proximité identitaire de deux sœurs dans la prostitution, et rupture (définitive) de la proximité relationnelle entre une mère et sa fille — cette mère dont Keetje nous dit, au moment de son désespoir, être la seule à l'aimer. Tout est dit en quelques mots : "nous rencontrâmes ma mère sur le pont de notre canal ; elle avait des plaques rouges sur les pommettes, et clignotait anxieusement des yeux. Je lui donnai les florins ; elle me jeta un regard éploré, que j'évitai" (JF, 114-117). Dans ces quelques mots, la proximité spatio-temporelle marque une dissonance profonde avec l'ambiguïté de la proximité relationnelle, amplifiée par les souffrances singulières que chaque acteur du drame ressent et qu'il diffuse à l'autre. Mais le rôle revient à l'acteur principal de refigurer l'intrigue de la vie qui couve en elle de multiples souffrances, créant en chacun de nous un sentiment de profond malaise. Et ce malaise est d'autant plus grand, que ce qu'elle décrit existe encore aujourd'hui un peu partout sur notre planète, mais aussi dans nos pays qui ne cessent pourtant de se référer aux droits des enfants. Neel Doff a eu la chance de trouver, à travers des résiliences progressives, la rédemption.

3. *Les multiples chemins de la résilience*

Les dernières pages de son deuxième livre (K), qui relate les étapes de la résilience et sa réussite dans la vie après ses mariages à Bruxelles, reflètent bien cette mutation. Keetje accueille chez elle des enfants "à têtes couvertes de croûtes et de poux"; elle coupe leurs cheveux pour pouvoir les nettoyer, et, à grandes savonnées, elle les lave. Elle raconte aussi qu'à l'époque où elle s'est installée dans sa maison, elle allait de temps en temps en ville pour entendre un concert ou pour acheter un livre ; elle se promenait avec ses chiens aux mares ou allait dans le bois se coucher sur le gazon, où elle regardait "les insectes qui se poursuivent, se volent, s'assassinent et s'aiment avec passion"., etc. Plus près de chez elle, elle découvrait que les nuits sont paradisiaques dans son jardin "embaumé de parfums de roses et de senteurs de pins", où, dans les houx massifs, les rossignols chantent, alors qu'elle est couchée "sur une chaise longue au milieu d'une pelouse, entourée de roses", etc. Elle conclut : "Je voudrais vivre ici, vieille, très vieille... Cela existe donc tout de même le bonheur... Je ne suis plus jamais triste" (K, 246-249).

Entre le passé rempli de misères et ce présent plein de bonheur, dans l'entre-deux, les moments les plus douloureux sont ceux où, en signe de désespoir, elle songe au suicide. Ce que je retiendrai ici, ce sont quelques étapes qui contribuent à la résilience. Elles commencent d'ailleurs à l'époque où elle se prostitue, après le premier épisode relaté de sa prostitution à Bruxelles, par lequel s'ouvre son roman *Keetje*. Dans cet épisode, on découvre la prostituée de seize ans suivie par sa mère dans une proximité où la distance exprime mal quel type de proximité relationnelle lie encore la mère et la fille. Face à la douleur physique de plusieurs heures de marche et la souffrance morale de Keetje, la mère exprime son désarroi et ne cesse de manifester des signes qui allient les remords et l'attachement à son enfant, mais toujours avec l'arrière-pensée d'une nécessité vitale et des superstitions. Au contraire la fille, qui se soumet à la loi de la famille pour sauver les "petits" de la faim, ne cesse d'exprimer sa révolte, son dégoût et sa rancune, en lui lançant "le venin à jet continu" (K, 13-16). Mais aussitôt surgit une autre scène, où l'auteur situe une rencontre avec un Wallon qui accosta Keetje et la conduisit chez lui, mais davantage pour avoir une compagnie à un moment de désespoir et de souffrance à la suite du décès de son épouse que par une quête du seul plaisir sexuel. Alors que, pour les hommes, "une prostituée est un être hors nature, incapable d'aucun sentiment humain, et seulement apte aux conceptions viles" (K, 32), lui la nourrit et lui montra ensuite des tiroirs remplis de fleurs artificielles, de guirlandes de roses, des piquets d'œillets, des camélias..., dévoilant son métier de fabricant. Face à la joie de la jeune fille, en signe d'admiration, il lui offrit une guirlande de fleurs, en calices de satin mauve, avant de se remettre au lit, mais cette fois-ci pour dormir. À la sortie, tôt le matin, sa mère l'attendait pour recevoir l'argent. De retour à la maison Keetje montra la fleur qu'on lui offrit. La désinvolture du père n'a pas tardé : "Tu vois comme c'est facile... Nous avons tous à manger, et tu peux dormir toute la journée, si tu en as envie, et sortir ce soir avec la belle fleur sur ton chapeau...". Neel Doff commente : "Je me sentais me décolorer, il le vit et se tut" (K, 17-20). Mais on peut aussi se demander, qui du client souffrant et attentif à la précarité de la prostituée et du père qui s'est habitué à la déchéance de sa fille était le plus humain ? Le sacrifice pour les autres peut-il se résumer à pareille simplicité ? C'est dans une telle différence que l'inscription d'une volonté de sortir du gouffre trouvait ses racines. Mais il faudra à Keetje du temps pour découvrir une autre façon de penser, celle qui reconnaît qu'*on n'a pas le droit de se sacrifier ainsi*. Elle découvrit ce nouveau langage, à un moment de profonde souffrance, après sa rencontre avec son premier amant véritable, Eitel (K, 66).

Mais bien auparavant, dans son chemin de la résilience, elle rencontre Stéphanie qui avait également seize ans, avec qui elle allait nouer une amitié provisoire, mais féconde. Chaque moment décrit de cette rencontre associe la proximité et la souffrance. Invitée chez eux, Keetje compris qu'elles allaient l'admettre "dans leur intimité". Le même soir elle dormit avec elles : "la mère sur le bord du lit, Stéphanie au milieu et moi contre le ruelle". Mais aussitôt réveillées, deux commissionnaires entrèrent avec la propriétaire pour les expulser, parce qu'elles n'avaient pas payé le loyer. Habituée à la souffrance, Keetje n'a pas voulu les quitter "dans des moments si durs", et les aida à emménager ailleurs. Puis elle rentra chez elle "contente d'avoir trouvé des amis dans la ville étrangère" (K, 26-27).

Cette amitié et la quête d'un métier auprès des peintres suscitaient une lueur d'espoir, mais à condition que le passé rentre dans l'ordre du secret, se retirant dans un monde distal à jamais inaccessible. "Je sentais..., écrit-elle, que, si je ne voulais plus me prostituer, je devais soigneusement cacher que je l'avais fait ; que, sans cela, jamais je n'aurais pu en sortir, qu'on m'aurait toujours traitée avec méfiance et mépris, qu'on me l'aurait toujours compté comme un crime, qu'aucun homme ne m'aurait tendu la main pour me tirer de là d'une façon honorable. Alors qu'on devrait tendre la main à celui qui souffre, l'image que les êtres humains se donnent des autres, avec des préjugés et une honorabilité souvent mal placée empêchent la proximité. Paradoxalement, seul le mensonge préserve la vie de celui ou de celle qui souhaite s'en sortir. D'autant plus que la pression du milieu familial obligeait Keetje à rester à proximité des siens, qui avaient besoin de son aide. Entre le marteau et l'enclume, si j'ose dire, entre deux précipices, la libération de la prostitution ne signifiait pas pour autant que la souffrance pouvait disparaître : "toujours et partout, dit-elle, ces idées se bousculaient dans ma tête, et souvent, pendant la pose, le peintre me demandait pourquoi j'avais une expression si lugubre ou si épouvantée" (K, 33). Bref, les voies de la résilience ne s'accomplissent pas sans souffrances.

Dans ces voies, les rencontres qu'elle fit avec les étudiants, dans les bals, auxquels Stéphanie l'avait initiée, ont été décisives. Même si souvent les invitations des jeunes n'étaient pas sans arrières-pensées, au moins ils étaient charmants et les traitaient d'égal à égal. Certes, avoue-t-elle, elle eut des amants parmi eux, mais elle le faisait avec joie, se sentant enfin se relever. Leur beau langage et leurs voix civilisées l'attiraient, car ces jeunes gens avaient "une éducation supérieure à celle des peintres et des sculpteurs chez qui je posais". Du reste, même si les artistes lui apportaient beaucoup dans ses goûts pour la culture, "presque tous exigent qu'on se livre à eux et, si l'on refuse, ils deviennent désagréables et souvent ne continuent pas le tableau". (K, 33-42). Monde étrange qu'est celui où l'être humain ne devient que l'objet du désir de l'autre, sans souci de sa dignité et de ses aspirations. Pourtant, la première occasion favorable à sa vie affective future se présenta chez une peintre, où elle rencontra un jeune homme juif, qui l'entendait à l'extérieur, avec un ami allemand, nommé Eitel. Celui-ci l'invita au restaurant. C'était la première fois qu'elle rentrait dans un restaurant. Keetje note : "Je me trouvais, j'en étais sûre, sur le seuil d'une autre vie" (K, 56-57). La résilience commençait à faire son œuvre. Le chemin de la rédemption était désormais ouvert.

Avec Eitel, elle fit son entrée dans la vie mondaine : restaurant, opérette, café-concert, théâtre..., bain à la ville et achat de vêtements. Elle s'était métamorphosée, et se découvrit telle qu'elle était désormais dans un miroir. “Chez nous, dit-elle, il n'y avait pas de miroir, mais quand, en ville, je pus me voir dans les glaces, j'eux de la peine à me reconnaître. J'étais longue, fine, très élégante, et le contentement me faisait figure d'une joliesse rare...”. J'ai insisté dans la première partie de mon travail sur cette difficile connaissance de soi, sur le monde distal en nous. Seul le miroir peut dévoiler les métamorphoses, — constatées ici par Eitel et un ami qui l'aimait beaucoup. Cela seul suffisait à la combler de bonheur et d'orgueil. Mais l'enchantement fut de courte durée, car, lorsqu'ils se rendirent, après le dîner, dans un grand café, où elle connaissait plusieurs personnes, elle apperçut un jeune homme qui, un soir, l'avait ramassée sur un trottoir et qui avait marchandé le prix. “Il se mit à chuchoter avec son voisin. Eitel leur demanda s'ils parlaient affaire pour être aussi sérieux. — Non, fit l'un, nous parlions d'une coureuse de trottoir, qui se fait passer pour une fille comme il faut”. Heureusement Eitel, occupé à regarder les masques qui déambulaient n'écoutait plus. La menace qui guette les secrets les plus intimes et le risque que l'on prend quand on ment ne peut être éternel. Ils conservent dans la proximité avec l'être aimé, des failles irrémédiables. C'est pourquoi la joie et le bonheur d'un moment, aussi intenses soient-ils sont à la merci du hasard, pouvant à tout moment provoquer de profondes souffrances. La pression est telle qu'à défaut d'un mode d'ex-pression, quel qu'il soit, il risque de produire une dé-pression.

“J'avais tant souffert dans ce café, dit Keetje, que j'en étais toute déprimée, et je me disais que pour moi, toute joie serait toujours gâtée, que j'étais tarée et que jamais je ne pourrais m'en laver”. Fallait-il dès lors tout avouer à l'être aimé ? Il faut une force immense pour y parvenir, car les conséquences peuvent ressembler à l'ouverture de la boîte de Pandore, où surgiront tous les maux. On comprend qu'elle préférait se taire. Mais, paradoxalement, cet événement l'aida à franchir un degré supplémentaire dans sa montée vers la rédemption. Car, en disant à Eitel qu'elle était malheureuse et qu'elle devait travailler pour nourrir sa famille parce que le père ne travaillait jamais et qu'elle n'en pouvait plus, il réagit avec ce qui peut paraître du bon sens : “Comment ? C'est toi qui fait vivre toute la famille ? Mais c'est insensé, tu ne peux continuer cela, tu dois penser à toi, tu n'as pas le droit de te sacrifier ainsi". Penser à soi, voilà un nouveau langage que Keetje ne connaissait pas ; elle avait appris qu'il ne fallait jamais penser à soi (K. 61-66).

Pour une fois, la proximité avec soi-même devait prendre le dessus sur la proximité avec les autres. Lorsque la souffrance devient intense, la responsabilité à l'égard des autres et les sacrifices ne font plus le poids pour accepter sa propre dislocation. Se configurer selon une forme d'unité, d'une proximité avec soi devient un impératif vital. Il est certain que le tournant qu'elle amorça dans sa vie, grâce à Eitel, a été déterminant pour son avenir. Mais le personnage de Eitel n'était pas pour autant le modèle de l'homme qui est disposé lui-même à des sacrifices. Si bien que ce nouveau langage qu'elle découvrit grâce à lui, était en même temps motivé par une éducation qui méprisait les plus faibles et qui, déjà bien avant notre époque, accordait à la réussite économique la mesure de sa valeur. Bien que Keetje ait ressenti une "différence de vie", elle n'était pas moins, comme elle dit à un moment, un jouet entre ses mains, pour ne pas dire une sorte d'animal domestique, une "petite bête", une "bestiole" — pour reprendre les formules d'intimité que Eitel lui adressait lorsque leur proximité était en son comble. Bien qu'il ignorât tout de son passé, son origine sociale suffisait pour qu'il n'ait jamais songé à se marier avec elle. Alors qu'il accepta de l'accueillir chez lui, de vivre une vie commune, il cherchait, sans scrupules, une épouse ailleurs, qui soit digne de la fortune qu'il recherchait. À deux reprises, il lui imposa la séparation, et elle l'accepta sans broncher, mais avec une infinie souffrance. Ce type de souffrance qui rompt l'attachement, au nom d'intérêts indignes d'un être humain, est celui qui révèle l'absence d'une proximité relationnelle véritable, parce la bienveillance et la sympathie, les rapports sexuels et les plaisirs des loisirs communs ne suffisent pas à convertir une proximité spatio-temporelle en amour. Face à la faiblesse d'un être humain qui a des choses à se reprocher de son passé, il n'y a pas d'espoir d'une réplique qui soit à la hauteur de la dignité humaine. Qui est disposé à pardonner ce qu'il considère comme étant impardonnable ?

Une étape essentielle dans son chemin vers la rédemption est celui de sa rencontre avec André, qui deviendra l'homme de sa vie, en dépit du fait qu'elle lui raconta tout de sa vie passée. Fils d'une famille aisée, il était étudiant en médecine et en peinture. C'est chez un peintre où il suivait des cours de peinture qu'elle le rencontra. Une bienveillance réciproque s'installa immédiatement dans leurs rapports, comme celle qui avait rapproché jadis Montaigne et de La Boétie. Aristote, qui le premier considéra la bienveillance comme étant l'origine de l'amitié, soutenait que l'amitié ne pouvait se réaliser qu'entre personnes de même sexe. Les rapports entre Keetje et André démentent cette limitation, ce qui est confirmé abondamment à notre époque. Mais cela ne veut pas dire qu'une amitié ne puisse se convertir un jour en amour.

C'est ainsi qu'au début les deux amis parlaient de lectures et débattaient surtout des idées humanitaires et de l'inégalité des chances. "Deux enfants naissent, maison contre maison, expliquait André : l'un sera entouré de dentelles, l'autre de guenilles ; l'un aura tout dans la vie, l'autre rien. C'est une infamie... un enfant est un enfant, et tous devraient être égaux, et souvent le plus pauvre est le meilleur et le plus intelligent... Un enfant de riche a mille chances contre une de devenir un gredin...". Ce langage, dit Keetje, la "changeait de celui d'Eitel pour qui les pauvres étaient infailliblement des imbéciles et des tarés". Elle était d'accord avec André, et ils prolongeaient les échanges de vue au cours de promenades sans limites à travers les boulevards qui entouraient la ville, sans pouvoir se quitter et se taire. Cela dura un an, sans que le jeune homme ne lui parla d'amour, et l'un appelait l'autre par "mademoiselle" ou "monsieur". Fidèle à une idée plutôt qu'à la quête d'un amour qui serait un obstacle à sa réalisation, André préservait les distances.

Un jour, il l'invita à Bruges, où ils eurent l'occasion de devenir plus proches. La proximité spatio-temporelle permanente ne pouvait qu'influer sur leur proximité relationnelle, que Keejte ne manquait pas de manifester par sa façon d'être. Face au péril, si j'ose dire, qui le guettait, le jeune homme dût bientôt se confesser : "j'avais rêvé une amitié : une femme jolie et intelligente, qui m'aurait compris, qui m'aurait aimé pour l'idée, qui m'aurait aidé dans la lutte que j'ai entreprise contre les iniquités sociales. Vous qui avez souffert, vous pouviez le mieux me comprendre, et voilà que nous avons tout gâté... Vous allez m'empêcher d'agir, vous serez l'entrave, car un homme qui a une femme est un homme paralysé. Mon père le dit toujours : 'le danger, c'est la femme... elles sont toutes mesquines et vaniteuses'. (...) L'amour, c'est çà : l'idée, le sacrifice n'existe pas pour la femme. La femme se laisse aller à ses sensations directes ". Obnubilé par le préjugé, il conclut en rappelant que son père avait trois amis et tous se sont mariés, en sacrifiant la cause de l'humanité. La réponse ne se fit pas attendre : "Eh bien, il n'est pas trop tard pour éviter cela. Voilà votre chambre...". Lorsqu'il la quitta, elle étouffa ses sanglots, se demandant pourquoi on l'aime si peu, pourquoi depuis son enfance, cela la poursuit : "jamais une chose complète, tout m'est toujours gâté, pourquoi ?". Il l'entendit pleurer et revint, en lui avouant qu'il l'aimait, mais qu'il ne voulait pas "avilir cette amitié exquise". Derrière la pudeur se profilait l'horizon du *respect* — plutôt que de la *pitié*. Mais, il est vrai, il lui avoua aussi qu'il n'avait jamais connu de femme...

Peut-être, ce déficit dans ses relations humaines pouvait expliquer ses préjugés, plus que les préceptes de son père ; il était aussi possible qu'il compensait la brisure irrémédiable qui poursuivait Keetje depuis son enfance et dont il avait connaissance. Il n'empêche que son attitude témoignait d'un profond respect à son égard. Keetje, qui le comprit, l'embrassa, et ce fut sans doute sa première véritable nuit d'amour, même si ce n'était pas la nuit qu'elle avait rêvé. Pourtant, et en dépit de cette méfiance qui avait cassé quelque chose..., elle l'aimait "éperdument" (K, 111-119). Ce qu'elle redoutait le plus, c'est qu'elle soit sacrifiée uniquement pour une idée humanitaire, après avoir été sacrifiée pour une dot. Par une sorte de renversement, tandis que Eitel lui apprit qu'il fallait aussi penser à soi et qu'elle ne peut seulement se sacrifier pour les siens, André la sollicitait à penser, dans l'état social actuel, aux êtres souffrants et pas seulement à soi-même.

Avec discernement, Keetje observait que "la souffrance humaine est faite de cas particuliers et, sous prétexte de travailler pour la masse", on risquait de "créer de la douleur autour de soi", ce qui était soit de la dureté, soit de l'hypocrisie. C'est pourquoi, ajoute-t-elle : "Tu n'es ni dur ni hypocrite, tu es faussé... Grand Dieu, André, regarde donc à côté de toi, tu es toujours dans des théories, ou tu fais joliment partie de cette société que tu conspues... tu n'es pas affranchi de ses préjugés, voilà toute l'affaire". Face à cette vérité toute crue, André ne put que se replier sur ce qui était le fond de sa pensée : il l'aimait *complètement* et ressentait le bonheur *le plus pur*, mais en même temps il savait qu'il y avait *tant à faire* pour les êtres souffrants, pour ne pas se laisser enfermer dans un bonheur égoïste. Elle consentit que le plus belle cause était celle de l'humanité. Et lui l'enferma dans ses bras avec des mots de tendresse, une requête sans détour : "Keetje, ma femme ! garde-moi toujours... (K, 126-129). L'équilibre fut rétabli, avec la victoire du *respect* mutuel. Du moins telle furent les choses jusqu'à la mort d'André, victime d'une grave maladie.

Cet épisode de sa vie marque une étape décisive dans les chemins de la résilience. Après les préjugés sociaux de Eitel, nous découvrons que même un être profondément disposé à affronter les souffrances humaines, comme André, peut avoir des préjugés, certes liés à la peur de la sexualité et à la puissance de son surmoi, mais qui sont aussi ancrés dans une image de la femme que la société véhicule depuis longtemps. Entre la thèse selon laquelle il faut éviter l'autre (la femme ou l'homme) qui peut être un obstacle à la réalisation de projets humanitaires ou, plus bassement, pour des raisons professionnelles, et une affirmation, comme celle d'André (à savoir que les femmes sont toutes mesquines et vaniteuses, se laissent aller à leurs sensations directes), la distance est grande. On peut la résumer par le terme "misogynie". Ce concept, parallèle à celui de "racisme", couvre d'innombrables scénarios, dont on trouve même des traces chez des grands penseurs, Jean-Jacques Rousseau et Schopenhauer. Comme l'écrit Chantal Thomas, la liste des défauts des femmes que le premier trace, est "fort longue", du fait qu'elles transgresseraient la place que la Nature leur aurait attribuées (obéir et rester à la maison), en courant dehors, se montrant en public, dépensant pour leur parure, allant au spectacle et se donnant en spectacle, etc. ; tandis que le second, prenant sa mère comme "un modèle d'exécration", et considérant la femme n'ayant comme seule fonction la procréation, la situe dans un pôle négatif, reflétant son infériorité dans tous les domaines, mais ayant néanmoins réussi à conquérir son prestige grâce à un sens incomparable de la dissimulation, de la tromperie et de l'imitation (So, 78 ss.). Bien plus, d'après Scho penhauer, cette fonction biologique de la femme la destine à servir, et donc à souffrir, car "elle paie sa dette à la vie non par l'action mais par la souffrance"[45].

L'arrière-fond biblique de l'assertion pousse jusqu'à la caricature de la nécessité, pour l'homme, de s'abstenir et d'éviter sa solitude en s'attachant l'amitié d'un chien, — seul être qui ne trompe pas, qui est fidèle, sincère, spontané et "transparent comme le verre"[46] —, ne doit pas dissimuler l'attention que ce philosophe a porté à la souffrance humaine, par le spectacle qu'offre le monde des guerres, des hôpitaux, des abattoirs, etc. Mais ce pessimisme, qui traduit sans doute la perpétuation de ses propres échecs et ses propres souffrances (qui pourraient alimenter les illustrations des psychanalystes), n'est pas absolu, puisqu'il trouve dans l'art une issue provisoire et momentanée, mais essentielle, car l'art (et surtout la musique) s'impose dans la scène du monde comme une scène de la scène, le spectacle d'un spectacle qui affranchit l'homme du Vouloir-vivre lui-même[47].

Cette ouverture vers une sorte de résilience possible, certes provisoire, n'est pas sans intérêt, pour mon propos, lorsqu'on se souvient que la résilience définitive de Neel Doff arrive après ses cinquante ans, avec l'écriture littéraire. Schopenhauer aurait pu penser que l'art n'est pas uniquement une affaire d'hommes, même si à son époque il semble dominé par les hommes, comme d'ailleurs la plupart des activités. Même selon la tradition biblique, l'homme ne représenta pas le pôle de la jouissance face à la souffrance de la femme, mais il souffre tout autant, mais autrement, par son travail, et la femme jouit aussi par la sexualité et sa façon de vivre. Mais il est vrai qu'à son époque, on pensait un peu à la façon de Eitel, dans *Keetje*, qui dit que "les femmes qui lisent se gâ-

[45] Schopenhauer, *Douleurs du monde, pensées et fragments*, trad. J. Bourdeau, Rivages, Paris, 1990, p. 113 ss.

[46] *Id. ibid.*, pp. 207 ss. Chantal Thomas relève que Schopenhauer vivait entouré d'images de chiens et qu'à sa mort il a désigné son chien comme légataire (So, 83-84).

[47] Schopenhauer, *Le Monde comme volonté et comme représentation*, (1818).

tent l'esprit : elles se faussent". Et lorsque Keetje ose lui rappeler que cela ne l'empêche pas de faire toutes les corvées à la maison et de travailler, il n'a d'autre réplique que de lui dire qu'elle devenait "insolente" et de manifester son "mépris", qui ne pouvait que provoquer la souffrance de celle-ci, qui pleurait de rage (K, 109-110). Manifestement, ce genre d'homme vit sans aucun respect pour la femme. Même le père de Keetje, on l'a vu, n'a jamais ressenti du respect pour sa fille. Les motivations égoïstes supplantent la dignité de l'autre, surtout de l'autre en tant que femme, considérée implicitement comme un être inférieur.

Si l'on posait la question à Keetje pour savoir si, face au monde sans pitié, elle se contenterait de la pitié de l'autre, elle répondrait sans hésitation que ce n'est pas de la pitié qu'elle recherchait mais du *respect*. Et c'est bien le respect, comme je l'ai souligné que lui montra André, ce qui l'attira définitivement vers lui, au point qu'elle osa lui dévoiler son secret. Car le respect suppose une forme d'égalité, non pas dans l'ordre de la nature humaine (ce qui va de soi, même si à cette époque les choses étaient encore en gestation), mais dans l'ordre du discernement de la possible souffrance de l'autre, quelle qu'en soit l'origine ou l'être qui souffre. Lorsqu'on comprend l'autre à travers sa souffrance, et qu'on l'accepte dans sa précarité comme notre égal parce que nous-mêmes sommes des êtres susceptibles de souffrir, aussitôt fait irruption une proximité relationnelle incontournable. De ce fait, le respect contribue à la réalisation d'une proximité qui ouvre le champ infini à la confiance mutuelle. Le respect suppose l'acceptation d'une égalité entre les êtres humains, donc aussi entre les hommes et les femmes. La misogynie ne peut franchir le seuil ambigu de la pitié, qui oblitère la dignité humaine[48]. C'est pourquoi la question qui demeure toujours ouverte est celle de savoir où se situe la frontière entre le respect et la pitié. Comme l'indique Richard Sennet, "si le comportement qui exprime le respect est souvent rare et inégalement distribué dans la so-

[48] Je me permets de signaler ici que cette thématique du respect dans les rapports homme-femme est absente dans l'analyse, par ailleurs fort instructive, que fait du respect Richard Sennet (*Respect. De la dignité de l'homme dans un monde de l'inégalité*, trad. P.-E. Dauzat, Albin Michel, Paris, 2003).

ciété, ce que le respect lui-même signifie est socialement et psychologiquement complexe. De ce fait, les actes qui expriment le respect — les actes de reconnaissance d'autrui — sont exigeants et obscurs"[49].

De la vie avec André, fondée sur le respect, Keetje héritera suffisamment de biens pour vivre convenablement, multipliant les tuteurs de résilience, mais aussi les moments de déception et de souffrance. La plus grande sera la mort d'André. La maladie et la souffrance de celui-ci seront sa dernière épreuve douloureuse. C'est la folie d'André au cours des quatre dernières années de son parcours, qui a été le plus pénible. Alors qu'elle avait éprouvé tant de souffrances produites par les circonstances variées de la vie, celle-ci a été peut-être la plus amère, parce qu'elle touchait son bonheur, atteint en son cœur même.

André diffusait abondamment sa souffrance, tandis que Keetje, dans un élan de proximité profonde lui cachait la vérité. Mais sa souffrance à elle qui subissait ce flot de souffrance décomposait son visage, ce que pouvait discerner sans peine le malade : "Ta figure est trop décomposée pour que ce ne soit rien ; qu'y a-t-il ? dis-le moi... je deviens fou... si... si... je le sais, je le sens". En refigurant dans le roman cette double souffrance, l'auteur nous conduit jusqu'à l'ultime parcelle de la proximité, celle où la vision et le toucher révèlent leur connivence profonde : "Il tremblait comme la feuille et, les deux mains sur mes épaules, son regard m'interrogeait, terrifié. Puis, comme une bête traquée, il regarda autour de lui, en me tenant toujours par les épaules" (K, 227-235). Plus tard, lorsque le mal progressait, jusqu'à atteindre complètement son équilibre, et qu'il "n'avait plus aucun contrôle sur ses fonctions et ses agissements", il lui arrivait encore de tendre ses mains vers Keetje, comme si leur proximité était tellement ancrée dans sa mémoire affective, qu'elle était le dernier rempart de son inconscient à répondre à sa souffrance.

L'euthanasie n'était pas à l'ordre du jour. Cela n'empêcha pas Keetje de faire le vœu que, si le retour de la conscience et de l'intelligence d'André ne pouvait pas être définitif, "que cette lueur s'éteignît afin qu'il ne souffrît plus", et que face à la souffrance "qu'il fût mis fin à son martyre"

[49] R. Sennet, *op. cit.*, p. 72.

(K, p. 236-237). Si le droit de vivre est sacré, le droit de mourir pour ne plus souffrir, l'est tout autant. C'est en cela que l'attitude de Keetje, qui ne manque pas de rappeler que ce qu'elle faisait avec tout son amour et sa reconnaissance (K, 238), n'était pas de la pitié mais de l'ordre du respect pour un être qui l'a respectée, en dehors de tout sentiment de pitié.

Nous découvrons ici une forme extrême de cette proximité concernant les proches d'un malade, qui hésitent sur la réponse qu'ils devraient donner à la souffrance singulière qu'il ressent, mais qu'ils reçoivent sous une forme détournée par sa diffusion. Dans ces cas, cherchons-nous à éviter nos responsabilités en portant sur le malade le soupçon d'une exagération ? Sommes-nous capables de ressentir, non de la pitié, mais le respect qui convient à l'égard de l'autre ? J'y reviendrais lorsque je parlerai des médecins qui prennent en charge la souffrance des malades. Ici, je me contente de cette observation, en constatant l'attitude de Keetje qui, par un acte ultime de sacrifice pour un autre, étranger à sa famille, devenu son tuteur principal de résilience, renvoie à ce type de proximité fondée sur le respect, qui nous rapproche, nous le verrons, d'Emmanuel Lévinas, qui situe l'altérité authentique dans la responsabilité infinie à l'égard d'un autre. Même si pareille position est trop simple face à la complexité des situations humaines et aux multiples rapports de proximité qui concernent les êtres humains, elle est significative. Non pas tellement parce qu'elle serait un acte suprême, mais parce que l'effectivité de la vie nous apprend, comme ici avec Neel Doff, qu'on assume mieux un tel acte ultime que si l'on a soi-même éprouvé des souffrances profondes. C'est pourquoi la question qui culmine dans ce type de problématique est celle de savoir s'il faut que les êtres humains passent par des souffrances pour qu'ils puissent s'humaniser. Théoriquement, une thèse de cet ordre me semble inacceptable, même si la réalité de la vie prouve son efficacité. Il faudrait au contraire que nous apprenions à affronter la souffrance et à réaliser des proximités en dehors de toute médiation personnelle ou collective de la souffrance.

Le premier mari de Neel Doff, Fernand Brouez († 1900) "présente plus d'un trait commun avec le personnage d'André" et s'était rallié aux idées progressistes de Colins, principal animateur de la revue *La Société Nouvelle*. Elle épousa ensuite un avocat anversois, Georges Serigiers († 1930) avec qui elle vécut pendant la période de sa résilience définitive grâce à l'écriture sur la souffrance humaine. C'est à Anvers, le 28 février 1909, qu'elle eut l'inspiration de son premier roman grâce à un spectacle qui suscita en elle une réminiscence de son enfance (K, 253 et 282-283). Mais quelle que soit la vérité de ce qui est décrit dans ses romans, ceux-ci refigurent et transfigurent diverses intrigues de sa vie et des souffrances qu'elle vécut. Si bien que la mise en intrigue qu'elle est parvenue à réaliser, configure ces intrigues dont seules quelques configurations intègrent notre monde proximal, le reste demeurant dans un monde distal inaccessible à jamais. Mais de ce monde proximal, c'est bien l'histoire des multiples résiliences et de leur difficile émergence, à travers les nombreuses rechutes, qui constituent les configurations les plus intéressantes pour ce travail. Car elle révèle la possibilité d'une reconstruction, en dépit des souffrances que la vie réserve à chaque être humain.

Cette analyse d'une mise en intrigues des multiples intrigues dans la vie de l'auteur, révèle, en même temps, que les configurations des intrigues s'accomplissent selon des *scénarios* différents. Si bien qu'un même type d'intrigue peut être configuré selon une multiplicité de scénarios, qui sont des configurations se concrétisant selon des contextes différents. C'est pourquoi, afin de faire la transition avec ce qui suit, qui nous conduira sur les chemins sinueux d'autres types de souffrances, jusqu'au cœur de l'impasse où aucune résilience ne s'avère plus possible, je retiendrai un élément d'échec de Keetje Oldema : l'impossibilité de pardonner à ses parents. C'est à l'occasion de sa lecture de *Crime et Châtiment* de Dostoïvski, où elle découvrit la figure de la prostituée Sonia, que Keetje s'exprime sur ses parents. Ce point fait voir qu'un même type d'intrigue peut donner naissance à deux scénarios différents.

Sonia, dit-elle, "a pardonné à son père. Moi... mon père mourant à l'hôpital, avait chargé Naatja de me dire, à moi toute seule, qu'il voulait me voir, qu'il avait quelque chose à me demander... Dans l'agonie, il s'informait à chaque instant, auprès de la sœur infirmière, si sa fille Keetje n'était pas encore là... Je n'y suis pas allée". Nous sommes loin de cette proximité exceptionnelle qui fit irruption, on l'a vu, entre père et fille un soir, il est vrai dans une taverne où le père dépensait son argent au lieu de se soucier des siens. C'est bien cette insouciance qui rompit toute proximité relationnelle entre eux, alors qu'avec le mère les rapports étaient plus ambigus, au point que celle-ci devenait en quelque sorte le bouc émissaire de ses souffrances. Une fois encore Keetje agit à l'inverse de ce que fait Sonia : celle-ci se résigne devant l'inévitable, alors que "moi, dit-elle, je gueule, je trépigne, et, chaque fois que je vois ma mère, je mets tout sens dessus dessous, et je fais pleurer et trembler cette jolie petite créature. Je sais cependant qu'elle y a consenti, comme moi, le couteau sur la gorge... Voilà, je sais cela, et, au lieu de l'aimer, je la hais, comme si elle, plus que moi, aurait eu le droit de se laisser mourir de faim..." Car, elle connaissant l'adoration que Keetje avait pour les enfants, et elle croyait qu'avec ce sacrifice "je l'aurais aimée plus, comme elle m'en aimait davantage, et voilà que j'ai creusé cette brèche infranchissable entre nous... Chaque fois, je lui fais sentir son infamie, au point qu'elle a fini par nier ; et je sais que je la torture, et je sais que c'est injuste et inqualifiable..." (K, p. 124).

En somme, Keetje savait que la seule chose digne de pardonner était l'impardonnable, selon l'expression de Jacques Derrida. Mais entre le savoir et sa réalisation, il y a un *hiatus* qui est parfois difficile à franchir, qui perturbe la proximité. Keetje *sait*, par sa mémoire cognitive, que c'est injuste et inqualifiable, mais elle sent aussi, par sa mémoire affective, ce qu'elle a souffert et souffre encore injustement pour des actions plus inqualifiables encore.

Tout le problème de l'humanité se tient dans cette possible indécision qui peut devenir, à un moment, une impossible décision. Le cercle est infernal : la souffrance de la faim peut conduire à la souffrance de la prostitution, qui conduit à la souffrance de l'autre par une blessure provoquée par l'être souffrant, qui alimente sa souffrance à travers une vengeance inassouvie. Dans ce cercle, ni la pitié ni le respect ne trouvent l'espace suffisant pour s'y incruster. Lorsque la souffrance est grande, elle impose ses lois. Ce qui montre, en fin de compte, que c'est sur le plan de la *provenance* que le mal surgit, en l'occurrence, dans cette pression de la société qui laisse des êtres humains crever injustement de faim. Lorsque la société ne reconnaît pas un *seuil* en dessous duquel toute dignité humaine disparaît, elle subvertit la possibilité d'un respect de l'autre, au risque de favoriser la violence discursive, voire la violence physique.

Septième Section

Scénarios

1. L'odyssée du miroir

1. *La souffrance nocturne*

Pour faire voir davantage la complexité qu'oblitère une approche métaphysique de la simplicité, et que les romans précédents ont en partie déjà dévoilée à travers divers aspects de l'intrigue, j'ai choisi le début du célèbre roman *Ulysse* de James Joyce, parce qu'il peut faire la transition vers des romans qui se détachent d'une refiguration de l'intrigue, opérant davantage sur la fiction, selon des multiples scénarios. Ce texte de Joyce présente met en scène une autre dimension de l'absence de proximité : les conceptions philosophiques des acteurs. L'auteur parvient, en l'espace de quelques pages[1], à dérouler, par le jeu des décors (miroir, mer, paysage, petit déjeuner...), des paroles et des gestes, un échange dialogué où, au fil des mots, non seulement "s'accrochent rêveries et souvenirs qui s'entrecroisent comme les brins de laine d'un motif de tapisserie"[2], mais aussi où se laisse broder un monde proximal où mémoires cognitives et affectives font jaillir une profusion d'éléments qui révèlent, à travers l'ambivalence de la proximité et l'antinomie à laquelle elle ouvre, l'existentialité pluridimensionnelle de ce qui est raconté.

L'épisode se passe dans une tour bâtie jadis pour défendre la baie de Dublin, que l'on peut voir par la fenêtre. Les acteurs de la scène, Buck

[1] Je me limite aux pp. 5 à 14.

[2] Comme le disent les traducteurs, Auguste Morel, assisté de Stuart Gilbert. Cette traduction, revue par Valéry Larbaud et l'auteur, a paru aux Éditions Gallimard, Paris, 1948 (le texte original date de 1922).

Mulligan et Stephen Dedalus révèlent deux tempéraments opposés, qui ne les empêchent pas de nouer entre eux, à travers la volonté de travailler ensemble, des rapports amicaux qui n'en recèlent pas moins des ressentiments passés. Ceux-ci servent d'ailleurs à tisser l'intrigue de départ.

Joyce présente Mulligan, dès la première ligne, bien en chair et majestueux, descendant des marches, en robe de chambre de couleur jaune, et tenant un bol mousseux sur lequel reposent son rasoir et une glace à main. Les gestes et les paroles de Mulligan portent en dérision un certain nombre de traits de la religion catholique, dominante en Irlande, en commençant par la bénédiction qu'il adresse à la tour, à la campagne environnante et aux montagnes qui s'éveillent. Cela l'entraîne jusqu'à qualifier son ami Stephen Dedalus d'"abominable jésuite". Puis en le voyant, "il s'inclina dans sa direction, en traçant de rapides croix en l'air, avec des hochements de tête et des gloutonnement". Il évoque encore, à d'autres reprises, la bénédiction du Seigneur, invoque le nom du Père, du Fils et du Saint Esprit, et fait allusion à l'Eucharistie, à la figure du prélat du moyen âge, etc., tout en répétant, à chaque occasion et à l'adresse de son compagnon, des surnoms de l'Ordre de la Compagnie de Jésus.

Aussi caricaturaux qu'ils puissent paraître, grâce à l'écriture raffinée de Joyce, ces traits font prévaloir une dimension symbolique qui apparaîtra, avec force, lorsqu'on se rapprochera du centre de l'intrigue, de cette première partie du texte. L'auteur met en scène une intrigue autour de la mort de la mère de Dedalus, du fait que celui-ci avait refusé de se mettre à genoux et de prier pour elle qui le lui demandait sur son lit de mort. Face à ce fil rouge qui à la fois trace le chemin vers le cœur de l'intrigue, où bat à son rythme la souffrance invisible de Dedalus, et porte en dérision l'hypocrisie jésuite et les médiations rituéliques, se dresse un autre fil, plus terre-à-terre, autour du miroir de la bonne. Ces deux fils se nouent au moment propice, en faisant ressortir les attitudes contrastées de deux protagonistes : la désinvolture apparente de Mulligan et l'air réservé de Dedalus.

Les moments qui se succèdent autour du miroir sont déterminants. Ils nous permettent de renouer avec le fil de mon exposé depuis la première Section, où le miroir s'avère être un élément majeur de la découverte de la proximité avec soi-même. Mais ils vont aussi nous aider à nous rapprocher également de la pensée de Lévinas en infléchissant anticipativement la radicalité de la position qui surdétermine l'unicité du visage en excluant à la fois ses parties et le contexte dans lequel il se place dans le face à face[3].

Buck Mulligan avait jeté "un rapide coup d'œil sous le miroir à main puis recouvert le bol d'un geste vif". Laissons de côté les gestes qui invoquent cette fois-ci le rite de l'Eucharistie en requérant le silence et la fermeture des yeux, pour mieux servir ce nouveau rite qui consiste à se raser la barbe, car les détails ne sont pas sans importance : il y est question, non du visage en son tout, mais de ses parties : l'œil, la bouche, les dents. Citons le passage en soulignant les éléments décisifs : "guignant de l'*œil* vers le ciel, il modula dans le grave un long *sifflement* impératif, puis, comme ravi en extase, fit une pause ; ses *dents* égales et blanches s'allumaient ci et là de *points d'or*. Chrysostomos. En réponse, deux puissants coups de sifflets vrillèrent le calme". Chacun des éléments du visage est mis en scène avec une consistance qui ouvre, par l'ensemble, à un monde réunissant des dimensions essentielles de l'existence humaine : le ciel, la musique, l'extase, la parole en or de Jean Chrysostome... Le miroir *rassemble* tous ces traits en éveillant la gaieté du rite matinal, et pour aussitôt dégager les yeux des reflets afin de permettre à Mulligan de se tourner vers ce "vieux frère" qui l'observe, et dont le regard "somnolent et contrarié" l'oblige à le fixer, après avoir quitté d'un bond la plate-forme et rassemblé "sur ses jambes les pans flottants de sa robe de chambre". Le miroir ouvre ainsi à un monde, — pour reprendre une expression heideggerienne sur laquelle je reviendrai dans la dernière Section. Mais ici ce monde s'accompagne d'une rencontre de regards qui se croisent et se fixent, et qui fait surgir aussitôt d'autres détails à propos du visage : "*face* de clair-obscur, replète : *galbe* ovale, *mâchoire* amère, tout le portrait d'un prélat, protecteur des arts, au moyen âge. Un sourire pacifique anima ses *lèvres*".

[3] Nous verrons que cet infléchissement peut amorcer un redressement de sa conception de la proximité fondée sur l'unique responsabilité pour l'intégrer dans une broderie plus variée et plus complexe des relations humaines.

Laissons encore une fois de côté les réflexions et les mouvements de Buck, et le déplacement de Stephen, entraîné à son tour dans la valse des mouvements : celui-ci s'assit à mi-chemin, accablé, en regardant Buck “qui équilibrait son miroir sur le parapet, plongeait le blaireau dans le bol, et faisait mousser cou et joues”. Mais alors que les gestes de Buck se succèdent au fil d'un regard précis dans le miroir, Stephen fait surgir dans le dialogue la figure de Haines en se demandant si celui-ci allait demeurer longtemps encore dans la tour, car il n'a cessé de délirer en rêve toute la nuit. Je reviendrai sur cet épisode qui met en scène l'horreur de la nuit, — que relève également Lévinas. Mais, pour le moment, suivons le fil du rasage, car un peu plus tard, Buck “posa le blaireau et cria hilare... Puis commença à se raser avec soin... La joue rasée..., il se rasait précautionneusement le menton... Il fit une grimace à la mousse de son rasoir... Il en essuya soigneusement sa lame”. C'est à ce moment, peu avant qu'il savonne légèrement sa seconde joue, que Joyce accélère le rythme de son roman, en faisant surgir au cœur du débat la mort de la mère de Stephen.

C'est par un jeu de mots qu'il déplace Mulligan vers le parapet où il contemple la baie de Dublin, en s'exclamant : “— La voilà bien la mer, celle d'Algy, la grise et douce mère. La mer pituitaire. La mer contractilo-testiculaire. *Epi oinopa ponton*. Ah, Dedalus, les Grecs. Il faut que je vous les fasse connaître. Il faut que vous les lisiez dans le texte. *Thalatta ! Thalatta !* Elle est notre mère grande et douce. Venez voir”. Aussitôt, après ces jeux de mots, il entraîne Stephen vers lui, dans sa proximité : il observait la mer et le Courrier débouchant du port de Kingstown. C'est à ce moment qu'un tournant s'accomplit dans les paroles de Mulligan qui rompt le rythme de gaieté qui dominait jusqu'alors. La proximité spatio-temporelle s'accompagne d'une rupture brusque de la proximité relationnelle sous le bruit de phrases qui sonnent d'une façon percutante. “— Notre puissante mère, dit Buck Mulligan. Et reportant soudain ses grands yeux inquisiteurs de la mer sur le *visage* de Stephen : — Ma tante croit que vous avez tué votre mère. C'est pour ça qu'elle ne voudrait pas me voir frayer avec vous. — Quelqu'un l'a tuée, fit Stephen, sombre ? — Nom de Dieu, Kinch, vous auriez tout de même pu vous mettre à genoux quand votre mère mourante vous l'a demandé. Je suis un animal à sang froid comme vous. Mais penser que votre mère à son dernier soupir vous a supplié de vous agenouiller et de prier pour elle, et que vous avez refusé ! Il y a en vous quelque chose de démoniaque..." Après la question de l'horreur de la nuit, nous revoilà dans les parages de la pensée de Lévinas qui, nous le verrons, porte l'attention, à travers la question du meurtre, sur le commandement biblique qui dit : "tu ne tueras point".

Retenons dans ce passage cette entrée en scène du "visage" de Stephen fixé par un regard inquisiteur qui le singularise, orientant le discours, non pas vers un infini, mais vers un événement précis et dramatique, aussitôt allégé par des paroles ambivalentes et compensatrices qui qualifient Stephen de "séduisant baladin..., le plus séduisant de tous les baladins". C'est à ce moment que Buck se met à savonner sa seconde joue, avec "un sourire indulgent qui retroussait sa *lèvre*", avant de poursuivre son mouvement, cette fois-ci "à longs traits, silencieux et grave". À travers ce silence une couche dense s'imposait dans l'espace qui gardait ensemble et en suspens, dans un seul mouvement, la proximité spatio-temporelle entre deux personnes face à face, et la proximité relationnelle que semblait réunir une forme d'entente amicale profondément perturbée. Les paroles de Buck résonnaient si fort dans ce lieu que Stephen tenait son front dans sa paume, signe de désarroi, contemplant "le bord arrangé de sa manche noire, luisante". Il éprouvait "une souffrance qui n'était pas encore de la tendresse". Cette souffrance qui agitait son cœur lui était apparue en rêve depuis la mort de sa mère. Le rêve a cette capacité de transformer l'éloignement d'une mère par la mort en une proximité relationnelle insistante, qui nous renvoie au travail du rêve qui avait tant perturbé Freud. Selon la description de Joyce, son acteur y voyait "son corps dévasté, flottant dans la robe brune avec laquelle on l'avait enterrée, exhalait une odeur de cire et de bois de rose ; son souffle, que muette et pleine de reproches elle exhalait vers lui, fleurait faiblement les cendres mouillées".

Ainsi la densité de l'espace s'investissait d'un rêve qui marquait les lieux de sensations fortes, contextualisant le visage dans un monde proximal où le visible et l'invisible s'enchevêtrent à travers une souffrance qui surgit à l'occasion de paroles blessantes. Dans la suite, les détails abondent à nouveau. Dedalus voyait “le rond de la baie et de l’horizon” encercler une masse liquide d’un vert terne, qui lui rappelait un bol de porcelaine blanche à côté du lit de mort de sa mère qui avait contenu “la bile verte et visqueuse qu’elle avait arrachée à son foie gangrené dans des accès de vomissements qui la faisaient hurler”.

Il est à peine utile de souligner ici cette *profusion* extraordinaire d’images qui nous renvoient, après la souffrance ressentie dans l’âme par Stephen, sous la pression des paroles de Buck, à la douleur physique et à la souffrance psychique de sa mère. C’est par le jeu entre le passé et le présent, l’extérieur et l’intérieur, que l’écrivain anéantit d’un seul trait toutes les séparations et les écrans, en mêlant les multiples perceptions, l’affectivité, la mémoire, les responsabilités et les souffrances. Mais ce ne sont pas les seules souffrances qui se succèdent dans l’espace de quelques lignes, puisque, auparavant, il a été question du délire de Haines, toute la nuit, qui a créé une situation d’horreur. Mulligan demande bien à Dedalus s’il a eu “la frousse”. Celui-ci reconnaît qu’il a ressenti de la peur dans le noir, avec un homme qu’il ne connaissait pas et qui, en divaguant, voulait tirer sur une panthère noire. C’est pourquoi si Haines restait il comptait filer.

La fiction du roman parvient à mettre en scène la réalité de la souffrance, en la transfigurant certes, mais en montrant au moins que c’est elle qui doit être pointée du doigt, car c’est elle qui anime la vie et construit l’intrigue qui l’ex-prime avec tous les éléments que le romancier cherche, selon son talent, à mettre en relief. La fiction possède une force incomparable, capable de choisir les ex-pressions aptes à manifester la souffrance, comme ici, le délire de Haines, les hurlements de la mère de Stephen et le silence lourd de celui-ci après les mots blessants de Buck, silence qu’il va rompre néanmoins dans la suite du récit. Ce sont ces configurations qui me semblent marquer la véritable altérité, parce que, dans leur morcellement, elles attestent la vie concrète dans sa profusion, sa richesse et sa complexité.

2. *Les irréductibles fêlures*

Dans les rapports qui forment l'existence, les acteurs mis en scène vivent donc *concrètement* les épisodes d'une vie morcelée qui s'édifie à travers des morceaux que la narration parvient à reconstituer selon une unité plurielle révélant davantage la complexité d'un monde proximal dont il est question. Cette constitution du monde proximal à travers la narration, dissimule beaucoup d'autres choses, constitutives d'un monde distal qui s'étend en dehors de la narration, selon ce qui n'est pas configuré dans le récit selon des multiples configurations. Disons que, du fait qu'il est question ici d'un roman imaginé par Joyce, *ce qui n'est pas* relaté dans le roman n'est rien. Il appartient au pur néant, alors que dans l'ordre d'une vie qui se constituerait par des événements et des choses analogues, ce *dehors* n'en demeurerait pas moins présent comme cet autre dont il n'est pas présentement question, et qui appartient au monde distal. C'est en fait dans cette différence, dans cette présence ou non d'un monde distal que se distingue la vie effective de la fiction d'un roman, alors que la vie et la fiction se rapprochent, en dépit de l'irréalité de la fiction, par leur capacité à configurer la complexité d'un monde proximal. Et c'est bien cette complexité qui permet de faire voir la souffrance, les multiples souffrances qui font du roman une sorte de miroir de la vie. C'est pourquoi il me semble utile de poursuivre encore un peu notre lecture de Joyce, pour mieux discerner le sens de cette souffrance qui se révèle au fil du rite qu'il met en scène à travers le miroir et le rasage.

Relayant le moment où la douleur fait hurler la mère de Stephen, par une nouvelle mise en scène de Buck Mulligan qui "essuyait de nouveau la lame de son rasoir", Joyce précise qu'il "s'attaquait maintenant au pourtour de sa lèvre inférieure". Il modifie cependant le contexte du dialogue, en faisant tourner la conversation autour des habits que Buck souhaite prêter à Stephen, notamment un vêtement gris que celui-ci refuse à cause de sa couleur. La réplique de Buck est merveilleuse, pas tellement en raison de l'ironie qui l'accompagne mais par la façon dont il l'exprime en se confiant "à sa figure dans le miroir", avant de fermer méticuleusement son rasoir, en palpant l'épiderme lisse de la pulpe caressante de ses doigts. C'est la première fois, après tous les épisodes du rasage — que nous avons suivis partie par partie au cours d'un rite —, qu'il est question du visage, envisagé au demeurant comme sa propre "figure" à laquelle il s'adresse, comme si la seule façon qu'il trouve pour se confier à lui-même était cet autre qui le reflète. Or, en mettant un point final au rite, Buck fait aussitôt allusion à un autre rite, non plus celui de l'Église, mais de l'habillement qui obsède son interlocuteur, dont le refus le rend fou de rage : "Le protocole est le protocole, dit-il. Il tue sa mère, mais porter des pantalons gris, ça non".

Mais Stephen a d'autres chats à fouetter, car quelque chose le ronge qu'il dévoilera bientôt en exprimant plus clairement sa souffrance autour du malentendu concernant la mort de sa mère qui crée une *distance* entre lui et Buck. Mais, entretemps, un retournement de situation se produit autour du visage et du miroir. Tout d'abord, "Stephen détournant son regard de la mer, le reporta sur le visage plein, aux mobiles yeux bleu fumée", alors que Buck, en faisant allusion à une rencontre de la veille, "fouetta l'air en demi-cercle avec la glace pour faire flamboyer au loin cette nouvelle dans le soleil qui maintenant irradiait la mer. Ses lèvres rasées riaient, et le rire s'empara du tronc bien musclé". Dans cette mise en scène, le visage se laisse déborder par ce qui en fait la valeur véritable, les yeux et le regard qui le révèlent, et le miroir est détourné de sa fonction habituelle pour refléter des rayons dans la mer, comme un message qui renvoie au loin lorsque la voix est incapable d'y arriver. Mais cette longue trajectoire d'un geste englobant avait également un autre but : faire voir à Stephen le visage qu'il offre depuis le reveil matinal et qui ne dévoile aucun sourire, en dépit de toutes les mises en scènes comiques et gaies méditées par Buck pour faire passer de la joie.

Mettant le miroir en face de Stephen, il s'exclame : "— Contemplez-vous affreux barde". Et "Stephen s'inclina vers le miroir offert que scindait une courbe craquelure, cheveu pointe en l'air. Tel que lui et les autres me voient. Qui a choisi ce visage pour moi ? Ce museau de chien qui a besoin d'être épouillé". Puis Buck, avec un rire, "éloigna le miroir des yeux scrutateurs de Stephen". Chaque mot de ce passage ouvre à une multiplicité de données. Stephen qui scrute son visage, ce que lui et les autres voient ; le hasard biologique qui fait la singularité du visage ; ses détails qui font sa beauté ou sa laideur. Voilà autant de traits qui ouvrent au monde du visage que le miroir reflète, et qui édifie des configurations d'un monde qui se dévoile dans sa complexité. Ce qui nous est plus proche apparaît ainsi comme ce qui nous est le plus éloigné, le plus énigmatique. Ce n'est pas un infini auquel ouvrirait le visage qui domine (comme le soutient, nous le verrons Lévinas), mais la conjonction du monde proximal qu'il configure et du monde distal qu'il ne parvient pas à configurer. Dans le face à face qui s'édifie entre Buck et Stephen le miroir devient le médiateur qui duplique le dialogue parce qu'il porte en lui toute la densité du silence.

C'est lui aussi qui rompt le silence de Stephen, lequel "recula, et désignant la glace de l'index, dit avec amertume : — un symbole de l'art irlandais, ce miroir fêlé de bonne à tout faire". D'un seul coup, le miroir rassemble tout ce qui fait signe vers une souffrance singulière pour la *diffuser*. La fêlure du miroir dont l'origine demeure inconnue reflète ici la fêlure dans l'âme de Stephen qui s'est produite par une pression, par un choc, dont l'origine demeure cachée. Les paroles de Stephen surgissent comme une nouvelle fêlure dans la proximité entre les deux compagnons de route. C'est pourquoi, pour éviter que la fêlure crée la redoutable cassure, Buck cherche brusquement à amorcer une autre proximité : il glisse son bras sous celui de son compagnon et l'entraîne le long du paraclet, "rasoir et miroir bringuebalant dans la poche où il les avait fourrés". Et, pour renforcer cette proximité spatio-temporelle, pour la rendre plus fortement relationnelle, il adjoint la parole : "— Ce n'est pas bien de vous taquiner comme ça, Kinch, n'est-ce pas ? fit-il bonasse. Dieu sait qu'il y a en vous plus qu'en aucun d'eux". À travers les mots qui étaient ce dialogue se laisse voir la crainte que chacun des compagnons ressent à l'égard de l'autre, comme si leur proximité passait une "crise" — une séparation, comme le dénote l'expression originaire grecque de *krisis*[4] : "Il craint la lancette de mon art comme je crains celle du sien. Le fer froid de la plume".

[4] Mon livre *Mythe et philosophie chez Parménide*, déjà cité.

Buck y trouve, dans cet équilibre, le moment propice (le *kairos*) pour inviter Stephen à réaliser une proximité relationnelle en travaillant *ensemble* pour faire “quelque chose” de leur île : l’helléniser. Mais cela ne l’empêche pas de discerner les réticences qui guident, depuis le début, l’attitude de Stephen, et qui font obstacle à une réelle proximité : “Pourquoi ne pas avoir *confiance* en moi ? Qu’est-ce qui vous *hérisse* contre moi ? Est-ce que c’est Haines ?” Sur l’insistance de Buck, Stephen lui dévoile que le lendemain de la mort de sa mère, lorsqu’il lui rendit visite chez lui, il l’entendit répondre à sa mère, demandant qui était dans la chambre : “oh, ce n’est que Dedalus dont la mère vient de crever comme une bête”.

Voilà les mots qui l’avaient blessé. À Buck qui se défendait d’avoir voulu manquer de respect à la mémoire de la morte, tout en reprochant néanmoins d’avoir refusé de prier pour elle, Stephen répliqua qu’il ne pensait pas à l’offense faite à sa mère, mais à celle qui avait été faite à son égard. Les paroles d’autrefois avaient laissé en son âme des traces indélébiles, le concernant, lui, beaucoup plus que le choix (idéologique) qu’il avait assumé à l’égard de sa mère mourante. Pendant tout ce temps cette blessure le pressait, sans qu’il ait eu la force ou l’occasion de s’exprimer, de se libérer de la dé-pression qui couvait en lui. C’est pourquoi, libéré cette fois-ci, grâce à la parole, “le *sang* battait dans ses *yeux*, troublait sa *vision*; il sentait la *fièvre* dans ses *joues*”. Une fois encore ce sont les parties de son visage qui s’expriment, qui expriment son âme. Tout porte à croire que c’est l’invisible en chacun de nous qui, du fond du monde distal qui nous constitue, marque la véritable source de l’altérité. Car, à travers l’histoire singulière de chacun de nous, il couve nos souffrances, produites par nos rapports aux autres et déterminant notre proximité avec autrui. À ce titre, la responsabilité se partage, et souvent elle se trouve davantage du côté de l’autre que de notre côté. En tout ce qui forme les rapports entre les êtres humains la réciprocité doit dominer, même si on peut consentir au nom de l’équité, à avoir moins d’exigence à l’égard des autres, en vue de réaliser, dans la rencontre, l’entente et une meilleure communication. Comprendre l’autre suppose, comme une sorte d’à priori, de toujours minimiser ses propos, d’éviter d’y voir ce qui est susceptible de blesser, pour mieux discerner le message qu'il veut faire passer, un message qui couve souvent quelque souffrance. Lorsque les rapports humains se limitent à une bienveillance originaire, réalisée à travers une rencontre qui excède le seul croisement de deux personnes, mais qui n'est pas encore, à travers les épreuves et la permanence des rapports, convertie en amitié, les paroles blessantes sont reçues comme de la violence, comme l'absence du respect de l'autre. La véritable amitié amenuise la violence des paroles, même si elles arrivent avec le même élan et la même puissance. Mais l'amitié n'aura lieu que si la bienveillance réciproque s'accompagne d'une compréhension réciproque, c'est-à-dire de la volonté de minimiser les erreurs des autres, pour rendre possible la communication. La proximité relationnelle suffit alors à amortir le choc, comme si l'amitié excédait les règles habituelles du vivre ensemble, ouvrant à un monde d'une altérité sans clôtures. Ce sont ces choses concrètes qui attestent la possibilité de convertir une proximité spatio-temporelle en une proximité relationnelle féconde, qui peut affronter les fêlures. Le roman de Joyce laisse la question ouverte, comme si les fêlures une fois produites ne parviennent plus vraiment à se cicatriser. Il faut oublier et passer à une nouvelle scène, à un nouveau scénario.

Dans ce début de l'*Ulysse*, Joyce rompt donc rapidement le face à face entre ses deux protagonistes qui n'ont pas encore réalisé une amitié, et qui se scrutent pour voir s'ils ont accompli des projets communs, fondés sur des intérêts communs. C'est la voix de Haines qui neutralise leur confrontation, en les appelant pour entamer un nouveau rite : celui du petit déjeuner. Mais comme dans les tragédies antiques, où le moment crucial était porté par le chœur, et comme dans les Écoles où ce sont les cris des enfants pendant la récréation qui donnent un sens à la vie, ici aussi un interlude fait la transition vers le nouveau rite qui, à travers la convivialité, nourrit le corps. Le texte — que je ne reprendrai pas ici — est remarquable, surtout parce qu'il ne témoigne pas de la joie de vivre, comme au moment de la récréation, mais fait voir les remords qui poursuivent les fils irrespectueux.

Joyce fait en sorte que les souvenirs hantent l'âme de son acteur : les remords du refus, qui la firent pleurer "sur son lit de misère" et l'horreur des yeux vitreux sur un visage supplicié qui le fixaient, comme pour le jeter bas. Face à l'amer mystère de l'amour, il ne restait plus qu'une seule demande pour écarter le vampire : "Non, mère. Laisse-moi tranquille, et laisse-moi vivre". La fêlure que la mort perpétue est sans doute la moins surmontable, car la victime n'est plus là pour pardonner l'impardonnable. En l'absence d'une proximité relationnelle encore possible, elle marque l'être humain d'une souffrance indélébile. L'avantage de l'euthanasie, c'est que les souffrances sont rompues par la délivrance du défunt. Mais ceux qui restent prennent le risque, par leurs paroles et leurs actions de ressentir des remords insurmontables. Le centaure Chiron, parce qu'il était immortel, souffrait affreusement de la blessure que lui causa une flèche d'Héraclès. Il suppliait qu'une bonne âme mortelle échange avec lui, son immortalité avec la mortalité. Prométhée, toujours au secours des êtres souffrants, s'empressa de l'aider. Mais cette immortalité lui a causé des déboires jusqu'aux supplices les plus terrifiants, lorsqu'il fut enchaîné sur les rochers pour délivrer à Zeus le secret qu'il possédait. Son refus fut sanctionné par la violence du vautour qui lui dévorait le foie. Plus modestement, Stephen Dedalus se voit dévoré par le spectre de sa mère qui, à l'instar d'un vampire, lui hante les nuits.

Comme le montre Joyce, la proximité est fragile et est menacée de rupture à tout instant. Mieux, sans une forme de proximité avec un autre, en l'occurrence avec Buck Mulligan, la souffrance de Stephen à travers les souvenirs de la mort de sa mère risque de faire une pression intérieure sans espoir d'une libération. C'est en effet à travers l'action de Buck, menée au fil du rasoir, qu'une incision a été possible dans l'âme de Stephen, ouvrant la plaie pour (le) libérer (de) la souffrance. Il apparaît ainsi qu'une métaphysique concrète peut trouver davantage de ressources pour penser la proximité qu'une métaphysique théorique.

Pour faire voir en quoi une métaphysique concrète peut faire prévaloir de multiples configurations sur le mode de multiples scénarios, il faudrait analyser en détail tout l'*Ulysse* de Joyce. L'écrivain réussit, en effet, à nous conduire au cœur d'une complexification en partant chaque fois d'éléments d'une évidente trivialité et en pratiquant un jeu illimité de mots, d'images, de rêveries et de souvenirs. Par cette complexification il donne l'impression d'ouvrir plusieurs entrées et de ne jamais finir, alors qu'il s'agit, en réalité, d'un périple multiforme, avec de nombreux scénarios en une seule journée à travers Dublin. En nous limitant au scénario que je viens d'analyser, on peut cependant tirer quelques premières observations, qui prolongent les éléments que j'ai mis en évidence dans la Section précédente.

Si, dans le cas de Keetje, la pression, quand bien même avait-elle disparue, demeurait une menace permanente pour ses relations, dans le cas de Stephen, elle est devenue un obstacle à la réalisation d'une amitié. Si une résilience est possible, elle ne peut se réaliser qu'en utilisant d'autres rapports, et en se tournant vers d'autres personnes, moins ironiques et arrogantes que Buck Mulligan. Qu'il s'agisse dès lors de la faim ou de l'idéologie, l'une comme l'autre se tient, par ses conséquences, à l'origine de souffrances. Le mal qui s'ensuit atteste ainsi une provenance dont la complexité n'est pas toujours, dans la vie courante, à la portée d'une élucidation aussi claire que le roman nous le permet. Les intrigues de la vie sont plus embrouillées que le sont les mises en intrigue d'un roman, aussi complexe soit-il. Mais le roman, et plus spécialement l'*Ulysse*, a au moins le mérite de faire voir qu'il y a provenance, et que celle-ci recèle, dans un monde distal, de la complexité. Bien plus, en jouant sur l'ambiguïté de la perception du rite par le même personnage, — ici Buck commence par caricaturer ce rite, et ensuite s'y appuie pour reprocher à son ami de ne l'avoir pas servi —, le texte de Joyce déborde la question de la provenance au profit de celle de l'*ouverture à un monde*, en l'occurrence celui du religieux et de ses conséquences. Par là le jeu entre proximité et souffrance se complexifie d'une façon étonnante, car il nous conduit également au rapport ambigu que nous entretenons avec les morts. Cela suffit à faire voir qu'une étude de la proximité axée sur la seule mort, comme cela peut être assumé dans la perspective d'une métaphysique théorique fondée sur la simplicité, est insuffisante. Dans la vie courante, ce qui détermine souvent nos actions ce n'est pas le concept vague de la mort qui nous concerne, mais les multiples deuils qui entourent nos proches.

Face à cette complexité qui prolonge les intrigues que j'ai abordées dans la Section précédente, selon une multiplicité de scénarios possibles concernant les rapports entre proximité et souffrance, il me semble utile d'approfondir davantage l'enquête, en mettant en scène des situations encore plus embrouillées, où les relations de proximité se compliquent davantage parce que l'intrigue concerne des rapports ambigus d'amitié et d'amour, qui échouent à réaliser de la résilience, mais au contraire poussent vers des multiples échecs.

2. L'odyssée de l'âme

1. *Les éléments de l'intrigue*

Le roman *Glahn* de l'écrivain norvégien Knut Faldbakken m'a semblé correspondre le mieux, parmi d'autres textes possibles, pour illustrer, à travers l'amitié et l'amour, les difficultés que doit affronter la psychanalyse et la psychiatrie face à une souffrance sournoise, difficile à rendre visible. La difficulté est telle qu'elle peut conduire à l'échec, sans possibilité de résilience définitive. Comme ce roman, traduit en français sous le titre *La séduction*[5], est peu cité, il appartient en quelque sorte au monde distal de la littérature habituelle, dans une indifférence que mon analyse cherchera à faire sortir, en lui assurant une place dans le monde proximal qui est le mien et, peut-être, dans celui des lecteurs qui liront ce livre.

Le récit raconte l'histoire d'un homme, Thomas Glahn, venu presque de nulle part et qui pénètre dans l'intimité de la vie de Carl Mack, un ancien camarade de promotion dans l'armée. Il séduit sa fille Edvarda, encore écolière, et son épouse Eva, délaissée, qui sera victime d'une incendie provoquée par négligence, qui embrouille davantage l'intrigue. Les relations ambigues entre Glahn, désœuvré et en quête d'"une chance supplémentaire" (Se, 17), et ces trois personnages, devenus désormais des figures de sa propre intimité, tissent une intrigue complexe, où les rapports se croisent d'une façon inextricable.

[5] L'original norvégien *Glahn* a été publié en 1985 aux Éditions Gyldendal Norks. Traduit sous le titre *La séduction* par Éric Eydoux, il a été publié en 1988 aux Presses de la Renaissance, pour la Collection 10/18, "Domaine étranger", dirigé par Jean-Claude Zylberstein. Je citerai par l'abréviation Se.

La mise en intrigue de l'auteur arrange les événements de façon à provoquer, en chacun, des souffrances. Parmi les personnes mises en scène, c'est Glahn qui manifeste les symptômes les plus aigus, symptômes qui le conduisent à un hôpital psychatrique, où la cure imposée par le psychiatre consiste à entretenir un dialogue, complété par un écrit, qui devraient relater son histoire. C'est la transcription de ce récit qui constitue la trame du roman et qui pousse le patient à découvrir, à travers le ressouvenir dévoilé par sa mémoire affective, le jeu qu'il a mené inconsciemment et l'intrigue dans laquelle il a été impliqué à son insu. Le roman s'achève par son suicide dans les bras de son "ami", en utilisant l'arme qu'il a gardée depuis qu'il avait quitté l'armée avec le grade de lieutenant. Cette arme sert symboliquement comme un élément régulateur du roman. Le compte-rendu sténographique de la déposition faite par Mack sur les circonstances de la mort de Glahn, révèle cet ultime épisode qui achève son évasion de l'hôpital psychiatrique, en confèrant à l'arme le dernier rôle dans un récit.

Les armes et la chasse (y compris la chasse de la proie amoureuse·et la chasse aux objets qui permettent à Glahn de subvenir à ses besoins) forment le fil conducteur métaphorique du récit qui met en jeu la chasse par le médecin des profondeurs d'une âme meurtrie par la vie. C'est à travers cette chasse de la souffrance du malade en vue d'apaiser ses élans et dénouer ses problèmes, que se révèlent les souffrances cachées des autres, celles de son "ami" Mack et de son épouse Eva, qui ne vivent plus ensemble une vie sexuelle normale, ainsi que celles qui émergent progressivement dans l'âme d'Edvarda et de son répétiteur qui l'aidait à étudier ses mathématiques. Ceux-ci contracteront un mariage éphémère, impossible après la liaison d'Edvarda avec Glahn. Ce jeune homme, futur médecin amoureux d'Edvarda, sera le premier à dire ses "quatre vérités" à Glahn, au moment propice, c'est-à-dire au moment où, abandonné par Edvarda, il souffre profondément de jalousie. Ces "vérités" reflètent également la jalousie du locuteur lui-même, qui le traite de psychotique "pur sang", tel que le décrivent les manuels. Et avec une violence verbale, il lui dit : Tu as fait du bon boulot dans la famille Mack, camarade. Mais tu n'as pas tout à fait mené l'affaire à son terme. Pas tout à fait, non. Et n'y parviendras pas..." (Se, 149). Tout est presque dit.

Au cours du récit fait aussi irruption un autre figurant, dont le rôle n'est pas moins important : une prostituée rousse, dont la présence configure quelques moments nodaux du récit : objet momentané du désir de Glahn, elle réapparaît, une seconde fois, droguée et à moitié morte, ce qui permet à Mack, un peu plus tard, d'annoncer à Glahn son décès, alors qu'on apprend, à la fin de l'intrigue, qu'elle avait été l'alibi de Mack à propos d'un soi disant voyage à l'étranger, qui n'avait jamais eu lieu, mais qui a constitué le piège pour que Glahn et Eva, qui profitant de son absence, consomment l'adultère. Cette figurante devient donc une des clés de l'intrigue, puisque sa présence révèle le rôle ambivalent de Mack qui utilise Glahn comme un pion pour se libérer de ses propres souffrances, à cause de l'éloignement de lui, d'Eva, son épouse. Glahn découvre l'intrigue dans la déposition de Mack que le médecin lui transmet. Ce rapport relate la mort d'Eva dans l'incendie qu'ils provoqueront "accidentellement", au moment où il fait savoir à Glahn qu'il est au courant de sa liaison avec son épouse — liaison, je l'ai dit, manifestement encouragée par Mack.

Selon les procédés des psychologies américaines qui écartent la psychanalyse de la libre parole sur un divan, tout en conservant des références freudiennes, la cure est basée sur un accord évolutif, que la malade ne doit pas mettre en cause. En l'occurrence, lorsque les conversations ne "permettaient plus de progresser" et que la stratégie initiale a échoué, requérant d'autres moyens, le psychiatre impose à Glahn "le fou" d'écrire ses aveux "noir sur blanc" pour faire avancer leurs conversations à l'hôpital. Morceau par morceau, tel un enquêteur qui reconstitue un meurtre, le docteur Feldt, qui s'exprime en bégayant, scrute l'âme de Glahn, ne lui laissant aucun choix entre se laisser "écorcher vif" ou s'enfermer "seul dans la jungle fumante" de ses pensées. Face à cette alternative sans moyen terme, le malade ne peut, "frétillant de la queue comme un chien", que promettre de poursuivre son effort, avec reconnaissance... (Se, 152-153). Et plus l'écriture dévoile le passé refoulé dans l'inconscient, plus le docteur envisage une issue, permettant au malade "de voir l'ensemble dans sa vraie per-perspective". Ainsi, lui dit-il, tu pourras "reconnaître toi-même t-ton agression et ton ambivalence..." (Se, 216-217). Agression et ambivalence, voilà les termes qu'il faudra garder à l'œil, car ils recèlent un pouvoir de provoquer de souffrances sans issue.

L'intérêt du texte réside donc dans la mise en scène d'une analyse particulière, qui associe la psychiatrie existentielle, la théorie cognitivo-comportementale et certaines données de la psychanalyse. Mais il tient aussi, dans des proximités spatio-temporelles et relationnelles, où l'amitié, l'amour et l'hospitalité se relaient et s'enchevêtrent en dévoilant leur ambivalente complexité, formant à la fois le monde proximal des personnages du roman et le monde distal qui est expressément inscrit dans le récit sur le mode du rejet, de l'oubli ou de l'indifférence. Enfin, il se révèle dans la mise en valeur de quelques objets prégnants — le revolver Smith & Wesson, mis en situation par rapport à des décors plus englobants, comme un studio aménagé dans l'immeuble qui abritait les bureaux de la firme de Mack, un pavillon dans son domaine à Asker, sur un fjord, où il vivait avec son épouse et sa fille, ainsi que la chambre de l'hôpital. À ces objets, il faut ajouter ceux que Glahn chasse en quelque sorte chez les antiquaires, les libraires, les brocanteurs pour la collection de Mack (des objets d'art et des armes), et qui lui permettent de justifier l'hospitalité et l'aide que celui-ci lui offre par amitié. L'ensemble contribue déjà à transiter vers la problématique de la proximité avec les choses, par laquelle j'achève mon travail.

Je viens de le rappeler, une arme, liée au passé qui noue les rapports de Glahn et de Mack, s'impose dans le récit, devenant à deux reprises l'instrument de la mort (de Eva et de Glahn lui-même). Symbole d'une rencontre dans l'armée entre deux protagonistes de l'intrigue, elle symbolise aussi la valeur de Glahn dans l'imaginaire de Mack, qui retient de lui l'image d'un tireur d'élite, champion de tir, avant de devenir l'objet d'une transaction, par laquelle elle prend place dans la collection d'armes de Mack, pour enfin se convertir en un objet maléfique qui a à son actif deux morts "accidentelles". Comme la "lettre voilée" du récit d'Edgar Poe, que Lacan éleva au rôle de signifiant, le revolver de Glahn traverse l'intrigue comme la chaîne qui lie tous les éléments. De plus, elle s'enracine dans une origine, celle d'un épisode étrange lors de leur service militaire, quand Mack montre pour la première fois à Glahn, la photo d'Eva, sa fiancée déjà enceinte, tout en lui demandant de l'aider à se masturber (Se, 65-66). L'arme est par là aussi le symbole du pénis, qui rend les hommes si forts, mais qui peut être, à la façon de l'arme, ce qui répand des déceptions, des souffrances et même la mort. On retrouve une scène analogue, qui manifeste une homosexualité couvée, mais, cette fois-ci, comme l'épilogue d'une vie où Mack confesse qu'il n'a jamais trouvé Eva terrible au lit, et qu'il a rencontré des femmes "bien plus excitantes". Dans un moment d'excitation qui domine les sensations et la raison, à nouveau ressurgit le fantasme du tir dans les paroles de Mack : "Toi et moi, nous aurions dû nous voir plus souvent, tous les deux... Bon Dieu de merde, tu m'aurais appris à tirer ! Je t'ai toujours envié tes capacités...". — "Tu te débrouillais quand même pas mal", reprend Glahn, défiant Mack à toucher une cible, la lanterne qu'avait allumée Eva, dans le pavillon qui se trouvait au fond du jardin, et dans lequel elle avait passé une soirée d'amour avec Glahn, peu auparavant. Dans un moment d'excitation Mack, poussé selon sa propre expression par "le Diable", atteint la cible provoquant l'incendie dans lequel Eva trouve la mort, en essayant de sauter du toit, au-delà du quai, dans l'eau. "Une *exécution* en règle ?", comme le dit le docteur Feldt en parlant de "métaphore" bien sûr, mais en ajoutant que ni l'un ni l'autre ne le savait, en insinuant qu'il s'agissait d'un acte poussé par l'inconscient. Et tendant son index comme s'il visait quelque chose : "Un char-chargeur... ! Alors que v-vous saviez tous les deux que la femme était dans la maison...(...). Ce n'est vraiment pas la peine de consulter le manuel des symboles et des motifs inconscients. C'est clair comme le j-jour !". (Se, 207-216).

Un autre objet qui se tient au centre du récit, comme l'horizon de sa référence mythique, est une statuette de *Pan* et de *Daphnis*, placée sur le bureau de Glahn à l'hôpital. L'auteur rappelle que Pan est un faune qui séduit un adolescent, et dont le thème auquel ouvre cette proximité, où "le bras engageant du satyre autour de la juvénile épaule, son joyeux ricanement de persuasion, ses sabots et ses cornes, son sexe démesuré", est "beaucoup plus révélateur". Ce qui y serait symbolisé, c'est "l'expérience violant l'innocence", tandis que l'innocence de Daphnis, exprimée par le détournement à moitié de sa tête, solliciterait "un court répit, un petit délai supplémentaire d'ignorance qui lui permettra d'encore tirer de sa flûte quelques sons purs et de laisser son corps rêver les rêves de ses promesses informulées" (Se, 21). Le mythe, que l'auteur n'ignore sûrement pas[6], est, par l'une de ses versions, encore plus révélateur qu'il ne le laisse penser. Non seulement parce qu'on trouve la figure de Pan dans le *Phèdre* de Platon (où Socrate lui adresse une prière), — qui constitue un des textes les plus importants de la littérature mondiale concernant l'amour —, mais parce que le lien entre Daphnis (fils d'Hermès et d'une nymphe) et Pan (qui lui avait enseigné la musique) excède le rapport enseignant-enseigné, ne serait-ce que parce que Pan poursuit autant les nymphes que les jeunes garçons et se cache dans les buissons pour observer les nymphes, alors que Daphnis, aimé par les nymphes, les dieux et les demi-dieux (y compris par Pan), avait néanmoins accordé l'exclusivité de son amour à une nymphe Nomia. Mais ayant manqué à la fidélité de sa promesse, en s'unissant à une princesse qui l'avait enivré, Nomia l'aurait aveuglé, suscitant en lui une souffrance profonde qu'il exprimait à travers des chansons de deuil. Il finit par se jeter du haut d'un rocher[7]. Certains de ces éléments se retrouvent dans le roman de Faldbakken, mais selon une profonde ambiguïté, sur laquelle d'ailleurs il joue, concernant la figure du satyre : s'agit-il de Mack relativement à Glahn (selon un rapport d'homosexualité) ou de Glahn relativement à Edvarda (qu'il séduit tout en se laissant séduire par Eva, sa mère). Qui séduit qui ? En tout cas, Glahn indique, en passant, que souvent il reste devant le biblot du satyre et de l'adolescent et se demande, à propos d'Eva : "pourquoi faut-il toujours que d'une manière ou d'une autre un homme soit impliqué avec l'amie de son ami ? Comment cela se passe-t-il ? Quand cela se passe-t-il ? Et selon quelle volonté ? Et quand franchissons-nous ce seuil tenu au-delà duquel cessant d'être complice et de posséder les femmes en commun, nous devenons rivaux ?" (Se, 66-67).

Enfin, le roman commence dans l'hôpital sur la présence d'un livre

[6] En fait, le thème qui inspire Knut Faldbakken a été au centre d'un roman (*Pan*, 1894) de Knut Hamsun.

[7] Cf. P. Grimal, *Dictionnaire de la mythologie grecque et romaine*, PUF, Paris, 1951, pp. 117 et 342.

qui était resté quelques jours sur la table de nuit de Glahn. Tout en le feuilletant et en lisant des passages, il refuse de se “laisser entraîner dans son univers”, car il est nécessaire d’oublier, parce que le traitement l’exige. Glahn avait oublié qu’il a reçu ce livre, comme il avait oublié “tant de choses”. Mais les choses viennent manifestement de changer, car à la demande du médecin, il doit désormais écrire et raconter son histoire, afin qu’il puisse voir plus clair en lui, en prenant ses distances. C’est pourquoi le livre prend du coup un sens : il ouvre à un monde (celui de l’amour), non pas seulement par son contenu, comme c’est le cas de tout livre, mais par ce qu’il symbolise. Il l’a reçu d’Edvarda, longtemps après leur rupture. Manifestement encore amoureuse de lui, elle l’avait accompagné d’une lettre, dans laquelle elle disait qu’elle a appris qu’il était malade, et qu’elle aimerait qu’il le lise, car elle y trouvait des choses qui l’ont fait penser à eux. Le livre cite un passage qui nous conduit à proximité de la nature, où le bruissement, les pierres et les arbres sont tellement familiers qu’on se sent “envahi d’une étrange gratitude”, et tout se met à parler, on aime tout. Cette proximité pousse le narrateur jusqu’aux choses qui sont à la portée de sa main : “Je ramasse une branche morte que, sans cesser de penser à ce qui me préoccupe, je garde dans ma main (...). Et lorsque je me lève pour m’en aller, je ne jette pas la branche, je la dépose devant moi et continue de l’aimer ; enfin, avant de la quitter, je la regarde une dernière fois, les yeux humides, il est cinq heures...”.

L’allusion à un amour perdu est clair. Mais s’agit-il d’amour ou de pitié ? La lecture crée en lui une émotion et suscite des larmes. Tout cela pour une pauvre écorce pourrie ? Comment se fait-il qu’un sentiment de pitié puisse ainsi traverser le cœur ? “Avec des phrases comme celles-là, le cœur sort de son rôle habituel de pace-maker” : il excède ses fonctions, prend part à cette ouverture au monde auquel nous conduit le livre et sa symbolique. Cette symbolique rassemble un lot de souvenirs, qu’on pourrait décrire par une *incision* dans la complexité d’une vie, en quelques mots, — des mots qui s’expriment à travers des *configurations* précises, que l’auteur fait succéder en les rendant progressivement plus complexes, comme s’il cherchait à façonner le monde proximal de son héros (Glahn), nous menant jusqu’au seuil d’un monde distal complexe et inconnu.

2. *L'amour jusqu'à la folie*

“Par une belle journée de printemps, le lieutenant Thomas Glahn rencontra une jeune fille dont il tomba follement amoureux”. L'essentiel y est dit. Mais, comme l'observe aussitôt l'intéressé, les choses ne sont pas si simples, car une seule phrase ne suffit pas à tout dire. Il propose une nouvelle configuration : “Le lieutenant de réserve Thomas Glahn rencontra un jour une jeune fille dans une rue d'Oslo. Elle s'appelait Edvarda, et il tomba si éperdument amoureux d'elle qu'il en oublia son passé et en perdit tout intérêt pour l'avenir. Ainsi s'explique que ses paroles et ses actes soient soudainement devenus incompréhensibles aux autres...”. De nouveau l'essentiel est configuré, sans pour autant que s'y révèlent tous les éléments importants de l'histoire de Glahn.

Le roman révèle plus : en plus de sa liaison avec Edvarda et ses rapports ambigus avec Mack, il a une liaison avec Eva, l'épouse de celui-ci. Cet oubli n'est pas innocent, car Glahn se demande s'il n'y a pas des choses auxquelles il vaut mieux ne pas toucher. Effectivement, il y a bien des choses qui sont “des sentiers de brousse recouverts de végétation, la fumante et impénétrable forêt vierge de nos sentiments les plus intimes”. Il se pose la question : “Est-il vraiment nécessaire de les parcourir à nouveau ?” (S, 7-10).

Bref, il y a toujours, dans une vie, des choses qu'il est préférable de laisser dans un monde distal, préservé à jamais par un silence et une invisibilité qui gardent le secret. On l'a vu avec Keetje, lorsqu'elle vivait avec Eitel. Mais un secret, quel qu'il soit, risque un jour d'être dévoilé, quand personne ne s'y attend. Les couples infidèles, les voleurs, les fraudeurs et d'autres encore le savent bien à leur dépend. Daphnis l'apprit à travers la vengeance de Nomia, qui le poussa au suicide. Mais, même si le secret pouvait être préservé, il y a toujours l'âme qui résiste, avec sa conscience et ses regrets, les remords qui la rongent sans lui laisser du répit. De son retrait, elle bouscule les rapports de proximité avec soi-même et avec les autres. Elle pousse le “coupable” chez le confesseur ou, — depuis que celui-ci a perdu sa notoriété —, chez le psychothérapeute, comme dans le cas de Glahn, qui a fini à l'hôpital. Dès lors qu'on franchit le seuil de secrets et qu'on se résigne à tout dévoiler afin de se libérer de ses souffrances, les configurations se multiplient au fil du récit qui se déroule.

Nous découvrons, à travers des configurations successives esquissées par Glahn, une illustration éclatante de la façon dont nous agissons dans la vie, et qui confirme ce qu'Épicure déjà, on l'a vu, avait théorisé. Par de telles configurations nous pouvons nous rapprocher de la réalité, y compris de notre propre réalité. On le fait certes au détriment de la complexité que nous laissons dans un monde distal, mais cela est nécessaire ou délibéré pour préserver une proximité avec les autres et les choses. Dans la vie courante ces évitements et ces oublis nous aident à vivre, quitte à vivre sous la pression des menaces ou des refoulements, avec des souffrances dont l'origine nous échappe. Mais, face au psychothérapeute, les choses deviennent moins simples, car il attend ou exige qu'on dise tout. C'est à ce titre aussi qu'une (auto)-biographie a un sens, car elle configure, selon les données à la disposition de celui qui la compose, un découpage important dans la vie complexe de la personne, sans qu'on connaisse tout d'elle, sans nécessairement tout devoir dévoiler de ce qu'on connaît d'elle. Le roman de Faldbakken nous conduit délibérément vers une configuration de la figure de Glahn qu'il a lui-même façonnée, plus précise que les deux esquisses qu'il a configurées au début du roman, mais sans jamais révéler quoi que ce soit de son passé (sa famille et ses divers métiers après qu'il ait quitté l'armée). Lorsqu'on atteint la fin du roman, au moment où le docteur énumère les éléments qu'il attribue à l'état psychique de Glahn, — parmi lesquels, on le verra, figure la différence de classe sociale entre lui et Mack —, il lui rappelle qu'il n'a jamais voulu trop parler de ses origines, mais, dit-il, "j'ai compris que tu appartenais à un milieu tout à fait modeste" (S, 230).

C'est donc en connaissance de cause que le médecin le pousse à écrire et à être aussi "précis et sobre que possible", et s'il arrive à démystifier ce qui s'est passé, il lui apprend qu'il aura accompli "un grand pas en avant.". Le combat est commun et exige de la complicité, une proximité relationnelle favorable, qui, finalement, échoue. Au début, les signes ne trompent pas : sourire amical, camaraderie et même des gestes familiers (taper sur l'épaule). Contrairement à la psychanalyse, qui, par la parole libre, conduit l'analysant jusqu'au cœur de sa tendre enfance, ce type de cure se limite, avec quelques rares sauts dans le passé, au présent récent qui vise à circonscrire un épisode de la vie du malade, axé autour de son amour pour Edvarda et du contexte familial dans lequel il s'est déroulé. La mise en intrigue rassemble ces données pour dessiner des configurations qui suffiraient à comprendre de quoi il s'agit, quel est le monde proximal du "héros" que l'auteur cherche à mettre en scène, tout en aidant à reconnaître qu'il y a un nombre considérable d'autres données qui nous échappent, abandonnées dans le monde distal.

Ainsi, après la proximité avec les choses, par laquelle est amorcé le roman, s'imposent celle des objets que j'ai signalés, celle du médecin (et du milieu hospitalier), celle qui est inscrite dans la mémoire affective de Glahn, qui le porte auprès de celle qu'il a aimé, en partie responsable de sa déchéance psychique et qui le visite à l'hôpital, avec des conséquences néfastes. L'écriture sert à dévoiler ce qui est inscrit et enfoui dans sa mémoire et à recouper les signes de la proximité avec les autres : regards, rencontres, dialogues, donner la main, taper sur l'épaule, jusqu'aux caresses corporelles et le toucher de l'organe sexuel. Le but : scruter la souffrance qui provoqua sa folie, souffrance qui apparaît comme étant partagée avec les autres acteurs du drame.

Ce qui demeure néanmoins paradoxal, c'est qu'alors que le roman est supposé relater l'histoire *passée* de Glahn écrite par lui-même, selon les prescriptions du médecin qui suit de près son écriture, qu'il encourage sans cesse, il inclut également ses promenades et échanges réguliers avec le médecin, comme s'il décrivait également le présent. Ce paradoxe laisse finalement le dernier mot au romancier, alors même qu'il s'arrange pour ne pas faire partie du récit. Sa présence se dissimule aussi à travers les commentaires faits par Glahn à propos du médecin, dont la puissance est compensée par le fait qu'il bégaie. Cette faiblesse qu'il exploite aux moments difficiles, lui permet de ne jamais perdre entièrement la face, lorsque sa fierté et sa vanité sont mises en péril. La fierté est, selon le médecin, son "pire ennemi" : il s'agit d'"un symptôme forcément exagéré d'une image négative de moi-même", qui devient un obstacle pour "un échange social positif, une action concertée avec autrui" ; il s'agit d'un élément qui ne paraît pas entièrement faux “à l’intérieur du cadre pragmatique de cette thérapie”, mais qui se donne, à la fin du parcours, comme étant l’expression d’un problème de classe : l’infériorité de Glahn, provenant d’une famille modeste, face à Mack fils d’une famille riche dont il hérite les biens et l’aisance, produirait en lui cette pulsion de possession pour une “gamine” de dix-huit ans, fille d’une classe supérieure. L’honneur serait chez lui “un instinct plus puissant que l’instinct sexuel lui-même”, de sorte que lorsqu’il est rejeté par une femme socialement supérieure, “la chute est sans fin et même i-irrémédiable !” (S, 163 et 230-232). Pour le médecin, Glahn n’est pas un sujet d’une possible résilience.

Une telle situation crée fatalement un obstacle quand le transfert psychanalytique arrive au moment opportun, en suscitant la haine du patient pour celui qui l’écorche vif. Cette métaphore qui fait au demeurant la différence entre une méthode active, où le thérapeute intervient, et l’analyse traditionnelle qui refuse l’intervention directe de l’analyste, révèle que le malade est démuni d’une sorte de “moi-peau” qui le protégerait de ce qu’il ressent comme une profonde agression. Elle révèle que le dialogue peut tourner en une joute, dont les conséquences ne sont pas toujours maîtrisables. De toute façon, le combat est inégal, et au moment crucial de la thérapie, lorsque le médecin reconnaît que le malade a fait de “grands progrès”, tout en l’assurant que la souffrance qu’il est en train d’éprouver sur le chemin de sa libération est légitime parce que “les confrontations de ce genre sont *forcément* douloureuses”, la seule et ultime défense qui reste au malade est d’agresser *en retour* son médecin.

On l’a vu, il n’y a pas de pire souffrance que celle que provoque le fait d’être écorché vivant. En l’occurrence, Glahn, qui ressent métaphoriquement cette agression, défie à son tour le médecin sur son bégaiement, c’est-à-dire en le conviant de répéter aussi vite que possible l’exercice bien connu, mais qui prend dans la symbolique du roman une envergure immense : “un chasseur sachant chasser sans chien...”. Le médecin, qui ressent cette violence comme l’action de l’animal-malade qui le menace, réagit de telle façon que sa réplique marque le début de la mort du patient : “Mais Glahn, dit-il avec un aimable sourire, d’un ton parfaitement calme. J-je croyais que c-c’était terminé la classique fixation d’agression... Mais si tu y tiens absolument, eh bien... Tu voudrais peut-être des calmants ?". Un brin d'ironie luit dans ces phrases, qui visent plus à blesser l'écorcheur qu'à l'informer. Lorsque l'impasse s'installe, et la parole et l'écriture reconnaissent leurs limites, c'est la violence pharmacologique qui prend le relais. La technique moderne marque ici un poids considérable, ne serait-ce que parce qu'elle pénètre, *via* le corps, jusqu'au plus profond de l'âme. La méthode est légitime, et il ne s'agit pas ici de jouer avec les mots : tout n'est pas guérissable par la parole. Ce qui semble l'être moins, c'est la façon dont le médecin tire ici sur son patient pour l'abattre avec le sourire et un ton calme. Il y a parfois dans un sourire et dans un ton calme plus d'agressivité camouflée que dans une colère sincère et légitime. La *façon* de parler (le *mythos*) est émotionnellement plus forte que la grammaire des phrases (*logos*). C'est pourquoi les dernières paroles arrivent comme un coup de grâce, que le malade interprète désormais comme son incapacité définitive de sortir de sa misère, de sa méchanceté, de réaliser quelque résilience. Tout en reconnaissant, en toute dernière instance, une dette pour son "seul ami et confident", il ne peut supporter l'absence d'une véritable proximité, comme si le médecin jouait un jeu, son jeu propre. C'est là un point crucial sur lequel je souhaite insister ici, car il marque la différence entre la *mission* médicale et la réponse que le médecin réussit à donner à l'appel de la souffrance du patient, et qui met en scène la *vocation* médicale.

Lorsqu'on envoie (*mittere*) quelqu'un, en le chargeant d'accomplir quelque chose, une tâche, on parle de "mission". On confie ainsi à une personne un message, par exemple propager une idée ou la foi (cas du missionnaire), ou encore on confie un travail (par exemple militaire, scientifique ou encore *médical*). Celui qui assume cette tâche peut agir par devoir. D'où la tâche que l'on se donne à soi-même avec le sentiment d'un devoir. Souvent il y a, dans une mission, un but avec le sentiment d'accomplissement, de réussite ou d'échec. Mais une mission peut aussi être motivée uniquement par l'intérêt et le gain. Dans ce sens, une mission peut arriver à accorder plus d'importance à sa dimension économique qu'à sa dimension humaniste. Nous verrons, dans la dernière Section, que dans le monde technico-économique dans lequel nous vivons, il s'agit là d'un mode de vie normal qui consolide la globalisation économique.

D'une façon plus technique, l'idée de mission s'associe à celle de *mandat* : le mandant (ou destinateur) confère un mandat à un mandataire, qui reçoit la pouvoir de faire quelque chose pour le mandant et en son nom et qui s'adresse à un destinataire. Dans le cas de la médecine, on peut dire, par exemple, qu'un hôpital ou même l'État accordent comme mandat au médecin ou au personnel soignant de soigner des patients en leur assurant l'infrastructure indispensable et les moyens de sa subsistance. Le médecin ou l'infirmier ont alors la mission de soigner en tant qu'ils acceptent leur rôle de mandataire. Ils peuvent agir avec le sentiment du devoir, ou même, pourquoi pas, par intérêt. Dans ces deux cas de figure, leur action peut s'accomplir en dehors de toute idée de vocation. Le sentiment du devoir peut suffire à faire fonctionner une médecine convenable, car la technique acquise et le serment d'Hippocrate garantissent l'accomplissement de la tâche, comprise comme un contrat. Il en va tout autrement de la vocation.

La "vocation" est liée à une action d'appeler (*vocatio*) quelqu'un pour réaliser une mission ou pour s'approcher de celui qui appelle. Cette expérience humaine est très ancienne. La vocation d'Abraham représente un premier sens, à savoir l'appel de Dieu afin qu'Abraham se tourne vers Lui. On peut parler aussi d'un appel de ce type à Moïse. Or, un tel appel produit chez l'appelé un *élan intérieur* qui répond favorablement à l'appel, qui engage spontanément l'agent vers celui qui l'appelle. Dès l'Antiquité et le Moyen Âge, les personnes qui entrent dans un ordre religieux assument un tel appel, ayant le sentiment qu'elles sont appelées par les dieux ou par Dieu. Cela peut aller très loin, puisqu'un individu peut assumer cet appel jusqu'au martyre. Un cas intéressant de vocation est celui de Socrate : il ressent l'appel de son démon pour accomplir une tâche, en l'occurrence l'accouchement des âmes. Sa vocation l'a poussé à assumer sa tâche jusqu'à la mort, après avoir été condamné par ceux qui ont estimé que son action était néfaste. Platon exploita cette situation et fit de Socrate un personnage central de son œuvre, en le glorifiant et le mythifiant. Cet appel mystérieux, converti en mission et en martyre, doit nous interpeller. La médecine a aussi eu ses héros, envisagés dans l'ordre d'une vocation. Le docteur Schweitzer, Mère Thérésa et tant d'autres. Ce type d'appel est déjà fort laïcisé. Au point qu'on parle de la vocation de l'artiste, de l'éducateur, etc. Dans ce sens il existe bien une vocation d'enseignement, c'est-à-dire un appel qui nous pousse à s'occuper des autres pour les former. En réalité, cette tâche est ambiguë, car on peut agir au nom d'un appel qui cherche à former les gens pour les intégrer dans un ordre établi (c'est-à-dire idéologiquement édifiant) ou au contraire pour les conduire à l'émancipation, à une plus grande liberté. Et dans tout cela que devient le médecin ? Quel type d'appel peut-il ressentir ?

On peut stipuler que la vocation médicale au sens large du terme (médecin, infirmier, personnel hospitalier) est liée à l'appel de ceux qui souffrent, ce qui fait qu'elle excède la mission à travers laquelle le médecin assume son contrat, dès lors qu'il s'accorde au savoir acquis et au serment d'Hippocrate. La mission médicale est une condition nécessaire mais pas suffisante pour pratiquer une médecine de proximité. Le *plus* qui transforme la mission en vocation s'appuie d'abord sur l'idée que jamais le médecin n'excédera l'obligation de réserve et qu'il assumera sa réponse à l'appel du souffrant par une proximité relationnelle qui ne sera jamais celle d'une pitié, ni celle de sa propre souffrance. L'agressivité subtile du docteur Feldt est déjà un pas qui le situe en dehors d'une authentique vocation, la seule à produire une proximité relationnelle *respectueuse* de l'autre. Par cette agressivité, il rompt toute proximité avec Glahn. C'est autrement dit la souffrance du malade qui suscite l'appel, en médecine, et sollicite l'aide d'un médecin. Mais la réponse à cette souffrance, selon les codes de la mission médicale, constitue une vocation dès lors qu'elle est envisagée sur le mode du *respect* de la *personne* du malade, seule capable d'assumer une proximité à la fois spatio-temporelle et relationnelle. Par là nous touchons du bout des doigts le statut d'une médecine de proximité. S'il est vrai qu'une forme de proximité est possible aussi bien dans le cadre d'une mission médicale ou d'une vocation, ne serait-ce que parce qu'elles abolissent l'espace (contact avec le malade) et le temps (urgence), l'authentique proximité *relationnelle* ne se manifeste qu'à travers une réponse adéquate à l'appel du souffrant. Cette forme d'adéquation sera d'autant plus grande que le médecin connaît l'histoire de son malade, sa personnalité et ses souffrances. D'où l'importance du médecin généraliste. Sans entrer ici dans une analyse approfondie de la médecine de la proximité, il me semble que le généraliste est le plus apte à s'accorder à ces situations. On ne demande pas, bien sûr, au médecin de souffrir de la souffrance de son malade. Même si cela peut arriver pour chaque médecin qui se frotte avec la souffrance humaine, telle n'est ni sa mission, ni sa vocation, car le médecin devrait éviter une proximité affective. Il devrait garder une certaine distance, qui éviterait toute forme d'identification, pour mieux réaliser la technique médicale et assumer une proximité. La tâche n'est pas simple. Mais elle est, peut-être, la plus digne qu'un être humain décide d'assumer dans sa vie, car elle doit répondre de la façon la plus efficace et la plus humaine à l'appel de tout être souffrant.

Le docteur Feldt, dans le roman de Faldbakken, aussi brillant soit-il, échoue à franchir cette ultime étape, en dépit d'une apparente bienveillance qui vise à produire la confiance du malade. "Il m'enfonce, dit Glahn, comme une aiguille son index dans la poitrine, et, nuançant son bienveillant regard de complicité d'une lueur inquisitrice, plonge ses yeux dans les miens, comme si j'étais un insecte en train de se débattre sous la loupe. Il se croit doté d'une perspicacité sans limites, ce docteur réputé de savoir pénétrer dans les arcanes de l'esprit humain pour y défaire les nœuds, qui a de la symétrie dans les idées et un temps de travail parfaitement organisé" (S, 231). Et, avec un discernement aigu, qui met à nu les défaillances profondes de celui qui "se croit doté d'une perspicacité sans limites", il continue : "En vérité, tout chez lui m'inspire la pitié" — plutôt, j'ose ajouter, que du respect. "Chacune des fibres du personnage porte l'empreinte de l'hésitation, du temps de réflexion supplémentaire, du manque de spontanéité et d'impulsivité qu'impose à chaque minute son défaut d'élocution. Pour ma part, c'est une hésitation que je n'ai jamais connue !..." (S, 231).

S'il est dès lors vrai que Glahn avait fait le vide autour de lui, il semble bien ici que ce vide a échappé au médecin, qui a axé sa stratégie sur la fierté et la vanité du malade, comme exprimant une image négative de soi-même. Il s'agit bien là d'une interprétation courte de soi-même, qui oublie que la fierté peut être une réponse à l'image négative que l'*autre* peut avoir d'une personne. À ce titre, elle est comme un rempart à la violence détournée de l'autre, pouvant devenir un facteur de résilience. Au lieu d'y voir un facteur de précarité, le médecin aurait dû la prendre comme un *appui* capable de soutenir le cheminement vers la rédemption. Dans le cadre d'une méthode communicationnelle, comme celle que propose l'école de Palo Alto, on aurait dit qu'il ne fallait pas chercher ici à éclairer l'essence et l'origine de la fierté, mais à poser la "solution", en lui permettant de modifier son attitude[8]. En fait l'une et l'autre méthodes ne sont pas nécessairement incompatibles, car savoir quelle est l'origine de la fierté, peut aider à trouver une solution. En l'occurrence, en mettant en évidence d'autres éléments de proximité qui compenseraient les distances sociales, ou qui déculpabiliseraient Glahn en chargeant davantage Mack, alors que le médecin, en faisant allusion à la version de ce dernier de la mort d'Eva, insista davantage sur deux visions différentes, plutôt que sur les manipulations probables de Mack, comme cela s'avère au fil du roman. Bref, nous découvrons ici, d'abord, la précarité des méthodes de thérapie qui simplifient la *complexité* du psychisme humain et, ensuite, la nécessité de promouvoir les facteurs favorisant la résilience pour libérer le sujet de ses souffrances, ce qui n'est possible que par une pratique de la proximité relationnelle. Sans quoi on risque d'assister à la répétition de beaucoup de cas analogues à ceux de Glahn.

Dès lors que Glahn perd à la fois la face et son dernier repère (la proximité avec le médecin), il constate sa solitude. Il est seul "comme peut l'être celui qui a tout piétiné et saccagé autour de lui, qui a chassé tout le monde, brûlé sa maison, fait ses adieux" (S, 232-234). Il s'affale sur le lit et devient, lui le chasseur, la proie des rêves, d'aberrations, de voix étranges. Les coulisses de son appareil psychique reprennent les commandes. Un rêve prémonitoire se profile dans son sommeil qui nous conduit à l'échec de sa proximité avec le médecin, à laquelle répond sa tentative de suicide. En fait, la proximité avec le médecin a été ambiguë : une mise en scène en vue d'une cure, ne serait-ce que parce

[8] Cf. P. Watzlawick, J. Weakland et R. Fish, *Changements, Paradoxes et psychothérapie*, Seuil, Paris, 1975, pp. 148-150.

que le médecin ne peut assumer une proximité relationnelle fondée sur l'affectivité. Mais ce n'est pas parce que le médecin ne peut se permettre de s'engager dans une relation affective avec son malade, qu'il n'a pas l'obligation de répondre, avec respect, à l'appel de sa souffrance. La vocation l'aurait aidé à sortir des pièges tendus par l'affectivité.

Or, face au vide de l'échec, où tout visage humain avait disparu, le rêve mit Glahn dans l'espace d'un autre type de proximité et d'appel : celle du vent qui l'*appelle*. Son âme répondit à l'*appel* et aussitôt il se sentit soulevé hors de son environnement, "pressé contre une invisible poitrine". Ses yeux se sont embués et il frémit : "Dieu est quelque part à proximité et me regarde...". La pression de l'air disparaît et, à travers le forêt, il vit se déplacer silencieusement "quelque chose qui ressemble au dos d'un canard". Mortellement fatigué, il s'endort.

La métaphore est significative, car en l'absence de réponse adéquate à l'appel de sa souffrance, le malade répond à un appel, et celui-ci est l'opposé de la lourdeur singulière de la souffrance. C'est l'appel de la pression légère du vent qui l'effleure et le soulève en le pressant amicalement contre une invisible poitrine, qui révèle que Dieu se tiendrait à proximité et le regarde. Ce regard de Dieu est aussi opposé au regard inquisiteur de Feldt, ne serait-ce parce qu'il est la plénitude qui prend place dans le vide laissé par le retrait des êtres humains, qui l'abandonnent. Face à l'absence de souffrance de la pression divine et la présence de la souffrance provoquée par les pressions humaines, le choix serait indélibérable : il faudrait choisir la mort. Quand les êtres humains ne sont plus à proximité d'autres êtres humains pour assurer une forme de plénitude à la vie, la mort devient l'ultime recourt. En l'absence d'une résilience, Glahn choisit la suicide.

Lorsqu'il se réveille, il sort du lit et tente de se pendre. S'il échoue, ce n'est pas par absence de courage, mais parce que le court-circuit alerte l'électricien. Mais ce n'est que partie remise. Car, la douleur de la gorge à cause de sa blessure et sa souffrance redoublée ne l'empêchent pas de méditer son évasion, qui le conduit au bureau de Mack où surgit une altercation au cours de laquelle il avoue sa liaison, non seulement avec son épouse (ce que Mack savait), mais également avec sa fille (ce que celui-ci fait semblant de ne pas savoir). C'est cette altercation qui poussa Mack à prendre le revolver de Glahn qui faisait partie de sa collection, et qui devient l'instrument du suicide (accidentel) de Glahn. C'est du moins la version de Mack — version qui n'efface pas l'incertitude, après sa déposition précédente pour l'incendie qui coûta la vie de son épouse, et qui comportait sûrement des mensonges qui suscitent le soupçon d'une intrigue préméditée pour favoriser la liaison d'Eva avec Glahn.

Cette fin sans gloire de celui qui a été glorifié pour ses performances au tir, pèse d'autant plus lourd que le début de l'histoire nous le présente comme une sorte de vagabond qui vit sa marginalisation de la société comme un acte de liberté. Il avait coupé les ponts avec son passé, il avait tout quitté : "c'était, dit-il, une longue histoire qui n'avait pas sa place ici". Je l'ai dit : nous n'apprendrons rien de ce passé, — en désespoir de cause, si j'ose dire, pour les psychanalystes freudiens et lacaniens qui auraient cherché des causes plus originelles des obsessions de Glahn. Sur ce point le monde distal demeure intact. Par contraste, le monde proximal tourne autour des liaisons de Glahn.

Le roman laisse, délibérément, un flou sur les responsabilités, laissant beaucoup de choses dans le monde distal, comme s'il voulait faire voir la complexité des rapports humains, des intrigues qu'ils imaginent et qu'il vivent, en transfigurant et défigurant les choses. Les souffrances que les êtres humains éprouvent à cause des difficiles proximités entre eux favorisent les défigurations. De ce point de vue, le roman de Knut Faldbakken est un modèle du genre, qui nous mène peu à peu à douter de ce qui est normal et de ce qui est pathologique. De tous les personnages qu'il met en intrigue, Glahn est-il celui qui est le plus psychotique ? Il l'est certes parce qu'il est le seul à se trouver dans un hôpital psychiatrique, désemparé de tous ce qui lui est arrivé. Mais, dans les faits, les souffrances de chaque acteur diffusent le trouble et communiquent un profond malaise. Si Edvarda avait ressenti le même amour que sa mère, peut-être Glahn aurait trouvé le tuteur de résilience qui lui manquait pour chasser sur d'autres terrains. La vie tient bien à un fil, à un rien d'affectivité. Mais la mémoire affective, qui est sûrement ce qui est le plus redoutable en l'homme, est le destin que chacun se construit et porte avec lui tout le long de sa vie.

3. L'odyssée de la parole

1. *Les effets de la difformité*

Le roman *Mercure* d'Amélie Nothomb[9] rassemble de nombreux éléments évoqués précédemment, tout en précisant autrement la question de la souffrance, en dehors de la pauvreté, de la prostitution, du mépris, des rapports d'amitié et d'amour. Il met en scène la souffrance de la représentation qu'on se fait d'un mal, la souffrance aussi de l'enfermement physique et psychique, ainsi que la souffrance du mensonge et de la tromperie. Mais, plus fondamentalement, il illustre la différence entre monde proximal et monde distal, plus spécialement un monde distal qui concerne les terres inconnues, inaccessibles.

L'auteur raconte l'histoire de deux jeunes et jolies filles vivant en Guadeloupe en deux périodes successives, deux jeunes filles que le destin a poussées dans les mains d'un homme âgé (Omer Loncours), défavorisé par la nature, et qui, pour les garder auprès de lui et les soumettre à ses désirs, fait en sorte qu'elles croient que leur visage a été défiguré. Pour préserver le secret, il supprime tout miroir de leur environnement, les laissant vivre dans l'idée qu'elles sont devenues vilaines. Tandis que la première de ces filles (Adèle Langlais) se suicide, la seconde (Hazel Englert) qui la remplace est amenée à la vérité par une infirmière (Françoise Chavaigne) engagée pour la soigner. C'est grâce à une relation de plus en plus confiante entre elles que le secret est dévoilé en menant l'intrigue à une situation ambiguë, que la roman-

[9] Paru aux Éditions Albin Michel, 1998. Je citerai par l'abréviation Me. Je dois à Aristote Benetatos le rapprochement de ce roman avec mon cours consacré au mythe, où j'ai traité de la connaissance de soi en utilisant le mythe que j'ai repris dans la première Section, où je m'imagine vivre dans une réalité sans miroir, ce qui impliquerait que je connaîtrai seulement les visages des autres et pas le mien, aussi longtemps que quelqu'un ne me dessine. Le caractère irréel de l'intrigue qu'Amélie Nothomb façonne nous rapproche néanmoins, par la transfiguration qu'elle accomplit, d'une réalité incontestable, qui est celle de la souffrance humaine, quelle que soit la configuration que l'homme élabore dans sa vie.

cière elle-même ne parvient manifestement pas à résoudre, puisqu'elle propose, à la fin de son texte, deux versions du dénouement. Le roman prend comme axe du récit la présence de cette infirmière, et c'est à travers les dialogues entre elle et ses deux interlocuteurs (Omer et Hazel) que nous découvrons l'intrigue, en associant le présent qu'elle vit et le passé qu'elle découvre. Quand Omer rencontre Adèle, il avait 47 ans et elle 18. Quand il découvre Hazel, il en a72 et meurt cinq ans plus tard.

Face au visage d'Adèle, Ome se sent foudroyé par l'amour, et souffre d'autant plus durement de cette situation qu'il sait n'avoir aucune chance d'aborder la jeune fille. Mais survient un accident providentiel lors d'une soirée organisée pour accueillir un député. Tandis qu'il la voit sublime mais inaccessible dans la foule des invités, ressentant en lui une torture sans espoir, un incendie fulgurant se déclare. Les gens s'enfuient, alors qu'Adèle, terrifiée, reste immobile et absente, tétanisée par la peur. Omer, qui ne l'a pas quittée un instant du regard toute la soirée, l'enlève et la conduit dans sa demeure. Son premier souci est de retirer les miroirs et de lui annoncer que son visage est brûlé, et qu'elle est défigurée. Adèle insiste pour avoir un miroir qui témoignerait de sa déchéance. Pour appuyer son mensonge, Omer demande à un miroitier de confectionner un miroir à main le plus déformant possible pour faire soi-disant une farce à un ami. Face à son visage "tuméfié, atroce et inhumain", déformé par le miroir, Adèle pousse "un cri d'horreur et perdit connaissance". Mieux, elle demande à son geôlier de la cacher pour la dérober à jamais du regard d'autrui (Me, 131-134). Par là elle devient paradoxalement complice de sa propre tragédie.

Nous découvrons dans cet épisode dramatique comment l'écrivain soumet la proximité avec soi-même à la proximité avec un autre — objet ou être humain. Pour se connaître soi-même, un rapport de proximité spatio-temporelle et relationnelle avec un *autre* (être humain ou chose) est mis en scène : rapports avec Omer, avec le miroir, avec le miroitier, etc. Bien plus, la connaissance de soi, la vision par Adèle de son visage défiguré, la pousse à s'éloigner du monde, de tous, à s'enfermer à la fois dans un lieu restreint et dans son propre monde, dans une double prison. Comme pour la littérature narcissique qui a déjà retenu notre attention, le refuge devient ici une référence importante, non plus en vue de promouvoir le culte du moi en fabriquant artificiellement un moi idéal, mais pour préserver l'idéalité objective détruite par l'artificialité fabriquée par un autre. La structure y est en quelque sorte inverse, le miroir déformant ayant objectivé en quelque sorte la difformité, du moins aussi longtemps que rien ne vient la mettre en question. Dans *Mercure*, la proximité avec soi-même appartient à un contexte enveloppant, régi par diverses configurations se déployant entre la provenance d'un miroir déformant et la provenance d'un refuge où domine l'absence de tout miroir à proximité de la victime.

En effet, après la supercherie du miroir déformant, Omer construit pour elle une maison sans reflets dans une île déserte. L'absence de miroir et la solitude rend le vieillard irrésistible pendant les dix ans où ils vivent ensemble, non sans de profondes ambiguïtés et de souffrances. Le traitement de l'autre n'a rien d'artificiel, comme dans la littérature narcissique, où l'autre est apprécié pour la fonction qu'il occupe. L'autre (Omer) s'impose comme une instance manipulatrice qui régit, comme autre à la fois dominant et bienveillant, le moi des victimes. Lorsque l'infirmière entre en scène, elle s'impose au contraire comme une instance libératrice, qui ne conserve pas moins sa propre ambivalence, se reflétant dans le symbole de Mercure, à la fois messager et guérisseur. L'altérité se scinde ainsi en deux figures actives, l'une oppressive, l'autre libératrice, qui subvertissent l'univocité de la transcendance en tant que relation à Autrui.

Adèle dit qu'elle attend quelque chose de la vie qui ne vient pas. Il y a en elle "tant de désirs", et même si elle sait qu'une fille défigurée n'a rien à espérer de la vie, elle ne peux s'empêcher d'attendre qu'arrive quelque chose, que vienne quelqu'un. Elle ne fabrique donc pas un monde artificiel plus vrai que la nature, mais esquisse en elle la possibilité d'un monde réel. Cette attente d'un simulacre, toujours différé et sans cesse désiré, vécu par de multiples fantasmes, ne peut que produire en elle des souffrances sans fin. Bien que cette souffrance n'est pas comparable à la torture qui "couve" dans l'âme du narcissique, elle n'en demeure pas moins une souffrance singulière et profonde. Sa différence tient dans le fait qu'un espoir (il est vrai sans issue) alimente sans cesse sa vie, car sa foi à la nécessaire réalisation de ce qui est désiré est plus forte que la réalité vécue : “Y aurait-il un si profond désir en moi, si c’était pour qu’il n’aboutisse à rien ?”

Le message promulgué ici par Amélie Nothomb est digne d’attention, même si, dans l’intrigue qu’elle a façonnée, comme dans de nombreuses circonstances de la vie, il est démenti et risque d’aboutir à l’échec. Ici se joue le statut de l’impuissance de chacun de nous face à une réalité (autant physique que socio-politique) qui nous dépasse et que nous ne pouvons pas maîtriser. Dans le roman, l’espoir sans issue conduit au suicide, à la libération par la mort d’un corps marqué par de multiples souffrances. Aucune ouverture au monde n’ayant été possible, si ce n’est celle d’une prison sans espoir et d’une souffrance secrètement alimentée, la mort paraît comme le seul horizon réel de la vie. C’est bien cela que l’infirmière reprochera au vieillard, en disant qu’Adèle souffre le martyre par sa faute et qu’il n’a rien fait pour la libérer “en quelques phrases” (Me, 139 ; 145-149). Quelques mots auraient suffi à produire une résilience, à amorcer un espoir en faveur de la vie. Nous découvrons dans cette réaction la force ambivalente de la parole : elle peut mentir, blesser, réconforter…, comme si elle tenait le destin de l’homme dans la *façon* d’articuler et de présenter les mots. À ce titre, la notion de résilience se laisse excéder, par quelque chose qui l’anime : la *façon* dont le langage se déploie. De ce fait, son rôle dans l’ouverture au monde devient incontournable. Que la résilience puisse ouvrir à un monde, c’est une constatation qui me paraît fondamentale, et qui permet de prolonger les approches psychologiques et psychothérapeutiques vers *la question du monde* — par laquelle j’achèverai mon travail.

La parole donc qui avait emprisonné Adèle à travers le mensonge pouvait devenir une parole libératrice, ouverture à un (autre) monde, et pourtant jamais cette parole n’a été prononcée. Le monde vécu par Omer en lui-même, avait construit des chemins sans issues, qui menaient dans des impasses sans aucune ouverture possible vers un au-delà plus accessible, vers un monde d’espoir, de vie et de joie. Le monde d’Omer était devenu un nœud complexe que rien ne pouvait plus délier, ni même une épée comme celle d’Alexandre qui avait dénoué, par la violence, le nœud gordien. À la souffrance d’Adèle fondée sur une confiance aveugle qui n’avait pas lieu d’exister correspondait une souffrance aussi profonde fondée sur un mensonge dont les conséquences avaient pris une ampleur paralysante. C'est pourquoi Omer reconnaîtra qu'Adèle a été son péché et dira que son absence l'a fait souffrir pendant quinze ans. Une telle souffrance, on s'en doute, n'est pas sans effet ; elle ressemble à celle de la psychose. Omer dénie la réalité et cherche à la remplacer, en créant une nouvelle réalité, celle où ce qui est ressenti comme un péché sera transformé en une quête de la rédemption. Mais jamais la résilience ne parvient à s'instaurer, au contraire. D'où une suite dans le roman, où Adèle morte sera remplacée par Hazel, envisagée comme sa réincarnation.

C'est à la fin de la première Guerre, plusieurs années après le suicide d'Adèle, que le hasard lui fait rencontrer Hazel, dans un hôpital de campagne où elle est hospitalisée. Hazel est orphéline. L'horreur du conflit qui lui est apparu, soudain, dans son ignoble réalité, lui donne l'impression de se trouver devant un tableau de Jérôme Bosh : on voyait "de toute part, la laideur, la monstruosité, la souffrance, la déchéance". Dans cet environnement macabre, le visage d'Hazel lui apparaît comme un îlot de "pureté intacte", "la beauté au cœur de l'immonde". Omer reproduit avec Hazel le même scénario qu'il avait réussi avec Adèle, jusqu'au jour où il doit faire appel à l'infirmière pour la soigner. L'infirmière découvrira, au fil du temps, la vérité, qui conduira Hazel à une forme de résilience.

Elle constate surtout que la véritable prison de Hazel était son enfermement dans ce qu'elle avait fabriqué dans sa propre tête. C'est le mensonge d'Omer qui l'a enfermée à l'intérieur d'elle-même, même si elle paraissait plus sensuelle et plus ouverte à l'amour qu'Adèle. À telle enseigne qu'Omer osait lui clamer qu'il avait appris à chercher au-delà de ses traits déformés à aimer son âme. À ce mensonge, la réplique d'Hazel est sans appel : "Si c'est mon âme que vous aimez, contentez-vous d'elle" (Me, 137-145 ; 150-152). Les sous-entendus révèlent que les souffrances d'Hazel ne sont pas moindres que celles d'Adèle, même si elles sont assumées tout autrement. Mais l'écrivain n'a pas voulu que son destin soit analogue à celui de son double, et c'est pourquoi elle met en scène Françoise Chavaigne, l'infirmière, pour la conduire au salut. C'est elle qui devient son tuteur de résilience, qui s'oppose au tuteur de la jeune fille, lequel s'est comporté comme un tuteur de malédiction.

La sortie de sa double prison, celle de la demeure et celle de son âme, dans laquelle l'avait enfermée Omer, ne s'est pas passée sans résistances. La confiance en sa libératrice qui lui avoue ses sentiments d'amitié ne s'est pas manifestée d'un seul coup. La confiance se mérite, alors que la perte de confiance peut arriver subitement, à tout instant. Avouer la souffrance que l'on ressent pour l'autre n'est pas suffisant pour le comprendre réellement et créer une véritable proximité. Françoise affirme pourtant : "vous savez : j'ai de l'amitié pour vous, je ne pouvais plus supporter de vous voir vivre un tel enfer" ; elle lui indique même que le remède est simple : "la seule chose à guérir c'est ce poison que votre tuteur vous a inoculé" (Me, 169-170). Mais les doutes d'Hazel ne sont pas moins fondés : "Si je suis belle, pourquoi avez-vous tant tardé de me le dire". Certes, Françoise justifie ce retard en disant que leurs paroles étaient surveillées, alors qu'il apparaît, par l'issue de l'intrigue, qu'il y avait d'autres solutions. Mais le véritable nœud du problème réside peut-être ailleurs : dans la peur qu'une souffrance nouvelle soit incapable d'effacer les souffrances du passé. Les souffrances du passé, on l'a vu, sont celles de la blessure de guerre et celles, plus terrifiantes encore, de la vision de sa défiguration dans un miroir (qui pourtant était déformant, mensonger). Lorsque Françoise dit à Hazel que le vrai miroir, celui qui peut lui dévoiler la beauté de son visage, se trouve à proximité, caché dans la chambre de son tuteur, elle refuse de se soumettre à cette épreuve : "la dernière fois que je me suis vu, j'ai trop souffert".

Le constat est clair, comme l'avoue Françoise, dans une scène qui rappelle Platon et le mythe de la caverne : "C'est donc vrai, ce qu'on m'avait dit, les prisonniers ne veulent pas de liberté". Alors qu'elle vient d'offrir la clef pour ouvrir le verrou à la porte de la prétendue laideur d'Hazel, celle-ci la refuse, parce qu'elle sait que ce serait nier ce qu'elle a vécu depuis cinq ans. Constatant qu'elle ne souhaite pas le miroir qui révélerait la réalité, Françoise se voit obligée d'utiliser la violence. Mais la découverte de son nouveau visage, cette autre image d'elle-même, la vraie, est devenue paradoxalement insupportable, parce qu'elle abolit d'un seul trait des années de vie et de souffrances. Au lieu d'une joie immense qui aurait dû remplir son corps et son âme, c'est une souffrance diffuse qui envahit Hazel : "j'avais raison : qu'y a-t-il de plus effrayant qu'un miroir ? Elle s'évanouit" (Me, 171-178). Comme dit Jean Cocteau, "Le miroir ferait bien de réfléchir avant d'envoyer ses images"[10]. Mais vrai dire, dans la lumière que dispense le roman, c'est dès le début que cette réflexion aurait dû être pratiquée. Aussi, j'admire les écrivains qui ont utilisé le miroir pour d'autres types de réflexions que celle d'une image servile, sans véritable réflexion pensante. De l'auteur de "Blanche neige" jusqu'à celui de "Harry Potter , en passant par beaucoup d'autres, le miroir n'a cessé d'intriguer les écrivains. Il a joué des rôles multiples en faveur d'une altérité polymorphe, où les visages se succèdent et se modifient, renforçant davantage les effets que j'ai découverts dans l'*Ulysse* de Joyce ou dans le mythe de Narcisse.

Dans l'épisode qui met en scène la découverte, par Hazel, de son véritable visage, avec une incrédulité inouïe vis-à-vis de ce qu'elle voit, nous rencontrons une inversion par rapport à l'histoire d'Adèle. Tandis que celle-ci insistait pour voir son visage et perd connaissance en constatant sa défiguration, Hazel hésite à voir la réalité et s'évanouit en découvrant sa beauté. Ces deux attitudes différentes face à la proximité avec soi-même et avec les autres font voir deux formes de proximité relationnelles différentes alors même que la proximité spatio-temporelle (l'approche du miroir) est semblable. Chacune de ces proximités relationnelles se contextualise différemment : la première conduit, par la distorsion, à une confiance aveugle et à l'enfermement, la seconde mène, par la vérité, à une confiance réfléchie (à l'égard de Françoise) et à une défiance (à l'égard d'Omer) et, par suite, au désenfermement. La proximité avec l'autre détermine donc bien la nature de la proximité avec soi-même.

En l'occurrence, la vérité effraie parce qu'elle détruit les fausses certitudes, découvre l'irréalité des fantasmes du passé, ébranle la

[10] Cité par Cl. Arnaud, *Jean Cocteau*, Gallimard, Paris, 2003, p. 46.

confiance sur laquelle s'édifient les relations de proximité. Hazel avoue qu'elle ne pourrait plus avoir confiance en son bourreau d'amant, ce vieillard désormais de soixante dix-sept ans qui a pourtant réussi pendant trente ans à sauvegarder les secrets et les mensonges sans aucune violence, en utilisant uniquement la ruse (Me, 180). Comme les Grecs l'avaient perçu en introduisant le concept de *métis*, la ruse est la force du faible, celle qui dissimule l'agent derrière l'apparence et le mensonge pour qu'il puisse mieux maîtriser sa proie[11]. Confrontée à la beauté des deux filles, Omer ne peut redresser l'injustice qu'il ressent (sa propre souffrance) par sa laideur que par trois options : l'indifférence, la violence (le viol) ou la ruse. Il choisit diaboliquement cette dernière. C'est pourquoi, en fin de compte, le remède qui devait libérer la jeune séquestrée ne devait être qu'un poison pour lui, qui le conduirait à la mort. C'est bien là l'ambivalence du *pharmakon* (et poison), utilisé par Platon et thématisé par Jacques Derrida. D'où le titre du roman, emprunté au dieu-messager qui est en même temps dieu de la magie médicale. Le caducée (ce bâton du héraut, entouré de deux serpents entrelacés) relie Mercure à la médecine. Françoise y insiste : "Je suis autant messagère qu'infirmière" (Me, 173). Elle est le *pharmakon*, la messagère qui dévoile la vérité en déroulant le masque qui scellait le visage d'Hazel, et l'infirmière qui guérit la souffrance provoquée.

L'ambivalence est essentielle, car elle fait voir que la libération n'a pu venir que de l'extérieur, comme le miroir qui révèle le visage, l'identité de chacun. Sans l'autre, aucune connaissance de soi ne semble possible. Mais cet autre ne donne pas toute la vérité, dans sa nudité et sa pureté. Le miroir ne donne qu'une image, ce qui peut entraîner, comme dans le stade du miroir lacanien, des fusions et des confusions, qui ne se décantent qu'au fil d'une temporalité, d'une temporalisation du processus. Cela est si vrai que même là où on s'attendrait, dans le roman, à la révolte la plus légitime de la part de la victime, celle-ci avoue qu'elle doit tout à son tuteur, parce qu'il lui a donné un ensemble de choses sans prix. Alors qu'elle croyait ne lui offrir qu'un corps sans visage,

[11] Cf. M. Detienne et J.-P. Vernant, *Les ruses de l'intelligence*, Flammarion, Paris, 1974.

elle a compris qu'elle avait donné tout son corps, y compris la beauté de son visage, origine, comme dirait Aristote, de l'amour. En retour, elle reçut peu de chose de la beauté d'Omer. Cette absence, celui-ci a dû la compenser non seulement par les dons matériels, mais aussi par l'amour infini qui animait son âme. C'est pourquoi la vérité qui s'est dévoilée n'a pas semblé à Hazel être un motif suffisant pour lui en vouloir, même si, d'un autre côté, elle lui en veut sincèrement d'avoir souffert de sa laideur. Ce visage, dit-elle, elle le lui doit, car si elle n'avait pas reçu un si grand amour, ses traits n'auraient pas acquis cette lumière et cette grâce : "il fallait un amour aussi fort que le sien pour que naisse une telle harmonie" (Me, 182-185). Par conséquent, il n'est pas difficile de comprendre que si l'ambivalence se tient au cœur de l'autre qui rend possible la connaissance de soi, la proximité qui fonde cette connaissance ne saurait être univoque, mais est variable.

S'il est vrai que l'attitude d'Hazel peut paraître paradoxale ou traduire des symptômes psychiques que l'on rencontre dans les rapports ambigus entre les bourreaux et leurs victimes, elle pose néanmoins un problème que Jacques Derrida a bien perçu : la seule chose sans doute qui soit digne de pardon, c'est l'impardonnable[12]. Le propos doit nous interpeller, sans pour autant nous obliger à prendre position, du moins en cet endroit. D'autant plus que Amélie Nothomb hésite entre deux versions finales (Me, 164 ss.). Or ces deux versions se séparent àpartir du moment où Françoise révèle à Hazel le secret de son visage. Il s'agit là d'un moment propice, qui marque le tournant du roman et le rôle central de l'infirmière qui dépasse sa fonction médicale pour devenir le messager du salut (la résilience) ou de la perte.

Dans les deux versions que l'auteur propose, les excès s'accumulent. D'abord, autour de l'idée d'une réincarnation là où la répétition de deux situations différentes aurait pu suffire à l'intrigue. Et associant Hazel à Adèle, Omer dit : "Tu portes le fruit de l'amour que j'ai porté à ta précédente incarnation" (Me, 193). Ensuite, par ce qui est dit dans l'ambiguïté des paroles d'Hazel, quià la fois en veut à son amant et en

[12] Voir l'entretien avec Michel Wieviorka, "Le siècle et le pardon", dans *Foi et savoir*, Éditions du Seuil, Paris, 1996, pp. 101-133.

même temps reconnaît l'amour sans limites qu'il lui a offert. D'où cette constatation : "en l'espace d'une seconde, le spectateur se surprend à penser qu'il devrait être exaltant d'être aimé d'un tel homme" (Me, 197). Enfin, par la position que l'ancienne version a mise en relief en tenant compte de l'éventualité suivante : si Hazel avait connu le secret plus tôt, elle aurait perdu la vie idyllique que l'argent d'Omer lui avait offerte. En se montrant au monde entier, sans nul doute elle serait tombée dans de moins bonnes mains et aurait connu "les mille souffrances que les humains et le temps infligent à la beauté" (M, 226). Trois situations donc sont mises en scène, chacune manifestant un autre type de proximité relationnelle.

Ces trois situations, dont la première est surnaturelle, la deuxième passionnelle et la troisième utilitariste et pragmatiste, risquent d'occulter ce que le récit lui-même a dévoilé, à savoir qu'aussi bien Adèle qu'Hazel n'ont cessé de souffrir à leur façon tout au long de l'intrigue. Leur souffrance provient moins de la façon dont elles ont été manipulées que de la *représentation* difforme qu'elles se sont façonnée de leur visage. Cette souffrance provoquée est sans prix, si l'on évalue toutes les choses de la vie dont cette séquestration les a privées. La fiction d'une vie idyllique offerte dans des conditions d'aliénation extrême, posées sur un monstrueux mensonge, ne saurait l'effacer d'un seul trait. Dans la vie courante pareille intrigue est considérée comme une monstruosité. Mais il s'agit là de ce qui se passe dans la vie courante. Car, lorsqu'en politique, la fiction des promesses de liberté s'appuie sur de monstrueux mensonges, les responsables sont rarement sanctionnés, même si leur action provoque des morts et des multiples souffrances. Dans son roman, Amélie Nothomb propose une solution un peu plus vraisemblable d'une vie commune entre les deux protagonistes, en exploitant l'argent du vieux qui n'avait d'autre solution que se suicider.

Le suicide d'Omer est sans doute une réponse au suicide d'Adèle : c'est la rançon payée au péché qu'il a commis à son égard. La leçon recèle quelque chose de biblique : dans l'*Exode*, la mort du fils du Pharaon est la rançon que celui-ci paie pour avoir refusé la libération des Juifs, tout comme, dans les *Évangiles*, la mort du Fils de Dieu (le Christ) est la rançon payée pour la libération de l'homme, le rachat du péché originel. Dans la logique biblique, le mal a pour conséquence la souffrance et ne peut être extirpé que par une autre souffrance ou par la mort. Omer se donne la mort pour expier le mal qu'il a provoqué sous prétexte qu'il souffrait de sa laideur comme d'un mal plus radical, une injustice. Nous sommes loin ici de ce que nous révèle Neel Doff qui situe le mal de la prostitution comme conséquence d'une pression sociale qui provoque d'abord la souffrance, de sorte que le mal apparaît comme la conséquence de la souffrance.

Ces observations permettent aussi de constater que la romancière s'interroge sur ce qui peut alléger les accusations à l'égard d'Omer, dont la souffrance fondée sur ce qu'il croit être une injustice (sa laideur), s'autoriserait à accomplir à deux reprises le mal en faisant souffrir des êtres innocents. Dans l'Antiquité, Démocrite avait considéré que celui qui fait souffrir un innocent mérite la mort. Omer s'est donné la mort lui-même. Mais que serait-il devenu s'il n'avait pas dénoué lui-même le nœud de l'intrigue ? Aurait-on dû accomplir un meurtre pour venger les filles ou pour usurper sa fortune en vue d'une compensation morale ? Dans un État de droit, ni la solution du justicier ni celle du dispensateur de justice, ne sont acceptables. Rien ne peut justifier l'attitude d'Omer, car faire souffrir deux personnes pour compenser ses propres souffrances, sous prétexte que le mal originaire se situe dans l'injustice radicale de sa propre laideur, conduit à une logique redoutable. La question de la provenance est très ambiguë et ne peut être traitée sans précautions.

Pourtant, le roman y insiste au moment opportun : si Omer n'a pas hésité à commettre l'ignonimie, c'est parce qu'il sentait sa laideur comme une injustice, une souffrance profonde (Me, 139). Il situe son attitude dans le contexte d'une histoire personnelle lourde de souffrances, elle pro-vient d'une temporalisation qui a fabriqué ses raisons. C'est là un point sur lequel on pourrait s'interroger longuement, car il déborde largement l'intrigue d'un roman ; il concerne un nombre considérable d'événements passés et actuels, et notamment les raisons d'autant de violence dans le monde. Le cas le plus actuel est celui de jeunes “terroristes” qui se suicident (souffrent) pour assassiner (faire souffrir) le plus possible d'ennemis, en justifiant leur action par l'absence d'une solution juste à leur cause, du fait que l'histoire contextuelle qui a conduit aux impasses s'est construite sur des intérêts et des malentendus qui n'ont jamais été attentifs à leurs espérances légitimes. Le problème est donc grave, et le roman de Nothomb nous aide à comprendre l'importance des questions de la provenance.

Mais le suicide d'Omer apporte également un autre message. Il exprime la sortie de scène du protagoniste pour laisser, par une sorte de rédemption, la liberté de choix à Hazel. Par cet acte, se dissout la proximité érotique qu'Omer a façonnée successivement avec les deux filles à travers le mensonge, laissant une place à la proximité ambiguë entre Hazel et Françoise qui achève le roman. Cette nouvelle proximité, réalisée progressivement entre Hazel et Françoise, au fil d'une tragédie insolite, se convertit, d'abord, en une proximité spatio-temporelle qui rend possible une proximité relationnelle fondée sur l'amitié et la confiance, avant de se consolider sur l'intérêt (l'argent du vieux). Ce qui distingue et relie en même temps, ces deux actrices du drame, c'est le dénouement du secret qui arrive au moment propice (*kairos*). En dernière analyse, ce *kairos* constitue bien une clé de l'intrigue[13]. En convertissant l'infirmière de spectatrice en actrice, en tuteur de résilience, le temps propice ouvre à l'avenir selon plusieurs versions possibles, où sont éprouvés différents rapports de proximité.

Au moment où s'achève l'appropriation de la littérature pour illustrer la proximité et la question de la souffrance humaine, il faut rappeler qu'en dernière instance, c'est le roman, en tant qu'il produit l'intrigue, qui devient le lieu de la véritable provenance, celle qui se dissimule derrière ce qu'il met en scène. Cela montre que la question de la provenance se tient au cœur de nos rapports au monde. Comme le miroir, fabriqué par une main, le roman est lui-même écrit par une main, bien qu'il suppose, en plus de la main qui l'écrit, une intrigue qui nous guide jusqu'au seuil du dénouement. Comme le miroir qui nous rapproche de

[13] Sur l'importance du temps propice dans le récit, voir mon étude : "Événement et temps propice : Platon et Kazantzaki", *Que se passe-t-il ?*, dir. D. Alexandre, M. Frédéric, S. Parent et M. Touret, Interférence, Presses Universitaire de Rennes, 2004, pp. 37-56.

nous-mêmes, qui nous ouvre à la connaissance de nous-mêmes, au point de pouvoir susciter des souffrances, le roman nous ouvre à la proximité avec nous-mêmes et il fait voir les souffrances qui se dissimulent dans la singularité inaccessible de l'expérience de chaque être humain.

Amélie Nothomb esquisse elle-même cette perspective en recourant au roman de Stendhal *Le Rouge et le Noir*, qui révèle qu'"Un roman, c'est un miroir que l'on promène le long du chemin". André Gide complète cet énoncé dans son *Journal*, le 10 juin 1891 : "le monde m'est un miroir, et je suis étonné quand il me reflète mal"[14]. Mais c'est Jean Cocteau, on l'a vu, qui achève cette série, lorsqu'il dit que "les miroirs feraient bien de réfléchir un peu plus en avant de renvoyer leurs images". Tout se passe comme si le roman était un miroir reflétant un monde qui lui-même est un miroir qui reflète chacun de nous, au point de nous faire souffrir quand il nous reflète mal, c'est-à-dire autrement que ce que nous sommes ou que ce que nous souhaitons être. Miroir du miroir, le roman apparaît ainsi comme le lieu d'un spectacle complexe qui fait voir le monde à la fois tel qu'il est et dans ses difformités. C'est pourquoi le monde se donne, à son tour, comme spectacle de nous-mêmes, dévoilant la *terre inconnue* qui nous constitue. La proximité qui se noue ici est aussitôt subvertie par la question de la complexité et de l'inconnu.

Du reste, ici, il s'agit de quelque chose de plus que la découverte d'un monde inconnu à explorer. Non seulement les jeunes filles ignoraient leur vrai visage, qui était leur terre inconnue, pour toujours pour l'une, pour un temps pour l'autre, mais leur monde proximal ne dépassait pas celui d'un refuge, dans l'espace d'une demeure où elles vécurent. Ainsi, le monde distal s'est manifesté doublement : selon la connaissance de soi et selon la connaissance du monde extérieur. La redécouverte de son visage par Hazel et sa nouvelle vie après le suicide d'Omer lui permet d'intégrer dans son monde proximal de nouveaux éléments au détriment du monde distal. Ce qui ne fut jamais le cas pour Adèle.

Nous assistons par là à une énigme troublante qui nous ramène à

[14] A. Gide, *Journal 1889-1939*, Pléaide, Paris, 1979, p. 20.

notre point de départ, celui où nous avions abordé la question de la proximité avec nous-mêmes : la topologie qui situe les *terres inconnues*, les multiples provenances et la *complexité*, forme un monde distal qui nous excède. C'est pourquoi la profusion des expériences nous concernant excède sans cesse les expériences partielles de nous-mêmes que nous accomplissons, et qui rétrécissent notre rapport au monde en promouvant davantage tantôt la vision, tantôt l'action des mains et tantôt d'autres expériences possibles. Par là, le monde proximal qui nous concerne s'élargit sans cesse en créant des configurations qui règlent nos rapports au monde.

Pour conclure, on peut dire que la difformité révélée par le miroir peut faire surgir de la souffrance. Qu'un objet technique, comme le miroir, puisse être une source de souffrance, autant qu'une parole qui blesse ou un coup qui produit de la douleur, ne peut pas ne pas nous interpeller. Un monde sans *décors* où l'homme vivrait comme s'il n'était qu'une pure subjectivité n'a aucun sens. Par là, nous découvrons la nécessité d'aller plus loin et d'analyser la proximité de l'être humaine avec les choses. Mais avant d'avancer vers cette dernière étape de notre voyage, il convient d'accomplir un dernier pas, pour voir comment la philosophie s'est engagée dans la question de l'altérité. Dans ce terrain, nous serons guidé par Emmanuel Lévinas.

2. *Rencontres sublimées*

Sans qu'il tienne compte de la spécificité de la *rencontre* dans les relations à autrui et des structures qui privilégient l'intrigue, Emmanuel Lévinas me semble avoir amplifié, mieux que quiconque, cette situation par une ouverture énigmatique à un *infini* suscitée par le visage de l'autre, et plus spécialement par le visage qui parle[15]. Cette position métaphysique investit le rapport à Autrui d'une *transcendance*. La conséquence la plus importante est qu'elle écarte la prééminence de l'*intentionnalité* phénoménologique qui, on l'a vu marque une étape

[15] Cf. E. Lévinas, *Totalité et infini*, Le Livre de Poche, Paris, 1971, pp. 203 ss. Je citerai par l'abréviation TeI.

importante dans la question de la proximité sur le plan de l'intelligibilité et du savoir, et qu'elle vise à fonder la métaphysique sur l'éthique, en situant la responsabilité comme structure première et fondamentale de la subjectivité[16].

Ce qui me paraît intéressant dans cette nouvelle position métaphysique, c'est qu'elle tente d'éviter la réduction de la responsabilité au sujet qui pense et agit, pour la situer au-delà de l'action personnelle, comme responsabilité pour autrui. Comme le souligne Lévinas lui-même dans son dialogue avec Philippe Nemo, il cherche à représenter, dans *Autrement qu'être ou au-delà de l'essence*, la *proximité d'autrui* "comme le fait qu'autrui n'est pas simplement proche de moi dans l'espace, ou proche comme un parent, mais s'approche essentiellement de moi en tant que je me sens — en tant que je suis — *responsable de lui*. C'est une structure, ajoute-t-il, qui ne ressemble nullement à la relation intentionnelle qui nous rattache, dans la connaissance, à l'objet — de quelque objet qu'il s'agisse, fût-ce un objet humain. La *proximité* ne revient pas à cette intentionnalité en particulier, elle ne revient pas au fait qu'autrui me soit connu"[17].

Cet infléchissement de la proximité vers le rapport de responsabilité à l'égard de l'autre prend le risque de réduire la question de la proximité à la seule proximité *relationnelle*, voire à une configuration particulière de la proximité relationnelle. Rencontrant ici la position de Heidegger concernant la "non-distance", mais rapporée uniquement au rapport à soi et à autrui, Lévinas situe d'entrée de jeu la question dans l'ordre existentiel. Il affirme ainsi que "la proximité n'est pas un état, un repos, mais, précisément *inquiétude*, non-lieu, hors lieu du repos bouleversant le calme de la non-ubiquité de l'être qui se fait repos en un lieu, toujours par conséquent insuffisamment proximité, comme une étreinte". De sorte que la proximité comme le "de plus en plus pro-

[16] Voir en particulier E. Lévinas, *Autrement qu'être ou au-delà de l'essence*, Martinus Nijhoff, La Haye, 1978, repris par Kluwer Academic et reproduit dans Le livre de Poche (que je suis ici). Je citerai par AE.

[17] E. Lévinas, *Éthique et infini*, *op. cit.*, p. 93 (je souligne). Je citerai par EI. Voir son exposé sur la proximité dans *Autrement qu'être*, *op. cit.*, pp. 129-155.

che" se fait *sujet* et atteint le "*superlatif* comme *mon* inquiétude incessible, se fait unique, dès lors un, oublie la réciprocité comme dans un amour qui n'attend pas de partage". Et un peu plus loin, il précise que ce rejet hors l'objectivité situe la subjectivité du sujet approchant comme "préliminaire, an-archique, avant la conscience, une implication — une prise de fraternité" ; et cette prise de fraternité que serait la proximité, il l'appelle *signifiance*", du fait que le Moi (et le soi), au lieu de se représenter la signification en elle, signifie en se signifiant. D'où cette prise de position : "la représentation de la signification naît elle-même dans la signifiance de la proximité dans la mesure où un tiers côtoie le prochain" (AE, 129-132).

Or, dans cette situation préalable à toute conscience de signifier selon une proximité relationnelle fondamentale se joue en fait le statut même de la connaissance (je dirai même d'une intelligibilité originaire). Lévinas, qui s'applique ici à renverser les priorités, situe l'intelligibilité (qui pousse vers un universel dans l'Être, où la singularité se perdrait dans l'universalité) en dehors de la proximité comme lieu d'une "obsession" — non pas au sens d'un rituel qui s'inscrit dans l'unité dialectique de l'unité et de la différence, mais comme tendance à l'universalisation. Il considère paradoxalement que l'*estimation* des distances, comme le fait de considérer l'être proche en tant qu'un autre se trouve sous nos yeux, à notre portée, où nous sommes capables de le tenir et de nous entretenir avec lui comme pouvant assumer la réciprocité d'un serrement de mains, une caresse, une collaboration ou, à l'inverse, s'opposer à lui par une lutte, etc., consiste déjà en une *perte* de proximité. Ce qui veut aussi dire que mises sur le même plan que d'autres types de synthèses de la multiplicité en une relation, ces proximités sont aussitôt réduites ou réunies dans le Même, et rassemblées en expérience qui fausse "son ambiguïté extra-ordinaire d'un *ensemble rompu par la différence entre les termes* où cependant la différence est non-indifférence et rupture — obsession" (AE, 132-133).

C'est pourquoi l'interpellation de Philippe Nemo concernant la proximité, dans *Éthique et infini*, est décisive : "Je peux connaître quelqu'un *à la perfection*, mais cette connaissance *ne sera jamais* par elle-même une proximité ?". Cette question et la réponse de Lévinas qui la confirme ne peut que surprendre. Par sa façon en effet de poser la question, Nemo fait comme si l'on pouvait connaître quelqu'un "à la perfection", ce qui ignore l'antinomie de la proximité que j'ai établie, et qui révèle que nous ne connaissons presque rien de l'autre. Mais en dehors de cette extrapolation, la question même est troublante, car elle nous conduit au seuil d'un paradoxe : peut-on vraiment imaginer, chez les êtres humains, une relation de proximité et de responsabilité à l'égard d'autrui sans une certaine intelligibilité de cette relation ? C'est pourquoi la réponse de Lévinas à Nemo n'est pas moins déroutante : "Le lien avec autrui ne se noue que comme responsabilité, que celle-ci, d'ailleurs, soit acceptée ou refusée, que l'on sache ou non comment l'assumer, que l'on puisse ou non faire quelque chose de concret pour autrui (...). J'analyse, ajoute-t-il, la relation interhumaine comme si, dans la proximité avec autrui — par-delà l'image que je me fais de l'autre homme — son visage, l'expressif en autrui (et tout le corps humain est, en ce sens, plus ou moins visage), était ce qui m'*ordonne* de le servir. J'emploie cette formule extrême. Le visage me demande et m'ordonne. Sa signification est un ordre signifié. Je précise que si le visage signifie un ordre à mon égard, ce n'est pas de la manière dont un signe quelconque signifie son signifié ; cet ordre est la signifiance même du visage". Cela entraîne l'idée qu'en étant responsable d'autrui je n'attends pas la réciproque, "dût-il m'en coûter la vie". Tout se passe ainsi comme si, dans cette gratuité qui atteste une relation dissymétrique, ma responsabilité est toujours plus que celle de l'autre en me rendant responsable même de la responsabilité d'autrui (EI, 93-96).

En limitant la proximité à la question de la responsabilité originaire, pour promouvoir une responsabilité sans réciprocité nécessaire — ce qui n'est, en réalité, qu'une forme de proximité relationnelle surdéterminée parmi beaucoup d'autres possibles —, Lévinas oblitère ou met entre parenthèses délibérément le fait que tout rapport à l'autre est originairement d'ordre perceptif, affectif, de connaissance selon un croisement fondé sur le hasard, qui ne devient pertinent que dans l'ordre d'une rencontre. La façon dont il analyse le problème suppose que toutes ces formes de proximité seraient des dérivations, des pertes, des exténuations, des déchéances d'une forme essentielle de proximité, celle qui met en jeu la responsabilité, il est vrai en tenant compte de "l'affection", mais, comme on le verra, dans le cadre d'un "dire". En tout cas, si l'on suit la perspective qu'il défend nos rapports aux choses et au monde s'avèrent secondaires, alors qu'en réalité je pourrais vivre, comme une sorte de Robinson Crusoé, en solitaire sans rapport avec des êtres humains, mais jamais je ne pourrais vivre sans les choses et les lieux qui forment les décors qui m'entourent et soutiennent ma situation spatio-temporelle, ma subsistance et mon existence. En vertu de la multiplicité originaire de choses et d'êtres vivants dans le rapport de l'homme au monde, il s'ensuit qu'être responsable de la responsabilité même de l'autre signifie que la responsabilité se fonde originairement dans l'*ambivalence* de la proximité, et que cette ambivalence elle-même n'est pas séparable de l'antinomie de la proximité qui noue le monde proximal au monde distal. Sur ce plan, toute hiérarchisation ne peut être que rétrospective, comme ici en fonction d'une visée éthique, dont le caractère originaire appartient au cadre d'un *habiter* dans un monde, préalable à toute responsabilité morale[18].

En rejetant dans un monde distal indifférent tout ce qui n'est pas réductible à une proximité relationnelle soumise à la seule responsabilité, Lévinas construit, à mes yeux, une proximité abstraite ou sublimée, même si la perspective qu'il défend a le mérite de relever, dans la proximité avec l'autre, l'importance (également) de la responsabilité. Cela est d'autant plus paradoxal que, nous venons de voir que l'intelligibilité lui paraît comme une "obsession", alors qu'elle est ce qui fait la différence entre l'homme et tout autre vivant de la planète, et

[18] Selon un autre langage, on dirait que la position de Lévinas peut être rapportée à un présupposé idéologique. Par là Lévinas rejoint une tradition philosophique qui cherche à soumettre toute la réalité, y compris la science, à des préoccupations d'ordre moral. Je me permets de rappeler un exemple célèbre : un matérialiste comme Épicure avait conçu une physique fondée sur la déviation des atomes pour préserver la liberté humaine. D'une façon analogue, faire correspondre la proximité à la seule responsabilité consiste à soumettre tous les rapports de proximité spatio-temporelle et de proximité relationnelle à un principe unique qui régirait l'homme dans sa totalité.

sans laquelle le sens même de la responsabilité serait inintelligible. On peut dès lors aussi s'interroger sur l'usage qu'il fait de l'"infini" dans sa pensée, qui serait pour ainsi dire l'envers de l'intelligibilité, ce qui ne veut pas dire différent quant à l'abstraction. Selon la perspective que j'ai retenue dans ce travail, cet infini appartiendrait au monde distal, comme l'une de ses possibilités, à côté de l'inconnu et de la complexité. À ce titre je serais tenté de supposer que la dernière partie de l'exposé de Lévinas dans *Autrement qu'être*, qui associe proximité et infini, s'approche, jusqu'à un certain point, de la problématique de l'antinomie de la proximité. Mais, en réalité, un rapprochement de cette perspective avec celle de Heidegger nous conduit plutôt à l'idée que la visée d'une telle approche est l'idée de "simplicité".

Or, au moment où il écarte la conscience cognitive, l'intentionnalité et l'ensemble des modes du rapprochement, Lévinas affirme que "la proximité n'est plus dans le savoir où ces relations avec le prochain se montrent, mais où elles se montrent déjà dans le récit, dans le *Dit* comme *épos* et téléologie. Les 'trois unités' ne sont pas le fait exclusif de l'action théâtrale : elles commandent toute exposition, rassemblent en histoire, en récit, en fable, la relation bifide ou bifocale avec le prochain". Par l'insertion ici d'une problématique proche de celle de la mise en scène et en intrigue, nous assistons en fait à un double glissement : d'abord vers le Dire et ensuite vers des configurations du Dire qui s'appuient sur le schème du théâtre.

Le premier glissement vers le Dire — qui appartient au propre de l'homme — conduit à une démarche essentielle de Lévinas, qui considère que ce Dire où le sujet parlant s'expose à autrui "ne se réduit pas à l'objectivation du thème énoncé", mais se rapporte, plus originairement, à quelque chose qui "blesse" le sujet pour qu'il expose ses pensées ou s'expose dans son Dire. Cela fait de lui un sujet à l'*affection par autrui* sans souci d'une réciprocité. C'est dans ce pas de *plus* que l'on fait vers autrui sans attente d'une réciprocité que la responsabilité prend en quelque sorte un sens, alors que l'autre se donne dans l'immédiateté, selon une immédiateté qui est "plus immédiate que l'immédiate identité dans sa quiétude de nature, l'immédiateté de la proximité". À travers la non-réciprocité et l'irréversibilité, se déploie une approche spéculative qui cependant amorce un pas vers le concret, ne serait-ce que parce que de toutes les relations qui ordonnent la totalité, certaines seraient comme *plus déterminées* : “la significance, l’un-pour-l’autre, exposition de soi à un autre, immédiateté dans la caresse et dans le contact du dire — d’une peau et d’un visage, d’une peau qui, toujours, est modification d’un visage, d’un visage qui s’alourdit d’une peau” (AE, 132-135). Par ces dernières précisions, Lévinas nous initie à des questions que nous avons déjà touchées ci-dessus, mais qu’il cherche à circonscrire au point de vue d’une métaphysique spéculative.

Le second glissement nous rapproche davantage de l’intermédiaire constitué par la problématique des configurations, et fait voir la profonde ambiguïté de son analyse. Car, dès lors qu’il secondarise les proximités habituelles pour privilégier la proximité selon la responsabilité, Lévinas devrait, sinon exclure, du moins minimiser ce qui dans le discours atteste la richesse de la mythification et de la fiction. Même s’il ne s’en aperçoit pas, je crois que, lorsqu’il soumet le schème du théâtre à un mode d’exposition généralisé qui rassemble à travers toute forme narrative la relation avec le prochain, il s’appuie sur une proximité plus originaire qui est celle des expériences concrètes. Celles-ci forment les schèmes à partir desquels s’organisent de nombreuses expériences humaines depuis qu’il y a un être qualifié d’“humain” sur notre planète. Cela suffit à faire voir que l’essentiel, dans la question de la proximité, n’est pas de chercher une proximité originaire s’imposant comme le modèle ou la référence de toute autre proximité qui ne serait qu’une cristallisation dérivée dans le réel ou l’imaginaire, mais de discerner la profusion de proximités possibles, aussi bien spatio-temporelle que relationnelles, et de configurations qui les organisent dans l’ordre des rapports de l’homme au monde. De ce point de vue, la proximité fondée sur la responsabilité n’est qu’une proximité parmi d’autres dont la valeur doit être justifiée selon des critères qui sont applicables à toutes les formes de proximité dont l’homme est l’enjeu.

En fait, l’orientation que Lévinas confère à la multiplicité, en la soumettant à la subjectivité, éclaire ce que j’ai qualifié de monde proximal, face à un monde distal : le premier serait limité à la seule responsabilité, tandis que le second serait écarté en tant qu’inexplorable. Plus précisément, en s'efforçant d'aller au-delà de la seule perspective de la connaissance et des relations sociales pour briser les *limites* d'une totalité, il conçoit une multiplicité selon l'impossibilité d'une confusion en un tout du moi et du non-moi. Par là il souhaite édifier un pluralisme qui ne fige pas dans l'isolement les termes qui constituent la pluralité.

Cette ouverture n'est possible, à ses yeux, que si l'on conçoit le rapport à Autrui sur le mode d'une transcendance, analogue à celle que l'on trouve chez Descartes, par exemple, à propos de Dieu, conçu comme infini. Cela veut dire que la transcendance d'Autrui par rapport à moi est infinie, du fait qu'elle fonde l'absolument autre. Et c'est en tant qu'il y a un infini que celui-ci ouvre, non plus (seulement) au théorique, mais à l'éthique dont le visage et la parole portent tout le poids (AE, 242-250). Or, même si dans cette approche de l'excès aspiré en quelque sorte par l'infini, les multiples *configurations* qui rendent possibles à la fois le visage et la parole sont sans cesse oblitérées au profit de la responsabilité que nous avons à l'égard de l'autre, nous y découvrons néanmoins quelque chose qui met en jeu l'idée d'un monde distal et son lien à la question de la souffrance humaine. C'est en approfondissant ce manque que l'on pourra mieux évaluer l'ampleur mais aussi les limites de son approche.

En surdéterminant le visage et l'accès au visage comme étant de l'ordre principalement éthique, Lévinas insiste sur le fait que le visage ne se réduit pas à ses parties (yeux, nez, front, bouche, menton, etc.), qui révèlent davantage l'ordre de la perception. Par suite, la meilleure manière de *rencontrer autrui* serait "de ne pas même remarquer la couleur de ses yeux" (EI, 79). Cette mise entre parenthèses, cette réduction en quelque sorte phénoménologique n'est pas ici méthodologique, mais consiste en la nécessité d'une oblitération pour faire émerger la *droiture* du visage, qui est sans défense, car "la peau du visage est celle qui reste la plus nue, la plus dénuée". Cela signifie que, même si la nudité est, comme le dit joliment Lévinas, "décente", et le visage "la plus dénuée de toutes les épiphanies", au sens d'une pauvreté qu'on essaie de masquer en se donnant des poses et une contenance, ce qui compte, dans un visage, ce n'est pas seulement (et tellement) le visage en tant que tel, mais sa *singularité*. Celle-ci permet à une rencontre d'excéder l'ensemble des croisements que chaque être humain atteint tout le long de sa vie. Si l'on ajoute à cette observation tout ce que j'ai retenu sur la révélation de notre propre visage par le biais d'un autre (miroir ou être humain), quoi qu'en pense Lévinas, la généralisation qu'il accomplit porte indirectement le *débat* sur le plan d'une métaphysique théorique, abolissant d'entrée de jeu le présupposé d'une soumission de la métaphysique à l'éthique. Les adeptes de la métaphysique ne s'en plaindront sûrement pas.

Toutefois, ce qui me semble moins clair dans cette généralisation, qui pousse vers une simplification, résumée dans le concept d'"infini" — le moins clair qu'on ait inventé dans les discours métaphysiques —, c'est l'extrapolation de la spécificité du visage vers un cas limite : celui de la guerre. Pour justifier le lien entre le visage et l'effet de la guerre, Lévinas dit que "le visage est exposé, menacé, comme nous invitant à un acte de violence. En même temps, le visage est ce qui nous interdit de tuer" ; et comme le précise Philippe Nemo en interrogeant Lévinas, les récits de guerre nous apprennent qu'"il est difficile de tuer quelqu'un qui vous regarde en face" (EI, 79-80). Nous assistons ici à la mise en scène d'un scénario qui situe l'analyse de Levinas sur un terrain auquel il cherche pourtant à échapper : celui des intrigues. Pour échapper à celles-ci, il envisage l'obstacle d'une mise à mort à partir d'une structure originaire de l'altérité qui est, selon lui, le *face à face*. Comme, me semble-t-il, cette structure originaire éclaire jusqu'à un certain point la "rencontre" avec l'autre, excédant les croisements habituels que nous expérimentons quand nous nous déplaçons, il me semble utile d'aller plus en profondeur dans son analyse.

Par sa première démarche, nous découvrons que la surdétermination d'une seule configuration, celle du visage *en lui-même* par l'exclusion de ses parties et de sa singularité, oblitère à la fois la singularité qui atteste l'histoire de chaque être humain et la pluralité constitutive du visage de chacun, reléguée dans un monde distal *indifférent*. Celui-ci atteste en fait une présence de l'infini, non plus (seulement) d'une façon transcendante exprimée par l'autre, mais en lui-même comme de l'inconnu et du complexe. Comme on l'a constaté dans les deux premières Sections, l'infini propre au visage comme au corps et à tout ce qu'ils comportent se manifeste sur le mode de l'*immanence*, sans recours nécessaire à la transcendance, comme l'exige Lévinas. Si la transcendance nous a paru nécessaire, c'est, avant tout, parce que sans l'autre (humain, mais aussi non-humain, comme le miroir, la photo...), il nous est impossible de connaître notre propre visage. Si bien qu'avant que la transcendance puisse configurer une altérité radicale qui nous transfigure en fonction d'une surdétermination de notre responsabilité à l'égard de l'autre, une suite de configurations se dessinent en partant de l'autre qui nous est certes transcendant, mais selon une proximité relationnelle qui le rapproche de nous en tant qu'il est la condition de notre propre proximité avec nous-même. Ce type de transcendance qui fait de l'autre, qui nous transcende, la condition de la proximité avec nous-mêmes refigure aussitôt la transcendance en un type de transcendantal.

Par conséquent, nous pouvons dire que le problème d'une responsabilité n'est pas originaire, mais s'impose dès lors qu'une confiance à l'égard de l'autre s'installe du fait qu'elle est garante de la réalité de la proximité avec soi-même. Mais, dans cet échange où la responsabilité accompagne la proximité et où la transcendance se convertit en une approche transcendantale, le visage de l'autre ne saurait être envisagé en lui-même, comme si notre visage n'existait pas. L'énigme que recèle le visage de l'autre et la responsabilité à laquelle il ouvre, tient dans l'incontournable interaction entre l'infini auquel ouvre le visage de l'autre et l'infini auquel nous sollicite sans cesse notre propre visage, dans la mesure où, paradoxalement, nous pouvons mieux scruter les détails du visage de l'autre que les détails du nôtre. Il ne suffit donc pas de penser l'infini qui concerne l'autre à travers une refiguration d'une conception théologique (Dieu infini cartésien) pour marquer la radicalité de l'altérité. Il existe bien un infini plus proche, moins hypothétique, qu'on peut toucher de nos mains, et qui rend l'exploration infinie, une exploration qui ne se déploie que par des configurations qui édifient notre monde proximal et en même temps nous révèlent que la complexité propre au monde distal est irréductible.

Cela signifie que, contrairement à ce que Levinas affirme, la menace touche chacune des parties du visage, mais plus généralement aussi le corps auquel le visage appartient. J'ai suffisamment insisté dans des Sections précédentes sur la complexité à la fois de l'œil et de la vision, de la main et du toucher pour ne pas revenir ici sur cette question. Qu'on le veuille ou non, sans sous-estimer l'importance du visage, il faut relativiser son rôle pour ainsi dire univoque et absolu. D'autant plus qu'entretemps, nous avons croisé en chemin la parole, qui fait voir que le rapport dialogique à l'autre ouvre, plus radicalement encore, à la double proximité, l'une avec l'autre et l'autre avec soi-même. En poussant dans le sens de la dislocation, on doit admettre que la menace ne touche pas seulement au visage, ou même, comme je viens d'ajouter, à ses parties ; elle touche tout le corps, elle touche même, plus profondément l'âme ou, plus exactement, l'appareil psychique. J'ose même préciser : la plus grande menace, c'est la parole, car elle blesse l'être humain le plus profondément et d'une façon durable, tout comme elle peut le réconforter, voire s'imposer sur les blessures du corps, en façonnant un moi-peau protecteur, comme on l'a vu dans le cas du grand brûlé. Je viens d'illustrer cette question par le roman *Mercure* d'Amélie Nothomb, qui met en scène des visages supposés déformés et mutilés que la parole manipule à sa façon.

Enfin, pour revenir à la guerre, il faut toujours se souvenir que les blessés, et plus spécialement ceux dont on mutile une partie du corps sont marqués à vie, dans leur chair et dans leur âme, tout autant que si l'on touchait leur visage. Lorsque le corps souffre, le visage exprime nécessairement cette souffrance, parce qu'il n'est pas quelque chose d'abstrait, ouvrant seulement à une métaphysique de la transcendance en vue de la fondation de celle-ci par le biais de l'éthique. L'infini qu'il recèle et qui est lui-même tributaire de l'infini du psychisme qui lui est lié, excède sans cesse l'infini qui se rapporte à autrui, relativement au visage de l'autre. Et, à l'autre bout, il s'intègre dans un contexte, lui-même infini. Or, dans sa seconde démarche, Lévinas envisage le visage comme signification, mais *sans contexte*. “Autrui, dans la rectitude de son visage, n'est pas, dit-il, un personnage dans un contexte”, c'est-à-dire qu'il doit être en dehors de son aplatissement en une multiplicité d'attributs, de fonctions et de places, c'est-à-dire un réseau d'interrelations et d'interactions. Ces deux approches nous conduisent à la question biblique du meurtre, qui devient le centre de l'intrigue qui régit sa pensée : "le visage est ce qu'on ne peut tuer, ou du moins ce dont le *sens* consiste à dire : 'Tu ne tueras point' ".

3. *Du visage à la parole*

Cette nouvelle donnée a le mérite de faire un pas en avant et de nous révéler la nécessité de la parole à laquelle j'ai déjà fait allusion ci-dessus. "Tu ne tueras point" consiste à un *ordre* qui serait "la première parole du visage". Tout se passe comme si, d'un côté, un maître parle, tandis que, d'un autre côté, le visage se manifeste dans un dénuement, comme "le pauvre pour lequel je peux tout et à quoi je dois tout". Face à cette précarité, je me sens comme "celui qui se trouve des ressources pour répondre à l'appel" (EI, 80-83). De tels propos, nous conduisent aux antipodes de ce que j'ai mis en évidence jusqu'ici à travers l'histoire singulière de l'être humain depuis sa naissance et notamment dans son rapport originaire à l'autre (la mère) ou à l'entourage. C'est ici que Lévinas amorce une nouvelle perspective, digne d'attention, car, dans cet "appel" fait irruption la question de la souffrance que recèle à sa façon la métaphore du "pauvre". Celle-ci entraîne dans son sillage toutes les configurations que l'on peut utiliser pour *répondre* à l'appel de celui qui souffre, en dehors de toute question de la fiction d'un meurtre — sorte de bouc émissaire indispensable pour fonder l'altérité. En fait, aussi étrange que puisse paraître la référence de Lévinas à la précarité face au meurtre, pour fonder le visage et la parole, — là où d'autres, comme René Girard, se réfèrent à la fiction biblique du bouc émissaire —, elle révèle l'émergence de la souffrance à travers la menace permanente, — et ceci sans succomber à la tentation sartrienne d'un Autre qui formerait la menace en acte, comme violence, comme enfer. Autrement dit, ce qui se tient à la racine de l'épreuve la plus radicale de l'altérité, ce serait, en dehors de la primauté du rapport mère-enfant, l'appel à l'autre qui souffre. Or, cet appel ne peut se limiter au visage, il s'étend, plus fondamentalement, à de multiples expressions, comme le cri, les gémissements, les pleurs, la parole plaignante, le récit, etc. que l'être humain — comme d'ailleurs tout être vivant qui souffre —parvient à manifester, même sans qu'on tienne compte d'un visage.

Dès ses premières œuvres, notamment *De l'existence à l'existant*[19], Lévinas a relevé que la négation de toute chose qualifiable constitue "l'impersonnel *il y a*". Selon la célèbre formule de Pascal, "le silence des espaces infinis est effrayant". Se souvenant de ce précepte, Lévinas met en valeur le vertige qu'on ressent face à l'envahissement de l'*il y a*, qui ne correspond à aucune représentation. En *sous*-déterminant la perspective cognitive, il nous conduit d'emblée dans le labyrinthe de l'affectivité et de la souffrance. Il insiste d'ailleurs sur le fait qu'il ne s'agit pas ici de quelque expérience de l'angoisse, mais de l'*horreur* qu'on ressent face, par exemple, au silence de la nuit dans sa chambre, à l'insomnie et à d'autres situations par rapport auxquelles on a l'impression d'être dans l'impossibilité de se sortir par nos seuls moyens. Joyce, on l'a vu, a relevé quelque chose d'analogue dans son *Ulysse*. Là où Maurice Blanchot parlait de murmure, de rumeur, de remue-ménage, voire de dés-astre, il préfère aussi parler de l'effroi devant l'être et le non-sens. En somme, Lévinas prolonge la perspective heideggerienne de l'ennui en introduisant des situations plus courantes, comme la fatigue, la paresse, l'effort, etc. où souvent l'homme ressent son impuissance (EI, 37-41).

C'est par cette ouverture que sa démarche me semble féconde, au point qu'il serait utile de prolonger. Dans cette mise en intrigue, on peut s'imaginer de multiples scénarios, qui nous éloignent d'une approche abstraite, comme celle de Heidegger à propos de l'angoisse et de l'ennui. Ils nous rapprochent davantage d'une métaphysique concrète, car les cris qui traversent le silence de la nuit, qu'ils proviennent d'un enfant qui pleure, d'une femme battue, d'un malade qui souffre de douleurs, de quelqu'un qui délire dans ses rêves, ou d'animaux qui se battent, etc., investissent l'horreur d'une réelle densité. Chaque cri atteste une singularité qui touche au plus profond de son âme l'être humain qui l'entend. C'est cette âme (quelle que soit l'idée qu'on s'en fait) qui est oubliée dans ce genre d'analyse, dès lors qu'elle surdéter-

[19] Paru aux Éditions Vrin, Paris, 1947.

mine le visage, qu'elle parle de meurtre, de Dieu, etc., simplifiant les structures de l'altérité.

Pour mieux circonscrire cette simplification du monde distal, au point que soit dissimulée l'importance des multiples *rencontres* dans nos rapports avec les autres, il me semble utile d'avancer plus en avant encore dans son analyse, en la réaménageant le plus possible selon la perspective de la souffrance. Une approche plus fine de Lévinas permet de sortir de l'horreur de l'*il y a*, en contribuant au renversement de la catégorie de l'être, au dépassement de la situation prescrite par le fait d'*être autrement* (qui demeure encore dans le champ de l'être), en faveur d'une nouvelle situation qui *défait* l'être, pour donner la place à un *autrement qu'être*. Il s'agit, non plus seulement de se poser, mais de se dé-poser — comme dans un acte de déposition dans le cas des rois déposés. C'est précisément à partir de cette dé-position du moi souverain dans la conscience de soi que s'instaure la *responsabilité* pour autrui. Je ne suis moi, l'unique Moi, que dans la mesure où je suis responsable pour autrui, et cette responsabilité qui m'incombe exclusivement, je ne peux *humainement* la refuser (EI, 97).

Par cette prise de position, au nom d'un acte de dé-position de ses propres prétentions pour s'ouvrir humainement à l'autre, comme autrement qu'être, Lévinas signe sûrement, si j'ose dire, un acte suprême et insolite en faveur de la dignité humaine, un acte *théoriquement* inégalé jusqu'ici parmi les philosophes. Mais, je le répète une fois encore, cet acte éminent, d'une pure gratuité, oblitère l'*ambivalence* de la proximité, préalable à la possibilité même d'une proximité relationnelle *pure*, orientée par la responsabilité pour autrui. On l'a vu, sans (la délimitation par) un Autre, quel qu'il soit, aucune connaissance ou reconnaissance de soi n'est en-visageable, et ceci avant même qu'il soit question d'une (infinie) transcendance de l'autre et d'une forme de responsabilité, surgit, me semble-t-il, une pro-fusion in-dé-finie d'éléments, pouvant susciter, à travers une *rencontre*, la prééminence de l'autre dans l'émergence d'une proximité avec soi-même et avec l'autre. La nécessité d'un dessin ou d'un miroir pour voir son propre visage, et d'un autre visage (accompagné d'une parole) pour confirmer ce qui est vu est déjà l'indice d'une proximité originaire dans une rencontre qui précède toute responsabilité, et qui ouvre d'emblée à la profusion et à la complexité. Par ce biais, il apparaît qu'il n'est nullement nécessaire d'assumer une dé-position quelconque d'une souveraineté, puisque celle-ci est d'entrée de jeu subvertie par le morcellement et le démembrement originaires. La souveraineté ne vient qu'après coup, au terme d'une histoire singulière qui suppose déjà une forme d'unité instituée ou constituée du seul fait que l'être humain s'inscrit dans une multitude de proximités spatio-temporelles et relationnelles que l'on peut résumer dans l'expression "proximité avec le monde".

Or, cette proximité avec le monde, il faut en mesurer, non pas la simplicité, mais la complexité instaurée par l'interaction entre monde proximal et monde distal. Comme dans le cas de la proximité avec soi-même la proximité avec l'autre suppose une complexité qui se déploie, d'abord, sur le mode du morcellement, ne serait-ce que parce que le visage lui-même comporte des parties et fait lui-même partie d'un corps, et, ensuite, nous le verrons, sur le mode de tous les autres vivants et toutes les autres choses.

Enfin, Lévinas fait un pas de plus, lorsqu'il affirme que la déposition de la souveraineté par le *moi* est "la relation sociale avec autrui, la relation dés-inter-essée". Cette écriture en trois parties, fait prévaloir une sortie du bruissement anonyme et insensé de l'être ou — comme j'ose dire en interprétant la pensée de Lévinas — du monde distal au profit d'un monde proximal qui configure l'activité humaine. Tel qu'il l'annonce, ce monde proximal qui doit délivrer l'homme de l'*il y a*, n'est pas constitué de l'"amour" (mot, dit-il, dont il se méfie, et qui a constitué le mode par excellence par lequel a opéré la pensée traditionnelle), mais bien de "la responsabilité pour autrui, l'être-pour-l'autre" (EI, 41-43). Pourtant, on l'a vu, on ne peut faire abstraction, dans l'histoire singulière de chaque être humain, de sa mémoire affective, et moins encore de sa mémoire cognitive (et intelligible).

Dans *Totalité et infini*, Lévinas éclaire ce qui configure un monde proximal où interviennent la "jouissance" et le fait de "jouir de quelque chose". Son approche permet de mieux situer sa position, au moment où il fait intervenir la parole. Lorsqu'il aborde en effet le problème de la vision comme préambule à la question du regard et de l'accueil du visage que le langage présuppose, il indique que la vision dans la lumière permet d'oublier l'horreur de l'*il y a*, de l'*apeiron* (c'est-à-dire de l'infini), en abordant les objets dans leur origine à partir du néant, surtout par le contentement de la jouissance. Par là il signifie que le vide de l'espace n'est pas un intervalle absolu à partir duquel peut surgir l'être absolument extérieur (le monde distal), mais "une modalité de la jouissance et de la séparation" (quelque chose donc qui appartient déjà au monde proximal). Aussi peut-il écrire que "la vision comme oubli de l'*il y a* est due à la satisfaction essentielle, à l'agrément de la sensibilité, jouissance, contentement du fini sans souci de l'infini. La conscience retourne à elle-même, tout en se fuyant dans la vision" (TeI, 209). Cette prise de position en faveur d'une satisfaction et d'une jouissance atteste, à ses yeux, la prééminence du désir sur le savoir. Mais alors d'où sort l'intelligibilité par laquelle tout être humain marque son entrée dans le monde, et qui semble être pré-verbale et qui est même d'emblée associée à l'affectivité ? S'il est vrai que l'infini empêche la satisfaction, cela ne veut pas dire que la sortie hors de l'horreur de l'être (*il y a*) qui forme ne monde proximal ne permet pas de compenser le vide par la jouissance qui concerne l'acquisition d'une intelligibilité et d'une affectivité. En réalité, Lévinas réussit à récupérer l'intelligibilité à travers la *parole*, qu'il soumet à la transcendance.

Selon une première perspective de ce qu'on peut qualifier de pré-verbal, la vision et le toucher devraient être associés. La vision se mue en prise et invite la main au mouvement et au contact qui conforte la prise grâce aux formes des objets. Lévinas limite l'alliance entre vision et toucher à la constitution de relations entre des objets qui placent le monde proximal dans l'immanence (TeI, 208). En revanche, selon une seconde perspective, la forme des choses les cache, comme les façades des bâtiments cachent l'intériorité. L'altérité ne pourrait se réduire à la jouissance des choses, car elle concerne la transcendance. Grâce à la transcendance, la relation interpersonnelle, le moi et l'autre, s'accomplissent selon un rapport non pas de synthèse, mais de *face à face* : c'est dans l'ensemble du face à face que l'autre se manifeste sur le mode de la transcendance. Cette précision éclaire davantage, dans la problématique de la transcendance, la proximité soumise à la responsabilité pour autrui.

Comme seule la relation avec autrui introduit une dimension de la transcendance, elle nous conduit à un rapport différent de l'expérience sensible, là où la parole ouvre à l'infini. C'est bien, en fin de compte, la parole qui révèle, mieux que tout autre manifestation de l'être humain, la relation avec ce qui demeure essentiellement transcendant (TeI, 211 ss.). Levinas résume cette thèse dans une formule percutante : "le visage parle". Il parle, en ceci que "c'est lui qui rend possible et commence tout discours". Le discours et plus spécialement la réponse, par la responsabilité qu'elle instaure, qui atteste la relation authentique avec autrui. Car, devant le visage, on répond : "le dire est une manière de saluer autrui, mais saluer autrui est déjà répondre de lui". Or, répondre de quelqu'un, c'est s'inscrire dans la question de la responsabilité. "Il est difficile de se taire en présence de quelqu'un ; cette difficulté a son fondement ultime dans cette signification propre du dire, quel que soit le dit. Il faut parler de quelque chose, de la pluie et du beau temps, peu importe, mais parler, répondre à lui et déjà répondre de lui" (EI, 82-83). Sans que cela soit clairement dit, il s'agit bien ici de la mise en évidence d'un "dialogue", même si Lévinas soumet le dialogue à un "donner" préalable dû à la responsabilité pour autrui. Or, faire état de dialogue entraîne aussitôt la question de la "raison". Par conséquent, toute la question de l'intelligibilité se concentre sur cette identification. Pour lui, l'essentiel est de reconnaître que si *le face à face* avec un autre fonde le langage, et si le visage apporte la première signification, "le langage ne sert pas seulement la raison, mais est la raison". Dès lors, si, d'abord, on associe le fait que la raison vit dans le langage et se définit par la signification, au lieu que la signification se définisse par les impersonnelles structures de la raison, si, ensuite, on ajoute le fait que la société précède l'apparition de ces structures impersonnelles et si, enfin, on extrapole et on précise que l'universalité règne comme la présence de l'humanité dans les yeux qui me regardent, que ce regard appelle à ma responsabilité et consacre ma liberté en tant que responsabilité et don en soi, "le pluralisme de la société ne saurait disparaître dans l'élévation à la raison", mais il en serait la condition.

Le retournement est spectaculaire, puisque Lévinas renverse ses perspectives de départ, et situe l'origine dans le pluralisme de la société. Il envisage ainsi la possibilité d'un Moi-même capable de société, surgissant dans la jouissance plutôt que dans l'instauration, par la Raison, d'un impersonnel en moi. Et ce Moi fait irruption comme séparé, se donnant sur le mode d'une séparation nécessaire pour que l'infini — et son infinitude s'accomplisse comme l'"en face" — puisse *être* (TeI, 239). Pour concilier ces deux perspectives, je dirai que l'infini envisagé selon la responsabilité constitue une proximité relationnelle absolue, en soi, ultime, tandis que le pluralisme de la société forme une proximité spatio-temporelle et relationnelle pour nous.

Il n'empêche que s'il y a face à face, un échange de regards et de quelques paroles à partir d'une pluralité originaire, ce qui active le face à face, c'est, à mes yeux, le *dialogue* qui jaillit sur fond d'une *rencontre*. Or, dès lors qu'il y a rencontre, aussitôt la complexité domine, ne serait-ce que parce que la rencontre émerge au-delà des croisements en imposant une pertinence dans ce qui pourrait ne jamais aboutir en une véritable rencontre. Seule la rencontre entre deux ou plusieurs êtres humains forme une source de dialogue et tisse des relations plus consistantes, positives ou négatives entre des personnes, qui aboutissent à de multiples intrigues par lesquelles se concrétisent les singularités humaines. C'est à ce niveau qu'une métaphysique concrète axée sur des rapports d'*intimité* prend tout son sens, et qui ne redoutent pas de recourir au morcellement et à la profusion des relations et des configurations pour évaluer les multiples proximités et la question de la souffrance humaine. Mais cette métaphysique, plus proche de nous, laissera toujours une place à la métaphysique spéculative, afin que celle-ci scrute les conditions ultimes, comme cela se passe chez Lévinas et, comme on l'a vu, plus haut, également chez Husserl. Le seul danger qui guette la philosophie dès lors qu'elle adopte ces chemins spéculatifs, c'est qu'elle risque de paraître trop abstraite, alors qu'en réalité elle peut être concrète, en se laissant éclairée par la science, la littérature, la mythologie et toutes les autres activités humaines.

Or, sans même recourir aux bouleversements actuels de la communication à distance, la question de l'*absence* d'un visage est inscrite dans toutes les références mythiques et rituelles du passé, que le culte des ancêtres a tenté de fixer selon une proximité relationnelle issue de l'ordre symbolique, par une transfiguration d'une figure qui se dérobe sans cesse dans l'*invisible*. Par cet élargissement de la proximité, qui relativise la prééminence du visage, et qui peut ouvrir davantage à la question de la souffrance, il apparaît une fois encore qu'il faut recourir à une multiplicité de configurations — que seule une métaphysique concrète serait susceptible de réaliser.

La pièce de Jean Cocteau, *La Voix humaine*, où une seule personne tient la scène, en communiquant par téléphone avec l'être aimé, illustre bien la non nécessité du visage. La protagoniste s'efforce de faire avouer à son interlocuteur mâle, son mensonge. Cocteau insiste, dans ses instructions sur la nécessité que l'actrice adapte ses poses en fonction des phases du monologue-dialogue (phase du chien — phase du mensonge — phase de l'abonnée, etc.), avec comme seul but de faire voir la souffrance, de donner l'impression "de saigner, de perdre son sang, comme une bête qui boite, de terminer l'acte dans une chambre plaine de sang"[20]. Représentée pour la première fois au théâtre de la Comédie-Française, le 17 février 1930, le téléphone constituait une découverte. Comme l'un des interlocuteur est absent, on ne connaîtra jamais son visage. Même l'actrice ne privilégie jamais son visage. Or cette absence de visage est devenue courante aujourd'hui où les communications s'accomplissent avec le téléphone, le téléphone portable et l'Internet. À telle enseigne qu'il arrive que, dans une même entreprise, toute communication se fait par Internet, alors que les personnes travaillent dans le même bâtiment, et pourtant se voient rarement, en préservant une proximité relationnelle relative. Par cette évolution brutale, nous découvrons que non seulement le visage, mais aussi, jusqu'à un certain point, la voix, se laissent excéder par l'écrit et l'image transmises par la technique. Cette médiation, où le facteur spatio-temporel est lui-même subverti, fait voir qu'une nouvelle forme de proximité relationnelle s'incruste dans les relations humaines, rendant le problème de la proximité extrêmement complexe. En tout cas, il me semble téméraire aujourd'hui de se contenter d'une mise en valeur exclusive du visage. L'avenir nous aidera à mieux évaluer les transmutations nouvelles qui dessinent l'horizon de la proximité et des souffrances qui s'associent.

[20] Cf. J. Cocteau, *Romans, poésies, œuvres diverses*, présentation et notes de B. Benech, La Pochothèque, Le livre de poche, Paris, pp. 1095-1113 ; 1095-1097.

Huitième Section

Décors

1. Entre ontologie et pragmatologie

1. *Une sémantique labyrinthique*

Les “choses”, que j’ai rassemblées, sous le terme “décors”, — pour conserver la structure multidimensionnelle du schème du théâtre qui configure mon exposé —, concernent l’ensemble des entités matérielles et les phénomènes de l’univers, les êtres vivants et tout ce que produit l’être humain, objets et autres créations. Selon le dictionnaire de Paul Robert, il s’agit du “terme le plus général par lequel on désigne tout ce qui existe et qui est concevable comme un objet unique (concret ; abstrait ; réel ; mental)”. Cette définition-description est toutefois circulaire, car elle explique la “chose” par l’“objet” qui est lui-même explicité, par le même auteur, à partir de la “chose”. Cependant, en énumérant les différents sens du terme, Robert relève que l’acception est extrêmement large, elle inclut divers usages couvrant un champ sémantique très varié : être, événement, objet ; fait, phénomène, réalité ; substance ; babiole, bagatelle ; bien, capital, patrimoine, propriété, richesse ; affaire, circonstance, condition ; acte, action ; conjoncture, etc. Il s’agit d’un ensemble d’usages correspondant assez bien aux termes grec et latin, *pragma* et *res*. Cette variété de sens suscite d’énormes difficultés pour celui qui souhaite éclairer le *réel*. D’autant plus que le terme “réel” lui-même provient, par l’une de ses connotations médiévales, à savoir *realis*, du latin *res* qui signifie précisément “chose”.

Dès lors qu’on discerne les connivences secrètes qui relient ces différentes connotations, on se rend compte qu’il n’est pas facile d’établir jusqu’à quel point les trois termes (*pragma*, *res*, *chose*) se recouvrent exactement et, dans le cas contraire, quelles sont leurs différences et les nuances qu'il faut apporter. La situation prend l'allure d'un labyrinthe presque inextricable lorsque, en plus, on fait entrer en ligne de compte les termes "être" et "étant" (*on* et *ens*), plus techniques et mieux acceptés par la tradition philosophique. Celle-ci a toujours préféré l'ontologie à la pragmatologie, sans doute parce que la première se prête plus aisément à la simplification.

Bien qu'une enquête pour démêler la sémantique de la "chose" ne soit pas sans intérêt, elle risque de nous entraîner dans une digression qui ne me semble pas utile ici. En tout cas, pareille recherche consisterait, d'abord, à scruter l'historicité des notions signifiant "chose" et à discerner les différences assumées par les Grecs, les Romains, les gens du Moyen Âge et nous (avec toutes les connotations dues aux différentes langues, et plus spécialement à l'allemand et à l'anglais), et, ensuite, à évaluer leurs rapports avec la notion d'"étant" (*on* et *ens*). Cette dernière perspective devient de plus en plus actuelle, car on s'est habitué à oblitérer la notion de "chose" (*pragma* et *res*) au profit de celles d'"être" et d'"étant", tantôt au nom de préoccupations onto-théologiques, tantôt, à la suite de Heidegger, en distinguant "ontique" et "ontologie", et tantôt encore en refondant l'ontologie dans la philosophie anglophone après sa disqualification par l'empirisme logique au début du 20e siècle. Cependant, cette habitude ne se limite plus à l'étude de l'étant ou l'être en général ou/et de l'étant ou de l'être suprême et premier (Dieu), mais elle s'étend jusqu'à l'intégration de la notion d'"objet", et plus rarement, comme le fait Heidegger, de la "chose". Ce glissement vers un autre lieu, un autre domaine de recherche que celui de l'étant, n'a cependant pas franchi le seuil décisif pour faire état d'une étude de l'objet en tant qu'objet ou de la chose en tant que chose, et moins encore de l'objet ou de la chose en général ou de l'objet et de la chose suprême. On se contente encore de dérouler sous nos pas l'étant en tant qu'étant ou l'être en tant qu'être, comme si l'on pouvait absorber l'objet et la chose dans l'ontologie.

Cette discordance, toujours occultée dans nos études, met pourtant en jeu deux situations irréductibles l'une à l'autre. Tandis que l'*étant* (ou l'*être*) a été systématiquement conçu, du moins depuis saint Thomas d'Aquin, comme ce qui est commun à toutes choses — c'est-à-dire comme un transcendantal, au sens de ce qui transcende toutes choses et, en même temps, qui en est la condition d'être —, la *chose* exprime rarement ce qui est commun, sauf dans la forme extrême, chez les stoïciens, du "quelque chose". Mais, dans ce cas, il n'est plus question du substantif "la chose" au sens de *to pragma*, mais de l'adjectif ou pronom indéfini "quelqu'un" (*tis*) ou (le neutre) "quelque chose" (*ti*). Sans avoir entrepris une étude très poussée sur cette question, je constate que le terme "chose" en grec, apparemment moins technique que le terme "étant" signifie surtout "ce dont il est question" et concerne également l'action (ce qui est fait) et le langage (ce qui est dit). Il est foncièrement plurivoque et moins rassembleur que le terme latin (antique) correspondant (*res*) qui représenterait le fait, l'événement, la circonstance, la chose utile, l'acte, selon l'idée d'une totalité de choses, comme le révèlent deux passages célèbres de Ciceron, l'un faisant état de "science des choses divines et humaines (*rerum divinarum et humanarum scientia*)", l'autre de "chose publique" (*res publica*)[1]. Par un rétrécissement, le terme latin médiéval exprime, notamment chez saint Thomas d'Aquin, l'étant (*ens*), ce qui associe plus étroitement *chose* et *être* — et plus spécialement l'étant selon les différentes catégories ou prédicaments. Quant au terme moderne et contemporain de "chose" qui nous intéresse ici, et qui reflète une connivence avec le "quelque chose", il atteste, à l'opposé de l'étant, un sens très général qui correspond, non plus seulement aux étants, mais à ce qui, depuis Heidegger, amorce un *dépassement* de la métaphysique (au sens d'ontique), incluant dans ses prérogatives également des fictions.

Ces croisements, qui sont le plus souvent fortuits, et pourtant ne sont pas sans quelque connivence secrète, conduisent à une énigme de la pensée, qui demeure encore impensée. Comme je l'ai soutenu dans plusieurs de mes travaux sur la métaphysique traditionnelle, il apparaît que, du moins jusqu'au 13e siècle, on ne peut réduire le discours sur le "réel" à l'ontologie, ne serait-ce que parce que les étants sont soumis à

[1] Respectivement Cicéron, *Tusc*. 4, 57 et *Rep*. 1, 12 ; *Cat*. 1, 22.

l'Un et au Multiple, qui couvrent, en plus, le réel, l'irréel, le mythe et la fiction. Cet élargissement qui assure à l'hénologie (discours sur l'Un et le Multiple) une place centrale dans l'histoire de la pensée, ouvre à des questions nouvelles dont la plupart sont encore inédites. Parmi ces questions figurent celles qui concernent la "chose" au sens de *ce dont il est chaque fois question*, ce qui multiplie d'une façon illimitée nos rapports variés au monde.

Face à cet élargissement, l'ontologie a des comptes à rendre qui la prive de ses prétentions exclusives et impérialistes qui ont conduit la philosophie à la confusion. Et face à la complexité, qui enrichit cet élargissement, complexité jusqu'ici occultée par l'ontologie au nom de la simplicité de l'étant, une métaphysique *concrète* devient possible. Celle-ci doit écarter toute tentative de simplification autour de concepts limites (totalité, entièreté, Dieu, etc.), même si elle doit nous conduire au seuil de l'abîme ou, plus exactement, au monde distal immaîtrisable, tout en tenant compte de la capacité de chaque être humain à édifier son propre monde proximal grâce à la pratique des configurations. Par ce biais, il est possible d'aborder le "réel", non plus seulement à partir de la question de *ce qui est*, c'est-à-dire de l'*étant*, mais à partir de *ce dont il est chaque fois question*, c'est-à-dire de la question de la *chose* au sens large du terme, en dégageant les configurations qui la situent.

Un premier pas vers cet élargissement a été amorcé par Heidegger, le seul penseur contemporain à avoir vraiment affronté la question du dépassement de l'interrogation sur l'étant selon la perspective de *l'être de* l'étant en vue d'atteindre la chose *en tant que* chose. Cette interrogation, Heidegger ne l'a pas mise en scène d'un seul tenant, mais l'a formulée par étapes, en portant son attention plus spécialement sur la question du monde. C'est dans le cadre de sa réflexion de l'essence de l'homme en tant qu'être-au-monde que la question de la proximité fit irruption. Et cette émergence de cette question est d'autant plus remarquable qu'elle a été réfléchie à partir de la main — de ce qui est tantôt sous la main et tantôt à la portée de la main. Toutefois, cette promotion de la main au détriment de la vue situe l'être de l'homme à proximité des choses dans le cadre du monde, laisse en suspens le véritable rapport des étants au monde. C'est pourquoi Heidegger s'est vu obligé de mettre en valeur, dans une seconde étape, la notion de “configuration” du monde — du monde conçu selon la Quadriparti du ciel, de la terre, du divin et des mortels. C’est, nous le verrons, dans cette précision du “monde” que le rapport entre monde et choses devient pertinent, du fait que le monde, par l’une des dimensions du Quadriparti, à savoir “les mortels”, inclut l’être de l’homme, complexifiant d’emblée l’étude de la chose en tant que chose.

Il n’est nullement besoin d’être philosophe, habitué à la technicité du langage philosophique, pour se rendre compte que le dépassement de la problématique traditionnelle de l’étant ouvre à une complexité où les notions de “chose” et de “monde” occupent l’avant de la scène. De plus, les deux démarches successives de Heidegger, la première, présente dès le début de sa carrière philosophique dans *Être et Temps*, la seconde, élaborée progressivement après la Seconde guerre mondiale, peuvent servir à délimiter l’espace du parcours auquel est consacrée cette Section, dans la mesure où elles relèvent de deux formes de proximité différentes, l’une relativement *à nous* où, nous le verrons, l’outil joue un rôle central, l’autre relativement à ce qui est le plus *propre* de la chose. Le glissement de l’une vers l’autre se résume par un passage de ce qui *lie* l’homme au monde à ce qui l’*ouvre* davantage au monde qu’il configure et qui le configure. Dans l’entre-deux, Heidegger situe une réflexion fondamentale sur la technique moderne qui prolonge la proximité conforme à l’outil et met en jeu, d’une façon originale, la question de la *provenance* des choses produites, ce qui perturbe la proximité, nécessitant une autre forme de proximité, fondée cette fois-ci sur les choses éclairées par le monde (au sens de Quadriparti). On peut résumer cet itinéraire d’une réflexion sur la proximité par trois étapes : ce-qui-est-à-la-portée-de-la-main grâce à l’outil ; la différence entre *technè* ancienne qui conserve une proximité avec la nature et la technique moderne qui oblitère notre rapport avec la nature ; la promotion d’un rapport aux choses au-delà de la technique.

Ces trois étapes successives servent d’une façon pertinente l’ambivalence de la proximité, dans la mesure où, comme je l’ai rappelé dans la première Section, Heidegger est le premier à avoir insisté sur la différence entre distance (proximité spatio-temporelle) et proximité relationnelle. Cependant, il laisse en suspens l'antinomie de la proximité. C'est pourquoi, bien avant d'aborder la question de la provenance de l'objet technique, je compléterai son analyse de l'étant et de la chose qui est à-la-portée-de-la-main, par une approche qui concerne le foisonnement des choses et leur "consommation", en m'inspirant à la fois du travail de Jean Baudrillard sur *Le système des objets*[2] et du roman de Georges Perec sur *Les choses*[3]. Il s'agit là de deux entrées remarquables en la matière pour notre époque. Baudrillard situe la question des choses relativement à la consommation, comprise comme activité de manipulation de signes. Pérec, quant à lui, l'illustre dans la vie d'un couple composé de Sylvie et de Jérôme, tous deux psychosociologues qui s'occupent de publicité dans la société de consommation, où les signes régulés par l'argent, ne laissent, comme choix, que le conformisme ou le vide. La mise en scène d'une profusion des choses variées au cours du temps, décore, chez le premier de ces auteurs, le monde des signes, et chez le second la vie d'un couple dans le contexte des années soixante, où les multiples proximités édifient un monde proximal tantôt réel et tantôt imaginaire qui alimente sans cesse le monde distal. Plus qu'un texte axé sur le monde de la consommation, le roman de Pérec déblaie le terrain qui conduit à la complexité du monde des objets, tout en prolongeant l'approche de Jean Baudrillard sur le plan existentiel. Mais, tant l'un que l'autre, occultent la complexité propre à la *provenance* des objets grâce à la technique moderne. C'est ce manque qui nous remettra à nouveau à proximité de Heidegger, pour relever à la fois les limites et la fécondité de l'analyse qu'il fait de la proximité.

[2] J. Baudrillard, *Le système des objets*, Gallimard, Paris, 1968, ainsi que *Pour une critique de l'économie politique du signe*, Gallimard, Paris, 1972. Je citerai par les abréviations respectives SO et CSP.

[3] G. Pérec, *Les choses*, Éditions Julliard, Paris, 1965 (nouveau tirage, 1997). Je citerai par l'abréviation Ch. Ce premier roman de l'auteur, décédé en 1982, a obtenu le prix Renaudot et a été suivi par beaucoup d'autres.

2. *Le monde des étants*

L'inventaire rapide que je viens d'esquisser rappelle suffisamment quelques difficultés terminologiques et conceptuelles qu'il n'est pas toujours facile à démêler. Comparée à la sémantique très vaste et variée de la "chose" (*pragma*), celle de l'"être" paraît, en fin de compte, orientée et limitée. Celle-ci cherche à investir la "chose" (au sens de ce dont il est question) d'un mode d'être précis, qui est celui de l'essence (*ousia*) chez Platon, réformé par Aristote, en étendant l'être à l'ensemble des modalités de l'étant ou catégories. Cette restriction ne doit pas dissimuler le fait que la notion de "chose", courante dans la langue grecque, offre une plus grande parenté avec le terme originaire et archaïque *eonta* (pluriel d'*eon*) utilisé depuis Homère. C'est à l'Eon parménidien qu'on attribue la première formulation de l'"être", ce qui assigne aussitôt au pluriel *eonta*, — utilisé par l'ensemble des Présocratiques jusqu'à Diogène d'Apollonie y compris —, le privilège de désigner les "êtres" ou les "étants". Or, comme je l'ai indiqué dans plusieurs de mes études, c'est à tort qu'on a confondu *eon* avec l'étant (*on*) et *eonta* avec les étants (*onta*), qui sont plus tardifs. Pour sauvegarder leur différence (et donc sortir de la confusion habituelle), j'ai traduit *eonta* par "choses qui sont dans le présent", ce qui confère une connotation plus importante au temps, que le terme "étants" (*onta*)[4] (qui signifie "ce qui est") oblitère au profit d'une quête de la stabilité[5].

[4] Pour l'origine de cette différence, voir mon livre *Aux origines de la philosophie européenne*, *op. cit.*, pp. 157-163. La différence entre les deux expressions ressort clairement de la pensée de Diogène d'Apollonie. Celui-ci fait voir que les "choses qui sont dans le présent" (*eonta*) confèrent une prédominance au temps, manifestant le caractère éphémère des choses, tandis que l'expression "ce qui est" (*onta*) relève une plus grande stabilité, d'abord, par la régularité, dominée par le "même" (comme dans le Soleil qui se lève tous les jours, ou la régularité des saisons) et, ensuite, à partir de Platon par la stabilité des essences (*ousiai*).

[5] Cela est vrai également pour Parménide qui utilise Eon, que nous traduisons tous, à tort, par Être (ou Étant), et qu'il conviendrait plutôt de traduire par "ce qui est dans le présent", comme cela ressort d'ailleurs du contexte général

Cette promotion de la stabilité perd l'aspect temporel du sens originaire des mots, où la profusion variable domine, ne serait-ce que parce que chaque chose singulière atteste son propre temps, différent de celui des autres choses semblables ou non. En dépit de cette perte, elle rend possible un accès à l'essence *commune* des choses et, à ce titre, à une *science* des essences transcendantes et éternelles, chez Platon, et d'une *science* du devenir chez Aristote. C'est par une *ontologisation* du devenir, demeuré en dehors de tout accès à l'être proprement dit, qu'Aristote a réussi à fonder la première science de la nature de l'histoire humaine. Pour ce faire, il a circonscrit les étants à partir de leur matière et de leur spécificité (*eidos*). C'est grâce à cette dernière qu'ils achèvent leur production (dans le cas de la *production*) ou leur épanouissement (dans la cas de la *physis*) sur le mode d'une forme (*morphè*). Une fois la chose formée, elle accomplit, par l'usage ou par ses fonctions, sa finalité. Ainsi, par exemple, une table de bois est produite à partir du bois qui devient la matière de la table en se constituant grâce à la spécificité de la table que lui transmet l'artisan (qui possède la *technè*), réalisant la table selon la forme que nous lui reconnaissons, avec sa couleur, sa figure (carré, ovale, ronde...), etc.[6].

Mais Aristote a fait un pas de plus, en rapprochant les étants de l'âme humaine. Il écrit : "l'âme est d'une certaine façon tous les étants, aussi bien les étants sensibles que les étants intelligibles" (*De anima*, III, 8). Cet énoncé indique qu'il envisage les choses comme des étants relatifs aux (cinq) sens et à l'intellect, en convertissant les spécificités (*eidè*) en sensibles et en intelligibles. Du point de vue de la proximité, cela signifie que l'âme nous situe *près* des choses grâce à ses activités sensitives et intellectives, à condition qu'elles s'imposent à travers les spécificités, qui les distinguent les unes des autres, spécificités qui les situent dans

---

de la première partie du fragment 8. Il s'agit d'un thème que j'ai déjà traité dans une communication à l'Université de Chypre, à Nicosie, et que j'intègrerai dans la troisième édition de mon livre *Mythe et Philosophie chez Parménide* (1986[1], 1990[2], actuellement épuisé).

[6] Cf. mon livre *La* Physique *d'Aristote*, Ousia, Bruxelles, 1997[2] (1980).

tel ou tel genre ou catégorie. Par exemple, ce sont les spécificités (rouge, carré et dur…) qui permettent de dire que cette table produite à partir de l'art, est vue et touchée. Et chacune de ces spécificités, comme celle de la table, qui est vue et touchée, peut être qualifiée d'intelligible dès lors qu'elle est pensée. Ce rapprochement analogique entre spécificité sensible et intelligible a toutefois ses limites : tandis que le rapport entre activités sensitives et spécificités converties en des sensibles met en jeu à la fois des parties du corps (l'œil, l'oreille...) et des *intermédiaires* (lumière, air...), le rapport entre activité noétique et spécificités converties en des intelligibles, suppose, au contraire, une *identification*. : c'est la même chose, dit Aristote, ce qui pense (*to nooûn*) et ce qui est pensé (*to nooumenon*). Nous l'avons vu, lors de l'analyse de la mémoire cognitive, cette perspective, qui va jusqu'à nier en quelque sorte la proximité dans l'identification, suscite des questions importantes concernant le rapport de l'homme au monde quant à l'intelligibilité des choses qu'il réalise en lui. Cette position limite est exceptionnelle, non pas seulement parce que le rapport de l'homme aux choses *via* les sens suppose une distance, mais aussi parce que l'itinéraire de la philosophie, dans son histoire, a marqué un tournant qui nous détermine encore aujourd'hui, à travers la distinction entre *sujet* (humain) et *objet*.

En effet, au fil du temps, un troisième terme est façonné à côté de la “chose” et de l'“étant”. Il s'agit du terme “objet”, qui a conquis peu à peu du terrain, au point d'envahir le discours philosophique contemporain. Ce terme serait d'ailleurs mieux rendu par “ce qui est placé en face d'un sujet”. Introduit en effet par Aristote, en fonction de la problématique du changement — passage d'un terme à son op-posé : *anti-keimenon* —, le terme intègre les processus de sensation, faisant glisser la signification de ce qui est senti (quel que soit le sensible en acte sous l'action d'une activité sensitive) vers quelque chose de sensible se manifestant en face du sens (vue, ouïe...) qui le sent comme son op-posé[7].

[7] Sur cette question voir mon étude «Le statut du ‘sujet’ dans la philosophie grecque», *Cahiers de l'École des Sciences Philosophiques et Religieuses*, *op. cit.*, pp. 9-41.

Exploitée plus tard par la scolastique médiévale[8], avant d'être revisitée à nouveaux frais par Kant, cette perspective est adoptée définitivement par Husserl et la philosophie analytique anglophone.

[8] Si l'on s'engage un jour à écrire l'histoire de la notion d'objet, il faudra tenir compte d'une étape décisive, à mes yeux, qui se situe avec l'émergence d'un sujet (humain) se rapportant, — au point de vue de la connaissance —, à un objet chez saint Thomas d'Aquin, grâce à la problématique de la "représentation". Considérant que l'intelligible est ce par quoi l'intellect pense et, de ce fait, que l'universalité propre à la spécificité de chaque chose individuelle se manifeste chez l'homme "selon l'être qu'elle a dans l'intellect" (*illud esse quod habet in intellectu*), il introduit une *fracture* entre le connaissant et ce qui est connu. La différence avec Aristote est spectaculaire, puisque, on vient de la voir, il considère que chaque étant (homme, table, rouge, dur, etc.) se donne selon sa spécificité (*eidos*), indépendamment de la catégorie dont il est question. Mais cette spécificité se traduit relativement au sens comme sensible requérant un intermédiaire (lumière pour la vue, son pour l'ouïe, peau pour le toucher etc.), et relativement à l'intellect comme un intelligible (mais en tant qu'*identité* entre ce qui pense et ce qui est pensé). Chez saint Thomas, au contraire, la spécificité dépend de l'intellect et non de la chose, laquelle se donne surtout sur le mode de son individualité séparée. Par suite, seules ses manifestations sensibles sont accessibles grâce aux sens, car il n'y a aucune possibilité d'une saisie immédiate de quelque chose qui soit intelligible en elle ; grâce à l'intellect, il y a seulement une possibilité d'un rapport intentionnel à la chose *via* la spécificité immatérielle qui se donne selon le mode de l'intellect même. Dès lors, la connaissance de l'individu en tant que tel, c'est-à-dire selon son entité propre (connaissance entitative) suppose une *représentation* de l'individu *comme objet* (ou l'image et l'imagination jouent un rôle décisif). Par cette approche, saint Thomas inaugure la philosophie du sujet, en créant la distinction entre agent connaissant (sujet humain) et objet de la connaissance, sans qu'une identité entre ce qui pense et ce qui est pensé soit possible à priori. Mais si l'on ne peut pas attribuer à ce penseur le titre de "philosophe du sujet", c'est parce qu'il s'applique à surmonter cette coupure par la mise en forme de la connaissance *entitative*, qui cherche à élucider l'essence de l'étant (*ens*) individuel. Pour ce faire, il ajoute la *reflexio*, c'est-à-dire un processus de réflexion qui cherche à dégager, par *abstraction*, ce que l'étant est en lui-même, son être propre, c'est-à-dire son essence (voir mon *Histoire de la philosophie ancienne et médiévale*, *op. cit.*, pp. 1194-1212). Cette ontologisation réflexive de l'indi-

Aujourd'hui, le terme "objet", parce qu'il rend mieux l'opposition entre un agent et ce qui lui correspond ou s'y oppose (donc entre sujet et objet) est devenu le plus représentatif pour désigner les objets de représentation, les objets techniques et fabriqués, extérieurs à l'usager, mais aussi les objets de pensée. Par extension, il a envahi de nombreux domaines qui appartenaient traditionnellement à la question de la "chose". Or, du seul fait qu'il marque une fracture avec le sujet, voire une opposition (*anti-keimenon*, *ob-jectum*, *Gegen-stand*), le concept d'"objet" subvertit la proximité entre l'agent (sujet) et la chose (objet) ; il perturbe la thèse ontologiste, d'après laquelle le *même* est l'intellect qui pense (*to nooûn*) et l'étant pensé par sa spécificité (*nooumenon*). Dès lors, il faut aller plus loin et pénétrer dans ce labyrinthe qui a ouvert la voie à la fondation des assises ontologiques de la métaphysique au détriment d'une réflexion plus active sur la chose en tant que chose.

Si depuis Aristote l'expression "étant" a pris un sens très étendu, incluant toutes les catégories (qualité, quantité, position, relation, possession, etc.), — ce qui fait tant de l'homme un étant que du rouge, d'un nombre, d'une position ou d'une action —, aujourd'hui elle est le plus souvent comprise dans le sens plus restrictif d'être naturel ou d'objet fabriqué. Jusqu'il y a peu, on parlait encore d'"êtres" pour signifier de telles entités, ce que la tradition phénoménologique allemande a cherché à nuancer par la distinction entre l'infinitif "être" (*Sein*) et le participe présent substantivé "étant" (*das Seinde*), correspondant à la différence entre *einai* et *to on*. Conservée au Moyen Âge selon différentes variantes, notamment dans les pensées de Boèce, de Gilbert de Poitiers, d'Abélard et de saint Thomas d'Aquin, cette dif-

---

vidu selon son être propre s'accomplit par une extension de l'*abstraction* (qui ne concernait chez Aristote que les entités mathématiques) à l'ensemble des choses, en ajoutant une abstraction physique et une abstraction métaphysique (qui atteint l'Être en tant qu'être dans toute son extension et selon ses transcendentaux : l'Un, le Vrai, le Bien et, plus tard, le Beau). Mais, déjà vers la fin du 13e siècle, la critique du thomisme pousse vers une autonomisation de la notion d'*objectum*, dans le sens de "ce qui est placé devant", amorçant l'idée que l'objet concerne toute chose, quelle qu'elle soit, qui affecte les sens.

férence a été envisagée sur le mode de l'étant (*ens*) dont l'être (*esse*) devient au terme du parcours un acte d'être et se manifeste à travers l'existence (*existentia*) et l'achèvement (le bien) de la substance[9]. Ces précisions ont fort perturbé l'appropriation contemporaine de l'être dès lors que la philosophie moderne s'est comprise elle-même à partir de la prééminence du Sujet humain, alors que la tradition thomiste réapparaissait avec force à la fin du 19e siècle sous l'impulsion du pape Léon XIII, revenant à l'idée que l'Être est ce qui est *commun* à toutes les choses, et qu'il est, avec l'Un, le Bien et le Beau, un transcendantal auquel ces derniers se convertissent, bien qu'ils s'en distinguent du fait qu'il est divisible en prédicaments (les dix catégories d'Aristote), avec une prééminence à la substance.

Cette rencontre entre philosophie du sujet, issue de la promotion de l'Homme à l'époque de la Renaissance, et tradition ontologiste, réhabilitée à l'époque de la Contre-Réforme, et plus spécialement au début du 17e siècle selon le témoignage de Goclenius, — c'est-à-dire à l'époque même où Descartes énonçait le *cogito ergo sum* — reste encore en retrait dans nos études. D'autant plus qu'elle fit appel à autre dimension de la métaphysique : la Substance, — dont l'histoire depuis la Renaissance jusqu'à Hegel traduit l'originalité de la métaphysique moderne, dans son effort d'écarter la plurivocité de l'être (ou de l'étant). Cette perspective, pourtant essentielle, a été sous-estimée depuis qu'on identifie la métaphysique avec l'ontologie, ne serait-ce que parce que la "substance" fait aussi partie de l'ontologie traditionnelle comme étant la première des dix catégories, envisagée comme un sujet ultime de toute prédication. C'est pourquoi nous avons pris l'habitude, depuis le 20e siècle, de confondre — arbitrairement — métaphysique de l'Être et métaphysique de la Substance —, préférant établir les coupures entre métaphysique traditionnelle de l'Être et philosophie moderne du Sujet, dont on situe l'origine chez Descartes[10]. Cette (con)fusion dissimu-

[9] Voir mon *Histoire de la philosophie ancienne et médiévale*, *op. cit.*, pp. 815-833 et 1046-1050, 1079-1090 et 1073-1214.

[10] Sur ce sujet, voir mes remarques, dans mon étude "Le statut du 'sujet' dans la philosophie grecque", *op. cit.*

le un fait majeur de la pensée de ce dernier, sur lequel j'insiste dans la suite : le sujet appartient non seulement à la substance spirituelle rapportée à l'homme par sa pensée, mais également à la substance corporelle. En insistant sur l'originalité de Descartes quant à la subjectivité, la philosophie contemporaine a oublié que Descartes est également la premier penseur à avoir fondé l'*automotricité du corps*, alors que depuis Platon on envisage le corps soit comme étant soumis à l'automotricité de l'âme, soit comme étant tributaire de l'action efficiente (ou de la finalité) issue, en dernière analyse, de Dieu. C'est dire que la révolution moderne ne se limite pas à l'autopromotion de l'homme comme sujet constituant mais inclut également l'irruption de l'*automation* corporelle qui se tient au fondement de la technique contemporaine, depuis le 19e siècle. Les choses sont donc plus compliquées que ce que relatent nos histoires de la philosophie. Cela apparaîtra clairement dans la suite, avec l'analyse que je proposerai de la technique moderne. Bien que Heidegger adopte l'idée que la modernité est tributaire de Descartes, il nuance néanmoins les discontinuités historiques, en intégrant toute l'histoire de la philosophie dans celle de l'Être selon ses différentes figures. Par le fait même que l'Être est ainsi situé à l'origine comme déterminant quant à l'historicité de la philosophie, il présente un caractère historial[11]. Aussi distingue-t-il deux approches radicalement différentes de l'*être de* l'étant, qu'il est utile de rappeler. Elles nous aideront en effet à mieux comprendre, dans la suite, différentes configurations proposées dans la quête de ce qui est le *propre* d'une chose par opposition aux systèmes de pensée (sciences et philosophies) qui multiplient les *médiations* pour approcher la chose.

3. *De l'ontique plurielle à l'ontologie fondamentale*

La première approche concernant l'*être de* l'étant considère que, d'une façon générale, la métaphysique, depuis Platon, aurait conçu l'être comme Idée, acte / *actualitas*, sujet, concept, volonté, etc. qui tra-

[11] Cf. mon *Histoire de la philosophie ancienne et médiévale*, *op. cit.*, pp. 14-27.

duiraient le principe, la cause et la raison d'être de l'étant, en référence au "principe de raison" thématisé surtout par Leibniz (dans le sens de : rien n'est sans raison). À ce titre, tout ce qui est fondement à partir duquel *il y a* de l'étant aurait été compris sur le mode de l'*être de* l'étant. Nous découvrons, dans cette façon de voir, la possibilité d'une proximité immanente à la chose (étant), sorte d'origine *intrinsèque*, principe de la chose (de l'étant), même si l'on accepte une cause extérieure (efficiente) ou première, ultime et transcendante, qui serait Dieu (étant suprême) ou autre réalité[12]. Ainsi, ce qui est le plus proche, selon Platon, ce serait l'Idée ; pour Aristote, il s'agit plutôt de la spécificité au sens d'acte, etc. Bien que cela ressemble à une simplification outrancière, elle comporte quelque chose de pertinent, à condition de l'approfondir ou de la prolonger.

En effet, du point de vue d'une proximité considérée relativement à la connaissance en soi, qui se situe en rapport avec la chose proprement dite, il est possible d'expliciter davantage ce qui est proche à l'étant, en se référant à l'approche aristotélicienne de la causalité. Par exemple, ce qui est le plus proche d'une table faite en bois, c'est d'abord sa matière (le bois plutôt que le fer), sa spécificité (qui la distingue d'une chaise ou d'une armoire) et sa finalité qui détermine son usage (on s'en sert pour écrire, manger, travailler, mais sûrement pas pour y dormir). Cette façon de voir amenuise l'opposition d'Aristote selon laquelle la connaissance part de ce qui est plus proche et plus connu pour nous pour arriver à ce qui est plus connu en soi, qui concerne davantage le propre de l'étant. Déplacée ainsi du côté de l'étant au sens de son principe, de sa cause et de sa raison d'être, c'est-à-dire comme ce qui lui est *intrinsèque*, la proximité est ici envisagée comme si le producteur ou l'usager de la table n'en faisaient pas partie, parce qu'ils sont des causes extrinsèques, éloignées, l'un, parce qu'il n'y a plus de production, l'autre pendant tout le temps dont il n'utilise pas la table. Cette forme de proximité s'accomplit donc au détriment de l'*être de* l'homme comme agent connaissant, produisant ou agissant. Mais dès lors que je situe la table

[12] Sur cette question, voir surtout M. Heidegger, *Le principe de raison*, Gallimard, Paris, 1962 (orig. 1957).

relativement à l'homme en tant que sujet connaissant ou agissant, elle peut devenir un ob-jet face à un sujet. Cette précision modifie aussitôt la perception que nous avons de la proximité, car elle met en jeu une structure de *représentation* de ce qui est produit et se tient face à l'homme. Selon Heidegger, cette perspective appartient également à l'histoire de *l'être de* l'étant, parce que tout objet envisagé relativement au sujet, attesterait des conditions à priori de sa connaissance (concepts). Nous verrons que c'est dans cette perspective qu'il situe la spécificité de la science moderne. Il reconnaît néanmoins que dans la mesure où la philosophie du sujet marque déjà une étape décisive en faveur d'une réflexion en faveur de l'être *de l'homme*, elle fait déjà un pas vers une nouvelle position qui intègre davantage la proximité relativement à l'homme. Toutefois, la façon dont la philosophie moderne assume ce glissement recèle un manque profond : la fracture entre sujet et objet, médiatisée par la représentation.

C'est ce manque que cherche à combler la seconde approche de *l'être de* l'étant, inspirée d'une philosophie du sujet, mais avec l'intention (du moins chez Heidegger) de la dépasser selon de nouvelles perspectives qui intègrent la question du "monde". Ce bouleversement heideggerien n'a pas été assumé jusqu'au bout par tous les penseurs qui lui sont redevables, notamment par la plupart des existentialistes qui conservent la primauté du sujet humain, selon un approfondissement qui complète la pensée connaissante par l'existence et la question de la liberté. Ces penseurs retiennent de Heidegger cette dernière perspective, agrémentée d'éléments provenant de Kierkegaard, en rapportant l'être à l'exister, attribué désormais uniquement à l'homme. En écartant l'existence des autres étants, — alors que l'originalité du (néo)thomisme réside dans sa tentative de faire de l'être (*esse*) au sens d'acte et de bien, le fondement de l'étant (*ens*) —, Heidegger ne cherche pas à renforcer le sujet humain au détriment de l'Être, mais à investir l'être de l'homme, d'abord, d'une présence au monde moyennant l'entrée dans la présence des étants (entrée dans la présence qui manifeste l'être de l'étant), ensuite, de la temporalité et, par elle, de l'historicité (voire de l'historialité). Il s'efforce ainsi de penser l'être sur le mode d'une co-appartenance de l'être de l'homme et de l'entrée en présence des étants dans l'ordre du temps. Par là, il s'applique à transcender le rapport intentionnel actuel entre la conscience du sujet et les phénomènes qui apparaissent à la conscience, tel que Husserl, on l'a vu, l'avait circonscrit. Le sujet et la conscience ne peuvent être, selon Heidegger, une condition pour ainsi dire exclusive du rapport avec ce qui apparaît (phénomène), au risque de vivre dans l'illusion d'une extériorité. Pour que l'extériorité soit sauvegardée sans se plier à la fracture irréductible et infondée entre sujet et objet, Heidegger fait appel au Dasein. Celui-ci est compris comme être-au-monde, déplaçant l'activité transcendantale du côté de l'activité de l'homme relativement au monde, voire en faisant du monde lui-même le lieu du transcendantal (ce qui nous transcende et est en même temps la condition de nos rapports au étant). Le Dasein (traduit souvent d'une façon confuse et ambiguë par "Être-là", qui serait pourtant la traduction apparemment la plus adéquate), exprime le mode ontologique par lequel l'être humain est d'entrée de jeu être-au-monde. Celui-ci marque la capacité d'*ouverture* au monde sur le mode d'un dévoilement, et par sa possibilité de *faire entrer dans la présence* les étants et, comme on le verra, de les rapprocher de lui par l'activité et la parole.

Le glissement réalisé ici par Heidegger (à travers toutes ces subtilités) est décisif, car il s'oppose aussi bien à l'idée scolastique du transcendantal qu'à celle de Kant, en faisant en quelque sorte une synthèse qui les abolit. En effet, Kant avait déplacé le "transcendantal" du côté du sujet (à travers les formes à priori de la sensibilité et de l'entendement), alors qu'auparavant, dans la scolastique, je l'ai dit, il concernait l'étant en général selon ses formes convertibles (Un, Vrai, Bien, et même Beau). Mais si l'irruption de l'activité humaine comme activité instituante, constitutive de la connaissance et de l'action, avait renversé la perspective scolastique, elle n'avait pas moins créé une fracture irréductible entre l'homme et les choses, le sujet et les objets, que la phénoménologie husserlienne, on l'a vu, avait tenté de surmonter à travers sa théorie de l'intentionnalité. En posant, dans son sillage, la thèse d'après laquelle l'homme seul *existe*, Heidegger a réussi à rapporter l'être à l'être de l'homme, en tant que *sujet* existant et non plus seulement comme sujet déployant des activités (connaissance, action et production). Par là il intègre et approfondit la complicité entre un *pour soi* (lié au sujet selon une proximité) et un *en soi* (qui objective l'étant), en allant au-delà d'une association problématique entre le *pour soi* et l'*en soi* par une synthèse hybride à travers un devenir. Mais, paradoxalement, même cette option demeure, à ses yeux, insuffisante parce qu'elle emprisonne l'homme dans son rôle de pur sujet, qui ne serait qu'une figure de l'histoire de l'être, introduite par Descartes, prolongée par Kant et achevée par Husserl dans le vécu et la conscience sans possibilité d'aller au-delà de celle-ci. Même si la conscience n'est pas médiatisée exclusivement dans le rapport de l'homme au monde par la *représentation*, en demeurant comme le mode par excellence du vécu, elle conserve la coupure entre sujet et objet. Non pas parce que la perspective de la représentation serait, selon Heidegger, caduque ou fausse, — puisqu'il reconnaît que l'explosion scientifique suffit à elle-même à fonder sa pertinence —, mais parce qu'elle oblitère tout autre possibilité plus pertinente à s'approcher des choses et à les envisager selon ce qui leur est plus propre. Autrement dit, pareille perspective lui semble partielle et partiale, ne pouvant pas *approcher* les choses dans ce qui leur est *propre*. En ce sens, la science moderne, parce qu'elle aborde les choses à partir de dispositifs construits (modèles, applications de la technique), forme le mode par excellence par lequel se déploie la perspective de la représentation, s'intégrant parfaitement dans l'histoire de la métaphysique comme présence de l'être de l'étant au sens de sujet constituant. Cela signifie que les médiations exigées par la science (modélisation et techniques) pour nous rapprocher du réel empêcheraient une véritable proximité avec les choses, confortant l'opposition sujet-objet.

Il est étonnant que Heidegger n'ait pas vu que cette problématique est ancienne, puisqu'elle se tient au fondement du platonisme. Platon déjà met en scène une multiplicité d'intermédiaires (mathématiques, idées, paradigmes, figures mythiques...) pour accéder aux choses en devenir, choses qui sont intelligibles en elles-mêmes, ne serait-ce que parce que l'intelligibilité appartiendrait uniquement aux essences stables et éternelles. Aujourd'hui, la science physique opère d'une façon analogue, mais autrement plus élaborée, en tenant compte de l'expérimentation grâce aux techniques. Elle renforce d'ailleurs son *efficacité*, grâce à ces techniques et aux modèles (le plus souvent sur le mode de dispositifs mathématiques), voire par l'usage de nombreuses métaphores (par exemple, "hypercordes"...). Dans cette perspective, la recherche de ce qui est le propre devient pour ainsi dire infinie, demeurant dans un monde distal, qui apparaît d'autant plus difficile à explorer que la réalité de la chose apparaît de plus en plus complexe. Tout se passe comme si cette perspective produisait une ligne de démarcation entre ce qui devient accessible selon des configurations qui forment le monde proximal de ceux (scientifiques ou non) qui sont au courant des données actuelles de la science, et le monde distal constitutif du propre des choses et de leur complexité. C'est la percée de cette ligne de démarcation de plus en plus fortifiée et de plus en plus efficace, parce qu'elle médiatise l'être de l'homme à l'être des choses par des configurations, que Heidegger a tenté de réaliser grâce au Dasein, qui situe l'être de l'homme selon un rapport de *proximité* à l'égard des choses. Pour ce faire, il considère qu'en tant que Dasein, l'homme est être-au-monde, — le "monde" devenant désormais le transcendantal par excellence. En d'autres termes le "monde" soutient la correspondance entre l'être de l'homme et l'être des choses.

La limitation par Heidegger des dispositifs mathématiques ou autres modèles pour s'approprier du réel en devenir, n'est pas nouvelle. On la trouve déjà chez Aristote, en *Physique* II, 2, lorsqu'il refuse d'appliquer les mathématiques à sa physique. Celui-ci montre que l'approche mathématique, en tant qu'elle concerne la quantité, catégorie secondaire impliquant des prédicats de l'étant en devenir, échoue à atteindre la chose dans ce qui lui est propre — chose exprimée par les "définitions" et les "propres" ou "accidents essentiels", par exemple la camusité du nez ou le fait qu'un nombre est pair ou impair, etc. Pourtant, bien qu'elles relèvent uniquement l'aspect quantitatif des choses (en l'occurrence la courbure du nez), les mathématiques sont les sciences les plus *exactes*, car elle sont les seules à se déployer sur le mode de l'abstraction. L'originalité d'Aristote tient, on le sait, dans sa tentative d'approcher le propre des étants naturels en établissant les principes et les causes de l'étant naturel en devenir. Pour "ce qui devient" ou "le devenant" (*to gignomenon*), il établit trois principes (matière, spécificité et privation), et pour l'étant dans son ensemble, quatre causes qui en sont la condition d'émergence (matérielle, spécifique ou dite formelle, finale et efficiente)[13]. C'est grâce aux causes que l'on peut atteindre la chose dans ce qui lui est propre.

Or, cette approche non-mathématique des étants qui n'empêche pas Aristote d'indiquer que les mathématiques forment la science la plus exacte, parce qu'elles peuvent opérer par abstraction, est aussitôt nuancée, car il reconnaît l'existence de disciplines mixtes (astronomie, musique, optique...) où physique et mathématiques s'accorderaient. Par là, il inaugurait un itinéraire à la pensée qui distingue la quête de l'exactitude et de l'efficacité de celle qui cherche ce qui est le plus propre d'une chose. Cette différence n'a pas toujours été comprise, si bien que lorsque la pensée d'Aristote pénètre la philosophie du 13e siècle, notamment chez saint Thomas d'Aquin, celui-ci prolonge l'*abstraction* du côté aussi bien de la physique que de la métaphysique, faisant de l'Être un transcendantal fondé sur l'abstraction. Cela explique pourquoi, en critiquant l'abstraction, la philosophie de la Renaissance marque son originalité en faisant la promotion de la Substance au détriment de l'Être. C'est au nom de l'abstraction qu'à l'époque de la Contre-Réforme, en 1613, Goclenius crée le terme d'"ontologie" au sens de l'étude de l'Être le plus général. Ajoutons, pour compléter le tableau, que l'avènement de la science moderne s'accomplit par la désontologisation du devenir, au profit d'une approche constructive, qui revient à la pratique platonicienne de la représentation. Aussi, en prolongeant cette perspective à la physique contemporaine, fondée sur des modèles où la dimension mathématique domine, on peut dire que le caractère pour ainsi dire abstrait de ces dispositifs assure à cette science une sorte d'exactitude, qui ne correspond néanmoins pas nécessairement à la réalité proprement dite. L'ontologisation de celle-ci est désormais refusée, parce qu'on considère qu'elle se dérobe, ce qui nécessite de nouvelles expériences (techniques) et des justifications théoriques (dispositifs mathématiques et modélisations diverses), voire des métaphores pour avancer davantage vers connaissance

[13] Voir mon livre *la* Physique *d'Aristote*, déjà cité.

d'une réalité que l'on ne considère pas définitivement connue. À ce titre cette "réalité" appartient au monde distal.

D'autre part, en supposant que le réel se dérobe et qu'on peut aller toujours plus en avant vers la connaissance de la chose, la science contemporaine fait de l'*efficacité* et de l'édification de *configurations complexes* la règle de ses opérations. Cette position, à l'instar de celle de Platon, est éloignée de celle d'Aristote qui, par une sorte de prétention qui frôle la démesure, croit aux possibilités d'un achèvement dans une connaissance en soi réalisable en dehors de toute médiation. Pour lui, les quatre causes sont ce qui est le plus propre de la chose, et la *technè* est utilisée, non comme modèle, mais par analogie à la *physis*. Nous verrons que Heidegger, pour dépasser l'efficacité scientifique, s'accorde davantage à l'esprit aristotélicien, qu'il complète par de nouvelles données, qui tiennent compte, non plus de l'âme possédant en quelque sorte tous les étants en puissance, ni de la *technè*, mais du Dasein et de la technique moderne.

Ainsi les deux approches concernant l'*être de* l'étant nous conduisent inexorablement à la question de la proximité. Quelle que soit l'option choisie (au sens ontique ou au sens ontologique, c'est-à-dire sur le mode d'une étude de l'étant en tant qu'étant ou sur celui de l'étude de l'être en tant qu'être, pour fonder une ontologique *fondamentale*), les êtres de la nature et ceux que l'homme produit et crée peuvent être qualifiés d'étants en les rapportant à une plus grande proximité pour nous. Cette proximité, Aristote l'a soulignée, dans le Premier livre de son traité *Des parties des animaux*, — connu pour l'apologie qu'il fait de la "biologie". Il y oppose la connaissance des étants célestes divins (qui étaient les astres), éloignés certes mais dignes d'être étudiés, à cause de leur dignité, à celle des animaux terrestres, certes moins dignes, mais plus aptes par leur proximité physique et spatio-temporelle, à nous offrir de grandes joies dans l'étude. Or, d'après lui, cette étude suppose de passer de la connaissance pour nous à la connaissance en soi, c'est-à-dire à la connaissance par les causes pour tous les étants possibles du monde qui lui est accessible. Il ne s'agit pas seulement du monde le plus proche géographiquement, mais également de celui qui est devenu accessible grâce aux conquêtes d'Alexandre, et dont nous trouvons des éléments dans son livre sur les enquêtes des animaux (ou *Histoire des animaux*).

En fait, selon l'usage philosophique courant, il faut comprendre comme appartenant à l'*étant* toutes les choses qui nous sont proches, d'abord, toutes les choses inanimées mais mobiles de l'univers (y compris les objets fabriqués), ensuite, les étants vivants, plantes, animaux et, selon certains, l'homme. Or, déjà à eux seuls, ces étants sont en nombre considérable, incommensurable et d'une complexité inouïe. Notre planète suffit à elle seule à nous porter au seuil d'un monde distal qui nous demeure inaccessible, mais dont certaines parties peuvent être configurées par des spécialistes qui les étudient en constituant les configurations les plus évoluées du monde proximal humain aujourd'hui. Cette formation, depuis deux siècles, d'une connaissance précise a édifié un monde proximal sans précédent, dont je ne peux ici que signaler quelque linéaments, afin de mieux faire voir la complexité du réel. Mais, comme les penseurs du passé nous l'ont appris, l'homme cherche à comprendre le réel en passant d'abord par les choses qui lui sont les plus proches, à commencer par celles qu'il produit et fabrique lui-même, et dont il peut analyser les éléments et les processus.

2. Pragmatologie profuse

1. *Proximité à l'égard des choses*

S'il est vrai qu'après l'usage du schème de l'artisan dans le *Timée*, en vue d'analyser la nature en devenir, Aristote a longuement utilisé la *technè* pour expliquer la *physis* et la *praxis*, et que Kant, à son tour, nous a fait comprendre qu'un tel usage appartient à l'ordre du jugement réfléchissant qui refuse toute forme d'objectivation et d'identification de la nature à une sorte de technique, c'est néanmoins Heidegger qui a amorcé la première thématisation pertinente de la proximité, en s'appuyant, d'abord, sur la question de l'œuvre usuelle et, ensuite, sur un autre type de production, la poésie. Je commencerai par la première approche, qui est celle qu'il défend dès les années 1927-1929. Ce n'est qu'au terme de cette Section, que j'approfondirai et prolongerai sa pensée dans l'éclairage de la poésie et de la question du monde (du Quadriparti) mise en scène après les années 40, qui ouvre à un nouveau rapport de proximité de l'homme au monde.

La tentative de Heidegger d'écarter la philosophie du sujet, en analysant l'essence de l'homme à partir du Dasein, comme être-là en relation d'être avec l'étant qui entre dans la présence, met d'entrée de jeu les choses à proximité, sous la main (*Vorhandenheit*) ou à la portée de la main (*Zuhandenheit*). Nous avons déjà vu l'importance des mains dans les premières Sections de ce travail. Mais il s'agissait là de voir à l'œuvre les doigts et les paumes de nos mains, grâce auxquels nous pouvons toucher et palper notre visage, afin d'y dévoiler certains traits, par lesquels nous pouvons avoir le sentiment d'une forme de connaissance de nous-mêmes, en dehors de la vision dans un miroir. En spéculant ensuite sur le nez et l'odorat, ou sur la bouche, le goût et les saveurs, nous avons aussi découvert l'importance de la bouche comme partie du visage, que nous percevons chez les autres et sur nous-mêmes, comme le lieu d'où jaillit et se déploie la parole. Alors que celle-ci se donne comme une activité parmi d'autres possibles, elle ne constitue pas moins quelque chose de bien particulier en nous, qui, jaillissant du fond de nous-mêmes, à la fois nous met en rapport avec les autres, nous lie au monde culturel qui nous lègue son fonds propre et nous plonge au fond de nous-mêmes où il trouve une forme de présence comme un fonds qui se donne comme nous appartenant en propre. Mais, qu'il s'agisse de ses mains ou de sa parole, tout être humain peut produire des œuvres, grâce à elles. Celles-ci, une fois produites, nous sont extérieures, mais en même temps demeurent accessibles du fait même que nous en sommes les producteurs, voire les créateurs.

Or, grâce à la mobilité au moyen des bras, nos mains décrivent une proximité variable à l'égard de notre corps et rapprochent, sur le mode du contact, les choses. Cette proximité immédiate fait prévaloir une forme de prééminence du toucher sur la vue, tout en (dé)limitant l'étendue de l'espace à la portée de notre corps dans notre rapport le plus immédiat au monde. Les expressions “sous la main” ou “à la portée de la main”, introduites par les Anciens, mais thématisées en philosophie par Heidegger, rendent compte admirablement de cette situation privilégiée. Curieusement, cette problématique a provoqué des débats philologico-philosophiques où la question de la proximité en est le centre. Il s'agissait de comprendre comment Heidegger départage les deux termes protagonistes : *Vohandenheit* et *Zuhandenheit*. Ce débat n'est pas sans importance pour mon propos.

Issue du verbe *vorhanden*, qui signifie "être-sous-la-main", et dont la forme substantive est "(l')être-sous-la-main" (*Vorhandensein*), certains interprètes ont infléchi ce sens, préférant comprendre les termes différemment : tantôt selon la tradition métaphysique, comme "subsistant", "être-subsistant"/ "subsistance" (A. de Waelhens, R. Boehm), ou encore au sens de "sous les yeux" (J. Beaufret), "être-là-devant (F. Vezin) ou "présence" (F. Dastur) ; et tantôt comme "ce qui se trouve auprès" (Y. Tzavaras, en grec παρευρισκόμενο / παρεύρεση). J.-F. Courtine a repris la traduction qui rend *vorhanden* par "présent", "présent-subsistant" et *Vohandenheit* par "subsistance", s'attirant les foudres de E. Martineau qui propose, non sans perspicacité, les traductions "être-sous-la-main" et "sous-la-main", plus proches de l'allemand[14].

On notera d'abord le contresens de J. Beaufret qui parle de "sous les yeux" : non seulement cette traduction s'éloigne de ce que recèle ici la langue allemande, mais elle perd de vue ce que mon analyse précédente a mis en évidence et que Heidegger me semble avoir perçu, à savoir la prééminence des mains dans la proximité, parce que relativement à la vision, une destination se tient à l'horizon. La valorisation de la vision, on le sait, est souvent considérée comme l'un des aspects es-

[14] Cf. M. Heidegger, *Sein und Zeit*, Max Niemeyer Verlag, Tübingen, 1967, §§ 22-23, pp. 103-110. Cité par l'abréviation SZ. Concernant la position critique de E. Martineau, voir son *Introduction* à la traduction (non officielle) d'*Être et Temps*, Authentica, Paris, 1985, pp. 8-13 (traduction que je suis, en la précisant). Ce conflit, qui donne plus l'impression d'un règlement de compte que celui d'un débat philosophique, ne doit pas dissimuler la portée de ce dont il est question et qui concerne la différence entre une approche traditionnelle, encore soumise à la métaphysique classique (position de J.-F. Courtine) et celle, plus novatrice, qui me semble plus proche de ce que dit Heidegger, où se joue la question de la proximité.

sentiels de l'orientation de la métaphysique occidentale depuis Platon qui substitue, au tâtonnement sinueux, la clarté du chemin éclairé par la lumière. La nuance est importante, car la vision, non seulement marque une certaine présence de la passivité, mais recèle une forme d'aliénation par sa soumission à la lumière sans laquelle elle n'est rien, tandis que le toucher de la main découvre les choses et les autres à travers une proximité que le contact ne cesse d'alimenter. Les expressions *vorhanden* et *Vorhandenheit* nous situent dans l'état qui précède le contact, dans ce qui en est la condition de possibilité. Aussi faut-il comprendre, à travers ces expressions, que, pour Heidegger, les choses peuvent bien être sous-la-main, c'est-à-dire à proximité, sans qu'elles ne soient pour autant (encore) envisagées comme disponibles pour l'usage. Je peux avoir un tas d'outils dans une armoire (en dehors de ma vision), un ensemble d'ingrédients dans l'armoire de ma cuisine ou des livres dans ma bibliothèque, sans pour autant en faire l'usage. Il sont à proximité spatio-temporelle, à ma disposition, sous-la-main, en attente, si j'ose dire, du moment où j'en aurais besoin, ce qui pourrait arriver bientôt, plus tard ou même jamais. Cette sorte de disponibilité, ne rend pas encore une chose maniable, et elle pourrait être quelque part sans quelle soit nécessairement "là-devant" et "sous les yeux". Pour qu'elle le soit, il faut qu'elle soit utile au moment où j'en ai besoin, c'est-à-dire qu'elle soit à-la-portée-de-la-main pendant tout le temps où j'en fais usage. Heidegger exprime ce *plus* par *zuhanden* et *Zuhandenheit*, que E. Martineau traduit, me semble-t-il, justement par "être-à-la-portée-de-main" et "à portée-de-la-main". F. Vezin reprend cette traduction, cautionnée manifestement par F. Fédier, mais ajoute souvent "utilisable" et "utilisabilité". Les autres traducteurs naviguent sur une mer trouble, en renforçant les confusions, car ils parlent tantôt de "disponible", "être-disponible", "disponibilité"/ "maniabilité", tantôt de "sous-la-main", voire de "sans préparation" (procheiros - pracheirotita). La traduction "sous-le-main" est aussi celle proposée par J.-F. Courtine, qui reprend en fait toutes ces traductions et les réunit dans *zuhanden* : "sous-la-main", "à-portée-de-la main" et "disponible"; et dans *Zuhandenheit* : "être-sous-le-main", "disponibilité".

Ces confusions sont dues au fait qu'on ignore le plus souvent la différence entre proximité spatio-temporelle (exprimée par *Vorhandenheit*) et proximité relationnelle (exprimée par *Zuhandenheit*). D'ailleurs, la notion de "proximité" ou, comme dit Heidegger, ce qui a "le caractère de proximité" (*den Charakter der Nähe*) sert surtout pour la proximité relationnelle, car, à propos de la proximité spatio-temporelle, il faut parler de distance et de durée. Heidegger montre bien la différence entre les choses qui sont "sous-la-main" à peu de distance, mais auxquelles on ne fait aucune attention, et les choses qui appartiennent à la préoccupation et à la destination. Ainsi, en nous promenant sur la rue (outil pour aller) que nous touchons avec les semelles de nos souliers, celle-ci peut passer inaperçue, alors qu'un ami qui se tient à distance nous apparaît plus proche. La proximité relationnelle, qui met en jeu une chose (objet ou personne) "à-la-portée-de-la-main", assure à celle-ci, relativement à d'autres choses qui prennent place conjointement dans une tâche, un "vers où (*Wohin*) de la destination outilitaire possible tenu d'avance sous le regard circonspect de l'usage préoccupé". La chose est ainsi située en fonction d'une "circonspection de la préoccupation" (*die Umsicht des Besorgens*) ou, comme je préfère dire, selon "un souci précautionneux". Dès lors qu'on se soucie et se préoccupe d'une chose (objet ou personne), et qu'on le fait avec circonspection et précaution, cette chose est aussitôt à-la-portée-de-la-main. Nous formons avec elle une proximité relationnelle.

On notera surtout ici que "le vers où..." qui donne l'impression de nous engager dans un débat sur la finalité, ne doit pas nous égarer. Comme Aristote l'avait bien mis en évidence, la finalité (*telos*) d'un outil est déjà inscrite dans sa provenance, car on fabrique l'outil en vue d'une fonction ou d'une tâche. C'est celle-ci qui détermine sa matière et sa forme : la scie doit être faite de fer plutôt que de papier, et doit posséder des dents plutôt qu'une lame fine. Dès lors que l'outil est conforme à sa finalité il se possède dans sa fin, il est en entéléchie (*en-tel-echeia*) et est donc prêt à son usage. Le fait qu'il soit prêt à l'usage, sans qu'il accomplisse sa fonction, nous autorise à parler ici d'entéléchie première, qui devient entéléchie seconde lorsqu'on utilise l'outil. Nous verrons l'importance de cette perspective pour l'analyse des produits de la technique moderne, lesquels sont en entéléchie seconde aussi longtemps qu'il ne sont pas vendus et utilisés. Mais chez Aristote, cette dimension économique lui est étrangère. Mais elle est étrangère également chez Heidegger qui, cependant, relève une autre perspective : celle de la destination conforme à un souci précautionneux, où l'*être de* l'homme entre en ligne de compte. Ce qui est en jeu ici, c'est bien entendu le Dasein, dont la structure ontologique se constitue par le souci, et fait appel à la question de la proximité.

Dans la mesure où, dit Heidegger, la chose *à proximité* ne se mesure pas par la distance mais par une *destination* relationnelle dominée par un souci précautionneux, elle appartiennent à "la contrée" (*die Gegend*), c'est-à-dire dans l'orbe circonscrite par cette relation. À quoi il ajoute : "de la proximité et du lointain de l'à-portée-de-la-main de prime abord rencontré dans le monde ambiant, seule la préoccupation circon-specte décide. Ce auprès de quoi celle-ci séjourne d'entrée de jeu, c'est cela qui est le 'plus proche' et qui règle les é-loignements". En d'autres termes, — si je me permets de rendre plus intelligible ce que Heidegger écrit ici —, la proximité spatio-temporelle est tributaire de la proximité relationnelle, laquelle se détermine à partir de ce que décide le souci précautionneux. Dès lors, si "le *Dasein* préoccupé amène quelque chose à sa proximité, cela ne signifie point qu'il le fixe à un emplacement spatial qui serait séparé par la distance minimum d'un point quelconque de son corps. Dans la proximité, cela veut dire : dans l'orbe de ce qui est de prime abord à-portée-de-la-main pour la circonspection. L'approchement n'est pas orienté vers la chose-Moi munie d'un corps, mais vers l'être-au-monde préoccupé, autrement dit vers ce qui y fait à chaque fois et de prime abord encontre" (SZ, 107, tr. 95).

Nous découvrons ainsi, à travers une terminologie qui n'est pas à la portée de tous, qui n'est sûrement pas aussi familière qu'on le souhaiterait, un approfondissement de la proximité relationnelle relative aux outils (mais applicable également à d'autres choses). Celle-ci s'accomplit dans l'éclairage de l'être-au-monde du Dasein où dominent deux thèmes, qui bouleversent la finalité comme entéléchie première et entéléchie seconde : la préoccupation (ou le souci) et la circonspection (ou la précaution). Ces deux thèmes excèdent la finalité fonctionnelle et enracinent l'activité dans *l'être de* l'homme. En privilégiant la main à propos de l'outil, Heidegger soulève une question majeure : celle de l'être-au-monde au détriment de la prééminence de la proximité spatio-temporelle, ce qui se traduit par la prééminence de la (seule) proximité relationnelle, comme si la topologie selon l'espace-temps était peu importante. Nous verrons que dans la suite de sa réflexion, au fil d'un approfondissement impressionnant, il soumet ce type de topologie mesurable au Jeu de l'espace-temps (*Zeit-Spiel-Raum*) propre au Quadriparti formé par le ciel, la terre, le divin et les mortels. D'après lui, cet espace-temps fondamental, lié au Jeu du Monde, fonde toutes les formes habituelles de l'espace-temps que nous nous représentons, y compris le temps utilisé par les sciences. Il s'agit là, on s'en doute, d'une ouverture abyssale que je ne pourrai esquisser, dans la suite, qu'à travers quelques traits. Mais à côté de cette ouverture, on peut déceler d'autres ouvertures possibles qu'il a occultées ou négligées, mais qu'on peut faire ressortir à travers sa propre démarche.

En effet, on vient de le voir à travers une citation, cette prise de position Heidegger l'accomplit à l'encontre d'un “corps”, plus exactement de l'avoir-un-corps-au-monde, où la proximité spatio-temporelle devrait se déployer en relation indissociable avec la proximité relationnelle, comme l'exige l'ambivalence de la proximité. C'est, à mes yeux, dans cette conjonction entre proximité spatio-temporelle et proximité relationnelle, plus étroite que ne se l'imagine Heidegger, que fait irruption la souffrance humaine, ne serait-ce que parce qu'elle surgit dans le rapport permanent de l'homme au monde, à travers le *contact* permanent que tout corps subit ou produit *nécessairement* avec son environnement, du fait que cet environnement agit sur le corps par une *pression* irrésistible. À quoi on peut associer les contacts qui mettent en jeu des pressions de la famille, du monde du travail et plus généralement de la société.

La mise en valeur, par Heidegger, de la “main” peut nous aider davantage à tracer une voie de recherche dans cette direction. La main libère la pensée de la prééminence exclusive de la vision ; elle révèle que les potentialités offertes par celle-ci étaient insuffisantes à exprimer le corps aveugle dont le contact avec l'environnement lui assure des tâches multiples. Il suffit d'observer un aveugle pour se rendre compte des potentialités des mains et des risques qu'elles ne cessent de prendre, mais que l'aveugle gère avec un souci précautionneux incomparable. Dans le rapport du corps à un nombre considérable de choses que l'environnement offre à l'homme, se dessine un lieu pour le risque et la singularité de la souffrance.

Le contact, qui confère au toucher sa pertinence, est sans doute à l'origine de l'idée que *tout* contact, quel qu'il soit (qu'il s'agisse de choses ou de vivants) est de l'ordre de la proximité. En réalité, c'est au seul contact rendu possible par l'être humain, transplanté métaphoriquement sur d'autres choses, qu'on peut envisager ces autres rapports de jonction comme étant des contacts. Par métaphore, tous les contacts qui agrègent des choses, peuvent être qualifiés de tangibles (c'est-à-dire soumis au toucher). Il existe au demeurant une réelle différence entre la sémantique de l'agréger et de l'agrégat et celle du toucher, du tangent (qui touche, en un point, sans couper une ligne ou une surface) et du tangible (que l'on peut connaître en touchant). Or, pour bien comprendre le sens du contact et du toucher relativement à *l'être de* l'homme, afin de prolonger le point de vue de Heidegger sur la proximité vers la question de la souffrance, qu'il ignore, il convient de nous libérer de la métaphore, c'est-à-dire du transfert du contact et du toucher dans le monde des relations entre les choses et entre les vivants autres que l'homme.

Une fois cette tâche accomplie, on peut reconnaître que le contact du corps humain met en jeu, en plus des mains, la pensée et la parole pour ex-primer quelque chose — au sens originel latin d'*exprimo*, "je fais sortir en pressant". Tout se passe ainsi comme si la pensée et la parole parvenaient à dé-faire la *pression* du con-tact permanent entre les corps et l'environnement, qui est métaphoriquement le propre de chaque chose, mais en particulier des vivants, que seul cependant l'homme est capable d'ébranler et de réfléchir. Ce qui fait la différence de ce mode d'ex-pression par la parole de celle que nous offrent les mains, tient dans le fait que l'usage des mains implique le *tangible*, parce qu'elles sont susceptibles de toucher, de presser, de serrer (*premere*).

Ces remarques, qui nous ramènent au lieu où j'ai déjà situé la question de la proximité (à savoir dans la manifestation de la souffrance sous la pression de l'environnement et son ex-pression à travers la parole qui s'efforce à nous libérer de cette pression, et donc de la souffrance qu'elle provoque), montrent qu'il ne suffit pas de remplacer la vision par les mains et le toucher pour espérer circonscrire la proximité et la question de la souffrance. Les mains ne sauraient pas, non plus, supporter tout le poids de l'ouverture tentée ici. Il est clair que le caractère particulier et insolite des mains, — qui n'avait pas vraiment attiré l'attention qu'il méritait avant Heidegger (ce qui explique les confusions qui traversent encore ses interprètes), rejoint, mais selon une tout autre perspective, l'effort des paléontologues, qui nous ont appris beaucoup sur le rôle des mains dans la fabrication des outils. L'approche heideggerienne a néanmoins le mérite de situer cette perspective relativement à l'être de l'homme, et plus spécialement son être-au-monde. C'est parce biais que sa démarche devient pertinente et nous permet de la prolonger dans une direction dont la fécondité apparaîtra peut-être un jour, lorsqu'on sera disposé à envisager la souffrance comme mesure de nos actions.

En effet, une fois qu'on situe au fondement de la proximité la préoccupation (ou le souci) et la circonspection (ou la précaution), et qu'on réhabilite la question du contact, on peut accorder un rôle plus significatif (que ne le fait Heidegger) à la proximité spatio-temporelle dans son rapport à la proximité relationnelle. Le cas des urgences (services hospitaliers, pompiers, catastrophes naturelles ou techniques, etc.) ou celui où le hasard fait qu'on se trouve à peu de distance de quelqu'un ou qu'on possède un téléphone mobile pour communiquer, etc. illustrent concrètement cette perspective. De ce point de vue, l'outil, quel qu'il soit, n'est pas seulement lié à une destination et à une contrée où la circonspection et la préoccupation la déploient. À travers ces deux modes de l'exister qui enrichissent l'instrumentalisation possible des outils, se dessine l'horizon d'un souci de précaution, afin que l'usage ne provoque pas une situation qui puisse produire de la douleur ou créer de la souffrance — qui excède la fatigue et la douleur du travail, comme dans le cas d'une blessure par l'usage même de l'outil. Cette dimension, occultée par Heidegger, parce que la thématique du "travail" est écartée sans autre forme de procès de son récit, ouvre un champ immense dans la problématique de l'ambivalence de la proximité.

Autrement dit, la proximité spatio-temporelle ne peut être sous-estimée, car c'est à travers le contact que la souffrance du corps peut surgir, tandis que celle de l'âme peut encore privilégier la distance et la proximité relationnelle. Si bien que cette question du travail à travers l'usage d'outils nous conduit au cœur d'une question que notre époque a porté en son point culminant : le “risque”. S'il y a dès lors nécessité de circonspection et de précaution, c'est parce qu'il y a risque. C'est dire qu'il me semble qu'il convient de prolonger l'analyse de Heidegger dans un sens plus actuel, qui situe la proximité, illustrée par l'outillage, dans le cadre de l'horizon à la fois du travail et du risque qui se lie à ce qui me semble constituer la fondement de notre époque : le monde technico-économique.

2. *Le monde des objets et des choses*

L'usage des outils conçus en fonction d'un usage précis ne se limite pas au monde artisanal qui a permis à l'homme de se libérer de son long trajet dans les âges de la pierre et du fer. Aujourd'hui, les machines de toutes sortes appartiennent d'une façon autrement plus complexe à ce type de proximité illustrée par l'être-à-la-portée-de-la-main. La multiplication prodigieuse des outils, quels qu'ils soient, a rendu possible la formation d'un monde d'objets à consommer. C'est pourquoi la question de la consommation prolonge celle de Heidegger dans des chemins forts différents de ceux qu'il a pu s'imaginer.

L'analyse proposée de la consommation par Baudrillard permet d'ouvrir ce champ de recherche. Il faut se rappeler que si l'on a beaucoup traité de consommation vers les années soixante, c'est parce que l'explosion technologique et la puissance du capitalisme de l'après guerre ont provoqué une accélération de l'activité de consommer, qui a suscité des débats autour du travail, et notamment autour de la distinction (d'Adam Smith, Ricardo et Marx) entre valeur d'usage et valeur d'échange, qui annonçaient l'émergence de la globalisation (économique). Contre Smith qui soutenait que la quantité de travail est une notion abstraite, Marx opposait le travail concret, source de valeur d'usage, au travail abstrait, source de valeur d'échange. La valeur d'échange est comprise comme un rapport, dont la genèse s'accomplirait à partir d'un réexamen de la division sociale du travail, en dehors de l'idée que la valeur serait une propriété naturelle du travail[15]. Marx illustre son point de vue en recourant à l'exemple d'une même famille qui vivait, dans le passé, sous le même toit : les femmes filaient et les hommes tissaient pour leurs besoins, de sorte que filer et tisser étaient des travaux sociaux, et le fil et la toile des produits sociaux. Selon lui, ce caractère social marquant le produit provenait du cadre familial avec sa division du travail et nullement du fait que le fil et la toile s'échangeaient, d'une façon abstraite, en tant qu'équivalent général, ou encore relativement à un temps de travail général. À l'inverse, dans les sociétés ultérieures, le travail qui crée la valeur d'échange se caractérise par le fait que les relations sociales entre les personnes se présentent comme "un rapport social entre les choses". Autrement dit, si la valeur d'échange devient un rapport entre les personnes, il s'agit d'"un rapport qui se cache sous l'enveloppe des choses". D'une façon plus concrète, "les valeurs d'usage de deux marchandises, contenant le même temps de travail, représentent la *même valeur d'échange*. La valeur d'échange apparaît ainsi comme une forme naturelle des valeurs d'usage socialement déterminées, forme déterminée qui leur est dévolue en tant qu'objets et grâce à laquelle, dans le processus d'échange, elles se substituent l'une à l'autre dans des rapports quantitatifs déterminés et forment des équivalents"[16]. Le langage de Marx utilise indifféremment "chose" et "objet". Mais, dans la suite, c'est surtout le terme "objet" qui dominera, dans la mesure où on passe de l'échange à la consommation. En fait, de l'échange à la consommation il n'y a qu'un pas, que Jean Baudrillard a franchi avec beaucoup d'originalité.

En prolongeant Marx selon une perspective structuraliste qui insiste moins sur l'équivalence des objets que sur leur caractère différentiel, Baudrillard cherche à dépasser l'idée que les objets doivent être analysés en termes de besoins, en fonction de la priorité de leur valeur

[15] J. Jung, *Le travail*, Flammarion, Paris, 2000, p. 102.

[16] K. Marx, *Contribution à la critique de l'économie politique*, tr. M. Husson et G. Badia, Éditions sociales, Paris, 1972, pp. 12 ss. Texte repris par J. Jung, *op. cit.*, pp. 102 ss.

d'usage et selon une relation économique de l'homme à l'environnement. Il montre ainsi que si l'on ne peut réduire la consommation à un processus de satisfaction des besoins, comme on le faisait à l'époque de Marx, c'est, tout d'abord, parce que la consommation est loin d'être passive et opposée à la production qui en serait la face active de la relation aux objets. "Loin, dit-il, que le statut primaire de l'objet soit un statut pragmatique que viendrait surdéterminer par la suite une valeur sociale du signe, c'est la valeur d'échange signe qui est fondamentale — la valeur d'usage n'en étant souvent que la caution pratique (voire même une rationalisation pure et simple)". Ce qui est du domaine de l'abstrait, c'est le discours qui décrit les besoins et les fonctions d'usage, "discours manifeste des objets, en regard duquel le discours social, largement inconscient, apparaît comme fondamental". Par suite, une véritable théorie des objets et de la consommation se fondera "sur une théorie de la prestation sociale et de la signification" (CSP, 8).

Or, l'histoire des objets révèle effectivement que, dans le passé, la consommation d'objets était une fonction sociale de prestige et de distribution hiérarchique. Il arrivait souvent que l'objet était produit et échangé en vue de conforter une hiérarchie sociale. Loin d'être une nécessité vitale, l'objet était de l'ordre de la contrainte culturelle. Il est certain que de tout temps on a acheté, possédé, joui, dépensé des choses, sans consommer au sens propre du terme. La dot, les cadeaux sont, dans nos sociétés, des survivances d'une pratique qui a disparu. De la prodigalité du seigneur féodal jusqu'à la pratique des cadeaux aujourd'hui, en passant par le luxe de la bourgeoisie du 19e siècle, ce qui s'impose ce n'est pas tellement le concept de satisfaction du besoin, mais "une activité de manipulation systématique de signes", exprimée par la totalité virtuelle de tous les objets et messages constitués en un discours plus ou moins cohérent". C'est pourquoi "derrière toutes les superstructures de l'achat, du marché et de la propriété privée, c'est bien toujours le mécanisme de la prestation sociale qu'il faut lire dans nos choix, notre accumulation, notre manipulation et notre consommation d'objets". Face à la multiplication et la différenciation des objets, ce qui domine dans la consommation, ce n'est donc pas la relation aux besoins et à la valeur d'usage, mais "la valeur d'échange symbolique, de prestation sociale, de concurrence et, à la limite, de discrimination de classe" (CSP, 8-9 et SO, 276).

Par là, on peut établir des systèmes de classification, et même des logiques de significations. En s'inspirant de certains travaux sociologiques, comme ceux par exemple de F. Stuart Chapin et de Denis Chapman, Jean Baudrillard montre l'ampleur que prend cette problématique, dès lors qu'on cherche à classer, dans la profusion des objets, en catégories et selon des critères précis, parmi lesquels figurent des classifications sociales. Cela suppose qu'on ne parle des objets que selon une logique et des stratégies sociales. Et dans la mesure où ils sont envisagés comme des signes selon un système différentiel, il convient de déterminer leur position spécifique relativement à d'autres systèmes de signes. À travers les objets, les individus et les groupes cherchent leur place "dans un ordre, tout en cherchant à bousculer cet ordre selon sa trajectoire personnelle". Bien plus, à travers les objets, "c'est une société stratifiée qui parle", de sorte que "si, comme les mass média d'ailleurs, les objets semblent parler à tous (il n'y a plus en droit, d'objets de caste), c'est bien pour remettre chacun à sa place". Ce qui veut aussi dire que sous le signe des objets, on découvrira toujours, outre des ustensiles, "un procès social continuel de la valeur" (CSP, 14-21). Cette perspective permet, en fin de compte, de classer quatre logiques des significations, dont la logique de la consommation n'est que l'une d'entre elles. Voyons cette classification :

1. À la logique fonctionnelle de la valeur d'usage correspond une logique des *opérations pratiques*. Il s'agit aussi d'une logique de l'*utilité* dont l'objet est l'*outil*.
2. À la logique économique de la valeur d'échange correspond une logique de l'*équivalence*. Il s'agit d'une logique du *marché* où l'objet est la *marchandise*.
3. À la logique de l'échange symbolique correspond une logique de l'*ambivalence*. Il s'agit d'une logique du *don* où l'objet est le *symbole*.
4. À la logique de la valeur/signe correspond une logique de la *différence*. Il s'agit d'une logique du *statut* où l'objet est le *signe*.

Seule cette dernière logique définirait le champ spécifique de la consommation. Elle diffère des autres logiques, dans la mesure où dans une *marchandise* apparaît l'opacité des rapports sociaux de production et la réalité de la division du travail, tandis que dans la profusion actuelle des *objets-signes* ou objets de *consommation*, on y trouve de l'opacité comme "*contrainte totale du code* qui régit la valeur sociale", mais aussi en tant que "poids spécifique des *signes* qui régissent la logique sociale des échanges". L'objet devenu signe prend son sens dans la relation différentielle à d'autres signes, et non plus dans la relation concrète entre deux personnes. En revanche, l'objet *symbolique* (le cadeau ou l'objet traditionnel, rituel et artisanal...) révèlerait la transparence des rapports sociaux dans une relation duelle ou une relation de groupe intégrée (CSP, 62-64).

S'accordant aux symbolistes contemporains, qui distinguent, d'une façon radicale, signe est symbole, en considérant que le signe est différentiel et arbitraire, tandis que le symbole et marqué par la présence et sa naturalité, l'auteur défend également l'idée que l'objet-signe exprime une *perte* de sa dimension symbolique, en s'intégrant dans une organisation globale et différentielle, fondée sur l'arbitraire du signe. Il considère qu'auparavant, l'objet-symbole (outils, meubles, maison...) était un médiateur d'une relation *réelle* ou d'une situation *vécue* "portant clairement empreinte dans sa substance et dans sa forme la dynamique consciente ou inconsciente de cette relation, donc non arbitraire". Cet objet-symbole était "lié, imprégné, lourd de connotation, mais toujours vivant, de par sa relation d'intériorité, de transitivité vers le fait ou le geste humain (collectifs ou individuels)". Comme tel, cet objet n'était pas consommé, dit-il, car pour acquérir le statut d'objet de consommation, il faut qu'il devienne "signe", c'est-à-dire extérieur à une relation qu'il ne fait plus que signifier, qui est arbitraire et non vécue, puisant sa cohérence et son sens dans "une relation abstraite et systématique à tous les autres objets-signes". C'est alors qu'"il est consommé — non jamais dans sa matérialité, mais dans sa différence".

On s'en doute, cette dévalorisation de l'objet entraîne des modifications dans la relation humaine qui "tend à se consommer (au double sens du mot : à 's'accomplir' et 'à s'abolir') dans et à travers les objets, qui en deviennent la médiation obligée, et, très vite, le signe substitutif, l'*alibi*". Dans ce contexte, les désirs, les projets, les exigences, les passions et toutes les relations "s'abstraient (ou se matérialisent) en signes et en objets pour être achetés et consommées". La publicité alimente les signes en abolissant la relation *vivante*, pour en faire un produit de consommation. Cette abolition du vécu ferait de la consommation "une *pratique idéaliste totale*, systématique, qui déborde de loin la relation aux objets et la relation interindividuelle pour s'étendre à tous les registres de l'histoire, de la communication et de la culture" (SO, 276-281). Bref, ce qui est mis en question par la consommation, c'est bien la proximité avec les objets et les autres êtres humains.

Par là Jean Baudrillard prolonge la conception de Marx selon laquelle l'échange devient abstrait, dans la mesure où sa logique dominée par la "marchandise", s'approprie tout : les besoins, les sentiments, la culture, le savoir, toutes les forces de l'homme sont désormais intégrées comme marchandises dans l'ordre de la production, au point d'être matérialisées pour être vendues. Aujourd'hui, avec les objets-signes, nous assistons plutôt à une sorte de dématérialisation ou plutôt une matérialisation des objets en signes : "tous les désirs, les projets, les exigences, toutes les passions et toutes les relations s'abstraient (se matérialisent) en signes et en objets pour être achetées et consommées" (SO, 278). Par rapport à Heidegger, qui parlait également d'outil mais relativement à une préoccupation existentielle fondée explicitement sur la proximité, Baudrillard met en parallèle la dimension sociale à travers la consommation, qui fait entrevoir, entre les lignes, la possibilité d'une proximité relationnelle. Il résume ces données à travers une définition de la consommation comme "un mode actif de la relation (non seulement aux objets, mais à la collectivité et au monde), un mode d'activité systématique et de réponse globale sur lequel se fonde tout notre système culturel" (SO, 275). On notera ici qu'il ajoute à la notion de "collectivité" celle de "monde". Comme cela apparaît à travers d'autres passages, il s'agit du "monde" social relatif au "monde" des objets. Aussi précise-t-il qu'il s'intéresse de préférence, d'abord, à "la configuration" des objets dans "les classes montantes, mobiles ou 'promouvables', au statut incertain et critique, dans les classes dites moyennes, charnière flottante d'une société stratifiée, classes en voie d'intégration ou d'acculturation, c'est-à-dire échappant au destin d'exclusion sociale du prolétariat industriel ou celui de l'isolat rural, sans pourtant jouir de l'hérédité d'une situation acquise", et, ensuite, à "la pratique des objets (et les aspects psychologiques qui la ratifient) dans ces catégories sociales" (CSP, 21).

Je tiens à souligner que cette limitation du monde au seul monde social laisse la plus grande partie du rapport de l'homme au monde en dehors des logiques de la signification. Ce qui veut dire que dès lors qu'on tient compte de la dimension existentielle amorcée et développée, comme on le verra, par Heidegger, entre autres, la question du sens excède ces quatre types de signification, y compris la signification symbolique dont le caractère vital que lui confère l'auteur, en suivant les symbolistes contemporains, occulte le fait que le symbole n'est pas moins arbitraire que le signe, et qu'il devrait être compris comme une surdétermination (ou même une sous-détermination) du signe[17].

Les prises de position successives de Jean Baudrillard font voir que la seule proximité valable serait celle qu'atteste une relation vivante et vécue, au nom d'une logique de l'échange symbolique, ne serait-ce que parce que les objets-signes s'équivalent dans leur idéalité et peuvent se multiplier à l'infini. C'est par là qu'il établit une démarche parallèle à celle de Heidegger concernant la proximité, mais il est vrai moins puissante et moins directe. Ce qu'il faut souligner, ici, c'est qu'il illustre son exposé par le livre de Georges Pérec, *Les choses*. Mais cette illustration est rapide et perd de vue le contexte humain et existentiel qui se dégage du roman, où les relations humaines et les souffrances sont refigurées à travers une topologie des choses, des paysages, des villes, de l'imaginaire foisonnant et d'une réalité qui se donne par des configurations successives, le tout articulé par un schème régulateur : l'argent. C'est pourquoi il me semble utile pour prolonger l'analyse de Baudrillard de relever les lignes du roman de Pérec qui révèlent une proximité avec les choses fort différente de celle qu'il

[17] Voir mon étude "Symbole et métaphore", *Cahiers du Groupe de Recherche sur la Philosophie et le Langage*, Grenoble, 1988, pp. 190-210.

souhaite promouvoir pour fonder son idée des objets-signes, proximité qui peut nous ouvrir une autre voie pour éclairer notre époque.

3. *Au-delà des objets-signes*

Jean Baudrillard fait intervenir le début du roman de Pérec au moment où celui-ci situe le passage d'un objet symbolique traditionnel (comme par exemple une alliance) à un objet de consommation (l'alliance renouvelée chaque années sous le pression de la publicité, thème qu'il élargit ailleurs en parlant d'une bague qu'on peut changer à son gré) (SO, 278 ; CSP, 64). Il y est question, au conditionnel, d'une énumération d'objets relativement à "une maison modèle" à laquelle on peut rêver et qui, une fois réalisée, serait, par certaines de ses pièces, une havre de paix et une terre de bonheur, et, par d'autres, un lieu où la vie serait facile et simple, car "toutes les obligations, tous les problèmes qu'implique la vie matérielle trouveraient une solution naturelle". Pérec ne pense ici à aucune "nostalgie", comme le prétend Baudrillard, ni à "un intérieur" qui ne serait formés de signes sans valeur symbolique. Ce premier épisode du roman concerne au contraire un rêve, un désir, une aspiration, voire un projet imaginé par les protagonistes du roman pour dépasser leur condition actuelle médiocre d'existence. Le critère de référence de ce rêve n'est ni une utopie (comme l'avaient souhaité de nombreux penseurs du passé), ni un paradis dans un monde ultime dans un "Ciel" (comme le promulguent les religions du salut), ni même un paradis terrestre proche et sous-la-main (comme l'affirmait, à l'époque de Pérec, le communisme triomphant), mais bien l'abondance de la société de consommation en train de se consolider en Occident à travers les lois du marché. Cette référence devient d'autant plus intense que la vie de Jérôme et Sylvie, les protagonistes, ainsi que de leurs amis (anonymes), était organisée autour d'"appartements, studios, greniers, deux-pièces de maisons vétustes, dans des quartiers choisis — le Palais-Royal, la Contrescarpe, Saint-Germain, le Luxembourg, Montparnasse", dotés de canapés crasseux, de tables dites rustiques, de livres, disques, vieux verres, vieux bocaux, etc. (Ch., 41). Face à cette précarité, l'espace imaginaire où le *confort* rend la vie agréable, permettant à un couple *de se préoccuper d'autres choses, de porter sa vigilance ailleurs* : "dans le livre qu'ils ouvriraient, dans le texte qu'ils écriraient, dans le disque qu'ils écouteraient, dans leur dialogue chaque jour renoué". Ils travailleraient aussi longtemps, puis dîneraient ou sortiraient dîner, retrouveraient leurs amis, se promèneraient ensemble... Bref, les *choses* de la vie ne prennent leur véritable sens que parce qu'elles s'ajustent à un environnement où la topologie des objets s'accorde à un mode de vie d'une *époque*, en l'occurrence à une époque qui situe le *confort* parmi les valeurs, parce qu'il contribuerait au "mieux vivre".

La société de consommation serait-elle apte à réaliser ce mieux vivre ? Voilà l'arrière-fond de la question à laquelle nous conduit Georges Pérec, en laissant voir que la réponse n'est pas simple. Il tente d'évaluer quelques choix de vie possibles de l'homme d'*aujourd'hui* face à la profusion des choses — objets techniques, étants naturels et choses de la vie. Comme toute époque, notre époque marque sa spécificité. La nôtre est dominée par les progrès techniques et le marché qui y est lié. Et comme toute époque, elle atteste d'innombrables excès. Car, ce qui ressort de notre époque, on pourrait le dire également, par exemple du Moyen Âge, lorsque, de son retrait, Dieu autorisait l'homme à surdéterminer les objets-symboles jusqu'à leur sacralisation et l'encourageait à investir ses activités d'une religiosité dans tous les azimuts (la prière le matin, à table, le soir, le dimanche, à chaque instant où la précarité menace, les fêtes...). Les excès n'ont pas manqué au nom de la religion qui le représentait. Et toute l'histoire du christianisme, depuis l'Antiquité jusqu'à la Réforme, est tracée, en même temps qu'une promotion de spiritualité et de charité, du sang de ces excès, d'une prolifération de souffrances au nom de la foi (censures, répressions, inquisitions, guerres...). Le prosélytisme avait aussi sa propre couleur, sans qu'il n'ait jamais réussi à limiter les souffrances. Aujourd'hui, où la place de Dieu est occupée par le système technico-économique[18], les

[18] Voir à ce propos mes articles "Métaphysique et mythe. Introduction à la question de la proximité", *Spiritualité laïque*, Édition de l'Université de Bruxelles, 1999, pp. 109-130 et "La dé-théologisation de la métaphysique ou

objets et les activités sont investis par de nouvelles valeurs, où l'échange domine, transfigurant les choses en des objets-signes. Relativement aux objets sacrés du passé ou encore aux objets inscrits dans la vie des hommes vivant dans une société rurale ou urbaine fondée sur l'artisanat ; les objets de la société de consommation paraissent bien, comme le souligne Jean Baudrillard, des objets-signes désincarnés. Mais, en réalité, les choses, on le verra, sont plus complexes, car ces objets, fabriqués en série par des industries de divers type, ne désacralisent pas, ni désymbolisent, les objets du passé, car leur statut est entièrement nouveau et sont investies de nouvelles valeurs symboliques, conformes à celles de la vie et du vécu dans nos sociétés.

Je veux dire par là qu'on ne peut, sans autre forme de procès, se fier à l'idée que la désymbolisation ou la désacralisation des objets sont une sorte de déchéance, comme le clame Baudrillard, — encore soumis à l'idéologie des symbolistes. Surtout que la réalisation d'objets-signes s'accompagne d'une *démocratisation* des objets, dans la mesure où leur multiplication les rend accessibles à tous. Ce qui fait la valeur d'un investissement symbolique, ce n'est pas l'existence d'objets-symboles, quels qu'ils soit, mais le type de symbolisation qui y est mis en œuvre[19]. Dans ce nouveau contexte où la multiplication des objets, du même objet, favorise la consommation la plus large, de nouveaux moyens de prosélytisme, différents de ceux des religions sont organisés, comme la publicité, des reportages ou des émissions dans les médias, etc. dont le but est également d'agir sur l'âme des êtres humains, pour leur inspirer de la confiance et une sorte de fidélité. Sous cette pression, qui est d'autant plus efficace que les moyens d'information sont les plus puissants et intelligemment manipulés, les gens se forment une opinion qui influe sur leurs choix. Cet élément se dégage clairement du récit de Pérec, qui associe les protagonistes de son roman à certains journaux, magazines

---

le retrait de Dieu", *Où va Dieu ?* (*Revue de l'Université de Bruxelles*), 1999, pp. 317-330.

[19] C'est là un thème que j'ai déjà abordé dans mon étude "Symbole et métaphore", déjà citée, mais qui fera l'objet de mon livre "Mythe et Rite", qui devrait poursuivre mes recherches, après la question de la proximité.

et hebdomadaires, déjà à la mode à son époque — comme par exemple *Le Monde*, *Libération* ou *L'Express*, ce dernier leur offrant, en plus, des signes de confort et, croyaient-ils, parlaient ou allaient parler de tout. Cette référence n'est pas sans ambiguïté, car, tout en soulignant l'importance de la publicité, elle fait prévaloir l'image de marque façonnée par la société de consommation, qui atteint tant les objets (de qualité) que l'information (bien pensée). Mais quel que soit le mode sur lequel se déploient ces choses dans la société de consommation, il apparaît que, pour réaliser de tels rêves à notre époque, ce qui prime, c'est l'*argent*. (Ch. 41-45). Avec cette assertion, est dit aussi l'essentiel de ce que révèle Pérec. Constituant l'argent comme schème régulateur de notre époque, il en fait manifestement une expérience de proximité que tout le monde assume, au point de l'élever en condition transcendantale de nos rapports au monde. Par ce schème, y sont impliquées, les valeurs d'usage, d'échange, de signe différentiel, mais aussi et surtout (quoi qu'en pense Baudrillard) l'objet symbole.

Face à ce schème régulateur qu'est l'argent, Jérôme et Sylvie ressentent un embarras profond, comme le ressentaient sans doute jadis les habitants d'une Athènes en train de se démocratiser depuis Solon et Clisthène, face à la parenté (aux généalogies familiales des nobles, des eupatrides)[20]. L'important était de ne pas se sentir enchaîné, de garder quelque distance, de ne pas se laisser soumettre à la pression de l'époque. Ils voudraient décider, quand ils le veulent, d'aller à l'aventure : "Nul projet ne leur serait impossible. Ils ne connaîtraient pas la rancœur, ni l'amertume, ni l'envie. Car leurs moyens et leurs désirs s'accorderaient en tous points, en tout temps. Ils appelleraient cet équilibre bonheur et sauraient, par leur liberté, par leur sagesse, par leur culture, le préserver, le découvrir à chaque instant de leur vie commune" (Ch, 11-17). Mais tout cela, cette liberté de choisir les choses de la vie

[20] Voir mes études "L'émergence de la cité solonienne ou la maîtrise de la violence", *La philosophie dans la cité* (Mélanges offerts à H. Ackermans), éd. A.-M. Dillens, Publication des Facultés Saint-Louis, Bruxelles, 1997, pp. 189-215 ; et «Les enjeux du logos : de l'oral à l'écriture», dans *Civilisations* (Revue de l'Institut de sociologie de l'U.L.B), 46 (1-2), 1998, pp. 193-239.

et les choses pour mieux vivre supposaient, par une sorte de paradoxe, à la fois la possession de l'argent et la capacité de ne pas s'y soumettre.

Ce que la consommation offre est sans frein, tellement prolifique et profusionnel qu'elle s'impose, en définitive, comme une pression sur les êtres humains, créant des rêves et un imaginaire foisonnant qui dilue, en même temps, les choses, en provoquant le sentiment d'une profonde impuissance dès lors que l'argent manque. Dans le monde qui était celui de Jérôme et de Sylvie, "il était presque de règle de désirer toujours plus qu'on ne pouvait acquérir. Ce n'était pas eux qui l'avaient décrété ; c'était une loi de la civilisation, une donnée de fait dont la publicité en général, les magazines, l'art des étalages, le spectacle de la rue, et même, sous un certain aspect, l'ensemble des productions communément appelées culturelles, étaient les expressions les plus conformes". Cette réalité entraînait, dans son sillage, de nouveaux comportements où une dimension *ludique* n'en était pas étrangère. "Demander d'un ton peu assuré le prix de quelque chose, hésiter, tenter, avoir envie, avoir l'air mesquin" étaient de petites mortifications qui faisaient, elles aussi, marcher le commerce. Être fier d'avoir payé quelque chose moins cher, de l'avoir eu pour presque rien, ou être même plus fier encore de l'avoir payé très cher, d'un seul coup, sans discuter, presque avec ivresse, peut susciter un certain plaisir. Plus profondément, ces comportements qui résultaient aussi de ce que la publicité leur faisait comprendre à coups de slogans, d'affiches, de néons, leur donnaient le sentiment de n'être pas les plus mal lotis, qu'ils étaient des "hommes nouveaux" n'ayant pas vraiment de passé, mais forgeant leur propre avenir, futurs cadres et technocrates "à mi-chemin de la réussite", en lorgnant "avec envie, avec désespoir, vers le confort évident, le luxe, la perfection des grands bourgeois" (Ch. 46-47).

L'accès à ce monde nouveau qui s'accomplit avec ses propres excès, suppose l'activation de multiples désirs, avec des possibilités limitées de possession. Dans cet espace, les choses prennent un sens nouveau qui entremêle, d'une façon inédite, choses produites, choses de la nature et choses de la vie. Pérec fait voir comment la profusion des choses à notre époque modifie sensiblement nos rapports au monde, ne serait-ce que parce que leur caractère massif nous défie, oblige à trouver l'argent pour en acquérir certaines d'entre elles, privilégiant la nécessité de travailler. Il fait voir aussi comment, dans cette masse de choses, chacun est contraint à faire des choix, selon ses moyens, surdéterminant certains objets seulement en leur accordant une valeur vécue, symbolique, tantôt sous l'influence de ce que les autres font, tantôt selon ses propres choix. Cette ambivalence, régulée par l'argent à disposition, à-la-portée-de-la main, tranche avec l'idée (de Baudrillard) d'une relation non vécue annihilant la relation aux objets et la relation interindividuelle. Tout simplement, la société de consommation, en créant d'autres formes de pression et en exigeant de nouvelles attitudes, impose des surdéterminations des objets qui créent le monde symbolique de chacun. Par l'achat de tel ou tel objet, qui devient fatalement quelque chose de notre être propre, comme une seconde nature, nous surdéterminons à notre façon les objets-signes (sur le plan du marché), ne pouvant plus nous en passer. De la brosse à dents jusqu'au PC, en passant par mille autres objets qui forment les décors de notre vie quotidienne, de notre vécu, nous investissons les objets d'une valeur symbolique qui détermine nos comportements. D'ailleurs, la limitation de l'argent, qui fait obstacle à la possibilité de combler les désirs que la publicité (au sens large de ce qui est mis publiquement en scène) suscite en nous, en imposant la substitution rapide, l'achat de la nouveauté, plus performante, renforce l'investissement symbolique sur ce qui est acquis, déjouant les stratégies de la consommation. Par cette limitation, la société de consommation est profondément ambivalente.

C'est pourquoi Pérec ne se limite pas à configurer *une* série d'objets-signes (rêvés) signalés par Jean Baudrillard, il montre que les choses sont configurées selon diverses situations, sans que les configurations soient interprétées comme une dé-symbolisation ou une dé-naturalisation de l'objet ; elles mettent en jeu une nouvelle surdétermination, une nouvelle symbolisation. Bref, chaque situation suppose un *autre* type d'investissement dans la chose qui prend son sens relativement aux autres. L'imaginaire mis à l'avant de la scène dans le premier épisode est en fait une *réponse* à un présent médiocre, qui correspond au mode de vie d'un groupe de jeunes gens qui occupent les lieux où ils habitent selon des attitudes communes et semblables, mais toujours précaires. Car, face à la pression de cette nouvelle société, où la publicité alimente l'esprit, l'imaginaire s'emballe et vole à travers l'abondance industrielle comme si tout pouvait être, non plus sous-la-main, dans les lieux de vente à proximité, mais à-la-portée-de-la-main. Et pour enfoncer davantage le clou, Pérec indique que c'est dans le domaine de la publicité qu'ils trouvent leur travail, se tenant aux premières loges, à proximité de l'âme de leur époque. L'état précaire de la vie quotidienne et l'espoir qui naît à travers le travail dans le domaine de la publicité éclairent donc la référence initiale à l'imaginaire, qui ne peut être isolé. Par contraste, il est normal que rien ne s'inscrive dans la maison modèle imaginée, aucune relation vécue, si ce n'est celle de l'imaginaire même qui, sous l'influence des magazines et de la publicité, fait rêver les ménagères, les jeunes et les cadres qui s'engagent dans la vie active. La mise en scène concerne surtout une classe sociale formée par tous ceux qui ne sont pas riches, mais ne sont pas non plus démunis de tout, et qui aspire à "mieux vivre". En revanche, ce qui est configuré, à côté de ce monde vécu par l'imagination, est un tout *autre* monde, vécu en chair et en os, dans la *réalité*.

La multiplication des configurations révèle que la domination des objets-signes n'est pas absolue et généralisable, réductible, — pour reprendre ici le langage de Jean Baudrillard —, à "l'idée de la relation", à "un lexique idéaliste de signes", à "une pratique idéaliste totale" qui fait en sorte qu'on consommerait uniquement des signes ou des idées. De ce que relève Pérec, on peut assumer jusqu'à un certain point le monde de la consommation sans s'y laisser engloutir entièrement, ne serait-ce que parce que le cours de la vie oblige chaque être humain à modifier ses configurations. Bref, les choses sont non seulement des objets-signes, elles sont aussi des choses-objets, des choses-symboles et des choses-nature qui défilent, sans toujours se détacher des choses *de la vie*, où, dans ce roman, les relations d'amitié jouent un rôle décisif, même si la pression de la vie réussit à les bousculer et à les ébranler.

3. Les ambiguïtés de la société de consommation

1. *La quête d'une impossible liberté*

La vie concrète de Jérôme et de Sylvie fait irruption dès qu'est achevé le dessin représentant la vie à laquelle ils aspirent, rêvant d'occuper un espace plus grand et confortable. Parmi leurs espérances, ils auraient aimé être riches et organiser leur vie en multipliant les plaisirs : marcher, flâner, choisir, apprécier. Ces activités montrent qu'"ils auraient aimé vivre" et que "leur vie aurait été un art de vivre". C'est pourquoi alors qu'ils rêvaient d'espace, de lumière, de silence, ils constataient "la réalité, même pas sinistre, mais simplement rétrécie — et c'était peut-être pire — de leur logement exigu, de leurs repas quotidiens, de leurs vacances chétives", qui "correspondait à leur situation économique, à leur position sociale". Et tout effort qu'ils font pour améliorer ce lieu de leur quotidienneté se heurtait au même obstacle : l'espace des trente cinq mètres carrés. Cela est "leur réalité, et ils n'en avaient pas d'autre" (Ch., 18-19).

En d'autres termes, ce ne sont pas les objets comme signes de la société de consommation qui règlent la vie de Jérôme et de Sylvie, mais leurs moyens économiques, l'argent à leur disposition, qui les obligent à vivre modestement, dans la sobriété, selon des configurations que leur offre l'espace rétréci de la réalité, qui fait du rêve un monde distal inaccessible, et pourtant *possible*. Et c'est bien cette *possibilité* qui constitue l'horizon de l'intrigue, parce qu'elle révèle l'originalité de notre époque, où la réalisation de certains rêves est possible, *à condition de* posséder les moyens (entendez l'argent). Un bonheur sur terre, voilà l'horizon que dessine la société de consommation, sans devoir le différer pour une vie à venir, lorsque l'homme sera capable de reconnaître l'homme, comme l'avait souhaité Marx, ou dans une vie espérée, mais sans garantie, qui adviendrait après la mort lorsque l'homme sera récompensé par Dieu, à condition d'avoir vécu selon les préceptes de l'Église, en multipliant les sacrifices et ses souffrances terrestres. Or cette nouvelle situation n'entraîne pas moins un redoutable dilemme devant lequel chaque être humain est aujourd'hui confronté, à savoir s'y soumettre ou conserver sa liberté. Le roman donne une première réponse.

Tandis qu'après une vie presque commune qui ne sera pas sans quelque exaltation, les amis de Jérôme et de Sylvie entrent, chacun à leur tour, dans les rangs pour s'accorder à la vie des cadres, consolidant d'une certaine façon la crédibilité du système (libéral) en place, eux résistent et ne comprennent pas ce type de trahison, l'oubli de tant de promesses de jeunesse qui avaient conforté leur amitié. Non pas parce que le jeune couple, qui avait au moment opportun pris part aux contestations de leur époque, appartiendrait à la classe des irréductibles, mais parce qu'ils vivaient, l'un et l'autre, selon une profonde ambiguïté : fascination pour une société d'abondance dans laquelle ils désiraient vivre avec une certaine plénitude en surdéterminant certaines choses, celles dont la mode transformait en objets-symboles, et la résignation face à leur impossibilité financière de jouir pleinement de cette profusion inépuisable. Jérôme et Sylvie reconnaissent la valeur d'une société d'abondance, mais refusent de se soumettre aux engrenages qui risquent de les broyer. Ils préfèrent une forme de résistance et d'insoumission, quitte à être condamnés à vivre dans la précarité. Pérec ne condamne donc pas la société de consommation au nom d'une désymbolisation des choses, il cherche plutôt à scruter le défi qu'elle adresse à chacun de nous, pour évaluer quel mode de vie conviendrait pour mieux vivre, dès lors qu'on subit sa pression.

Plus concrètement, l'insoumission que Jérôme et Sylvie étaient disposés à assumer concerne davantage l'ordre du travail que la recherche de l'argent. Ils ne refusaient pas de réaliser quelques rêves, qui leur paraissaient parfois ridicules. Mais les conséquences de ces ambiguïtés étaient en leur incapacité d'édifier un projet rationnel et crédible de vie, susceptible de les intégrer à leur époque, sans nécessairement se laisser écraser par elle. "Entre ces rêveries trop grandes, auxquelles ils s'abandonnaient avec une complaisance étrange, et la nullité de leurs actions réelles, nul projet rationnel, qui aurait concilié les nécessités objectives et leurs possibilités financières, ne venait s'insérer. L'immensité de leurs désirs les paralysait". Même lorsqu'ils avaient, grâce à leur travail une certaine aisance matérielle pour assouvir certains de leurs désirs fous, en surdéterminant tel ou tel autre objet, il leur manquait encore "une certaine décontraction". Ils étaient souvent "excités, crispés, avides, presque jaloux" (Ch. 23). À défaut de se soumettre jusqu'à un certain point aux lois du système, Jérôme et Sylvie doivent apprendre à vivre dans la souffrance du provisoire permanent (Ch., 22), dans la souffrance du sentiment d'être écrasés en tant qu'ils seraient "un petit îlot de pauvreté sur la grande mer d'abondance" (Ch., 100) et dans la souffrance d'être dépossédés de tout, comme s'ils avaient cheminé sur une voie qui ne mène nulle part, comme si leur vie ne leur avait rien appris (Ch., 127).

Par conséquent, acquérir de l'argent indispensable pour se libérer des trente cinq mètres carrés qui les étouffaient n'était manifestement pas suffisant pour réaliser la quête d'un "vivre mieux". Le travail qu'ils accomplissaient dans la publicité, avec des ouvertures incontestables pour leur avenir, suffisait à le leur fournir. Ce qui les étouffait, c'était le fait que pour combler même une infime partie de la distance *infinie* qui séparait l'espace minuscule de leur demeure, de la profusion des choses offertes par la nature et la société de consommation, ils n'étaient pas disposés à faire la moindre concession au système qui régit le monde de la consommation et du travail. Ils confondaient la profusion de choses appartenant au monde distal avec leur désir infini de les posséder, comme si les choses promises par la vie étaient d'entrée de jeu des choses dues. Cette confusion est une *première* donnée qui doit retenir notre attention, car elle porte le poids, si j'ose dire, maléfique de la société de consommation, et non la création des objets qui marque la capacité prodigieuse de l'homme à progresser et à trouver les moyens de mieux vivre, avec le confort souhaitable. Mais nous verrons, dans la Section suivante, que la création et la production illimitée d'objets, soulève d'autres difficultés concernant notre époque, formée par le monde technico-économique, qui affaiblit le monde politique qui nous gouverne, en déplaçant les véritables pouvoirs dans des espaces dont la légitimité n'est fondée que sur l'argent. De sorte que si l'argent apparaît comme régularisant, non seulement la société de consommation, mais également les structures qui le régissent, et qu'il devient urgent de soumettre à des règles (mondiales) — c'est-à-dire à des projets rationnels conformes à la dignité humaine. Mais revenons au monde ponctuel et concret auquel nous introduit Georges Pérec.

Manifestement il y a un minimum en deçà duquel l'être humain éprouve une souffrance. Pour Jérôme et Sylvie c'est l'espace, tandis que, on l'a vu, pour d'autres, c'est la pauvreté, comme pour Keetje chez Neel Doff, pour d'autres encore, c'est l'amour, comme Omer chez Amélie Nothomb, etc. Mais il y a aussi un optimum au-delà duquel la souffrance devient atroce. Pour Keetje, c'est la prostitution, pour Omer, la manipulation de la vie d'êtres innocents, pour Jérôme et Sylvie la fuite en avant jusqu'à l'impasse. Qu'on le veuille ou non, les choses (pour se nourrir, pour s'abriter, pour cheminer...) sont indispensables à la vie. Mais le monde extérieur qui s'offre à chacun de nous, qui n'est pas une fiction, laisse en plus miroiter que, sous certaines conditions, il est possible d'acquérir beaucoup d'autres choses pour "mieux-vivre". C'est bien dans cet entre-deux, entre un *réel* quotidien et un *possible* qui s'étend sous-la-main de Jérôme et Sylvie comme le reflet d'un miroir tourné vers une autre réalité de vie avec ses objets propres, que le roman parvient à insérer les ambiguïtés et les ambivalences qui sont le propre de la vie.

Même si Pérec ne s'attarde pas sur un autre mode de vie, celui des parents de ces jeunes gens ou celui des générations précédentes, il nous permet de nous souvenir que dans le passé, ce possible était le plus souvent impensable. Des générations et des générations d'êtres humains vécurent dans un espace restreint, sans espoir d'amélioration. Et quand une amélioration était possible, le plus souvent il fallait des années et des années de travail, d'accumulation progressive des objets, transmis de main à main pour édifier un foyer durable. Souvent une acquisition importante était le fruit de toute une vie de travail, sans espoir d'une jouissance prolongée et pleine. Cette histoire vécue investissait fatalement les objets de vie, de symboles, — ce qui ne cesse de fasciner les adeptes du symbolisme. Mais il ne faut pas oublier qu'il s'agissait là aussi d'objets qui, au départ, n'avaient rien de symbolique. C'est l'histoire des souffrances éprouvées par le travail et la vie quotidienne avec ses rites, qui finit par investir les objets d'un vécu. Les choses ont beaucoup changé aujourd'hui, où, non seulement la production des objets est industrialisée, mais la société de consommation a imaginé des procédures, comme les *prêts financiers*, pour rendre plus proche la jouissance. Par ce biais, des choses éloignées spatio-temporellement, maintenues au loin par l'absence d'argent, intègrent d'un seul coup notre monde proximal en différant leur remboursement. Mais cette possibilité d'une jouissance immédiate des choses, qui confère à la proximité une place centrale dans le monde économique contemporain, fait appel à un nouvel élément : le *risque*.

Avec le risque, de nouvelles données surgissent et s'accumulent, car nous découvrons, à travers cette double approche, celle de l'histoire et du risque, la question de la provenance et celle des conséquences. J'y reviendrai lorsque je traiterai la question de la *provenance* des objets. Ici, je souhaite surtout nuancer le concept d'objet-signe en évitant de l'opposer à un objet-symbole qui serait plus valorisant parce qu'il serait investi d'histoire, et dont l'objet-signe en serait la dévitalisation. La dimension prospective mise en évidence par Pérec rééquilibre, si j'ose dire, les choses, tout en montrant que l'abondance crée une pression sur l'être humain, avec ses dangers et ses souffrances.

Pérec relie clairement la réalité quotidienne de la vie de Jérôme et de Sylvie avec le rêve d'une maison modèle moyennant ce qui "existait, à côté d'eux, tout autour d'eux, tout le long des rues où ils ne pouvaient pas ne pas marcher, les offres fallacieuses, et si chaleureuses pourtant, des antiquaires, des épiciers, des papeteries (...). Paris entier était une perpétuelle tentation". La société d'abondance était donc bien une source d'espoir pour un "mieux-vivre". Les choses circonscrites par cette société n'étaient pas de la fiction, mais se tenaient à proximité, *sous-la-main*. Mais cette abondance n'en demeurait pas moins inaccessible aussi longtemps que l'intrument circonstancié, c'est-à-dire l'argent n'était pas *à-la-portée-de-la-main*. Si bien qu'en l'absence de ce moyen, les objets constitutifs de cette société et les modes de vie qu'elle promettait, se dressaient comme une *pression* sur Jérôme et Sylvie, une pression qui suscitait une réelle souffrance : "ils brûlaient d'y succomber, avec ivresse, tout de suite et à jamais. Mais l'horizon de leurs désirs était impitoyablement bouché ; leurs grandes rêveries impossibles n'appartenaient qu'à l'utopie" (Ch, 19). C'est cet élément d'une proximité temporelle possible, cette urgence, qui est impliquée dans le possible, parce que l'horizon des choses n'est pas une fiction, mais se trouve sous-la-main sans pour autant être à-la-portée-de-la-main, et devient source de souffrance. Or, si cette urgence devient palpable, alors que pour les générations passées elle n'était que de l'ordre de l'utopie, c'est parce qu'on peut, dans cette société nouvelle de la consommation, envisager la possibilité d'emprunter, économiser et investir. Mais cette possibilité entraîne aussitôt une prise de *risque*, avec tout ce qu'elle met en jeu : la frayeur, l'anxiété, l'incertitude du lendemain, bref une nouvelle façon de souffrir. Le paradoxe de la société de consommation réside dans le fait que sa possibilité en tant que non-fiction et en tant qu'elle est réalisable grâce aux emprunts financiers, fait entrer en ligne de compte la souffrance à tous ses niveaux.

On comprend dès lors que le risque qu'ils redoutaient, ils croient l'avoir évité en choisissant le provisoire et le statu quo, qui "régnaient en maîtres absolus". Mais ce provisoire lui-même n'est pas sans ambiguïté, car en tant que provisoire, il peut alimenter les regrets de n'avoir pas choisi la voie du risque, à moins qu'on découvre d'autres chemins : une vie dans la sobriété ou une vie d'illégalité. Si la première option pourrait être inclue dans le projet rationnel que l'auteur annonce sans le développer[21], la seconde est traitée avec une certaine dérision au neuvième chapitre de la première partie. Il s'agit de répondre à la question : comment faire fortune ? D'autres avaient réussi, mais chacun à sa façon. Pour eux, seules quelques voies miraculeuses pouvaient être envisagées : gisement découvert dans le jardin, héritage, gros lot, gain au tiercé et même le vol... "Ils n'en firent rien, bien sûr. Ils n'achetèrent même pas un billet de la Loterie Nationale..." (Ch., 85-90). Il ne restait dès lors qu'une voie : celle des regrets. Le roman s'achève par la prise de conscience d'un échec face auquel seule la nostalgie du passé, le retour à la case de départ, laissait encore une lueur d'espoir. Or, cet échec confère paradoxalement un sens, non seulement au projet rationnel souhaitable, mais également à ce qu'il porte en dérision : combien en effet de personnes ont choisi, dans leur vie, la délinquance ou la marginalité, les jeux du hasard

[21] J'ai eu l'occasion de participer récemment à une rencontre digne d'attention sur la sobriété comme valeur possible pour vivre mieux ensemble, organisée par Arthur Beukkers.

ou la spéculation (boursière), l'attente d'un héritage ou faire le guet d'une occasion pour acquérir l'argent voulu ? Et il n'est même pas besoin de recourir aux exemples classiques (mafia, brigands, marché noir, blanchiment d'argent...). Les petits vols dans les magasins, dans les maisons, les appartements, les écoles, etc. sont souvent une réponse à la pression subie par la société de consommation. Parfois ils deviennent un jeu qui prend l'allure d'une ordalie. Aujourd'hui les choses sont devenues plus subtiles encore : on copie les logiciels, les films et jeux vidéo, on pirate mille choses sur internet, etc. Une nouvelle pratique de l'acquisition rapide et immédiate envahit la société de consommation, qui aiguise de nouvelles façons de vivre en marge de projets rationnels. Le labyrinthe de la consommation devient de plus en plus immaîtrisable. Les choix de Jérôme et de Sylvie étaient fort différents, car ils ne pouvaient rêver qu'à des actions courantes des années soixante sans commune mesure avec les possibilités actuelles. Jamais cependant ils n'ont osé franchir le Rubicon, pour se laisser enchaîner. Ils ont préféré la liberté, avec toutes les conséquences que cela a entraîné.

C'est que la position qu'ils avaient choisie n'était pas moins inquiétante que celle qu'ils avaient rejetée : elle se résume "en termes de tout ou rien" (Ch., 22), c'est-à-dire qu'ils attendaient un miracle qu'ils savaient impossible et excluaient les soucis provoqués par le long chemin du travail. Pour éviter la souffrance du travail et du risque, Jérôme et Sylvie, tout en reconnaissant la souffrance de la pression du monde profusionnel des objets, se sont résignés à éprouver d'autres souffrances qu'ils n'avaient sans doute pas prévues. Tout se passe comme si la souffrance devenait inéluctable, aux yeux de Pérec, et provenait de différentes sources, même si l'on ne peut tout rapporter à elle. Car, pour l'écrivain, dans la vie, règne sans cesse l'ambivalence, et cette ambivalence semble conduire inéluctablement à l'impasse aussi longtemps qu'un projet rationnel s'ajustant à la société de consommation ne guide pas la vie de chacun. Il montre que la difficulté d'un tel choix réside dans l'ambivalence qui régit la vie, ce qu'il illustre par le rapport entre la pression du monde extérieur de la société d'abondance et la pression de l'espace restreint dans lequel le couple vit, qui ne serait pas radicale.

2. *L'inexorable pression de la vie*

Dans les années soixante, la société offrait, parmi les métiers sans trop de qualification, celui de psychosociologues qui devaient interviewer des gens sur des sujets variés, selon diverses techniques. De nouvelles agences étaient créées à partir de presque rien et servaient, par des enquêtes-minute, à évaluer l'impact des publicités et autres questions semblables. L'absence de cadres spécialisés laissait entrevoir l'espoir de promotion et d'une ascension rapide. Or, dans ce métier, ce qui importait était, tout d'abord, de parler des choses dont le marché faisait la promotion, ces marchandises que seul celui qui les utilisait pouvait apprécier la valeur d'usage, ensuite, des choses de la vie qui pouvaient intéresser tout le monde et sur lesquelles chacun avait une opinion. La technologie qui offrait les moyens d'enregistrer les entretiens permettait d'approcher les choses à travers le vécu de chacun. Ainsi, la chose racontée excédait l'objet-signe. C'est pourquoi Jérôme et Sylvie avaient l'impression d'apprendre beaucoup de choses, se transformant eux-mêmes d'année en année : "ce furent les grandes heures de leur conquête. Ils n'avaient rien ; ils découvraient les richesses du monde". Il apprirent aussi que l'argent "suscitait des besoins nouveaux". Ils découvrirent "à quel point s'était transformée la vision qu'ils avaient de leur propre corps, et, au-delà, de tout ce qui les concernait, de tout ce qui leur importait, de tout ce qui était en train de devenir leur monde" (Ch. 24-35). Leur monde distal se muait en monde proximal, couronnant leur métamorphose, "aboutissement d'une lente maturation sociale et psychologique dont ils auraient été bien en peine de décrire les états successifs" (Ch. 38).

Cette nouvelle configuration ne se réfère ni aux choses comme objets-modèles, ni aux choses comme objets d'un espace occupé en location que l'on s'approprie par l'usage. Les choses appuient une métamorphose existentielle à travers un métier. Le travail qui alimente par l'argent l'enrichissement matériel et culturel produit une fécondité dont les limites ne sont pas de l'ordre des objets, mais des motivations. Ils gagnèrent certes de l'argent, mais "leur travail ne leur plaisait pas" (Ch. 33). Leur plaisir, ils le trouvaient surtout dans l'amitié qui contribuait à leur bonheur, même si le plus souvent cette vie était "un tourbillon", animé par les échanges, la convivialité autour d'une table, les festivités, le cinéma qui les portaient dans un autre imaginaire que celui de la maison idéale, etc. En somme, s'ils ne pouvaient se passer du monde des objets, ils ne pouvaient pas non plus se passer de leurs amis.

Les amis, ils les ont rencontrés dans leur métier : dans les bureaux des Agences et les voyages professionnels où ils eurent l'occasion de mieux se connaître. De ces rencontres où naissait une première sympathie (la bienveillance, comme dit Aristote), tantôt n'émergeait "rien d'autre que des relations distantes, des coups de téléphone de loin en loin", et tantôt, naissait, "par hasard ou par désir réciproque, lentement ou moins lentement, une amitié possible qui se développe peu à peu". Comme dirait une fois encore Aristote, c'est avec le temps que les amitiés naissent et se consolident. Pérec ne dit rien d'autre : "au fil des années, s'étaient-ils lentement soudés" (Ch., 41). Mais il précise qu'une analyse plus poussée aurait décelé dans le groupe qu'ils formaient "des courants divergents, des antagonismes sourds (...), des clivages, des exclusions réciproques, des inimitiés latentes". La discorde et les rumeurs suffisaient à détruire des amitiés. En fait, les situations étaient plus ambiguës : "Ils prenaient parfois un malin plaisir à se monter les uns contre les autres. Ou bien, c'étaient des bouderies trop longues, des périodes de distance marquées de froideur. Ils s'évitaient et se justifiaient sans cesse de s'éviter, jusqu'à ce que sonnât l'heure des pardons, des oublis, des réconciliations chaleureuses. Car, en fin de compte, ils ne pouvaient se passer les uns des autres" (Ch., 39-59). Le réalisme cru prend ici encore le dessus sur l'imaginaire alimenté par la profusion de choses, y compris le cinéma, loisir favori de l'époque, sur lequel insiste l'auteur, qui ne pouvait s'imaginer qu'après quelques années seulement, le foisonnement des nouvelles technologies (TV, PC, Internet, DVD, jeux vidéo, téléphones mobiles, etc.) allait chambouler profondément la société de consommation.

L'ennui avec les amitiés, c'est qu'elles ne durent pas toujours. Non seulement, comme l'a dit Aristote, parce que les distances les détruisent, mais, comme dirait Pérec, parce que les choix de vie y contribuent à leur façon. Des nouvelles conditions de vie (mariages, changements de domiciles, naissance des enfants, etc.) éloignent les êtres humains. Et comme je l'ai dit plus haut, la plupart de leurs amis avaient choisi la voie normale de ce métier : entrer dans le rang, devenir des cadres. Les dilemmes étaient clairs. Il fallait que Jérôme et Sylvie choisissent aussi : “ou bien connaître le chômage, le sous-emploi, ou bien s'intégrer plus solidement à une agence, y entrer plein temps, y devenir cadre. Ou bien changer de métier, trouver un job ailleurs, mais ce n'était que déplacer le problème” (Ch., 59). Le plus grave est que, derrière leurs hésitations, se profilait une doctrine, un choix de vie : “qui ne travaille pas ne mange pas, certes, mais qui travaille ne vit plus” (Ch., 60). Le nœud du roman tient dans cet élément qui concerne le travail. Car, on l'a vu, si la société de consommation assure à l'être humain une profusion d'objets, au point de produire sur lui une pression, seul l'argent répondrait à cette situation. En l'occurrence, l'argent ne s'acquiert que par le travail, parce qu'il est pour la plupart des acteurs du roman la seule source de revenu. Mais le travail présente deux faces, et révèle qu'il constitue une *source* de souffrance, un obstacle pour *vivre*.

Tel est le lot de l'être humain dans la société de consommation, où les objets deviennent des facteurs de pression pour *mieux vivre*, suscitant aussitôt des souffrances, mais, en même temps, ne peuvent être acquis, pour alléger cette souffrance que par une autre souffrance, celle du travail. La logique de Pérec n'est pas biblique : il n'y a aucun mal originaire ici (sorte de péché) qui serait la source de la souffrance, celle-ci est, par contre le résultat d'une pression qui peut, si l'on n'y prête pas attention, entraîner le mal (voler, ruser, produire la violence...). Au chapitre VI, il montre que dès lors qu'on s'installe dans le *provisoire*, comme le font Jérôme et Sylvie qui refusent de rentrer, comme leurs amis dans les rangs, les exigences de la vie, aussi sobre soit-elle, suscitent des besoins élémentaires (payer le gaz, le téléphone, l'électricité, la nourriture, les vêtements...). “L'économique les dévorait tout entiers” ; il accaparait leurs pensées, ébranlait leur vie affective, les dressant parfois l'un contre l'autre, en subvertissant leur proximité relationnelle : “ils mangeaient l'un en face de l'autre, rapidement, chacun pour soi, sans se regarder. Ils s'asseyaient chacun dans un coin du divan, se tournant à moitié le dos...”. En somme, “entre eux se dressait l'argent.

C'était un mur, une espèce de butoir qu'ils venaient heurter à chaque instant. C'était quelque chose de pire que la misère : la gêne, l'étroitesse, la minceur. Ils vivaient le monde clos de leur vie close, sans avenir, sans autres ouvertures que des miracles impossibles... Ils étouffaient". Et, lorsqu'ils se tournaient vers le monde extérieur pour observer les choses les plus banales qui les entouraient, "les gens ressemblaient à des poissons satisfaits". Ce qui les poussait à haïr le monde (Ch., 67-68).

Ainsi, Pérec nous conduit au cœur d'un paradoxe, amplifié par la société de consommation : si le travail équivaut à ne plus vivre, alors que l'argent devient une condition sine qua non pour convertir en monde proximal quelque chose du monde distal immense de la société de consommation, la seule vertu qui demeure intacte est l'*impatience*. À défaut d'un miracle (d'un héritage qui vient de nulle part, d'une aide du hasard ou même d'une acquisition illégitime), l'immédiateté, qui se substitue au temps imposé par le travail, écarte la souffrance suscitée par l'attente et la patience. Elle aboutit à la logique du tout ou du rien. Or, le tout est impossible et le rien conduit fatalement à la mort. C'est pourquoi, dans l'entre-deux, si l'on refuse le travail, on n'est plus grand-chose, si ce n'est "des gagne-petit, des francs-tireurs, des lunatiques" (Ch. 64-65). Et, dans ce règne du provisoire, les dangers guettent de toutes parts, le bonheur est sans cesse menacé et la peur envahit même les mieux préparés (Ch., 66).

La dernière partie de l'ouvrage, qui nous place non plus face aux objets, mais devant les choses de la vie qu'ils ont vécue avec des événements célèbres à l'époque, comme la guerre d'Algérie et les manifestations politiques, permet de voir plus clairement que Pérec comprend la notion de "chose" dans un sens très étendu, où les choses humaines ne sont pas moins importantes que les objets-marchandises, lesquels sont davantage que des objets-signes, ne serait-ce que parce qu'ils alourdissent les pressions sur l'âme humaine. Il montre aussi qu'avec les événements, les années passent vite, même si on a toujours l'impression que peut-être rien n'avait changé. Il y avait toujours quelque chose de nouveau, qui "était tellement insidieux, tellement flou, tellement lié à leur unique histoire, à leurs rêves". Dans leur cas, c'est qu'ils étaient las et, tandis qu'ils avaient pour ainsi dire vieilli, ils pensaient qu'ils n'avaient pas encore commencé à vivre. Tant de temps perdu pour rien ? S'ils se disaient que l'amitié les protégeait, le temps les a obligés à constater que les amitiés, aussi, s'effilochaient. Peut-être, parce que presque tous les amis avaient succombé à la pression du système, ayant choisi la sécurité ; peut-être plus simplement à cause de la lassitude de la vie. "Petit à petit, sans y prendre vraiment garde, Jérôme et Sylvie se retrouvèrent presque seuls" (Ch., 77-81).

Entre la *sécurité* réalisée par la soumission, qui permet de se préserver des angoisses grâce à l'argent, et la *solitude* qui arrive inéluctablement lorsqu'on choisit uniquement sa liberté (en refusant l'obligation du travail et en excluant ceux qui s'y plient), la société de consommation ne laisse pas beaucoup de choix. Certes, le travail, la quête de l'argent et la recherche de sécurité n'excluent pas un projet rationnel de vie qui ferait durer également les amitiés. Mais pour cela il faut se résigner à certaines concessions et à des sacrifices, qu'ils rejettent. C'est pourquoi Pérec relève les conséquences des choix de ses protagonistes, devenus "un petit îlot de pauvreté sur une grande mer d'abondance" (Ch. 100). Ces termes achèvent la première partie du livre.

Le scénario mis en scène, au dixième chapitre, qui les pousse à décider d'abandonner leur travail et de trouver refuge en Tunisie est décisif pour comprendre ce qui, dans la société de consommation devient l'obstacle majeur pour mieux vivre. Ils sont envoyés en province pour une enquête agricole. Pérec associe aux choses des figures qui font partie de ce monde (notaires de vieille souche, grossistes, industriels, gentlemen-farmers...) et les objets qui marquent à la fois l'histoire passée des fermes et la technologie moderne qui a permis aux greniers de regorger de blé. Ce spectacle, inconnu dans la vie urbaine, leur donne l'impression que la campagne libère l'esprit et ouvre à un *autre* type d'abondance, qui concerne tout l'univers, et non plus seulement le monde des objets techniques.

Pour faire leur enquête et brancher leurs magnétophones, Jérôme et Sylvie "traversaient le réfectoire des ouvriers, la gigantesque cuisine où s'affairaient quelques femmes, la salle commune au plancher jauni..., avec sa cheminée imposante, le poste de télévision, les fauteuils oreilles, les huches de chêne clair, les cuivres, les étains, les faïences.

Au bout du corridor étroit, tout imprégné d'odeurs, une porte s'ouvrait sur le bureau" où la rencontre devait avoir lieu. Mais, tandis qu'ils enregistraient les éléments d'une enquête sur les conditions du travail agricole dans le contexte du Marché commun et des décisions gouvernementales, "leur esprit était ailleurs". Leur imagination les poussait à transfigurer et à défigurer les lieux en y découvrant, tout d'abord, les biens de la société de consommation : jarres pleines d'huile et de miel, tonneaux de salaisons, jambons fumés, tonnelets de marc, des pommes et des poires, des laiteries aux odeurs sures, des bidons de lait, des jattes de crème fraîche, etc. Puis, se déplaçant jusqu'au sommet du château d'eau, ils pouvaient voir la ferme tout entière avec tout ce qu'elle pouvait comprendre (porcherie, potager, verger...), et, au-delà, les champs de blé, les futaies, les taillis, les pacages, etc. "Alors, par bouffées, survenaient d'autres mirages. C'étaient des marchés immenses, d'interminables galeries marchandes, des restaurants inouïs. Tout ce qui se mange et tout ce qui se boit leur était offert... Ensuite, "ils traversaient des épiceries pleines d'odeurs délicieuses, des pâtisseries mirifiques où s'alignaient les tartes par centaines, des cuisines resplendissantes aux mille chaudrons de cuivre. Ils sombraient dans l'abondance". Et plus loin : des locomotives apparaissaient, traînant des wagons chargés de vaches grasses ; des camions de brebis bêlantes se garaient, des casiers de langoustes étaient empilés en pyramides. Des millions de pains sortaient de milliers de fours. Des tonnes de café étaient déchargées des navires". Ainsi de proche en proche, grâce à l'imagination, ils allaient de merveille en merveille, ils sentaient qu'"il leur suffisait de vivre pour que s'offre le monde entier", pour sillonner sur la planète entière. Le monde leur appartenait, avec ses provinces couvertes de blé, ses mers poissonneuses, ses sommets, ses déserts, ses campagnes fleuries, ses plages, ses îles, ses arbres, ses trésors, ses usines immenses, depuis longtemps abandonnées, enfouies sous terre, où se tissaient pour eux les plus beaux lainages, les plus éclatantes soieries. Ils connaissaient d'innombrables bonheurs". Enfin, ils se laissaient emporter jusqu'aux grandes plaines houleuses d'herbes hautes, jusqu'aux sommets des montagnes, ils nageaient dans des lacs... Et, "dans une brève apothéose, ils voyaient se construire des palais gigantesques.

Sur les plaines nivelées, des milliers de feux de joie étaient allumés, des millions d'hommes venaient chanter le *Messie*...", etc. (Ch. 91-97).

Le catalogue formé ainsi d'éléments hétérogènes ne comprend pas moins, selon des configurations tantôt réalistes, tantôt imaginaires, un monde qui tisse ensemble le réel et la fiction. Par là, Georges Pérec montre bien que, lorsqu'on parle de "choses", nous utilisons un terme qui n'est pas réductible à une seule configuration. De sorte que l'hétérogénéité et la variété conduisent inéluctablement à la complexité du réel, dont la cohérence peut surgir de la seule énumération des choses, à condition que s'y insère une authentique opération de *redressement* par la pensée. C'est pourquoi les deux pages qui suivent, montrent une mise en scène qui concerne non seulement la société de consommation, mais le monde distal nous concernant en tant qu'êtres humains, limités par notre stature, et ne pouvant agir que par des configurations (dé)limitées. Comme le montre Pérec, lorsque le monde distal est assumé dans sa profusion, l'homme étouffe, disloquant sa proximité à l'égard des choses, au point d'être poussé jusqu'à sa néantisation, où seul le feu de la souffrance brûle encore. D'où la tentation de fuir la pression qui l'écrase, en oubliant qu'il existe d'autres voies plus pertinentes pour vivre et mieux vivre.

Toutes les images abondantes qui se précipitaient au-devant d'eux, "images de vertige, de vitesse, de lumière, de triomphe", s'enchaînaient avec une nécessité et une harmonie sans limites, comme si s'étaient dressés "un paysage achevé, une totalité spectaculaire et triomphale, une complète image du monde, une organisation cohérente qu'ils pouvaient enfin comprendre, déchiffrer". Une première impression, qui profite de l'irruption profusionnelle des choses du monde, décuplait leurs sensations, les amplifiait à l'infini : "le monde allait à eux, ils allaient au-devant du monde, ils n'en finissaient pas de le découvrir. Leur vie était amour et ivresse. Leur passion ne connaissait pas de limites ; leur liberté était sans contrainte". L'amoncellement des détails était cependant tellement excessif que leur stature limitée ne pouvait les supporter. La pression du monde était trop forte pour qu'ils puissent maîtriser les choses. Ils étouffaient, perdant pieds, abandonnant leur prise sur le réel. "Les images s'estompaient, se brouillaient ; ils n'en pouvaient retenir que quelques bribes, floues et confuses, fragiles, obsédantes et bêtes, appauvries”. Il ne restait plus que des tableaux isolés des choses, “non plus une unité sereine, mais une fragmentation crispée, comme si ces images n’avaient jamais été que des reflets lointains, démesurément obscurcis, des scintillations allusives, illusoires, qui s’évanouissaient à peine nées, des poussières”. Ce qui s’était englouti dans le foisonnement des détails, dans le morcellement du réel en choses de plus en plus nombreuses, hétérogènes et détaillées, grains de poussières dans un Univers sans fin, c’était le “mouvement d’ensemble”, c’est-à-dire les *configurations* qui découpent et qui, par des incisions circonstanciées, trouvent la mesure suffisante pour maîtriser les choses sans se laisser écraser par leur foisonnement infini. Ainsi, paradoxalement, la profusion des choses et d’images des choses qui donnent l’illusion de liberté, dissoud le bonheur recherché sous le poids de l’immobilité. “Ils se retrouvaient seuls, immobiles, un peu vides”, et cheminant sur une petite route noire, ils se sentaient comme “un petit îlot de pauvreté sur la grande mer d’abondance... Ils se sentaient écrasés” (Ch., 98-100).

La fuite à l’étranger (en Tunisie) était certes une solution, mais, à part, l’attirance de l’inconnu, de l’exotisme, la pression du monde et des choses est (presque) partout la même, avec un risque supplémentaire : vivre sans souvenirs, sans mémoire, au point de se sentir dépossédé. Car, s’il y a fuite, celle-ci n’a de sens que si l’on rompt avec le passé, si l’on se force à l’oublier. Or, jadis, “ils avaient eu au moins la frénésie d’avoir. Cette exigence, souvent, leur avait tenu lieu d’existence”. Aujourd’hui, exilés, ils découvrent le presque rien : “ils étaient à bout de course, au terme de cette trajectoire ambiguë qui avait été leur vie pendant six ans, au terme de cette quête indécise qui ne les avait menés nulle part, qui ne leur avait rien appris” (Ch., 127-128).

De ce néant qui marque l’échec d’une vie qui ne parvient pas à s’ajuster à la société de consommation, suscitant sans cesse des souffrances, nous tirons au moins un message que l’écrivain parvient à faire passer : pour vivre dans un monde où la *profusion* des choses nous écrase et ne cesse de provoquer des souffrances, nous n’avons d’autres moyens que de les *configurer* sans cesse. Et pour vivre dans le monde où la *consommation* domine, nous devons configurer les choses en fonction de projets rationnels qui allient le travail et la liberté à l'argent et la possibilité de les acquérir, de s'en servir avec mesure et intelligence, d'agir et de consommer d'après des règles imposées démocratiquement au bénéfice de tous. Nous verrons dans l'Épilogue, que de ces deux exigences, la première peut régler nos rapports au monde selon un seuil optimum d'*information* et la seconde peut nous intégrer dans le monde selon des *seuils*, en deçà desquels il n'est pas digne de vivre, et donc il n'est pas acceptable de laisser vivre les autres, au risque de bafouer leur dignité.

3. *Un peu plus qu'un grain de poussière dans le Ciel*

Lorsqu'on compare les romans que j'ai analysés dans la seconde partie de mon travail, on constate qu'en dépit de leur capacité de mettre en relief une profusion de relations et de choses qui nous ont éveillés de notre torpeur, leur contenu n'en demeure pas moins encore fort limité. Les intrigues, aussi subtiles soient-elles, se soumettent à une visée qui les (dé)limite outrageusement. Tout un pan de la réalité disparaît derrière la visée, écarté de la fiction, comme s'il appartenait à un monde distal indifférent. Les limites de la fiction tiennent dans le fait qu'au-delà de ce qu'elle met en scène, il n'y a rien, aucun invisible qu'on pourrait découvrir. À moins que l'au-delà de la fiction soit tout simplement ce que nous appelons le "réel" proprement dit. Mais relativement à l'homme, qui constitue un être capable de s'imaginer avec profusion et de produire inlassablement des fictions qu'il arrive souvent à vivre comme si elles étaient de l'ordre du réel, le "réel" est plus flou, plus vaste, excède les choses qu'on touche, bien qu'elles soient à-la-portée-de-la-main. Nous verrons, dans la suite, que dans l'Univers, la plus grande partie nous est invisible, mais existe pourtant, à condition d'utiliser les moyens adéquats pour y accéder empiriquement ou théoriquement. Nous verrons aussi que dans cette quête de l'invisible et de l'inaccessible, l'homme (avec sa complexité, ses activités et ses aspirations, ses douleurs et ses souffrances) disparaît, englouti en quelque sorte dans l'immensité et la complexité. Or, on l'a vu, c'est ce manque que le roman vient suppléer, la fiction servant admirablement la mise en scène imaginaire des expériences vécues.

Il n'empêche que les romans que j'ai choisis, et qui assurent aux décors une place incontournable, limitent l'espace. *Mercure* et la partie que j'ai retenue de l'*Ulysse* se contentent de la topologie d'une demeure, l'un en couvrant le temps d'une vie, l'autre celle d'une journée, avec comme fil conducteur l'absence ou la présence d'un miroir. Le *Séducteur* répartit l'espace dans la ville d'Oslo autour de quatre demeures (appartement, maison, pavillon et un hôpital psychiatrique), dans un laps de temps limité, avec un nombre d'acteurs réduit, où les lieux s'associent à différents scénarios de l'intrigue, en prenant comme fil conducteur un revolver. Les romans de Neel Doff multiplient les lieux (Amsterdam, Bruxelles, Paris...), mais selon un cadre où les lieux et les personnes varient en fonction du type de choses qui foisonnent (aliments, vêtements, objets de vente, œuvres d'art, plantes, animaux...), avec comme référence des livres, dont l'abondance sera configurée à travers l'écriture de l'écrivain elle-même. Enfin, nous venons de le voir, *Les choses* qui nous font pénétrer dans le monde profusionnel des objets techniques.

En dépit du caractère profusionnel de ce qui y est mis en scène selon divers scénarios, ce qui est relaté dans ces romans est, tout compte fait, très peu de chose par rapport à la planète sur laquelle nous vivons, et surtout par rapport à tout ce qui constitue l'Univers qui nous englobe selon des distances considérables et selon des décors composés, macroscopiquement, de planètes, d'étoiles, de galaxies, d'amas de galaxies, de quasars..., et, microscopiquement, de particules atomiques et nucléaires dont le nombre est astronomique. Il n'empêche que cette réalité, qui fait partie du monde qui est le nôtre, apparaît à la plupart d'entre nous, abstraite, surtout si on la compare à la vie concrète que la fiction du roman parvient à nous mettre sous les yeux, à portée de main. Cette singularité assure à l'être humain un *plus* dans l'Univers, alors qu'en comparaison avec l'immensité de ce dernier, l'être humain ne représente pas beaucoup plus qu'un grain de poussière ayant un temps de vie de moins d'une seconde.

Je ne m'attarderai pas longuement ici sur l'Univers et sur notre Terre, dont une analyse détaillée suppose une description illimitée, multipliant la volonté des catalogues variés. Quelques configurations suffiront à montrer l'ampleur du problème. Face à la profusion infinie et la complexité illimitée du monde distal constitutif de l'Univers, le cerveau humain ne saurait être "plus vaste que le ciel". Il est un peu plus qu'un grain de poussière complexe dans le Ciel, avec une capacité d'explorer le monde distal, y compris le sien, pour réaliser, à travers des configurations, un monde proximal toujours en évolution. Il a même la capacité de produire de l'irréel grâce aux mythes et à la fiction, ce qui fait de lui quelque chose de *plus* qu'un grain de poussière dans l'Univers, en dépit de sa stature limitée.

Tandis que l'astronomie ancienne se limitait à un nombre dérisoire d'étoiles entourant notre système solaire, et que l'observation du Ciel à l'œil nu ne permet d'en percevoir que quelques milliers seulement, — ce qui n'a pas empêché les Anciens à les convertir en dieux —, les progrès prodigieux de la technologie ont modifié radicalement notre vision de l'Univers. Depuis la découverte du télescope, qui a permis à Galilée d'expulser les dieux du Ciel, ce dernier dévoile chaque jour un peu plus de ses secrets. Avec un télescope de 200 mm, des millions de galaxies, perdues parmi des millions d'étoiles, sont accessibles à l'appareil photographique jusqu'à un milliard d'années-lumière. Je rappelle que la vitesse de la lumière équivaut 300.000 km/sec. Cela suffit à voir l'ordre de grandeur à peine croyable. Or, l'Univers est très vaste : il contient, en plus des planètes, des étoiles, des galaxies, des amas de galaxies et des quasars. La plus grande partie de l'Univers demeure pour l'homme invisible. Aussi ce type de télescope est incapable d'observer les structures lointaines et d'atteindre ces quasars, ou d'évaluer l'évolution de galaxies. Ce sont des technologies plus performantes, comme des machines optiques complexes, sensibles à l'infrarouge ou aux micro-ondes, qui détectent aujourd'hui cet invisible. Le spectacle, pourtant extraordinaire, qui s'offre à l'œil nu, devient dérisoire. Si bien que les constellations qui ont tant fasciné, de génération en génération, les astronomes et les astrologues ne paraissent plus que des configurations découpant "une infime minorité d'astres, d'étoiles géantes ou supergéantes, visibles jusqu'à 100 ou 1000 années-lumière, alors que les milliards d'étoiles naines qui constituent l'essentiel de la Voie lactée sont totalement invisibles"[22]. Pourtant, une image de l'ensemble de l'Univers, tel qu'il est actuellement dans sa composition complexe, est impossible. Nous le découvrons comme un produit d'une cosmogonie (dite improprement "histoire" de l'univers), qui inclut des données en évolution reflétant des situations passées, de sorte que l'image qu'on façonne tardivement, après coup, correspond à quelque chose qui n'existe déjà plus. Seule notre galaxie, dont l'évolution est estimée à un milliard d'années-lumière, alors que ses limites nous sont éloignées de quelques cent milles années-lumière (distance encore maîtrisable), semble concevable dans son actualité globale.

Dès lors qu'on s'évertue à aller au-delà de notre planète pour inclure dans notre monde proximal, d'abord, le système solaire, ensuite, les étoiles les plus voisines à $1{,}5.10^{14}$ km, notre galaxie, et enfin, les galaxies voisines (environ $1{,}5.10^{21}$ km), nous affrontons un monde distal immense, à peine accessible par quelques configurations, toujours discutées par les spécialistes, mais modifiées par chaque nouvel usage d'une technologie de pointe (satellites, télescope...). S'il est impossible d'obtenir une image de l'univers qui soit globale et actuelle pour l'ensemble, c'est, d'une part, parce que la vitesse de propagation de la lumière est finie alors que le nombre de galaxies est considérable, et, d'autre part, parce que seul 10% de la matière de l'Univers est visible, le reste demeurant l'objet de spéculations scientifiques. La liste des candidats, pour désigner cette "matière noire" ne manque pas. Certains prétendants sérieux émergent avec des noms exotiques : les "machos" (*Massive Compact Halo Object*) constitués de protons, neutrons et électrons sous une forme inhabituelle, et les "mauviettes" ("wimp" : *Weakly Interacting Massive Particle*) qui seraient des nouvelles particules, plus lourdes qu'un proton mais n'interagissant que faiblement avec la matière ordinaire[23]. La petite minorité de savants qui s'occupent de ces choses, sait maintenant que la plus grande partie de la matière de

[22] Cf. D. Lévidence, "L'Univers à portée de main ?", *Ciel et Espace*, Numéro spécial, juin-août 1991, pp. 52-54.

[23] A. Bouquet, "Où se cache l'Univers ?", *Ciel et Espace*, *idem*, pp. 56-61.

l'Univers, bien qu'elle soit inconnue, n'est pas pour autant inconnaissable. Aussi est-il "piquant de constater que le résultat le plus fondamental auquel aboutit l'astronomie, après des millénaires de labeur acharné, concerne non ce que nous pouvons voir du cosmos, mais ce que nous ne pouvons pas voir : la matière noire". C'est pourquoi, si la cosmologie semble être une description de l'Univers dans son ensemble, il faut reconnaître que l'Univers est "empiriquement donné et théoriquement construit" ; il constitue "un concept théorique seulement accessible au travers de la compréhension du modèle cosmologique, lui-même érigé sur la base des lois de l'écriture qui régissent les lois scientifiques. Il est d'autant plus satisfaisant de constater que la simple lecture des équations de la cosmologie concorde à l'observation : l'univers est en évolution dans toutes ses régions. Mais l'évolution la plus grandiose est la dilatation de l'espace qui sépare les amas de galaxies. L'histoire de l'univers est celle d'une expansion contrariée par la gravitation..."[24]. Le modèle cosmologique dont il est question ici, est bien entendu celui du "Big Bang". Sa configuration est reconnue par presque tous les savants, à l'exception de quelques uns, qui défendent, avec Fred Huyle, la configuration de l'Univers stationnaire[25]. Un autre astronome, Halton Arp, conteste l'un des piliers du modèle du Big Bang, à savoir le décalage vers le rouge (qui explique l'expansion de l'Univers), au point qu'il serait relégué "au ban de la communauté scientifique", surtout qu'il met en question l'effort financier, technologique et administratif investi dans la recherche astronomique. Et comme l'indique Jean-Marc Bonnet-Bidaud, le tableau est fort complexe, et il se pourrait que "la persistance de ce débat indique tout simplement que les deux parties ont simultanément raison" et qu'il ne faut pas s'accrocher sur une hypothèse univoque[26]. Bref, l'Univers est plus complexe qu'on se l'imagine, et l'on sait aujourd'hui qu'il est profondément hétérogène.

[24] M. Cassé, "Cosmologie noire", *Dictionnaire de l'ignorance*, *op. cit.*, pp. 31-39 ; 32 et 35.

[25] F. Hoyle, "Ils croient toujours aux Miracles...", *Science et Vie*, 189, 1994, pp. 138-143.

[26] J.-M. Bonnet-Bidaud, "Quasars, décalages vers le rouge et controver-

Mais indépendamment de cette prise de conscience de la complexité, nous constatons aussi que le monde des scientifiques est plein d'antagonismes qui cachent des passions, des intérêts financiers et des pouvoirs manifestes ou occultes. La question de l'argent revient ainsi au cœur du débat. Dépenses fabuleuses pour des projets dont la majorité des habitants de la planète n'imagine ni les sommes, ni les effets directs ou indirects pour le bien être de l'humanité. Pour illustrer l'antinomie entre immensité de l'Univers et ressources limitées dont nous disposons, je m'appuierai sur un exemple.

Le télescope Spitzer, qui est le plus grand télescope infrarouge spatial, lancé en août 2003, a découvert trois cents étoiles inconnues en formation dans une nébuleuse de la Constellation du Centaure, située à 13.700 années-lumière[27]. D'un seul coup, cette constellation se révèle selon un nouveau visage qui s'ajoute à tous les visages toujours nouveaux que l'Univers dévoile chaque jour, au fil de toute nouvelle découverte. C'est ainsi — pour compléter cet exemple — que le télescope spatial Hubble Ultra Deep Field a livré des clichés sur lesquels figure une dizaine de milliers de galaxies, qui constituent la configuration la plus lointaine jamais obtenue de l'Univers, observant des galaxies telles qu'elles étaient il y a environ plus de $13{,}5.10^9$ d'années-lumière[28].

La portion de ciel observée actuellement est infime pour déduire ce qu'était l'intégralité de l'Univers à cette époque lointaine. On constate qu'on trouve beaucoup plus de galaxies, aux premiers âges, que ne le prévoient les théories actuelles. Bref, la complexification des choses entraîne une fois encore une extension du monde distal. Ce qui est accessible et qui édifie le monde proximal, d'abord, des savants, ensuite, le nôtre si nous consentons à nous informer, n'est possible que grâce aux objets

---

ses", *Idem*, 144-150. On trouvera dans ce même fascicule un article circonstancié de Marc Lachièze-Rey consacré à l'histoire de la théorie de l'expansion de l'Univers (pp. 6-16).

[27] B. Noël, "Le télescope spatial Spitzer révèle de nouveaux vertiges", *Science et Vie*, 1042, 2004, p. 9.

[28] E. Monnier, "Faut-il sauver le soldat Hubble ?", *Science et Vie*, Hors-série 229, pp. 14-19.

techniques qui sont à notre portée — du fait que nous sommes leurs créateurs et que nous les fabriquons à notre mesure et à la mesure de ce que nous explorons. On ne soulignera jamais assez l'importance de l'informatique pour traiter les observations. Grâce aux *Charge Coupled Device* (CCD), une image, d'un champ très petit, d'une portion du Ciel, est réduite sous forme d'un tableau de nombres, dont chacun représente l'intensité lumineuse en un point de l'image (*picture element* ou *pixels*). Les données permettent de répartir les étoiles et les galaxies en établissant des *catalogues*. Plusieurs universités américaines mirent sur pied le programme Sloan Digital Sky Survey (SDSS) qui a fourni le catalogue de millions d'étoiles et de galaxies. On s'en doute, une fois redressé convenablement, ce catalogue peut nous offrir une image de l'Univers, en transformant l'inconnu en du connu, le monde distal en monde proximal.

Sans la technique moderne, notre monde proximal serait très limité et se conformerait à l'imaginaire de peuples du passé, qui voyaient partout dans le Ciel des dieux. La science apparaît ici comme un fossoyeur des superstitions, des préjugés et des fausses croyances. Son rôle dans l'expansion du monde proximal des êtres humains est irremplaçable. Mais le chemin qu'elle doit encore parcourir est énorme. D'autant plus que les obstacles ne sont pas toujours de l'ordre du savoir, mais concernent le réel physique lui-même, et proviennent aussi le plus souvent des structures et stratégies socio-politiques et surtout économiques. Or, précisément, pour revenir au télescope spatial Hubble, qui constitue l'un de plus beaux joyaux de l'arsenal technologique de la Nasa, il serait condamné à disparaître à cause du tragique accident de la navette spatiale Columbia qui a retardé le programme spatial américain. Sans entretien (au moyen des mains humaines ou des robots), il devient précaire. Le débat au sein de l'agence américaine semble "enflammé", les solutions se heurtant : "à combien s'élèvera la facture ?" D'autant plus qu'on a déjà prévu son successeur pour 2011 environ : James Webb Space Telescope, avec un miroir de 6,5 m de diamètre et des détecteurs plus sensibles qui pourraient observer des galaxies encore plus lointaines[29].

[29] E. Monnier, "Faut-il sauver le soldat Hubble ?", *op. cit.*, pp. 18-19.

Comme notre visage qui requiert un miroir pour être connu, l'Univers fait appel à des miroirs géants pour dévoiler ses secrets. Mais ces miroirs demandent une technologie plus complexe, et qui coûte cher ; l'ampleur de ce qui doit être dévoilé étant au demeurant incomparable. L'Univers dévoile ses secrets au jour le jour, morceau par morceau, grâce au travail de milliers de savants et à une technologie toujours plus performante (satellites, vaisseaux spatiaux, télescopes spatiaux...), mais qui demeure dérisoire comparée à la tâche qui reste à accomplir. C'est ce que nous appelons péremptoirement la "conquête de l'espace", alors qu'il faut reconnaître, très modestement, que nous ignorons encore presque tout de l'espace, que nous l'explorons seulement par des instruments, en espérant qu'un jour l'homme y entreprendra des voyages plus crédibles. L'Espace appartient déjà lui-même à la société de consommation, par toutes les retombées qu'il réalise pour les industries et la société occidentale, jusqu'à la vie quotidienne de beaucoup d'entre nous. De ce point de vue, l'immensité de l'Univers démontre suffisamment qu'il faudra, pour le connaître et pour tenter à peine d'approcher quelques-unes de ses parcelles, des sommes faramineuses d'argent, que toutes les ressources de la planète rassemblées ne sont pas capables de supporter. Les chemins que l'humanité a choisi sont-ils les plus pertinents ? La question serait sans conséquence, s'il n'y avait pas la boîte de Pandore et son couvercle qui devrait être rapidement fermé, avant que ne s'échappe la dernière figure : l'espoir. Accrochons-nous d'abord à notre planète, pour consacrer nos énergies, non seulement à sa connaissance, mais aussi à la préservation de la vie et de l'équilibre écologique, et surtout à la survie de tous les êtres humains, à l'existence de chacun, menacée de toutes parts : par la pauvreté, l'oppression, l'exploitation, la violence... D'autant plus que, contrairement à ce qu'on s'imagine souvent, même dans le champ du savoir, nous ignorons beaucoup de choses encore de notre Terre, dont la conquête a commencé vraiment tout récemment, depuis surtout cinq siècles.

Cette conquête polyvalente, aujourd'hui suffisamment connue, a transformé la plupart des lieux par l'usage d'une technologie qui, depuis, n'a cessé d'évoluer. Du castor à l'éléphant, en passant par tous les animaux qui nourrissent, habillent ou enrichissent les êtres humains ;

du caoutchouc au café, en passant par toute une série de plantes médicinales, alimentaires et autres ; du cuivre à l'uranium, en passant par toute la série de minérais qui n'ont pas cessé de défier la convoitise des puissants de ce monde ; de l'eau au pétrole, en passant par toutes les ressources liquides que l'inventivité humaine et le génie chimique ont réussi à puiser et à fabriquer, la surface et le sous-sol de notre planète sont apparus, au fil du temps, comme un fonds exploitable pour transformer une partie de la Terre en choses et en argent. Cette conquête de la planète, qui a défriché des forêts entières, détruit un nombre incalculable de plantes, liquidé des milliards d'animaux, extraits des tonnes et des tonnes de minéraux, et pillé tant d'autres choses appartenant au patrimoine de notre planète, ne s'est pas faite sans mal. Il serait en effet injuste de ne pas souligner les souffrances qu'ont éprouvées les navigateurs et leurs équipages, les explorateurs et leurs compagnons, les pionniers et les travailleurs, les intellectuels et les ouvriers qui ont, chacun à leur façon, pris part dans ce processus inexorable. Mais il y a aussi et surtout toutes les souffrances que subirent et subissent encore (surtout à la suite des échecs de la décolonisation et des partages de terres de la planète, les populations autochtones. Les guerres sans merci et les exterminations, les déplacements de populations, les maladies, les famines, les calamités naturelles, etc. ont massacré des millions de personnes et ont marqué et marquent encore, dans leur âme, plus encore de personnes. Tous ces "exploits" non seulement des Européens et de l'ensemble des occidentaux, mais de tous les peuples de la Terre, ont écrit et écrivent encore, par le sang et les ressentiments, l'histoire de la conquête de la planète, des partages des terres et des mers, de la colonisation et de la décolonisation... Dans cette histoire complexe, souvent simplifiée à outrance, les êtres conquis, qui ont permis d'étendre notre connaissance de notre planète, ont été longtemps considérés comme des êtres inférieurs, abandonnés par l'histoire et par Dieu, qu'il fallait civiliser ou soumettre à l'esclavage. Les chemins vers l'émancipation des hommes ont été longs et le cheminement, lent et sinueux.

Trop d'intérêts, ainsi que des préjugés idéologiques simplistes ont rendu impossible une vision plus claire de cette dignité. Mais les choses ont-elles beaucoup changé dans le monde actuel ? Dans le laps de temps d'une vingtaine d'années, plus exactement peu avant et depuis la chute du mur de Berlin, les guerres se sont multipliées, les génocides se sont succédés, des maladies comme le sida ont exterminé des millions de personnes, l'exploitation et la pauvreté augmentent un peu partout, etc., alors qu'en même temps les progrès technologiques s'accélèrent d'une façon vertigineuse, transfigurant le visage de la planète et bouleversant l'économie mondiale et l'ordre de la consommation. À la souffrance passée que nous oblitérons s'ajoute aujourd'hui une souffrance de plus en plus visible, mais insuffisamment stigmatisée. Même si cette souffrance peut être attribuée aux passions humaines qui entraînent des violences sans limites, elle n'est pas moins causée par les intérêts économiques qui alimentent sans cesse les antagonismes ouverts ou voilés. Depuis la conquête du Nouveau Monde, l'argent est devenu une référence incontournable des préoccupations humaines. Aujourd'hui plus que jamais, il se tient au centre du monde, comme le foyer qui à la fois éclaire et auquel on sacrifie sa vie et celle des autres, indépendamment des souffrances qu'il suscite, parfois en allumant des incendies.

L'homme qui travaille de ses mains dans des milliers de métiers, avec un point culminant les ordinateurs, l'homme machine qui agit à la place des animaux en remplaçant de plus en plus sa force par son esprit, l'homme sous-payé qui accepte toutes les tâches, y compris les plus violentes, comme l'usage des armes, la plupart du temps pour rentabiliser les fonds investis et les intérêts menacés, l'homme qui chôme alors qu'il aspire au travail, etc., tous ces êtres humains représentent depuis l'extension de l'Europe vers le Nouveau Monde, une main d'œuvre d'un nouveau type, adaptable sans cesse à chaque découverte, à chaque invention, à toute nouvelle technologie, contribuant à l'accroissement des puissances du monde. La nouvelle société de tous les risques est en même temps celle de toutes les urgences. La quête de richesses requiert une rentabilité et des gains immédiats et les plus élevés possibles. Aussi a-t-elle utilisé un potentiel humain hétéroclite, y compris des enfants, accomplissant sur les autels des sacrifices de nouvelles classes humaines, ces classes souffrantes, que les romans du 19e siècle ont eu le mérite de nous rappeler, et que les médias d'aujourd'hui réussissent parfois à repérer.

Mais la conquête de la Terre n'est pas seulement celle des surfaces. Non seulement parce qu'une grande partie des minéraux en constitue le fonds de ses richesses, mais parce qu'elle est également celle des mers et des Océans, encore partiellement connus, dont les profondeurs cachent d'innombrables trésors et secrets. Elle est même celle de sa propre masse, en son centre. Sous nos pieds, le cœur de notre planète "garde jalousement son secret, faute qu'on puisse y aller voir de près", car y règnent des pressions colossales (360 gigapascals) et des températures très élevées (plus de 6.000°C). Il est certes inaccessible, mais pas tout à fait impénétrable, "car il est aujourd'hui possible de voyager au centre de la Terre... de façon virtuelle !". Si bien que ce lieu qui est à-la-portée-de-nos mains grâce à une technologie de pointe, demeure peut-être l'ultime *terra incognita* de notre planète[30].

Depuis la découverte par Beno Gutenberg, en 1914, du noyau de la Terre, jusqu'à l'hypothèse récente de Marvin Herndon qui parle de l'existence d'un géoréacteur, plusieurs configurations ont été proposées pour pénétrer dans ce monde distal. Elles ont ébranlé progressivement l'idée ancrée dans l'imaginaire populaire, d'après laquelle le cœur de la Terre serait composé d'une boule de feu. Cette thèse, extrapolée à partir de l'observation de l'activité volcanique, ignorait que "la matière minérale en fusion provient de chambres 'magmatiques' situées seulement à quelques kilomètres de la surface"[31]. Cette remarque, qui révèle comment les configurations que nous formons peuvent être modifiées selon une approche plus précise du réel, permet d'imaginer que même si notre connaissance de l'Univers pouvait progresser sensiblement dans le domaine de la surface des corps célestes, — ce qui sera toujours une progression infime relativement à son immensité —, il resterait encore à découvrir également leur cœur. Ce qui montre que toute découverte nouvelle qui renforce heureusement notre monde proximal amplifie paradoxalement le monde distal dont la vocation est de répondre, à chaque approche, par la révélation d'une plus grande complexité.

[30] K. Bettayeb, I. Cuchet, F. Lemarchand et X. Müller ; "Mais que cache le centre de la Terre", *Science et Vie*, 1042, 2004, pp. 36-55.

[31] *Id. ibid.*, p. 38.

Mais, en dehors de cette question qui confirme une fois encore l'antinomie de la proximité, il me semble intéressant de porter l'attention sur la pression qui règne au cœur de la Terre, et qui équivaut à 3.600.000 fois celle qu'on mesure sur sa surface, laquelle est plus grande que celle que nous constatons, par exemple, sur la Lune. J'ai déjà insisté, à plusieurs reprises, sur l'importance de la pression, quelle qu'elle soit (physique, familiale, sociale...), comme origine de la souffrance humaine. Or, cette différence considérable de la pression sur notre planète doit nous interpeller, car elle montre que cette variabilité peut également concerner les autres formes de pression. Imaginons, non seulement quelle souffrance devrait éprouver celui qui s'approcherait de ce lieu pourtant situé dans nos parages, mais aussi celle que ressent quelqu'un sous la pression d'une tyrannie, d'une guerre, de la violence urbaine, etc. Cette différence de pression physique sur la Terre-même, est un bel exemple pour illustrer, par analogie, la variabilité des pressions que l'âme humaine peut subir selon les différentes situations de la vie en société.

Du cœur de la Terre qui est sous-la-main sans pouvoir jamais devenir ce qui est à-la-portée-de-la-main, là où bat le rythme de la pression qui nous assure notre stabilité, jusqu'aux confins de l'Univers qui sera toujours hors-la-main, là où même notre imagination n'arrive pas à ébaucher les traits, les seuls liens efficaces que nous avons à notre disposition, c'est la technique que le cerveau humain conçoit. Mais alors que le cerveau demeure en retrait, comme un régisseur, la technique constitue un instrument visible créé par l'homme. Elle est ce qui nous est à la fois le plus proche et ce qui rapproche le mieux tout ce qui est à notre portée. Avec la parole, la technique assure à l'homme les moyens les plus nombreux et les plus efficaces pour réaliser la proximité. Ensemble, elles peuvent aussi, quand l'homme y prend garde, combattre les souffrances, et cela non sans paradoxe, lorsqu'on sait qu'autant l'une que l'autre sont susceptibles de les provoquer.

Par la parole et la technique, que le cerveau humain est parvenu à déployer à travers ses rapports multiples et variables au monde, l'homme excède le monde physique, tout en se tournant vers lui pour lui imposer ses règles et des produits. Par cet acte, la parole et la technique sont productrices de choses. Sans déduire que leur aptitude à produire des choses en profusion ressemble à celle de la nature, comme si la technique *imitait* la nature et même la *complétait*, comme le soutient Aristote pour la *technè*, il faut reconnaître qu'entre nature et technique s'inscrit une connivence secrète qui a toujours intrigué les être humains. Or, dès lors que la nature produit à profusion, alimentant le rêve de l'abondance, et que la technique s'emballe pour produire des objets qui deviennent, avec les produits de la nature, des marchandises et des choses consommables, nous redécouvrons les ambiguïtés de la consommation.

Par la conjonction entre techniques et finances, nous entrevoyons sans peine que les chemins vers la globalisation économique et ceux de la mondialisation sont déjà esquissés. La profusion des choses, qu'elles soient celles de la nature ou celles de la technique, sont des réalisations de processus qui les rendent possibles, avec des conditions précises, accessibles ou non à notre connaissance. Comme l'homme d'affaire qui fait l'inventaire de ses biens pour évaluer sa puissance économique, des générations d'êtres humains ont fait l'inventaire des choses qu'ils ont découvertes dans les régions proches ou lointaines. Ces pratiques ont couvert, de proche en proche, presque toute la planète, modifiant profondément sa nature.

Neuvième Section

Créateurs, producteurs et manipulateurs

1. Une Nature qui se dérobe

1. *L'invention de la notion de "nature"*

Le monde profusionnel que je viens d'esquisser ne lève qu'une partie du voile sur le foisonnement des choses, et surtout sur ce qui dévoile les possibilités et les façons de les répertorier et de les cataloguer. Dès lors en effet qu'on aborde la variété des choses dans les limites, pourtant fort restreintes de notre planète, le spectacle qui nous est offert devient d'autant plus fascinant que ces choses sont proches, sinon à-la-portée-de-nos-mains, du moins sous-nos-mains, susceptibles d'être approchées, voire apprivoisées ou, pour le dire plus globalement, être configurées. La beauté du Ciel qui intrigue davantage par son aspect distal ne doit pas occulter les beautés infinies de la Terre, en dépit des aléas de la vie quotidienne et des souffrances répandues un peu partout sur sa surface.

Or, la délimitation des références que je viens d'esquisser en opposant le centre de la Terre aux confins de l'Univers requiert une attention plus aiguë, car l'écart qui suscite un vertige, duquel seules les configurations que nous formons, en limitant nos ambitions, nous sauvent, n'est pas à priori un obstacle sur notre chemin. Il peut nous aider à nous poser des questions, parmi lesquelles certaines sont déjà anciennes, mais demeurent néanmoins encore redoutables. Par exemple, la notion de Nature exprime-t-elle l'Univers matériel dans son entier ou seulement l'espace terrestre avec son atmosphère à partir de laquelle nous délimitons les conditions de la vie sur la Terre avec ses potentialités et ses risques ? Même si l'on imagine une vie humaine ailleurs dans l'Univers, cette question reste pertinente dès lors qu'on accorde une place centrale à ce qui nous est proche et à la souffrance des êtres qui vivent dans l'espace tangible de notre planète. Une fois encore se pose la question des priorités. Restons donc sur Terre, en commençant à scruter comment on s'est égaré souvent dans l'oubli de la nature *en tant que* nature, au nom d'un invisible supérieur peuplé de puissances de toutes sortes.

Lorsqu'il étudiait l'histoire de l'idée de Nature, Robert Lenoble a constaté que "comme tous les mots qui désignent une idée générale, celui de Nature semble clair lorsque nous l'employons, mais, dès que nous réfléchissons, il apparaît complexe et peut-être même obscur". D'autant plus que même quand les dictionnaires définissent la "Nature" comme "l'ensemble des choses qui existent naturellement", il faut encore éclaircir ce qu'on entend par "naturellement", "par nature", etc.[1] J'ajouterai à cette mise en valeur de la différence entre configuration proximale et complexité que la configuration qu'on forme de cette notion n'est pas univoque mais qu'elle est tributaire du cadre historique où elle apparaît depuis sa genèse dans la pensée ionienne et ses multiples transfigurations au fil du temps, avec des moments forts et des ruptures. Les configurations se succèdent : Nature divine pour les sages antiques — dans le sens où c'est cela même qui est le Divin, comme dit Anaximandre et non les dieux qui en sont des produits ; Nature propre au monde sublunaire qui rassemble tous les étants naturels qui possèdent en eux un principe de mouvement et de stabilité, selon Aristote ; Nature créée pour le christianisme, au point que, pour le psalmiste et pour Dante, elle chante la gloire de Dieu ; Nature machine pour les premiers mécanistes modernes, mais au point que, pour certains, comme Bacon et Descartes, l'homme est maître et possesseur de la Nature, voire le seul roi, ajouterait Hobbes, etc. Cette configuration, même si elle subira des complexifications progressives grâce à la physique contemporaine, a permis, par sa simplicité, la mathématisation définitive de l'Univers, grâce à Newton[2]. Mais cette ouverture vers un infini homogène (l'Univers en son entier) qui contraste fort, nous le

[1] R. Lenoble, *Histoire de l'idée de nature*, Albin Michel, Paris, 1969, p. 217. Je citerai par l'abréviation HIN.

[2] *Id. ibid.*, p. 218.

verrons, avec le dualisme des temps passés entre espace céleste et espace terrestre, ne résout pas le problème du statut de la Nature propre à la planète Terre, où la vie en fait un siège d'enchantement, mais aussi de tant de souffrance. Le dualisme ne reste-t-il pas, d'une façon implicite, à l'ordre du jour ? Pascal déjà, qui s'effrayait du silence éternel des espaces infinis, s'était résigné à soumettre l'Univers fondé sur la mécanique des corps à l'esprit producteur et pensant, mais qui ensemble, disait-il, "ne valent pas le moindre mouvement de charité"[3]. Nous rejoignons ici, mais par un autre biais, la question qui nous a préoccupée dans les premières Sections concernant le cerveau et la conscience. Mais aujourd'hui, avec la domination de la technico-économie, qui fait de l'homme un possesseur de la Nature, mais qui est lui-même, pour ainsi dire, possédé, soumis à une domination qu'il maîtrise de moins en moins, le problème devient plus complexe encore, ne serait-ce que parce que ni l'esprit ni la charité ne peuvent être placés en position de supériorité sans leur imbrication indissociable avec la technico-économie, devenue le fondement de notre époque. Mais cela ne change pas le fait qu'il y a des étants naturels, parmi lesquels nombreux sont ceux qui possèdent la vie, ce qui démarque notre planète du reste de l'Univers, parce que nos rapports à eux sont régis par la possibilité ou non d'un monde proximal selon les nouvelles données de la technique qui transforme la Nature elle-même.

C'est pourquoi des ouvertures significatives peuvent guider notre incursion dans la quête d'une proximité avec les choses naturelles et autres, où devraient figurer ou être configurées des problématiques successives et complémentaires : le statut de la notion de "Nature", son identification ou non avec l'Univers en son entier, la présence de l'homme dans la Nature à travers ses activités et les rapports entre la technique et la Nature, etc. Ces questions ne peuvent être dissociées les unes des autres. J'essaierai cependant de les aborder selon des perspectives différentes où l'histoire de la notion de "nature" est parfois évoquée, pour mieux éclairer l'action actuelle de l'homme sur la Nature,

[3] Pascal, *Pensées*, éd. Brunschvicg, fr. 296 et 792. Cf. R. Lenoble, *op. cit.*, pp. 334-335.

qui, par une violence sans précédent, mais aussi par une réappropiation inventive de ses ressources, édifie une monde technico-économique qui devient de plus en plus le fondement de notre époque, écartant la présence de Dieu ou des dieux, qui occupaient jadis le Monde. Commençons par la découverte de la "nature".

Depuis l'invention de la notion de "nature" (qui provient davantage de *nasci*, du "naître", à travers ses métamorphoses latines), dont le sens originaire grec parle plutôt d'un "épanouissement" et d'"éclosion" (*physis*), le débat n'a jamais trouvé une issue claire. Ses inventeurs, les sages ioniens, y voyaient l'Univers dans sa totalité, en y intégrant sa genèse et les genèses qui y sont impliquées, y compris celles des dieux et de toutes les choses. Par là ils déplaçaient l'*invisible* archaïque (constitué de dieux, de démons bénéfiques ou maléfiques, et des âmes ou spectres des morts...) du côté de la *physis* même, dans la mesure où celle-ci se déroberait en faisant émerger (naître) les choses de l'Univers (*Cosmos* au sens d'ordonnance). Héraclite résume cette pensée en disant que "la *physis* aime à se cacher" (fr. 123). C'est en s'appauvrissant qu'elle permet l'éclosion et l'épanouissement des multiples choses en devenir selon des processus de genèses successives. Mais comme ces sages d'Ionie concevaient l'origine de toutes les choses, — des choses éphémères selon un temps-de-vie propre à chacune, c'est-à-dire "des choses qui sont dans le présent" (*eonta*) —, à partir d'*une seule entité* (eau, apeiron, air ou feu), ils laissaient en suspens la *médiation* qui de l'Un produit le Multiple. En effet, logiquement, il est impossible qu'à partir d'une entité homogène se produise un multiple, cette entité ne pouvant donner naissance qu'à elle-même, à sa propre unité. Cette aporie n'a cessé de hanter les penseurs anciens. Elle se tient au cœur du développement historique de la pensée européenne et conserve encore aujourd'hui son actualité à travers la physique des particules. Cet itinéraire s'est constitué par plusieurs étapes réflexives.

Tout d'abord, par cette aporie, c'est la notion de "physis" qui est devenue problématique, au point d'être rejetée par Anaxagore et Empédocle qui la considéraient comme une invention des "mortels". Selon eux, le devenir ne peut être expliqué que par le *mélange* et la *séparation* de plusieurs entités élémentaires et fondamentales[4]. Cette critique inaugure le destin de la "physique" des entités, tant celle des quatre éléments (physique dite ancienne) que celle des particules (anaxagoréennes et démocritéennes), anticipant une réflexion dont les premiers approfondissements se trouvent dans l'atomisme arabe du Moyen Âge et dans la physique mécaniste moderne, mais dont l'ampleur est apparue surtout à l'époque contemporaine grâce à la physique quantique. En tout cas, dans l'Antiquité archaïque, elle a eu comme effet de modifier le sens de la notion de *physis*, du moins jusqu'à Aristote, en surdéterminant l'idée d'un *caractère* ou d'un *trait* propre à la chose, voire l'idée même d'*essence* d'une chose, c'est-à-dire ce qui la fonde (au sens d'en être le principe). En ce sens on parle encore de "nature" d'une chose ou d'un problème. L'histoire de cet infléchissement — qu'Aristote sera le seul à tenter de redresser pour penser la *physis* en elle-même, dans ce qui lui est propre — est importante pour discerner les difficultés que nous affrontons pour réaliser une proximité avec les choses.

En tout cas, il semble bien que cet infléchissement inaugure une deuxième étape dans le développement de l'idée de "nature". Elle a été amorcée par les Pythagoriciens, qui conçurent les "nombres" comme principes des choses. Les *nombres* révèleraient la "nature" des choses au sens de ce (trait ou caractère) qui est susceptible d'assurer leur intelligibilité. Cela leur permit de configurer un Univers sphérique mais hétérogène, dont la partie supérieure, le monde *supra*-lunaire, constitué de sphères célestes et des astres (des dieux) qui y sont intégrés, est régi par la régularité et la perfection, tandis que le monde *sub*-lunaire, siège du devenir, de la naissance et du périssement, est inférieur, avec comme assise une Terre sphérique peuplée de plantes, d'animaux et d'êtres humains, possédant une âme qui préexiste et survit au corps mortel. Or, si la constatation d'une régularité leur permit de promouvoir les mathématiques et plus spécialement l'astronomie, l'analyse des nombres les aidèrent à inaugurer la problématique toujours actuelle du statut des mathématiques relativement au réel, à la-

[4] Voir mon livre *Aux origines de la philosophie* européenne, *op. cit.*, pp. 71-166.

quelle ils surajoutèrent une autre, plus troublante : l'investissement *symbolique* des choses qui perpétue la présence d'une activité humaine encore sacralisée dans la nature. Il faut bien souligner, ici, que cet investissement symbolique, qui surdétermine les choses constitue une caractéristique majeure de toutes les cultures archaïques, que la sagesse ionienne a tenté d'ébranler, avec beaucoup de difficultés.

Auparavant, en effet, avant l'irruption de la *physis* ionienne, tout rapport aux choses était médiatisé, partout sur notre planète où il existe des êtres humains, par des puissances invisibles (dieux, démons, spectres...). Il s'agit donc bien d'une pratique universelle, assumée par toutes les cultures avant la naissance de la pensée grecque[5]. C'est ainsi que, pour prendre un exemple précis, lorsqu'un artisan africain devait couper la branche d'un arbre pour réaliser une statuette d'homme consacrée au rite des ancêtres (qui sont dans l'invisible) ou une statuette de femme en vue de la fécondité, dans le but de la placer à proximité d'une fille dans une hutte, il accomplissait un rite, afin que cet acte ne provoque pas l'action de puissances maléfiques sur lui ou sur sa tribu. Cela montre que ce qu'on appelle souvent la proximité de l'homme archaïque à la nature, du seul fait qu'il vit dans la forêt ou à proximité d'une rivière et se nourrit directement des plantes et des animaux, n'est qu'un leurre, car cette proximité est *médiatisée* par des rites et des actions se référant aux puissances invisibles, bénéfiques ou maléfiques. Jamais la nature n'est envisagée en tant que nature, mais seulement en tant qu'elle est investie par des puissances qu'il convient de maîtriser. À l'autre extrême, dans nos civilisations occidentales (gréco-romaines et chrétiennes), devenues jusqu'à un certain point mondiales, de nombreux événements ont toujours été accompagnés par des rites analogues. Les plus impressionnants sont ceux qui touchent à la violence qui n'hésite pas à massacrer et à détruire des choses et les êtres naturels : le polythéisme gréco-romain permettait de sacrifier aux dieux des ennemis pour les amadouer avant une bataille, et les armées chrétiennes de tout temps intégrèrent les prêtres pour invoquer l'aide de Dieu (voire

[5] Thème, comme je l'ai déjà indiqué, que j'aborderai dans un autre livre, consacré au mythe et au rite.

des saints) afin que soit préservée la vie des soldats. Il s'agissait de les conduire à la victoire, indépendamment du nombre de morts dans les rangs des ennemis et des destructions accomplies dans la Nature. Et tout cela sans parler des souffrances provoquées, même dans des cas qui fascinent la littérature européenne, comme celui du sacrifice d'Iphigénie, par son père Agamemnon (archi-stratège de l'expédition des Achéens contre les Troyens), pour que les dieux interviennent afin que le vent se lève et que la flotte puisse prendre le large.

Cette perspective, où l'invisible sacralisé médiatise les rapports de l'homme à la Nature, confère un poids incommensurable à la tentative de désymbolisation de la *physis* par les penseurs ioniens. Elle constitue un tournant majeur de la pensée humaine et assure, pour la première fois, la possibilité d'une proximité de l'homme avec les étants naturels sans médiation. Mais si l'originalité des penseurs ioniens réside dans cet effort de libérer la Nature de l'emprise de telles puissances, pour lui assurer son autonomie, comme principe et fondement de toute genèse par elle-même, c'est-à-dire comme *physis*, il ne se réalise pas sans quelques ambiguïtés. En effet, je me sens parfois embarrassé, car je ne suis pas sûr qu'on puisse attribuer cette prise de position à tous les penseurs ioniens. Certains témoignages concernant Thalès ou Héraclite leur attribuent l'idée que les dieux sont partout, ou encore que la *physis* peut-être qualifiée : "Zeus". Il est certain que l'histoire de l'autonomisation de la *physis* n'a pas été simple ni facile, et ne s'accomplit probablement pas avant Aristote.

Du reste, en tant que disciple des Pythagoriciens, son maître Platon a renforcé le sens infléchi du concept de "nature" (comme *essence* des choses) et considère même que la véritable "nature" est celle de l'Âme automotrice de l'Univers, qui précède toute réalisation cosmique et technique. Sa critique du matérialisme antique et de la sophistique le pousse à situer Dieu comme mesure de toutes choses, en renversant la thèse protagoréenne d'après laquelle l'Homme est mesure de toutes choses. Ces renversements successifs multiplient en même temps les intermédiaires entre les choses en devenir, un devenir irréductible, selon lui, à une science, et la capacité de l'homme à les approcher directement, requérant le recours aux Idées (intelligibles), aux mathématiques, aux mythes (et plus spécialement celui de l'artisan, du "démiurge" du *Timée*) et aux métaphores. Dans ce processus, c'est l'autonomie même de la Nature qui est mise à nouveau en question, mais non plus à cause de la présence de puissances invisibles, divines ou autres, ou de la sacralisation des choses, mais à cause de la modélisation et de l'action de la technique. De ce point de vue, le platonisme historique (gréco-romain et chrétien), et non plus seulement Platon, apparaît fort sinueux et complexe, révélant en même temps le caractère insolite de la réhabilitation de la *physis* par Aristote.

Pour bien circonscrire l'apport historique de ce dernier, il faut bien souligner que l'ambiguïté est inscrite dans la façon dont Platon hiérarchise le réel en circonscrivant toute une réalité transcendante : âmes humaines et Âme du monde, démons et dieux, objets mathématiques et essence-Idées, couronnés par le Bien. À cela il faut y intégrer également la cosmologie dualiste des Pythagoriciens, où le monde supralunaire surmonte le monde sublunaire de la naissance et du périssement. Cette structure dualiste de l'Univers associe, davantage que chez les Pythagoriciens, la stabilité du monde céleste au monde supracéleste des essences, ouvrant le chemin à une hiérarchisation du réel. Les conceptions qui tiennent les deux extrêmes de cette structure dualiste de l'Univers qui domine la pensée européenne jusqu'à Galilée et Newton sont celles, d'une part, d'Aristote qui se limite au dualisme entre monde sublunaire et monde supralunaire surmonté par Dieu (premier mouvant et intelligence pure) et, d'autre part, des polythéistes des écoles néoplatoniciennes tardives des 5e et 6e siècles de notre ère, tels Proclus et Damascius qui situent une série de dieux, principes des choses.

C'est dire que cette structure dualiste de l'Univers domine la pensée occidentale jusqu'à la modernité, selon deux variantes, l'une plus physicienne, soumise à l'astronomie et à une théologie minimaliste, l'autre foncièrement théologique, impliquant l'idée d'une Providence divine. Elles se sont écroulées avec l'homogénéisation de l'espace réalisée par Newton et notamment par l'usage du principe d'inertie qui permet de rapporter tous les phénomènes de l'Univers à quelque principe physique élémentaire (mouvement linéaire et forces de gravitation). Newton libère, pour ainsi dire, les corps (mobiles) de leur soumission à un principe interne de mouvement et de repos, comme le soutenait la physique depuis Aristote. Bien sûr, ce renversement s'est accompli par étapes, où l'on peut toujours relever des moments importants, d'abord avec les critiques de Philopon, puis avec la réhabilitation de quelques passages du *Timée* à partir du 12e siècle, à travers le retour spectaculaire à l'étude de la nature au détriment de la transcendance absolue de Dieu, à laquelle répond son action créatrice et providentielle selon le schéma inauguré par Platon[6]. Chacune de ces options, foncièrement théologiques, soumet la "nature" à la transcendance divine, marquant une différence essentielle, si j'ose dire de nature, entre une réalité supérieure et une réalité inférieure qui en est le produit, mais qui lui est cependant liée grâce à la Providence divine. Le rôle de Platon, ou plutôt des récupérateurs de sa pensée, dans cette promotion d'une réalité parfaite qui transcende la "nature" en devenir ne saurait être sous-estimé. Paradoxalement, les procédures qu'il mit en évidence pour réaliser des voies d'accès aux choses recèlent des données qu'il convient de repérer, non seulement pour leur intérêt historique, mais aussi et surtout pour leur valeur philosophique dans la question de la proximité et de la complexité.

2. *Regard de Platon sur la complexité et émergence de l'efficacité*

Pour sortir du caractère foisonnant, variablement appliqué et apparemment chaotique de la démarche catalogique (qui est, on l'a vu, la démarche la plus courante de la pensée archaïque sur notre planète), la pensée grecque a réussi ses plus grands exploits. Comme je l'ai expliqué ailleurs[7], Platon montre qu'il y existe des discours catalogiques qui ne requièrent pas nécessairement un processus de *redressement*, parce qu'ils sont *déjà dressés* (*orthoi*), et donc trouvent leur cohérence

[6] Voir mon livre *Histoire de la philosophie ancienne et médiévale*, *op. cit.*, pp. 1038-1114.

[7] Je songe ici surtout à ma communication, en grec moderne, à l'Académie d'Athènes sur "Le problème du mythe", parue dans le *Bulletin de l'Académie*, Tome 76, fasc. 2, 2001, pp. 322-340.

à travers la succession même : telle est la dialectique, réaménagée par Aristote en discours argumentatif qui lie des arguments successifs, et en syllogistique qui lie les prémisses à une conclusion. Dans la suite, les systèmes de déduction éprouvés par les logiques différentes au fil du temps, et plus spécialement par les logiques modernes et contemporaines, parmi lesquelles la logique binaire, parce qu'elle est la plus simple, permirent l'avènement de la technologie des ordinateurs. C'est la conjonction entre un support matériel (par exemple les semi-conducteurs) permettant la transmission électronique de l'information (presque) sans perte et une logique simple qui rend à cette technologique une performance quasi illimitée.

Or, dans cette histoire, il est possible de déceler les moments de transition, où règne encore l'ambivalence de la logique archaïque. Héraclite utilise un *logos* polysémique susceptible de trier et de rassembler et Parménide pratique de multiples discours complémentaires, parmi lesquels le discours signifiant, fondé sur la continuité de la pensée, elle-même enracinée dans la continuité de l'Eon. Platon, lui-même adepte des multiples discours, ajoute les potentialités infinies du dialogue, tout en y insérant une dialectique dichotomique, qui déploie des couples successifs dont seul l'un des termes est chaque fois retenu. En réalité, cette méthode qui aboutit à la logique d'Aristote et à l'organisation des choses selon des espèces et des genres constitue une simplification orientée d'autres approches catalogiques que Platon met en jeu, et qui évitent la simplification.

Je songe notamment à la façon dont il développe la formation du cosmos dans le *Timée*, où la division est plus difficile dans la mesure où plusieurs niveaux de la réalité s'enchevêtrent : nombres, triangles élémentaires, solides, structures harmoniques, copies, essences-Idées, Bien, mythe de l'artisan (démiurge), métaphores... C'est pourquoi mieux encore que les livres VI et VII de la *République*, où Platon étale les différents plans du réel (image, choses sensibles, objets mathématiques, essences-Idées et Bien), mis en scène à travers le célèbre mythe de la caverne, c'est le *Timée* qui rend compte de la complexité du réel et de la nécessité de multiples intermédiaires pour atteindre l'intelligibilité des choses. Mais cette approche suscite paradoxalement elle-même une aporie apparemment insurmontable quant au fait de savoir si le monde est créé ou s'il est éternel (comme le soutiennent la plupart des disciples anciens de Platon). Cette dernière option, qui me semble plus probable, révèle qu'il s'agit en fait, non d'un discours à prétention scientifique (ce qui est refusé par Platon pour le devenir), mais d'un mythe vraisemblable qui se réfère à une réalité qui ne peut être dévoilée dans sa *complexité* — où s'enchevêtrent inexorablement le visible et l'invisible, le sensible et le non-sensible. Or, à l'instar des discours catalogiques archaïques, cette succession requiert également une procédure de *redressement*, aidée par les éléments structuraux qui sont en l'occurrence mieux articulés, grâce à l'intervention des mathématiques et de la science des essences — d'où l'affirmation de Platon que le mythe est "vraisemblable". Cette démarche platonicienne, à laquelle Aristote s'oppose dans l'espoir de fonder une science capable d'approcher les choses en devenir dans ce qui leur propre, est plus proche de la pratique des sciences contemporaines, qui remit à l'ordre du jour la nécessité d'intermédiaires multiples (moyens techniques, modélisations mathématiques, métaphores) pour approcher la complexité intrinsèque des choses, quelles qu'elles soient. Or, dès lors que les intermédiaires se multiplient, ce sont les notions même de *physis* et d'*étant naturel* qui sont ébranlées, conférant à l'activité humaine une présence plus active dans la nature, avec comme résultat la promotion de l'*efficacité*. Avec l'intervention de la technique, aujourd'hui, cette démarche devient, par une étrange réhabilitation de Platon, une règle essentielle de la science contemporaine.

L'approche multiforme de Platon, dans le *Timée*, utilise plusieurs modes catalogiques qui servent à analyser les structures du réel : arithmétique, géométrie, géométrie des solides (pour le corps), harmonique (pour l'Âme), éléments de biologie et de psychologie, le tout régulé par le schème de l'artisan (le démiurge). L'insertion de ce dernier marque un autre élément majeur, car le catalogue est régulé par la référence à des modèles successifs (mathématiques, essences-Idées et surtout le Bien), qui visent à promouvoir la Providence divine. Sans poursuivre cette énumération, on peut en tout cas constater l'importance accordée par Platon à la perspective de la *provenance*. Cette méthode qui associe des réalités différentes[8] est doublée, chez Platon, par la méthode de division. Ce nouveau discours catalogique, apparemment plus homogène, vise principalement à former des définitions susceptibles d'exprimer l'essence d'une chose ou d'une action et devient la méthode dialectique par excellence dans les derniers dialogues. Il a trouvé son achèvement dans le néoplatonisme, et plus spécialement chez Proclus où il est même associé au mythe, réunissant, à travers un processus de redressement de celui-ci dans l'éclairage de la méthode de division, les deux méthodes séparées chez Platon. Mais cette démarche catalogique, telle en tout cas que Platon l'utilise sous une forme très élaborée, dans le *Politique*, ajoute à la quête d'une définition, deux démarches supplémentaires : *circonscrire* une chose (par exemple un vêtement) dans ses relations à d'autres choses qui présentent des fonctions semblables ou analogues et la *réalisation* de cette même chose en tant que produit à la suite d'une succession de processus productifs. Tandis que par la première de ces deux démarches, Platon inaugure la problématique, devenue célèbre grâce à Aristote, des *rapports* entre les choses selon les spécificités (ou espèces), les genres et les analogies, la seconde nous initie à une théorie de la *provenance* des choses[9]. Résumons ces démarches.

[8] Et qui explique la présence du mythe, dont le rôle est souvent, chez Platon, de rapprocher, à travers l'unité narrative, des choses incompatibles entre elles. Le cas le plus clair est celui de l'allégorie de la caverne où sont associés le réel sensible (caverne) et intelligible (extérieur de la caverne), l'éducation (sortie de la caverne) et l'action politique (retour dans la caverne pour libérer les autres prisonniers).

[9] S'il est vrai que l'organisation des étants selon le genre et la différence qui marque la spécificité de la chose sert à établir des définitions, elle sert encore chez Aristote, comme dans la démarche catalogique de Platon, à édifier une architectonique plus complexe, comme en éthique et en politique, où les biens matériels (ressources) et ceux du corps, d'abord, et ceux de l'âme, lesquels s'alignent tantôt sur la vie dans la cité et tantôt sur la vie philosophique, ensuite, contribuent à promouvoir et réaliser le bien ultime de l'homme, c'est-à-dire le bonheur. En fait Aristote introduit l'analogie de l'*architecture*, fondée sur la finalité, comme une réponse au modèle du *tissage* utilisé par Platon, et qui insiste davantage sur l'efficience, la production et la manipulation confor-

Au moment où Platon cherche à introduire le paradigme du tissage qui lui semble plus adéquat à expliquer le phénomène politique de son époque, déjà à ses yeux, fort complexe, il s'interroge sur les raisons qui le poussent à recourir à un paradigme[10]. Il révèle que l'absence de paradigmes rend impossible la connaissance et laisse l'homme dans une sorte de rêve, ayant le sentiment de ne rien savoir au moment du réveil (*Pol.* 277d). En ce sens, le paradigme est ce qui configure le rêve, il éveille l'homme de sa torpeur, de l'impression qu'il a que son expérience des choses n'a aucune prise sur le réel, ni aucune stabilité. Le paradigme confère ainsi un sens au rapport de l'homme au monde, il stabilise les choses et leur assigne une certaine intelligibilité. Bref, comme je l'ai signalé dès la première Section, cette approche, qui complète celle des schèmes, illustre bien l'idée de configuration.

Aujourd'hui nous poursuivons ce même chemin, en produisant des "modèles" qui ne sont ni des schèmes empiriques de cette sorte, ni même des paradigmes comme ceux que propose Platon sous le mode d'une expérience plus ponctuelle (pêche à la ligne, tissage, etc.). Nos modèles sont de véritables dispositifs élaborés et opérationnels, souvent associés aux mathématiques et utilisés en science et dans d'autres disciplines, pour approcher ou maîtriser le réel, voire pour produire des objets techniques. Le paradigme, tel qu'il est introduit dans le *Politique*, notamment le paradigme du tissage, est un dispositif intermédiaire entre le schème empirique et le modèle sophistiqué, car il joue déjà le rôle du modèle, tout en gardant une dimension empirique. C'est, je le rappelle, ce type de configuration qui inspire le paradigme du théâtre qui guide ce travail.

---

me à un savoir. Voir mon étude "Le paradigme platonicien du tissage comme modèle politique d'une société complexe", *Revue de philosophie ancienne*, 13 (2), 1995, pp. 107-162. Je citerai par l'abréviation PT. Voir également S. Delcomminette, *L'inventivité de la dialectique dans le* Politique *de Platon*, Ousia, Bruxelles, 2000.

[10] Pour une approche globale de la pratique du paradigme chez Platon, voir V. Goldmchmidt, *Le paradigme dans la dialectique platonicienne*, Paris, 1947. Voir aussi ci-dessus Section I.

L'intérêt de l'application du tissage en politique tient dans le fait qu'il supplée à l'insuffisance du modèle traditionnel *pastoral* pour expliquer l'activité politique, où les citoyens étaient envisagés comme des moutons qu'il fallait élever, nourrir, soigner... La cité complexe à laquelle songe Platon, suppose que l'activité politique est assumée par l'homme politique qui a la responsabilité du pouvoir (en l'occurrence, pour le tissage, l'activité de tisser) et de toutes les autres activités socio-techno-économiques attribuées aux citoyens et aux autres membres de la société. Or, ces *autres* activités contribuent, à leur façon, à la réalisation de l'activité "royale" du gouvernant ou des gouvernants (en l'occurrence, l'ensemble des activités qui préparent au tissage depuis la culture de la laine ou d'autres matériaux requis). C'est dans l'existence de ces autres activités, que s'inscrit la différence entre l'activité pastorale, où toutes les tâches sont accordées au seul berger, et l'activité politique, où la plupart des tâches sont attribuées aux membres de la cité, le gouvernant s'attachant surtout à une activité politique déterminée, que Platon cherche à délimiter. Cette délimitation de l'activité politique fait en sorte que tout le corps social, parce qu'il contribue au bien de la cité, apparaît comme un rival du politique. Or, le but de l'analyse de Platon est d'écarter les rivaux du politique. Son analyse déborde ce que je souhaite mettre en évidence ici. Mais le paradigme que Platon choisit, "faute de mieux", qui est celui du tissage, met en branle des processus qui, aujourd'hui, sont essentiels dans l'infrastructure du monde technico-économique, alors que pour Platon il ne s'agissait que des données paradigmatiques pour éclairer l'activité politique, et plus spécialement le lien entre savoir et politique.

Partant de cette perspective, Platon constate que par "tissage", on entend plusieurs modes de tisser, ce qui l'oblige à restreindre davantage son choix, en indiquant qu'il faudrait se contenter d'une partie — disons d'une configuration — du tissage, celle qui concerne les tissus de laine qu'on utilise pour confectionner des vêtements (279b). Il nous situe par là dans l'application d'une configuration qui suppose des configurations plus étendues. Cette limitation s'appuie sur le fait qu'une configuration limitée suffit à faire voir l'essentiel de ce qui est recherché. Ce choix nous place ici dans l'élevage des moutons. Mais on aurait pu imaginer une configuration tout aussi pertinente : celle de la culture du coton, par exemple, qui met en œuvre un tout autre type de provenance. La démarche de Platon est cependant plus subtile encore, car elle ne se limite pas à l'activité de tisser grâce au fil que nous acquérons par l'élevage ou l'agriculture.

C'est en cet endroit que Platon nous fait entrer dans un autre univers qui associe le *rapport* entre les choses (le vêtement relativement aux autres choses apparentées ou éloignées) et leur *production* (le vêtement produit à partir du tissu de laine, lui-même produit à partir des moutons). Cette complexification de l'approche des phénomènes nous situe au cœur d'un monde qui met en œuvre des catalogues de choses et des processus de division. Platon explore le tissage par deux approches successives : la première explore en entier le paradigme, la seconde a pour tâche de le rapporter au politique. Je l'ai dit, ce qui m'intéresse ici, c'est surtout la première exploration, qui met elle-même en œuvre le *rapport* entre les choses (le vêtement relativement aux autres choses apparentées ou éloignées) et leur *production* (le vêtement produit à partir du tissu de laine, lui-même produit à partir des moutons et tous les processus techniques qui le rendent apte au travail du tissage).

Ce que nous fabriquons et nous acquérons, dit-il, sert soit de moyen pour agir, donc pour faire quelque chose, soit de moyen d'être affecté, de se préserver de quelque chose. Par cette double explicitation, nous touchons au domaine de la finalité, de ce qu'Aristote appellera, plus tard, “ce en vue de quoi” ou “cause finale”. Platon envisage ici la question de la finalité selon des multiples possibilités, alors que, dans la problématique des causes, il soumet ces possibilités à un axe principiel qui les simplifie en les *rassemblant* dans une cause unique, la cause finale, au détriment de l'instrumentalité qui la réalise. Cette différence a donné longtemps l'impression que la seule théorie de la causalité pertinente dans l'Antiquité, était celle de la physique d'Aristote (c'est-à-dire des quatre causes), qui se réfère à la production d'une œuvre ou à l'épanouissement d'un étant naturel, alors qu'en réalité même Aristote, dans ses traités de biologie multiplie les intermédiaires. À telle enseigne que dans l'une des contributions les plus originales de la différence entre “technè” ancienne et “technique” moderne, celle de Heidegger, la *technè* ancienne est envisagée uniquement à partir des quatre causes[11]. Heidegger ignore ces autres approches qui sont, au point de vue structurel, plus proches de celles de la *technique moderne*, et qui pourraient éclairer davantage son véritable statut, et son lien avec la politique et l'économie, que Heidegger ignore.

L'approche de Platon considère un produit, d'abord, dans le contexte de sa présence et de son usage relativement au monde dans lequel il s'insère, et qui est, en dernière analyse, le monde humain, — où se déploie également le phénomène politique. Par exemple, un vêtement protège celui qui le porte. Or, les moyens de protection concernent un nombre indéfini de choses, qu'on peut cependant scinder en deux parties générales : d'une part, l'ensemble des antidotes divins ou humains et, d'autre part, tous les moyens de défenses. Comme le vêtement appartient à cette dernière catégorie d'objets, Platon y porte son choix, mais en la divisant également en deux parties : la première concerne les armures guerrières, la seconde l'ensemble des clôtures, parmi lesquelles on peut inclure le vêtement en ce qu'il protège des intempéries. C'est pourquoi ces "clôtures" sont divisées en deux : en tentures et en abris. Les abris sont aussitôt divisés en toitures et en étoffes, lesquelles sont produites soit pour qu'elles soient étendues comme on le fait avec les tentes et les draps, soit pour envelopper quelque chose. Avec cette dernière division, nous arrivons dans la *proximité* de ce que constitue un vêtement, puisque sa fonction est d'envelopper l'homme en vue de le protéger des intempéries. Mais comme la visée de Platon est de circonscrire un type de vêtement formé à partir du tissage de la laine, c'est-à-dire le vêtement fait de laine, la division ne peut s'arrêter à l'attribut "ce qui enveloppe", il requiert une distinction supplémentaire dans l'ordre même de cette sorte d'étoffe qui enveloppe. Or, parmi ces matériaux, les uns sont faits d'une pièce, les autres de plusieurs pièces, et ceux qui sont faits de plusieurs pièces sont ou bien perforés ou assemblés sans

[11] M. Heidegger, "Die Frage nach der Technik", dans *Vorträge und Aufsätze*, Günther Neske, Pfullingen, 1967[3] (1954). Sur cette question, voir mon étude "Technè ancienne et technique moderne chez Heidegger", *Revue de philosophie ancienne*, IV (2), 1986, pp. 253-297.

perforations ; ces derniers sont faits soit de fibres tirées de plantes de la terre, soit de crins qui sont eux-mêmes collés avec de l'eau et de la terre ou entremêlés brin à brin, comme le sont les poils tirés de la laine des moutons. Ce sont, conclut Platon, ces moyens de protection constitués d'étoffes faites de brins qu'on doit qualifier de vêtements.

Ce processus permet de situer un objet *relativement* à d'autres objets ou à des classes d'objets. Se forme ainsi un réseau de relations régi par les principes de ressemblance et de différence, qui organisent le réel, tout en permettant d'assigner à une chose des attributs significatifs. Ce procédé qui concerne plus directement ici un objet fabriqué (le vêtement), mais qui peut être appliqué à n'importe quelle chose, naturelle ou autre, inaugure l'histoire des classifications scientifiques, moins unitaires qu'on le pense souvent, et qui cherchent le plus souvent à éviter les démarches catalogiques qui requièrent des redressements successifs. Mais ce n'est pas cet aspect du platonisme qui m'intéresse en cet endroit, et qui est le domaine de recherche proche de celui de Jean Baudrillard pour élaborer sa conception de l'objet-signe, — et qui ignore en l'occurrence Platon. Mais ce que je souhaite plutôt relever, ici, c'est la seconde tentative d'exploration de Platon, qui concerne la *provenance* de l'objet (en l'occurrence du vêtement), où il réintègre de nombreux éléments qu'il avait écartés auparavant, montrant ainsi que si l'on cherche à circonscrire le réel selon ses dimensions à la fois structurelles et dynamiques, il apparaît selon une plus grande complexité.

En effet, une fois l'élucidation des relations impliquées par les produits du tissage accomplie, il reconnaît qu'elle n'épuise pas le problème de l'art vestimentaire, car c'est la notion même d'art qui reste en suspens (280a-e). Si l'on s'arrête aux matériaux mis en œuvre dans le processus de division, il ressort qu'entre les arts utilisés pour traiter les plantes (l'ensemble des arts concernant l'agriculture et les plantations) et ceux qui concernent les animaux (élevage, et même, ici, l'art de tondre), il existe des différences considérables. Aussi relève-t-il la dimension productrice de la chose et l'art qui y correspond chaque fois. Cela l'oblige à relever que, parmi les arts, il y a ceux qui sont apparentés dans l'ordre de la production, et ceux qui sont seulement auxiliaires. Pour les étoffes, il ne retient que deux cas : les arts des objets servant à étendre (tentes, draps...) et les arts des objets servant à envelopper (voiles, vêtements...). Aussi écarte-t-il une série d'arts, qu'il avait déjà éliminé dans ses divisions antérieures. Il s'agit des arts correspondant aux plantes (lin, sparte...), ainsi que l'art du feutrage et de l'assemblage (dont la partie la plus importante est la cordonnerie). Il écarte aussi la pelleterie, qui apprête les étoffes faites d'une seule pièce, et les arts de fabrication, notamment ceux qui concernent la construction et les autres choses semblables. Remontant encore le courant, il met en valeur les arts de fabrication des clôtures qui nous protègent des vols et des actes de violence. Ces arts qui produisent les couvercles et les portes appartiennent à l'art du menuisier, art qui — faut-il le rappeler ? — produit également la navette pour tisser.

Il convient de bien souligner ici que Platon va, dans la suite du texte, insister surtout sur la dimension politique de son analyse en la fondant sur l'antériorité et la supériorité incomparable de l'âme sur le corps. Ce qui s'accomplit par une sous-détermination parallèle des préoccupations plus terre-à-terre. Il s'agit là d'une observation qu'il faut garder à l'esprit, car, il me semble qu'à notre époque nous faisons exactement l'inverse : nous surdéterminons les structures technico-économiques au détriment de l'âme et du politique, qui sont pour ainsi dire à la traîne, ce qui explique l'occultation de la souffrance et des aspirations humaines. La visée de Platon est en fait moins économique qu'éducative et politique. Toutefois, le caractère paradigmatique du tissage, nous permet d'envisager également ces processus en dehors de la visée politique, comme cela se dégage de la promotion de l'art vestimentaire qui produit les moyens de protection à partir de la laine, et qui est désigné par le nom “art du tissage”.

Cette orientation purement technicienne de l'analyse du paradigme me permet d'observer que Platon esquisse ici une *Poétique* autonome, même s'il l'introduit en vue du politique. Comme son titre l'indique, le *Politique* a de toute façon une visée politique fondée sur l'âme, avec comme axe central l'art politique fondé sur le savoir. Par là, Platon vise à fonder une “scientocratie”. Mais alors que chez lui la technique ne fait pas le poids face à la science dialectique, il nous impose une présence massive de la technique dans sa dimension productrice.

Nous voilà ainsi conduits au cœur de la question de la production. Lorsqu'on tisse, la production s'accomplit par une sorte d'entrelacement, et non par une action de démêler des choses qui étaient constituées et pressées ensemble, — action qui appartient à un autre type d'art (art du cardeur) —, ni par une fabrication d'une chaîne et d'une trame, et moins encore par des activités de foulage, de ravaudage, etc. (280e-281b). L'action de tisser est bien une action de production, et peut être circonscrite, *essentiellement*. Il n'empêche que *certains* des arts (lavage, ravaudage, etc.), prennent l'allure de véritables rivaux du tissage. Bien plus, ces arts appartiennent au champ de l'art du tissage, dans la mesure où celui-ci combine, grâce à la navette ou aux mains qui tissent, deux activités différentes, comme celle d'assembler et celle de séparer. Dès lors, si "le tissage est l'art d'entrelacer la chaîne et la trame" (283a-b), il ne réunit pas moins tous ces arts (dont la plupart ne sont que des arts auxiliaires) en un art unique, considéré généralement comme l'art de travailler la laine.

Pourtant, cette *intégration*[12] est refusée par Platon parce que, à ses yeux, les "rivales" de l'art de tisser ne peuvent pas prendre une part essentielle dans la genèse de la chose même (du vêtement) ou, comme le dira le *Philèbe* en généralisant, dans *la genèse de l'essence* (64e). C'est à ce titre que Platon les qualifie de causes *auxiliaires* (280e-281e). "Tous les arts, dit-il, qui ne fabriquent pas la chose même (*to auto pragma*), mais fournissent aux arts qui la fabriquent les instruments sans lesquels aucun d'eux ne saurait accomplir le travail qui lui est assigné, sont des causes auxiliaires, alors que les arts qui produisent la chose même sont des causes <principales>" (281e). Notons ici l'importance de cette distinction qui occulte *toutes les chaînes de production* au profit de la dernière étape. C'est cette provenance qu'oblitère, jusqu'à un certain point, la théorie des quatre causes aristotéliciennes, qui restreint davantage encore la provenance. L'intérêt néanmoins de la nouvelle position d'Aristote est de circonscrire plus directement les conditions de l'étant technique : sa matière, sa spécificité, sa finalité, et

[12] Qu'Aristote assume dans son modèle architectonique. Voir n. 9 ci-dessus.

son efficience. Seule cette dernière, en tant qu'elle exprime ce qui meut, peut inclure les processus de production.

En réalité, la façon dont Platon amorce le problème du politique par cette mise en scène de la complexité des processus nécessaires pour produire les objets, en l'occurrence un vêtement à partir de la culture de la laine, me paraît plus importante que son texte ne le laisse percevoir. Il révèle qu'un objet fabriqué ne s'éclaire pas seulement par ses rapports avec les autres objets (première exploration du paradigme du tissage), mais également par l'ensemble des processus qui contribuent à le produire essentiellement comme tel étant fabriqué servant à quelque chose. Nous découvrons en fait ici les données essentielles que Heidegger, le premier, met en évidence pour expliquer l'objet technique (par exemple un avion) à partir de l'extraction de minerais à un endroit de la planète et au terme de l'enchaînement des processus de fabrication et des dispositifs mis en œuvre par la technologie moderne, qui nécessite le rassemblement des éléments qui conduiront à la fabrication de l'objet technique. Cette provenance de l'objet, qui défie la simplicité des quatre causes (*aitia*) aristotéliciennes, parce qu'elle met en jeu un ensemble de processus préalables qui arraisonnent le monde qui nous entoure en le modifiant, a été qualifié par Heidegger de *Gestell*, qui forme l'essence de la technique moderne, tout comme les *causes* le seraient pour la *technè* ancienne[13]. L'analyse que je viens de décrire de Platon, mais aussi l'étude de l'architectonique élaborée par Aristote, révèlent que cette dernière analogie est insuffisante, et que les Grecs avaient proposé un modèle qui anticipe et annonce celui de Heidegger. Si l'on met ici entre parenthèses la visée de Heidegger concernant à la fois le défi que nous adresse le monde de la technique et l'occultation de l'être au bénéfice de l'étant technique, il faut reconnaître que son approche circonscrit, jusqu'à un certain point convenablement, le champ d'analyse de la technique en elle-même, — tout comme celle de Platon éclaire d'une façon remarquable la complexité de la production à partir d'une multiplicité de *technai*. L'absence de la

[13] Cf. mon étude, "*Technè* ancienne et technique moderne selon Heidegger", *op. cit.*, pp. 268 ss.

dimension politique, mais aussi économique, dans l'analyse de Heidegger soulève une aporie fondamentale qui concerne le statut même de la technique et de son lien à la métaphysique dans le monde contemporain. Mais avant de rencontrer Heidegger, revenons à Aristote.

3. *En quête d'une autonomie introuvable de la Nature*

Tout en réhabilitant la notion de *physis* en dehors de toute connotation providentielle, ce qui a rendu possible la création même du terme "physique", Aristote approfondit l'idée d'un Univers (ou de "Ciel" au sens large du terme) constitué du monde supralunaire (des sphères célestes contenant les astres divins et un support corporel, l'éther) et du monde sublunaire de la génération et du périssement de tous les étants naturels entre les quatre éléments et l'homme. Le monde sublunaire n'est pas qualifié de Physis, mais contient des étants possédant de la *physis* en tant qu'elle est principe de mouvement et de stabilité. En possédant ce privilège, les étants naturels écartent de leurs prérogatives tous les étants produits par l'homme, auxquels, nous le verrons, Aristote nie toute possibilité d'automation, limitant fortement l'idée même de la *technè*, lui barrant la route vers sa modernité. Quant aux étants naturels, ils sont constitués par les quatre éléments et tous ceux qui en sont issus : étants inanimés (minéraux...) et étants animés (plantes, animaux et humains). En écartant toute connotation providentielle dans la *physis*, Aristote refonde l'approche ionienne. Et même s'il ne globalise pas l'autonomie de la "nature", parce qu'il admet, on l'a vu, le monde supralunaire parfait soumis aux lois de l'éther (circularité perpétuelle) et la limite à chaque étance (*ousia*) naturelle, il accepte néanmoins la *génération spontanée* pour des coquillages et des insectes, avec une naïveté qui n'étonne, nous le verrons, que parce qu'il l'attribue aux êtres vivants. Ainsi, Aristote, d'une part, refuse toute automation technique, la considérant comme appartenant au mythe, alors que, pour nous, c'est l'automation qui constitue l'essence de la technique contemporaine, et, d'autre part, défend, à l'inverse, la génération spontanée des vivants, ce qui nous paraît extravagant.

En fait, Aristote situe les étants naturels selon la génération de l'étance (*ousia*), qu'il conçoit comme un *épanouissement* (*physis*) manifestant l'étant naturel selon une forme (*morphè*) qui exprime la spécificité (*eidos*), telle que celle-ci est transmise par une cause efficiente (par exemple un géniteur) et est imposée à la matière. Il les situe, ensuite, dans l'ordre des propriétés de l'étance naturelle, en tant qu'elle possède en elle un principe de mouvement et de stabilité, selon le lieu, la croissance et la décroissance ou l'altération. Le fait que je suis en train d'écrire illustre bien que je suis un principe de mouvement et de repos, lequel rend possible, en l'occurrence, le mouvement selon le lieu. Par suite, même si une cause extérieure est requise pour amorcer les processus naturels, non seulement dans l'ordre des géniteurs, mais aussi dans l'ordre des choses (en l'occurrence mon ordinateur), tout étant naturel manifeste néanmoins son autonomie principielle et n'est soumis à aucune puissance invisible sous-jacente ou transcendante. Les seules connexions qu'Aristote reconnaît, ce sont celles qui s'accomplissent à travers ses rapports avec d'autres étants naturels ou provenant de la *technè* (art et technique).

Cette dernière précision n'est pas sans importance. Car elle assure déjà une possibilité à l'homme d'agir sur la nature, alors même qu'elle exclut toute présence d'autres puissances concurrentielles. L'humanisation de l'espace qui se tient à proximité de l'homme, inaugurée politiquement par Solon et achevée par l'idée de Protagoras d'après laquelle l'homme est la mesure de toutes choses, est ici déplacée également vers la nature, par la médiation de la *technè*. Cette intervention de l'homme s'accomplit chez Aristote avec prudence et selon certaines limites, que son élève Théophraste est le premier à franchir, en observant que la *technè* est responsable du défrichement des forêts de l'Attique pour construire des maisons et des bateaux. Je ne connais pas, dans l'Antiquité, d'autres exemples de discernement aussi aigu de la présence de l'activité humaine sur la nature même si Pline multiplie les exemples. Nous verrons que le médecin romain intègre ces constatations dans un finalisme de la Nature qui réinvestit les choses d'une dimension religieuse inquiétante. En revanche, il est bien connu que depuis Francis Bacon et Descartes l'action de l'homme sur la Nature est placée au premier plan et d'une façon désacralisée. Mais le plus souvent, il s'agit aussi de la technique. C'est à Marx que revient le mérite d'avoir discerné que la transformation de l'objet technique en *marchandise* met en jeu un investissement de la dimension sociale de l'homme dans la Nature. Le débat actuel sur la destruction de la nature révèle une intégration plus active encore du social, du politique et du culturel dans la nature, notamment par le biais de la question du risque[14]. Mais on peut aller plus loin en ce sens, et mettre en évidence l'idée d'après laquelle les objets qui prolifèrent et qui inondent notre vie quotidienne sont, selon l'expression de Bruno Latour, des "hybrides" ou des "quasi-objets", c'est-à-dire qui ne sont ni du côté du pôle nature, ni du côté du pôle sujet/société, mais mélangent les deux domaines, les brouillant à tel point qu'ils nous embrouillent[15]. Cette perspective est d'une richesse insoupçonnée, car elle ouvre à la question de l'intervention de l'homme à plusieurs niveaux, y compris les pouvoirs de décision dans ce qui fait l'objet. Nous y découvrons une dimension "constructiviste" féconde[16], où la configuration est le schème de la construction. En mettant en jeu des réseaux hétérogènes, comme Platon l'avait perçu, ces quasi-objets, en lesquels nature et culture sont intimement mêlés, appartiennent en fait à l'ordre de la complexité et sont, de surcroît, investis d'une dimension économique, non seulement en tant qu'ils sont inconcevables et irréalisables sans le fond technico-économique constitutif de notre époque.

Face à cette évolution de la notion de "nature", la thèse aristotélicienne d'une quasi autonomie de la *physis*, apparaît donc comme insolite. Encore qu'Aristote considère que la *technè* ne fait pas seulement

[14] Je reviens plus loin sur cette perspective défendue par Ulrich Beck, dans son livre *La société du risque. Sur la voie d'une autre modernité*, Flammarion, 2001 (orig. all. 1986). Je citerai par SR.

[15] B. Latour, *Nous n'avons jamais été modernes. Essai d'anthropologie symétrique*, La Découverte, Paris, 1991.

[16] Dans ce prolongement de la perspective de Bruno Latour, il faudrait ici rappeler les travaux de ma collègue Isabelle Stengers. Pour ce qui suit, je renvoie en particulier à *Histoire de la chinie* (La Decouveste, Paris, 1993), écrit en collaboration avec B. Bensaude-Vincent.

qu'*imiter* la nature mais, dans certains cas, elle la *prolonge*, comme dans le cas de la médecine et de l'agriculture. Il est certain que ce *plus* est déjà un pas vers une présence plus grande de l'homme dans la nature, ce qui est confirmé par la façon dont il envisage la finalité. Comme il dit, la fin de tout processus d'épanouissement des choses (la nature) n'est pas la mort mais le *meilleur*, à quoi il ajoute que les êtres humains utilisent les choses de la nature *comme si* elles existaient en vue d'eux-mêmes (*Phys.* II, 2, 194a30-35). En reconnaissant cette perspective, grâce à laquelle l'*usage* des objets permit à la *technè* d'acquérir rapidement ses lettres de noblesse, devenant pour l'homme l'auxiliaire le plus fiable, Aristote aborde un problème crucial, que la remarque de Théophraste radicalise dès lors qu'elle ajoute que l'homme s'approprie et même détruit la nature pour réaliser des objets à son service. Manifestement, le débat dans l'École d'Aristote sur les rapports entre technique et nature était animé. Mais l'ambiguïté de certains textes n'empêche pas leur infléchissement. Aristote dit souvent que "la nature ne fait rien en vain...". Il suffira plus tard de prendre cette expression littéralement pour soutenir que la Nature (ou Dieu) fournit les choses *en vue de* l'homme, alors qu'on vient de la voir, Aristote soutient que l'homme agit *comme si* les étants étaient à son service.

Au Moyen Âge le thème d'une nature destinée réellement à l'homme est courant. On trouve au moins un maillon historique, auparavant, dans l'*Histoire naturelle* de Pline, qui constitue l'un des ouvrages les plus extraordinaires de l'Antiquité. En plus de l'Astronomie, Pline aborde la Terre par le biais de la géographie, circonscrivant un monde élargi par les conquêtes d'Alexandre jusqu'à l'Inde, à l'est, en Gaules et en Albion (Grande Bretagne), à l'Ouest, à l'Océan septentrional (qui embrasse le territoire des Scythes), au nord, et à l'Éthiopie au sud. De plus, il s'engage dans la voie de la clarification des "choses de la nature", où l'influence de Lucrèce, le pousse à se méfier de la Providence divine ou céleste et des Enfers, préférant accorder à l'homme la capacité d'affronter et de s'accommoder à la Nature. À ses yeux, c'est la souffrance qui a poussé les hommes à établir les divers dieux, chacun adorant celui dont il avait le plus besoin (II, 1-5). Mais ces avancées sont aussitôt modérées, par une analyse qui réintègre la providence dans la Nature, où le Ciel est compris comme la résidence de la Divinité, avec un Soleil qui assure à la vie ses conditions vitales, mais où aussi la Terre appartient à l'homme et, grâce aux bienfaits qu'elle produit, mérite le nom de "mère". Si la Terre était autosuffisante, et faisait tout sans obstacle, les êtres humains vivraient dans un véritable paradis. Mais les choses ne sont pas simples, car il n'y a pas seulement l'homme, mais tout le reste, dont la Nature qui s'impose par son ambivalence (HIN, 176-178).

Ainsi, paradoxalement, cette promotion de la Terre nourricière qui donne ses produits "pour nous" (*causa nostris alit*) et qui nous défend contre les méfaits de la Nature, n'inclut pas tous les phénomènes que celle-ci met en jeu, car l'air peut déchaîner des tempêtes, l'eau inonder les terres, les animaux nous être nuisibles, etc. (II, 63, 1-4). L'élément "terre" fait en sorte que la Terre soit le refuge, la sécurité, la providence, tandis que les autres éléments peuvent nuire. Aujourd'hui où la question du risque devient centrale, cette opposition révèle que les Anciens avaient déjà repéré l'opposition entre sécurité et risque, mais en situant le risque du côté de la Nature, sans oublier, nous le verrons, les dangers de l'activité humaine. Aujourd'hui on sait qu'il faut attribuer le risque surtout à la technique contemporaine.

Chez Pline, derrière l'opposition entre Nature et Terre, se profile le thème de la protection de l'homme. Car, par son ambivalence, la Nature possède des forces pour ainsi dire maléfiques qu'elle peut rééquilibrer par sa finalité propre dès lors qu'il s'agit de protéger la Terre, dont fait partie l'homme. C'est ainsi qu'elle a élevé les montagnes, apparemment improductives, pour protéger, "par une sorte de construction les entrailles de la Terre, afin de dompter la violence des fleuves, de briser les flots de la mer et de contenir, par ce qu'elle avait de plus dur, les éléments les plus turbulents". Toutes ces violences de la Nature se retourneraient irrémédiablement contre l'homme, si la Nature n'avait pas la prévoyance d'édifier de protections naturelles pour préserver son existence. La Nature recèle ainsi une ambivalence profonde qui transcende l'homme et les assises terriennes qui lui appartiennent, mais qui, en fin de compte, sont à son service. Le finalisme est ici poussé dans son accomplissement. Cependant, comme le note R. Lenoble,“le Cosmos, responsable des maux comme des biens, représente une Fatalité qu’il faut accepter sans toujours la comprendre. Entre la *Terra* et la *Natura*, les luttes et les compromis restent aussi actuels qu’entre les dieux de la mythologie classique” (HIN, 179). Comme l’ombre de l’homme se tient partout, il reste à voir ce qui arrive lorsqu’il agit sur les choses de la Terre et de la Nature.

Lorsque l’homme excède la mesure et agit sur la Terre, en la détruisant au moyen de la technique, il subvertit l’équilibre fragile entre Terre et Nature. Par ses imprudences, en creusant des puits de mines, en perçant des isthmes, en construisant des digues, en modifiant le cours d’un fleuve, l’homme compromet un équilibre. Il en va de même avec les greffes des plantes, etc. Cela signifie aussi que si la Nature travaille pour l’homme, celui-ci doit s’y conformer et ne pas la détruire. On comprend que Pline ait aussi milité pour la sobriété et condamné tout luxe, qu’il ait aussi considéré que le médecin doit se contenter de remèdes naturels, préparés par la Nature pour l’homme, et qu’il peut trouver facilement, qui constituent, par exemple des antidotes contre les facteurs d’agression (serpents, scorpions...) (HIN, 180-184)[17]. En somme, la Nature recèle une ambivalence profonde qui transcende l’homme et les assises terriennes qui lui appartiennent, mais qui, en fin de compte le servent. L’homme ne s’en rend pas toujours compte, au point qu’il ne cesse de perturber cet équilibre, si bien que la Nature agit par de *prodiges* signifiants ou funestes, qui rappellent à l’homme la nécessité de le respecter. Pline observe que l’homme des origines voyait dans les arbres nourriciers de la forêt le plus beau présent que les dieux lui ont fait, et rappelle qu’encore à son époque, dans les campagnes, les arbres sont consacrés aux dieux, et qu’à Rome même ces cultes subsistent dans les cérémonies et les rites officiels, chaque espèce d’arbre étant dédiée à une divinité, le chêne à Jupiter, le laurier à Apollon, l’olivier à Minerve, le myrte à Vénus, etc. (XII, 1-2).

À ces remarques, il faut ajouter que la médiatisation aussi bien de la Terre que de la Nature par les puissances de l’invisible, qui amorce

[17] Pline, *Histoire Naturelle*, XXIV, 1 ; 73 ; XV, 17 ; XVII, 22 ; XXIX, 8 ; XXXVI, 1, etc.

un retour spectaculaire vers les conceptions du monde archaïque qu'avaient ébranlées tant les sages ioniens qu'Aristote, intègre un élément supplémentaire : l'action de la technique humaine qui déstabilise l'équilibre fragile. Même si cette intervention de l'homme est aussitôt récupérée par la sacralisation des étants naturels, en infléchissant l'apport de Théophraste, elle fait désormais voir que la socialisation de la Nature ne se limite plus à la médiation de puissances invisibles, mais peut être également celle de l'activité humaine comme telle. En cela l'objet-symbole précède manifestement l'objet-signe qui apparaît comme étant une désymbolisation utile plutôt qu'une perte.

Tout semble donc faire barrage à l'autonomie de la nature, puisque même Aristote, qui a été le plus loin dans ce sens après les Ioniens, recule devant les potentialités de la *technè*. Mais je crois que sa pensée n'a pas dévoilé toutes ses potentialités, et c'est pourquoi il me semble utile d'aller plus loin, en commençant par approfondir le rapport qu'il établit entre *technè* et *physis*.

Tout d'abord Aristote les oppose radicalement. Il écrit en effet, au début du livre II de sa *Physique* : "Parmi les étants, les uns sont par nature, les autres par d'autres causes. Sont par nature les animaux et leurs parties, les plantes et les corps simples comme la terre, le feu, l'air et l'eau ; ce sont ceux-là et ceux de cette sorte que nous disons être par nature. Or, tous les étants cités paraissent se distinguer des choses qui ne sont pas constituées par nature, car tous les étants par nature paraissent posséder en eux-mêmes un principe de mouvement et de stabilité (...), tandis qu'un lit, un manteau, et s'il existe quelque chose d'autre de ce genre (...), en tant qu'ils ont reçu chaque attribution et dans la mesure où ils sont produits par l'art, n'ont aucune tendance innée au changement"[18].

Notons, tout d'abord, qu'Aristote ignore ici que les quatre éléments eux-mêmes sont des corps composés, oblitérant l'idée même de complexité. Cette simplification concerne aussi les parties des plantes et des animaux, qu'il répartit entre les homéomères, c'est-à-dire parties homogènes, comme le sang, la chair, l'os (alors qu'ils sont, on le sait,

[18] *Phys*. II, 1, 192b8-19 (trad. de A. Stevens, Vrin, Paris, 1999). Sur toutes ces questions, voir mon livre sur *La Physique d'Aristote*, déjà cité.

composés), et les anhoméomères, comme les organes et les membres, composés d'homéomères, y ajoutant des fonctions. Mais l'intérêt de sa position est que, par cette définition, de la “nature”, elle soumet au même type de principe le monde non-vivant et le monde vivant, en situant néanmoins l'origine de l'épanouissement à l'extérieur, dans une cause efficiente qui lance le processus de changement (*méta-bolè*), avant que ce qui s'épanouit poursuive son épanouissement par soi-même. À telle enseigne qu'Aristote se permet d'y inclure également la ”génération spontanée” (*automaton*), en songeant, avec une témérité qui étonne, qu'il existerait des vivants, tels les coquillages et certains insectes qui naîtraient ainsi dans un laps de temps extrêmement court, à condition que la matière et l'énergie solaire forment des conditions (proportions : *logos*) qui sont nécessaires et suffisantes. Cette idée, qui paraît extravagante pour ce qui est des vivants, l'est cependant moins pour des phénomènes de la nature, tels les tremblements de terre, les volcans, les typhons ou les raz-de-marée qui se produisent par des causes extérieures selon certaines conditions physiques. La précision me paraît importante, mais également déroutante, car elle autorise une extension de la notion de “nature” à un nombre indéfini de phénomènes, y compris ceux qui concernent aujourd'hui l'Univers extraplanétaire. Dès lors, ne devrait-on pas attribuer aujourd'hui le terme de “nature” à l'ensemble de l'Univers, où des phénomènes arrivent spontanément à partir de causes intrinsèques ou extrinsèques ? Cette perspective était impossible chez Aristote qui voyait dans le monde supralunaire un lieu autonome, avec ses propres lois physiques, fondées sur un corps parfait qui a la capacité de produire le mouvement circulaire (parfait) des corps célestes (dotés d'intelligences).

Ce dualisme qui révèle comment le Ciel était jusqu'encore récemment (jusqu'à Copernic et Galilée) une “terre inconnue”, ne pourrait avoir aujourd'hui un sens que si l'on admettait l'idée que la Nature ne concernait que notre planète. L'immensité de l'Univers qui nous entoure, avec ses lieux pour ainsi dire hostiles à la présence de l'homme en chair et en os au-delà d'un espace qui se tient en toute proximité de la Terre, assure une certaine pertinence à l'hypothèse d'une acception minimaliste de la Nature, dans le cadre de la vie sur Terre, avec comme référence l'homme. Cette hypothèse, risque d'aboutir à l'idée que l'Univers, parce qu'il est impossible à explorer au-delà de certaines limites, ne devrait pas être une priorité dans les préoccupations humaines. Au point de vue du savoir, une telle hypothèse semble absurde. Mais, une fois qu'on tient compte aussi de la précarité de la vie humaine, avec ses souffrances, ce qui apparaît comme plus urgent (proximité temporelle), c'est la préservation de l'écosystème qui nous est vital (proximité spatiale) et au sujet duquel les discussions (notamment autour de l'effet du rechauffement de la planète) montrent suffisamment l'importance. Que les êtres humains, dans leur environnement proche et vital (donc, l'ensemble de ce que la planète contient comme choses) soient une priorité défendable face à d'autres considérations, comme celle de la connaissance de l'Univers ou encore des retombées technologiques de la "conquête" (mythique) de l'espace, me semble évident. D'autant plus que la connaissance de l'Univers, qui est tributaire entièrement des progrès technologiques réalisés par l'homme lui-même, exige des sommes faramineuses pour pouvoir opérer. La question doit être débattue, car une réponse est aujourd'hui urgente.

Dès lors, pour résumer cette première approche, suscitée par la discussion concernant le lien entre le centre de notre planète et les confins de l'Univers, je dirai que même si l'on concevait que la Nature peut être, théoriquement, étendue jusqu'aux confins de l'Univers pour englober tous les phénomènes dont l'homme n'est pas la cause, en fait c'est principalement la Nature terrestre et ses environs qui constituent une priorité pour l'homme. Elle constitue, jusqu'ici du moins, le seul monde proximal de l'humanité qui soit à notre portée et dont nous sommes immédiatement tributaires. Aujourd'hui, cet espace restreint est *menacé* par l'activité humaine elle-même, qui le configure de plus en plus au profit d'intérêts économiques désordonnés qui fragilisent la vie sur la planète. Bien sûr, on ne peut ignorer l'Univers extra-terrestre, surtout sur le plan de la connaissance. Cependant un manque dans ce domaine, dans les conditions actuelles du savoir (qui nous a libéré de nos préjugés), est moins grave qu'un manque dans la préservation de l'écosystème et concernant la vie de millions d'habitants qui vivent au dessous du seuil de ce qui est acceptable pour vivre. Bref, plus d'argent pour la Terre et moins pour l'Univers constitue une priorité à débattre, un choix sur lequel l'humanité devra un jour trancher, malgré les retombées économiques que ces recherches entraînent. Sans oublier que souvent, d'ailleurs, ces recherches profitent plus aux recherches militaires...

Mais le texte d'Aristote nous pousse vers une seconde réflexion. Par sa dernière assertion, il apparaît que les choses qui sont produites par d'autres causes, comme celles de la *technè* (art et technique), ont leurs causes extérieures, dans la mesure où, selon Aristote, toute production implique une *présence permanente* du producteur pendant toute la production. C'est pourquoi il définit la production comme un entre-deux issu (*metaxu*) entre ce qui produit et ce qui est produit. Autrement dit, il n'y a production qu'aussi longtemps qu'il y a activité du producteur qui s'actualise en produisant sous l'effet du contact avec le productible qui aussitôt devient ce qui est produit ou se qui se produit. C'est en vertu de ce contact permanent qu'il refuse l'automation, qu'il considère comme faisant partie de la mythologie (celle d'Héphaïstos et de Dédale), au point d'affirmer, dans un célèbre passage, que si les navettes pouvait fonctionner par elles-mêmes, on n'aurait pas besoin d'esclaves. Or, cela signifie aussi que dans la mesure où sa physique montre l'impossibilité d'une automation autre que celle de la nature, l'esclavage est quelque chose de naturel. Cette position du Stagirite qui scandalise souvent les anti-aristotéliciens montre au moins une chose : l'invention de l'automation technique est l'une des conquêtes les plus importantes de l'humanité, non seulement à cause de progrès fabuleux qu'elle a assuré à la technique, mais parce qu'elle a libéré l'homme, non pas du travail, mais d'une forme d'esclavage, considérée comme naturelle. Ce sont plutôt ses conséquences quant à la nature du travail et des acquis sociaux qui posent des problèmes, auxquels nos États contemporains n'ont pas encore donné les solutions satisfaisantes.

À cette première analyse du rapport entre *technè* et *physis*, il faut en ajouter une deuxième. Il s'agit de la proximité étroite entre *technè* et *physis*, non seulement à cause d'une analogie dans le *devenir* des choses qui réalisent des "formes" (*morphai*), mais parce que tous les étants produits par la *technè*, possèdent par leur *matérialité*, quelque chose de naturel. La suite du texte que je viens de citer, précise ce point : en tant qu'il arrive, dit-il, pour les étants produits par la *technè*, d'être de pierre, de terre ou en un mélange des deux, “ils ont cette tendance innée, mais *seulement* dans la mesure où la nature est un principe et une cause de mouvement et de stabilité pour ce dans quoi elle existe *originellement*, en soi et non par accident” (II, 1, 192b19-23). C'est ainsi le cas d'une statue qui est faite de pierre, d'une poterie faite de terre, d'une table ou d'un lit faits de bois, etc. Mais je viens de souligner l'élément clé du passage : le fait qu'*à l'origine* la matière des étants techniques étaient de l'ordre de la *physis*, comme le bois qui provient d'un arbre.

S'il est vrai que par là Aristote marque plus clairement l'intervention de l'homme dans la nature, au point que Théophraste ait pu préciser que cette intervention n'est ni innocente ni sans conséquences, il affirme néanmoins que tout objet technique est par sa *matière* de l'ordre naturel. Cela signifie aussi que, pour Aristote, la proximité de la *technè* avec la nature est étroite, les médiations étant à peine importantes, comme c'est le cas ici de la médiation du sculpteur avec la pierre, d'un bûcheron et d'un menuisier avec le bois provenant d'un arbre, etc. Par contraste, on le verra, la technique moderne multiplie les médiations. À telle enseigne que la Nature elle-même est sans cesse défiée, donnant l'impression de perdre son autonomie.

Le paradoxe donc qui surgit des rapports entre nature et technique chez Aristote consiste dans ses positions extrêmes : il refuse l'automation technique alors qu'il l'accepte d'une façon absolue pour la nature. Au point qu'Aristote indique que si ceux (les physiologues ioniens et les atomistes) qui soutiennent que la vie est née spontanément avaient raison, c'est en quelque sorte de cette façon qu'on peut supposer que l'homme est advenu, à l'origine. Or, prolongée vers la problématique de la puissance de la Nature, que même la technique contemporaine est jusqu'ici incapable de maîtriser, une telle théorie pourrait aider à repenser la complexité des rapports actuels entre technique et Nature, qui deviennent, nous le verrons, fort complexes. D'autant plus que le problème qui demeure toujours à l'horizon et qui resurgit sans cesse, c'est celui de savoir ce qui est exprimé par la notion de “nature”, et si elle inclut l'Univers ou seulement l'espace terrestre où domine la vie. La question reste ouverte.

2. Des relations aux productions

1. *Nature terrestre et catalogues*

Aucun être humain ne saurait se vanter d'embrasser, par son savoir, tout ce que notre planète contient, et dont une partie seulement est cataloguée et consignée dans des documents. Supports pour établir l'inventaire du patrimoine de la planète, ces documents, établis au fil des siècles par des procédés toujours plus perfectionnés, regroupent les choses, le plus souvent sur le mode de catalogues façonnés en fonction de la parenté (espèces, genres, familles...). Ils révèlent, une fois encore, que c'est par la médiation d'une forme de cartographie que nous découvrons la complexité profusionnelle de notre Terre, et sans laquelle notre stature limitée serait incapable de nous offrir le spectacle de quelques scénarios limités, avec peu de décors et d'acteurs. Les multiples approches géographiques de la Terre suffisent à montrer les impossibilités de connaître plus que ce qui est configuré dans les livres spécialisés, à condition qu'on s'y applique sérieusement. Rassembler différentes données pour les cataloguer, n'a jamais été une tâche simple, même si aujourd'hui nous disposons des moyens technologiques performants pour établir ces listes. Il semble même, paradoxalement, que c'est parce que nous disposons de tels moyens que la tâche devient plus complexe, parce que les classifications catalogiques se multiplient et se complexifient fatalement. Il reste néanmoins à établir les modes de redressement de ces catalogues pour faire voir, par une vision globale, la complexité du réel. En fait, on ne peut plus se contenter aujourd'hui d'envisager, par exemple, un paysage en lui-même, uniquement à travers ses structures géologiques ; souvent, une rivière, une forêt, une montagne, un glacier, etc. sont liés à la vie humaine, avec des peuples qui possèdent leur culture, assument encore des rites les concernant. Cela confère aux lieux une ouverture au monde qui excède une simple configuration géographique. Bref, la Nature devient un concept pertinent, aujourd'hui encore, en tant qu'elle est associée à la technique et à la culture, en nous écartant de la position historique d'Aristote.

Aussi faut-il reconnaître que s'il n'y a rien de plus fascinant que les descriptions détaillées, par exemple, des plantes, des fourmis, de tel ou tel oiseau ou animal, et de tant d'autres choses, tous ces étants prennent une dimension supplémentaire lorsqu'ils sont envisagés comme des choses intégrées dans une culture humaine. C'est par l'homme que l'or, l'argent, le diamant, le rubis et tant d'autres choses prirent leur véritable valeur. C'est, plus généralement, le monde des choses inscrites selon plusieurs configurations, consignées grâce à l'imprimerie, et transmutées en monde d'images parlantes, qui nous rapprochent davantage des choses, — même si la connaissance pour ainsi dire froide des catalogues de minerais, de plantes et d'animaux est une condition *sine qua non* pour acquérir un savoir de ces choses selon leur propre spécificité. Cette différence — sur laquelle le dernier Heidegger a insisté — entre ce qu'est un étant selon sa spécificité et ce qu'il est en tant que chose relativement à ce que l'homme en fait, mais par rapport au cadre du monde qui relie l'un à l'autre est essentielle car elle confère à la nature cataloguée des potentialités insoupçonnables.

Il y a bien là un paradoxe. Bien que le monde proximal de la connaissance planétaire soit, collectivement, immense, peu y ont accès. Aussi, à côté du monde distal qui reste à explorer, se constitue, pour chacun de nous, un monde proximal dominé par des multiples configurations relativement infimes par rapport au monde qui nous concerne. Ceux qui se spécialisent dans certains domaines et les connaissent en détail, s'en rendent compte dans chacune de leur démarche, et nous invitent à ressentir une certaine forme d'humilité face à l'immensité de la tâche à accomplir. L'omniscience paraît alors comme la plus belle abstraction que l'esprit humain ait inventé. Elle révèle, par contraste, que c'est le domaine intermédiaire des images, dont le caractère de réalité en quelque sorte autonome s'affirme de plus en plus[19], qui devient l'enjeu véritable des rapports de l'homme aux choses. Et, ne l'oublions pas, cette réalité configurationnelle est elle-même tributaire des toutes les technologies qui la rendent possible, qui la

[19] Comme le montrent avec intelligence les travaux de Jean-Jacques Wunenburger.

produisent, conférant aux créateurs, aux producteurs et aux manipulateurs un rôle sinon incontournable, du moins incomparable.

Les Anciens étaient fascinés par les "histoires" (c'est-à-dire les enquêtes) sur la nature, comme d'ailleurs sur l'homme (ce qui deviendra l'histoire comme discipline, depuis Hérodote). Ils ont montré qu'il faut, dans cette quête, établir des procédés susceptibles de configurer les choses de façon qu'elles expriment le mieux le réel et qu'elles soient intelligibles. De nombreux savants modernes, comme Cuvier ou Darwin se souviendront de cette pratique, au moment où ils découvriront un monde inconnu. Avec les moyens technologiques modernes, les savants portent les choses (minéraux, êtres vivants, etc.) à la-portée-de-leurs-mains, découvrant à la fois les beautés de la planète, mais aussi un univers étrange, sans pitié, où l'extermination de l'autre suscite, apparemment, peu de réactions affectives. Même si les informations recueillies sont considérables, la géologie, l'océanographie, l'écologie, l'éthologie et d'autres disciplines encore ont beaucoup de choses à nous apprendre. Dans chacune de ces démarches, quelque chose de la vie excède la simple énumération de choses, même si, sans celle-ci la tâche demeure sans assises.

Ces données expliquent d'ailleurs pourquoi je ressens personnellement une fascination face à l'œuvre d'Aristote qui fut l'un des pionniers dans ces recherches, et dont les enquêtes, même si elles s'avèrent insuffisantes, parfois extravagantes, n'en demeurent pas moins des tentatives réalisées avec beaucoup de joies et de souffrances, en vue de rendre intelligible le monde distal. Un passage de son œuvre suffit à faire voir l'ampleur de son apport : "Si nous nous proposions d'organiser les espèces animales, nous déterminerions d'abord les organes indispensables à tout animal, comme par exemple certains organes sensoriels, l'appareil qui digère et reçoit la nourriture (bouche, estomac par exemple) et, en outre, les organes locomoteurs de chaque espèce. À supposer qu'il existe seulement ces parties, il faudrait ensuite établir leurs différences propres (je veux dire qu'il peut exister plusieurs genres de bouche, d'estomac, d'organes sensoriels et locomoteurs), car le nombre de leurs combinaisons doit entraîner nécessairement une pluralité d'espèces animales (puisqu'il n'est pas possible pour un animal d'avoir plusieurs variétés de bouches, ni non plus d'oreilles). De sorte que, lorsqu'on aura tenu compte de toutes les combinaisons possibles de ces variétés, on obtiendra des espèces animales différentes, et juste autant d'espèces animales qu'il y a de combinaisons d'organes essentiels"[20].

Le travail programmatique d'Aristote, qu'il a à peine réalisé, révèle comment on peut *configurer* des informations massives, une fois qu'on les a cataloguées selon différents critères. C'est ce type de démarche qui a assuré à la science son impulsion d'intelligibilité. Mais elle l'a fait en occultant la vie qui se tient en chacune de ces choses, et qui peut apparaître, à condition d'ajouter d'autres variables et de redresser la complexité du réel. Après Aristote, souvent contre lui, d'autres méthodes classificatoires ont été proposées, ouvrant les voies vers la modernité, le plus souvent réduites aux configurations structurelles mises au premier plan au détriment de la pluridimensionnalité du réel.

L'histoire de ces méthodes et de l'occultation des multidimensionnalité des choses reste à faire. D'autant plus que lorsqu'on aborde les détails pour chaque chose cataloguée, la profusion d'information devient immaîtrisable. Nous opérons le plus souvent par des configurations minimales, comme d'ailleurs j'ai tenté de le montrer dans l'ensemble de ce qui précède. C'est pourquoi il me suffira ici de faire voir quelques-unes de ces configurations pour illustrer comment nous nous contentons généralement de peu de configurations dans notre vie, sans nous préoccuper de la complexité qu'elles recouvrent. Or, sans de telles configurations minimales qui occultent la complexité du réel, celui-ci risquerait de nous paraître chaotique. C'est une fois encore l'idée des "incisions" introduites par Épicure qui révèle toute sa pertinence et qui montre que l'être humain ne peut opérer que par des configurations, ce qui aujourd'hui, plus qu'à tout autre époque, devient plus clair, grâce à l'usage des techniques modernes.

[20] *Pol.* IV, 4, 1290b25-37. Voir à ce propos mon étude "Transfigurations du paradigme de la parenté", *Le paradigme de la filiation*, L'Harmattan, 1995, pp. 169-186. On trouvera, dans ce volume, issu d'un colloque que nous avons organisé ensemble, Jean Gayon, Jean-Jacques Wunenburger et moi-même, à Bruxelles et à Dijon, un nombre considérable d'informations concernant les classifications en fonction du schème de la parenté.

Par conséquent, l'inconnu n'est pas toujours dû à l'impossibilité actuelle de pénétrer le monde distal, mais aussi aux limites de notre stature qui ne peut opérer que par des configurations, pour approcher la complexité des étants. Demeurant sur cet élan, commençons par explorer les roches, pour rappeler ces configurations minimales, nécessaires mais occultantes. Il suffit d'ouvrir un livre consacré aux minéraux et aux roches pour être aussitôt ébloui, surtout lorsqu'on s'attarde sur les pierres utilisées pour l'*ornement* (albâtre, granite, jade, marbre, malachite...) et les minéraux employés en *bijouterie* (ambre, améthyste, diamant, émeraude, opale, rubis, saphir, topaze...). Mais ce n'est là qu'un aspect du réel qui nous décore. Car, on peut inclure dans la liste, des dizaines de minéraux d'*empierrement* et de *construction* (ardoise, asphalte, basalte, bitume, calcaire, dolomie, porphyre, silex...), des centaines de matériaux utilisés dans différentes *industries* (alunite, argile, asbeste, bauxite, célestine, espsomite, graphite, gypse, micas...), des minéraux utilisés pour extraire des *métaux* (bauxite et cryolite pour l'aluminium ; blende pour la cadmium ; smaltine, cobaltine, asbolane... pour le cobalt ; chalcopyrite, cuprite... pour le cuivre ; cassitérite pour l'étain ; wolfram, scheelite pour le tungstène, uranite, torbenite... pour l'uranium, etc.), des minéraux employés en *agriculture* (ampélite, carnallite, gypse, nitratine, phosphorites, soufre...) et des *combustibles* (huiles, lignites, schistes, pétroles...). La géologie terrestre, dont je ne lève ici qu'un coin du voile, peut nous offrir un spectacle autrement plus riche, en tenant compte également de la formation et des modifications naturelles produites sur terre depuis sa constitution. Mais chacun des catalogues que je viens d'évoquer, aussi important soit-il pour se retrouver dans le monde chaotiques des roches et des minerais n'est qu'un indice qui n'a aucune valeur en soi, aussi longtemps qu'il n'est pas situé dans le contexte humain. Le diamant fait rêver, l'asphalte peut devenir le sol sur lequel nous marchons, le pétrole l'origine de mille choses, etc. Les différents catalogues que je viens d'esquisser peuvent donc être redressés, nous révélant le monde des minéraux dans leur splendeur. Mais il y a plus.

En effet, ces choses peuvent être étudiées en elles-mêmes, ce qui peut dévoiler un spectacle insoupçonnable. L'étude, par la cristallographie, des structures cristallines avec leurs troncatures a permis de pénétrer les secrets de certaines structures géométriques de la nature, mais aussi des substances produites en laboratoire. En partant de l'idée ancienne qui voyait la perfection cristalline comme un maillon entre l'inorganique et l'organique, Gilbert Simondon avait réfléchi sur la formation des cristaux au moyen de paramètres (température, pression, choc, nature chimique) pour en faire un paradigme d'une théorie de l'individuation physico-chimique qui rend possible la transition vers l'individuation biologique[21]. Mais cette transition demeure encore aujourd'hui une énigme. Il a paru plus pertinent aux spécialistes de suivre la démarche d'un Claude Bernard, qui avait déjà, dans ses *Leçons sur les caractères communs aux êtres vivants*, conseillé d'étudier d'abord les propriétés de la matière vivante (organisation, constitution chimique, fonctionnement, pouvoir de reproduction...), pour ensuite établir, si possible, jusqu'à quel point ces propriétés séparent la matière vivante de la matière minérale. Or, il est apparu, au fil du temps, que même cette distinction devait résoudre une complexité préalable : l'étude des caractères communs des êtres vivants, végétaux et animaux, avant d'établir les caractères spéciaux par lesquels ces deux règnes se distinguent entre eux. Or, la profusion des espèces dans chacun de ces règnes pousse encore plus en avant la complexité, car la question se pose de savoir si les différences n'influent pas sur ce qui semble à première vue circonscrire la communauté des règnes. C'est cette même réalité que nous découvrons aujourd'hui sur le plan de l'Univers, dont l'hétérogénéité foncière, de plus en plus dévoilée par les technologies, nous contraint à repenser la question de la complexité. Il faudra du temps pour retirer cette énigme du monde distal. En fait, c'est la complexité en tant que telle qui doit être désormais éclaircie pour qu'une lueur surgisse de l'obscurité. Bref, de proche en proche, il apparaît que la question de la complexité devient le fond d'un nombre considérable de problèmes. Peut-être un jour nous libérera-t-elle des configurations trop rapidement esquissées qui occultent la complexité et la richesse de la Nature.

[21] Cf. P. Chabot, *La philosophie de Simondon*, Vrin, Paris, 2003, pp. 80 ss.

Enfin, la connaissance de la constitution de la Terre, des océans, de l'atmosphère, des climats, des causes des catastrophes naturelles forment un univers où règne une complexité qui appartient aux phénomènes même, et non seulement aux limites de nos moyens de connaissance. Établir les catalogues de tous ces phénomènes est une tâche à laquelle les savants se sont attelés depuis longtemps. Il suffit de comparer l'état de cette science aujourd'hui avec les *Météorologiques* d'Aristote, pour évaluer les distances, les progrès immenses que nous avons accomplis depuis. Cela est également vrai pour les plantes et les animaux dans l'école aristotélicienne, dont nous possédons un certain nombre d'œuvres majeures. Les catalogues offerts par la science contemporaine relèguent l'effort d'Aristote, pourtant remarquable pour son époque, dans le domaine de la mémoire culturelle.

Les catalogues du règne végétal révèle un autre paysage, souvent fastidieux si l'on ne prend pas le temps de découvrir ce que représente chaque chose vivante. Pourtant, qui d'entre nous, s'il n'est pas botaniste, peut se vanter de connaître les longues énumérations des quelques quatre centre mille espèces de végétaux ? Or, chaque plante ouvre à un monde fabuleux, dont la simple représentation partielle, par tel ou tel procédé technologique, éblouit. Elle révèle, par elle-même, un monde par ses détails et sa structure, pouvant nous conduire jusqu'aux cellules et au-delà. Du coup la multiplicité des configurations et leur complexité nous conduit au seuil d'une complexité qui perd en chemin d'autres dimension des plantes, comme leur usage pour la pharmacologie, les parfums, la décoration, etc. Dans leurs rapports aux êtres humains les plantes s'assurent une multidimensionnalité ouvrant à un monde qui, une fois redressé, excède largement ce que l'énumération catalogique fait voir. Si l'on poursuit ce jeu, on constate que les choses deviennent plus déroutantes encore lorsqu'on pénètre dans le monde animal. Les scientifiques auraient catalogué deux millions d'espèces, ce qui ne représenterait que le dixième d'espèces existantes sur notre planète. Sans oublier toutes les espèces qui ont disparues ou disparaissent pour des raisons liées aux modifications de notre écosystème.

En multipliant d'une façon exponentielle les situations qui constituent la biosphère de la planète, nous découvrons une profusion d'étants naturels singuliers dont chacun constitue sa propre réalité complexe qui multiple les relations avec d'autres étants, y compris bien sûr l'homme. Même si l'on pouvait s'imaginer, grâce aux progrès fabuleux de notre science, la possibilité d'étudier toutes ces situations, il faudrait encore constater que chaque étant animé vit sa singularité, avec sa précarité et ses souffrances, qui sont d'autant plus nombreuses que varient les zones zoographiques de la planète et les modes d'antagonisme et de coopération qui créent en même temps la nécessité de vivre au détriment d'autres espèces. Du parasite (qui dépouille son hôte de sa vitalité sans l'anéantir) au prédateur (qui dévore sa proie) une forme de souffrance touche à la vie, compensée par une coopération que l'écologie actuelle parvient à mettre de plus en plus en évidence. Une fois que les règnes des vivants sont abordés par le biais des écosystèmes, la complexité devient le seul critère pertinent d'analyse. Or, dès lors qu'on y ajoute les dimensions de la culture humaine, grâce à laquelle les animaux prennent leur place réelle (comme chez les animaux domestiques) ou symbolique dans les mythes et les rites, cette complexité élargit le monde distal.

On comprend, dès lors, que la mutidimensionnalité des choses conduit à de multiples configurations qui contribuent à la formation du monde proximal humain selon des variantes constitutives des différentes cultures, qui occultent cette complexité abyssale, difficile à maîtriser. Qu'on veuille ou non, les systèmes de coopération, d'antagonisme et de violence dans la nature, qui produisent la vie et la mort, des proximités affectives et des souffrances profondes, règlent la vie autour de nous, une vie qui appartient au monde distal. Et qu'on le veuille ou non, dans leurs rapports avec leur environnement, les êtres humains, selon les régions et les cultures, façonnent et configurent à leur façon le règne animal, formant un monde proximal limité.

La connaissance descriptive que nous pouvons établir aujourd'hui de la nature, qu'une technologie de pointe rend possible, permet de compléter l'énumération des étants naturels, ce qui requiert aussi des tentatives de redressement des cataloques établis. Celles-ci assurent aux vivants un relief qui devrait révéler quelque chose du réel dans sa complexité. Cette complexité montre que la nature n'est pas formée uniquement par des étants naturels susceptibles de rentrer dans l'ordre d'un classement fournissant un paysage superbe et complexe, elle favorise une activité foisonnante et un dynamisme vital où prolifèrent, entre autres, des phénomènes qui menacent l'homme, des multiples agressions, ainsi que des facteurs de maladies (bactéries, virus...). Ici encore, la technique, de plus en plus performante, nous aide à affronter le péril. La médecine et la pharmacologie, qui construisent un monde immense s'enracinent dans l'espace, peu accessible, de la précarité et de la fragilité des mortels que nous sommes. Or, il est à peine besoin de rappeler les enjeux économiques qui relèvent de ce monde, lequel se tient pourtant au seuil des solutions de nombreuses souffrances humaines. Le cas du sida, surtout en Afrique, qui a décimé et continue à décimer de millions de personnes est un exemple parmi d'autres des obstacles qui se dressent pour résoudre le coût des médicaments. Lorsque le profit supplante la souffrance, la dignité humaine perd tout son sens.

2. *De la révolution scientifico-technique à l'exotisme scientifique*

Avec la miniaturisation des choses, nous pénétrons de plus en plus dans un monde étrange, qui nous conduit, peut-être, aux fondements de la complexité. Ce domaine de la nature est tributaire de la technique moderne, il en est pour ainsi dire inséparable. La classification périodique des éléments par Mendeleïev constitue le catalogue le plus impressionnant qu'on ait jamais réalisé. Il nous guide dans l'ordre secret de la nature et nous ouvre les chemins vers le foisonnement des possibles pour la créativité technique. La "réalité" devient de plus en plus embrouillée, tissant des configurations multiples selon les choix faits des substances atomiques de base, manipulées selon une ingéniosité époustouflante par les savants, comme on le constate dans la réalisation des plastiques, des semi-conducteurs ou de la pharmacologie, sur la base de la chimie inorganique et de la chimie organique. La proximité avec les choses est de plus en plus embrouillée, car la familiarité rapide qu'on acquiert est aussitôt compensée par une opacité quant à ce qui est qualifié d'objet.

Par exemple, une aspirine est un produit chimique qui nous conduit jusqu'à quelques structures atomiques du tableau périodique des éléments et à leur composition selon les règles de la chimie organique, pour former, selon une terminologie hermétique, un acide acétylsalicylique. Cependant, en réalité, non seulement cette composition est elle-même manipulée, selon des formes dérivées (par exemple l'acétylsalicylate de lysine) et d'autres composés, assemblés en un comprimé et placés dans un emballage spécial, etc., mettant en œuvre une suite d'opérations humaines, mais elle s'inscrit dans une structure humaine : elle est prescrite par un médecin ou/et vendue par un pharmacien, utilisée contre la douleur, la fièvre et l'inflammation, mise en scène dans des publicités, assume des résultats, mais peut avoir des effets secondaires (acidité de l'estomac), etc. Si bien que la naturalité "originaire" des éléments (C, O, H...) se trouve aussitôt soumise à une technicisation et une socialisation, qui en font à la fois un produit chimique, un médicament thérapeutique, un facteur rationnel, une marchandise... L'objet "aspirine" est en fait — pour reprendre l'expression de Bruno Latour — un "hybride", un "quasi-objet", dans lequel la nature et la culture sont profondément imbriquées et embrouillées, mais qui permet à l'homme qui éprouve des souffrances de bien se débrouiller.

Qu'on consente à créer de nouvelles substances, est certes une affaire technique, dont les données trouvent des solutions techniques qui réussissent à édifier une "réalité" physico-technique prescriptible et, jusqu'à un certain point, prévisible. Mais que cette fabrication suppose un support humain et donc des choix, et que ces choix soient tributaires de décisions politico-économiques avec comme seuls critères une utilité pratique qui puisse rapporter financièrement le maximum de bénéfice, cela *configure* un type de "réalité" qui excède largement le champ théorique des possibles scientifiques au profit d'un champ pratique orienté, dont les conséquences sont incommensurables. Les conséquences concernent l'ensemble des êtres humains sur notre planète, mais aussi la planète entière comme assise du vivre et du meilleur vivre pour l'homme.

La conjonction de ces deux complexes de variables qui se réunissent dans des quasi-objets à travers des réseaux de plus en plus complexes, ne se limite pas à des rencontres ingénieuses, mais occasionne des dégâts visibles et invisibles qui perturbent à la fois l'écosystème et l'organisation sociale, en accroissant les risques et la multiplication des souffrances. Mieux, même quand il faut maîtriser une souffrance, par exemple extraire une tumeur du cerveau qui risque de handicaper le malade, l'arsenal technologique et le potentiel humain mis à disposition de l'acte opératoire sont profusionnels, constituant un monde de quasi-objets, dont chacun atteste une provenance complexe en relation avec d'autres objets qui ne sont pas prédestinés à être mis ensemble, un coût économique multiforme (productif, commercial, bancaire, fonctionnel), des processus multiples de production et de fonctionnement, etc. qui situent l'objet incriminé (la tumeur) dans une structure collective d'une complexité inouïe. Relativement à cette complexité, l'acte opératoire de l'équipe chirurgicale d'un hôpital, accompli dans un laps de temps plus ou moins déterminé, en fonction du monde proximal plus ou moins configuré, manifeste une incision dans un monde distal qui nous échappe, qui nous excède sans cesse. Or, à eux seuls les innombrables objets techniques et produits utilisés au cours de l'opération, mettent en jeu, d'une part, des structures chimiques complexes et recomposées, dont les éléments ultimes nous conduisent au catalogue périodique des éléments, et, d'autres part, des processus multiples de production qui ne sont pas abstraits, mais sont le résultat de nombreuses actions humaines avec beaucoup de souffrances (les conditions du travail sous tous leurs aspects).

Pour nous limiter, d'abord, à la question du réel technico-physique, il est certain que la répartition des atomes en fonction de leur structure et de leurs propriétés rend possible des regroupements catalogiques dont le redressement révèle des configurations particulières du réel. Par exemple, il est possible, à partir uniquement de certains atomes (C, O, H, N..., complétés par le S ou un autre élément), de produire des configurations chimiques en laboratoire d'une façon presque illimitée. Par certaines combinaisons, on peut configurer, entre autres, la respiration grâce à l'oxygène et au bioxyde de carbone, ou des protéines, ou encore, grâce à la combinaison d'un nombre élevé d'acides aminés de produire des substances plus complexes. Mieux, on peu manipuler le code génétique, fondé sur une combinatoire hautement élaborée sur la base de l'ADN (acide désoxyribonucléique). Du reste, cette dernière configuration marque une complexification, du fait qu'elle comprend des sucres et des bases azotées, lesquelles, associées aux lipides et aux acides aminés, forment les catalogues qui traduisent les assises de la vie. Or, cette profusion de substances ne constitue qu'une petite partie seulement des éléments du catalogue de Mendeleïev. D'autres technologies font appel à d'autres substances, par exemple au silicium dans la technologie des semi-conducteurs, — qui assure aujourd'hui les assises de l'expansion d'une bonne partie de l'informatique. Mais il ne s'agit là que d'un échantillon dans le monde de la chimie, où les catalogues prolifèrent exponentiellement, requérant de la part des spécialistes, des décodages et des redressements dont eux seuls possèdent les secrets. Ils forment des configurations précises de leur monde proximal, alors que pour la plupart des habitants de la planète, ces configurations demeurent inconnues, appartenant à leur monde distal.

Il est à peine exagéré de dire que le langage de Mendeleïev a conquis la Terre en produisant la langue universelle la mieux acceptée. Cette langue n'en demeure pas moins incompréhensible pour beaucoup ou, s'il arrive d'être connue, l'ampleur de la complexité des choses qu'elle recouvre demeure souvent opaque. Pour la plupart d'entre nous, tout se passe comme si l'on connaissait l'alphabet d'une langue, mais dont on ignore tout du vocabulaire et de la grammaire, vivant avec des choses en profusion, qui nous sont anonymes. Je veux dire par là, que nous faisons une consommation excessive de produits d'alimentation, de médicaments, de produits de nettoyage, de combustion, etc., sans être capables de lire les indications chimiques qui sont indiquées sur l'étiquette. Pour chaque chose qu'on prend en main, dont nous connaissons le nom en le configurant d'une façon limitée relativement à son usage et à quelques qualités positives ou négatives que nous découvrons selon les informations que nous possédons, un champ immense des choses nous demeure anonyme, formant un monde distal beaucoup plus étendu que le monde proximal que nous constituons. Pourtant, nous sommes de plus en plus au courant que l'on fabrique des organismes génétiquement modifiés (OGM) et nous souhaitons connaître la provenance réelle, — ce qu'on appelle de plus en plus la "traçabilité". La recherche des "traces" de produits nocifs dans tous les domaines où des êtres vivants sont impliqués, parmi lesquels les sports et l'athlétisme nous donnent les exemples les plus spectaculaires, constitue une exigence du monde nouveau que notre contemporanéité, dominée par les structures technico-économiques, va à l'avenir imposer. Une fois encore nous découvrons l'importance de la provenance, sur laquelle je ne cesse d'insister depuis le début de mon exposé. Mais il y a plus.

En effet, les choses deviennent plus énigmatiques si l'on prend la peine d'aller plus loin encore dans les configurations formées par une chose, en cherchant à atteindre le fond matériel, le plus élémentaire, de sa constitution, c'est-à-dire ce fond qu'on suppose être commun pour l'ensemble des choses de notre planète. Or, même dans ce domaine, les choses ne sont pas non plus simples. La quête concernant les atomes, grâce aux théories des particules depuis la découverte du noyau, — constitué du *proton* (qui assure la charge positive) et du *neutron* (dépourvu de charge), ainsi que de l'*électron* (de charge négative) situé sur la couche extérieure de l'orbite —, fabrique, pour ce même langage, des subtiles nuances. Nous sommes ainsi conduits à de nouvelles nomenclatures et à de nouveaux catalogues, issus de ce qu'on considère, à l'état actuel, de "lieux" ultimes du "réel", lieux où le monde proximal et le monde distal échangent sans cesse des informations, toujours renouvelées, nous engloutissant de plus en plus dans un monde des choses avec lequel nous n'avons aucune proximité. Or, ce monde est bien ce qui nous est, d'une certaine façon très proche, en tant qu'il forme les assises de notre propre matérialité. Bref, une fois encore, ce qui nous est le plus proche spatio-temporellement nous est éloigné relationnellement, et ce qui se donne dans une simplicité cognitive formée par des configurations, recèle en lui un monde distal constitutif d'une complexité inouïe et peu accessible, sans des moyens techniques qui, eux-mêmes, recèlent une complexité structurelle qui se dérobe.

Il s'ensuit que les catalogues qui expriment le monde subnucléaire, du moins dans l'état actuel des recherches, aussi simple qu'ils paraissent au point de vue descriptif, ne recèlent pas moins un nombre de particules qui dépasse l'entendement humain et dont la structure est configurée de façon telle que son caractère "ultime" s'avère, jusqu'ici, toujours provisoire. La distance parcourue depuis l'époque où Avogadro impressionnait par ses chiffres fabuleux paraît aujourd'hui une sorte d'époque archaïque de la chimie et de la physique. Déjà à l'époque, lorsqu'on regardait les choses de la nature et de la technique, on pouvait difficilement s'imaginer que les particules jouaient un rôle aussi important. Or, sur ce plan, les chiffres ont paru à l'époque impressionnants. Comme on le sait, d'après la loi d'Avogadro, le nombre d'atomes est constant en fonction du nombre atomique (A) qui varie pour chaque élément. Pour un gramme d'Hydrogène, par exemple, dont A = 1, il y a ainsi $6{,}023 \times 10^{23}$ atomes. Ces chiffres, auxquels on pourrait en ajouter beaucoup d'autres, constituaient une véritable révolution intellectuelle dans le sens de la complexité et d'une prise de conscience de l'importance de la miniaturisation. Et c'est pourquoi, très rapidement, les chiffres se sont accumulés dans la nomenclature des sciences physico-chimiques.

Prenons un exemple significatif qui peut éclairer l'obscurité du monde distal : celui d'une particule, si j'ose dire, à la mode : le *neutrino*. Son origine, du moins pour notre planète, serait la fusion de l'hydrogène du Soleil. Or, on aurait dénombré, par des calculs savants, au moins soixante milliards de ces particules par seconde et par centimètre carré. Mais ce chiffre faramineux paraît petit par rapport au nombre de neutrinos que peut fournir aujourd'hui un réacteur nucléaire, à savoir mille milliards de milliards par seconde. À notre époque où la nanotechnologie commence à tracer ses territoires propres dans la culture technologique, de tels chiffres deviennent certes habituels. Mais, en réalité, cet habituel oblitère aussitôt l'immensité de ce dont il est question et la complexité qu'il recèle. Qu'on le veuille ou non, ces chiffres échappent au monde proximal du commun des mortels : ils appartiennent au monde distal que nous ne pouvons aborder que par ce type de configurations chiffrées. Or, pour rester dans ce lieu ponctuel du neutrino, les choses deviennent actuellement inattendues, dans la mesure où la capacité de cette particule de traverser les corps, semble devenir un atout dans la technologie capable de détecter des armes nucléaires fabriquées en secret dans une centrale nucléaire[22]. Nous voilà, peut-êt-

[22] C. Bonneau, "Neutrino. Il va enfin servir à quelque chose", *Science et vie*, 1045, 2004, pp. 72-76.

re, au seuil d'une ère nouvelle... Mais ce n'est là qu'un élément infime dans une série où les choses bougent, et bougent vite.

En effet, il est apparu assez tôt que le rôle des interactions entre particules était essentiel pour comprendre l'organisation des structures subnucléaires. Quatre types d'interactions ont été catalogués : interactions électromagnétiques (entre particules chargées), gravitationnelles (inaugurée par Newton), faibles (provoque les rayons béta) et fortes (pour les nucléons du noyau). De plus, une nouvelle hypothèse s'est imposée, dès 1933 : l'existence de l'antimatière, en opposant, à toute particule, une antiparticule : à l'électron, le *positron*, dont les charges s'annulent produisant un rayonnement gamma ou l'inverse ; au proton, l'*antiproton*. En affinant ces données, on a constaté que l'interaction électromagnétique à distance s'accomplissait par des *photons*, de masse (quasi) nulle. À l'interaction gravitationnelle, la plus énigmatique depuis que Newton y a trouvé les assises de la physique moderne, on a attribué une particule spécifique, le *graviton*, également de masse (quasi) nulle, mais qui serait responsable de l'attraction entre deux masses différentes. Son rôle sur le plan cosmique serait déterminant. Mais, d'autre part, il apparaissait que certaines particules, comme les *leptons*, sont constituées de l'*électron* et du *neutrino*, et subissent des interactions faibles. Elles formeraient des particules élémentaires au nombre de cinq ou six correspondants, on le verra, à cinq quarks. On associe aujourd'hui aux leptons des particules obtenues par la technologie des accélérateurs, comme les *muons*, et une particule dénommée *tau*. Enfin, il y a également les particules du noyau qui subissent des interactions fortes, les *hadrons*. Elles sont subdivisées en *baryons* et en *mésons*. Leur complexité a été établie progressivement. C'est précisément entre 1933 et 1935 qu'on a découvert l'antimatière, ce qui a commencé à compliquer sérieusement les choses. Au même moment, on a également établi que des interactions fortes étaient tributaires d'échanges entre les nucléons et des particules qualifiées de *pions*, et dont la désintégration donnait les *muons*. Depuis, la technologie des accélérateurs (Fermi à Chicago et CERN à Genève) a pour ainsi dire accéléré ce processus, car elle a permis la découverte de nombreuses variétés de particules dans les mêmes familles. À eux seuls les “hadrons”, opposés au “leptons”, sont déjà répartis en une centaine de variétés selon leurs charges, leurs masses et la durée de vie. C'est cette profusion de types de particules qui explique pourquoi la terminologie ancienne, autour de l'électron (et neutron) et du noyau (proton et neutron) n'est valable que sur le plan de certaines configurations qui requièrent un approfondissement à travers d'autres configurations. De nouveaux catalogues des matériaux fondamentaux deviennent nécessaires. Désormais, il reste à voir, non seulement si ce catalogue est exhaustif ou s'il sera bientôt lui-même refiguré. Mais comment le décoder et le redresser, pour reconstituer la "réalité" des choses ? Si le rêve de saisir la chose dans ce qui lui est propre (le rêve aristotélicien) peut être une visée légitime, ces diverses approches marquent les limites d'un tel projet, conférant à l'efficacité scientifique et technique, la prééminence, selon une quête presque sans fin. Ces approches permettent de configurer un monde proximal concernant les choses qui, certes, grignotera des parcelles du monde qui les concernent, mais en risquant de rendre ce monde proximal plus large encore, par la complexité qu'on risque d'y découvrir.

Selon les nouveaux catalogues des particules, il ressort que les hadrons sont composés de particules élémentaires, les *quarks*. Il en va de même des "mésons" qui sont constitués d'un quarks et de son antiparticule. Les quarks mettent en œuvre des forces nucléaires importantes par des liaisons spéciales, dites les *gluons*. Ils sont de cinq espèces : quarks *u* ou haut, quarks *d* ou bas, quarks *étrange*, quarks *charme*, quarks *beauté*, dont chacun peut exister sur trois modes différents, désignés par les couleurs *bleu*, *vert* et *rouge*. Ainsi, par un curieux retournement historique, — dont il faudra un jour étudier le sens —, la physique contemporaine rejoint la pratique ancienne des métaphores et s'engage dans une démarche quasi mythique lui conférant une dimension exotique. On parle aujourd'hui d'"hypercorde", de "saveur", etc. Nous revoilà, subitement, au seuil de la pratique étrange des schèmes. Cette pratique est motivée par la proximité : on choisit des choses familières qu'on sait ne rien refléter de ce dont il est question, mais qui nous rendent cette chose plus proche. Or, comme je ne cesse de le souligner, tout le problème du discours catalogique réside dans son redressement, c'est-à-dire dans la façon dont nous pouvons le décoder et le refigurer pour faire voir la complexité des choses. Sur ce point le chemin est encore long.

3. *De la production des particules à l'expérience sensible de la dissémination*

La production de ces "choses" que sont les particules n'est pas une mince affaire. Pour se limiter à l'Europe, dans le CERN ("Conseil européen pour la recherche nucléaire", rebaptisé "Laboratoire européen pour la physique des particules"), situé entre la France et la Suisse, aux pieds du Jura et près de Genève, des chercheurs venus de diverses régions de la planète s'occupe de particules. Bientôt, à cent mètres sous la surface du sol, sera mis sur pied, un nouvel accélérateur de particules (LHC : *Large Hadron Collider* ou *Grand collisionneur d'hadron*), le plus puissant jamais construit. Comme l'indique joliment Valérie Greffoz, des milliers de particules y tourneront à la vitesse de la lumière "20.000 fois par seconde, elles franchiront la frontière, au nez et à la barbe des douaniers suisses et français, filant dans leur gigantesque anneau souterrain de 27 km de circonférences. Chacune de leurs collisions (pas moins de 800 millions par seconde !) devra être détectée, triée, et, si elle en vaut la peine, analysée… Une entreprise de titan. Mais c'est à ce prix que les physiciens espèrent trouver les réponses aux questions qui les tracassent le plus : quel était l'état de l'Univers à ses débuts ? L'espace contient-il des dimensions supplémentaires qui nous sont inaccessibles ? Les forces apparemment distinctes de la nature ne sont-elles pas la manifestation d'une force unique ? Sans compter d'autres questions qui pourraient émerger et dont personne n'a justement encore idée…"[23]. Il n'empêche, comme le précise, V. Greffoz, que cette entreprise de titan, où l'homme et la nature s'imbriquent mutuellement, a aussi son prix financier : "ce genre d'instrument scienti-

[23] V. Greffoz, "Un haut lieu de la science au carrefour des pays et des savoirs", *Science et vie*, 1045, oct. 2004, pp. 154-168 ; 154-155. Sur ces grandes questions de la physique et leur portée, voir É. Klein, *L'unité de la Physique*, Paris, 2000.

fique ne s'achète pas au drugstore du coin. Il faut imaginer, concevoir, fabriquer, assembler et tester chaque pièce des 1.300 aimants supraconducteurs de 35 tonnes qui constituent le corps de l'anneau, chaque couche des quatre gigantesques détecteurs de collisions aussi grands que des immeubles (Atlas, CMS, Alice et LHC-b). Sans oublier les innombrables circuits électroniques et réseaux informatiques qui analyseront les collisions. Un travail colossal, que les pays européens membres du Cern, aujourd'hui au nombre de 20 (...), n'auraient pas pu réaliser seuls". Bref, les Hadrons coûtent chers et mobilisent un réseau de choses et d'actions qui provoquent le vertige. À l'exotisme théorique s'ajoute le pragmatisme efficace, sauf que les moyens mis en œuvre dépassent l'entendement. Tout cela s'accomplit au nom d'une connaissance élevée et de retombées technologiques et économiques indéterminées, certes extraordinaires pour l'humanité, mais qui, à travers les choses "hybrides" où l'homme marque multiplement sa présence, engloutissent de sommes considérables d'argent, au détriment d'autres priorités humaines. C'est dire que le monde des quasi-objets est devenu un monde où les priorités sont embrouillées, jamais clairement définies, un monde où l'homme est impliqué sur tous les plans, au point que la nature se dissimule, mais qui n'est pas tourné vers l'homme qui songe d'abord à ses multiples souffrances.

Ces observations ne sont pas, à priori, des critiques. Face à la complexité et aux exigences du progrès, il semble difficile de définir des priorités. Mais dès lors qu'il y a sur la planète des gens, en nombre important, qui souffrent à cause de la pauvreté, des maladies, des calamités, etc., le problème des priorités devient central, et requiert un débat. Et il est certain qu'il s'agit d'abord de faire des économies du côté des armements, par une véritable politique du désarmement. Mais il s'agit aussi de réguler les priorités scientifiques en fonction de critères à définir, mais qui ne devraient sûrement pas être ceux qui servent des intérêts particuliers.

Il est certain que depuis les années soixante du siècle passé, ce qui est radicalement nouveau par rapport au passé, ce n'est pas seulement le statut scientifique des nouvelles technologies, mais également son lien à la société, à ce qu'on peut qualifier de "démocratisation" de la technologie, dont les produits sont sous-la-main de chacun, même s'ils ne sont pas, pour des raisons socio-économiques, à la-portée-de-la-main. Ma génération a vécu la démocratisation progressive de la télévision, sur la base des tubes cathodiques (filament métallique porté à haute température, producteur d'électrons). Avec la découverte des diodes, puis des triodes, la technique a réussi, non seulement à redresser un courant alternatif, mais aussi à l'amplifier. Par là, la concentration, dans une seule composante, d'une multifonctionnalité devenait un principe décisif pour réduire la taille des objets techniques. La découverte de composants solides, comme le silicium, a permis d'inventer le transistor, en réduisant davantage la taille. L'ère des semi-conducteurs avait commencé. La taille du support électronique a été encore réduite lorsqu'on a découvert les circuits imprimés (avec des bandes de cuivres collées sur un support isolant), puis des méthodes d'intégration de plusieurs transistors sur un même support de silicium. Les circuits intégrés ont conduit à une miniaturisation impressionnante qui a permis à la technologie de l'électronique de pénétrer (du moins théoriquement) toutes les couches de la population, avec un marché qui atteint des chiffres faramineux. Désormais, les microprocesseurs, dont la taille du support n'est pas plus grande qu'une pastille, forment une entité constituée d'une construction multifonctionnelle répartie selon une programmation précise et performante, et avec des potentialités imprévisibles. De plus en plus les appareils, quels qu'ils soient, des plus complexes jusqu'aux plus élémentaires, sont équipés d'unités complexes, dont presque personne ne se rend compte. Avec les micropocesseurs, la technico-économie intègre pratiquement tous nos comportements. Une nouvelle nature ou, plutôt, une nouvelle technico-nature nous constitue, devient notre double, grâce auquel s'organise notre monde proximal dans le cadre du vivre, en espérant toujours le meilleur vivre. À l'investissement de l'homme dans la nature, celle-ci contraint l'homme à modifier ses comportements.

Face à cette nouvelle réalité, qui devient en quelque sorte notre *propre* nature, dans la mesure où, du matin au soir, nous nous servons d'objets équipés de ce monde microscopique fabriqué, impliqué de près dans le monde des particules que la nature maintient en nous et autour de nous jusqu'aux confins de l'Univers, nos comportements non technicisés paraissent désormais dérisoires. Non seulement le fondement de notre époque est de l'ordre de la technico-économie, mais chacun de nous est technico-économiquement configuré. Certes, nous sommes des êtres naturels et la Nature rend possible, par les écosystèmes, notre vie et notre survie. Mais,— comme j'insisterai dans la suite —, cette Nature elle-même n'est plus pensable en elle-même, car elle est prise dans les chaînes de la technico-économie, avec une facteur nouveau : des risques incommensurables. Cette *extériorité* qui nous pénètre et nous use n'est plus seulement de l'ordre du miroir, qui médiatise notre visage, ni, non plus, de l'ordre de l'autre humain qui, par la parole, nous (in)forme d'une façon ou d'une autre, mais elle est constituée comme un dispositif extrêmement complexe qui nous pénètre à travers la plupart de nos activités et s'approprie de nous.

Pourtant, une fois encore, nous avons bien l'impression de vivre *aussi* dans un environnement qui se tient à l'écart ou à proximité de ce monde technico-économique complexe et miniaturisé. C'est en cela que nous utilisons encore, d'une façon un peu péremptoire, l'expression “Nature” pour désigner cet environnement, comme si on pouvait l'envisager dans son autonomie, comme une chose en soi. Cette sorte d'autonomie n'est pas un leurre, elle existe bien, comme le prouvent les catastrophes naturelles qui se succèdent sur notre planète depuis qu'il y a vie. Mais cette autonomie n'est plus une sorte d'absolu, comme dans le passé, avant que l'homme dépasse le stade des outils rudimentaires et de la *technè* artisanale. Elle est mise en question par l'activité technique qui édifie un monde élargi où les choses naturelles et techniques foisonnent et s'entremêlent, se déroulent à proximité de chacun de nous, sous nos pas, sous nos sens et en nous-mêmes. Ce monde nouveau est bien anonyme, composé de nombreuses choses qui sont désignées, mais qui demeurent souvent anonymes, pour la plupart d'entre nous, dans un monde distal qui nous interpelle peu, alors qu'il détermine notre destin.

Je m'efforce souvent d'accomplir une expérience insolite, en allant à pieds de chez moi à mon lieu de travail, à l'université, située à moins de deux kilomètres de mon domicile. Je marche, pour une partie du chemin sur de l'asphalte (constitué de calcaire, de silice, de bitume et autres ingrédients technologiques), une autre partie sur des pavés qui tous se ressemblent, et sont pourtant de formes et de couleurs différentes, et une autre partie encore sur un terrain de terre composé d'un nombre indéchiffrable de grains de sable variés et de formes et consistances différentes. De cette profusion de matériaux, où la nature se mélange inexorablement à l'intervention technique à des périodes différentes et successives de ce lieu délimité où, autrefois, semble-t-il, les marécages côtoyaient des forêts et des espaces agricoles, mon attention se laisse, souvent, entraîner dans ce qui me semble proche et accessible : les pavés. Ceux-ci sont d'âge variable, ils sont soudés par du ciment ou de la boue, et reliés parfois après quelques mètres de marche de dalles plus uniformes et, plus rarement, par des grillages en métal et en verre, qui semblent relier le sol de surface à des canalisations diverses qui se cachent sous ce sol, près ou loin des édifices. Ces grillages, d'une quarantaine de types différents, placés à des époques différentes, dont j'ignore même s'ils sont encore tous fonctionnels, sont si différents entre eux que je suis incapable de les désigner par des noms, alors que certains conservent encore les signes d'une marque qui signale leur origine, une fabrique artisanale ou une usine dont la plupart n'existent même plus.

Il en va de même pour les quelques plantes qui poussent dans les interstices aptes à accueillir les semences que dispersent les vents, les insectes ou les oiseaux : j'ignore tout de leur nom, incapable de les désigner autrement que par des configurations vagues et générales, rougissant à l'idée qu'un botaniste ou un zoologiste, marchant à mes côtés, découvrirait mon ignorance désolante. Je peux en dire autant des insectes et des autres bestioles qui surgissent imprévisibles d'un lieu indéterminé, dont la configuration évoque sûrement quelque chose en moi, mais sans plus. Bref, ces choses me sont anonymes, comme je le suis pour elles. Là où un botaniste ou un zoologiste n'hésiterait peut-être pas un instant à nommer cette multiple "nature", je me sens tout démuni, entouré d'un voile d'ignorance, qui me rappelle que la plus grande partie des choses qui m'entourent demeure dans un monde distal immense, et que le monde proximal que j'ai réussi à édifier dans ma vie, grâce à mes études et mes lectures, par les conversations et les informations diffusées par les médias, ne représente que quelques configurations face à de milliards d'autres possibles. Or, en dépit du fait que la plus grande partie de cette réalité, qui est à-portée-de-mains, dans un espace de deux kilomètres, demeure ainsi, pour moi, dans la pénombre d'un monde distal immense, je parviens à vivre sans encombre dans ce monde, comme si le vivre et le meilleur vivre pouvaient se contenter de peu de choses, d'une sobriété, sur laquelle on pourrait longuement méditer.

Je découvre ainsi en vingt minutes de marche que j'ignore un nombre considérable de choses, que je côtoie pourtant sans cesse, que j'en ai parfois la mémoire pour les avoir vu un jour, mais que je ne me suis jamais soucié d'approcher, pas même sur le plan de la curiosité du savoir. Ce monde anonyme que chacun de nous côtoie chaque jour, à chaque instant, est paradoxalement un monde qui nous est proche, qui est en nous, qui pénètre imperceptiblement notre mémoire, qui surgit d'une certaine façon de notre fond. Mais il surgit autrement que toutes ces choses dont l'intelligibilité nous semble plus proche, plus claire, plus familière, parce que nous possédons des informations à leur propos et que nous savons le plus souvent nommer. Ces choses n'intègrent pas davantage notre mémoire affective, en risquant de susciter un jour en nous des souffrances. Je peux d'ailleurs dire la même chose pour beaucoup d'autres choses sur mon trajet : les maisons, les magasins, les gens, etc. Les décors qui entourent mon parcours cachent derrière les murs et les visages de choses inconnues comme si le monde distal qui me concerne pendant cette marche était immense.

Ainsi la masse des choses qui se donne à nos sens, à chaque instant de la vie, garde de nombreux mystères. C'est pourquoi, tout en ayant souvent le sentiment d'avoir une proximité immédiate et signifiante avec beaucoup de choses qui décorent la réalité qui se révèle immédiatement à nous, il faut aussi reconnaître que ce sentiment recèle des incertitudes, qui peuvent être perturbées à chaque instant, en mêlant du familier et de moins familier, c'est-à-dire diverses formes de proximité. Nous configurons les choses, et c'est la raison pour laquelle nous avons le sentiment de vivre dans une forme de certitude. Dans une vie, les certitudes l'emportent largement sur les incertitudes. Il s'agit peut-être là d'une condition vitale pour éviter de s'engloutir dans le monde distal de la complexité et de l'inconnu, qui alimente l'incertitude et la dépression. Une profonde illusion accompagne notre vie quotidienne : nous avons une *tendance*, difficile à expliquer, à fixer les choses, à les détacher de l'ensemble, à les circonscrire, à faire des choix au détriment d'autres choix, bref, à les configurer. Et cette pratique des configurations n'est jamais indépendante de quelque refiguration, transfiguration ou défiguration. Nous configurons et refigurons davantage ce qui nous est familier que ce qui ne l'est pas (et qu'il arrive le plus souvent, par ignorance, de défigurer), jusqu'à ce qu'il devienne objet d'une curiosité, parfois d'un étonnement. Nous ne formons que des configurations des choses qui arrivent, d'une façon ou d'une autre, à notre proximité spatio-temporelle ou relationnelle, mais dont la multiplicité et les détails nous échappent. C'est pourquoi la profusion des choses ne nous écrase pas. Mais, en même temps, une fois que nous sommes excédés par les choses, lorsque nous ne sommes plus capables de les configurer, de les intégrer dans notre monde proximal d'une façon vivable, nous nous sentons débordés, écrasés, comme Jérôme et Sylvie dans le roman de Pérec. Ici, nous avons découvert qu'au-delà de la société de consommation, c'est le monde profusionnel des choses, envisagées globalement mais, comme ici, dans un espace limité, très proche. Il n'empêche que la profusion des choses, telles qu'elles apparaissent grâce à nos sens, à la connaissance, aux technologies et aux médias, *risque* de nous déprimer à chaque instant. Les exigences d'un monde où les progrès foisonnent créent des pressions de plus en plus fortes, qui excèdent d'une façon exponentielle nos capacités d'information, de sorte que les souffrances nous guettent sans cesse. D'autant plus que la structure qui régit cette réalité, dans nos sociétés contemporaines, est soumise à la globalisation économique au détriment des véritables aspirations humaines.

3. De la globalisation à la mondialisation

1. *Technique moderne et provenance des produits*

Le point de départ d'une telle analyse peut être situé dans la façon dont Heidegger oppose "technè" ancienne et "technique" moderne[24]. D'après lui, les Anciens envisageaient la production à partir des quatre causes, qui constituent les conditions préalables, rassemblées par l'artisan en son esprit, en vue de concrétiser une œuvre (avec sa matière, sa forme, sa finalité et l'activité productrice). Par exemple, une cruche d'argile sert à verser de l'eau ou du vin. Elle est faite d'argile et contient le liquide parce qu'elle présente une forme déterminée. Une table de bois est faite d'un type de bois, et permet par sa forme et sa solidité d'écrire ou de manger. Toutes ces données, l'artisan les rassemble dans son esprit, selon qu'il s'agit de fabriquer une cruche ou une table, selon leurs spécificités respectives, créant une œuvre fonctionnelle, qui se dévoile (entrée dans la présence). À ce titre, les "causes" expriment l'*essence* de la *technè*. Mais, on l'a vu, comme le note Aristote, il y a par là également une proximité de ce qui entre dans la présence (la cruche ou la table) et la nature dont elle provient (l'argile ou l'arbre). Aristote ajoute une précision que Heidegger oblitère : l'accomplissement, par le producteur (potier ou menuisier), de l'œuvre en question, qui fait en sorte qu'elle possède sa fin propre (*en-tel-echeia*), n'est qu'une sorte d'entéléchie première, car la chose peut rester dans l'état de production sans jamais être utilisée. En fait, c'est l'usage de la chose qui réalise vraiment sa fin propre.

Autrement dit, la chose produite (entéléchie *première*) n'est qu'origine d'une activité, dont l'actualisation la réalise réellement (entéléchie seconde). Or, si cette perspective semble rester en retrait, chez

[24] Comme j'ai déjà traité ce thème de plus près, je me limite ici au strict minimum. Cf. mon étude "Technè ancienne et technique moderne selon Heidegger", *Revue de philosophie ancienne*, 4(2), 1986, pp. 253-297. Le texte de base de Heidegger est "La question de la technique", *Essai et Conférences*, tr. A. Préau, Gallimard, Paris, 1958 (orig. 1954), pp. 9-48. Je citerai par l'abréviation QT.

Aristote, c'est parce qu'à son époque, les choses produites étaient d'emblée destinées à l'usage. En revanche, cette problématique l'a intéressé plus directement pour les activités de l'âme (qui est, pour lui, la forme structurelle d'un corps organisé capable de vivre selon ses multiples activités), car on peut, par exemple, avoir acquis un savoir (par exemple médical) sans jamais l'exercer (le médecin qui ne pratique pas la médecine). Mais le modèle aristotélicien devient aujourd'hui pertinent, dès lors qu'on se rend compte qu'on produit beaucoup de choses qui ne seront jamais utilisées, tout simplement parce que le réseau commercial ne parvient pas à les absorber ou les vendre. Des milliards de choses sont produites artisanalement ou industriellement sur notre planète, mais qui demeurent invendues, et qui souvent sont détruites.

Trois exemples peuvent nous interpeller et mieux préparer la suite de mon exposé, une fois que j'aborderai, dans le sillage de Heidegger, la technique moderne. Tout d'abord, les livres qui renferment toute une culture et la peine de leur auteur, et qui pourraient, de surcroît, réjouir tant de personnes qui n'ont pas les moyens de les acquérir, sont de plus en plus mis au pilon faute de place pour les déposer. Ensuite, de nombreux produits alimentaires qui pourraient nourrir des millions et des millions de personnes affamées, sont parfois détruits à cause de quotas officiels de production ou pour ne pas abaisser les prix du marché et les bénéfices des intermédiaires. Enfin, la grande partie des armements produits sur la planète sont (heureusement) et seront inutiles ; ils seront vendus aux pays pauvres ou détruits, ne serait-ce que parce qu'ils sont dépassés. Ces trois exemples extrêmes, parmi des millions d'autres, révèlent que la production des choses par les techniques conçues grâce à l'ingéniosité humaine, réalise des choses qui sont sous-la-main, prêt à l'usage, mais qui pourraient ne jamais devenir des choses à-la-portée-de-la-main grâce à leur usage. Par là, la différence entre entéléchie première et entéléchie seconde permet à la proximité d'affiner ses possibilités, mais aussi de faire voir que ce qui demeure sous-la-main n'entre pas nécessairement dans notre monde proximal, mais peut demeurer éternellement dans notre monde distal. Toujours est-il que cette différence m'autorise aussi à indiquer que, déjà sur le plan de l'artisanat, bien avant que la technique moderne bouleverse les fondements de notre contemporanéité, le facteur économique investit les choses. Mais revenons à Heidegger.

La technique moderne apporte quelque chose de nouveau : elle met en jeu des *chaînes* successives de production à partir d'une mise en demeure de la nature qui, sur le mode d'une interpellation (*Stellen*) et d'une pro-vocation (*Herausfondern*), livre ses énergies. Un avion sur un aéroport n'est pas le produit d'un matériau, mais d'un ensemble de matériaux, provenant d'une multiplicité de chaînes de production, qui peuvent nous conduire jusqu'à différentes origines : l'extraction de minerais, la production des plastiques, les technologies des semi-conducteurs, etc.. De même, une centrale électrique, mise en place en un lieu (par exemple, le Rhin), est sommée de livrer sa pression hydraulique, qui somme à son tour les turbines de tourner pour produire du courant électrique, transmis ensuite à des centrales régionales et à son réseau, etc. Mieux encore, une fois livré à un fonds mis à disposition pour produire de l'énergie, le Rhin devient une sorte d'"objet" pour lequel on passe commande (*bestellbar*), et qui peut même devenir un lieu pour des visites guidées, se transformant en industrie de vacances. C'est au fil de ces processus (extraction de minerais ou, comme ici, nature libérée, transformations, accumulations, répartitions...) que se réalise le dévoilement, l'entrée dans la présence, mais, cette fois-ci, sur le mode d'une occultation de l'origine naturelle de la chose. "Le dévoilement se dévoile à lui-même ses propres voies, enchevêtrées de façons multiples, et il se les dévoile en tant qu'il les dirige". Et cette "direction" est partout assurée, si j'ose dire, au détriment de l'origine (QT, 12-22).

On l'a vu ci-dessus, Platon avait déjà fait un pas important dans la direction de ce que Heidegger met en évidence. Mais du fait que la référence heideggerienne concerne une technique autrement plus puissante que la *technè* artisanale, sa position éclaire davantage notre époque, en montrant que la technique n'est plus un instrument de l'homme, mais qu'elle est devenue une véritable *puissance*, en quelque sorte autonome. Avec l'exemple de la centrale électrique, Heidegger fait même un pas décisif vers la dimension économique de la technique, même s'il occulte la portée véritable de la technico-économie. Par contre, il ne fonde nulle part l'autonomie qui perce dans son analyse, mais qui reste toujours en retrait, perdant de vue l'essentiel de notre époque. Aussi convient-il de prolonger la conjonction heideggerienne de la "direction" et de l'"assurance", vers quelque chose de plus précis : l'*efficacité* par laquelle les conditions préalables de la production s'enchaînent avec de multiples chaînes, arraisonnant en quelque sorte la nature, au point de la *défier*. Pour traduire, cet ensemble complexe, qui est fort éloigné de la causalité aristotélicienne, mais plus proche des chaînes platoniciennes, Heidegger utilise l'expression *Gestell*, — qui exprime l'*essence* de la technique moderne. Cette expression signifie le rassemblement préalable des multiples processus aboutissant à la production d'une chose à partir de l'extraction de minerais ou de la mise en mouvement d'un fonds (comme dans la Centrale) jusqu'à la réalisation de ce qui est visé. Les traductions courantes par "échafaudage" ou "arraisonnement" ne retiennent qu'un aspect de ce dont il est question. L'expression "montage" nous rapprocherait davantage et ferait même un pas vers l'autonomie de cette puissance qu'est la technique : elle met en évidence à la fois le rassemblement de pièces (ce qui suppose des processus divers) et sa réalisation comme ce qui prend place dans le réel. Or, une fois constitué, un tel "montage" atteste une forme d'autonomie qui devient, nous le verrons, d'autant plus immaîtrisable qu'elle s'allie avec l'économique et les intérêts qu'il entraîne dans son sillage. C'est dans ce sens qu'on peut parler du montage d'une machine ou — pour rencontrer la configuration du cinéma —, de photo-montage, de montage d'un film, etc. Heidegger parle bien "du rassemblant" par lequel on interpelle la nature sur le mode d'un fonds à disposition "qui requiert l'homme, c'est-à-dire qui le pro-voque à dévoiler le réel comme fonds dans le mode du commettre". C'est le maximum que sa position nous livre, sauf qu'il ajoute une idée désormais célèbre, selon laquelle la technique provoque un danger, mais un danger qui peut être l'origine d'un salut — pour reprendre les deux vers de Hölderlin, qui clament : "là où il y a danger, là aussi / Croît ce qui sauve" (QT, 37-38).

Ce qui me semble avoir orienté la position de Heidegger dans une impossibilité de penser le statut de la technique moderne sur le mode de l'autonomie, voire d'une autonomie investie par le facteur économique perçu pourtant par Marx, c'est sa référence exclusive à la physique moderne. D'après Heidegger, l'essence de la technique a été préparée par la physique moderne, car "le rassemblement qui pro-voque et conduit au dévoilement commettant règne déjà en elle". D'après lui, cette physique ne réalise pas une proximité à l'égard des *choses* qu'elle étudie, pour atteindre ce qui leur est propre (comme le souhaitait la physique non-mathématique d'Aristote), mais elle est constitutive d'une *représentation* (*dar-stellung*) des choses selon ses propres règles, les convertissant à des ob-jets — qui se tiennent en face (*Gegenstand*). Dans une perspective analogue, est constitutif d'une *représentation* ce qui est produit par la technique, non seulement parce que ce à partir de quoi l'objet technique provient (*her-stellen*) ne peut être que *représenté* rétrospectivement, mais parce que les processus qui le produisent sont abstraits relativement à la nature, l'occultant en quelque sorte (QT, 27 ss.). Je reviendrai, dans quelques instants à la question de la provenance, sur laquelle la pensée de Heidegger offre des éclairages importants. Mais, pour le moment, je souhaite prolonger son analyse du côté des raisons fondatrices de la puissance de la technique sur le mode d'une forme d'autonomie.

Une fois encore, Aristote peut être de bon conseil. On l'a vu, il nie toute automation technique, en surdéterminant au contraire l'autonomie (jusqu'à la génération spontanée) de la nature. Or, si l'on excepte les platoniciens qui acceptaient une automotricité, mais qu'ils ont attribuée à l'âme individuelle et à l'Âme du monde, depuis le Moyen Âge l'origine du mouvement des corps, quels qu'ils soient, était attribuée à Dieu ou aux dieux. Le premier penseur à avoir véritablement réfléchi sur l'automotricité d'une substance corporelle, analogue à celle d'une substance spirituelle, c'est Descartes, influencé par son époque, où les automates étaient à l'ordre du jour. L'interprétation contemporaine de Descartes me semble avoir surdéterminé l'autonomie de la substance spirituelle, fondatrice du *cogito ergo sum*, mais fort sous-déterminé celle de la substance corporelle qui a pourtant soutenu une autre révolution, peut-être plus radicale que celle de (la fausse) l'autonomie de la pensée. Il s'agit là de la première fondation métaphysique de l'autonomie du corps, c'est-à-dire de sa possibilité d'une autorégulation. On a oublié aujourd'hui l'importance de la régulation technique, depuis l'usage de la boule de Watt, et depuis la technique des servo-moteurs, origine d'une profusion de technologies où la régulation (électrique, électronique, etc.) s'est constituée. Ensuite, elle a investit toute la technologie, au point qu'aujourd'hui, presque plus rien n'opère sans cette auto-régulation qui a conquis toutes nos activités et usages de ce qui est d'ordre technique. Avec la robotisation de plus en plus performante, l'automation ouvre, pour l'avenir, de nouvelles perspectives pour l'homme sur le plan industriel, médical ou social. Imaginée dans le mythe homérique d'Héphaïstos, amorcée par un roman de Karel Capek[25], en 1921, la robotisation a été réalisée seulement une quarantaine d'années plus tard par l'Institut de Recherche de Stanford, grâce à Shakey. Celui-ci conçut une machine qui se déplace, devenue le précurseur des robots lunaires et des humanoïdes, portant l'automation à son point culminant[26]. Mais, dans les faits, ce ne sont pas les automates et les robots qui constituent le fond de la technico-économie, auquel ils ne font que contribuer, mais l'ensemble des procédés d'automation constitutifs de la technologie contemporaine. Du reste, même les robots humanoïdes, les plus spectaculaires qu'on ait conçu jusqu'ici, ne sont pas les plus représentatifs du monde technico-économique. Dans un entretien avec Robert Trinedl, paru dans le numéro spécial, consacré aux nouveaux robots, de *La Recherche*, Shigeo Hirose, de l'Institut de technologie de Tokyo, considéré comme le meilleur spécialiste ja-

[25] Le terme "robot", provient du tchèque "robota", qui signifie un travail obligé ou une corvée. Par le roman *RUR*, Karel Capek souhaitait montrer comment le robot pourrait détrôner l'homme, par ses qualités ouvrières. Voir aussi mon étude : «Du logos à l'informatique: l'histoire d'une mutation», dans *Penser l'informatique et informatiser la pensée* (Mél. A. Robinet), éd. ULB, Bruxelles, 1987, pp. 13-30.

[26] Parmi les premiers robots figurent ceux de Carnegie Mellon, Ambler, conçu en 1990 pour se déplacer sur Mars, et Momad, utilisé en Antartique, mais prévu également pour l'espace. Depuis, d'autres sont réalisés. D'autre part, les plus célèbres humanoïdes sont le Cog de l'Institut de technologie de Massachussets (MIT) (1995) et les deux robots japonais, davantage ressemblant à l'homme : P2 de Honda (1996) et le Sony Dream Robot (2000). Sur tout ceci voir le numéro spécial de la revue *La Recherche*, 350, février, 2000.

ponais de la robotique, révèle que cette technique présente davantage une dimension ludique qu'une application pratique, du fait que les industriels s'intéressent surtout à des machines-outils à commande numérique. L'efficacité et le rendement économique sont bien ici les seuls critères qui régissent les choix. Mais c'est bien la *capacité* d'autorégulation *globale* de la technique moderne qui constitue le mode par excellence par lequel elle manifeste son *efficacité* (direction et assurance, pour reprendre les termes de Heidegger) sur le mode du *Gestell*. C'est, autrement dit, parce que, pour la première fois, dans l'histoire humaine, une technique associe les chaînes de production (qu'avaient déjà analysées Platon) et l'autorégulation matérielle (inconnue avant le 19e siècle) qu'elle s'autonomise jusqu'à un certain point. Or, ceci s'accomplit, aujourd'hui, à une condition — et elle est majeure : il faut que cette autonomie ait une *raison d'être* régulatrice qui la rende à la portée de chacun : l'*économie*.

C'est dire que le véritable *moteur* de l'autonomie autorégulatrice de la technique, qui à la fois marque une motivation productrice et rapproche les objets techniques du consommateur est l'*argent*. Et l'argent lui-même, qu'il se manifeste comme objet à-la-portée-de-la-main comme tout autre objet, ou comme chiffre dans un compte sous-la-main, se donne comme s'il était autonome, régulateur du réseau complexe qui relie la production complexe qui est impossible sans argent, et la consommation profusionnelle qui n'est plus possible sans un réseau financier qui fait circuler rapidement l'argent. Par cette rapidité s'instaurent de nouveaux mécanismes de la proximité spatio-temporelle. Désormais, du fait que la technique en tant que montage, ne peut être dissociée de l'autorégulation et de la régulation économique qui se complètent et se marient sans divorce possible, s'instaure une réalité autonome face à nous et en nous qui nous excède de tous les côtés.

Bref, depuis l'extraction de minerais pour produire un avion, par exemple, jusqu'à sa vente, en passant par toutes les chaînes de production, aucun geste n'est réalisable sans référence économique. Lorsque j'utilise une boîte d'aluminium de thé ou une bouteille en plastique d'eau minérale, en payant une somme déterminée dans un distributeur automatique, j'acquiers un produit dont la provenance s'accomplit par des chaînes multiples et successives. L'aluminium provient du bauxite, qu'il faut extraire de la terre en des endroits précis de la planète ; ce minerais devra être travaillé, pour arriver, par des détours, à produire l'aluminium, utilisé par une fabrique pour produire des boîtes ; mais, d'autre part, le thé est cultivé également à des endroits (souvent différents) de la planète, avant de rejoindre, à travers des circuits commerciaux bien réglés, l'usine qui l'utilisera ; enfin, l'eau gazeuse elle-même provient de circuits régis par des sociétés spécialisées dans le nettoyage de l'eau, etc. ; et lorsque le tout est rassemblé pour produire les boîtes, il faut encore les commercialiser, complétant la chaîne simultanée des réseaux économiques (commerciaux et financiers) qui s'amorcent avec le coût de l'extraction du bauxite et qui accompagne toutes les étapes de production. De même le plastique, issu du pétrole, n'atteint sa forme définitive qui servira à produire des bouteilles, qu'à la suite de processus successifs ; et il en va de même de l'eau minérale, dont l'analyse inscrite sur l'étiquette démontre les subtilités des laboratoires qui en font le dosage. Mais toutes ces étapes sont impensables sans les réseaux économiques et financiers qui soutiennent le produit et en font une *marchandise*. Finalement, avec moins d'un euro, chacun de nous acquiert une bouteille, dont le contenu servira à nous désaltérer, à nous éviter une déshydratation. Nous n'avons d'ailleurs pas besoin d'une instruction spéciale pour nous en servir. Mais entre cette proximité d'usage d'une chose (entéléchie seconde), qui est, par l'usage même, à-la-portée-de-nos-mains, et l'ensemble des processus technico-économiques qui l'ont conduite jusqu'à nous, sous-nos-mains, s'inscrit la différence entre la *simplicité* de l'usage et la *complexité* de la provenance. C'est cette complexité, où l'automation autorégulatrice et les régulations économiques dominent, qui régit l'autonomie d'une puissance qui nous échappe, et pourtant qui, de son retrait, détermine notre proximité à la fois spatio-temporelle et relationnelle avec la chose et, par elle, notre façon de vivre et nos espoirs de mieux vivre. Ainsi, la provenance de l'objet (production) réalise une chose consommable (marchandise), dont l'usage ouvre à un monde (fonction de désaltérer). L'objet est donc plus qu'un objet-signe et même plus qu'un quasi-objet (car il s'achève dans une ouverture au monde).

2. *Technico-économie et risques*

À travers tous les processus en question, chaque acte, même le plus automatique, met en jeu les mains d'un être humain qui activent les choses. Sans des mains successives (dans les mines, les usines, les transports, les circuits commerciaux, les banques, la distribution, la vente...), aucune chose n'arriverait à son terme, achevée sur le mode de l'entéléchie première, sous-nos-mains. Or, chaque geste posé exprime quelque chose d'existentiel propre à chaque être humain. Chacun le pose par un effort et un travail, qui provoque fatalement des souffrances, bien avant que la joie de ce qui est réalisé puisse s'exprimer. Peu importe si les souffrances sont suivies d'un plaisir et d'une joie, ou si elles constituent des souffrances dues aux conditions du travail, souvent pénibles, et inexorablement dégradantes dans la plupart des régions de la planète. Ce qui me semble ici essentiel, c'est de bien comprendre que certaines tâches, accomplies selon certaines conditions, accumulent les souffrances. Et comme les tâches que chacun entreprend chaque jour, quand bien même serait-il au chômage, sont multiples, ces souffrances peuvent devenir également multiples et variables. Elles deviennent d'ailleurs d'autant plus grandes qu'il y a *absence* d'activités pour se prémunir des besoins élémentaires. Dans un système fondé à priori sur le travail, produit sur tous les plans et dans tous les stades de son fonctionnement, l'absence de travail ne peut être vécu que sous une forme de souffrance. Sans argent plus rien n'est possible, car aucune référence ne demeure fixe dans un système fondé sur l'argent.

Enfin, placées dans un contexte plus élargi, celui des réseaux de production et de consommation des choses, les multiples tâches qui assurent leur provenance attestent leurs spécificités : on fait des guerres pour du pétrole ou d'autres matières premières, on sous-paie les agriculteurs qui cultivent le thé ou d'autres produits agricoles, on oblige les mineurs à travailler dans les profondeurs irrespirables de la terre, avec des produits qui les rendront invalides la plus grande partie de leur vie, on amasse les ouvriers dans les usines en fonction d'un régime de travail animé par un effort collectif en chaîne, — tel qu'il a été immortalisé par le film *Les temps moderne* de Charlie Chaplin, etc.

Bref, derrière chaque chose que nous utilisons, qui nous tire de notre souffrance et d'une éventuelle maladie, se tient la complexité des structures technico-économiques qui ont contribué à la réaliser, et qui sont constitutives de nombreuses souffrances humaines. Et cette situation peut être répétée pour chaque chose que nous utilisons, parmi les milliers qui sont chaque jour sous-nos-mains. Tout se passe ainsi comme si le monde proximal que nous formons, en ignorant ces souffrances, les rejettaient dans une complexité que nous occultons, la laissant subsister dans un monde distal, qu'il est temps de réveiller. Car, cette complexité occultée, révèle, par les multiples souffrances, une structure *existentielle* et *profonde* du monde technico-économique qui excède les structures formelles auxquelles on le réduit le plus souvent. Tout se passe aussi comme si, dans le monde technico-économique de la production et de la consommation, du travail pour acquérir de l'argent pour consommer, personne n'avait envie de prendre le *risque*, d'affronter un monde où le risque est permanent. Et c'est sans doute là l'un des paradoxes les plus inquiétants du monde technico-économique : il est animé par une automotricité dont les acteurs humains eux-mêmes en sont devenus des rouages, comme s'ils étaient pour ainsi dire broyés dans une machine globalisée sur un plan planétaire, avec des points d'appui dans quelques centres économiques précis, qui ne cessent d'opérer dans le *risque*. Sûrement, les choses sont plus complexes que ce type de configuration, autour d'une globalisation, certes réelle, mais moins univoque qu'elle apparaît, ne serait-ce que parce que le foisonnement des situations différentes et variées morcelle les actions et les choses dans le tout économique qui règle les rapports humains sur la planète, en référence à l'argent comme schème régulateur de toutes les configurations produites par les activités humaines.

Ulrich Beck a montré que le risque est une référence incontournable de notre époque[27]. Certes, toute époque a tenu compte du risque, et les risques liés au développement industriel sont aussi anciens que le développement de l'industrie. Le plus souvent on parlait, au 19e siècle, du

[27] U. Beck, *La société du risque. Sur la voie d'une autre modernité*, *op. cit.*

risque de la pauvreté. Et depuis longtemps les risques de qualification, les risques sanitaires, et d'autres encore font l'objet d'un processus de rationalisation et de conflits sociaux qui expliquent la mise en œuvre de divers systèmes de sécurité, y compris ceux de la sécurité sociale et des assurances (SR, 40 ss.). Allons plus loin dans ce sens, et rappelons qu'une fois que les êtres humains se sentirent faibles face aux puissances de la nature, ils se sont sentis obligés de prendre des risques pour compenser cette défaillance. Ils diminuèrent les risques en inventant des techniques, sur lesquelles, on l'a vu, Platon avait déjà porté une attention particulière. Du reste, ils n'ont pas hésité à porter la responsabilité sur des puissances invisibles (démons ou autres êtres maléfiques) et même créèrent des rites pour les apaiser et les amadouer. Enfin, face aux menaces des hommes eux-mêmes, ils transformèrent les armes qui leur servaient à chasser pour se nourrir et se défendre des animaux, en armes de guerre en amplifiant les risques. Les peuples de notre planète apprirent, par leurs expériences et les conséquences de certaines de leurs actions, quels sont les moyens qu'il faut utiliser pour détourner les menaces et diminuer les risques, sans toujours s'apercevoir que cette quête risquait souvent, par l'usage de la violence, de multiplier les risques, en suscitant d'innombrables souffrances. D'ailleurs, dans toutes les stratégies humaines, qu'il s'agisse de la gouvernance ou de la guerre, le risque apparaît comme une variable essentielle de l'action.

Ainsi, dans tous les cas, les êtres humains ont imaginé des procédés puissants ou subtils pour éviter les désastres, mais en produisant d'autres désastres. Il est vrai que, dans le passé, la plupart des menaces provenaient de la Nature ou des sociétés humaines. Les catastrophes naturelles ont toujours été le lot de l'humanité. Et l'extension des territoires ou la volonté de trouver son bien ailleurs où il est plus abondant poussèrent les êtres humains à prendre des risques permanents. Mais depuis l'époque moderne, se sont ajoutés de nombreuses menaces provenant de la technologie. Les catastrophes technologiques, par exemple celles de Chernobyl ou de Bhopal, constituent une donne nouvelle. C'est dans ce cadre que le travail d'Ulrich Beck est pionnier.

Il montre bien que jusqu'au début du 20e siècle, les risques étaient cantonnés dans un lieu déterminé, parfois dans une classe déterminée.

Dans ce contexte, la logique de la répartition des richesses dominait la logique de la répartition des risques. Aujourd'hui, le danger provenant de la technologie abolit les frontières et les systèmes de protection et de résistance. Le risque intègre la tendance à la *globalisation* qui concerne la production et la reproduction, il transcende les frontières nationales et devient trans-national. Alors que dans le passé nous avions surtout appris à répondre aux menaces de la nature *externe*, aujourd'hui nous sommes surtout confrontés à celles de la nature *interne*, c'est-à-dire aux dangers qui se constituent par un mélange entre nature et société. Si l'on peut encore espérer maîtriser la misère, il est plus difficile d'éviter les risques du nucléaire, de la pollution, des contaminations industrielles, etc., qui intègrent dans la nature l'activité humaine, et notamment le travail.

Pour refigurer le point de vue heideggerien, on pourrait dire ici que c'est par le travail que la Nature est modifiée, transformée en un fond disponible pour produire des énergies et des choses. Et pour compléter par une perspective marxiste, ajoutons que par ce travail la Nature est transformée en marchandises consommables. Ulrich Beck observe que l'opposition entre nature et société est une construction du 19e siècle qui permettait de dominer et, en même temps, d'ignorer la nature. Au contraire, à la fin du 20e siècle, on ne peut plus envisager la nature comme une *donnée* qui, par surcroît, serait externe, mais comme une donnée que nous soumettons à notre pouvoir et que nous exploitons, la transformant en un phénomène *interne* et *construit*. Ajoutant à ces échos heideggeriens des connotations marxistes, il souligne qu'"au cours de sa mutation industrialo-technique et de son intégration au marché mondial, la nature a été transportée à l'intérieur du système industriel", prolongeant la révolution industrielle par une nouvelle révolution, dans la mesure où elle est devenue "une donnée incontournable de la vie *dans* le système industriel". Ainsi la nature se mue en une seconde nature qui intègre en elle cette nouvelle donne. Si le fait de dépendre de la consommation et du marché, c'est encore, sous une forme nouvelle, dépendre encore de la "nature", cependant "cette dépendance *immanente* du système de marché par rapport à la nature devient, dans et par le système du marché, une des lois de l'existence au sein de la civilisation industrielle". Face à cette nouvelle situation, nous nous livrons “sans défense aux menaces industrielles de cette seconde nature intégrée au système industriel” : les dangers deviennent “les passagers aveugles de ma consommation normale” ; ils “se déplacent avec le vent et l’eau, sont présents en tout et en chacun, et pénètrent avec ce qu’il y a de plus vital — l’air que l’on respire, la nourriture, les vêtements, l’aménagement de nos lieux d’habitation —, toutes zones protégées du monde moderne, si bien contrôlées d’ordinaire” (SR, 16-17).

En résumé, Ulrich Beck prolonge le point de vue de Heidegger, en y intégrant des éléments marxistes, qu’il prolonge, aussi, au nom d’un type d’intégration, de construction de la seconde-nature, qui est régi par le risque. Cette ouverture l’autorise à circonscrire la question du risque en cinq thèses (SR, 41 ss.) :

> 1. — Les risques que recèle le stade le plus avancé des forces productives de la technico-économie (par exemple la radioactivité) se dérobe à la perception humaine immédiate, mais aussi aux substances de la nature (air, eau...) ou de la vie (plantes, animaux...). Ils produisent des dommages *invisibles*, souvent *irréversibles*.
> 2. — La répartition et l’augmentation des risques génèrent des *situations sociales de menace*. Tandis qu’auparavant les risques se répartissaient souvent en fonction des couches sociales, les plus démunis étant plus touchés, aujourd’hui ils touchent tout le monde et, tôt ou tard, ils toucheront également ceux qui les produisent et en profitent. Ils recèlent donc un *effet boomerang* qui déborde le schéma de la société de classes. Mais, à l’inverse, les pays pauvres du Tiers-monde, qui ne sont pas responsables d’un type de technologie productrice de danger, sont autant victime que les pollueurs. Ce qui produit une nouvelle inégalité, entre pays industrialisés et pays du Tiers-monde.
> 3. — Au lieu que la diffusion et la commercialisation des risques ébranle le développement capitaliste, elles l’élèvent à un niveau plus élevé et transmuent la société en un *réservoir de besoins sans fond* qui, contrairement aux besoins habituels qu’on peut satisfaire, s’auto-produisent, formant, selon l’expression de Luhmann, une société qui devient *autoréférentielle*, indépendante du contexte de la satisfaction des besoins humains.
> 4. — Tandis que dans la société industrielle traditionnelle, la possession des richesses dominait les activités, dans la nouvelle situation où l’on se place, on est *touché* par les risques que la civilisation *assigne*.

Ce renversement requiert une *connaissance* des risques qui nous manque actuellement, et qui n'est pas une affaire seulement de science, mais une affaire de société, une affaire essentiellement politique.
5. — Avec la multiplication des risques, la dimension apolitique perd son sens : il ne s'agit plus seulement de problèmes sanitaires, induit par la modernisation, qui frappent la nature humaine, mais des *effets sociaux, économiques et politiques induits par ces effets eux-mêmes* (effondrement des marchés, dévaluation du capital, contrôle politique des décisions des entreprises, ouvertures de nouveaux marchés, frais de la sécurité sociale, procédures juridiques, etc.).

En d'autres termes, la menace est invisible et risque d'être irréversible, elle touche tout le monde, y compris ceux qui créent les risques et en profitent ; elle s'appuie sur un fonds sans fond qui s'autoalimente ; elle n'est plus du seul ressort de la science, mais requiert une connaissance d'ordre politique ; ceci d'autant plus qu'elle manifeste de multiples symptômes qui suscitent une absence de confiance au système tehnico-économique lui-même. Toutes ces variables concernent l'être humain, tel qu'il est enraciné dans le monde actuel, dominé par la globalisation (économique). Chacun de ces cinq points doit être prolongé en vertu de ses conséquences les plus visibles : mise en œuvre d'une proximité spatio-temporelle et relationnelle permanente avec l'usage des objets techniques sur le mode de la consommation, c'est-à-dire en tant que marchandises, mais sans aucune prise sur leur provenance, alors même que les menaces sont présentes, à proximité. En d'autres termes, le risque qu'Ulrich Beck a magistralement analysé, concerne une proximité spatio-temporelle avec le monde technico-économique, difficilement convertible en proximité relationnelle, sauf quand on prend conscience des risques (grâce à une bonne information) ou lorsque la menace disparaît, d'un seul coup, parce que la catastrophe se produit.

Or, quelle que soit la variable retenue, toutes les cinq attestent l'irruption de la souffrance humaine. C'est dire qu'en dépit des progrès extraordinaires que l'époque de la technico-économie a réalisés, la radicalisation des risques qu'elle provoque, au lieu d'amenuiser les souffrances (grâce à l'alimentation, la médecine, la sécurité sociale, etc.), les diffuse autrement, touchant à la fois le corps et le psychisme. Par exemple, à cause de la catastrophe de Chernobyl, des milliers de personnes sont encore affectées par les effets monstrueux de la radioactivité. Les souffrances sont autant corporelles que psychiques, se diffusant à tout l'entourage qui prend en charge les soins. Mais des pollutions moins violentes, que l'on trouve sous-la-main, dans notre proximité plus immédiate (émanations industrielles ou de la circulation), produisent, d'une façon insidieuse, d'autres maladies, alimentant également des souffrances. Les produits génétiquement modifiés, que l'on consomme de plus en plus en faisant usage de processus transgéniques à la place de greffes par croisements, moins efficaces, multiplient les risques sans aucune garantie d'une absence de conséquences nocives pour l'homme, etc. On peut indéfiniment multiplier les exemples, qui montrent une prolifération de phénomènes de risques variables, issus de structures technico-économiques extrêmement complexes, dispersées dans nos pays ou ailleurs, et couvrant une partie de la planète en favorisant les antagonismes[28].

3. *L'instauration d'un nouveau concept de monde*

Parmi toutes les menaces, celle dont le risque me semble suprême, et qui curieusement n'a pas attiré l'attention qu'elle méritait de la part d'Ulrich Beck, est celle des industries des armements. On dépense actuellement des sommes immenses pour les armements, dix fois plus que celles qu'on dépense pour l'aide aux pays défavorisés, où la famine et la misère règnent, parce que l'instabilité multiplie les risques favorisant des foyers de guerre dans plusieurs régions de la planète. Il n'y a presque plus aucun endroit de notre planète où l'on ne trouve pas des armes sophistiquées dont le prix est incomparable avec la somme de l'argent dont plus d'un milliard de personnes disposent. Mais, en même temps, on se trouve dans l'impossibilité d'amenuiser ces risques, puisque la production de ces armements, à laquelle travaillent de millions de personnes dans le monde, ne peut être viable que si l'on augmente les risques de

[28] Voir mon étude "Proximité et antagonismes", déjà citée.

guerre. Par là, le système technico-économique a créé des mécanismes, pour ainsi dire, maléfiques, afin d'alimenter sans cesse l'autonomie de sa rentabilité, en se servant de tous les pays du monde, à degrés variables, indépendamment de leur possibilité économique.

La topologie des ventes des armements dans le monde est inégale, et la quantité d'argent dépensée relativement à l'argent utilisé pour les premières nécessités et les infrastructures socio-économiques des divers pays, est disproportionnée. Mais cette prolifération des armements ne profite en réalité qu'à certains pays, et dans chacun de ces pays, seulement à quelques groupes. À telle enseigne que cette structure, notamment aux États-Unis d'Amérique qui est le producteur mondial le plus important, s'est transformée depuis les années cinquante du siècle précédent en un "complexe militaro-industriel", pour reprendre une expression attribuée au Président Eisenhower, qui serait le premier à avoir dénoncé le danger de cette structure pour la paix mondiale et pour la démocratie américaine. Ce complexe, qui privatise l'armée et des corps de sécurité envoyés dans les foyers de troubles, comme des mercenaires au service des industriels de l'armement, intègre de plus en plus, par des collaborateurs fidèles, le pouvoir politique, et même les universités, par des groupes de réflexion qui imposent leur idéologie, indépendamment du jeu parlementaire et politique. Ces puissances parallèles, qui forment, pour ainsi dire, le fer de lance du système technico-économique américain, ne serait-ce que parce que celui-ci est au service de leurs intérêts, alimentent les risques, suscitant des foyers de guerres là où il convient, en utilisant, en plus, de nouveaux armements, sources d'une publicité efficace en faveur des ventes, sans aucune préoccupation pour les souffrances humaines. C'est bien là, dans cette absence de tout souci pour les souffrances que le système technico-économique actuel devient le risque suprême pour l'humanité — comme autrefois, pendant le Moyen Âge, les croisades ont réussi à dévaster l'Europe jusqu'au Moyen Orient. Désormais, il est plus exact de parler, non pas d'"une société du risque", comme le fait Ulrich Beck, mais d'"une société polyvalente des multiples risques", qui produit, le plus souvent d'une façon non-délibérée, d'innombrables souffrances. Lorsque l'argent devient le véritable schème régulateur des rapports de l'homme au monde, la seule visée est celle d'un auto-rendement infini, et dont les conséquences inéluctables sont, en l'absence d'authentiques proximités relationnelles, l'irruption de souffrances. La technico-économie, qui constitue l'exploit le plus extraordinaire que l'homme ait pu s'imaginer et réalisé, ressemble de plus en plus à une boîte de Pandore, qui disperse des risques et des souffrances. Or, dans le mythe hésiodique de Pandore, lorsque celle-ci ferme le couvercle, seul l'espoir n'eut pas le temps de s'envoler, laissant à l'humanité une lueur de salut.

En tenant compte de ce qui précède, il est clair que la société polyvalente des multiples risques prend aujourd'hui l'allure d'une société des multiples *catastrophes*. Chaque problème (une intoxication, une explosion, l'alerte à la pollution, etc.) révèle que cette société recèle un potentiel *politique* de catastrophes. En analysant cette problématique des catastrophes, Ulrich Beck montre que la plupart des problèmes importants ne sont pas de l'ordre du politique mais appartiennent au *subpolitique*, c'est-à-dire à la politique menée par les puissances qui agissent pour leur compte et qui n'ont aucune légitimité démocratique. C'est pourquoi, dans les débats contemporains, on n'attend plus que l'"autre société" naisse des débats parlementaires sur de nouvelles lois, "mais qu'elle provienne de l'application de la microélectronique, de la technologie génétique et des médias". À ce titre, la mise en forme de l'avenir n'est plus du ressort du Parlement ni des partis politiques, elle est fabriquée dans les laboratoires de recherche et les conseils d'administration.

Par là, il apparaît que la véritable proximité se joue actuellement, non plus entre le pouvoir politique des élus et les citoyens électeurs, mais entre les délégués politiques et le pouvoir technico-économique des experts de toutes sortes. "Tous les autres — y compris les gens les plus compétents et les plus informés dans la politique et la science — vivent plus ou moins des miettes d'information qui tombent des bureaux sur lesquels s'élaborent les projets de la subpolitique technologique. Les laboratoires de recherche et les directions d'entreprise des industries de l'avenir sont devenus des 'cellules révolutionnaires' cachées sous le manteau de la normalité". Si bien qu'une distorsion profonde régirait le monde démocratique de nos pays industrialisés, où l'anormal est devenu normal, et le normal se place en position marginalisée, en dépit de l'image que se donnent ses représentants[29]. Il apparaît ainsi que "la non-opposition extraparlementaire sans programme, orientée vers les objectifs du progrès de la connaissance et de la rentabilité économique" exprimerait la mise en place des structures d'une "nouvelle société" (SR, 472). Cette usurpation du pouvoir requiert, de la part des citoyens, une forme de *résistance*. Mais qui est en mesure aujourd'hui d'affronter cette nouvelle situation, où les acteurs sont le plus souvent sans nom, et dont les intérêts excèdent les frontières nationales et se dérobent à travers la planète ?

La difficulté est d'autant plus grande que, comme le souligne Ignacio Ramonez, "la globalisation ne vise pas tant à conquérir des pays qu'à conquérir des marchés. La préoccupation de ce pouvoir moderne n'est pas la conquête de territoires mais la prise de possessions des richesses. Cela s'accompagne de destructions impressionnantes. Des industries entières sont sinistrées, dans toutes les régions. Avec les souffrances sociales qui en résultent : chômage massif, sous-emploi, précarité, exclusion, surexploitation des hommes, des femmes et — plus scandaleux encore — des enfants"[30]. Je me permets d'ajouter une nuance : avec la conquête des marchés, il y a aussi des conquêtes de territoires et de zones d'influence par personnes interposées, sans quoi il n'y aurait pas surproduction d'armements. Bien plus, pour que cette double stratégie (conquête de marché et de territoire) aboutisse, il faut jouer sur les passions humaines (nationalisme, religions, etc.). En cela la globalisation est toujours excédée par des problèmes profondément humains où les raisons des antagonismes sont

[29] Sur cette image, Mark Elchardus (*La démocratie mise en scène*, Éditions Labor, Bruxelles, 2004, orig. néerl. 2002) a relevé des axes de réflexions, fondés surtout sur le monde politique belge, qui sont dignes d'attention, même s'il oblitère le rôle du système technico-économique dans l'élaboration des nouvelles représentations configurées par le politique. Avec perspicacité, il s'appuie sur le modèle du théâtre, et montre que la mise en scène démocratique est le résultat de profonds changements subis par notre société contemporaine, auxquels ni la politique, ni même la démocratie actuelle ne réussissent à s'adapter.

[30] I. Ramonez, "Protestataires unissez-vous !", dans *Manière de voir* (Le Monde diplomatique), consacré aux *Altermondialistes de tous les pays…*, 75, juin-juillet, 2004, p. 6.

multiples, et ne se réduisent pas à la seule dimension économique. Le système technico-économique est un système constitué par des êtres humains selon toute leur complexité insondable. Cette complexité qui donne l'impression de conduire à une impasse est en réalité le seul signe d'espoir. Car si le système est constitué par des êtres humains, il y a moyen de les humaniser, quelle que soit la place qu'ils occupent. Mais ceci à une seule condition : que chacun prenne conscience de la souffrance des autres, c'est-à-dire qu'il mette au premier plan de ses préoccupation la dignité humaine. Cela suppose une réforme profonde des entreprises elles-mêmes.

Certes, dans un monde où seules les figures glorifiées ou diabolisées par les médias et les hommes politiques médiatisés tiennent l'avant de la scène, tous ceux qui opèrent dans les coulisses des structures technico-économiques et qui se manifestent à travers des produits et des services, demeurent invisibles. Cela explique aussi pourquoi, lorsque quelqu'un se met à critiquer l'action des acteurs qui gèrent les grands organismes économiques de la planète, la diabolisation semble aussitôt surdéterminée. Dans son livre sur *Les nouveaux maîtres du monde*, Jean Ziegler, (dont le courage dans la défense des faibles est bien connu) n'échappe pas à cette pratique en parlant de ces acteurs, de "prédateurs", de "satrapes", et de ceux qui collaborent avec eux, de "mercenaires". Par contraste, il voit dans les acteurs de l'altermondalisation les artisans d'une "aube" nouvelle[31]. Le manichéisme est une attitude, d'origine biblique, qui voit dans l'adversaire un principe du mal qu'il faut éliminer, en le faisant souffrir. C'est une logique qui domine actuellement la politique mondiale, avec comme conséquences des guerres successives, un terrorisme permanent, et surtout d'énormes souffrances pour tous ceux qui se trouvent dans les zones incriminées. Or, je crois que mon travail a montré, à travers les thèmes qu'il a traité, que, dans la vie, c'est une option opposée à celle de la logique biblique qui domine : la souffrance est le produit de pressions multiples de la vie, et c'est elle qui entraîne, le plus souvent, le mal. Lorsqu'on prend la souffrance comme mesure, et on considère que son origine consiste dans les multiples pressions de la vie et que le mal constitue une conséquence

[31] J. Ziegler, *Les nouveaux maîtres du monde et ceux qui leur résistent*, Fayard, Paris, 2002. Je citerai par l'abréviation NMM.

de la souffrance, nous sommes aussitôt contraints de changer à la fois de langage et d'attitude. Autrement dit, il faudrait sortir des sentiers battus, et exclure toute stratégie manichéenne, au nom de la proximité, du rapprochement même de ce qui paraît incompatible.

Probablement, “la globalisation” et “l'alter mondialisation” constituent deux concepts qui mobiliseront nos énergies dans les années à venir. Pour les tenants de ces options, les stratégies diffèrent selon les acteurs qui dominent. Il y a les radicaux qui refusent toute proximité, qui préfèrent la violence, avec l'espoir de soumettre (un jour) l'adversaire. Mais l'époque de la lutte des classes devient peu à peu un instrument du passé, car la globalisation économique inclut la lutte en son sein : concurrences à outrance, antagonismes sans pitié entre ceux qui sont des acteurs dans le système technico-économique. De ce fait, s'il y a changement, il doit s'accomplir à l'intérieur du système, par ceux-là mêmes qui l'animent. Il s'agit d'ébranler la nouvelle *hiérarchisation* du système technico-économique et le mode par lequel y opèrent les acteurs, c'est-à-dire celui des *conseils* qui agissent seulement en fonction de considération d'intérêt, et qui dès lors exclut une véritable délibération au profit d'une concertation dominée par les experts (donc par la seule compétence et l'efficacité). Seul un système de délibération et de concertation permanentes, de négociations et de compromis, peut modifier, peu à peu, le système des conseils. Ces pratiques sont les seules à pouvoir réaliser des proximités relationnelles. En ce sens, le problème devient principalement politique. Et, dans le contexte politique, il faudrait commencer par établir une référence pour réguler la délibération.

Pour bien comprendre l'importance de la délibération, il faut savoir que, dans les régimes démocratiques, la délibération cherche à maîtriser la violence. Face aux antagonismes auxquels on assiste dans nos sociétés, qui opposent les intérêts et les aspirations, les convictions et les croyances, la délibération joue un rôle régulateur. Dans les régimes totalitaires, on écarte cette conflictualité en la rendant autant que possible invisible dans l'espace public[32]. S'il le faut, on utilise la violence.

[32] Sur tout ceci, voir Ph. Braud, *Violences politiques*, *op. cit.*, p. 240 ss.

En revanche, dans les démocraties pluralistes, ce sont des structures institutionnelles appropriées qui permettent de différer ou d'éviter le recours à la violence. Pour l'essentiel, ces régimes utilisent des structures de dialogue, de concertation et de négociation, qui forment différents modes de délibération. Le débat sert souvent à laisser l'expression contradictoire des antagonismes. Mais sa visée est surtout celle de rapprocher les points de vue, donc de créer des proximités.

Si le système est mal régulé, si la délibération fonctionne mal, les passions peuvent s'enflammer, et les positions se durcir. Si, à l'inverse, le débat sa banalise, il peut créer l'indifférence et constituer une confirmation *a posteriori* de ce qui a été déjà décidé par d'autres. On s'en doute, pareille situation donne un libre cours aux décisions arbitraires. Au contraire, si le débat est balisé par des normes culturelles et juridiques bien établies, il devient un modérateur de la violence aussi bien physique que discursive. On transpose ainsi le conflit dans l'ordre des mots et des arguments. Sur ce point, il faut une fois encore se souvenir d'Aristote, qui affirme que pour transcender les opinions et rendre possible une délibération, il faut mettre les opinions entre parenthèses, et pour faire passer une communication, il faut minimiser les fautes des autres. La conjonction entre la délibération et cet acte de minimisation permet une certaine maîtrise de la violence discursive. On peut dès lors conclure qu'il semble bien y avoir une corrélation entre la promotion de la délibération (y compris le processus de minimalisation) et la réduction de la violence physique et discursive.

Il est vrai que dans nos systèmes démocratiques, cette configuration est plus complexe, car la liberté d'expression autorise des revendications, le droit de grève, des manifestations, des protestations, mais en même temps aussi, la participation à un certain pouvoir et l'obligation de réserve, etc. On ne peut sous-estimer ici la présence, dans certaines de ces situations de la souffrance. En tout cas, ces droits, à première vue incompatibles, sont cependant ceux qui permettent à la délibération d'émerger afin que la violence ne s'impose pas. Mais il y a aussi toute la question de la violence narrative, que diffusent les médias, et que nous ne cessons d'occulter dans nos travaux. Mais cette question nous ouvre d'emblée à une question qui déborde mon propos ici : le mythe.

Par contre, si comme je le défends dans ce livre, l'enjeu principal de l'humanité est celui de la souffrance humaine, le dialogue ne peut s'avérer fécond que si les différents partis réussissent à soumettre leurs intérêts et leurs passions à un seul critère : mesurer les positions et les décisions en fonction des multiples souffrances qui sont répandues dans le monde. Bref, il s'agit, avant tout, d'établir ces souffrances, de les repérer partout sur la planète, y compris dans nos pays, dits riches. Beaucoup de signes montrent que sous l'égide des Nations Unies cette préoccupation commence peu à peu à s'esquisser, surtout lorsqu'il s'agit des souffrances corporelles. Mais les souffrances humaines ne sont pas seulement celles du corps, elles sont aussi et surtout celle du psychisme. De ce point de vue, il faut reconnaître que les mouvements altermondialistes ont déjà accompli des pas importants dans ce sens, sauf peut-être la volonté d'engager un réel dialogue avec les acteurs des puissances technico-économiques. Leur cible étant le système technico-économique auquel pourtant ils appartiennent, il se pourrait qu'on sous-estime la possibilité de sensibiliser les acteurs de la globalisation en leur indiquant plus clairement les enjeux. Face à la souffrance humaine, tout être humain peut ressentir un malaise, ne serait-ce que parce que chacun de nous souffre d'une certaine façon. C'est dans cette direction, me semble-t-il, que le débat doit être amorcé.

En tout cas, il ne me semble pas que le mépris de l'autre, y compris des dits "prédateurs" soit la solution. D'autant plus que le système technico-économique, tel qu'il a été édifié dans le monde contemporain, n'est pas soumis seulement aux décisions des acteurs de la technico-économie, car leurs actions sont sans cesse excédées par l'autorégulation du système, qui oscille en fonction des situations. Un événement quelconque peut ébranler la confiance, et aussitôt les bourses s'effondrent. Une consommation imprévue de carburants, parce qu'on a déclenché une guerre, peut modifier les cours du pétrole. Un nouveau produit technologique révolutionnaire prend aussitôt une part du marché, en déstabilisant les concurrents. Même les actions délibérées, comme un mot d'un banquier, peuvent créer des mouvements de capitaux. Le monde technico-économique circonscrit une société globalisée qui ne se limite pas à des mécanismes, mais est réceptif à tout phénomène qui agit sur lui, y compris les passions humaines, ce qui veut aussi dire, par contraste, également le bon sens.

À ce titre, aucun acteur ne saurait être un “prédateur” au sens fort du terme. Il est autant un manipulateur qu'un manipulé, tributaire également des rapports humains personnels, des passions et des souffrances. Il s'agit partout d'êtres humains avec leurs aspirations et leurs souffrances, avec leur loyauté aux entreprises qui leur assurent leur bien être, mais aussi leurs défaillances humaines, les trahisons, quand les circonstances les obligent. Ce qui fait la singularité de ces acteurs, c'est qu'ils opèrent en *conformité* avec un système que les circonstances historiques ont progressivement imposé. Par contre, ce qui me semble constituer le véritable enjeu aujourd'hui, *le problème* majeur, c'est le système technico-économique lui-même, c'est-à-dire la puissance autonome qu'il cherche à se constituer, et qu'il est extrêmement difficile d'ébranler par une décision délibérée ou par un coup de baguette magique. Tout comme le monde divin du Moyen Âge dominait les consciences humaines dans toutes les actions quotidiennes et au cours de leur vie, de même le système technico-économique domine aujourd'hui nos activités quotidiennes et le déroulement de notre vie, nos projets (acheter une maison, une voiture,... former nos enfants,.... investir dans les nouvelles technologies,... épargner pour les moments difficiles,...), davantage par ses produits et ses services que par ses acteurs. C'est parce que nous nous accordons, sans résister, aux biens du système qu'il amplifie sa puissance. S'il convient, dès lors, comme Ulrich Beck l'a discerné, d'entreprendre une *réorganisation du pouvoir et des attributions* enfin de s'en prémunir et de les gérer (SR, 43), il faudrait aussi que les citoyens de ce monde agissent de telle sorte que le pouvoir soit contrôlé, en assurant au politique (et notamment à l'ONU) un rôle plus actif dans le monde.

Ce que montre U. Beck, c'est que face à cette nouvelle réalité, l'attitude habituelle est celle de la négation : au lieu d'engager de véritables stratégies de protection et de prévention, on préfère souvent nier les faits, afin d'apaiser la peur, “et dont la charge d'agressivité croît proportionnellement à la passivité de cette terrible universalité de l'exposition au risque” (SR, 17). Le problème est fondamentalement politique, voire celui de l'autonomie du politique. C'est bien cette ouverture qu'esquisse la réflexion d'Ulrich Beck.

Mais pour voir la portée de cette proposition, et compléter l'apport de Beck par de nouvelles données, il me semble important de souligner que, généralement aujourd'hui, comme l'observe Jean Ziegler, on confond globalisation (terme anglo-saxon, introduit par Marshall McLuhan et Zbigniew Brzezinski, dans un autre contexte) avec l'économique, et on lui associe le terme francisé "mondialisation", qui lui-même a été rapidement associé à l'agencement des affaires internationales en fonction du "nouvel ordre mondial" issu de la guerre du Golfe, en 1991 (NMM, 35-36). Cette confusion est malheureuse, car la mondialisation, comme on s'en rend compte de plus en plus, excède ou, du moins, devrait excéder la globalisation économique. C'est pourquoi j'ai utilisé, jusqu'ici, uniquement le terme de "globalisation" comme expression de la technico-économie, évitant d'utiliser le terme "mondialisation", que je souhaite utiliser dans un sens plus positif, susceptible d'ouvrir à une problématique, plus radicale : celle des aspirations humaines, telle qu'elle ressort, d'une part, de la rencontre entre proximité et souffrances humaines, et, d'autre part, des modes d'expression qui répondent à la souffrance, grâce à des proximités relationnelles fécondes. C'est sur cette ouverture que je souhaite achever mon travail, en liant le concept de mondialisation à celui d'une ouverture au monde, fondée sur les aspirations humaines. À ce titre, une autre mondialisation consisterait à *soumettre* la globalisation au politique, qui devrait transformer la puissance technico-économique en *instrument* de l'homme, en maîtrisant son auto-régulation, avec l'aide des acteurs même de la globalisation. Il s'agit autrement dit, de surmonter la distorsion entre globalisation et mondialisation par l'autonomie du politique, seule susceptible d'instrumentaliser l'autonomie actuelle de la *puissance* technico-économique au bénéfice de l'homme, en multipliant les règles et les normes régulatrices sur la planète, sous l'égide d'organismes universellement représentatifs. Et de telles normes n'ont de chance d'être acceptées que si l'on prend la souffrance comme mesure de nos actions.

ÉPILOGUE

SUR L'ÉMERGENCE D'UN NOUVEAU MONDE

Bien avant de connaître les travaux d'Ulrich Beck[1], j'avais observé que l'enjeu de la démocratie contemporaine (fondée sur la liberté) était celui d'une autonomie du politique face au système technico-économique qui ne se sert plus de la technique comme d'un instrument, mais qui constitue une puissance en soi, qui prend en quelque sorte la place de Dieu, telle que celui-ci l'a assumée à l'époque médiévale[2]. À cette occasion, j'avais mis en évidence une antinomie qui me semble encore valable aujourd'hui. Comment, en effet, est-il désormais possible de légitimer la responsabilité des citoyens, non seulement dans le choix de leurs représentants, mais plus radicalement dans leurs choix quotidiens et permanents, à l'intérieur d'un monde qui, tout en aspirant à plus de liberté et de justice, se laisse néanmoins dominer par des puissances (l'économie et la technique) qui le transcendent, et qui sont plus concrètes encore que ne l'étaient dans le passé le pouvoir invisible de Dieu (ou des dieux, des démons ou des anges et autres puissances infernales) — lequel avait jadis asservi l'homme et avait servi à lui refu-

[1] Voir aussi U. Beck, *Was ist Globalisierung ? Irrtümer des Globalismus - Antworten auf Globalisierung*, Suhrkamp Verlag, Frankfurt am Main, 1998[5] et *Politik der Globalisierung*, même éditeur, 1998.

[2] Voir mes études successives : "L'enjeu de la démocratie contemporaine", dans *Mélanges offerts à Constantin Despotopoulos*, Athènes, éd. Papazisis, 1991, pp. 83-99 ; "De l'iségorie à l'isopraxie", dans *Variations sur l'éthique* (Mélanges offerts à J. Dabin), éd. H. Ackermans, 1994, Publications des Facultés universitaires Saint-Louis, Bruxelles, pp. 127-146 ; "La dé-théologisation de la métaphysique ou le retrait de Dieu", *op. cit.* ; et "proximité et antagonisme", *op. cit.*

ser la possibilité même d'une action démocratique au profit d'une hiérarchie institutionnelle axée sur une vie post-mortelle ? Autrement dit, comment la démocratie moderne peut-elle déjouer de nouvelles formes de servitude, produites par de nouveaux pouvoirs agissant selon de nouvelles modalités invisibles, plus redoutables peut-être que celles du passé parce que plus tangibles et plus immédiates ? À ces questions plus anciennes, je peux en ajouter maintenant une nouvelle : Comment réaliser des proximités entre les êtres humains à l'intérieur d'une société démocratique, alors même que les antagonismes propres au monde technico-économique dominent partout d'une façon manifeste ou sournoise, multipliant les risques et les souffrances ?

Déjà à l'époque j'avais souligné qu'on ne saurait sous-estimer les *aspirations* humaines qui excèdent la puissance technico-économique, même si on peut toujours se demander jusqu'à quel point elles sont indépendantes des intérêts économiques. C'est pourquoi il fallait, j'écrivais, aller plus loin et envisager le rapport entre aspirations humaines et pouvoirs économico-techniques comme un rapport dialectique, dont la règle est celle de la *profusion* : plus l'action s'enracinera dans la liberté et plus les aspirations se multiplieront librement, plus, en même temps, le système économico-technique jouera pour ainsi dire le jeu — si ce n'est déjà parce que celui-ci concourt indirectement à sa propre expansion. Si bien que par leur co-présence opposée, la liberté, l'esprit et le pouvoir économico-technique ne pourraient que sauvegarder une tension, qui, en fin de compte, est leur propre vie. C'est là que résidait, à mes yeux, l'*enjeu* réel de la démocratie contemporaine. Et j'ajoutais : reste néanmoins que cette perspective théorique trouvera toujours des obstacles à sa réalisation, l'antinomie sous-jacente demeurant toujours présente, comme un fond non seulement irréductible (ce qui, je viens de le dire, lui assure une vitalité), mais aussi difficilement maîtrisable. C'est bien donc cette difficulté qui semble se creuser davantage aujourd'hui, lorsqu'on évalue les souffrances qui résultent des effets de la technico-économie, surtout lorsque s'y allient les passions humaines et les idéologies[3].

[3] Cf. "L'enjeu de la démocratie contemporaine", *op. cit.*, pp. 92-93.

Le problème des aspirations humaines n'est pas nouveau. Il était au cœur de la philosophie pratique des Anciens, qui situaient les conditions nécessaires de l'action du côté du corps et de la recherche des ressources pour alimenter les structures administratives et militaires de la cité. Les conditions structurelles (infrastructure, comme dirait Marx) sont, pour eux, nécessaires, mais pas suffisantes. Ils esquissaient un problème majeur : celui des *seuils*. À telle enseigne qu'Aristote osait affirmer, à l'époque de la démocratie directe, que l'éthique qu'il proposait n'était valable que pour des citoyens libres ayant suffisamment de ressources pour s'occuper des affaires de la cité. Par là, il introduisait la question des seuils. Il va de soi que si un citoyen vit en dessous du minimum vital, le concept de démocratie n'a pas beaucoup de sens, ni le droit qu'il a de participer à des Assemblées.

En prolongeant cette perspective, il faut affirmer qu'il est pratiquement indécent d'accepter qu'il existe des citoyens pauvres, sans domicile, sans travail, sans éducation, etc., c'est-à-dire soumis à différentes formes d'aliénation. Si cela ne semble pas nous déranger, alors que l'égalité est affirmée à la racine de nos démocraties, c'est que la souffrance humaine n'est pas considérée comme déterminante. Mais dès lors que la souffrance devient la mesure de nos actions, de telles situations apparaissent d'entrée de jeu comme inacceptables, voire absurdes. La question de la souffrance nous conduit aussitôt à la nécessité d'*une politique des seuils* en dessous desquels une situation est considérée comme inadmissible. Il s'agit donc bien là d'une réponse à la souffrance grâce à la recherche d'une proximité relationnelle.

Or, si les Anciens considéraient que les conditions structurelles de la cité étaient des conditions nécessaires mais non suffisantes, c'est qu'ils situaient comme véritable enjeu d'une cité démocratique les *aspirations* humaines (qui devaient conduire, selon eux, au bonheur des citoyens). Marx a tenté de repenser cette perspective fondée sur la *praxis*, en situant l'analyse uniquement sur le plan de l'infrastructure (qui causerait d'une façon presque massive la superstructure), donc sur le pouvoir de ceux qui contrôlent l'économie et sur la nécessité de la lutte des classes pour libérer les ouvriers (le prolétariat) de l'exploitation à laquelle ils étaient soumis. L'aspiration de l'homme devenait alors celle d'une reconnaissance, non plus par Dieu après la mort, comme dans les religions diverses du salut, mais *par l'homme* même. Cette première étape supposait un plus : la constitution du communisme, dont l'échec historique montre les limites d'une telle possibilité dans les conditions actuelles de l'humanité, où le système technico-économique est en quelque sorte auto-régulateur à travers les antagonismes.

L'option grecque offrait aussi un plus : les aspirations de l'homme pour *mieux* vivre — généralement le bonheur individuel et le bonheur de la cité. En tout cas, ce plus, lorsqu'il n'était pas axé exclusivement sur l'action individuelle et les aspirations post-mortelles, était tributaire des ressources et des structures de la cité. Les Anciens avaient déjà compris que les aspirations ne se limitent pas à des aspirations économiques — sans quoi il suffirait de soumettre définitivement l'activité démocratique à la réussite économique (comme le prétend le populisme de certains hommes politiques, et surtout celui des tyrans). Même si aujourd'hui nous nous méfions de ces pratiques, la façon dont nous nous soumettons au système technico-économique n'est pas très éloignée, comme si nous pratiquions une sorte de servitude volontaire, comme dirait Étienne de La Boétie. Par exemple, jamais nos démocraties ne s'organisent en fonction des aspirations humaines, mais imposent, dans les structures éducatives, la prééminence des débouchés, de sorte que les jeunes se plient le plus souvent à des choix motivés uniquement par le métier. Or, le fondement d'une problématique des aspirations humaines se tient dans la position inverse de celle que nous pratiquons aujourd'hui comme si elle allait de soi.

Les ressources étaient donc une condition *sine qua non*, mais devaient être ouvertes à la possibilité, dans une démocratie, à agir à sa guise, perturbant l'ordre des biens utilitaires. Cette forme de liberté qui excède les besoins est certes aujourd'hui elle-même soumise au système technico-économique par l'excès de consommation qu'il impose, avec l'aide d'une publicité massive et assommante. Mais la consommation des choses n'est pas, on l'a vu, uniquement une affaire de signes-objets. Et nous venons de voir que les objets eux-mêmes, soumis à la provenance et à l'activité humaine deviennent des quasi-objets, pris dans un réseau complexe, où la profusion des variables subvertit l'univocité. Cette profusion plurielle, qui brouille les pistes, qui nous embrouille, constitue aussi la possibilité d'investir les choses d'autres rapports que ceux de la consommation et du risque. C'est cette ouverture possible qui me semble digne d'attention.

Or, après Aristote, qui avait montré que la fonctionnalité d'une chose commence une fois seulement qu'elle est produite et se possède-dans-sa-fin, c'est Heidegger, dans son étude *La chose*[4], qui a insisté sur le fait que la provenance d'une chose, comme par exemple, d'une cruche, excède sa fonctionnalité, en faveur d'une ouverture au monde. Car, une cruche ne sert pas seulement à verser un liquide, mais à verser un liquide pour désaltérer, créer une convivialité ou encore réaliser un rite religieux ou autre. Chacune de ces actions excède l'instrumentalisation de l'objet, c'est-à-dire sa seule fonctionnalité. Elle ouvre donc à un monde, dont les configurations sont, en l'occurrence, celles de la santé, de la convivialité et de la religion. Heidegger, pour sa part, va encore plus loin dans ce sens, en situant l'activité de configurer en fonction d'une référence ultime, celle du Quadriparti, constitué par le ciel (d'où l'eau provient), la terre (lieu d'où l'on extrait l'argile), les divins (l'offrande) et les mortels (la finitude humaine qui rend indispensable le fait de boire). Si bien qu'il précise que, dans le versement du liquide, se rassemblent ces quatre configurations, lesquelles confèrent à la *chose* son insertion dans le monde. D'après Heidegger, une *chose* a pour vocation de "rassembler", et en tant que telle, elle retient la terre, le ciel, les divins et les mortels, rapprochant la chose à partir de ce qui est loin. La *proximité*, dit-il, rapproche ainsi ce qui est loin. De sorte que "la chose n'est pas 'dans' la proximité comme si cette dernière était un réceptacle. La proximité règne dans le rapprochement, en tant qu'elle est le rassemblement dû à la chose" (C, 211).

Par cette position, Heidegger fait un pas déterminant vers la configurisation des quasi-objets, lesquels, par ce qu'ils recèlent quant à la présence humaine, conduisent à la question de la chose en tant que chose, à condition d'y ajouter un *plus* : ce-qui-ouvre-au-monde. Par ce

[4] M. Heidegger, "La chose", *Essais et conférences*, Gallimard, Paris, 1957 (orig. Allemand 1955). Je citerai par l'abréviation C.

plus, tout étant, tout objet ou tout quasi-objet se convertissent en chose, grâce à un autre rapport de l'homme à eux. Un nouveau rapport de l'homme aux choses devient ainsi possible, non pas en les éclairant à travers la poésie, comme le fait Heidegger, mais par une autre dimension du symbolisme : celle qui met en valeur la complexité de la chose, selon une perspective où la proximité avec chaque chose n'occulte pas les souffrances dont elle est, on l'a vu, l'enjeu — par sa production, sa circulation comme marchandise, sa consommation, son esthétisation, etc. Contrairement à l'approche de Heidegger qui situe la proximité avec la chose à travers le monde (au sens du Quadriparti) dont l'homme fait partie en tant que mortel (donc selon sa finitude), il faut concevoir la chose dans sa complexité qui rassemble, à travers la souffrance qui lui est liée de façon multiple, la jonction entre globalisation économique et mondialisation sociale, politique et culturelle qui excèdent l'économique en vertu des aspirations humaines.

Il est d'ailleurs intéressant d'observer, que dans l'analyse qu'il donne du poème de Georg Trakl “Un soir d'hiver”[5], Heidegger met en valeur la proximité entre le monde et les choses dans la jonction des deux situations opposées et complémentaires qui ressortent des trois strophes du poème. Dans la première strophe, la neige tombe sur la fenêtre, la cloche sonne lentement et la table est préparée pour accueillir des visiteurs. Les choses effectivement se succèdent et concernent aussi bien le ciel (neige), la terre (la table, la maison, le pain provenant du blé, le vin, des vignes) que les divins (la cloche, l'arbre des grâces). La deuxième strophe met en évidence des voyageurs qui arrivent péniblement dans la neige, ce qui ouvre davantage vers le monde, où la finitude du mortel s'impose. Or, précisément, dans la troisième strophe, où ces voyageurs atteignent le refuge et y entrent, il est dit que “la douleur pétrifia le seuil”, et aussitôt tout resplendit à l'intérieur du refuge et prend vie.

Heidegger analyse cette dernière partie comme mettant en scène la “différence” entre monde et choses. Même si cette nouvelle pratique de la différence se démarque de la “différence ontologique” de ses œu-

[5] M. Heidegger, *L'acheminement vers la parole*, Gallimard, Paris, 1976 (Orig. 1959), pp. 13-37.

vres de jeunesse, elle occulte l'essentiel du poème de Trakl : la souffrance des voyageurs dans ce soir d'hiver sous la neige, qui prend tout son sens au seuil de la porte. En cet endroit, le passage de l'extérieur inhospitalier vers l'intérieur hospitalier met en relief la joie de vivre et la convivialité, de sorte que tout resplendit. La véritable proximité se manifeste, d'abord, dans le voyage commun sous le signe de la souffrance hivernale, ensuite dans ce rapport de convivialité autour d'une table et, enfin, dans le rapport aux choses, et plus spécialement au pain et au vin. Toutefois, si la souffrance est régulatrice de cheminement de l'intrigue, elle est néanmoins soumise, à la fin, à la joie, qui répond à la souffrance et exprime la joie de vivre après les pressions de la nature. Or, précisément, ce poème peut être compris tout autrement que ne le fait Heidegger, qui limite la proximité à la chose relativement au monde. En l'occurrence, on peut dégager, d'abord, une proximité avec soi-même, à travers la *souffrance* que les voyageurs ressentent tout le long du voyage dans la neige ; ensuite, une proximité entre eux dans la *convivialité* autour de la table ; enfin, une proximité avec les choses, à laquelle on peut ajouter tous les processus de *provenance* (du pain, du vin et des autres choses citées).

Le poème de Trakl illustre admirablement l'itinéraire de mon travail, tout en ajoutant un élément d'espoir : la joie de vivre. C'est bien cette ouverture au monde, à travers la joie, qu'il convient de mettre en valeur, comme une suite nécessaire à ce travail. Dans cette question d'une ouverture au monde fait irruption la question même du monde, dans laquelle il convient de situer la mondialisation elle-même comme réponse à la globalisation. C'est cette dimension qui est encore en retrait aujourd'hui du fait que la question des aspirations humaines se tient également en retrait. Une suite à ce travail suppose une élucidation de cette ouverture au monde, au monde des aspirations, où le mythe et le rite occupent la place d'honneur.

C'est dire qu'il faut, dans ce qui constitue le monde en tant que globalisation technico-économique, repérer ce qui permet son excès pour déployer le monde dans tout ce qui concerne les êtres humains, à commencer par leur souffrance, mais en mettant aussi en valeur leurs aspirations et leur joie de vivre. Les aspirations humaines sont les réponses aux souffrances que notre stature limitée assume. Et les souffrances sont des réponses aux multiples pressions que nous imposent l'Univers, la société, la famille. Si bien qu'en tant que réponses à la souffrance, les aspirations, dans l'ouverture au monde qu'elles rendent possible, favorisent la création, l'action, la joie, la liesse et la jubilation.

Abréviations

ACC : *À chacun son cerveau. Plasticité neuronale et inconscient* (F. Ansermet et P. Magistretti).
AE : *Autrement qu'être ou au-delà de l'essence* (E. Lévinas).
AF : *Approches de la fidélité* (J. Paumen).
AI, AII et AIII : *L'attachement* (3 vol. (J. Bowlby).
BC : *Biologie de la conscience* (G. Edelman).
C : "La chose", *Essais et conférences* (M. Heidegger).
CFM : *Les concepts fondamentaux de la métaphysique* (M. Heidegger).
Ch : *Les choses* (G. Pérec).
CH : "Construire l'humain", *La fabrication de l'humain dans les cultures et en anthropologie* (S. Borutti).
CI : *Le cerveau intime* (M. Jeannerod).
CJL : *Comprendre Jacques Lacan* (J.-B. Fages).
CMC : *Comment la matière devient conscience* (G. Edelman et G. Tononi).
CSP : *Pour une critique de l'économie politique du signe* (J. Baudrillard).
CS : *Corps et symptôme. Leçons de psychanalyse* (P.-L. Assoun).
CSE : *La crise des sciences européennes et la phénoménologie transcendantale* (E. Husserl).
DDP : "La décomposition de la personnalité psychique", *Nouvelles conférences…* (S.Freud).
DP : "Démontage et pulsion", *Le Séminaire XI* (J. Lacan).
Ecr. : *Écrits I* (J. Lacan).
EHM : *Essai sur l'histoire de la mort en Occident* (Ph. Ariès).
EI : *Éthique et infini* (E. Lévinas).
EN : *L'être et le néant* (J.-P. Sartre).

FC : *Figures du conflit* (M. Monroy et A. Fournier).
HIN : *Histoire de l'idée de nature* (R. Lenoble).
IA : "L'intelligence peut-elle être artificielle", *Dictionnaire de l'ignorance. Aux frontières de la science* (M. Felden).
IC : *L'intelligence de la complexité* (E. Morin et J.-L. Le Moine).
JF : *Jours de famine* (N. Doff).
K : *Keetje* (N. Doff).
KT : *Keetje Trottin* (N. Doff).
La : *Lacan* (J.-M. Palmier).
M : *Le miroir. Naissance d'un genre littéraire* (Einar Mar Jonsson).
Me : *Mercure* (A. Nothomb).
MF : *Le murmure des fantômes* (B. Cyrulnik).
Ms : "Le moi spéculaire dans la littérature fin de siècle", *Figures* (G. Peylat).
NA : *Les nourritures affectives* (B. Cyrulnik).
NMM : *Les nouveaux maître du monde et ceux qui leur résistent* (J. Ziegler).
PE : *Psychologie des émotions* (O. Luminet).
PP : "Phénoménologie et psychanalyse", *Psychiatrie et existence* (M. Henry).
PT : "Le paradigme platonicien du tissage comme modèle politique d'une société complexe" (L. Couloubaritsis)
Psy : *Psychanalyser. Essai sur l'ordre de l'inconscient et la pratique de la lettre* (S. Lecraire).
PVC : *Plus vaste que le ciel. Une nouvelle théorie générale du cerveau* (G. Edelman).
QT : "La question de la technique" *Essais et conférences* (M. Heidegger).
RI : *Les relations et les interactions du jeune enfant. Étude éthopsychologie de son développement* (J. Le Camus).
RLII,2 : *Recherches logiques*, II, 2 (E. Husserl).
SAR : *Spinoza avait raison. Joie et tristesse, le cerveau des émotions* (A. Damasio).
Se : *La séduction* (K. Faldbakken).
So : *Souffrir* (Ch. Thomas).

SO : *Le système des objets* (J. Baudrillard).
SR : *La société du risque. Sur la voie d'une nouvelle modernité* (U. Beck).
SSF : "Souvenirs sur Sigmund Freud", *Analyse existentielle et psychanalyse freudienne* (L. Binswager).
SZ : *Être et temps* (M. Heidegger).
TSE : *Trois essais sur la théorie de la sexualité* (S. Freud).
TI : *Les territoires de l'intime. L'individu, le couple, la famille* (R. Neuburger).
TeI : *Totalité et infini* (E. Lévinas).
TR-I, TR-2 : *Temps et récit*. (P. Ricœur).
VP : *Volonté de puissance* (F. Nietzsche).
VPC : *Les vilains petits canards* (B. Cyrulnik).
Vpo : *Violences politiques* (Ph. Braud).
VS : *Les visiteurs du soi. À quoi servent les psys ?* (J. Cottraux).

Table des matières

TROISIÈME SECTION : RÉGISSEURS

QUATRIÈME SECTION : SOUFFLEURS ET FIGURANTS

CINQUIÈME SECTION : ACTEURS